赵元任　1934年

- "Band H"
- "Monosyl" ... "Polysyl"
- "order of adverbs"
- "(1) Modal"
- "(2) ..."
- "(3) Contingency"
- "(4) attitude"
- "(5) ..."
- "(6) ..."
- "(7) Amount"
- "(8) ..."
- "(9) Place"
- "(10) ..."
- "(11) ..."

赵元任语言学论文集

赵元任 著
吴宗济 赵新那 编

图书在版编目(CIP)数据

赵元任语言学论文集/赵元任著.—北京:商务印书馆,2002(2024.7重印)
ISBN 978-7-100-03127-1

Ⅰ.①赵… Ⅱ.①赵… Ⅲ.①语言学—文集②赵元任—文集 Ⅳ.①H0—53

中国版本图书馆CIP数据核字(2000)第24217号

权利保留,侵权必究。

ZHÀO YUÁNRÈN YǓYÁNXUÉ LÙNWÉNJÍ
赵元任语言学论文集
赵元任 著
吴宗济 赵新那 编

商 务 印 书 馆 出 版
(北京王府井大街36号 邮政编码100710)
商 务 印 书 馆 发 行
北京捷迅佳彩印刷有限公司印刷
ISBN 978-7-100-03127-1

2002年1月第1版 开本850×1168 1/32
2024年7月北京第3次印刷 印张29¼ 插页1
定价:195.00元

序

要我为一代语言学大师赵元任先生的《语言学论文集》作序，自知难以胜任。赵先生对语言科学的造诣，对边缘学科的贯通，在他的著述中，无论讨论什么问题，乃至枯燥难懂的情节，都能用自然口语，如话家常；对现象的比喻，也能信手拈来，都成妙谛。他培训后进，对一些还在萌芽酝酿的幼稚见解，也能不弃刍荛，诱导奖掖。赵先生学问的博大精深，正如宋代大诗人陆游《示友》诗中的两句："凌空一鹗上，赴海百川东。"像我这基础既欠深，受业又日浅的学生，是无法表达其精髓于万一的。不过，当年赵先生在国内工作期间的门墙，包括清华国学研究院的研究生，和中央研究院历史语言研究所的助理员，屈指数来，现存者仅我一人了。作序固不够水平，而于恩谊则义不容辞，只能勉为其难了。

赵先生一生的事业，由自然科学而转到语言学，是世无其俦的。他未满十八岁以全国第二名考取清华庚款留美，本来的专业是数学和物理，毕业后又读哲学，取得了两个哲学博士学位，后来又荣获三次荣誉博士的尊衔。他在大学时期已选修了语言学，精通英、法、德文，阅读了大量的语言学书刊；同时还选修音乐课程，在校时就编了不少运用方言技巧的歌曲。但是他的志趣却在语言学，他立志从事中国语言学的研究。这就决定了他的一生事业。例如在他二十四岁年初的日记中曾一再写下："我想我大概是生来的语言学家、数学家和音乐家"，"我索性作个语言学家比任何其他都好"。随后，他就和同学胡适共同在《中国留美学生月报》上，用英文发表了以《中国语言的问题》为总题的四篇文章：1. 中国语言学的科学研究；2. 汉语语音学；3. 中文的教学；4. 改革的建议。其中的 1，2，4 三篇都是赵先生执笔。这几篇文章大概是因为登载在留学生自办的刊物上，虽然曾见收入赵先生的著作目录，但一向未受到语言学界注意，国内也未见有人引用。这次是因要编选文集，按目录顺藤摸瓜，才从美国国会图书馆找到复印的。他这学生时代初露头角的作品，居然能立论十分鲜明，举例详赡准确。他提出的两个主题：一是中国语言学要用科学方法研究，二是文字必须改革，竟是一篇当年讨论中国语言学的最强音，可以说是吹响了本世纪语言学研究序幕的号角。他这个志愿，在他自己一生的七十来年中，不断地阐明和修订，留下了等身著作，培育了大量后进。他的论点和方法，不但扩充了中国传统音韵学的应用途径，更为我国的现代语言学：诸如语音分析、方言调查、语法系统、文字改革等等一整套研究汉语的科学框架，奠定了稳固的基础。

语言学的研究，也如同一切科学，是代有高人，时添利器的；其进展无论迟早快慢，总是通过历史验证、百川汇流，而不断得到补充和刷新的。语音学一项，在一段时期内，看来像是冷门，却是历经了理论与实践的千锤百炼，更得到世界各边缘学科的滋乳，而蔚然成为前所未料的大国。也正如建造七级浮图，塔顶越高，塔基就越要广。赵先生的语言学成就，从他的全部著述来看，由于他兼有数理、哲社，乃至音乐的严格训练，研究方法既达到如自然科学的谨严务实，思路方面又不乏如文艺作家的驰骋自如。他早岁求学和工作的年代，正当中外语言科学都在新旧嬗变之秋。国内的传统语言学界，正如音韵学大师罗常培先生在三十年代初期所批评的："考古功多，审音功浅"；对语音的研究是"蔽于成见，囿于方音"，而不能解决积疑。西方的语言学界，也还如丹麦的实验语音学先驱菲歇约恩荪教授在四十年代末期所呼吁的："语言学家不能满足于仅用浪纹计研究语音,还应该适应新形势,学习些数理,并与工程师合作来提高知识。"赵先生的语言本领是天赋加力学,他的口耳审音之精,不但能运用好些方言作演讲而乱真,而且他的研究方法更是站在时代的前列。他和刘复先生在二十年代同时都是用浪纹计、渐变音高管等仪器(这在当年是最先进的)来分析声调,但很快他在南京中研院史语所创建的语音实验室,其设计于建声规格和电声设备上,就前进了一大步。他在1959年的《语言问题》讲演中,就介绍了十几种研究语音的最新工具,并详述其声学原理和机电维护等问题,显出他在科技方面的功底。

赵先生前后发表的语言学论著,内容大致可分两个阶段:第一阶段是在三十年代末期以前,包括早期留学和在国内的执教和研究时期,主要有:初级"国语"教学的提倡与普及;国语罗马字的创制与推广;汉语方言调查的策划与开展。他在清华和史语所两处发表的和整理的材料,其间关于汉语方言的调查研究,特别是声、韵、调的系统,都是他亲自下点或带领助手,在多次田野工作中取得经验而建立法则的。这些成就,至今已成为语言研究、方言调查的圭臬,具有跨越世纪"管领风骚"的生命力。但在当时国难当头的环境下,理论再高,计划再好,工作也无法继续开展。第二阶段是在抗战期间他被聘去美之后,论著多集中在两个方面:一是越来越深入地阐明中国语言的特点,比较中西语言的异同;二是为编写适用于外国学生学习汉语的教材而对汉语有了出人窠臼的探索。但因多在海外发表,国内对他反而隔阂。还有是他的一些论点如上所述,多有超越时代的创见,因而一时不易被人理解;但经历时代的考验和科学的证明,都发现他是正确而先知先觉的。

至于语言学中有一些所谓"高层次"的问题,如:自然口语中的连读音变规则,汉语感情语调的变化模型,以及语音中的各韵律特征的相互作用等,在今日有了许多先进的实验条件,但是还"钻之弥坚";而在当年"理想的仪器尚未诞生"(赵先生语)的情况下,单凭口耳的辨析,要想揭示人类语音的全部奥秘是不可能的。尽管如此,但是赵先生的许多创见,例如他指出:汉语字调与语调性质的界定;汉语语调与印欧语语调本质的不同;音位标音法的多能性;汉语通用拼音的方向;汉语声调调值的五度标调法等等,这些论点在今天也都得到实验证实和国际公认了。有趣的是,他在1930年发表的五度标调制,近日西方学者对世界诸语言的大量调查统计,证实了各民族语言中声调的高低等级,绝大多数不超过五度。这也许不是巧合吧。更值得提出的是,他当时发表的某些语音学的问题,如:音标、音位、语调、符号等系统,对今日信息时代言语工程中的有些方案的设计,是能起指导作用的。因此他当时对语言学的一些提示就好像是预言,这在一般语言学的著作中是罕有的。还有,他的写作从来不是"闭门造车",而总是切合时代的脉搏。前人评价孔子的学说是"圣之时者",赵先生的著述亦复如是。所以说他的著作不但是划时代的文献,而且是承先启后的语学津梁,当不为过誉。

赵先生一生有关语言学的著述,其鸿篇巨制,已有国内外出版界的不断推广和再版,人们较易读到。而其专题研究,功力所寄的学术论文,以及兴来走笔,游刃有余的散简零篇,发表于中外报章杂志上,或保存于亲友学生中的,不下三、四百种。分布的区域既广,跨越的年月又长,而且中间几经时局动荡,原件多有散佚,以致很难求全搜集。所幸此次有赵先生的二女公子新那教授,她"能读父书",并得到几位姐妹的协助,广征家乘,"爬罗剔抉",考校无遗。所得资料除行将与专著全部编入正在编辑中的《全集》外,兹先将先生有关语言学的论文,编成此集。按原著分为中英文两卷,其英文原著有少数被译成中文的,亦编入中文集,与英文集互见。读者从此中可以清楚地看到,这些文章几乎是全部围绕着他早期的志愿,反映了他一生研究语言学的两条主流的:一是紧抓科研,二是力倡改革。这就为后来人整理赵先生的"学案"时,有了这样明确的"夫子自道"的体例,而不致"如理乱丝",或"得鱼忘筌"了。脉络既明,我就不必在此再加饶舌了。

  本集的编辑出版,多蒙商务印书馆领导的大力承担,责编的辛勤劳动,才能如期问世,我在此谨表由衷的感谢。关于本集的编选体例和工作过程,有新那教授的《后记》予以说明。兹谨叙编辑大旨及因缘如上。

公元一千九百九十九年夏五,
受业吴宗济谨序于首都之补听缺斋,时年九十。

编 辑 说 明

一、本书为《赵元任语言学论文集》的中文卷,共收入论文63篇。

二、本书包括两部分:一是赵先生用中文写的,共50篇;二是由几位学者从赵先生部分英文论文译为中文的,共13篇。两部分分别按发表时间先后排序。

三、保留原文面貌和赵先生的语言风格、用词习惯。如:"妈呼"不改为"马虎","什末"不改为"什么"。

四、赵先生论文语言幽默风趣,为提倡白话写作,口语色彩很浓。早期论文中个别句子很有特色。这是要请读者阅读中适当注意的。

五、原文在大小刊物上发表时,时有排印错误,现径予以校改。

六、对原文中出现的今已少用的异形词不予"规范",但一般加脚注说明。如:"维一",注:"原文如此。今多写作'惟一'。"

七、数字用法、英文大小写方式,原则上一仍其旧,不求统一。但过去的竖式标点符号改为现在横排通用的标点符号。

八、译者注以阴码(如❶❷❸等)表示,"编者注"和"校者注"分别逐一注明,作者原注不加任何标记。

九、论文出处,一般注明论文最早发表的刊物名、卷号、期号、时间。

目 录

序 ························· 吴宗济	
官话字母译音法 ··························	1
讨论国音字母的两封信 ······················	21
中国言语字调底实验研究法 ···················	27
国语罗马字的研究 ··························	37
再论注音字母译音法 ························	90
语音的物理成素 ····························	103
新文字运动底讨论 ··························	113
北京、苏州、常州语助词的研究 ···············	133
符号学大纲 ································	177
高本汉(Bernhard Karlgren)的谐声说(译) ···	209
"俩""仨""四呃""八阿" ···················	240
歌词读音 ··································	247
北平语调的研究 ····························	253
南京音系 ··································	273
上古中国音当中的几个问题 ···················	298
关于臻栉韵的讨论 ··························	359
反切语八种 ································	362
"连书"什么"词类" ························	405
关于苏俄的拉丁化中国字 ·····················	410
方言性变态语音三例 ························	412

国语语调 …………………………………………… 426
G.R. 连书词读法和"-"号用法 …………………… 435
中国方言当中爆发音的种类 ……………………… 443
矫枉过正的国音 …………………………………… 449
国语罗马字认声调法 ……………………………… 454
国语罗马字 ………………………………………… 455
  附录1:"国语罗马字"简介 …………………… 462
  附录2:注音字母、国语罗马字与/拼音字母/对照表 … 466
国语罗马字的特点 ………………………………… 467
方音改国音应注意之点 …………………………… 470
歌词中的国音 ……………………………………… 475
文字统一与方言分歧的问题 ……………………… 486
从国音国语说到注音符号 ………………………… 491
台山语料序论 ……………………………………… 495
方言记录中汉字的功用 …………………………… 502
中国音韵里的规范问题 …………………………… 517
外国语教学的方式 ………………………………… 522
语言的描写和规范问题 …………………………… 529
国语的语法和词汇问题 …………………………… 534
说清浊 ……………………………………………… 541
常州吟诗的乐调十七例 …………………………… 548
语言成分里意义有无的程度问题 ………………… 559
绩溪岭北音系 ……………………………………… 578
中国语法图解两例 ………………………………… 582
罗素的抽象原则跟语言教学 ……………………… 586
中文里音节跟体裁的关系 ………………………… 591
论翻译中的信、达、雅的信的幅度 ……………… 601

借语举例……617
中英文里反成式的语词……632
国语统一中方言对比的各方面……635
我的语言自传……642
中国通字草案……661

中国语言的问题……668
一套标调的字母……713
英语语调（附美语变体）与汉语对应语调初探……718
汉语的字调跟语调……734
音位标音法的多能性……750
汉语语法与逻辑杂谈……796
汉语结构各层次间形态与意义的脱节现象……809
汉语中的歧义现象……820
什么是正确的汉语……836
吴语对比的若干方面……847
理论和方法之间关系的若干方面……859
谈谈汉语这个符号系统……877
汉语词的概念及其结构和节奏……890

后记……赵新那 909

LINGUISTIC ESSAYS OF Y.R.ZHAO
Table of Contents

List of Abbriviations:
    BIHP   *Bulletin of Institute of History and Philology.*
                     Academia Sinica
    NLW   *National Language Weekly*
    NLM   *National Language Monthly*
    CLW   *Chinese Language and Writing*
    THJ   *Tsing Hua Journal*
    Tr.   Translated

Preface ··· by Wu Zong-ji

Part One: Original Editions in Chinese

Phonetic transcription of Mandarin Alphabets, *Science*, 6: 1, 120—134, 1921. ·· 1

Two letters on the Mandarin Alphabets, *NLM*, 1: 7, 165—175, 1922. ·· 21

Experimental study of Chinese word tones. *Science*, 7: 9, 871—882, 1922. ·· 27

Study of the National Romanization, *NLM*, 1: 7, 87—117, 1922—1923. ·· 37

Further discussion on the phonetic transcription of National Phonetic Alphabet, *Science*, 8: 8, 888–902, 1923. ············ 90

Physical elements of speech, *Science*, 9: 5, 523—535, 1924. 103

Discussing the latinization of Chinese, *NLM*, 2: 1, 1—17, 1924. 113

Studies in the particles of Beijing, Suzhou and Changzhou, *THJ*, 3: 2, 865—917, 1926. 133

A sketch of a science of symbolology, *Science*, 11: 5, 571—596.11: 11, 1477—1497, 1926. 177

(Tr) Theory of phonetic compounds by B. Karlgren, *Sinological Miscellany*, 1: 2, 23—65, 1927. 209

On the numerals two, three, four, eight, *Eastern Miscellany*, 24: 12, 85—88, 1927. 240

Pronunciation of the words in *Songs of Contemporary Poems*, Commercial Press, Shanghai, 1927. 247

Beiping intonation (An appendix in A. A. Milne): *The Camberley Triangle*, Zhonghua Bookstore, Shanghai, 1929. 253

The sound system of the Nanking dialect, *Science*, 13: 8, 1929, 1005—1034. 273

(Tr) Problems in archaic Chinese, by B. Karlgren, *BIHP*, 1: 3, 345—401, 1930. 298

On the rhymes "臻" and "栉", *BIHP*, 1: 487—488, 1930. 359

Eight varieties of secret languages using Fan-qie, *BIHP*, 2: 3, 312—354, 1931. 362

What kind of words are to be spelt together? *NLW*, 120, 1934 405

On the Russian system of Chinese Romanization, *NLW*, 159, 1934. 410

Three examples of the dialectal nature of abnormal pronunciations, *BIHP*, 5: 2, 241—253, 1935. 412

Intonation of National Language, *NLW*, 214, 1935. 426

Pronunciation of words spelt together and utilization of-symbol in G. R., *NLW*, 221—223, 1935. 435

Types of plosives in Chinese dialects, *BIHP*, 5: 4, 1935, 515—520. 443

The standard pronunciation overshot, *NLW*, 202, 203, 1935. 449

Discription of tones in National Romanization, *NLW*, 205, 1935. 454

National Romanization, *NLW*, 230, 1936. 455

The characteristic of National Romanization, *NLW*, 270, 1936. 467

Hints for changing from the dialects to standard pronunciation, *NLW*, 234, 1936. 470

The standard pronunciation of words in the songs, *Music Monthly*, 1: 1, 1937. 475

Problems of unification of writing and divergence of dialects, *Reconstruction Review*, 1: 5, 7—9, 1938. 486

From standard pronunciation, National Language to National Phonetic Symbols, *The Liberty News*, March 15, 17, 1939. 491

Introduction to T'ai-shan texts, *Special Publication in Memory of Director Fu Si-nian*, Institute of History and

Philology, Academia Sinica, Taipei, 1951, 61—68. 495
The function of characters in the recording of dialects, *Bulletin of the Academia Sinica*, 1, 117—128, 1954. 502
Normative problems in Chinese phonology, *CLW*, Taipei, 4: 5, 4—8, 1959. 517
The way of foreign language teaching, *CLW*, Taipei, 4: 6, 9—16, 1959. 522
The descriptive and normative problems of language, *CLW*, Taipei, 5: 2, 4—8, 1959. 529
The problems of grammar and vocabulary of National Language, *CLW*, Taipei, 5: 3, 4—11, 1959. 534
On the terms Qing and Zhuo, *BIHP*, 30: 2, 493—497, 1960. 541
Seventeen examples of melodies used in Changzhou (Jiangsu) for chanting poetry, *BIHP*, suppl. 4, *Special Unnumbered Issue in Honor of Dong Zuobin's 65th Birthday*, 467—472, 1961. 548
Degrees of meaningfulness in language constituents, *THJ* (*New Series*), 2: 1—17, 1961. 559
Phonology of Ling-bei, Ji-xi (Anhui), *BIHP*, 34: 1, 27—30, 1962. 578
Two examples of diagrammatic representations in Chinese grammar, *BIHP*, 35, 1—4, 1964. 582
Russell's principle of abstraction and language learning, *THJ*, *Special Unnumbered Issue: Dr. Li Ji Festschrift*, Part 1, 1—5, 1965. 586
Syllabicity in Chinese and its relation to style and structure,

BIHP, 40, 519—528, 1968. ·············· 591

Dimensions of fidelity of the three requirements: fidelity, fluency and elegance in translation, BIHP, 39: 1—13, 1969.
·············· 601

Examples of interlingual and interdialectal borrowings, Selected Essays of Oversea Learners, 1: 19—33, 1970. ··· 617

Back-formed expressions in Chinese and English, BIHP 42: 1, 1—3, 1970. ·············· 632

Various aspects of dialectal contrasts in the standardization of the National Language, Bulletin of the Institute of Ethnology, Academia Sinica, Taibei, 29: 37—42, 1970.
·············· 635

My linguistic autobiography, BIHP 43: 3, 303—317, 1971.
·············· 642

Preliminary design for a system of General Chinese, BIHP 50: 3, 425—429, 1979. ·············· 661

Part Two: Chinese Versions of Original English Editions

The problem of the Chinese Language: I. Scientific study of Chinese philology. II. Chinese phonetics. IV. Proposed reforms. *The Chinese Student's Monthly*, 11: 7, 437—443. 11: 7, 500—509. 11: 8, 572—593, 1916. ·········· 668

A system of tone letters, *Le Matre Phonetique*, 45: 24—27, 1930. ·············· 713

A preliminary study of English intonation (with American variants) and its Chinese equivalent, *BIHP Suppl. Studies Presented to Cai Yuan-pei on his 65th Birthday*,

105—156,1932,(abridged). ·········· 718
Tone and intonation in Chinese, *BIHP* 4: 3,121—134,1933.
·········· 734
The non-uniqueness of phonemic solutions of phonetic system, *BIHP* 4: 4,363—390,1934. ·········· 750
Notes on Chinese grammar and logic, *Philosophy East and West*,9: 1,31—41,1955. ·········· 796
Formal and semantic discrepancies between different levels of Chinese structure, *BIHP*, *Special Issue in Honer of Hu Shi's 65th Birthday*, 1—16,1956. ·········· 809
Ambiguity in Chinese, *Studia Serica B. Karlgren Dedicata*, 1—13,1959. ·········· 820
What is correct Chinese ? *Journal of the American Oriental Society*,81: 3,171—177,1961. ·········· 836
Contrastive aspects of the Wu dialects, *Language*,43: 1, 92—101,1967. ·········· 847
Some aspects of the relation between theory and method, *Method and Theory in Linguistics*,15—26,1970. ·········· 859
Chinese as a symbolic system, *Papers of the CIC Far Eastern Language Institute*,4: 1—19,1973. ·········· 877
Rhythm and structure in Chinese word conceptions, *Journal of Archeology and Anthropology*, Taiwan University, 37—38: 1—15,1975. ·········· 890
Postscript ·········· by Zhao Xin-na 909

关于中文目录英译的说明：

1. 关于名词的英译问题

赵先生的文章，特别是他文章的题目，其中的名词都是不但专门化，而且有些是自造的词，很难译得妥帖传神。好在他的文章有不少是在美国大学里或会议上用英文演讲过；或者先有英文稿发表过的，特别是他的《Aspects of Chinese Sociolinguistics》的附录中有他自订的著作目录，虽与后来的中文本有出入，但大部分可资采用；又有些译名还在他的中文稿中注出，或在其英文稿中偶然出现了英文名称，这些都是最有价值的参考资料。因此，我的译文都尽可能找到他自己的原词来应用。例如：对他的1969的"信达雅"标题如何译法，他的英文稿中提到此词创自严复，原译为：fidelity, lucidity and beauty；赵译改为：fidelity, fluency and elegance，就比原译生动而典雅，我就采用后者。又如：1970的"反成式语词"，是他自造的词，无从查阅字典；幸而他的英文讲稿有 back-form expressions 的原译，就解决了问题。还有他的中文标题和英文的并不是一对一的直译，我就用他的英文原词。例如：《新诗歌集》就用 Songs of contemporary poems；《最后五分钟》，用 Milne 原著：The Camberley Triangle 的书名。

2. 关于人地名的英译问题

赵文对人地名的英译，都是用 Wade system 或国语罗马字注音。现在一律改为拼音。如：Peking 改为 Beijing，但 Beiping, Tsing Hua 因有历史意义，就不改。

3. 关于年月、卷期、页数问题

商务最初送来的中文目录，只有篇名，没有出处。经与新那的目录小册，去年送来的目录以及《Aspects of Chinese Sociolinguistics》的目录核对，发现有不符之处，在与原文核对后，校正了年月和页码。

1999,6,1,吴宗济

官话字母译音法

用中国文字译西文的人名地名本是一件十分麻烦的事,诸君自己作文或读人家文章的时候,大都是曾经有过经验的。其中种种困难的地方,例如(1)西字太长:Christopher Columbus 作克列斯托否哥仑孛斯,(2)各处读音不同:无锡人译 Ohio 为瓦海瓦,北方人读起来变作 Wahhiwah 了!(3)用字又须避用不雅观的字:某君曾经译 Massachusetts 为麻杀朱色紫,(4)一音可用多字:今天 Kelvin 叫恺尔文,明天忘记了又译作开尔坟。诸如此类的,诸君亦大都晓得,兄弟亦不必多谈了。

至于采用别国的名词(Assimilation),这是更难提的事。除了从前从佛教借来的许多名词如涅槃,刹那等外,新名词简直没有。用"烟士披里纯"的人,大都一半是为它①新奇有趣的起见,不是因为它便当那才写这不伦不类的五个的呢。

这篇稿子的研究,就是想法子用新出的三十九官话字母,规定中文和西文译音关系。

兄弟对于这三十九字母的意见,本来亦不是完全赞成的。各批评中最要紧的,就是它所取的字样,不是因为将来国人从五岁识字到七八十岁终身用的时候便当的起见,乃是为今天过渡时代的已经识字的人初学时候省个几点钟时间的起见。例如"之"音作"ㄓ"(须举笔四次),"恶"音作"ㄜ"(须举笔四次),"嗷"音作

---

① 原文写作"他"。下同。——编者

"幺",不过是因为ㄠ是古文的幺,ㄅ是恶字的一部分,幺字音像噯字,这些算小便宜忘顾大体的地方,在西文可称是 ridiculous 之极。

批评固归批评,然而统论之,有这三十九字母,在译音问题上,非但可以称聊胜于无,兄弟觉得可以称它为远胜于无。就使将来这字母再加改良,其中的分音的系统,在官音方面看来,已经去完美不远。所以兄弟仍旧愿意就用这字母和西文作一个对照的研究。如字形有改变,这个对照法亦可以照样改变,这是比较的简单的事。

中西对音的研究有两方面:(1)由中译西,这是比较的容易的事,不在本篇题内。(2)由西文译作中文,这是本篇的正题。初看起来,似乎解决了第一个问题,第二个问题就可以不决自解,其实这问题是繁复的多。因多西文音类比较官音多。除了规定已有的官话字母的西音价值外,有许多地方另须增加字母,而且译音是译音,不是译字母。同一个 a 字,在英文有五六个音,就要有五六种译法。以下所列的系统,不过是兄弟一人自己所计划的,不妥当不完全的地方一定很多,所以要靠诸君大加建设的批评才可以作为永久的应用。

以下的材料,都是排作对照表的式子:

第一表是官话字母表。

第二表是英中对照表。

第三表是法中对照表。

第四表是德中对照表。

第五表是常用前名译音。

第六表是地名人名例表。

第七表是希腊字母名称。

第八表是常用字首字尾表。

第九表是字译与音译的比较表。

关于这几个表的用法，应该要加几项说明：

（1）第三行的注音，是万国注音法的记号（International notation），在法文德文教科书常见的。Léonce Roudet 的 *Phonétique Générale* 亦采用这个的。

（2）咱们中国读音的习惯在字尾很①少有纯子音的。例如初学英文的读 five cents 好像 fivoo centsz，现在咱们既然要译西音，就非得要拿字母当纯音。例如 Sim ㄙㄇ不读"息模"而读"息姆"，Flick ㄈㄌㄎ不读"佛力科"而读"夫力克"（克字像上海读音）。

有的时候，字的一部分不在重音的（unaccented），其中的母音就可以带过去不写。例如 Peter ㄆㄊ，不用写ㄆㄊㄦ。在德文尾音 -e 字亦可以照这个例不译。如 Lage ㄌㄍ，不用ㄌㄍㄜ。Lang 作ㄌㄫ，Lange 作ㄌㄫㄦ，不用ㄌㄫㄜ。法文尾音的 -e 比较德文带过去更轻，除了唱歌的时候外，简直差不多全不读，所以更不用多加字母了。

（3）古音本来有两清音②（voiceless, surd），就是（a）pure tenuis，unaspirated，见，端，邦，知（k, t, p, tsh）和（b）aspirated，溪，透，滂，彻（kʻ, tʻ, pʻ, tshʻ）；一种浊音（voiced sonant），就是郡，定，並，橙（g, d, b, dzh）等类。这三层的分别，在江浙一带还保存的。在别处的方言，凡是本来是浊音的字都变作清音的下平下上下去下入了。咱们现在所用的既然是官话字母，所以西文的 d, b, g, z 这些声音都是没有的。兄弟所用解决的法子是这样的：

（A）在西文同一国的语言当中，这 unaspirated 和 aspirated 两种清音是没有分别的。大概法，意，西班牙，这些国都用 unaspirated，德，英，荷兰等两种都混用不分。

---

① 原文写作"狠"。下同。——编者

② 清浊的名称，很是不合科学的语音学的事实的，因为暂时没有适当的名词，姑且用一用。

（B）在咱们北方读音，有地方读这些 unaspirated 的清音（见、端、邦、知等）很有点近于真的浊音（voiced）的趣向。京城里的读音更像这样。

从这（A）和（B）两层着想，咱们可以就一概用 aspirated 清音译西文的清音，一概用 unaspirated 清音译西文的浊音。所以第一表当中ㄍ（哥）作 g，ㄉ（得）作 d，ㄅ（拨）作 b 等类，是因为这个缘故。

（4）有许多中国字母是几个声音拼成的。例如ㄐ＝ㄓ＋ㄧ，或ㄍ＋ㄧ，ㄑ＝ㄔ＋ㄧ或ㄘ＋ㄧ，ㄒ＝ㄏ＋ㄧ，ㄡ＝ㄛ＋ㄨ，ㄞ＝ㄚ＋ㄧ，ㄠ＝ㄚ＋ㄨ；ㄢ＝ㄚ＋ㄣ，ㄤ＝ㄚ＋ㄥ；ㄗ＝ㄉ＋ㄙ，ㄘ＝ㄊ＋ㄙ，ㄓ＝ㄉ＋ㄕ，ㄔ＝ㄊ＋ㄕ。这并不是批评官话字母的短处，因为这些合音是常常遇见的；所以应该有特别的短号代表它，同德文 z 字代（t+s）一样的道理。咱们译西音的时候亦可以用用。假如有个名字叫 Tschiantzki，可译作ㄑㄢㄘㄐ（=Tschi-an-tz-ki），不必译作ㄕㄘㄒㄢㄊ（z）-k-i）。

（5）有几个声音官话全没有的。兄弟不得已，只可以自己杜撰几个：z 作ㄡ，zh 作ㄨ，th（清）作十，th（浊）作日（像 theta）。①

（6）用ㄏ代表德文的 h 和 ch（ach），
　　　　用ㄒ代表德文的 hi 和 ch（ich），
似乎有混杂的不好。但是在德文大概 ch 都在字后，h 大概在字前字中的，所以多数都可以分得清。

（7）这个ㄛ字（五哥等韵）是一个问题。在北官话像法文 le 字的 e，或是英文 err 字的 e，万国符号为 [ə]，romanization 作 ê。在南官话（南京、湖北、四川、云南等）是 o 音。兄弟暂时拿它当 o，[ə]，和英文 up 的 u 字三样都用ㄛ。这很像太粗率。其实用起来倒亦过得去。假如诸君有改良法的高见，自然是非常欢迎的。

---

① theta 的 th[θ] 是清音，应排在前面清音之后。——编者

译 o 字似乎可以用"ㄡ"（欧）字。这个不行的地方，是因十一尤等类的韵，只有京城一带读作（o+u）的，在大多数地方都是读作（e+u）或是（ə+u）。这种 diphthong 的性质，虽然像英国土音的 o，然而和一般的 o 音很不合的。

（8）京话没有 [ɛ] 音，或是纯 [e] 音。"鸭子"，镇江人说 ah tsz，扬州人说 yah tsz，官话亦说 ya tsz。"雷"字有人叫 lei，有人叫 lwei。在西文里这些 [ɛ]，[e] 两个纯音是常常见，咱们既然有ㄧ、ㄨ可以拼①y、w，不如就用ㄝ作纯 [ɛ]，ㄟ作 [e]。如要真的"耶"字，例如 Molière，可加"ㄧ"字作ㄇㄌㄝ。如要真的"危"字，例如 Swabey，可以加"ㄨ"字作ㄙㄨㄟㄅ。假如不是这样办，要拼起 Molère，或是 Sabey，那就没有法子了。何以呢？譬如我写ㄇㄌㄝ，ㄝ字读耶（iè），ㄇㄌㄝ已经不是 Molère 而成 Molière 了。譬如我写ㄙㄟㄅ，ㄟ字读危（wā），ㄙㄟㄅ已经不是 Sabey 而成 Swabey 了。所以兄弟主张拿ㄝ当纯 [ɛ]，拿ㄟ当纯 [e] 才好。

（9）英文 ong 的 o 音读得很开，且是常常有的，所以最好用"尢"字代表，不用ㄛ。

（10）R 是世界上最讨厌亦最有趣的字母。在英文字前有点像 l，有点像 zh，有点像官音的日。在字后像 l 像儿字。在德文法文的小舌 r 又像 h，和德文的 ch。warten 和 wachten 就是德国人自己有时候听错。要是照音定字，是很难做到的事。咱们这个官话字母里的儿（ㄦ）字本来用处很小的，所以最便当的解决法子，就是一概用ㄦ号代 r 字。

（11）英文长 ē 短 i 的分别，本不是要紧的。假如有时候是有关系的，可以用入声的记号表明它，就是在右下角加一点。例如 Levy 作 ㄌㄟㄈ Livy 作 ㄌㄝ.ㄈ。Mühler（长 ü）作 ㄇㄩㄌ Müller 作 ㄇㄩ.ㄌ。

---

① 原文写作"併"。下同。——编者

（12）分音法（syllabication）亦是一个问题。假有打字机，那就自然要一个字母一个字母的上下或是左右一排连写。然而横写时读起来便当，不如一个全音（syllable）作一格。例如Mississippi写ㄇㄧㄙㄧㄙㄧㄆㄧ，不如写ㄇㄧ ㄙㄧ ㄙㄧ ㄆㄧ的便当。这法子在中国字很可以行，因为最长的字，长不过三个字母，就是一个子音，一个介音，一个韵。例如窗作ㄔㄨㄤ，想作ㄒㄧㄤ，琐作ㄙㄨㄛ。在西文就不然。譬如strength这么许多声音合起来，共总只算一个syllable。要译它作ㄙㄊㄦㄝㄥㄊ，非要分写不行，所以咱们写起外国名字来，非但要有syllabication，而且再要有sub-syllabication。这事是很难下一定的规条的。大概像华音一个字的，就可算一个sub-syllable，例如strength可以写作ㄙㄊㄦ或ㄙㄊㄥㄊ。

西文专名既然不过偶尔遇见，或者有了与众不同特别形态，亦有便于认别的好处。诸君假如赞成凡是译名一概单行横列，这亦是一个有理的提议。这一层要等我们讨论之后再作定规。

（13）关于翻译已经大家常用的译名还有一层问题。

（a）譬如一向没有过一定译名的，假如有个江苏人译Pennsylvania作喷雪而犯你鞋，读起来是很像的。再来一个官话字母家，他看见这几个字，就把它照官音拼起来，作为ㄆㄣㄒㄩㄝㄦㄈㄢㄋㄧㄒㄧㄝ就变成了P'enn-hsueh-rh-fan-ni-hsieh了！像这种地方，自然应该查原文怎么读法，照样拼音：Pennsylvania就当作ㄆㄣㄙㄧㄌㄨㄛㄋㄧㄚ。

（b）假如一向有定译法的，那就无论旧译和本音对不对，最好就照官音拼出。假如耶稣基督可以写"ㄧㄝㄙㄨㄐㄧㄊㄨ"（Ye Su Ki Tu），不必照英名写作"ㄐㄧㄗㄙㄎㄦㄞㄙㄊ"（Jesus Christ）。

（c）以上（a），（b）两例是甚分明的，然而有许多介乎其间的例就很难断定的。譬如照旧译Paris, France是巴黎，法兰西，就要拼做"ㄅㄚㄌㄧ, ㄈㄚㄌㄢㄒㄧ"。照法文本音直译，就应该拼作"ㄆㄚㄌㄧ, ㄈㄌㄚㄙ"。Boston旧译波士顿，应作ㄅㄛㄕㄉㄨㄣ，照新法译原音就是ㄅㄛㄙㄊㄣ。应该用哪一个呢？对于这些疑题，亦是难一概而论的。大都看所论的是什么字，旧译的资格有多少深，改新译须大改或小改，这些着想而定的。兄弟自己的意见，是赞成用确实原音愈多愈好。

这篇稿子，本来是一篇很草的草稿，兄弟自己一个人的研究，一个人的意见和主张，自然不妥当不周到的处在很多。有许多的短处，兄弟自己亦见到的，有更多的短处自己亦想不到的。还是要希望有大家的帮助才可以做成一个完全合用有系统的译音法。

第一表　官语字母

字母	字例(2)	纯音(1)	译西字母(3)		例
ㄍ	哥	[k]	g	Gregory	ㄍㄝㄍㄦ
ㄎ	科	[kʻ]	k	Kate	ㄎㄜㄊ
			e	Columbia	ㄎㄛㄌㄅㄚ
兀	鹅	[ŋ]	n	Uneas	ㄩㄋㄧㄙ
			ng	Lange	ㄌㄢ兀
		(4)			
ㄐ	基	[k],[kj]	dg, gē	Jeer	ㄐㄦ
		[tʃ]	gi, jē, jī		
ㄑ	溪	[kʻ]等	ck, kē	Cheer	ㄑㄦ
			kǐ, chē, chǐ		
广	尼	[ɲ]	nē, nǐ	Near	ㄋㄦ
			法文 gn	Cologne	ㄎㄛ广
ㄉ	得	[t]	d	David	ㄉㄜㄈㄉ
ㄊ	忒	[tʻ]	t	Titus	ㄊㄞㄊㄙ
			德文-d	Tod	ㄊㄛㄊ
ㄋ	讷	[n-]	n-	Nile	ㄋㄞㄌ
ㄅ	波	[p]	b	Babylon	ㄅㄚㄅㄌㄣ
ㄆ	坡	[pʻ]	p	Poland	ㄆㄛㄌㄉ
			德文-b		
ㄇ	模,姆	[m]	m	Minimum	ㄇㄋㄇ

字母	字例	纯音	译西字母	例	
ㄈ	佛,夫	[f]	f	Frenk	ㄈㄤㄎ
			德文 v	von	ㄈㄣ
万	窝,武	[w],[v]	v	Vienna	ㄈㄧㄜㄋㄚ
			德文 w	Wien	ㄈㄧㄣ
ㄗ	姿	[ts]	dz	Rhodes	ㄌㄡㄗ
ㄘ	此	[tsʻ]	ts, tz	Pitts	ㄆㄧㄘ
ㄙ	私	[s]	s	Mississippi	ㄇㄧㄙㄙㄧㄆㄧ
(5)					
ㄗ	一	[z]	z	Zealand	ㄗㄧㄌㄢㄉ
十	一	[θ]	th	Theodere	十ㄜㄛㄉㄜㄦ
ㄗ	一	[z]	th	Thither	ㄗㄧㄦ
ㄓ	之	[tʃ]	j, dg	Judge	ㄓㄚㄓ
ㄔ	吃	[tʃ]	ch	Church	ㄔㄦㄔ
ㄕ	诗	[ʃ]	sh	Shylock	ㄕㄞㄌㄛㄎ
(5)					
ㄖ	一	[z]	zh	Pleasure	ㄆㄌㄜㄖㄦ
			法文 j	Jules	ㄖㄨㄌ
ㄏ	嗬	[x][h]	h	Heigh-ho	ㄏㄞㄏㄛ
			德文 ch	Ach	ㄚㄏ
ㄒ	希	[ç][h]	hi, hy	Hear	ㄒㄧㄦ
			德文 ch	ich	ㄧㄒ
ㄌ	勒,儿	[l]	l	Lille	ㄌㄧㄌ
(儿字杭州音)					
ㄖ	日	[z]	(打算不用)		
ㄧ	衣	[i][I]	ē, ǐ,	Erie	一ㄦ
		[j]	y		
ㄨ	乌	[u][w]	∞, w	Woolworth	ㄨㄨㄦ十
ㄩ	迂	[Y]	ü	Külpe	ㄎㄩㄌㄆ
			法文 u	Menu	ㄇㄩ
ㄚ	阿	[ɑ][a]	a	Llama	ㄌㄚㄇㄚ
(7)		[ə][o]	o	Otto	ㄛㄊㄛ
ㄛ	(恶)	[ɔ][ʌ]	法文 e	Ce	ㄙㄛ

字母	字例	纯音	译西字母		例	
			u in up		Upland	ㄚㄆ ㄌ
ㄝ	(8)(耶)	[ɛ]	e		Fred	ㄈㄝ ㄌ
			法文 ē, ê		Chère	ㄕㄦ
ㄟ (爱字上海音)	(8)(危)	[e]	ā		Hay	ㄟ
			法文 é		Préferer	ㄆㄟ ㄈㄟ
ㄞ	哀	[ɑi]	i		Wright	ㄖㄞ ㄊ
ㄠ	嗷	[ɑu]	ou; ow		Prout	ㄆㄠ ㄊ
			德文 au		August	ㄠㄍㄨㄙㄊ
ㄡ	欧	[əu]	德文 ö		König	ㄎㄡ ㄋㄧ
			法文 eu		Meuse	ㄇㄡ ㄗ
ㄢ	安	[ɑn][an]	an		Ann	ㄢ
ㄤ	昂	[ɑng]	ang		—	
			英文 ong		Long	ㄌㄤ
			法文 an,ang,em,...		enfant	ㄤ ㄈㄤ
ㄣ	恩	['n]	en, 'n		Haydn	ㄏㄞ ㄉㄣ
ㄥ	哼	['ŋ]	'ng		Eding	ㄝ ㄉㄥ
ㄦ	(儿)	[r][R] ['R]	r		Rühren	ㄖㄩ ㄖㄣ

第二表 英中对照表

ā	ㄟ	Hay	ㄟ
â	ㄝ	Fairy	ㄈㄝ ㄦ —
ă	ㄚ	Chap	ㄔㄚ ㄆ
ä	ㄚ	Calm	ㄎㄚ ㄇ
à	ㄚ	(不在重音的可以不译)	
		Mut (a) ble	ㄇㄨ ㄊㄚ ㄅ
ạ	ㄛ	Paul	ㄆㄛ ㄌ

b	ㄅ	Bayley	ㄅㄟㄌㄧ
c	ㄎ	California	ㄎㄚㄌㄧㄈㄛ
ch	ㄑ	Charles	ㄑㄚㄦㄌㄜ
	ㄔ		ㄔㄚㄦㄌㄜ
ch		Character	ㄎㄚㄌㄎㄊ
d	ㄉ	David	ㄉㄟㄈㄉ
dg=j			
dz	ㄗ	Rhodes	ㄖㄡㄗ
ē	ㄧ	Eva Lee	ㄧㄈㄚㄌㄧ
e.	ㄟ	eight	ㄟㄊ
ě	ㄝ	Eduard	ㄝㄉㄨㄌ
ê	ㄝ	there	ㄗㄝ
ẽ	ㄧ	her	ㄦ
e	不译	Mabel	ㄇㄟㄅ
f	ㄈ	Ford	ㄈㄛㄉ
g	ㄍ	Greek	ㄍㄦㄧㄎ
gê	ㄐ	Gear	ㄐㄦ
ġ	ㄐ	Georgia	ㄐㄛㄐㄧㄚ
h	ㄏ	Harvard	ㄏㄚㄦㄉ
hi, hy	ㄒ	Hymalaya	ㄒㄇㄚㄌㄚㄧㄚ
i	ㄞ	Knight	ㄋㄞㄊ
ī	ㄧ	(=e)	
ǐ	ㄧ	Pitts	ㄆㄊ

10

ï	ㅣ	(=ẽ)	
j	ㄐ	Julia	ㄐㄨㄌㄧㄚ
	ㄓ	Julia	ㄓㄨㄌㄧㄚ
k	ㄎ	Kate	ㄎㄟㄊ
ki, ky	ㄑ	Keel	ㄑㄌ
l	ㄌ	Lille	ㄌㄧㄌ
m	ㄇ	Morse	ㄇㄡㄙ
		Ames	ㄟㄇㄙ
n-	ㄋ	Nile	ㄋㄞㄌ
ni, ny	ㄐ	Near	ㄋㄧㄦ
		-Nia	ㄋㄧㄚ
-n, en, (a)n, on, un			
	ㄣ	Eaton	ㄧㄊㄣ
an	ㄢ	Fannie	ㄈㄢㄋㄧ
ṉ	ㄥ	(=ng)	
ng	ㄥ	Lange	ㄌㄤㄥ
ang	ㄤ	Lange	ㄌㄤㄥ
ing	ㄧㄥ	Ling	ㄌㄧㄥ
(9)			
ong	ㄨㄥ	Long	ㄌㄨㄥ
ō	ㄛ	Rome	ㄖㄡㄇ
ô	ㄛ	Orleans	ㄛㄌㄧㄢㄙ
ǒ	ㄛ	Oxford	ㄚㄎㄙㄈㄦㄉ
o̱	ㄨ	(=o͞o)	

o̧	ㄨ	(=oo)	
ȯ	ㄛ, ㄦ	ton	ㄊㄣ
oo	ㄨ	Coolidge	ㄎㄨㄌㄐ
ŏŏ	ㄨ	Hooker	ㄏㄨ
ou, ow	ㄠ	Prout	ㄆㄠㄊ
oi, oy	ㄛ	Boyle	ㄅㄛㄌ
p	ㄆ	Paderewski	ㄆㄉㄝㄌㄨㄙ
qu	ㄎㄨ	Quarles	ㄎㄨㄛㄌㄙ
(10)			
r	ㄦ	Aurora	ㄛㄌㄚ
		error	ㄝㄦ
s	ㄙ	sister	ㄙㄊ
s	ㄗ(=z)		
sh	ㄕ	Sherman	ㄕㄇ
t	ㄊ	Straits	ㄙㄝㄊ
(5)			
th	ㄊ	Theodore	ㄊㄛㄌㄦ
th	ㄗ	Thither	ㄗㄕ
ts	ㄘ	Herz	ㄝㄦㄘ
ū	ㄧㄨ	Yule	ㄧㄨㄌ
ụ	ㄨ	Rumania	ㄨㄇㄚ
û	ㄧ	turn	ㄊㄣ
ŭ	ㄛ	Ulster	ㄛㄙㄊ
ü	ㄩ	Menu	ㄇㄩ

12

v	ㄈ	Viviani	ㄈㄧ ㄈㄧ ㄢ ㄋㄧ
w	ㄨ	Woolworth	ㄨㄌ ㄨㄦ ㄊ
		(5)	
z	ㄗ	Zealand	ㄗㄧ ㄌㄢ ㄉ
		(5)	
zh	ㄓ	pleasure	ㄆㄌㄝ ㄓㄦ

第三表　法中对照表

a	ㄚ	Pas	ㄆㄚ
		Passe	ㄆㄚㄙ
ai	ㄝ	Cambrai	ㄎㄤ ㄅㄦ ㄝ
aille	ㄞ	Versaille	ㄈㄝㄦ ㄙㄞ
ain	ㄢ	Saint	ㄙㄢ
an, am, ang, en, em, eng			
	ㄤ	Temps	ㄊㄤ
b	ㄅ	belle	ㄅㄝㄌ
c	ㄎ	Calais	ㄎㄚ ㄌㄝ
ç	ㄙ	français	ㄈㄢ ㄙㄝ
ch	ㄕ	Chateau	ㄕㄚ ㄊㄛ
d	ㄉ	Daudet	ㄉㄛ ㄉㄝ
e	ㄛ (或不译)	le	ㄌ
é	ㄟ	étoile	ㄟ ㄊㄨ ㄚ
è, ê, e	ㄝ	même	ㄇㄝㄇ
eu	ㄡ	Meuse	ㄇㄡㄗ
f	ㄈ		
g	ㄍ		
gn	ㄬ	Cologne	ㄍㄛ ㄬ
h	ㄏ	法文没有真 h	

k	ㄎ		
l	ㄌ		
m	ㄇ		
n-	ㄋ		
-n	ㄣ	Reine	ㄖㄝㄣ
o	ㄛ		
on, ong, om			
	ㄥ	Lyon	ㄌㄧㄥ
ou	ㄨ	oui	
p	ㄆ		
q	ㄎ	(=k)	
r	ㄦ	Ernest Renan	ㄖㄝㄋㄜㄦㄤ
s	ㄙ	Saint Saëns	ㄙㄤㄙ
	ㄗ	Meuse	ㄇㄨㄗ
t	ㄊ	Tierre	ㄊㄧㄝ
u	ㄩ	Rue de Sud	ㄖㄩㄉㄩㄉ
v	ㄪ	Versaille	ㄪㄝㄦㄤ
w	ㄨ	法文不用 w	
x	ㄎㄙ,ㄍㄙ(=ks,gz)		
y	ㄧ	Ypres	ㄧㄆ
z	ㄗ	Zola	ㄗㄛ

第四表　德中对照表

a	ㄚ	Aachen	ㄚㄏ
ai, ay	ㄞ	Haydn	ㄏㄞㄉ
au	ㄠ	august	ㄠㄍㄨㄊ
äu	ㄩ	(=eu)	
b	ㄅ	Baden	ㄅㄚㄉ

14

c	ㄘ (6)	Cecilia	ㄘㄘㄘㄚ
ch	ㄏ	Aachen	ㄚㄏ
	ㄒ	Reich	ㄌㄞㄒ
d	ㄉ	Dann	ㄉㄢ
-d	ㄊ	Tod	ㄊㄛㄊ
e, ee, eh,	ㄟ	Hegel	ㄏㄟㄍㄜ
ei, ey	ㄞ	Eisen	ㄞㄗ
eu, äu (=oü)	ㄩ	Neumam	ㄋㄩㄇ
f	ㄈ		
g	ㄍ	Goethe	ㄍㄜㄊ
	ㄏ	Zug	ㄘㄨㄏ
	ㄒ	Hamburg	ㄏㄚㄅㄨㄒ
	(6)		
h	ㄏ	Hohenzollern	ㄏㄛㄏㄜㄗㄛㄌㄣ
i, ie, ih	ㄧ	Liebig	ㄌㄧㄅㄧ
j	ㄧ	Jahr	ㄧㄚㄦ
k	ㄎ	Kant	ㄎㄢㄊ
l	ㄌ		
m	ㄇ		
n-	ㄋ		
-n	ㄣ	Sinn	ㄒㄧㄣ
o	ㄛ	oder	ㄛㄉㄜ
		Otto	ㄛㄊㄛ
p	ㄆ		

qu	ㄎㄨ(=kv)	bequem	ㄅㄜ ㄎㄨㄣ		
r	ㄦ	Rührer	ㄖㄩ ㄦ		
s	ㄗ	Seele	ㄗㄟ ㄌ		
	ㄙ	Fuchs	ㄈㄨ ㄎㄙ		
	ㄕ	Sprach	ㄕㄆㄚ		
sch	ㄕ	Schiller	ㄕㄧ ㄌㄦ		
t	ㄊ	Taube	ㄊㄠ ㄅ		
u	ㄨ	Burg	ㄅㄨㄦ ㄒ		
ü	ㄩ	Süd	ㄗㄩ ㄊ		
	ㄩ	Külpe	ㄎㄩ ㄌㄆ		
v	ㄈ	Vogel	ㄈㄛ ㄍㄦ		
	ㄪ	Beethoven	ㄅㄜ ㄊㄏㄛㄈㄣ		
w	ㄪ	Werner	ㄪㄝ ㄦㄦ		
x	ㄎㄙ	(不常用)			
y	ㄩ	Gymnasium	ㄍㄩ ㄋㄚ ㄒㄧㄨㄇ		
z	ㄑ	Zeller	ㄑㄝ ㄌㄦ		

第五表 常用前名译名

Adam	ㄚㄉㄚㄇ	Eugene	ㄧㄡㄐ	(Johann)	ㄧㄏㄢ
Albred	ㄚㄌㄅㄉ	Francis	ㄈㄢㄒㄙ	Joseph	ㄐㄛㄙㄈ
Arthur	ㄚㄊㄦ	Frank	ㄈㄧㄢㄎ	Louis	ㄌㄨㄧㄙ
Benjamin	ㄅㄣㄐㄚㄇㄣ	Frederic	ㄈㄖㄉㄖㄎ	Martin	ㄇㄚㄦㄣ
Charles	ㄔㄚㄌㄗ	George	ㄐㄦㄐ	Moses	ㄇㄛㄗㄗ
Daniel	ㄉㄚㄋㄦ	Henry	ㄏㄣㄦ	Paul	ㄆㄛㄌ
David	ㄉㄚㄪㄉ	James	ㄐㄝㄇㄗ	Peter	ㄆㄧㄊㄦ
Edward	ㄞㄪㄦㄉ	John	ㄐㄛㄣ	Philip	ㄈㄧㄌㄆ

Richard	ㄌㄔㄦㄉ	Bessie	ㄅㄙ	Ida	ㄞㄉ
Robert	ㄌㄚㄊ	Caroline	ㄎㄚㄌㄣ	Jane	ㄐㄣ
Samuel	ㄙㄇ	Catharine	ㄎㄒㄦㄣ	Julia	ㄐㄨㄚ
Theodore	ㄊㄛㄉㄦ	Clara	ㄎㄌㄚ	Louise	ㄌㄨㄗ
Thomas	ㄊㄇㄙ	Dorothy	ㄉㄌㄊ	Lucy	ㄌㄨㄙ
Walter	ㄨㄌㄊ	Elizabeth	一ㄌㄗㄅㄒ	Mabel	ㄇㄅ
William	ㄨㄌㄚ	Ellen	ㄝㄌ	Margaret	ㄇㄍㄌㄊ
Agnes	ㄚㄍㄗ	Emelina	ㄝㄇㄌㄣ	Mary	ㄇㄦ
Alice	ㄚㄌㄙ	Eva	一ㄅ	May	ㄇ
Ann	ㄢ	Florence	ㄈㄌㄣ	Ruth	ㄦㄊ
Anna	ㄢㄋㄚ	Gertrude	ㄍㄊㄉ	Sophia	ㄙㄈㄚ
Bertha	ㄅㄒ	Helen	ㄏㄌ	Viola	ㄅㄌㄚ

第六表　地名人名例表

Aberdeen	ㄚㄅㄉ	Australia	ㄛㄊㄌㄚ
Achilles	ㄚㄑㄌㄗ	Austria	ㄛㄊ一
Adams	ㄚㄉㄇ	Babylon	ㄅㄅㄣ
Africa	ㄚㄈㄎ	Berlin	ㄅㄦㄌ
Agassiz	ㄚㄍㄗ	Britain	ㄅㄊㄣ
Alexander	ㄚㄝㄎㄙㄉ	Brooklyn	ㄅㄎㄌ
Alps	ㄚㄌㄆ	Bunsen	ㄅㄣㄙ
America	ㄚㄇㄝㄎ	Caesar	ㄙㄦ
Ampère	ㄤㄅㄦ	Cambridge	ㄎㄇㄅㄐ
Aristotle	ㄚㄌㄒㄊ	Canada	ㄎㄋㄚㄉ
Asia	ㄟㄒㄚ	Ceylon	ㄙㄌㄣ
亚细亚	ㄚ一ㄚ	Chicago	ㄕㄎㄍ

17

Chili	ㄑㄌ一	Kirchhoff	ㄎㄦㄒㄏㄛㄈ
(China)	ㄓㄋㄚ	Laplace	ㄌㄚㄆㄌㄚㄙ
Cincinnati	ㄙㄣㄙㄣㄋㄚㄙ一	Lavoisier	ㄌㄚㄪㄨㄚㄙ一ㄟ
Constantinople	ㄎㄛㄙㄊㄢㄊㄣㄋㄛㄆㄌ	Leibniz	ㄌㄞㄅㄋ一ㄘ
Cornell	ㄎㄛㄦㄋㄝㄌ	Liverpool	ㄌ一ㄪㄦㄆㄨㄌ
Cuvier	ㄎㄩㄪ一ㄟ	London	ㄌㄣㄉㄣ
(Europe)	ㄡㄦㄛㄆㄚ	Manhattan	ㄇㄢㄏㄚㄊㄣ
Faraday	ㄈㄚㄦㄚㄉ一	Massachusetts	ㄇㄚㄙㄚㄑㄨㄙㄝㄘ
France	ㄈㄦㄤㄙ	Michigan	ㄇ一ㄒㄍㄣ
法兰西	ㄈㄚㄌㄢㄙ一	Napoleon	ㄋㄚㄚㄆㄛㄌㄟㄨㄥ
Galileo	ㄍㄚㄌ一ㄌㄟㄛ	New York	ㄋㄡ一ㄛㄦㄎ
Germany	ㄐㄦㄇㄣㄋ一	Newton	ㄋㄡㄊㄣ
德意志	ㄉㄛ一ㄓ	Niagara	ㄋㄞㄚㄍㄚㄦㄚ
Greece	ㄍㄦ一ㄙ	Norway	ㄋㄛㄦㄨㄟ
希腊	ㄒㄌㄚ	Oise	ㄨㄚㄥ
Harvard	ㄏㄚㄪㄦㄉ	Ontario	ㄛㄣㄊㄟㄦㄛ
Hawaii	ㄏㄚㄨㄚ一	Panama	ㄆㄚㄋㄚㄇㄚ
Himalaya	ㄒㄇㄚㄌㄚ一ㄚ	Roosevelt	ㄦㄛㄥㄪㄝㄌㄊ
Holland	ㄏㄌㄢㄉ	Rousseau	ㄦㄨㄙㄛ
Idaho	ㄞㄉㄚㄏㄛ	Russia	ㄦㄛㄒㄚ
Illinois	一ㄌ一ㄋㄛ一	Sahara	ㄙㄚㄏㄚㄦㄚ
India	一ㄣㄉㄚ	San Francisco	ㄙㄢㄈㄦㄢㄙ一ㄙㄎㄛ
印度	一ㄣㄉㄨ	旧金山	ㄐㄡㄐㄣㄕㄢ
Jerusalem	ㄐㄦㄨㄙㄚㄌㄇ	Suez	ㄙㄡㄝㄗ
(Jesus)	一ㄝㄙㄨ	Sweden	ㄙㄨ一ㄉㄣ
Jupiter	ㄐㄨㄆ一ㄊㄦ	Switzerland	ㄙㄨ一ㄘㄦㄌㄢㄉ

Syracuse	ㄙㄧㄌㄎㄨㄙ		Virginia	ㄈㄐㄑ	
Thames	ㄊㄇ		Washington	ㄨㄒㄤ	
Turkey	ㄊㄦㄐ		Wilson	ㄨㄌㄣ	
Vancouvor	ㄈㄢㄎㄨㄦ		Zeno	ㄗㄋㄛ	
Venice	ㄈㄋㄙ		Zürich	ㄗㄩㄒ	

第七表　希腊字母名称

α	alpha	ㄚㄌㄈ	ι	iota	ㄜㄊㄋ	ρ	rho	ㄖ
β	beta	ㄅㄊㄚ	κ	kappa	ㄎㄆ	σ, s	sigma	ㄙㄇ
γ	gamma	ㄍㄇ	λ	lambda	ㄌㄇㄉ	τ	tau	ㄊㄠ
δ	delta	ㄉㄌㄊㄚ	μ	mu	ㄇㄨ	υ	upsilon	ㄅㄙㄌ
ε	epsilon	ㄝㄆㄙㄌㄣ	ν	nu	ㄋㄨ	φ	phi	ㄈ
ζ	zeta	ㄗㄊㄚ	ξ	ksi	ㄎㄙ	χ	chi	ㄒ
η	eta	ㄟㄊㄚ	o	omicron	ㄛㄇㄎㄖ	ψ	psi	ㄆㄙ
θ	theta	ㄊㄏㄊㄚ	π	pi	ㄆㄞ, ㄆ	ω	omega	ㄛㄇㄍ

第八表　常用字首字尾表

-berg	英ㄅㄍ	Mac	ㄇㄎ	San	ㄙㄢ
	德ㄅㄎ	Mc	ㄇㄎ	-vski	ㄈㄙㄑ
-burg	英ㄅㄍ	-man	ㄇ	或 ㄈㄙㄑ	
	德ㄅㄎ	-mann	ㄇㄢ	-ster	ㄙㄊ
de	ㄉ	-ner	ㄋ	-ter	ㄊ
du	ㄉㄨ	New	ㄋㄨ	-ton	ㄊ
la	ㄌㄚ	Saint	ㄙㄥ	van	ㄈㄢ
le	ㄌ			von	ㄈㄣ

第九表 字译与音译比较表

原文	音译	字译	笔画数目比较
Albany	ㄛㄌㄅㄏ	倭尔孛尼	11:27
Ammonia	ㄚㄇㄋ	阿摩尼阿	10:34
Australia	ㄛㄊㄌㄚ	恶斯脱雷里阿	18:63
Democracy	ㄉㄇㄎㄚㄙ	棣莫克拉西	10:44
Empathy	ㄣㄆㄊ	恩姆拍息	13:53
Entropy	ㄣㄊㄛㄆ	恩脱罗比	15:38
Inspiration	ㄧㄙㄆㄌㄣ	烟士批里纯	16:38
Logic	ㄌㄛㄐ	罗辑	10:31
London	ㄌㄣ	伦敦	6:20
Metaphysics	ㄇㄊㄚㄈㄧㄛ	美他非席克斯	20:45
Mississippi	ㄇㄙㄙㄆ	密息息比	13:36
Pennsylvania	ㄆㄙㄌㄣ	喷悉尔维尼亚	19:59
Ruhrer	ㄖㄨ	卢洛尔	8:29
Turkey	ㄊㄨ	土耳基	9:19
Woolworth	ㄨㄨㄊ	吴尔沃司	10:23
Zürich	ㄗㄨㄒ	（组）列希	9:24
			206:583

（206/583=1/2.8,约1与3的比）

（《科学》第 6 卷第 1 期,1921 年）

讨论国音字母的两封信

其一

劭西先生：

五月九号曾经寄一信，是用罗马字写的，不知道看得清否？那时我答应您一篇文章，但一动手做，做的停不住手，竟有了一万多字，打算赶紧就抄好寄上。但是有件急事打岔，所以现在预先通知您文章里的内容，随后再写上全稿。所谓"急事"和这文章也有关系。前一阵商务印书馆，曾经和我商议在已做的十六课"国语留声机片"之外加做一套给外国人学中国言语用的，并另做英文说明书。我想不妨趁此机会试用试用一种合于实用的罗马字。现在北京华语学校长裴德士（W. B. Pettus）正在英国。他学校里教的是纯粹的京话。他的理由是：京语请得到会说的教习；国语只存在纸上，找不到教习。我写过信给他说：假如有了国语留声机片，就可以解决这难题，因此就可以多一个推广国语的势力（华语学校的势力似乎一天大似一天）。裴德士说，过一个多礼拜到 Cambridge 来看我，商量这事，我预备把机片的内容好好地计划计划，所以修改和抄文章的事情要延期若干天了。

今年国语统一筹备会几时开常年大会？我很想有提议的事情；但是人远，于各事进行的情形不很熟悉，最好还是这么办：我将要寄来的几篇文章里有些主张，假如您或别人看见了也赞成在大会里或在委员会里提议，就不妨把我的名字加入算提议的；假如诸位已经有所提议，和我稿子里的主张相合的，就不妨算我一个赞成的。您三月五号的信上说：有些文件寄来。我就接到《国语月刊》的第一期和《注音书法体式》，没有别的，可否费心把会里随时印出来的东西寄些下来？去夏定的国音和各国的对照表，我到了现在也没有见过一面；到底是已经发表没有？听说高元君出了一本书，里头有废五声的主张。这书是哪①里出版？

我预备做的文章大约如下。

总名：国语罗马字的研究。

第一篇，罗马字不可能性底释疑。里头论同音异义问题，在日本何以行不通，外国人试过何以行不通，人名地名怎么办，字形嫌长不嫌长，电报用白话岂不太费字数，外国字母怎么拼中国音，等等问题。

第二篇，国语罗马字草案：

b p m f	i u v	ua uo uai	阴 -h
d t n l	a o e e	uei, -ui	阳开口用双声母，例如 llai
g k q x	ai ei ao ou	uan uen, un	i 改 y 例如 yaq
j tc h c	an en aq eq er	uaq oq	u 改 w⋯waq
j tc c r-	ia io ie	ve van vn	v 改 yv⋯yvan
z- ts s	iai iao iu	ioq	赏主要元音双写⋯haao
-z -r（韵母）	ian in iaq iq		去无号，入 -k

轻同"去"，或用单用和后用 x。j, tc, c, r 后用 uen，
d, t, n, l, z, ts, s 后用 un。

第三篇，规定国语罗马字系的原则。1.重将来实用，轻过渡时代人的便利。2.利弊以实用的统计作轻重。3.不可和世界用字母习惯有乖背。4.为实用便利，可以牺牲理论上的整齐规则。5.不求速成，宁费半年学一种适用的复文字，不要费一两个礼拜学一个简而不适用的。6.不在乎宜于研究语音学或方言的用处。7.不

---

① 原文写作"那"。下同。——编者

在乎字典里和拼音表里整齐好看。8.于文字方面无用处不必细分,例如 a an ian,不必写 ɑ an iæn。9.容易写印。10.不造新字形。11.不加一ㄧㄟㄝ等"麻子"符号。12.同字母可依简单规则作不同音用,例如 a,c,z。13.常用的复声可用单字母代,例如 j,z。14.常用音的符号不可繁,例如 q(不要 ng!),c(不要 sh!)。15.从世界习惯。16.于文字分辨上无用的,拼字不求短。17.单纯音素不用两字母相拼(yv 例外)。18.文字非但容易写、印、学,又要容易读、认、记。19.于文字方面有用处须尽细分,使每词有一个"面孔"。20.文字尚形不尚声,拼音文字也然。例如"international"一个字的"面孔"一看就认得,只有初学才慢慢拼读。21.尽二十六字母全用。22.用 b d g j z 当不送气的清音。23.加五声为字形的一部分,例如 woai zinllai, mai tarutw, Naoli? nali. Nnallai. Niallai! qooniq Ou, un siq Lli。24.字形要醒目,不混,例如 ao 比 au 好,ou 比 eu 好,免和 an,en 混。25.词类连写,但不必勉强用长字。加入了声调,单字活词很少同音的。26.字母的名称取迎于本音的。

第四篇,关于国语罗马字的问题。

1.x 的用处。2.iu 还是 iou? 3."永"字谐声的字是否可读,写作 vq,不作 ioq? 4.uen, un 的分法? 5.ㄝㄜ一律读作 e(南京音)好不好? 6.废万母? 7.废广母? 8.取用几个京音入声字没有同音字的字,例如 bbai(白),beei(北),jjao(着)。9.lioao, cenmoo 于读音不合,写 le, ccemo 或 Ccemmo 好不好? 10.q 母只留阳声,赏去入都省去? 11.q 母草体作行? 12.q 母以本音作名称,不叫 qek? 13.废除大写? 14.用大写作声调符号,省一字母? 15.阳声一律用双声母,"姨吾鱼"三字音作为 y, w, yv, 和 ii uu vv(椅五雨)分? 16.用阳去阳入,例如 di 帝 ddi 地 duk 督 dduk 独? 17.从音的字还是阴声还写去声? 例如 diqhliqhdaqhlaqh 还是 diqliq deqlaq? 18.外国私名照拼还是拼真音? 例如 Washington

还是 Wociqten？London 还是 Lendeu。

  这是大概的内容，或者有些改变。您看了全文（共四篇一期登不下）假如以为可用，就请寄交《国语月刊》。我的条件是……保留自己译英文和著书再用本稿材料的权，因为做这个有点比较的潦草，想有空再好好的做成书。大约半个多月后我再写信给您。此请

  语体文安   赵元任

  诸同志均此致意

其二

3 Sacrements Place.

Cambridge 38, Mass.

U.S.A.

十一年"三十晚上月亮底下"。

劭西先生：

  你七月二十一的信在我书桌堆里指着我已经骂了好几个月了。里头有几层关于 Guohvv Romaz 的问题我想在长文里已经有了答复，所以偷懒下来没有写信。我记得那几篇的稿子，是双挂号寄上的，至今没有接到你的收条。不晓得是怎么的，假如遗失了，我还有一份复写的稿子可以寄上。

  我近来研究研究言语的变迁，渐渐觉得天然趋向的势力比人为的有意识的主张厉害的多。所以我们自负为言语文字改革的"英雄"者，只能在"事势"当中ㄅ，ㄆ，ㄇ，ㄈ……几件有可能性的主张拣一个最好的，才有成功的希望。这话你看起来似乎是大家已经晓得的陈话，但是事实上很不容易照它行。我从前以为德国的标准国音是定好了就通行的，哪晓得有些地方和多数人的习惯不合的就改不过来。例如标准音的 r 是滚舌的，但现在多数的德国人（有教育的）还是用通行的滚小舌的音。又如字尾的 g，标准音定

为 [k] 但是多数德国人仍旧用 [x] 音。

这种现象在现在中国言语里一定也有许多例。我想声调的废除不废除恐怕也是要看现在全国言语里有没有声调消灭的趣向和可能性。不仅问假如废除了有甚么便利的地方。

声调的有无和词旁的辨别固然有密切的关系，但是两者未必严格像数学然的相变。让我用一个譬喻来解释我的意思，在英文里 accent 是字音的一个要紧的成素。例如 cóntent 是内容，contént 是知足。但是多数的长字虽然念错了 accent 不会和别的字同音，但是因为它不像已经有的字音，所以听了就会不懂，所以我看起不注声调的拼音中国字来，不能当时就念出来像中国字，必定要先猜出来这是某某字然后再敢放心念出来。

你许回答我说英文 accent 不注出来何以中文声调要注出来呢？这话把我难住了，我承认上段的譬喻不足以解答。但是我想在我文章里末条原则举 C.arendt 的反比例统计里有充分的理由。

对于你五条"折中至当"的法子，我意见如下：

（1）（2）同音异调的单音复音词都用"草案"办法。

（3）少数的同音同调异义的在别国言语里不见得比中国少，尽可不管，这是修辞学者的事情，用的巧总不会给人误解。闲起来还可以让滑稽家做些双关的笑话。

（4）形定义明音不重复的双音以上的词类"从了简"怕不好念，不容易认出"字根"，写起来省的有限（我统计已经得每字加半个字母），实行起来怕生出种种不一致的现象起来，似乎一律注声调还是"从简"的办法。

（5）轻声去声，在字典里可用特别符号，例如轻声作斜体、丶号作去声，用时以无号为号似乎最简。

关于定词的事情我有一种消极的意见，就是中国的言语文字不能像西文那末容易分 word。从前希腊文也是长篇连写没有

word 这种观念的。同样的组合体,在德文是一词,在英法文就分开写,所以在中文我想不必一定定准哪些算词哪些算一顿(phrase)(syllable)。至于连写不连写,大约以两三个字为平均长度,不照论理的意义而照语气分 words。

对于这事我又有一个积极的主张。就是编起词典来,词类的取舍完全论词常用不常用的次数,换言之,不分 dictionary of words 和 dictionary of phrases(不成读的语)。譬如我们要做一部限于二万"件"的词典,某 phrase(太长不便连写,但其意义不能只从其成素中合成的)的遇见次数排到第二万名以上,而某词(例如两三字的)的次数在二万名以后,就应该取彼舍此,我这话说得可太不明白吗?

一庵来信问我去英的事已经有回信了,后来我从 Dainel Jones 得来的消息说明年(23)没有会,所以我又给信给一庵了。

Jones 寄了一本小册子讲万国发音符号的,里头有一段京音似乎拼的很准,一点没有受字形和字典读音影响的迂病。我把原文另张抄上,我想不用解释可以自明。

商务的机片想您已经全听见了,希望您给我不客气的老实批评。说明书三本我另封寄上。

瑞典人 Bernhard Karlgren 秋天到了北京,帮助 Mr. Pettus 组织华语学校的课程。这人对于音韵沿革似乎很有研究,你们有谁同他谈过没有?

你看了我的难看的汉字信一定更要鼓吹汉字改革了,也不再费你眼力了,此问新年好!

赵 元 任

(《国语月刊》第 1 卷第 7 期,1922 年)

中国言语字调底实验研究法

"字调"这名称是作者杜撰的,所以不能不预先说明它[①]底性质。字调就是平常所谓"平上去入","四声","五声";近来渐渐有人晓得这字调纯粹是乐调的性质,所以又名"声调",在普通语音学里,英文叫做 Intonation 或 Inflection,专用在中国言语上叫 Tone。在言语现象里,凡是音高和时间当中的函数关系都可叫做 Intonation 或 Inflection。例如外国人问一句话的时候,常常到句尾把音提高起来,这是上升的腔调。这类叫句调。但是在中国、暹罗、中非洲几处言语里非但有句调,而且每字也有一种固有的腔调,其重要和每字有一定的辅音(consonant)和元音(vowel)一样。例如"埋、买"是辅音、元音相同而腔调不同,"埋、煤"是腔调和辅音相同而元音不同;但是听起来"埋、买"的相差未必比"埋、煤"相差的少些。因为这每字固有的腔调和说话读书时抑扬的句调不是一件事情,也不是言语学上一类的现象,所以最好给它一个特别名称叫字调。旧名"声"字太泛,在科学讨论里不便取用。

对于字调底物理的性质,中国的音韵家一向只有过很糊涂的观念。多数人不过用"长短、轻重、缓急、疾徐、高低"等不相干的字眼来解说它,其实这些变量(variables)一点不是字调的要素。一个字调成为某字调可以用那字的音高和时间的函数关系作完全不多不少的准确定义;假如用曲线画起来,这曲线就是这字调的准

---

① 原文写作"牠"。下同。——编者

确的代表。假如用器具照这音高时间的曲线发出音来,听起来就和原来读的那腔调一样。这是这定义充足的证据。假如把上头"长短、轻重、高低,……"等纯乎定性的字眼来解释字调,无论说得再详细,也不能使人能用口或器具依那声调发出来,这是定性的字眼不够做字调定义的证据。

  但是字调的现象很复杂。所以总要先大略晓得字调在中国言语上的位置,才能定研究底方针。中国最早晓得有字调的时候,就已经有"平、上、去、入"四种字调,叫做"四声"。凡是字都属于这四种字调之一,我们现在最好叫它"调类",以与字调实在的乐调辨别。现在各方言里的调类和古时的调类有比较地简单的关系。要说明这关系,要先把古时调类再分析一下。古时候有真浊音(Sonant, or voiced consonants),现在只有吴音还保存它。凡是古时有浊音声母的字叫作阳调类,其余的叫阴调类。照这样凡是字都可以归入阴平、阳平、阴上、阳上、阴去、阳去、阴入、阳入八类之一。现在大略说各处调类底系统:

  在官话区域里共有四类或五类,和古调类的关系如下:

今＼古	阴平	阳平	阴上	阳上	阴去	阳去	阴入	阳入
阴平	北西南						北	北
阳平		北西南					北西	北西
赏			北西南	北西南			北	北
去				北西南	北西南	北西南	北	北
入							南	南

表里头,"北"是黄河流域的北官话,"西"指湖北、四川、云南、贵州底官话,"南"是指南京、江北一带底官话。这三种官话对于平上去都一样,就是阴平阳平和古时一样,古阴阳上归并作"赏",而且古阳上的一部分又变作去,古阴阳去归并作一个去。"入"类在北方分散到前四类去了,所以没有这一类,在西官话里完全归在阳平

里,就是在南官话里仍旧保存,并作一个"入"类。

在吴音(江、浙交界)和福建,八调和古音差不多,就是阴阳上不大分辨,有时阳上也改成阳去。

在广东,八调俱全,而且阴入又分作上入、中入两类,所以有九种调类。

以上讲的是中国各处方言字调分类底大概。这是中国言语学里的公共知识,并不是现在作者底发明。这分类的关系在历史的言语学上是很要紧的,但是在实际学方言懂方言和教授标准言语上只能算一半要紧,因为研究分类的问题全然不能告诉[①]人半点:"到底某地某字底实在腔调是怎么一条轨线?"这分类的研究是一种代数,晓得了 a、b、c、x、y、z 等代数的关系,有用是有用的,但在实际上又不能不把实在的数值代进去才能用。晓得了北官话,西官话,南官话三种调类的系统,有用是有用的,但在实际上又不能不把北京、保定、太原、开封、重庆、武昌、南京等实在的字调研究出来,才有完全的字调的知识。本篇所讨论的实验法就是要研究字调的实在"数值"的方法。

要讲实验的方法,要晓得字调这现象在言语里声学的地位。常有人以为字调很难研究,这是因为没有物理的思想生出来的误解。其实从物理上看起来,字调是最简单最容易研究的现象。凡是一个字音,大概有三种成素:一、发音器官阻碍出气的地方生出的杂声(noise),这叫辅音(consonant);二、这字音因为发音器官的形状生出各种不同的响应性质(resonant qualities, or timbre),这就成各种元音(vowel);第三因声带松紧在一个字音没有说完的时候,时时刻刻地变,使得那元音底基本音高变换而成各种腔调,这就是字调。所以从声学上看起来,辅音最难实验,因为杂声

---

① 原文如此。今多写作"告诉"。——编者

底声浪最为复杂；元音第二，因这是试验附属音（overtone）[①]的问题；就是字调最容易试验，因为只要晓得基本音高（pitch of the fundamental）的变就行了，并不必细验声浪底形状。

在作者所晓得的,有过两个人用实验法研究言语底腔调的。一个是美国的 Bradley。[②] 他用的器具叫 Rousslet apparatus。这器具底作用,就是使发音的颤动,在一个旋转的黑烟纸上画出曲线来,旁边又有调音,又也在黑烟纸上画线为比较时间的用处。这是声浪的曲线,这上头一个一个的弯弯子来得密就是音高高的地方,来得稀就是音高低的地方。要把这移位与时间的曲线（Displacement-time curve）改成一个音高与时间的曲线（Pitch-time curve）,得要把原来曲线分作许多段等份,一个一个地数每段有多少弯弯子,这些得数就是颤动的每秒数（frequency）。[③] 但是人耳朵听起音高来是和每秒数的对数（logarithm of frequency）成正比例的（例如 do re 相差的每秒数比 re mi 相差的每秒数少,但是 do:re=8:9, re:mi=8:9,所以听起来 do re 和 re mi 是一样大的音阶）,所以又须把得数算起比例来,或化成对数,这样再画曲线就是音高一时间的曲线了。

Bradley 用这法子,曾经得几条暹罗字调和北京字调的曲线。这法子好是很好,可是嫌太好了。这器具作者从前在加州时候也试用过,用起来很费安排,实验过后又须数线,这是很费事的。这器具有点太灵敏,所以容易出小岔头,它非但能画出大声浪的多少,连每大浪上的小波（附属音）也都能画得出,我们底问题只要晓得大声浪底每秒数,何必这么费事用牛刀割鸡的法子呢？

[①] 按 overtone,今译为"陪音"。——编者

[②] Cornelius B. Bradley, "On Plotting the Inflections of the Voice," *University of California Publications in American Archeology and Ethnology*. Oct. 1916.

[③] 按 frequency 今译为"频率"。——编者

还有一种是伦敦大学 Jones[①] 用的。他的法子很聪明很简单。就是用平常的留声机器开到半当中把发音处的针头提起,假如试验者的耳朵有过相当的驯练[②],就可听见提起的前头最后部分的临时音高(instantaneous pitch)。用这法子,一句里一部分一部分底音高,都听出来了,就可以把句子底全调在五线谱上画成句调底曲线。但是用这法子只能研究全句的句调,要用在单字里各部分音高的变化还不够精细,因为一个字底时间不过一秒的光景,在这一秒时内还要分作五份十份恰恰不早不晚地把那针尖提起来听最后的临时音高,这是人手人耳做不到的事情。

以上两种方法都是纯乎分析的方法,现在作者所拟的方法是兼综合和分析的(both synthetic and analytic)。大略如下:

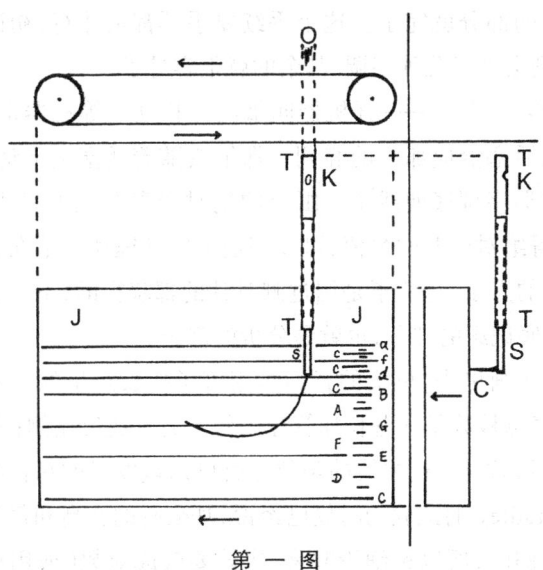

第 一 图

---

① Daniel Jones, *Intonation Curves.*
② 原文如此。今多写作"训练"。——编者

仪器。——如图，TT是两头开口的筒，和笛子差不多的粗细。K是吹音的口子。S是棍形的活塞，这棍可以中空，但是筒内的头上要有堵塞的平头。活塞须要适合筒的内径，使不漏气（用的时候可以擦点滑油）。C是和活塞同动的笔头子。JJ是测时计（chronograph）的大纸卷，图里的箭表示纸动的方向。

预备。——在未做试验以前，先把活塞放在各种位置和调音仪或钢琴配准各种音高，就用活塞外头上的笔头子在纸上画出各种音高的记认，并注出 $CC^\#DD^\#EF$ 等绝对音高的名称。

实验第一步。——先将所要念的字调念几遍，试验者听准了，就在K处吹管成音，同时把S塞子进退试动，试到吹出的音高变换的腔调和那字的腔调有活人学的那么像，而且能够屡试屡对，这实验底综合的部分就完了。这个手续要手耳都灵才行，初试的时候很难，等到会做了几种字调，其余的就很容易了。

实验第二步。——开机器叫纸向左移动。等机器走匀了，再吹管发动活塞恰成那字的腔调。那笔头随着活塞上下动，就在那纸上画成那字调底曲线了。纸上的绝对音高在"预备"里已经注出，要晓得绝对的时间数值，可以用通电的钟锤使铅笔在纸上画每秒或半秒的点子，这法子是用过测时计的都晓得的，不必多说。这就是实验底记载的部分，也就是分析的部分。

这曲线画出来，里头的音高是用管子的长短量的。照声学原理，乐音底每秒数是和管长加管径十份①之六成反比例；假如管子不甚粗，不算管径，这曲线的竖位标就可以量发音的每秒数。但是上头讲 Bradley 的试验的时候已经说，耳朵听的音高和每秒数的对数成正比例的，所以精细论起来，应该要改成对数（或用科学书店里有卖的对数格纸）才能画在五线谱。但是在字调的实验上，不

---

① 原文如此。今多写作"分"。——编者

必这么费事,只要在"预备"的时候先把各种音高开机器画成横线,看前图也可以得一种五线谱的乘方函数(Exponential function)。只要用画格子临法帖的法子,就可的用手术照样改画到对数的五线谱上(就是平常的五线谱)。

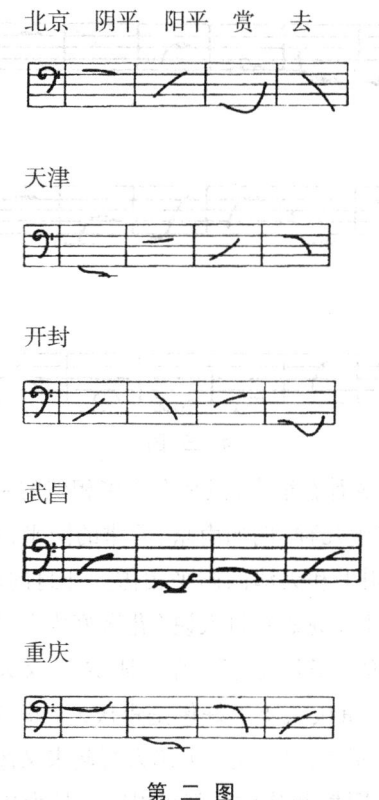

第 二 图

这实验作者还没有机会正式试过。但是用同样的原理,曾经用七弦琴做过粗略的试验得结果如下。图里五线谱距离是 4∶3∶3∶4 的比,这是因为 GB 是四个半音,B d、d f 是三个半音。fa 是四个半音的缘故。

长沙　阴平　阳平　阴阳上　阴去　阳去　阴入　阳入

南京

苏州

福州

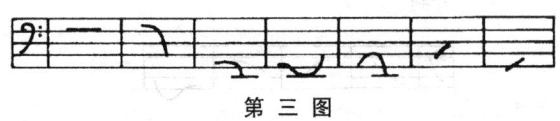

第 三 图

　　这几十种曲线看看很多，但是有许多相似的和相同的，就是细辨起来也不过二十几种，例如南京、天津的阴平，和重庆的阳平都是一样，重庆的阴平和天津的阳平相仿。开封的四声和北京的四声仿佛是倒了次序，例如开封人说"花园好大"（阴阳赏去），北京听了好像是北京的"华院蒿打"（阳去阴赏）。又天津人说"花园好大"（阴阳赏去），重庆人听了好像是重庆的"华冤号打"（阳阴去赏），而重庆人说的"花园好大"，天津人听起来又像天津的"华冤号打"，读者看上头天津、重庆的图就可以明白是为甚么了。

　　以上不过是半定量半定性的结果，还不够算纯定量的记载。①希望大家都用精确的方法再作能成定案的研究。现在且把几条实

---

① 原文如此。今多写作"记载"。——编者

验时须要注意的地方写下来,以便研究者参考:

1. 本篇所论是单字的字调,不是句调,也不是字字相连时互相影响的腔调。所以念字的时候务必要用单字。字调相连的影响也是可以用这法子研究的问题,但是要注明了是相连的字调,不可以和单字调相混(例如北京"赏"调和"赏"调相连,第一赏就变成阳平)。

2. 读音的人最好也要明白这实验的原理或目的,(不必懂平上去入)才晓得读得自然,不会到了机器跟前吓的做出变态的腔调。

3. 试验的人要有音乐的耳朵,最好能奏 trombone、胡琴或别种音高渐变的乐器。

4. 读音的前头须同读音者,或叫读音者说几句那字调所属的方言,不可说外国话,更不可说别处的中国方言。

5. 代表的字须要拣熟字,而且要问准了调类。例如"华"字在多数方言是阳平类,但在保定是读阴平(因为和"花"字通),假如把保定"华"字的腔调作为保定的腔调,那就错了。

6. 字调是一种相对的音高曲线,没有一定的绝对的音高的。老幼男女音高不相同,一个人说话响的时候音高高些,轻的时候音高低些(这关系没有物理或生理上的必要,不过最自然的习惯如此)。但是每类字调的形状还是一样的。例如北京"赏"调比阳平低,但是一个小孩子或女人的"赏"调比男人的阳平还高些,可是每调的形状不变就是了。所以读音时应该取一个不太响不太轻自然然的说法(也不要太长太短)。假如读音者的喉咙特别尖或特别粗,须要把他的曲线移上移下到平均音高,才可以和别处字调比较。

7. 非但一字里各部的音高有相对的关系,这调类和那类也有相对的关系,所以一种方言里几个字调一定要一个人读,而且隔开的时候要不久。不然把一个低的字调读得比平常高,过了几分钟,忘记了刚才的"key",把一个高音的字读低了,这相对的关系就不准。这个可以拿音乐的譬喻来解释。比方唱"何日醒",本来是C调,把全体改唱B调D调,倒也不要紧,但是头几句"一朝病国人都病……"唱"do do mi mi re do re mi"唱了C调;到了"饮吾鸩毒迫以兵……"唱成"sol sol sol ti la sol mi"改成了G调,那就错了。在研究字调时候要防这弊,可以先说了一个字调,做好了,在做第二试验的以前一两秒钟(不可比一秒钟再近,防相连的影响)把第一个字,仍照第一次的绝对音高再说一遍。同样,做第三试验前把第一第二字,仍照先前的绝对音高先说一遍,这样才能保全各调的相对音高的关系。例如先说"衣";第二,试验说"衣——移";第三,试验说"衣、移——椅";第四,"衣、移、椅——意";第五,"衣、移、椅、意——益"。

8. 字调的形状也只能取平均的形状,因为特别说重的字,音高的上下极很会伸长,特别轻的时候会缩小。用图画的言语说,就是比方把平均曲线画在一个半松半紧的橡皮带上,把这带子上下一拉,这曲线的竖位标底变度就加大了,把这带子一放松,这曲线就缩扁了,竖位标底的变度就小了。例如北京的"去"调上下距平均有八个音,但是很重说起来,例如很诧异的说:"怎么?这东西原来是个坏的!"这"坏"字的去声也许有十二三度的音阶了。

9. 试验者手术没有练熟时或耳朵没有练得很尖,有时声音大约像了就算了,这地方得要留心的。要防这种大意的地方,最好把极相似的字调能在仪器分辨出来。例如没有经验的人,试验武昌阳平的时候,得了长沙的阳平听听已经很像了,但是要辨别两处的阳平就不能不把武昌的阳平再弄准些,所以这非但是防弊的手续,也是一种发明的方法。

(《科学》第 7 卷第 9 期,1922 年)

国语罗马字的研究

凡例：b p m f(u), d t n l, g k q x, j tc h c, j tc c r, z- ts s; -r -z, i u v, a o e e, ai ei ao ou, an en aq eq er, ia io iai iao iu ien in iaq iq, ua uo uai uei ui uan uen un uaq oq, ve ven vn ioq。阴平，入声加 h；阳平开口的把声母双写，有 i u v 的改作 y w yv；赏声把主要元音双写；去声，轻声不用符号。（这是备查的，说明和理由见后。）

第一篇　反对罗马字的十大疑问

罗马字的好处人家赞扬的已经不少了，例如学习起来很容易；看字就可以读音；宜于普及教育；打字机印刷机都有现成的好用；可以一顺手连写；便于查字典，书目，索引，姓名录等；便于打电报；可以直接译名；便于中国人学外国言语和外国人学中国言语，等等好处，只要现在已经通行了，自然多数人都承认的。所以本篇不必再翻人家说了又说的陈话。本篇是要解剖几种反对罗马字的误解。乍看起来似乎用了罗马字母，有一利总有十弊；但是细究起来，有一利总是真的，有十弊，种种都幻想的，都是从误解上来的，所以都不是真弊。本篇把最常遇的误解一一列说和解说，希望使读者当中反对罗马字的看了可以多学到几种反对的新理由，赞成罗马字的看了可以不会再遇见了怀疑者底批评的时候只得强词夺理地说："我相信我的主张是对的，但是我也没有理可以讲给你听就是了！"

第一疑问：言语文字不可轻易改革。——"凡是社会上的改革总带有不少的损失。我们几千年来用的文字,已经是根深柢固的了；凡是现在的生活没有不和汉字有密切的关系,凡是现在在社会能做点事情的人,没有不拿汉字当思想出入的惟一的媒介。试问现在中国知识阶级里的人哪一个是专用拼音文字写国语,作为思想或表意用的？只要汉字教授法改良,用注音字母助汉字的读音,不怕汉字难。这样又兼改良的利,又免改革所带损失的弊,这就是西人所谓进化方法总胜于革命的方法。("Evolution versus Revolution".)

"而且言语和文字是一种自然界的现象,它①的变化有一定的自然定律,不比人为的制度,可以任意配制,要这么就这么要那么就那么的。现在要把中国话全写成字母是把全国的文字改了样子。造文字的事情是总归失败的；Vlapük, Esperanto, Ido, Idiom Neutral, Lips Kith 等等世界语都归于失败,就是因为这些都是人造的原因。"

第一答：所谓根深柢固的制度改革了总有损失,这种议论是守旧派的老调。假如有人提倡不近情理的改革,用这论调驳起来似乎很得劲,可是用在应有的改革上,也是这么老调发挥。比方十年二十年前有人提倡改用电灯,照这议论就要说："我们几千年来用的都是油灯,已经是根深柢固的了；凡是现在人的生活没有不和油灯有密切的关系,凡是现在晚上要给社会服务的人没有不拿油灯当惟一的取亮的器具。我以为只要把灯做好一点,用美孚煤油来帮助菜油豆油底不足,不怕油灯不亮,这样可以省掉许多费用,免掉新用电气因外行而生出的火险危险,可以省得把多年用驯的灯盏弃掉,免得灯铺子关门,免得煤油大王 J. D. Rockefeller 破产,

---

① 原文写作"牠"。下同。——编者

这岂不是进化比革命好吗？"所以这种议论不过是一种守旧的态度，并没有论理的价值。

至于说世界语的命运，现在还在试验中，不能定说"失败"；纵然就算它失败了，这也不能和国语罗马字一口气说。世界语非但是人造的文字，而且是人造的言语。中国的国语已经是有十几省人说的言语了，现在不过用罗马字写出这言语就是了。同是一句话，无论是写："你要这个不要？"或是写："Ni iao jego buh iao？"耳朵里听起来一点没有分别。人造文字是世界上屡见的事，就是历史上各体的汉字渐进的改变，不算在有意识的创造底例内，但是在高丽的用字母代汉字是忽然的改变。在东欧有几个小国本来没有罗马字的，后来也一下子造出他们的"国语罗马字"的，现在还用得好好着地呢。再进一层，可以说言语也可以用人力稍稍地改变。用言语的是谁？不就是"你，我，他，她"等等人吗？所谓"自然"的变迁不过是很慢的，不规则的，无意识的，可是依优胜劣败的条件的改变。所谓"人为"的改变就是有规则，有意识的改变。假如改革的人或团体是懂言语的趋势的，看得出优胜劣败的方向，顺着它走的，这种有意识的改革就会有效，而且比所谓"自然"的变迁还要快得多。德国的 Hochdeutsch 和中国的国音就是人造的言语标准。德国的 Hochdeutsch 本来纯是纸上存在的，现在已成一般有教育人底嘴里的活国语了。中国的国音，有相当的传授也可以通行全国。言语的本体都可以向好处改良，何况代表言语的文字呢？

第二疑问：文字尚形。——"文字有文字底用处，不是专为誊录口供而设的。文字既然是给眼睛用的，自然应该以适于视觉与否定优劣。比方'山，林，日，人'等字，看见了字形就可以想到意思，在英文要作 Mountain, forest, sun, man，就要先把字母拼出声音来，听见了或想到了声音才想到意思；语音这东西本来已经是思想的符号了，再拿文字作符号的符号，岂不是不如直接拿文字当思想的符号好吗？"

第二答：这议论是常听见过的，听起来似乎很有道理，但是它的假威势是从两个错误的前题来的：

第一个前题就是假定拼音文字是不重字形的。这个一点没有事实的根据。欧西的文字虽然大都<u>可以</u>从字形上读出声音来，但<u>不必定</u>要拼出音来才认得出字来，非但不必拼，而且平常用字的时候，没有人像初学的慢慢拼着念的。这话很容易证明：试问一个懂法文的英国人，这句是甚么意思：

Iou harre couaitte ouellecomme.

他就莫明其妙，叫他照法文读音念念，他才慢慢吞吞地念出来，就是

You are quite welcome.

一句话。又比方写

Rush a automobile eyes her arm is.

乍看好像一句文法不通意思不明白的话，但是照声音念起来才听得出是

Russia ought to mobilize her armies.

这两例足以证明西人看书认字的时候，一点也不拼音，一个字有一个字的"面孔"，看见同时就想到意思，叫出声音来，和中国人认汉字一样的，并不是先读出声音，然后想到意思的。西人当中看书快的，是用"视觉读法"Visual reading，把眼睛沿着字，一行一行地晃过去就能领会意思，连字音都不必清楚地想到的。由此看起来，拼音和不拼音的文字的分别大半在学习的时候和遇见生字的时候：前者比后者容易认识学习，到实用起来的心理两样都是见面就认得的，实用上罗马字比汉字的优点不是拼音文字的优点乃是字母文的优点。

第二个错误的前题就是假定言语和思想完全是两样事情，一

个是符号一个是本体似的。这种本体和符号的关系只有在言语当中占一小部分的看得见摸得到的具体的东西才是这样,例如"橘子,月亮,扇子。"在言语的大多部分里,差不多声音就是意义,意义就是声音,例如说:"这件事情怎么办法呢?我们应该好好地想一想才能打定主意罢?"这是两句很平常的,一点不是故意造出来少遇见的句子,是很足以代表言语的大部分的话。试问这二十六个字里哪几个字是可以作象形字的。把"好好地"画成一块田,上头长些很兴旺的麦子,把"打定主意"画一个人拿着棍子打,这样能帮助人懂这句子一丝一毫吗?总而言之,言语的成分十分之九是抽象的,就是像"擀面杖吹火,一窍不通"这种极端的具体的话头,其中的"一"字,"不"字和字与字的语法关系也都是抽象的,这种抽象的成分和言语的声音是一而二,二而一的。

所以答这问题就是好像相反而实在相伴的两句话:无论哪种言语,大部分的意义和声音是分不开的;无论何种文字,在实行的时候都是见面认字的。

第三疑问:同音字多。——"就是承认了以上的答语,罗马字于中国言语上能行不能行还是一个问题。外国字一个字有一大串声音,中国字一字只有一个字音,所以同音字多。日本也已经试用过罗马字母,已经失败了,他们常用两音的字尚且嫌同音字太多何况我们一字一音的呢?"

第三答:这问题是最常遇见的,所以须仔细点作答。在旧体文当中有许多同音字,自不必说。假定文里头常用的字有八千,国音连五声的分别算在内也不到一千三百,平均一个字音要派到六七个不同的字,这自然是不适于拼音的写法的。但是为了这个缘故,旧体的文章除非是给对于内容已经较熟的人念起来,是不能读出来就听得懂的。(我们听人背诗背文的兴趣和外国人听 opera 戏一样,不把戏本子拿在手里或预先看过一遍,就听不出唱的甚么字。)譬如对人说：

"始仁历儿题"

五个字音,听者要不是昨天晚上在那儿温习左传某公的,一定不会懂这是"那猪像人似的站起来叫"的意思,非得要看见了"豕人立而啼"才晓得是甚么意思。

但是在言语方面,无论哪一处哪一国的言语自然没有说了预备人家听不懂的,而且言语的变化上常常趋容易听懂的方向走,日久由自然的优胜劣败的淘汰作用,凡是于听觉上的明了不相宜的就自自然然地成废的。京话在各方言中算字音最少的当中的一个,不算四声只有420字音,算四声有1380字音,但是京话一点没有因为同音字多而听不懂的难处,可见得天然的东西里有自己医自己的药在内。言语所以听得懂有以下四种方法：

1. 省去多余的单字不当作词用。例如用"好"字,其余"善,佳,良"等字除和别字连成词的外都不单用。从这上就减少许多同音词。

2. 用多字词。例如"捉拿,桌子,愚拙。"这样拼起来就是写成拼音字,也不会和别的词相混。因为字字相拼是没有限制的,所以这样拼起来,白话的词汇(vocabulary)渐渐可以发展到比旧体文还要丰富精细了。

3. 取同音字少的,避同音字多的。例如"拿"字没有同音字(同声韵异调的不算同音),"持"字有许多,所以"拿"字占优胜。"好"字没有同音字,"佳"字有好几个,所以在言语竞争场上"佳"字被"好"字挤掉。

4. 有同音字的字改用无同音字的音,例如"给"字本来有旧体文里"急,级,吉,及,极"等同音字。但是在许多方言里都已改作geei,就没有同音字了。京话对于这层有特别长处,参阅下第四篇第七疑问。

这些"方法"并不是故意用的,是"你,我,他,她"等等平日同人家说话过日子上头不知不觉地顺着这取去的法则。所以结果是天生就不会有听不懂而能长久生活的言语。读者要知道言语底单位是句,句底单位是词,词底单位才是字,同音字虽多而同音词比较地占少数。既然没有听不懂的言语,哪里会把这言语的听觉成分表示出来倒反不懂了吗?

　　作者曾经做过一个单字词的词汇其中每字音不过派到1.3个字,在两字词,三字词同音自然更少,所以通扯起来,我想中国言语里的同音词和法国言语里的总差不离多少。

　　至于日本的失败也有种种原因,我们看明白了也可以得些益处。第一,日本音类极穷,他们的辅音,元音,两并三并的元音,和韵尾的辅音,都比我们无论哪块方言的少,又没有五声,七声,九声的区别,所以共总字音的如同不过我们方言中平均字音数十分之一,这是一个大短处。

　　第二,日本一向沿用的罗马字是从英文的习惯,不大适宜于日本本国用的。例如 sh 和 ch 是常用的声音,偏偏用两个字母代它,又如长音短音的分别是很要紧的,他们的写法是把字母上加横杠。这样既不醒目,又不便于写印,所以不合实用。

　　第三,日本的新文明发达比我们早几十年,所以有许多新观念新名词已经定的好好的,很难改动的了。但是这些名词,除掉有些直译西文字音的,其余大都是靠汉字字形的帮助,不适于以音独立的;但是因为他们学问家在言语上的势力很大,所以是改革上一个大阻碍。我们旧文学里出身的化学家,不晓得世界底和本国底言语进化底潮流,还做着梦"扭天行事",造了些"甙、甛、粍、镱、钗、钙、锰、铬、钴、镥、锶、锿、矽、硒、氩、广、汇、氵"不痛不痒叫不出说不清的怪字,要不趁早明白过来,我们也要蹈日本底覆辙的。

　　第四疑问:罗马字不能写文话。——"照你说起来既然一定要听了就能懂的言语才能用拼音字写，那么只有白话才能写得出，文话就不能拼音写的了。但是一国的文化全靠它文学的成绩为代表，才可以传给后世。中国的文学除掉几部小说戏曲之外，百分之九十九以上都是文话的，文话既不能用拼音写，岂不是有国粹沦亡的危险吗？"

第四答：这是一个很有道理的疑问，不是可以拿"迂、旧"等字随便骂得倒的。要是在七八年前答这问题，就有一手打两仗的困难。因为拼音文字和语体文运动是互相依靠的。

（A）先说平常人不大想得到的：就是语体文怎么必有拼音字？现在用汉字来写语体文，总是一件暂时将就的办法，因为言语的本身是音，但是汉字照文话写起来已经够明白了，为了声音不够，多写几个重复的字，就写得太多了。例如"忠、汽、本、氩、趾、衣、助"等字形在文话里很可以当单词用的，但是在言语上因为同音字太多，声音不够懂，所以要说"忠心，水汽或水蒸汽，根本，氩气，脚趾，衣裳，帮助"。这么写声音够是够了，可是字写得太多了，"忠"字就是"中心"，"汽"字就是水气，……"助"字就是"帮助"，所以"心、水、木"等字写两遍都是重复多余的。假如说把有傍的字都去掉旁，也有许多做不到的地方，"忠心"可以写作"中心"还好，"水蒸汽"写成"水丞气"就不大好了，到了"根本"和"帮助"难道可以写作"艮一"和"封且"吗？所以这是汉字不合语体文的症状。这语体文底短处是常被旧文学派指破出来的，而新文学的代表常常因为胆小畏缩，只得含糊过去算它不要紧，不敢和彻底的罗辑[①]的结果面对面相见。这短处补救的方法不是要复古，也不是把汉字假心半意地东减两笔西去个把偏旁就弄得好的，是要进一层向完全拼音文字走，这才是语体文底罗辑地必要的结果，这样才可以恰

[①] 原文如此。今多译作"逻辑"。下同。——编者

恰好好应该写的不比应该说的少,应该说的不比应写的多呢。

（B）次说拼音字必有语体文:疑问所论的文学为文化的代表,是不能驳的真理,但是语体的文学已经成了事实,渐渐地发展起来了,无论你有甚么精雅奥妙的思想,只要是有文字能达的思想,不怕言语达不出。照上第二答第二"方法"用字拼起词来,不用说三字词,就是两字词有了一千三百字音就可拼出 1,640,000 个两字词,这是比《康熙字典》里的字数或 Webster 大字典的 Words 的数目已经多十几倍了。至于中国的旧文学,自然不久就有人把其中有价值的,全做成语体文(其中专讲词章,用故典,译成了语体文就空空然没有东西的,本来不值得译,本来是我国文学的糟粕,丢掉了也不可惜);假如有人有相当的天资有兴趣来拿旧体文学史当一种专门的研究,或把旧体诗和各体的汉字当一种美术,这自然也是很有用的研究,这犹之乎欧美的情形一样:欧美的文化和言语文字全根据于希拉①和罗马。但是现在欧美各国只有少数的学者(但是总数在全国人口的比例也比得上我们汉文好的在全国人口当中的比例)直接用希拉和拉丁文来研究希拉和罗马的文化,但是多数人的国粹教育都是用现在的本国文(就是他们的语体文)得来的。

上段的议论已经是近年来常常有人发表过的,作者也不必多说。就是有一个枝叶的问题应该稍微研究一下的,就是同音的地名人名怎么分辨法子？别的都可以译成白话,私名怎么译法呢？比方有人名字叫"胡适",难道在语体文里要译作"到哪里去"不成？这问题有几方面的解答:第一,总计起来,同音的地名在欧西的历史上也不是不常见,在中国的历史上也并占不到一大部分,真到含糊起来,尽可以加字注明;例如"北恒山,南衡山,北通州,南

---

① 原文如此。今多译作"希腊"。下同。——编者

通州"。在人名上还可以把姓名号都写出来更不会混乱。在欧西人名后加"第几第几,甚么样人",例如 Napoleon III, William the Conqueror, 地名后加在甚么河上, 在甚么省域, 例如 Neweastle-upon-Tyne 和 Newcastle-under-Lyme；Cambridge, England 和 Cambridge, Mass., 这都是因为怕同音同形的字相混的分辨法。

第二, 在西文因有拼音字, 常有把古名照古拼法的。我们一向没有拼音字, 所以只得把古名今读。近来瑞典的中国音韵家 Bernhard Karlgren 曾经把唐朝时代的读音很详细的研究出来, 他现在正在研究汉朝的读音。唐音的数目连四声算起来总不下五千, 比现在的国语多好几倍。所以就是不能把个个朝代的读音找出来, 只要把古名都拼作唐音, 就可以免掉许多重音的地名人名了。

第三, 论到今名, 更容易解决。现在本有多音词的趋向, 用了拼音文字, 自然会有用长名字的趋向。在外国的留学生不得不用拼音的, 常把名号并写起来以免和别人的混。现在时兴用名不用号, 这还是"汉字时代"里的一种小进步(作者也犯了这个习气)。但是到拼音字通行了, 名字自然会加长, 或者名号总是并称。那时像姓于名实, 姓易名一翼的又短又不顺嘴不顺耳的名字自然不会有人要的了。

第五疑问：文字统一, 言语不统一。——"中国的文言是全国一致的, 这省人做的文章写的信尤论哪省人都看得懂。但是言语就各处不同, 要是都写了拼音字, 不是失去了一国底维一①的统一的利器吗？"

第五答：对于这问题的解答也可以说两仗已经打胜了一仗了。上头已经说拼音文字和语体文运动是有密切关系的, 现在要说这两者又和国语统一的运动也是各各相关的。中国的言语本来

---

① 原文如此。今多写作"惟一"。——编者

在长江以北和跨长江的各省所谓"官话区域"内已经是近乎统一的了，现在全国方言的语法本来没有甚么出入，词类的用法，在官话区域里也是差不多本来就是统一的。就是读音的分别最大。但是读音统一的运动已经一天盛似一天，有了国语的传习所，国语发刊品，留声机片，国音字母等利器，和政府的赞助，自然是已经有渐成事实的希望。等到国语将近统一的时候试行拼音文字更可以促进国语的统一。所以这问题在十年前问起来，我就答："从统一国语入手"；现在国语已经在积极的进行了，这疑问自然也就解决了。

第六疑问：外国字不能拼中国音。——"以上的理论只说拼音文字的好处和字母文字的好处，并没有说到罗马字体的好处。罗马字究竟是外国字，怎么能拼中国言语？例如写 Shanghai 作为'上海'，只能拼到近似不能拼到准确，这拼法念起来好像'乡害'，哪里是'上海'两个字？现在我们已经有了现成的国音字母，而且横行直行都便，为甚么一定要用只能横行的外国字母呢？"

第六答：罗马字底范围在世界各种言语上一天扩充一天，在本来不用罗马字的言语也渐渐取用起来，而且在德国已有 Gothic 字形的也渐渐地改用罗马字，可见这字母是世界共有的最便利的字母。至于说外国字不能拼中国音更是一种糊涂见解：试问 c 字底所谓"外国音"是甚么？ e 字是甚么？ g, h, i, j, n, o, r, s, u, v, w, x, y, z 底"外国音"是甚么？ c 字在英文里有 cat, mice, chat, ache 四种念法，在德文有 Cent, Choral, China, ach, deutsch 五种念法，在法文有 ce, coup, chez 三种念法；r 字在法国有两种念法，在德国有三种念法，在英美又有不同的念法，有的念作摩擦音，有的念成纯元音，有的念成打滚音，有的念在舌尖，有的念在舌叶，有的念到嗓子头里。比方一个法国人生在法国，学会了本国话，没认得字，就到英国去进学堂去。等到长大了，他底用罗马字母的习惯完全是英文的习惯。假如有人告诉他法文"年"字的写法是 an，他一定会不信起来,因为他照他英文的读法把 an 字念得像法文的女名 Anne 似的,一点不是法文"年"字盎盎然宏亮的带鼻音元音的声音。因此他就说罗马字是英国字母,不能拼法国言语里许多英国没有的声音!我们学过英文而没有用过罗马字写中国话的人,看见了罗马字母拼的中国字,就做着外国嗓子来学外国人说中国话,这岂不是和那法国人拿英国音念他自己法国的字一样傻吗?比方我说某字母某字母拼起来是中国的某声某韵某调,照法则拼起来,自然"上海"是"上海"不会念成法音的"伤爱(ㄝ)",德音的"伤害"或英音的"乡害"了。

　　注音字母在国语运动上已经有很大的功劳是自然不必说。以后可以作为独立的文字也是会有的事。但是这字母没有合于实用的五声写法,写起来无论楷书或草体都有些不便的地方,所以我对于注音字母的态度和德国的科学派的学者对于 Gothic 字母一样:就是用,我也愿意用,但同时我又赞成把罗马字母作为国语的一种别体字母,这个在实际上一定有很大的利益的。

　　至于说能竖写的好处,其实没有甚么要紧。第一层,科学里有许多东西竖写极不便当,不得不横行的。所以现在出版物横行的一天多似一天。本报就是一例。第二层,人眼的构造是每眼有两组横动的筋肉,两组左右上斜动的筋肉,两组下斜动的筋肉,而没有专管上下动的筋肉,所以看书的时候,除习惯影响以外,左右动比上下动容易得多。第三层,看书的时候是上半页离眼远下半页离眼近,强迫天下人把书举起来使与视线垂直,自然是不近情理的事。左右看书眼睛去字的距离变得少,上下看书眼睛就须把灵视的焦点长,时时刻刻地大改变,所以比较地累眼睛。因为这几层理由,所以能够竖写也算不得甚么大好处。

　　第七疑问:开闸放西文进来的危险。——"中国的言语文字一向很纯,没有受过外国的大影响。有些留学生在外国说些夹中夹西,或夹中夹东的杂话,但是他们写信的时候总还有点顾忌,不大犯这习气,这是因为文字不同,混起来不好看,写'烟士披里纯,德谟克拉西'等又很麻烦,所以还有点关拦。要是本国的言语也拿罗马字拼起来,懒惰的人,就很容易让外国字混到中国字里来,这样于中国的言语和文学的前途是很危险的。"

第七答:这问题所预料的现象是很对的,但这种发展于言语和文学上非但无害而且是一个大富源。纯种的言语和纯种的民族一样,都是瞎子看影戏:没有这事情的。人种学者都知道世界上没有不是杂种的人,言语学者知道世界上没有完全纯种的言语。就不要说在中国影响有限的梵文底地位,就是有史以前和历朝来边界各民族和中国互争互混的结果还会留下来甚么黄帝的或是孔夫子的纯粹国音国语吗?

还有一层,世界上民族混杂起来,常常会产出新文明来;同样言语和言语混杂起来也有很好的结果。英文是世界上最杂的杂种,也是世界上数一数二的文学最富用词最讲究的言语。无论是Anglo-Saxon,是Old English,是Kehio,是希拉,是拉丁,是法,是德,是甚么,收了进去,消化出来,还是好像很"纯正"的英文。比方说:

No one would criticize the English of this sentence as being 'impure', and yet its etymology goes back to no less than half a dozen different languages.

这句话底英文没有人会嫌它不"纯",其实"追根"是从好几种言语杂凑起来的。大概取用外国字的原因不仅是因为懒惰,一半是因为新思想或私名或专门名词应该用一个于本国言语里本无意义的符号代表,它才不至于有附会牵涉的弊病。"烟士披里纯,德谟克拉西,罗辑,么匿"那些译名,不是因为没有意义的不好,是因为那些汉字有不相干的意义的不好,而且字形又太繁复,所以一向译音没有好的成效。

大凡一个文明和别个文明相接触,一定会生出很强的互借言语的趋势。中国汉字对于这趋势的阻碍,犹如虞鲧的治水一样。这闸一放开,登时就要让洪水大冲过来,这是免不了的。大凡社会上与一种有道理的新运动,总有许多没有道理的人在里头学着时髦瞎附和;现在有许多本来不想做诗不能做诗的人也来做白话诗,就是一例。为了容易取用外国字根而生出言语上和文学上不纯的状态也是会有的,大禹治水,也不是拆掉了鲧底堤防就完事的;但是这不纯的状态不过是暂时的,不久这种新材料自然会受中国言语里国性的消化作用把它同化起来,而成极丰富极有用的思想的器具和文学的资料,同极"纯粹"的英文一样"纯粹"。

第八疑问:罗马字不够用,所以字形太长。——"罗马字母的数太少,所以ㄅㄟㄠㄨㄓㄣ等音不得不用几个字母拼起来,弄得字形太长,又占地方,又不好学。比方一个'向'字用注音母只要ㄒㄧㄤ就写好,用 Wade 的拼法要写成 hsiang 六个字母,一定很难拼念的。在打电报上用了白话,字数更多,岂不比文话的汉字更费?"

第八答:罗马字究竟够用不够用,读者看下篇"国语罗马字草稿"自己可以判断。至于说字形太长,有两层解答。

第一层解答就是字形一点也不太长,Wade 的拼法虽是在西文当中最通行的,但是只能算一种既不合学理又不合实用的"糊弄局儿",自然不能当国语罗马字的代表。作者曾把《阿丽思漫游镜里世界》(*Through the Looking-glass and what Alice Found There*)底头三段照本篇的拼法得下列的甚足令人寻思的比较结果。

因为怕占篇幅太多,只写原文和译文的第一段。下列的统计是三段的统计。

原 文:One thing was certain, that the *white* kitten had had

nothing to do with it—it was the black kitten's fault entirely. For the white kitten had been having its face washed by the old cat for the last quarter of an hour (and bearing it pretty well, considering): so you see that it *couldn't* have had any hand in the mischief.

译　文：Iuu ih iaq cr kaodejudih, ziucr na *beh* maoh biq mehiuu zai liitou dih—na wantsyen cr na xeh maoh dih tsotcu. Inhuei na beh maoh ihjrh zainaer raq toh laao maoh geei toh sii lieen, zuhzuh sii le ih keh joqh (zooq suan nai de ju dih): suooii nii tsyao, na ttaotci dih crtsyq cr *buh xui* iuu tohdii fen dih. (有一样是靠得住的，就是那白猫并没有在里头的——那完全是那黑猫的错处。因为那白猫一直在那儿让它老猫给它洗脸，足足洗了一刻钟（总算耐得住的）：所以你瞧，那淘气的事情是不会有它底份的。）

共总数起来
第一段 英文　62　words,　79　syllables,　252　字母；
第二段　　　76　　　　　86　　　　　　299
第三段　　　93　　　　　122　　　　　388
共计　英文　231　words,　287　syllables,　939　字母；
平均　英文　每　word,　4.06　字母,　每　syllable　3.27　字母
第一段 中文　62　词,　78　字音,　234　字母
第二段　　　80　　　　103　　　　　326
第三段　　　92　　　　123　　　　　383
共计　中文　234　词,　304　字音,　943　字母
平均　中文　每　词　4.03　字母,　每　syllable　3.10　字母

可见中国的"词"简直就是英文的 word, 中国的字音（包括声母，韵母，和字调三者）就是英文的 syllable。假如配的得当，中国语的一个罗马字恰恰抵英文的一个罗马字。但是英文在各国文字当中已经是用字母极省俭的了，有德，法，荷兰文要把上三段译起

来一定要多占些地方；现在中国字和英文还比得上，还说得着"字形太长"吗？

第二层，字长了难学这话是从一种学习法和教授法的误解上来的。常听见人说："我注音字母已经背得烂熟的了，怎么还不能看注音的书，还不会说国语呢？"这是因为认音和读音不是慢慢地拼认的，横竖是要预先认熟了"面孔"的（参阅上第二答）。认得了"ㄉ，ㄧ，ㄢ"三个字母和赏声的符号，还是不能看见了"ㄉㄧㄢ"就认得的，必定要把"ㄉㄧㄢ"字的面孔看熟了才能算认得，所以非但认四十个注音字母或二十六个罗马字母的工夫应该连认一千多个字音的拼字形，甚至二三千常用的词音词形的工夫，都要算在修业时期之内的，要能一看见"ㄉㄧㄢ"字或 lieen 字，同时就能想到声音和"面孔"的意义，这字这词才算认得。学习的心理既是这样的，那么从这方面看起来，把ㄞ，ㄟ，ㄠ等母劈开作两个罗马字母只有好处没有坏处。有好处是写明了ㄞ是 a 加 i，ㄟ是 e 加 i，ㄠ是 a 加 o，等等初学起来容易些，不会读错些，没有坏处是上头已证明国语罗马字一点不太长，而且初学完了，进学的时候横竖要把一千多字音一一认脸的，不会因为字形拼长了拼法的课程会加长的。

至于说打电报太费也是根据一种误算。中国电报局里办事的人十个人没有一个能不用英文而用中文在电报上谈事务的，可见汉文于电报的不相宜了。电报的长短不是论字数，是论点线的时间的。例如要打："二弟病，速来京"，这六个字的电号是"0059，1717，4016，6643，0171，0379"打起来共计

```
       6个0字,每0是－－－－－        共30线    0点
       5    1    1   ——————        20       5
       1    3    3   —·—·—·          2       3
       2    4    4   ——··             2       8
       1    5    5   ·————             0       5
       3    6    6   ——····           3      12
```

4	7	7	— · · ·	8	12
2	9	9	— — — — ·	8	2
			共计 73 线		47 点

一线时间大约等于三点,

∴ 73 线 +47 点 =3（73）+47=266 点。

现在把这句改成白话。其实说"二弟病,快来北京"连五声注起来,声音已能够懂了,但姑且再让一步,故意说长些,说:"二弟弟病了,快上北京来",写成罗马字就是

Er didi biq le, kuai caq Behjiqhllai. 照万国的 Morse 电码打起来

a 字 3 个	a 是	· —		共 3 线	3 点
b	2	b	— · · ·	2	6
c	1	c	— · — ·	2	2
d	2	d	— · ·	2	4
e	3	e	·		3
h	2	h	· · · ·		8
i	6	i	· ·		12
j	1	j	· — — —	3	1
k	1	k	— · —	2	1
l	3	l	· — · ·	3	9
q	3	q	— — · —	9	3
r	1	r	· — ·	1	2
u	1	u	· · —	1	2
				共计 28 线	56 点 =140 点

上面打汉字的号码也是用的万国的,假如专为打汉字用,把它改简了也可以省掉许多。或者现在中国电报局一向是这么办法,也未可知,作者没有能调查。但是下面的国语罗马字也是用万国的电码算的。假如我们仿美国的例把自己言语里最常用的字母改用最短的符号,例如把常用的 j— — —和 q— — —和 a— · · ·改短了,也可以省掉不少。所以上头汉字 266 点罗马字,140 点可以

算代表两种利弊的比例。这还没包括省得查电报书,打出来就是字母的大好处呢。

第九疑问:罗马字没有汉字好认。——"罗马字母的拼字总是差不多的样子,看上去不容易分辨,念起来一定很慢。而且纯粹拼音不能和半拼音的西文比,英文里 pair, pare, pear; two, too, to; 法文里 sens, sent, cent, sons, sang; 德文的 sie, sieh, Sie 因为音同形不同,所以容易认。"

第九答:西文里虽然有音同形不同的字,但是也有许多音同形同义不同的,例如英文的 can(罐头,能够),bat(蝙蝠,球棒,衬被单),rail(栏干,铁轨,秧鸡,嘲笑,大骂);法文的 en(在,它的,些),le(=英文 the, it, him);德文的 ihr(你们,她的,它的,他们的,到她,到它;大写起来又是你的,你们的)。况且西班牙文,意大利文几乎近于纯粹拼音的,更不能借同音异形来辨字,他们的字并不难认。现在欧洲最新的教言语的法是先用万国发音符号,用那法上面举的些同音异形字的例就都拼作一样,也并没有难懂的弊病,因为同音异义的字只要不像中国旧体文那么多,总可以念得懂看得懂的。

至于说拼音字念起来太慢,这是因为无论哪一种文字,随便怎么容易,也要经过一番上文所说的"修业工夫"才能毕业,等到毕业的时看见一句话,例如

　　　　Nii jinhtien tssoq naali llai？

一定不是先自己咕咕叨叨地问:"Nii 是ㄋㄧ的赏声,ㄋㄧ的赏声是甚么呢?让我想想看,奥①!原来可不就是'你我'的'你'字吗?……这 tssoq 字又是甚么字呢?让我看看,ㄘ,ㄨ,ㄗ,ㄘㄨㄗ;s 双写是阳声的符号,'通同统痛';ㄘㄨㄗ　ㄘㄨㄗ　ㄘㄨㄗ　ㄘㄨ

---

① 原文如此。今多写作"噢"。——编者

厶'那么还是'丛'字还是'从'字呢？让我再看底下是甚么字再定。"要是这样猜法子自然不是常态的念法了。总而言之，我们对于认罗马字正确的观念应该是这样的：凡是日用的言语，如

Jego rren cr cwi?	这个人是谁？
Baa je uaan tcca nna tev.	把这碗茶拿去。
Cienzai iu iuu yen, iu iuu yu.	现在又有盐，又有油。
Qoo siee dih z nii rende buh rende, nii dooq buh dooq?	我写的字你认得不认得，你懂不懂？

都要把词形用熟了才算会，这上头无论有教育的或无教育的都要费点工夫的。这工夫在已懂官话的人假如有适当的教授和教科书和罗马字词典的帮助可以两三个礼拜就学好，在没有教育的人要长些，在南方不懂国语的人那是学话的问题，不在学用罗马字问题之内，但是有了罗马字母还可以帮助人学国语学得快些。

此外用到学问上思想上的词类如

　　Cexui dii tcyvenlih xeen da, uaaquaaq ioq tcyaq lih tsui-jeh gorren dii gosiq, iahjr gorren zyu duhlih dih ziqhcen.

社会底权力很大，往往用强力摧折个人的个性，压制个人自由独立之精神。

这些词类给小孩子和没受过教育的人学起来不仅是学罗马字的问题，是增长知识的问题。他们脑子里本来没有"社会，权力，压制，个性……"那些观念，所以学这些词声词形和词义，一大半是思想和言语的教育，只有一小半是文字的教育。我们中年人已经牺牲了多年的宝贵的光阴来学这些"忠心，根本，水汽……"等不合于现在言语趋向的词形了，所以看见了罗马词形先要译成汉字才懂，这是我们从前汉字教育和习惯的影响，也难怪我们如此。但是下辈的人学起国语里几千词类有了罗马字母帮助就是要费好几年，其中十分之八九是思想和言语的教育，不过十分之一二是文字

的教育,不比我们文字的教育占了一大部分的吃亏了。

第十疑问:罗马字已经失败。——"罗马字在中国已经试用过了,何以不见有成效?西人在中国也试过许多种,上海,厦门,福州,广州等处方言都有罗马字的圣书等发刊品,怎么还竞争不过汉字?可见得你上说的种种罗马字可以优胜的原因不过能给你在纸上打个胜仗罢了。"

第十答:上第五答里已经说罗马字何以必须同新文学运动和国语统一运动互相依靠,所以局部的方言的罗马字不能通行是应该的。但是一向罗马字失败的主要原因是因为造那些拼法的外国人又不是语音学家,又不深懂中国言语现在的性质和过去的历史,而且最要紧的他们底目的一点不是造出一种给中国人用起来最便利的文字,乃是凑他们各人本国用罗马字的习惯而定的,所以弄得虽繁复而没有准确的好处,虽欠缺而没有简易的好处,真是叫"吃力不讨好,挨饿不省钱",这样哪有不失败的?比方照现在最通行的 Wade 拼法(照 Goodrich 字典稍"改良"的)写:"叫他儿子快跑去看那个人是谁,"要写

Chiao^4 t'a^1 er^2-tzu k'uai^4 p'ao^5 chü^4 k'an^4 na^4-kê^4 jên^2 Shih^4 shui^2.

这里头要用 21 个数字,4 个撇号,1 个双点,2 个帽子,1 个反帽子,2 个连号,40 个字母。那些既不醒目又费事的符号其实比多写那么些个字母还麻烦得多,就算他一个符号等于一个字母,加起来这行就等于 62 个字母。现在用作者所拟的国语罗马字写上面的句子,就是

Jiao tah errz kuai paao tcv kan nago rren cr cur.

只有干干净净的 38 个字母,每一个字像一个字的"面孔",半个啰哩啰唆格哩格顿的符号也用不着,而且字的声调注得明明白白("子"字不注赏声那是为轻音的缘故),自然另是一种文字了。

以上种种反对罗马字的疑问是最常遇见的,虽然都是根据于误解,但也是有价值的理论,不尽是无理的瞎反对,所以作者费了这些事来一一解答它。现在要从积极的方面来讨论国语罗马字的系统了。

第二篇　国语罗马字的草稿

本篇里所拟的国语罗马字和后头附的方言字母不过是一个草稿,因为作者深信用罗马字制定一种国音字母的别体是一件很有希望很有讲究很不能将就的事体,不是一两个人费一两天工夫没有定量的统计的事实,不用几条周密的原则所能做得不后悔的事。外国人制的字母不合中国人用,前篇已经论过,此处不必再举例。钱玄同先生所拟的系统于应用上比外国人的适用的多了,但是因为有几条制罗马字系的极要紧的原则他没有应用,所以作者只能把那字母当作一个大进步,还不敢鼓吹它当一个可以宣传通用的标准。

本篇所拟的字母虽然是算是一个完全的系统,但是因为里头有许多作者从前以为是现在不敢自信的地方,所以在末篇(第四篇)希望读者在本报上或直接向作者[①]作建设的批评。我想应该要缜密周到不慌不忙,从研究的态度入手,才能得最圆满的结果。

现在先把所拟的草稿简略地写出来。拟这草稿所根据的几条原则见第三篇。

声母:b p m f　　d t n l　　ㄅ ㄆ ㄇ ㄈ　　ㄉ ㄊ ㄋ ㄌ
　　　g k q x　　j tc h c　　ㄍ ㄎ ㄫ ㄏ　　ㄐ ㄑ ㄬ ㄒ
　　　j tc c r　　z ts s　　ㄓ ㄔ ㄕ ㄖ　　ㄗ ㄘ ㄙ

[①] 作者住址:Y. R. Chao, 3 Sacram. Place Cambridge, Mass., U.S.A.

韵母:(j, tc, c, r)-r (z, ts, s)-z (但单 r 字不重写)(但单 z 字不重写)

  i u v   y w yv ㄧㄨㄩ   ㄧㄨㄩ的阳平
  a o e e   ai ei ao ou ㄚㄛㄜㄝ   ㄞㄟㄠㄡ
  an en aq eq er   ㄢㄣㄤㄥㄦ
  ia io ie iai iao iu   ㄧㄚ ㄧㄛ ㄧㄝ ㄧㄞ ㄧㄠ ㄧㄡ
  ian in iaq iq   ㄧㄢ ㄧㄣ ㄧㄤ ㄧㄥ
  ua uo uai uei, ui   ㄨㄚ ㄨㄛ ㄨㄞ ㄨㄟ
  uan uen, un uaq oq   ㄨㄢ ㄨㄣ ㄨㄤ ㄨㄥ
  ve van vn ioq   ㄩㄝ ㄩㄢ ㄩㄣ ㄩㄥ(ㄧㄨㄥ)

声调:阴平声加 h(仿德文长音例);

  阳平声开口呼的把声母双写,有 i, u, v 的改作 y, w, yv;

  赏声把主要元音双写;

  去声不用符号(理由另详);

  入声也加 h,在字典里和教科书里加 h';轻音字永远轻读的也用去声符号(就是不用符号),偶耳①轻读仍照原来声调写。(这类字的音本来是中性的短音,去声的音高也是不高不低,读短些也差不多。例如"先生"的"生"是轻音,所以就和"先胜"念快了差不多)

字母的名称,照平常索引的次序可以作两个七字句,六个三字句背,如下:

  a 阿 ah b 北 beh' c 诗 crh d 得 deh'
  e 呃 eh' f (弗) feh' g 格 goh
  h "高" gaoh i 衣 ih j 知 jrh k 客 keh'
  l 勒 leh' m 墨 moh' n (纳) neh'
  o 哦 oh p 拍 peh' q 额 qeh'
  r 日 rh' s 思 szh t 特 teh'
  u 乌 uh v 迂 vh w 无 w

---

① 原文如此。今多写作"偶尔"。——编者

x 黑　　xeh'　　y 移　　h　　　z 资　　zh

（因为阴平和入声都是高而平的,就是长短有点不同,所以这两声调的 h 字母叫作"高",在方言字母里可以念作 hah,当江苏、广州等的真 h 音,以与 z 区别。）

上文所说的五声写法应用起来怕读者不明了的地方,所以最好都明写出来。

声母只有在开口呼阳平里有些更动,别的声调于声母无关系。开口呼（oq 母算在内）的阳平,声母单的就双写,复的只把第二个双写,如下：

(bb)　pp　mm　ff
(dd)　tt　nn　ll
(gg)　kk　qq　xx
(jj)　tcc　cc　rr
(zz)　tss　ss

韵母的全表如下：

日	rh	--r	rr	r	-rh'
ㄙ	-z	--z	-zz	-z	
一	ih	y	ii	i	ih'
ㄨ	uh	w	uu	u	uh'
ㄩ	vh	yv	vv	v	vh'
ㄚ	ah	--a	aa	a	ah'
ㄧㄚ	iah	ya	iaa	ia	iah'
ㄨㄚ	uah	wa	uaa	ua	uah'
ㄛ	oh	--o	oo	o	oh'
ㄧㄛ					ioh
ㄨㄛ	uoh	wo	uoo	uo	uoh'
ㄜ					eh'

ㄝ	eh	--e	ee	e

（看下第四篇疑点第五）

ㄧㄝ	ieh	ye	iee	ie	ieh'
ㄩㄝ	veh				veh'
ㄞ	aih	--ai	aai	ai	
ㄧㄞ	iaih	yai	iaai	iai	
ㄨㄞ	uaih	wai	uaai	uai	
ㄟ	eih	--ei	eei	ei	
ㄨㄟ	ueih	wei	ueei	uei	

（前无声母）

ㄨㄟ	-uih	-wi	-uui	-ui

（前有声母）

ㄠ	aoh	--ao	aao	ao
ㄧㄠ	iaoh	yao	iaao	iao
ㄡ	ouh	--ou	oou	ou
ㄧㄡ	iuh	yu	iuu	iu
ㄢ	anh	--an	aan	an
ㄧㄢ	ienh	yen	ieen	ien
ㄨㄢ	uanh	wan	uaan	uan
ㄩㄢ	venh	yven	veen	ven
ㄣ	enh	--en	een	en
ㄧㄣ	inh	yn	iin	in
ㄨㄣ	uenh	wen	ueen	uen
ㄨㄣ	-unh	-wn	-uun	-un

（只用在 d, t, n, l, z, ts, s 七音后）

ㄩㄣ	vnh	yvn	vvn	vn
ㄤ	aqh	--aq	aaq	aq

ㄧㄤ	iaqh	yaq	iaaq	iaq
ㄨㄤ	uaqh	waq	uaaq	uaq
ㄥ	eqh	--eq	eeq	eq
ㄧㄥ	iqh	yq	iiq	iq
ㄨㄥ	oqh	--oq	ooq	oq
ㄩㄥ	ioqh	yoq	iooq	ioq
ㄦ		err	eer	er

以上几个表里头要加说明的：万母没有列入，因为国音的万已经一律改作"今读ㄨ"了。在吴音里万母的字不是变作ㄇ就是变作ㄈ的浊音，所以也不用新字母。

r字当声母或当韵母本来音差不多。

z字在字头是声母（不写作dz理由见后第三篇），在字尾是韵母（s的浊音），所以不会混。单一个zh, zz, z就是"兹,紫,字"三个字音。

阴平和入声相混的机会共总不过3434个字音，所以平常写字，入声写h就行，不必加撇。

关于n齐齿读法请看第四篇疑点第六。

国语罗马字例：

Gui siq？Bi siq *Ly*, nyn gui siq a？ zien siq *Lii*. Je liaaq go rren cr cwi？ Je cr *Uaqh* jiah dii *Er* Caoye, na cr *Waq Eer* cuen dii *er errz*.

Nii *nna* na uaan, *iu* iao dao *naa* li tcy *maai yu* le？

Buh！qoo *nna* je *uaan yu* dao na bien *Uan* jiah tcy *mai* tsyen, *mai wan* le *yu*, qoo *iuu* le tsyen, ziu baa tah mmai zai *di dii cia*.

贵姓？敝姓黎，您贵姓阿？贱姓李。这两个人是谁？这是汪家底二少爷，那是王耳顺底二儿子。

你拿那碗，又要到哪里去买油了。

不！我拿这碗油到那边万家去卖钱，卖完了油，我有了钱，就把它埋在地底下。

二、(附) 方言罗马字母

拼方音的字母有两种用处：一种是为精确的学理的研究的；这虽然是很要紧的事情，但是只有少数的专门学者用得着，不妨把字母造得很精细，于书写和印刷上费点事也不要紧。还有一种用处是为学别处方言，或是教各处人学国语的时候或各处人要学国语的时候要拼了方言和国音比较的。这种虽然不能算比头一种用处一定更要紧，但是比较前者范围广些，有关系的人多些，所以不能不从简单方面想法子，不能添造许多字母，像万国发音符号或Lundell 底很完全的方言字母那么费事。注起声调来，精确的注法就应该以实在的音乐调来区别各种声调，那样子，全国的方言总要用到几十种符号；但是为实用计，只须注调类（至多九种）就够，所以实用的方言字母尽可以不必像精确的方音字母那么繁复。

因为上拟的字母是以国语为主的，所以不能仅就拼各处方音的便利来定字母的用法。但是用以下方法，也可以拼各处方言的大概。

声调：平声加 h，上声用双写的主要元音，去声不加，入声有 p, t, k 的加 p, t, k，没有的加 h'。阴的平上去入用单声母。阳的平上去入开口呼的把声母双写。有 i, u, v 的改作 y, w, yv。广州的"中入"末尾用 pp, tt, kk。在官话区域里因为没有"阳去"，所以阳平后的 h 省掉了不会混乱（国语罗马字也在此例，看下第 2, 5, 6, 7, 8 例）。

声母：江浙各种方言有真浊音的（带音的辅音）只须把阳平阳上阳去阳入的声母改念浊音就行了。这规则有一定的，因为凡是阳类的没有不是浊音的。但是反过来，"是浊音的都是阳类声调"这规则有几个例外的字，例如上海的"勿"是浊音阴入，"拈"是浊音阴平。因为这是少数，不难想法子，例如"勿"作 f'uh'，"佛"作 ffeh'；"拈"作 nén，"难"作 nnén。又如北京土音"碍"读 x'ai，（不是qai）"害"读xai。广母要和ȝ母分辨就加作n。其实方言里很少有广母和ȝ母的齐齿撮口并存的。国语里为了三个字（你，您，泥）生出这不规则的读音也是一种"糊弄局儿"。所以在实际的方言字母里n上不必定要加弯弯子。

韵母：半鼻音的元音就把n或q写在右肩膀上。是圆唇的e，ʌ（倒v）是英文u的短音，念长些就是无锡"幺"母的读法，也是北京"ㄥ"母的前半音；ə（倒e）代替"中性"元音；ɯ（倒m）是不圆唇的u（再开一点就是"厂"母的浊音），武昌的"ㄜ"母，常州"幺"母的后半就是这音；ɔ（倒c）是o音开一点，又作ò。在打字机上不能倒写就在字母上加点，如ȯ, ṁ, v̇, ė。字母上加正撇如é, á, ó就是读起来要比没有撇的使舌部向上些，加些反撇如ì è à ò ù v̀是向下些（开些）的意思（作者对于这些符号还不甚满意，希望读者指教）。

方言罗马字例：

苏州 1. Hhoh siihsaqh ssz Seuhjv̀h nyèn, nnè ah' ciʌʌ deh' jia?
　　　 韩　先生　是　苏州　人　奈　阿　晓得　甲
　　　 （ss念浊音）　　　　　（你）（可）　　（吗）

南京 2. Gerhge mmen caq xuɔh ppaè lleu ki tcrh' tccɔ ki ba?
　　　 格儿格　姆们　上　花　牌　楼　去　吃　茶　去　罢
　　　 （今儿）（我们）

福州 3. Qwaai siq Diqh, ih siq ddiqh, nvv è hiu tiaqh m-a?
　　　 我　姓　丁　伊　姓　陈　你　嗳晓　听　呒嗳
　　　　　　　　　　　　　　　　　（会）（懂）（不会）

广州 4. Yimman bat-tsiah gaaubak tsʌt-cʌp luk.
　　　 二万　八千　九百　七十　六

武昌 5. Ciaaocinh baa Ffubbə liaaqgo z ddeu tcintseeu liaao.
　　　 小心　把　湖北　两个　字　读　清楚　了
　　　　　　　　（阳平）　　（阳平）

开封 6. Llai le ge kè, tcuanh xè uaz xe cyè.
　　　 来　了个客　穿　黑　袜子　黑　鞋

北京 7. Gɯə gwə yanjio du inh di cyvejɯə iqhgaih xuciaqh lyanlə.

国语　8. Goh guoh yenjiu duhinh dih ciohjee iqhgaih xusiaqh
　　 各　国　研究　读音　的　学者　应该　互相
　　 lyenloh.
　　 连络

第三篇　凡是拟国语罗马字的
　　　　应该注意的原则

第一原则：为永久的实用计。——一种文字的合用与否要看给小孩子或不识字的人将来学起来和事务上与学问上用起来合宜不合宜，不能偏凑着已经有汉字知识的中国人来定好坏，也不能**全**顾到中国人学外国言语或外国人学中国言语的便当与否。这是因为前一层是关系到永久的应用，后一层不过是暂时的。我们用惯汉字的人是过渡时代少数的人。例如下面第九原则说要容易写，第十八原则说字要容易认。这两种利益是趋向相悖的，在应用时自然要斟酌轻重分配的得当。假如专就我们现在过渡时代的习惯定轻重，那就是偏见了。例如写

　　　　Dan je joq li-iu xen i doq di.

我们有汉字知识的人，半猜半想的就可以详出来是

　　　　但这种理由很易懂的，

不至于念成

　　　　胆者中梨油恨一动地。

但是拼音文字是预备给将来大多数没有汉字知识的人用的。我们看拼音国语的心理现象是一种呼出汉字的现象。看拼音文字**常态**的心理现象是见字生义的现象，所以为长久计为大多数计，就须把易认看重些，易写看轻些。上举的例假如注明五声，加几个字音，写作

　　　　Dancr je jooq liiyu cr xeen yoqi dooq dih.

不必把这个译成"但是,这,种,理由,是,很,容易,懂,的",十二个字形才懂,应该看见"dancr"就晓得是英文 but 的意思,看见"liiyu"就晓得是"缘故,原因"那类的意思,看见"xeen"就是"甚"的意思,不会当作"xen"（恨）。

至于外国人学习中国语的或中国人学习外国语的更是少数,不必处处凑他们底便。所以字母的用法不全是从西文的习惯。例如 v 当 ㄩ,就可以把 y 母留出来作很要紧的用处。r, z 当韵母是不合西人的心理的,但是于中国人的心理是很自然的。

第二原则：准统计定利弊的轻重。——比较利弊的轻重须要有**定量**的统计的比较,只靠估量或纯乎**定性**的事实,不是根据。假如一种写法有九个弊只有一个利,但是这一个利是说三句话写几个字都遇见的,那十个弊在实用上都是很少遇见的,那就宁可为了这一个好处带累出来九样坏处,也是值得的。统计又须拿实用的例为标准,不能专看字典或专门书里的言语。例如问哪类声调最多？字典里阴阳平的字不少,赏声极少,但是赏声去声都是最熟的字,所以声调的比例应该从实例上作统计。作者曾经从几千字的各种白话里得声调分配如下：

去	30%	赏	20%	阴平	14%
入	14%	阳平	12%	轻声	10%

所以去声不加符号比阴平不加符号便利得多了。

第三原则：顺天演趋势。——所造的文字不可以违悖言语现象的定律,和言语变迁的天然趋势。第一篇里第一答里说人可以造文字可以改言语,但是人为的制度只能**顺着**无意识的,不规则的,慢慢的变迁组织成为有意识的,有系统的,比较地快快的改良。但是总不能和天然趋势相悖。例如照第二十五原则的统计,字音的类数和言语的"啰唆程度"总归成反比例,所以假如废除声调因此字音从一千多减到四五百,平常的用字就要加到三倍地"啰唆"。

所以假如不注声调而用罗马字拼现在通行的我们以为不长不短的用词习惯，这不是人力可以勉强做得到的。

第四原则：牺牲理论上的规则。——字母底系统和拼法底规则不必求十二分整齐呆板，只要求实用的时候统计起来的便利。例如 j, tc, c 凡是有 i, v 的读ㄐ, ㄑ, ㄒ, 没有的就是ㄓ, ㄔ, ㄕ, 这是很容易记的。而且不用记它, 读起音来自然而然只有这么改法才读得顺。又如 z 在字头作"ㄗ"母用, 在字尾作ㄗ, ㄘ, ㄙ的韵母, 也是很容易学的。大概我们专于抽象学问的人喜欢从演绎的方面看事情的, 所以系统上有些不规则, 马上就觉得不便。但是多数的学说话写字是一个一个的认脸认音的(参阅第一篇第二答)。常有学文法的学生在同本考卷子里上页把文法规则背的完完全全地, 下页自己做起文章来把上页的规矩都犯了也没觉得, 可见得在实际的学言语和用言语, 稍微有点理论上的不规则一点没有妨碍, 犯不着为了这个牺牲实际的好处(就是注音字母也有不规则的地方, 例如ㄧㄣ, ㄩㄥ都不是照字母拼念的)。英文拼法的不规则可以算到了极点了, 但英美本国人言语文字的教育工夫不像在中国那么成儿童的光阴和精神上的几年大累。作者所拟的国语罗马字里头不规则的地方是大批的, 是有不规则中的规则的, 不比英文一个字有一个字的古怪拼法, 所以比较起来我们这种不规则轻的多了。

第五原则：学习的时间不妨长些。——上条说的最合实用的未必是最有规则的, 因此学习的时候比学有规则而不合实用的要加长些。比方说不用二十六个字母, 只用十三个字母, 认字母的时候是省了一半了, 但有些现在可用一个字母写的字要势逼至于两个字母拼起来了, 弄得字形太长不合实用；又如五声不注也不教学生念, 那就可以省掉不止一半的学习的工夫, 但是用起来就很不明白。所以宁可多费几个月的工夫来学好了一个于将来一辈子几十年实用上便利的文字, 不情愿省了眼前几个月的时候。只花了几个礼拜或几天的工夫来学一个于将来一辈子几十年实用上不便当的速成科的简陋文字,打眼前的小算盘,总归要吃最后的大亏的。

第六原则:不作精确研究的器具。——要求实用上的便利,自然不能同时又作精确的语音学的研究;虽然上拟的字母可以拼各处方言的大概,不能一定非要精到能分辨无锡城中和南门的读音才行。例如ㄅ,ㄉ,ㄍ,ㄐ,ㄓ,ㄗ在学理上是应该用p,t,k等不带音的辅音(清音)表示,并不是b,d,g等西文里的带音的辅音(浊音)。但是在实际上把它这样改借过来有无穷的便利,所以不能顾忌到学理上的不准确。

第七原则:一国的文字不是专为音韵家字典家底方便而设的。——"当局者迷";我们研究言语的人,总要想法能脱离我们专门学的偏见才能判断实际上的利弊。天下少有能完全脱离偏见的人,但是觉到自己的偏见,就是脱离了一半了。假如我们造一种字母,一字一音,一音一字,声母的次序唇,齿,舌,喉;韵母的分类,开,齐,合,撮;声调的次序平,上,去,入;造一个拼音表,可以"滴角四方";做一部字典,可以恰恰一页一韵。这样于我们音韵家的审美官能是非常满意的了,可是社会上有没有别人理会我们;理会了我们,他们能不能得些益处?能得些益处,是否为了我们的"审美官能"牺牲了可能得的益处的十分之九?这就又是些问题了。

第八原则:无用处不细分辨。——相近的声音,假如在实际上不会混乱,尽可以用一样写法。例如a,ao,aq的a是很开的;ai,an的a关些,舌向前些,但是这种变化的规则很简单的,是依着语音的同化作用而生的,不教人,人也会照那么念的;假如用了语音学里的符号用两种不同的字母来写这个,白多用了字母,于一千几百个字音的字形一个也不加一个,倒反难学了。同理,ㄐ,ㄑ,ㄒ从来没有开口合口的;ㄓ,ㄔ,ㄕ从来没有齐齿撮口的,所以用j,tc,c作两种读法于实际上的分辨一点没有妨碍。

第九原则：文字须要容易学写容易印刷。——这原则的应用见下几条。

第十原则：限于二十六个老字母，不造新字形。——二十六个罗马字母，凡是印刷所，打字机，或无论识英，法，德，意，西班牙，荷兰等文的人所共有的。出了这字母以外要造新字，就又费事又难通行了。罗马字形有能连写的好处，情愿多写一个字母比断了字形当中撇一撇省事。作者所拟的拼法里常有双写的字母；这双写的字母，因为一种心理作用写起来比两个不同的字母好写些，看起来比两个不同的字母连气些，于字形分辨又极有功用，所以是一种很上算的拼法。

第十一原则：不加符号。——撇，杠，点，帽，反帽，弯弯子等符号一概不用（入声 h 后的 ' 号除字典和初等教科书外可以省去不生混乱，前已说明）。普通说起来，文字的容易辨认和它的容易学写成反比例。比方不注声调容易学写，注了声调就易辨认。但是那些横七竖八的符号，既不便于书写，印刷，又不容易记忆和认识。例如ㄅ和ㄆ，ㄉ和ㄊ，ㄍ和ㄎ等区别是很要紧的，在 Wade 拼法就写作 p p'，t t'，k k'，ch ch'，ts ts'。但是这只小耳朵既不醒目，又不好写，用起来非常讨厌，所以有些外国人不耐烦起来简直就把这小耳朵剃掉了。因为这个，我们假如在报上看见"Hsu Shih Chang"字样，也看不出来还是指某人的名字还是某人弟弟的名字。又如五声的点角法，或在字上作 ˉ ˊ ˇ ˋ 号，也是不醒目不好写的。要知文字的好写不好写不全在拼法的长短和笔画的多少，乃在乎字形容易不容易记忆和能不能顺手一连写下去，例如 nǎ, nà 作为哪，那；mái, mǎi, 作为埋，买；字形上没有大分别，很容易混或忘记，写起来又很麻烦。假如写 naa, na; mmai, maai, 就差不多有 where, there; bury, buy 那么清楚了。

第十二原则：一个字可以有两种或几种读法。——因为认字的工夫一大部分是在认一千多个字音，一小部分是在认二十六个字母，所以只要每个**字音**有一定拼法，不必为了每个**字母**有一定念法来牺牲别的好处。例如上述的 a 字有四种音，z 有两种读法；又 c 母也因前后字音的不同或入声不入声的区别有好几种读音，但这些都是出于自然的发音同化作用，不然一定叫人每字母无前后有甚么音一律读一个死读法，倒还要觉得拗口呢。

第十三原则：单字母可以代表复合声音。——照学理上的分析，ㄐ，ㄓ，ㄑ，ㄔ，ㄗ，ㄘ都是两个音素，先后连起来的声音，应该用先后两个字母代表的；但是这些声音是我们用惯了的，非但我们本国人不觉得它底复合的性质，就是西方的语音专家也有过误认它为单个辅音的。所以为实用的便利，把这当中用得最多的用单字母代表，就是用 j 当 ㄐ，ㄓ（不用 dj 或 dr），和用 z 当 ㄗ（不用 dz）。（参阅下段统计。）德文里不送气的 ts（仿佛我们的 ㄗ）是常用的，用 z 代表它，也有这个功用，不过他们不是故意做的罢了。

第十四原则：最常用的声音，符号须要简易。——作者曾经从几千字的各种语体文里作过声母的统计，得结果如下（表里的数目以千分之几计的）：

超过平均数的			在平均数左右的			比平均数少的		
c	ㄕ,ㄒ	104	g	ㄍ	49	tc	ㄔ,ㄑ	39
j	ㄓ,ㄐ	92	t	ㄊ	44	s	ㄙ	35
i, y	ㄧ	83	l	ㄌ	44	u, w	ㄨ,ㄪ	28
d	ㄉ	78	n	ㄋ,ㄬ	44	r	ㄖ	27
z	ㄗ	56	b	ㄅ	40	ts	ㄘ	26
x	ㄏ	55				v, yv	ㄩ	24
m	ㄇ	52				k	ㄎ	23
						f	ㄈ	22
						q	ㄫ	20
						p	ㄆ	8
						开口韵母字		7

（里头 c 数 = ㄕ + ㄒ = 82+22；j 数 = ㄓ + ㄐ = 42+50；tc 数 = ㄔ + ㄑ = 18+21；n 数 = ㄋ + ㄬ = 31+13；u, w 数 = ㄨ + ㄪ = 26+2）。

里头 j 是第二, z 是第五最常见的, 所以不应该用两个字母 dj 和 dz 写。又 c 是最常见的, 所以更不应该用 sh, hs, ch, sch 等拼法。(假如把 c 写作德文的拼法 sch, 就为这一个音, 本来占十本的一部书就要变作十二本!) 又 q 当声母不过千分之二十, 但是作者又作过尾音的统计得 q 音(见ㄤ, ㄥ)次如占千分之 103, 所以每千字音里 q 字要用 123 回(还不算阳声 q 母双写的), 所以用 q 不用 ng 是"非同小可"的便利了。又去声不用符号也是因为去声最常见的缘故。

第十五原则: 从世界习惯。——上文虽说过罗马字母没有标准的所谓"外国"音, 不能专读西文的便利定音。但是字母的定音, 除有特别的不便处以外, 总是和多数西文的读音相近的好, 比随便把 a, b, c, d 就当ㄅ, ㄆ, ㄇ, ㄈ合用些。从这上看起来, b, p, m, f, d, t, n, l, g, k 不用讨论。q 字取形式像万国发音符号的长尾巴 ŋ 和英德文的 ng。钱玄同先生的国语罗马字和某美国人提倡改良英文拼法的也是取这用法。可见这是容易想到的不是勉强借用的拼法。x 字当ㄏ是合于万国发音符号俄文的读音的。j 字近于英文的读音。c 字的用法因为第十四条原则的统计要紧, 去西文的习惯稍微远些, 但是 c 当ㄗ、ㄑ, 也有点像英文、法文的 c 和 ch 的"软"音。(这用法是作者从钱玄同先生学来的乖。) r 是近于英文的读法, 用在 er(儿)是美国的读法。z 当声母近于德文, 意文, 又近于美国中南部几省读法(例如 zero 念 dzero); z 当韵母就是近于英文法文万国发音符号的用法。s 不必讨论。i, u 的用法也极普通。v 字的用法取其形状有点像ㄩ; 又因为拉丁文 u, v 相通, 仿佛中国古韵ㄨㄩ相通, 所以 u 当ㄨ, v 当ㄩ是很自然的。

y, w 当阳平和方言当中的阳上去入是很自然的。因为在历史上这本来是清浊的分别。常有姓殷的拼自己的名字作 In, 或名字有英字的拼作 Ing, 不愿意照 Wade 拼法作 Yin, Ying。姓姚的拼

Yao,不喜欢照 Inland Mission 拼法作 Jao。姓汪的觉得 Uang 像汪,姓王的觉 Wang 很对,这种好恶的不同虽然不是有理论的意识的,但是很有道理的。现在索性一律用 y, w; i, u 作为声调的区别是很合中外人的心理的。yv 作 v 的阳平有两字拼一音的弊病,但这是声调的符号,阳平声的 ü 又是比较地少见的,而且本来把 y(i 的阳平)和 v 连念起来也就差不多是 v 的阳平,所以于音理也不大相悖。

本篇 a, o, e 的用法可以算合英,法,德,意,西班牙,等多数西文习惯,可以不必讨论,其余的韵母和结合韵母也都是以上所述的拼音罢了。

第十六原则:于分辨上无妨碍处,字形要求短。——例如 iu 不必写 iou, ui 不必写 uei, un 前头有 d, t, n, l, z, ts, s, 不必写 uen。

第十七原则:单音不用拼字。——单纯的音素不用两个字母相拼。所以不用 sh 或 hs 作 c,不用 ng 作 q,不用 ih 作 r(j, tc, c 的韵母)。只有 yv 作 v 的阳声,说明已见上第十五原则。

第十八原则:文字要容易辨认。——文字非但要容易学,写,和印刷(上第九条原则),又要容易辨别,认识,和记忆。例如速记法是非常好写的文字,但是非常难认的字,最老的速记老手也不能畅畅快快地看速记稿子,所以不合于实用。吴稚晖先生曾经说过文字总要看上去有点"热闹"的样子才好记好认,这是很有经验的话。所以为了上第九到第十七原则的需求,不可以不顾到这一条和以后几条应用的原则。

第十九原则:有用处尽细分。——上头说过"无用处不细分",但是有实用上分辨的好处,尽可以细分。国音分辨 l 和 n,尾音的 n 和 q(长江流域混);分辨 i, v 前的 j 和 z, tc 和 ts, c 和 s(北京,湖北混);分辨 ie, iai(北京混);分辨 o, uo(南京,上海混);

这些地方无论是不是为了这原则分辨的,都是要算当初读音统一会的功德。但是一种文字的字根总要至少有几千,我们中国言语的根都是单字的,就是分辨了声调有一千二三百个单字根,用虽够用,不能算十分丰富。所以凡是向来没有用过的字音,如pioo,tyu,kkoq等,我们可以提倡作为造新名词的用处,在这上有两样事情请读者想一想:

(1)假如用现在这拼法。稍微复古一点可以增加不少字数,例如照第二篇拼方言的方法拼出阴阳平,阴上,阴阳去,阴阳入,七声都辨出来可以增加许多字数。

(2)京话有beei(北),bbai(白),liu或lio(六),bbao(薄),jja(炸),lao(落)等字已经因为本节所论的原因占了优胜的地位了。我们就是不承认它,能不能够止得住人用这些声音便利的?作者有一回在国语统一筹备会里观察会场里的发音,听见凡是用到"六"字的人没有一个说luh,个个都说liu。这liu音底势力可想见了。(参观第四篇第七疑点)

第二十原则:尚形。——"文字尚形"这句话从一个主张用罗马字的人底口里说出来,似乎很足令人诧异的。但这是一件极重要的言语心理的事实。提倡用拼音文字的,常有因为不想到这层而失败的。这理在第一篇已经讲过,但是因为它非常要紧,所以从原则的方面再举几种别的例来解说。就拿英文作譬喻:英文虽然是多份拼音的文字,但是只有别国已成年的人学英文的时候才用字字拼念的法子,才觉得拼法不规则的困难。他们本国人就是遇着生字,也都是一个一个syllable拼的,不是一个一个字母拼的,例如看见hallucination,就是不认得这字,但是hal,是Hally的hal,lu是Lucy的lu,nation是一个熟字,所以认过了千把个syllable的样子,看见了就念出来了。又譬如看

Any English-speaking person can read this in approximately

four seconds.一句,英美人或是别国英文学熟的人看这句个个词都有相识的"面孔",一见就想到意思,叫出全词的声音,假如把这句写作

  Auy English-speaking porsen can reab this iu approxmately fonr sceonds,像平常人看报的那么看过去,竟会自己以为个个字都认得了,不过有三四个字母拼错了,哪晓得这十一个字形里有九个不成字的。他们看英文的心理就和我看字认面孔一样的。我们快快地看书的时候,假如上文是"蘇東坡"三字,下文见了"蓟柬披",我们也会当作"蘇東坡"的。

  所以罗马字的好处不是在拼音的准确(上第十三原则已说太精确反倒不适用),是在有极少数的字母可以拼出种种面孔的词形。只有小孩子几年学话认字的时候,或不懂官话的人练音练字母的时候,才见拼音文字的拼音性的便利,等到学会了实用起来的便利并不是拼音文字底拼音性的便利,乃是字母文字底字母性的便利,就是好写、好认、好打字、好排印、好作书目、字典、索引等等便利。见面认字的心理是处处一样的。

  第二十一原则:尽字母全用。——照理论上说起来国语罗马字就是去掉了w, y, x, v, j也有法子把甚么字都拼得起来,但是因为这些字母是现成的通行的字母,所以乐得地用它们,可以藉此增加字形"面孔"的种类。

  第二十二原则:用浊音字母当清音不送气的音。——因为字母要全用,所以不可以像多数外国人拼中国音不用 b, d, g, j, z 等字母那么办。现在用了这些字母当不送气的不带音字母,就可以分辨许多字形来。例如下列的六个字照 Wade 拼法只有四种面孔而且都是差不多的面孔,照作者的拼法,用 j, z,注五声,辨 j z 和 tc ts,所以六个字就是六个样子:

	Wade 拼法	国语罗马字
张	Chang	jaqh
常	Ch'ang	tccaq
江	Chiang	jiaqh
蒋	Chiang	ziaq
强	Ch'iang	tcyaq
抢	Ch'iang	tsiaaq

第二十三原则：字形要醒目不易混淆。——罗马字里头有 n, u 两个字母很容易混，所以在拼法上应该避去混乱的机会，所以"ㄠ"不写 au 而作 ao，免同 an 相混；"ㄡ"不作 eu 而作 ou，免同 en 相混。"ㄨㄥ，ㄩㄥ"作 oq, ioq，因为声音准些，也比 uq, iuq 醒目些。去掉撇，杠，帽，点等符号也是因为既麻烦而又不醒目的理由（第十一原则）。

第二十四原则：词头连写。——凡是成一个词头的都连起来成一个词形。甚么叫做一个词？就是在西文里也不容易做精确的定义。但是用下列的条件可以包括百分之九十九。

把一个整句子拆开，拆出来的一部分一部分叫做一个词，假如这部分

1. 可以随便在别处单用不改意思的，例如"他，有，好，酒"；

2. 平常念起来是一口气一连串的，而且有一个主要重音字的，例如"书架子"，"军乐队"，"音乐"，"房门"；

3. 再拆开来，其中分子不够作那词的定义的，例如"洋火"，是一种特别的东西，不就是外洋来的火；

4. 再拆开来，其中分子就变成旧文里的字，在言语里不大单用的，例如"醒目"，"醒"字虽然说话也用，但是没有人讲到眼睛单说一个"目"字的；

5. 再拆开来，其中分子就改变了意思的，例如"麻烦"的"麻"

字单用是当"麻木"或是通"蒱"字讲的;

6. 再拆开来,就没意思的,例如"蜈蚣"。

有时候连写起来看不出词里头的字是在哪里分,例如 zinnan,还是 zin-nan,还是 zi-nnan。但是这种混乱的机会,据作者的很广的统计(一万多字)不过占万分之几,而且就是有了混乱的机会,差不多回回总是一种分法成词,换一种分法就不成词的。例如 Zinnan 分作 zi-nnan 是济南,有这地名的,分作 zin(晋,进,尽)nan(难去声)不成词的,就是"尽难"算一个词,意思也很不明,也是很"冷"的词。这种在西文里比中文许还更多,例如 shorthand 还是 short-hand 还是 shor-thand? misled 还是 mis-led 还是 misle 加 d, mishap 还是 mis-hap 还是 mish-ap? misshape 还是 mis-shape 还是 miss-hape? nowhere 还是 no-where 还是 now-here? 德文的 Schaufenstern 还是 Schau-fenstern 还是 Schaufen-stern? 这些词除只有一种分法成词(连 now-here 都不成词的),在字典里都注得明明白白地。上面已经说明认词的工夫本来是言语教育的一部分,一个一个词本来都是要学过一道的,所以分字的问题简直没有困难。

第二十五原则:加声调算字形底一部分。——近来讨论国音的人,常有对于声母韵母有很明白的见解的,而对于声调的性质和声调在言语上的位置有很模糊和错误的观念。本篇不是说明声调的性质的地方,但是声调这语素和声母韵母几乎占一样要紧的地位这是不可不明白的。有人说现在中国的言语渐渐不用声调,引北方只有阴平,阳平,赏,去四声为例,其实哪有这事?大凡一个言语里因为懒惰作用而失去一种分辨法,同时必定有别的分辨法自然地发达起来补这缺点的,不然这类言语就不合实用,不久就全体受淘汰被废弃不用。例如上海的声调分辨的不很清,而且有言语里赏声和阴去差不多一样,阳平和阳去差不多一样(例如"摇摇摆摆"和"耀耀拜拜"差不多),但是上海有"郡,定,并……"等旧母的古读法可以补助这缺点;在广州声母的分辨不发达但是韵母和声调的类数极发达;在官话区域里声母韵母和声调的类数都很少,但是读起来极清楚。北京的四声是全国的最少数了,但是一个是高平;一个是短,从中向上;一个是长,从底再底到尾部忽高起来;一个是从高往下。这四声数目虽少而分辨的清楚,很少别的方言及得上的,所以作者极端地赞成黎劭西和黎均荃两君的主张取用京音的声调(再加入声等于阴平时间缩短些),因为"京调"非但是最时兴的,而且是有实在的优点的声调。

就是极端主张废除声调的,他们自己说话念字的时候仍是重重地用他们习惯上所有的声调,他们当中没有一个肯用了有些外国牧师讲道时候的仅有轻重的分别和句读的腔调而无字内的说文性的声调那种念法,来"身先"提倡,假如先说穿了,他们也不见得以为这种西文的腔调是中国言语的模范,像外国人说:"这个蒿不毫?是,恨号"(这个好不好?是,很好)那么似的。

进一步说,声调这现象既然全国都有的而且对于字的调类各方言当中又有比较地很简单的关系,又是一个分辨的利器(第十九原则),为甚么不留它算中国言语的特长,倒要去掉它算短处呢?外国人从前学中国言语的不注意声调,现在他们经验渐渐多了,把声调看得重些了,也学得好些了。比方北京人听四川人说话的声调和他自己的很不同,他要学也不能一时就学得上;但是并没有难懂的地方,因为他听的时候不知不觉地会把四川的声调译成北京的声调;但是一个外国人要是没有把哪个字是哪个声调弄清楚,无论他的声母韵母说得怎样准,他底话总不大好懂,因为中国无论哪处底言语都是字字有调类的,他说的字没有调类,就是"不入调",就不是中国话,所以中国人听不惯。

假如不写声调写以下的几个字音:

Sie dan z, cuo duan xua. I dien bu nan doq. Ni kan bu cr xen xao doq di ma?

这些字里每字有六个同拼法的字,而且看的人无从念起,看见sie 不晓还是念"些",还是"斜",还是"写"还是"谢",还是"屑",所以非但不晓得意思,还不晓得怎么说法,要先看了一句,猜猜是甚么话,才能打定主意把第一个字怎么念,而且还有时候一句里都看不准定的。上头写的也许是"卸担子,说断话"也许是"写单字,说短话",要是一定要看了几句,看看语气连不连再定这话里是些甚么字,这文字还可以用得吗?

有人答我说现在中国言语的趋向是渐渐离开单字词多用两字词或多字词,所以同音词就少了。这话只有一半真。在各门学问的术语是单字词少,多字词多,但是平常用的言语里,单字词极多。例如第一篇第八答里的译文共 304 个字音,合到 234 个词,可见得四分之三都是单字词,而且注了声调同音字很少,一点没有多加字数的必要,我们尽可以说:

写单字,说短话。一点不难懂。你看不是很好懂的吗?

Siee denh z, cuoh duaan xua. Ih dieen buh nnan dooq. Nii kan buh cr xeen xaao dooq dih ma?

何必说:

"书写单独的字形,说出简短的言语在了解上头没有丝毫困难的地方。足下看看,不是非常容易明白的吗?"

Cusie dandudi zciq, cuotcu jienduandi ienv. Zai liaojiai caqtou meiu szxao kuennan di difaq. Zucia kankan, bu cr feitcaq ioqi miqbe di ma?

那么啰哩啰唆,才算二十世纪的够得上用拼音的中国言语吗?

活言语有甚么"方法"能够总归给人听得懂,在第一篇第三答里已经详细说明了。但是有一件关于言语的统计的事实是十分要紧的,应该再详细说一下。前篇说言语要人懂,自然会比旧文用字多些。但是"懒惰作用"也是言语变化的一个大因子,所以白话虽是啰唆,却也总不啰唆过度。关于这层有一个德国人叫Carl Arendt曾经做过一个很有意思的统计(见他的Handbuch d. Nord hinesischen. Umgang: sprache, lfter fihell, Allgemeine Einleitung)。他从实例的统计,注明中国好几处白话里字音的类数和那白话的啰唆的程度(同一句话,译成那方言所用字数),两者恰恰互相出入,而且从定量的方面几乎成反比例。例如广州字音连声调计共1868个,北京共1380。把康熙的"圣谕广训"一节译成广州话占325个字。照反比例式,令x=译成京语所用的字数,就得

$$\frac{1868(广)}{1380(京)} = \frac{x(京)}{325(广)}$$

$$\therefore x = \frac{1868}{1380} \times 325 = 440$$

这段东西在S. W.Willans的大字典序里译京话的字数是470,这已经和440相近,而且那书里译的京话比平常特别啰唆一点,所以440是大概平均的谱子。

读者要知道这反比例的现象,不是人有意制定的,乃是几百年几万人言语上顺着听觉上的需求演进出来的。从这上看起来我们可以断定这个预料:就是假如我们正式地废除五声,登时就把国语里一千几百个字音减到四百八十几,这么着字形和字音的总数减到三分之一,依那人力管不住的天演反比例定律,不知不觉地写的字和说的话就要一天啰唆一天,一直弄到把我们现在有声调时代所说一句话或写一个句子的时候变到说的三倍慢写的三倍长,才达到进化平衡的状况,弄到把"一点不难懂"说成"在了解上头没有丝毫困难的地方"弄到像日本似的因为音穷了把一个"私"字说成watakushi四个字音,这岂是我们所希望的吗?

还有一层危险,就是废除了声调,又会发生言文不一致的问题的。第一篇里已经说明旧文和汉字是相配的,语体文和拼音字相配的。拿拼音字写"豕人立而啼"是不够,拿汉字写"忠心,水汽……"是太多,所以现在用汉字写语体总是一种"搭浆"的事情,总是言语文字上的变态的状况。现在假定我们把声调废除了,在文字上是很容易办得到的,因为拼音字现在不过还在筹拟的程度,我们只要不写声调就是了;但是在言语上全国已经有了区别声调的习惯了,无论哪里人说"一点不难懂",只要人家懂他,他就自然不会养成说"在了解上头没有丝毫困难的地方"的习惯。但是在不注声调的文字方面,怕人把"I dian bu nan doq"念成"衣店不难动",自然而然的渐渐避去单字词这是势所不能免的,言语上因为有声调的便利,啰唆的程度总不过是这样,不肯再增加;文字上因为字形类数减少,啰唆的程度自然会增加,这样子一定要弄到写的比说的多,而且因为这原故在用词上也会生出许多歧异的地方(例如"懂;了解"),可见得废除声调这事不是种的将来言文又不一致的种子吗?

声调这东西在言语现象里是一个极有实际用处的东西。它的好处是:

第一,念起来**不多费时间**而能分辨声母韵母一样的字,这个比加字数分辨的方法省多了。

第二,符号拣的"得法",可以平均每字只长了半个多字母,就可以把字音字形的全数增加三倍,这事情岂不上算?

第三,在打电话,做留声机片,听远处人说话,演说,唱戏,等等,这些地方声母最难分辨,西文字里字尾的辅音(n, q 不在此例)简直听不见;韵母在其次;最不受影响最容易听得真的是声调,这不是中国言语的可以自夸的,外国言语巴不得有的长处?(这是声学现象里定律的结果,此处不便详说。)

79

第四,有声调的区别,就可以单字词多字词随便拣用,这一层在做诗做韵文等的节律上的配合有很大的好处。换言之,有了声调,旧文学的好处还可保存些,不用声调,旧文抛弃的更多。例如有了声调说"西窗晚望"也好,说"西窗外晚上瞻望"也好,都听得懂;这是很自由的。假如用了无声调的拼音字怕把那句念成"洗床顽网"势逼①至于说"西边窗户外头晚上观望",要是句句话都要这么啰唆,还有甚么诗、文可做吗?

总而言之,因为这种种原因,可以说声调是中国言语的一个极可贵的特色。请主张废除声调的诸君从现在的和将来的教育上,实用上,和文学上的利弊再三想一想。

第四篇　关于国语罗马字的未定的疑点

上述原则二十五条,里头第二条说利弊的轻重要照实际上的定量的统计作准。但是这种详细,周到,不偏不倚的统计,不是作者一个人的力量所能及的,所以对于自己拟的草稿有些不敢作准的地方,现在开列如下:

疑点第一: x 底用处。——照原则第二十一条,最好把字母个个取用,所以舍不得丢掉 x。但是 x 是否最好当"厂"母似乎还有可以讨论的地方。当"厂"母的理由是合万国发音符号和俄文的读音,但是拿 x 代 tc 或是代 ts,拿 h 当"厂"母,这办法就可以:(1)少掉一个两拼的声母,字形可以短些(但 tc 音每千字不过见 39 回,ts 音不过 26 回,都比平均少,所以也省不到哪里去);(2) h 在西文读音虽与北方的"厂"音不合,但甚相近,而且晓得的人多;(3) h 字形比 x 好写。"厂"母遇见次数有千分之55,是第六个最常见

---

① 原文如此。今多写作"势必"。——编者

的声母,所以应该取好写的字形。这办法的坏处就是 h 又当声调的符号又当声母,有时会在分字上生出问题,例如 Caqhaai 可以念 Caq-haai(上海),可以念 Caqh-aai(商矮),写 Caqxaai 就没有这弊病。(可以参阅第三篇第二十四原则第 6 节。)

疑点第二:"丨ㄡ"拼法。——"丨ㄡ"前头有声母的拼作 iu,和 yu 是很近的了,但是单用起来在赏去声("有","又")似乎拼 iou 准些。所以不晓得还是写

　　iuh yu ioou iou 以取拼音准确?

还是写 iuh yu iuu iu 又从简又整齐些?

疑点第三:"ㄩㄥ"拼法。——"ㄩㄥ"拼的字在北方都一律作"东"韵的四声读。但是有几个从"永"字谐声的字有多处把"ㄩㄥ"读成"ㄩㄤ"(仿"丨ㄥ"作"丨ㄤ"的例)。在罗马字上是否应该把"容,勇,兄,穷"等字用 ioq 作韵母,把"永"字谐声的字作 vq,vvq 以增加字音和字形的种类,这样好不好?

疑点第四:"ㄨㄣ"拼法。——"ㄨㄣ"单用作字音的是无疑地 ㄨ+ㄜ+ㄋ。在ㄍ,ㄎ,ㄏ后头也是这样读法。在ㄓ,ㄔ,ㄕ,ㄖ后头地方读音和南京读音也带一点"ㄜ"音,但是在ㄅ,ㄊ,ㄋ,ㄌ,ㄗ,ㄘ,ㄙ后头在北方近乎纯ㄨ+ㄋ的音在长江一带就变成"ㄣ"母开口呼。外国人有的把昆仑拼作 Kuen-lun,就是因为 k, l 影响于韵母不同的缘故。但是 Wade 拼法除单用作 wen 以外一律用 un。作者暂拟用

　　　　uen guen kuen xuen juen tcuen cuen
　　　　ruen dun tun nun lun zun tsun sun

这样拼音准些,但是没有 Wade 拼法简单,到底哪种拼法适当?

疑点第五:"ㄜ,ㄝ"底读音。——"ㄜ,ㄝ"是一个很有兴趣的问题。这两韵母在北京不分。北京的读音是一种很难学的复合韵

81

母,在万国发音符号里就是 əɯ(就是倒写的 m 加倒写的 e),而且北京的"ㄛ"母也是用这音读的(参观① 上第二篇附方言字母第(7)例),这音外省人听了以为是简单的"ㄜ",所以粗略说起来可以说北京的"ㄛ,ㄝ"都作"ㄜ"念,例如"河,蛇,得"(ㄛ,ㄝ,ㄜ)在北京可以押韵。在开封又是一个念法:凡是"ㄝ,ㄜ"都念作 e(ㄝ的正式读音),例如说

"来了<u>些客</u>,穿的**黑靴**,又来了<u>些客</u>,穿的**白靴**。"

非但"些,靴"本来有"ㄝ"的念"ㄝ",连"客,黑,白"本来属"ㄜ"音的也念成"ㄝ"。但是在南京又是一种念法。南京的"ㄜ,ㄝ"也是不分的;听起来好像"ㄝ"的前四声和入声"ㄜ"不同,其实是长短的不同,元音的性质都是一种介乎开封和北京第二音(倒 e)中间的音,和德文 habe 的 e 的音(不是法文 le 的 e 音)一样的音。南京读不出"折撤舌热"(ㄝ)和"宅,拆,瑟"(ㄜ)韵母的分别来,就是"ㄜ,ㄝ"不分的证据,所以他们的"ㄝ"读得"ㄜ"了一点,"ㄜ"读得"ㄝ"了一点。

从以上的三种事实我们对于"ㄜ,ㄝ"有三种处置方法:

第一,把前四声一律读 è(开封"ㄝ");入声开口呼的一律读 ə(北京"ㄜ"后半);入声齐齿撮口仍旧读 è(ie, ve)。这办法和字典里的国音有一点不合的地方,就是把"折,浙,哲,撤,舌,设,涉,热"本来念"ㄝ"的要改成"ㄜ"了。但是实际上没有关系。

第二,前四声读法同上;入声齐齿撮口也同上;入声开口呼的除有ㄓ,ㄔ,ㄕ,ㄖ的也同上;就是入声开口呼的有ㄓ,ㄔ,ㄕ,ㄖ的读 è(ㄝ)。这办法读音很自然,和字典里的国音冲突处就是把"宅,泽,择,炙,拆,斥,瑟,虱"本来是"ㄜ"的也要读作"ㄝ"了。

第三,完全服从字典,不论规则,一个一个词记音,就如英文

---

① 原文如此。——编者

drove, move, love 三个 ove 三个念法要一个一个词死记。例如 Jehjiaqh（浙江），就要记得念 Jehjiaqh；svaanjeh（选择），就要记得念 svaanjeh。这似乎很麻烦，但是这不过共总十来个字的关系，从它们得的词数也有限，也不是不能行的法子。

第四，"ㄜ，ㄝ"的五声三呼（ㄜ，ㄝ本缺合口）一律取中性南京读音，就是万国发音符号的 ë，也就是德文 habe 的 e。这种读法最容易，用一个 e 字母又最简单。"ㄝ"的齐齿撮口在北京和许多处方言，本来不是河南的 è，本带有 ë 的意味，而且因为"ㄜ"母本来只有入声，于实际的词形，词音的分辨上几乎没有混乱的机会。

我想第四办法最简易最妥当，读者以为怎么样？

疑点第六："ㄋ，ㄬ"问题。——在国语里"ㄋ"母不同"ㄩ"拼，和"ㄧ"拼的只有"你，您，呢"三字。所以尽可以把 n 又当"ㄋ"又当"ㄬ"，只要把这三个例外字记得了，再记得 nvv（女）是"ㄬ"母，其余的规则"凡是有 i, y 的 n 都读'ㄬ'，没有的都读'ㄋ'"，这是很简单的。

但是"ㄬ"母的读音是很难的；本乡没有"ㄬ"音的人很难学得会，但是本乡有"ㄬ"音的人学起"ㄋㄧ，ㄋㄩ"倒不很费事。这"你，您，呢"三个例外的分辨其实没有甚么道理。在方言里简直没有"ㄋㄧ，ㄬㄧ"并存的，不是一律作"ㄋㄧ"就是一律作"ㄬㄧ"。在杭州似乎"你"字读"ㄋㄧ"，"拟"字读"ㄬㄧ"；但是杭州是一个特别的"方言岛"，因为做南宋京城的时最常用的字像"你"受北方言语影响比"拟"字受得大，所以"ㄋㄧ，ㄬㄧ"并存，不是中国言语的常态。"您"字不过是"你"的变形。"呢"字国语定为"ㄋㄧ"是因为"端透定泥"的"泥"本来是"ㄋ"母的古名。但是这种分辨也有点太讲究，同理"见溪郡疑"的"疑"字为甚么不叫"ㄫㄧ"或"ㄬㄧ"又顺着普通官话音作"ㄧ"呢？所以作者以为既然在词形，词音的分辨没有大损益，何妨就从最简易的办，把 n 一律读作 ㄋ

（看第三篇第八原则）。我想这个有百利不到半弊，但是因为和正则国音有点出入，所以还要请教意见。（这是读音问题，不是拼法问题。）

疑点第七：北京语体入声。——北京入声有两种：一种是读书音，这种都念去声，同别字混乱的机会很多；假如照国音念成高音（无论是念短的真入声，或长的当阴平念）就少了许多同音字。但是又有一种语体的入声，它的读音由天然的进化，总是嫌着没有同音字或同音字少的用的，例如"薄，白，北，足，得，六，绿，落，炸，直……"等，念作"bbao, bbai, beei, zzu, dde, liu, lv, lao, jja, jjr……"又好听（从音乐方面论），又少同音字，似乎比入声的"boh', beh', beh', zuh', deh', luh', luh', loh', jah', jrh'"适用些。这样读法有很大的实际的利害，这并不一味迁就京音，不过是取京音的一部分的好处。不晓犯不犯"竖京音旗子"的嫌疑？（参阅前第十九原则(2)。）

疑点第八：取用实际读音作拼法标准。——国音的标准可以从两方看：一方面是定音的原则。例如说要分阴阳平，不分阴阳去，凡是"ㄓ，ㄗ"都要分，不能如长江流域那么混，又如凡是"ㄐㄧ，ㄗㄧ"都要分，不能像北京那么混，这些地方假如已经有正式的标准，因为关系几百几千字音，不是可以轻易改动的。还有一方面是已经承认了原则，要问某字某字，是标准音的那一音，是标准字母的怎么拼法？这是一个字一个字的问题。现在通行的字典是大部分本于《音韵阐微》的《国音字典》。其中读音有的取现在最"普通"的作为标准，和旧音不相符的（例如"斜"旧作ㄙㄧㄚ，今改ㄙㄧㄝ）。但是"普通"不"普通"不是几个人猜度估量的问题，是一个定量的实用的统计调查的结果；我们研究国语的既然没有很透透地用这种科学的方法，以后慢慢地还有新事实发现出来，是一定会有的事情，所以在这"普通"的标准就应该有改变。例如"了"

字当语助词用时百回有九十九回念成 le("勒"轻音),当动词,形容词才念 liaao。假如把这常用的字回回写作 liaao,于实用上的便利和拼音的准确不是两失? 又如"甚么"照字典的字音就要写作 cenmoo(去,赏),但是全国方言里,是用到这词的,各式各样的念法当中从没有一处有这么念的;其中最常听见的是 ccemo, cceme(阳平,轻),或 cehmo, cehme(入,轻),或 cemo, ceme(去,轻)。可以断言的就是 cenmoo 读法最不普通,哪一个最普通还须调查。

疑点第九:q 母问题。——(1)q 母的名称还是加 e 作 qeh(额),还是照本音念好(上海"五")?

(2)q 母本来取形近 ng,和万国发音符号的 ŋ。在打字机上和印刷上不便定制新字母(第十原则),所以用现成的字母 q。但在写草体的时候,ŋ 又好认,又好看,又好写,可否把它就当 q 的草体或当草体的一种?

(3)有人主张废除 q 声母。例如"不碍,上岸罢,我饿了"本来应该作

Buh qai, caq qan ba, qoo qo le,

去掉 q 作

Buh ai, caq an ba, oo o le.

作者从前也极端赞成这简写法和读法。但是后来因为两层理由,稍微改变了点意见。第一层,虽然 q 声母在赏去入不好学,但在阳平声非但不难学,而且本有 q 的人没有 q 音念不出阳平开口呼的"呆,熬,饿"等字。这是因为这个原因:北京和许多处的阳平读法是起初低后来高的字调。凡是带音的声母(浊音)因为口没有开,声带已经半闷在喉头颤动发音,所以这音的音高总是低的,许多地方阳平是先低后高就是因为阳平声从前都是浊音声母的缘故。前头有 y, w, yv 的已经有声母的性质(万国发符号的 j, w,和倒写 h),所以不用"广"母"兀"母的帮助,就可以念阳平(所以

"严"读yan,吾作w)。但是开口呼的没有这帮助,所以阳平不使去掉q声母。第二层,因为上层的原因古时"喻"母平声没有开口呼的字(现在吴音浊音的h是从"匣"母开口呼来的),所以去了q,阳平的开口元音当头的字没有罗马字的拼法。这并不是作者所拟注声调符号的缺点,是从读音的自然而来的。

所以现在有两种办法:一种是不废q声母;一种是除阳平留用外,其余的不用。例如照第二种办法,"我在岸上饿了,熬点鹅肉汤来",就要写作

　　Oo zai an caq o le, qqao diaan qqoruh taqh llai.

疑点第十:大写。——大写字母用不用也是一个问题。在用惯西文人的心理以为各种印字机里本备有大写的字形有了大写又好看些,写地名人名又比杠子便当,学起来只有A B D E F G H Q R九个字母和小写体差得远些,其余不是相仿就是完全一样,似乎留用的好。但是从普及教育的方面着想,或者少学几个不必要的字母也有好处。究竟如何上算?

疑点第十一:象声字拼法。——感叹词和许多象声词如"せ!喂!嗳哟!哈哈!豁喇喇,叮叮当当,嘎兹嘎兹,几哩咕噜,啰哩啰唆",本来于字根的声调没有甚么关系。实在的读音大概不是阴平就是入声,写起来还是加h好,还是不加好?换言之,还是写

　　Eh! Ueih! Aihioh! Xahxah! Xuahlahlah, diqhdiqh
　　daqhdaqh, gahzhgahzh, jihlihguhluh, lohlihlohsoh;
还是写

　　E! Uei! Aiio! Xaxa! Xualala, diqdiqdaqdaq, gazgaz,
　　jiligulu, loliloso?
或者只把重音的声调注出来也好,例如Xuahlala。

疑点第十二:西文拼法。——多数西文的单字平常念起来,音高是渐渐低下的,仿佛是中国多数方言的去声,因此取用西文名词

和译私名的时候,恰好可以不加声调符号。至于字母拼法还是照音拼,还是照字母抄呢? 例如 England, Paris, Leibziq 还是照写还是拼作 Iqlend, Bari, Loiptsici 或 Laiptsic? 依各国用外国私名的习惯大概都是照拼的,这是因为照拼了虽然本国人读音和那名的原来读音有点出入,但总有点相近,字形又不改变,随便甚么人都晓得用的。不然遇见外国名字一定要懂几国言语的读音习惯才能拼成本国文,而且有的外国音像英文的 th 是中国所没有的,更没有法子了。所以还是照拼最妥当,懂的人由他们照外国念法,不懂的把 London 的 o 字照 o 念,把 Paris 的 s 念出来,把 Leibzig 的 ei 念成"乁"母的音,也不要紧。法国人不把 Berlin 改拼作 Berline,就老老实实地用法文音叫它作"倍尔兰",英国人不把 Paris 改拼作 Parea,就老老实实地用英文音叫它作 P'aris,和原来的音差得很远,但是也没有不便的地方。人家这样做的结果好,我们也不妨照行。但是有些从希拉[①],拉丁文来的各国共有的字根,又有俄文,梵文不用罗马字的,和中国附属地的各种私名怎么取标准? 例如还是 Plato 还是 Platon? 还是 Europe 还是 Europa? 还是 Asia 还是 Jasiia(亚细亚)? 还是 Demokratia,还是 Demokratie,还是 Dewocratie,还是 Democracy? 我想总是取字根起源的拼法比较过弯[②]的拼法较纯些,但是这是要细细地研究的,不能一概而论的。

第五篇　国语罗马字推行底方法

近来我国社会里各种改良的运动里有一样特点比从前闹维新的时候较有希望的,就是许多人有见识和耐性能持一种研究的态

---

① 原文如此。今多译作"希腊"。——编者
② 原文如此。今多写作"拐弯"。——编者

度,晓得种种问题,先要平心地,准确地,周到地,把关于那问题的事实确情都调查出来,然后再说到提倡宣传。作者眼前的目的是要引起对于实用的国语罗马字研究的兴趣。虽然我敢自夸现在所拟的拼法已经是比得上世界上无论哪一文那么适用了,但是现在不希望就通行出来作为定案,因为经学者批评或试用过后一定有许多可以改良的地方。我现在要宣传的不一定是自己拟的国语罗马字,乃是上述的二十五条原则和国语罗马字的必须性和可能性。现在我所希望的进行方法大旨如下:

(1)提议在国语统一筹备会里设立一个"国语罗马字委员会",这委员会须在一年以内,依上二十五条(或再加作者没有见到的)原则制一种"试行"的国语罗马字。

(2)这委员会须常常修改这试行的字体,到三年或五年后才正式公布。

(3)编辑国语罗马字词典,教科书,期刊等发刊品。

(4)编辑西文的国语罗马字说明书,使影响到外国的学者和留学生阶级的中国人。

(5)把中国的旧文学译成国语罗马字的语体文。把古时候的私名都照第一篇第四答(B)第二的方法考查清了。

(6)连络① 中外华语学校,叫他们用标准国语罗马字教授外国人学中国言语。

(7)连络各学会(科学社,名词审查会,等等)劝他们改用叫得出说得清的名词。

(8)等到国语罗马字的好处晓得的人渐渐多了,可以把外交部,邮政局,电报局,铁路等处用的外国人拼中国名字的法子正式废除,都改用"中国文字",就是国语罗马字。

---

① 原文如此。今多写作"联络"。下同。——编者

（9）推行到平民教育的问题，自然是文字改良目的底一大半，但是不先有根本的预备，不先有"登款"的排场，只先从平民教育入手，教他们一种只够写写家信，记记流水账的拼音文字，恐怕结果还是像西人的试验一样地发展不开来。必定先入手把这文字做到有充分的资格来做发展本国新文明的很完备的器具，做到将来这罗马字的语体文——犹如现在的汉字的语体文，犹如过去或将过去的汉字的旧体文——成了思想阶级人底思想生活底一部分，那时说到推行到平民教育，自然是风吹软草，一推就行的了。

我想这事情因为是顺着言语变化的天然趋势所以很有希望的，语体文学和国语统一，两个运动已经正在乘风破浪地前进了，现在和那两个运动密切相关的国语罗马字自然没有再好的机会了。趁时努力做下去，不多年可以使全国人识字，不十年可以产出新文学里的更新的发展，不几十年可以把世界上的文字科学的精华都译成中文，不一世纪我们的学术思想可以发展到比哪一国都高深丰富。那时候的小孩子看见了英文，倒要反过来问："怎么他们**英国人**也写**中国字**？我听英国人说话有些很奇怪的声音，怎么能够拿**中国字**母拼得准呢？"

（《国语月刊》第1卷第7期，1922—1923年）

再论注音字母译音法

诸君前不几时我接到任君叔永一封信,说今年开年会的时候要我做一篇"好文章"宣读。我看了吃了一惊,心里想一定是前几回文章做的不好,现在社长先生来责备我,叫我"下回文章要做好点"了。后来把那信再看下去,看到他说我近两年宣读的都是好文章,我才放了心,心想那些"别脚"①的文章都给社长批个"好"字,这回再做的"别脚"一点,大概也可以得一个六十一二的分数。所以我就放下胆子来做这篇极偷懒极"妈呼"②的文章。我这篇文章的内容也就是以偷懒同"妈呼"为主义。

我说到这里诸君许要质问我:"科学的方法,对于事事都要讲求精密准确,你在这科学的大庭广众当中,公然的提倡'妈呼'主义,这是什么意思呢?"我说,科学的所以为科学是在能任意择一观点运转注意方向,假如不论轻重,不定观点,样样闲事都同时并管起来,那倒不成为科学了。假如我要注意的是各天体的运动,我就拿各天体的大小远近为单位,而对于地面上山海楼矿的存在都装"妈呼"不晓得,至于更远的问题,如卫生学里辩论还是吃荤寿长还是吃素寿长,更不是我问的事情了。我个人对于这些问题虽许有兴趣,但在望远镜下做天文学者的时候,我只对大物体远距离的事情关心,而对于别的事,能怎么"妈呼"就怎么"妈呼"。

---

① 原文如此。今多写作"蹩脚"。下同。——编者
② 原文如此。今多写作"马虎"。下同。——编者

但是"妈呼"起来也须有个限制。我虽不必做地理家,却是造天文台的时候,也得要找个高旷的地址,总不好"妈呼"到把观象台造在树林里或是把望远镜装在一口井里头。吃虽不要紧,却不便顿顿像 Newton 老先生拿着鸡蛋看时候把表放在锅里预备煮了吃。

我对于言语学也完全是这种态度。假如我的本行是言语学,那么对于一笔一画一字一音都不能不细细的分辨的。但是假如我的本行是天文学或是别的科学,那么我对于言语的事情只要能熟用本国的言语,能看几个要紧国的书,看见外国文的人名地名专门名词能约略读得出就可以"妈呼"过去了。

以上所说的还是"妈呼"主义的引子,现在讲译名法"妈呼"主义的正传。说到这正传,少不得要说两句自传的叙述,请诸君原谅失礼。

在 1914 年以前是一个无意识无系统无主义的糊涂时代,那时我译起音来同人家用一样的方法,就是叫无方法。广东人译广东音,江苏人译江苏音,学过英文的把法文名字读做英文音再译中文,学过法文的把英文名字读做法文音再译中文。(例如 Newton 作奈端是广东人拿英文字当德文念译成汉字的结果。)又有人喜欢音准的,有人喜欢好看简略的;又同等好看或拼音同等近似的,而有多字同音可以任意拣的,就各人拣各人的字,结果是怎么呢?就是在人人心中生出一种畏怕外国私名的"Freud 的 Complex"。因此书籍上见过的译名十个有九个是用了一次就没有人再用它[①]的。读书的人也不理会它。这种办法,"妈呼"是够"妈呼"了,但是未免有点像把观象台造在树林子里,那么太不讲实际了。

《科学》月刊一成立,我就担任关于译私名的事情,这就入了

---

① 原文写作"他"。——编者

一个双迁时代。怎么叫双迁呢？因为我编辑《科学》的时候见到私名不统一的弊病，就想用一个统一的方法。(1)在事务方面，就给我做最后译名的裁判。凡是外来的稿子都要经过我看一道，都要照我的拼法改过，(2)在内容方面，我就造一个极复杂极完全的中西译音系统，画起好几张的对照表来。那系统的原则是一方面要查原名最准确的读音，一方面参用中国古声母今韵母的分类来同西音对照。每个西文的音节都有一个或几个汉字的译法。例如某投稿者译 Faraday 为法那对，我一看这不准的译法就拍案大叫"荒谬！"，登时就把它①用红笔加一根粗粗的杠子。为什么呢？因为(1)从西文方面，Faraday 的的确读音不是 [fɑrɑdei]②，乃是 [færədi]。(2)从中文方面"那"属"泥"母，是 [n] 音，大不该译 [l, r] 类音，"对"属"端"母，大不该译西文浊音的 [d]。所以我就在表上查 [ɔ] 音是应该写"勒"，[dɪ] 音写"地、第、弟"等，但不可以写"帝、底、低"等。因此 Faraday 就改作法勒第。于是在一张小档片上写了下来，归起档来，在稿子上又要搜一遍，遇见了"法那对"都要革职处分，把法勒第调上任去。

这种方法的唯一的好处就是求一致。但是此外就没有好处了。最大的缺点就是每个名字都要特定一回，定了要人人都死记着。所以一方面管这事的人觉这事麻烦啰唆到不堪，一方面被管的人又嫌这编辑员专制得无理。好好的常见的译名有时改的又不好看，又认不得。而且要用这系统又要晓得西名的确的读音，又要讲一点中国字的音韵系统，除掉研究这门问题的人，多数的科学家哪③有闲空来管这些闲事呢？所以我对这种求一致的方法，起先虽

---

① 原文写作"牠"。下同。——编者
② 方括号内的字是万国语音学符号。下仿此。
③ 原文写作"那"。下同。——编者

然肯费事费时在上,过后看看实在太迂太行不通。到总社移回了中国,做文章编辑的人分布的区域渐大,这事越不好弄当,所以以后就仍旧让作者照"糊涂"时代的新法的方法任意翻译了。

到1920年那时我第一次回中国时,在船上拟了一个用注音字母译音的方法,到上海恰值开年会的第二天,就赶到南京来讲这方法(见第六卷第一期年会论文号)。那篇文章的方法,比从前的方法又进一步了,就是从双迂时代进到单迂时代了。从前的系统还要讲究汉字的音韵,现在用起三十九个注音字母①来,字字有定音,是非常的简单了,所以去掉了一迂。但是那篇文章的态度,仍旧是注重严格的译音。Faraday译作注音字母ㄈㄚㄦㄚㄉㄟ仍旧要算错的,一定要译作ㄈㄚㄦㄜㄉ|或ㄈㄝㄦㄜㄉ|ㄞ才算准。因此英名有英音表,法名有法音表,德文有德音表。假如我那时懂了贺兰②音、丹麦音、瑞士的德法文音,还论不定有贺兰表、丹麦表、瑞士表呢!可见得那时去了一迂,还免不了拘泥西文读音的迂,所以那种方法还是一种单迂方法。

现在我所提倡的"妈呼"方法,是一种人人都能用的方法,可以算一种 fool proof 的法子。这法子完全是沿用外国人的成例的。譬如英美国人念惯了 parish 为 [pæɹɪʃ], iris 为 [ɑɪɹɪs],他看见一个外国字 Paris,也就不管三七二十一拿英国的口音念作 [pæɹɪs],他们皇家学会里并没有一个私名审查员来叫个个会员一定要在喉咙打起嘟噜来,或是译成英文字母的近似拼法 parree 或 Larrea。又譬如德国京城的拼法是 Berlin,德国的标准读音是 [bɛrliːn],但是法国人拿了去不管三七二十一就把 Berlin 的 in 当 vin fin 的 in 一样念作半鼻音的 [ɛ̃],叫 Berlin 为 [bɛrlɛ̃](仿佛把柏林念成柏兰似

---

① 那时我还没有晓得加了"ㄜ"母。
② 原文如此。今译为"荷兰"。下同。——编者

的），他们并不拘泥着①原来读音，把它改拼为Berlinne。同样，英国人抄了去也就把清朗的er[ɛʀ]念成糊涂的er[ə]，把长紧i[iː]念作短松i[ɪ]，他们就呼Berlin为[bəlɪn]而并不想了法子拼一个近似的音，像bearlean的样子。

为什么外国人有这种成例呢？（1）因为文字是给眼睛用的，不但汉字文字如此，字母文字也是如此。私名的文字形式尤其要紧，所以保存原来的字形于记认上，是又便利又要紧的。（2）欧洲多数国的文字是用罗马字母的，所以照抄外国地名人名是极便当的。横竖各国有各国读音的习惯，只要念得出个音就成了。不是言语家，不是外交官，不是要出风头的，何必一定要读得像外国的声音呢？

既然西洋国国都是这样，对于私名的读法，取一种各自独立的方针，我们现在正在渐渐轻视西洋人的时代，为什么不也宣告独立呢？但是宣告独立的以前还须有一步的预备。就是先要在中国土地上把这常用的二十六个野字母"养家"来。这"养家"的手续看像费事，其实很简单，就是以现行的标准国音为基本。国音的抽象系统是只有一个，但是表示这系统的注音字母所以有几种的书法体式，有几种是根据四十注音字母的体式，有楷书的，有横行草书的，有直行草书的。一种是根据万国语音学符号的，一种是用平常罗马字写国音的，这也是注音字母书法体式之一。我前回提议的用三十九字母译音法，因为用的不是罗马字母，所以不能不译音，既然译音就免不了取单迁的方法。现在我主张的就是用国语罗马字母（就是平常的罗马字母），遇西文的私名就a b c d的照抄，却是大旨照中国声音法，这一句话就包括了这"妈呼"主意的全部。这是世界上译名最通行的办法，也是我们尽可仿行的办法。

---

① 原文写作"著"。——编者

现在把中国式罗马字的音值开列如下：

b	p	m	f	v	ㄅ	ㄆ	ㄇ	ㄈ	万
d	t	n		l	ㄉ	ㄊ	ㄋ		ㄌ
g	k	q		x	ㄍ	ㄎ	ㄫ	ㄏ	
j	tc	n	c	(i,y,ü)	ㄐ	ㄑ	ㄬ	ㄒ	
j	tc		c	r	ㄓ	ㄔ		ㄕ	ㄖ
z	ts		s		ㄗ	ㄘ		ㄙ	
-r					(ㄖ)				
-z					(ㄙ)				
	i	u	ü			ㄧ	ㄨ	ㄩ	
a	ia	ua			ㄚ	ㄧㄚ	ㄨㄚ		
o	io	uo	üo		ㄛ	ㄧㄛ	ㄨㄛ	ㄩㄛ	
e					ㄜ				
e	ie		üe		ㄝ	ㄧㄝ		ㄩㄝ	
ai	iai	uai			ㄞ	ㄧㄞ	ㄨㄞ		
ei		uei			ㄟ		ㄨㄟ		
ao	iao				ㄠ	ㄧㄠ			
ou	iu				ㄡ	ㄧㄡ			
an	ien	uan	üen		ㄢ	ㄧㄢ	ㄨㄢ	ㄩㄢ	
en	in	uen	ün		ㄣ	ㄧㄣ	ㄨㄣ	ㄩㄣ	
aq	iaq	uaq			ㄤ	ㄧㄤ	ㄨㄤ		
eq	iq				ㄥ	ㄧㄥ			
oq	ioq				ㄨㄥ	ㄩㄥ			
er					ㄦ				

（1）阴平无号。

（2）阳平韵首有 i, u, ü 的拼作 y, w, yü, 其余的把声母双写。

（3）赏声把主要元音双写。

（4）去声将 i, u ü, ai, ei, ao, ou 拼作 iy, uw, üy, ay, ey, aw, ow, 其余的后加 h。

（5）入声后加 ' 号, 或径省号。

例如"南京成贤街中国科学社"就是

Nnanjiq Tcceqcyen Jiai Joqguo Kocio Ceh.

上列的表是中国自己用的,此处不过是预备对音参考的,不在事题之内。里头的复韵母与声调的拼法在本篇也没有什么关系。至于说到译名,只要见字母抄字母照中国声音念就是了。但是有几点要和外国音通融的,就是 c 当ㄒ,ㄗ; q 当ㄍ; x 当ㄏ,虽然在中文的拼法最便利而于多数的西文习惯不相近,可以通融改读。

    c（逢 a, o, u） 为 k
    c（逢 i, e, y）   为 s
    g   为 k
    x   为 ks

其余的一律照中国国音读法。还有国音中没有的拼法如 é, è, ê, ö, ch, h（声母）, ng, sh, sch,都可以不问哪一国哪一国,都一律读为

ㄝ, ㄝ, ㄝ, ㄜ, ㄎ, ㄏ（可用闽粤的真 h 音）, ㄍ, ㄒ, ㄒ。这么样说法,这二十六个字母的读法倒同英文单字母的读法相差不远,不过我们是照字母简单的读,不是像英文那么吞音吃字十个字母有九个是都不是规规矩矩的念的。照我们这读法看见了 th 也读作 t 音,但这并不寒尘①,因为有德法人作我们的伴。照我们读法国字的 ch 为 ㄎ,有英美人作伴。假如照字母念,把法文半鼻音的 m, n 念死了,也有英美德人作伴。所以我们只要把中国国音的胸脯挺一挺直,谁也不敢来笑我们寒尘。我中国人见了 Panama 字样,就尽管张开了嘴叫它"趴那妈"三个大"阿"音,因为中国音的 a 是"阿"音。假如有精于英文读音的人要唏开着嘴角撑着扬州的嗓子把那地名念作 [ˈpænəmɑ] 或 [ˈpænəmə],那么也好,但是可以不必。这就是我的"妈呼"主义。

  以上说的是可以凭各国本国的拼法抄过来的。但有时一个私

———————

① 原文如此。今多写作"寒碜"。下同。——编者

名或是别的字是几国文字都有而拼法稍有不同的，例如英文 Asia，德文 Asien，法文 Asie，又如希腊文 $\delta\eta\mu o\kappa\rho\alpha\tau\zeta$，英文 democracy，德文 demokratie，法文 démocratie，那么从哪一国呢？最好自然是于最多数国文相近，而读音又清明的拼法。要调查一个字哪一种式子是各国最普通的，这不是一件小事，有时很是很费事且需专门知识的，但幸亏这事的大部分的工夫已经有一群学者无意中替我们做好了。诸君都知道 Esperanto 是从前最通行的世界语。Esperanto 取字的原则就是取最多数国相近的字根。但是 Esperanto 是 Zamenhof 一个人做的，他的主张虽然极是，而他的字母中 ê ĝ ĵ ĥ ŭ 等不便书写印刷，是一个缺点。选择字根和字音的时候，因为他是俄国人往往偏重于 Slav 族言语，而在欧洲多数人民中不是最通行的。后来 Paris 万国哲学会议里组织了一个世界语委员会，把 Esperanto 大加修简，名为 Ido（＝子孙，就是 Esperanto 的子孙的意思），才实行那照人口比例"最多数国相近"的原则。这世界语的优劣和成败不是我现在所论的问题。但 Ido 这言语是已经造好了摆在那块，有书有字典可查的。我现在所提议的是什么呢？就是凡有一个要借音用的外国字，不必遍查希腊，腊丁[①]，英，德，法，意等字典才定用哪一种式子，只须把 Ido 一查就晓得最通行的字根了。字母的音值也是照上述的私名读音法，（恰好同 Ido 读音相近）还有名词字尾的 -o，若是本来字根里没有的，可以省去。例如贺兰在 Ido 叫 Holando，我们不必加 -o 字，就叫 Holand。摩托在 Ido 是 motoro，我们只须写 motor。

这种"妈呼"主义既然是注重原来字形的，那么自然不必再像从前那么费了事立许多对照表了。而且照现在所拟的罗马字读法，读起来于拼法的相近常常胜于外国本国的读法。现在举几个例来

---

① 原文如此。今多译作"拉丁"。——编者

补助我抽象解说的所不达。
英 文

拼法照抄	我们的"妈呼"读法	他们本国的读音
Hay	[hei]	[hei]
Bayley	[beilei]	[beilɪ]
Georgia	[geoɹgia]	[dʒiɔ: dʒiə]
Harvard	[haɹvaɹd]	[hɑːvəd]
Ames	[ɑmes]	[eimz]
California	[kɑlifoɹniɑ]	[kælifə: niə]

法 文

拼法照抄	我们的"妈呼"读法	他们本国的读音
Cambrai	[kɑmbɹei]	[kã: bʀɛ]
Paris	[pɑɹis]	[paʀi:]
Hugo	[hugo]	[ügo]①
Nancy	[nɑnsi]	[nã: si]
Voltaire	[voltaiɹə]	[vɔltɛ: ʀ]
Camouflage	[kɑmouflɑge]	[kamufla: ʒ]

德 文

拼法照抄	我们的"妈呼"读法	他们本国的读音
Hamburg	[hɑmbuɹg]	[hɑmbuɹç]
Leibniz	[leibnitz]	[lɑipnIts]
Vogel	[vogel]	[fo: gəl]
Albrecht	[ɑlbɹeccçt]	[ʔɑlbʀɛçt]
Neumann	[neumɑn]	[nɔimɑn]

各 国 都 有 的 字

英国字	英国音	法国字	法国音
Asia	[eiʃiə]	Asie	[azi:]
Europe	[juː ɹʌp]	Europe	[œʀɔp]
Africa	[æfɹɪkə]	Afrique	[afʀi: k]

---

① 因特别理由我暂用 [ü] 代替万国语音学符号的 [y] 字。

英国字	英国音	法国字	法国音
Australia	[ɔstɹeiliə]	Australie	[ostʀali:]
America	[əmɛɹıkə]	Amérique	[ameʀik]
London	[lʌndən]	Londres	[lɔ̃:dʀ]
Paris	[pæɹıs]	Paris	[paʀi:]
Arabia	[əɹeibiə]	Arabie	[aʀabi:]
Homer	[houmə]	Homère	[ɔmɛ:ʀ]
John	[dʒɔn]	Jean	[ʒɑ̃:]
Venus	[vi:nʌs]	Vénus	[venü:s]
ammonia	[ə:mouniə]	ammoniaque	[amɔnjak]
democracy	[dimɔkɹəsı]	démocratie	[demɔkʀasi:]
centimeter	[sɛntımi:tə]	centimètre	[sɑ̃timɛ:tʀ]
logic	[lɔdʒık]	logique	[lɔʒi:k]
picnic	[pıknık]	piquenique	[piknik]
category	[kætigoɹı]	catégorie	[kategɔʀi:]
motor	[moutə]	moteur	[motæ:ʀ]
opera	[ɔpəɹə]	opéra	[ɔpeʀa:]

德国字	德国音	"中国字"	中国音 [用国语音素]
Asien	[ʔɑ:ziən]	Asia	[ɑsiɑ]
Europa	[ʔɔiʀo:pɑ]	Europa	[euɹopɑ]
Afrika	[ʔafʀikɑ]	Afrika	[afɹikɑ]
Australien	[ʔaustʀɑ:ljən]	Australia	[austɹɑliɑ]
Amerika	[ʔameʀikɑ]	Amerika	[ameɹikɑ]
London	[london]	London	[london]
Paris	[paʀi:s]	Paris	[paris]
Arabien	[ʔaʀɑ:bjən]	Arabia	[ɑɹabiɑ]
Homer	[ho:məʀ]	Homer	[homeɹ]
Johann	[johɑn]	Johan	[johɑn]
Venus	[ve:nus]	Venus	[venus]
ammoniak	[ʔamonjak]	ammonia	[amoniɑ]
demokratie	[demokratei]	demokrati	[demokɹati]
centimeter	[tsɛntimetəʀ]	centimeter	[sentimetəɹ]

德国字	德国音	"中国字"	中国音 [用国语音素]
logik	[loːgik]	logik	[logik]
picknick	[pɪknik]	piknik	[piknik]
Kategorie	[kategoʀiː]	kategori	[kategoɹi]
motor	[moːtɔʀ]	motor	[motoɹ]
oper	[oːpəʀ]	opera	[opeɹa]

现在把全篇的大意约略的复说一遍：

1. 一向译音的习惯是由各人以方音或蓝青官音的汉字，来译不甚了解的西音，因此译法很不一致，译的名字十个有九个没有用处。

2. 要求一致，一个法子是查出原来的读音，每音定译某声某韵的汉字。至于同音汉字中，哪个西名应取哪个汉字来译，由一个中央审查处制定。这法子又迂又无须的专制。

3. 用四十注音字母译音较简便些。但注音字母只能译音。各国的读音法既很繁多，这法子也有一点迂，因为它假定先要懂了各国的拼音法才能译成中国字母。

4. 最适用的，而且是各国都取用的政策就是一种"妈呼"主义，就是把外国的名字照抄下来不译。读音尽管用中国口音（用中国的罗马字母的音值）。若是有人懂外国音的照外国音念，我也不干涉他。

5. 所谓中国的罗马字母的音值就是注音字母书法体式当中的罗马字式。（但其中 c；q；x 本作 ㄗ，ㄒ；ㄑ，ㄥ；ㄏ 去西文稍远，通融读作 k，s；k；ks。）

6. 有几国共有而拼法稍异的字，就拣最多数国相近，而读音最清明的拼法。求这种拼法的最简捷的路就是参考 Ido 世界语的字根形。

诸君对于以上所提议的办法许还有些疑问，因为我人不在此地，只得把许有的疑点解答一下：

（1）不认得ａｂｃｄ的人遇见了外国字读不下去怎么好？

答：假如中国旧文字的势力那么大，书籍那么完备，一个人竟可以不必认得ａｂｃｄ就能成一个科学家，那自然是我梦想都不敢梦想的好事情。但是在事实上不说现在，就是将来，可会有这事？现在说一个人不认得ａｂｃｄ就不配做科学家，虽无理论上的必要性，但实在不是过分的话。所以我不替这辈不会存在的科学家担忧。

（2）为最低级的常识教育书，或在小说戏剧中不便强人懂ａｂｃｄ。

答：为通俗用的横竖更不在乎读音准确。念得来念不来更不要紧。至于小说中戏剧中人名怕不好看不好听，尽管另起别的汉字名字，这不是译音的问题，这是文学里的事情。

（3）罗马字同汉字夹杂起来不雅观。

答：注音字母第一种书法体式同汉字杂起来也不雅观。只有汉字愿意同汉字为伍。但见一排一排坐长凳板的基哩嘎喇，德勒尔都噜的你我他她都不相识的汉字译名，也就够"雅观"了。而且我们《科学》的编辑部早就有鉴于汉字译音的靠不住，总归把原文罗马字拼法加在后头括弧里。那样去美术的条件不更远了？还不是率性叫那些排队的外国音的汉字退了伍，把括弧摘了下来就留一个干干净净的中国音的罗马字形的为简便吗？

我这篇"妈呼"的文章完了，我怕诸君一定要批评它为"不科学的"。诸君大概都听见过Newton闹的种种笑话了，但是我想诸君当中很少听见过Cavendish的趣事的。Cavendish也是一位独身老先生。他除了关于科学事业以外一样事也不愿意问，一个人不愿意见。亲戚一概不往来，朋友交际也没有，就是每礼拜四同皇家学会会员会餐一次。他晓得要研究科学，一个人总不能不吃，不能不穿，所以他就行一个最简单最偷懒的实际"妈呼"主义。他每天吃的饭叫用人①开了来避去,到时候他出来吃。吃完了走开,然后让用人收去,不准用人见他面。有一天用人被他看见了,大概打他科学思想的话②了,他竟把那用人歇掉。他的衣裳也开好了样子,交给裁缝,年年都有一定的什么日子送什么衣裳来,裁缝的人看都不要看,自然更不用说试穿,只要穿得上就是了。我明天不敢亲自到会也就是这原因。你们在座的一位一位都是 Cavendish (可是我希望 Cavendish 做 old bachelor 不在比较之内),我就是你们的厨子或是裁缝。你们在科学事业中不能不用外国私名,有时不能不借用字音译名词。这不是科学事业,却是科学生活的所必须。我就侍候着你们做一种很简单老没有花样的饭菜衣服给你们吃用。但是假如一见了你们的面就怕你们把我歇掉,所以我没有敢来。或者到厨子裁缝成了科学家,入了皇家学会,那就有机会可以③常同 Cavendish 见面,而且还可以每礼拜四同他一桌吃饭呢!

(《科学》第 8 卷第 8 期,1923 年)

---

① 原文如此。今多写作"佣人"。下同。——编者
② 原文如此。今多写作"岔"。——编者
③ 原文写作"所以",疑印刷错误,据上下意思改作"可以"。下同。——编者

语音的物理成素

言语学中所论的语音同语音的单位(叫音素)都不是简单的现象,例如取一个 m 音,通常以为是一个简单不能再分析的音素,其实这 m 的为物是很复杂的。第一:发生 m 音所用的生理作用,就是把唇闭起来,把咽头(velum)垂下,让鼻腔通气,把声带的口缩小,让肺中气出来鼓动声带成乐音。这些作用的生理作用与其生出的各部的触觉都是 m 的生理成素,这是生理的语音学所应研究的。第二:m 音在听的人的耳朵里所发生的反应也是 m 音的一部。m 音虽似简单,但是因为成年人听起各种声音来(尤其言语的声音)没有不带出许多联想的,所以在听者耳朵里收了 m 音进去同时又发生唇喉等部的发音的感觉或意象。这类联想的成分在实用言语的时候占很重要的地位。——言语的义意完全是语言的连带作用;但是要用科学的方法研究语音不能不单就发出来的声音追根的分析,换言之,就是从纯粹物的观点分析语音。我并不是说作了这种研究就好了,就可了事了,并不是说各种联想作用不用研究,或不要紧,不过就是说语音的物理成素的研究也是要紧的就是了。

科学的语音学从生理的语音学始,这不过是近百年以内的事,后来实验的语音渐兴,但也不过是以发音的生理作用,作实验的材料。至于物理的语音学(或叫声学的语音学)到近年来才有东一个人西两个人稍微研究研究,所以本篇所论的没有什么成绩可言,不过是把物理的常识应用到语音现象上看有些什么问题发生就是了。

平常论语音的常以为天下的语言不外乎元音（vowel）辅音（consonants）两个成素，没有第三种成素。还有人这么辩：说你随便说一句哪国的话，里头一个一个音不是辅音就是元音，不是元音就是辅音，所以不会有别的。这话非常不通，同样我能说明天下的人只能做两样事情，因为不是醒着就是睡着，不是睡着就是醒着，决不会有第三种事情。其实醒不光是醒，同时又做许多别的事情，睡也不光是睡，同时也会呼吸，循环做梦等等。同样，语音的成素也有种种同时并存的各方面。大旨说起来，一个语音有以下的音学的成素：

1. 时间的长度，

2. 强度，

3. 基本音高（pitch of fundamental），

4. 陪音（或附音）（overtones），

5. 噪声（noice）。

这几种成素不恰恰和语音学的名词相当，这是因为语音学中一向用的观念不是以物理学的观念发生的，所以不同物理的分析一一相当。现在举些例来解释解释：

1. 时间的长度。　凡音都有长度，这是很明白的。例如在中国南方，入声字音同别种字音不同点之一就是入声最短。在英文 horrid 的 o 比 nor 的 o 短。misstate 的 ss 比 missing 的 ss 长一倍。

2. 强度。　语音的物理的强度同主观的语音强度大致并行，但不恰恰并行，这是什么缘故呢？因为主观的强度同发音时所用的劲有联想关系，听者听见了一个音，晓得是要用劲的，这音就是不很响也觉得很响。反之，不大用劲的虽响，也会估量的太轻（以为不响）。例如用一样大劲读乌、阿两音，若是给一个没有物理或心理实验的训练的人听，就好像一样响似的，但照这么读的乌、阿两音,后者比前者可听得远,可见得后者比前者物理的强度大。最明白的例就是有的音素在语音上是要紧的音素,在物理方面是没有声音,或是零度的强度,而听者觉得是有强度的。例如广东入声字用不破裂的 *p*⌐、*t*⌐、*k*⌐ 收声,这三个东西在语音学里也叫做"音",其实是停止声音的作用。其所以听得出 *ip*、*it*、*ik* 的不同,乃是因为 *i* 音将完时变到 *p* 音的片刻的流音、变到 *t* 的流音与变到 *k* 的流音,三者不同,因此,听得出区别来。在英文 sharp pain coattail 的 *tt*, thick coat 的 *kc*,都是一种延长的静止作用,在物理方面完全是一个常时间的零强度,但发音者同听者的心理生理方面都是有强度的长辅音,可以算是一种"此时无声胜有声"的作用。

3. 基本音高。 语音当中有两大部,一部是带音的,就是发音时声带近关闭的位置,被肺中空气鼓动成乐音的,一部是不带音的,就是(a)声带半开或大开,不颤动成乐音,或(b)全闭也不颤动。平常用语音时能除打喳喳(whisper)全不用带音的语音外,大半总是带音的。在带音的音,声带的颤动的每秒次数(frequency)就定这音的音高。因为语音除声带颤动的音高外,还有别种的附属的音高,所以把这主要的音高特名为基本音高(pitch of the fundamental)。语音的基本音高在多数欧洲之语不占重要地位。(最古时有音高的辨别 pitch accent,现在已失去。)在中国言语,基本音高非常要紧。例如在重庆方音"衣"字音高高,"移"字音高低。但中国言语的声调,多数是音高同时间的函数关系,所以这一层等到下节再论。

4. 陪音。 陪音有两种,一种是和谐的陪音,一种是不和谐的陪音。例如一根弦子全体颤动每秒 256 次,得物理中的 C 音,这是弦子的基本音高。这弦子同时又分为两截,每截又以 312 次数颤动发生 C 音。同时这弦子又分为三截四截等等,成各种和谐的陪音。乐器的各种音彩(法文叫 timbre),就是各种和谐陪音的成素的不同与比较的强度的不同的结果。科学实验所用的调音叉声音淡暗而无色彩,是因为最近于纯音的基本音,而几乎没有陪音的缘故。

不和谐的陪音在乐器里间或有之。例如钟类乐器的陪音同基本音,并不是2、3、4、5等简单比例,所以听起来不如别种乐器纯和。

陪音在语音上占最重要的部分。从前解释元音各音色的学说都是以和谐陪音来解释。例如"衣"是基本音加若干强度的二倍陪音,若干强度的三倍陪音,等等。"乌"音又是一种"处方"配的,"阿"音又是一种"处方"配的,等等。照这说每个元音的特性,全靠陪音及基本音的相对音高定的。假如读音的基本音高上下,陪音也跟着改变。这学说出来不久就被打破了。后来就有人说"衣"的所以为"衣"、"乌"的所以为"乌"等等,是因为喉腔鼻腔口腔等部的应声作用(resonance)生出固定绝对音高的陪音,与声带发生的基本音高完全没有和谐的关系(除碰巧成简单比例外)。例如把舌前提高近牙,咽头提上关闭鼻腔。这种位置就是一种"衣"音的应声器(resonator)。无论声带颤动作高(soprano)音低(bass)音,或呼气作打喳喳音(whisper),或吃气,或在嘴跟前戳破一个渍子泡,或放一个电火星,结果总是一种有"衣"音意味的应声。这学说似乎有一种难处,就是小孩子头小嘴小,怎么也能发大人用的种种元音,这疑难有两层答法。第一,小孩子说话确不同大人一样。例如小孩子的"呵"音,因为口腔小,张到最大,还是只抵到大人读浅"呵"音的应声尺寸,因此小孩子叫"妈"字的音,不像大人说"妈"音那么深而像法文ma(=我的)音的浅"呵"音似的,仿佛在英文mama的ma同mat的ma之间。第二层解答是小孩到三四岁能说话的时候,身体虽小,初发音的发育已经长到这超过别部分的比例。据Otto Jespersen的统计,初会说话的小孩子的下颚骨长已经有大人的十分之七八了。

这学说出来过后,英国有一个姓 Lloyd[①] 的又做了些实验,他的说法是说舌前舌后(喉舌间)成两个应声腔(resonating chamber)。凡是元音的特性,都是这两个应声腔的绝对陪音音高所定的。更古怪的,就是这两个音高虽然合声带上的基本音高毫不相干,而多数听得清说得准的元音的两个陪音都成简单的比例。例如 i=39:1, e=19:1, a=5:1, u=1:1,这人的学说可惜还没有别人证明,但元音性质是靠陪音的绝对音高,而不靠陪音与声带基本音的相对的音高,这是已经可以倚靠得住的结果了。那么声带的基本音高既然和元音的性质全不相干,研究元音的时候最好是用打喳喳声音(whisper)作阿也厄衣恶乌迂等音,令观察者好听出要紧的陪音,使耳朵不为不相干的喉部基本音所搅混,这是现在研究语音常用的法子。

不和谐的陪音非但是元音的要素,而且也是辅音的要素。因为有许多辅音本没有基本音(不带音),所以不必"陪音"这种名词,径称作应声(resonance),显示得是有独立音高的声音。假如念ㄅ、ㄆ两音的纯音(换言之,就是不加元音作成ㄅㄜ、ㄆㄜ)让音后的破裂作用发出,就可以听得出ㄅ的破裂的音高高,ㄆ的音高低。这是因为读ㄅ时声带几乎全闭,应声的内孔从口到喉为止,读吐气的ㄆ时,声带大开,从口到肺管成很深的应声腔,所以应声很低。又如德文的 [x、ʃ、s、ç] 四音(例如在 ach、fisch、es、ich 的尾音)所成的应声差不多成 do、mi、sol、do¹ 四个音高的关系。(中国南方人读西方 ʃ 音太近 ç,这么着应声的音高太高,所以一定要读得很准,才能成那四音的调呢。)

5. **嗓音。** 凡是声音,其颤动不成周期的,就是嗓音。但自然

---

① R.J. Lloyd: Speech Sounds, Their Value and Causation.

界中同言语中所用的音,大多数都是乐音噪音相混的,看那一部分强(多)就算那一类。如上言不带音的辅音也有应声的音高,似乎是自相矛盾的话,其实所谓不带音,就是喉头声带不作乐音的意思,别部仍有微弱的乐音。噪音在语音中最要紧的功用就是变各种辅音的特性。例如空气在上下唇间生出时摩擦的噪音就成 t 音,同时声带颤动就成 v 音,舌根抵住上颚忽然放开让空气出来就成破裂的 k 音,声带大半开让空气出来在喉部生摩擦就成 h 音等等。这类作用的大旨非常明白容易懂,细节不是非常复杂。现在辅音的物理比元音物理还幼稚得许多,所以这上头也没有话讲了。

以上说的,是从物理方面分析语音的各成素的。现在看这些成素复起来怎么成语音中种现象。

1 同 2。 时间与强度。 说话句句不是一样响,音音不是一样响,这是谁都晓得的。句中的各大部的轻重大概都是看意思的轻重而定。至于一个词里的各音节(syllables)那个轻那个重,这现象甚复杂。除用历史的解释外大都无规则可言。所以在多数言语中(如英文、希腊文、北京话)初学者须硬记重音(stress accent)的所在。例如北京话"老子"两音节并重是人名,"老"重"子"轻是俗语的"父亲";"北京"两音节并重,但"南京"是"南"重"京"轻。英文 ´label, la´pel, ´aspect, re´spect。

在一个音节里强度也大都以时间而变。如"哀"音 [ai] 前部比后部响,"鸦"音 [ia] 就是先轻后响。英文的 hear、tear、mere、dear 等等,在美国东北读 [-iə] 先强后轻(i 比 ə 也长些),在英国南部就先弱后强(i 轻短,几成 j 音)。

就是在一个单纯音的强度,也常有时变。例如北京赏声字纯音字如"椅"、"五"、"两"等等的强度,先半强,中强,最后轻。在英文 misspell 的 ss 是一个两头重、中部轻的长 s 音。

1、2 同 4。 时间、强度同陪音。 这三种相互的关系就发生音节的问题来(syllabication)。无论那种言语都可分成一个一个的音节。这音节同音节的分界是拿什么做标准呢？在中国言语大概一个字是一个音节，但也有例外的。例如说"你去看戏阿？""阿"字说的很轻而且音含糊，近中性(ə)音，所以"戏阿"虽是两个汉字写的，可是只是一个音节[çiə]，仿佛美国东北部 hear 读 [hiə] 似的。北京，南京，常把"儿"字加在字后成一个音节，例如"花儿"。但杭州也用"儿"字，却不同前字混成一个音节。这区域分析起来究竟是什么性质？这不是可以随口解答的问题。在英文平常分音节法有种种的规条，要晓得结果，查字典可以晓得每个词怎么分节，但这些规条完全是预备印书写字时在行底破字用的，一点也没有学理的根据，一点不能作客观的标准。

现在分音节最通用的科学的定义，就是拿听觉主观响度超作的最高点(maximum of auditory sonority)当一个音节的中心，拿一个最高点到下个最高点中间的最低点当音节的分界；用物理的话头，就是在强度时间的曲线上拿浪峰当音节的中心，拿浪谷当音节的分界。为什么要说分节的问题又包括陪音的成分呢？这是因为主观的强弱看音的色彩怎么样，各种陪音会有不同的主观的影响。在语言中辅音没有元音响，所以有多少主要元音就有多少音节，元音同元音当中的辅音恰恰分音节的界限。在中国言语多数字音是辅音起头，元音或异高的辅音收尾，所以大多数是一个字一个音节。但音节不尽与元音辅音相当。假如一串辅音中有一个高出来独成一个浪峰的，也可以成一个音节。例如德文有许多 -en 收尾的辞 e 母不读音；hatten[hat n] 的音素是 h 轻，a 响，t 轻，n 又响，所以 n 又成一个音节的中心。在英文有人念"very little"念的极含糊起来几乎就是 vrrll 三种音，但听起来系四个音节，因为一个长 r 当中轻两头重(成马鞍形强度曲线)，一个长 l 也是如此。所以 very little 仿佛是"ᵥrᵣr lᵢl"似的，仍旧保存四音节四浪峰的条件。

同样，有时连 s 音都能成音节的主音。例如 velocity 有人不读 i，把四个音读成 [vi-ˈlɔ-s-tɪ]（s 音特别读长而重，不同前 lo 并在一个浪峰里）。

非但一串辅音可另成音节，就是一串元音也不一定合成一音节的结合韵母。在各元音中主观的响度的次序大约是 a o e i y（迂）u。假如有 iai 三音相连，除非特别费力把 i、i 念响，a 音念轻，造成两峰一谷，才成两个音节。若是平平的念过去 iai 是天然的中部最响，所以成一个音节，例如崖字读"iai"。反之，aia 的天然曲线是马鞍式，所以是两个音节，例如"阿呀"两字读 aia。浪谷既然是音节的分界，那么怎么测定是在哪里呢？这个在各国言语各有不同的习惯。在英文的最低点大多数在辅音的正中，例如 lover 两个音节的分界也不在 υ 前，也不在 υ 后，乃在 υ 中间。在德文、法文大多数在辅音前（但也有些例外的），例如 lie-ber，a-ma-teur。中国话除尾音 n、ng、m 同南方入声 p、t、k 外音节的分界都在辅音前（如德、法）。

1 同 3。 时间同基本音高。 言语的基本音高同时间所生的函数关系就成言语的腔调（intonation）。没有一国言语没有特别的腔调。例如有经验的在老远听人说话，虽然一个字听不出，可听得出说的是法国话、德国话、英国话（英美腔调很不同）。腔调在古希腊语，近代东方几处之语，非洲之语，同中国之语，除表示口气外，又作字义的成素的功用。例如"衣移椅意一"，因为腔调不同，表五个风马牛不相及的字。这种用法的腔调用在希腊语叫 pitch accent，用在东方言语叫声调（古名"声"，北京四声、南京五声等等，英文 tones）。字调的性质是很明白的，不懂声学的说字调是高低、长短、强弱等等，都是隔靴搔痒。最主要的就是时间和音高的函数关系就是了。①

2同3。 强度同基本音高。 强度同音高没有必要的关系。但在自然的言语中,强高弱低比强低弱高的例多的多,换言之,音高同强度的统计的配合率(coefficient of statistical correlation)很高,因此在多数人心里中常常把高低同强弱相混。例如通常说"你声音太高,说低一点"。英语也有这习惯,说"He never *raises* his voice, but always speaks in a *low* voice",应该说"He never speaks *loudly*, but always uses a *soft* voice",善做戏的,在戏台上说话有时说的像很小的声音(例如说情话),又须给全园几千人听得真,他的诀窍就是用低而响的声音说话,人听见音低,所以由统计的联想作用觉得声似轻似的。

结　语

声学在物理上的位置有一点偏僻,比不上元量论、相对论的那么占基本重要的位置,但在应用的物理上,声学非常要紧。大凡纯粹的科学有两种截然不同的应用法:——一种是应用到人生的物质的方面。例如算学应用到记油盐柴米,物理应用到汽车电话,这类应用是他们敬仰科学代表的人的所应许,而心中实在看不起的。还有一种应用的性质完全不同。就是譬如算学应用到天文物理,物理应用到种种别的学问,这是各种学问互相贯通的作用,而且是学问进步的一个大机会。我常遇见研究语音的,研究音乐的,研究听觉的心理的,同研究物理的声学的会谈起来(可惜很少会谈),往往所问非所答,所驳非所辩,名辞不正,说话不顺,我想这是近代学术分专科过甚的一个症状。读者晓得近几十年来物理学化学的最大的进步就是统一的进步胜过各科细节的进步,以致现在理化

---

① 详细的讨论,见《科学》第七卷第九期著者的"声调的实验法"。

中心的学理的能一贯全部胜过无论哪一时代哪一门实验科学的状况。近来心理学同生物学的进步也有统一社会科学、人种学、言语学等的趋势和希望。但论起成绩来，还是希望多，趋势少，同物理还是望尘不及。本期虽然是数理化专期，但本报不是数理化专报，所以我用物理学学生同言语学学生的双名义作这一篇语音的物理成素。如前所说，这一门的研究的成绩还很幼稚。这篇文章是开开一扇门，请大家看看科学界中是有这么一门有兴趣而要紧的问题在那儿。

(《科学》第9卷第5期，1924年)

新文字运动底讨论

1. 文字不要加个人名字

自从"汉字改革号"出来以后,这是我第一次又在《国语月刊》里做文章。我看了那特号看见大家对这事那么热心而且有那么些实在的研究底供献①,我心上非常快活。可是有一样我看了不大满意的,就是里头有"赵元任式的国语罗马字"那种话头。这用意固然是不错——向来中国人做书做美术品的都不在乎用自己底真名字,弄得后来人要称赞,不知称赞谁;要骂也不晓得骂谁。现在照西洋法子处处都加个名字,于考据家是非常便利的。但是汉字改革这件事情是社会上一种团体的运动,人人在里头都应该有我是一份子的态度,这种运动底成效也是合作的人愈多愈好。假如引起了个人的出风头的心,怕于协力共进有妨碍。我并不是以圣人自居。老实话,假如我的名字能够永久加在中国的文字上成为永久的形容词,我一定是很会得意洋洋的。但是就因为我领略这种引诱的意味,而且我信这种竞争是于这事业底最好的进行有妨碍的,所以我反对用这种叫法。在现在讨论的时候,或者可以叫某某人拟的国语罗马字,到后来自然就是国家的文字了。

2. 国际言语运动底历史

在这注重切实讨论的月刊中发了这么些关于人事的闲话,我

---

① 原文如此。今多写作"贡献"。下同。——编者

觉得似乎要对读者请求原谅。但是人事的闲话有时也很要紧，并不可以当作费话。我新近看了一本书叫 A Short History of the International Language Movement; by A. L. Guerard, 书的题目虽是讲的国际言语底历史，但是里头所讲的种种人事的关系在中国的文字改革的运动上很有些可以参考的材料。现在没有时间把全书译出来，其中有一样事是我们应该注意的：就是我们对于各种式子的国际语应该持何种态度？国际言语最早有势力的是叫 Volapük（"世界言语"的意思），在十九世纪末叶大兴的。这言语虽缺点甚多，有些很大的文法同读音的难处，但比各种天然的言语容易的多，在几次国际大会的时候非但各国代表能用 Volapük 通言语，连伺候的提行李的端菜的都能说它。但这言语的失败也快的可惊，几年工夫一倒忽然倒到声臭俱无了。这是甚么原因呢？是因为它的创著者 Schleyer 把定了一个专制不肯让的态度，无论人家提议什么改良的地方他都不承认，因此分出党派出来。等到党派分的愈多，而每党各自宣传他们的改良世界语，局外的人看了自然不会有像从前那么有信用，所以这 Volapük 因同室操戈就此没亡掉了。

到本世纪的初年 Zamenhof 医士底 Esperanto 出世，国际言语的运动复又大盛。Esperanto 是"希望者"的意思，"Dr. Esperanto"乃是 Dr. Zamenhof 底别名。因为这种国际言语是最有势力的，所以一向中文就译它作"世界语"。Esperanto 底言语学的资格比 Volapük 强得多了，读音也比它稍微容易些。这言语在极盛时代有一百几十种杂志，其余的发刊品也不计其数。非但尽义务提倡的人用这言语，连专行人（例如医）同商界人（例如通济隆公司）都用它当为有利的器具。在欧战的时候自然样样事情都受折退，但停战后又渐渐地兴起来了。

何以 Esperanto 底进步不能再快一点呢？这又是人事的原

因占了一大半了。Zamenhof造这言语的时候曾经定了一个Esperanto底基本定义，叫做Fundamento，凡是合这Fundamento的文法同造字法的就是Esperanto，否则不是。但是Zamenhof对于这基本定义的态度一点不是固执的。他的意思是假如要推进世界语必定要有简单的一致的标准。他自己也承认Esperanto尽有改良的余地，并且他自己也曾提议过好几件改良的地方，但是他主张世界上一定要有极有势力的最高机关而又是专家学者的团体底正式修改才准有更动，否则又怕蹈Volapük底覆辙。

果不其然，Esperanto也受了分枝的挫折。其中最厉害的就是Ido底分枝运动。Ido是一种改良的Esperanto。从言语方面看起来比Esperanto的确是好的多。读音文法，同造字都好些。Ido底宣传家说是这言语是由1900年巴黎底世界学会连合会[①]底国际言语委员会所审定的。这里头有许多名义上的问题，但是照Guerard的调查，这委员会底组织法同选举法很不规则，很不足以代表世界言语的最高机关。无论其中的是非是怎样，Ido出世过后没有能得全数Esperanto派人底归附，但也赢过来了不少人，适足以妨碍世界语的主义的名望同信用。

除Ido外还有许多别种的人造的国际言语。在Volapük失败同Esperanto兴起的当中十来年，有许多人也忙着造言语。这些言语的研究到现在多到了渐渐成了一门新学问了。Guérard叫它[②]作synthetic philology，照用意可以译作"创造的言语学"。近来这些运动同研究底发展有两个好现象：(一)热心国际言语的人渐渐觉得这事须得很慎重预备，所以提倡修改Esperanto的或彻底新造世界语的，都抱持一种研究的态度，各人把各人研究的结果发表

---

① 原文如此。今多写作"联合会"。——编者
② 原文写作"牠"。下同。——编者

出来,作为讨论底材料。这样可以大家互相切磋而不互相攻击。(二)现在国际探索评议会底国际补助言语①委员会(International Research Council, Committee on International Auxiliary Language)正在收罗各种材料同人才,又在各处作实地的试验。这机关在世界上是很有信用同名望的,现在这样很谨慎地做下去,将来结果,无论是操哪一种国际言语,或是造出一种比所有的都好的,在实际方面一定有极好的成效。

我最初是属 Esperanto 派,后来见了 Ido,改信了 Ido。但看了这原原本本的历史,觉得言语既是一种社会现象,就不能不从人事方面着想,全从言语的内容定意见是失于偏的。Guérard 提倡的办法甚好。他说现在 Esperanto 虽受欧战的损失,但在各种体式中还是远占最大势力的。Ido 虽比 Esperanto 稍好,但像 Romanal, Anglo-latin,等等也有比 Ido 更好的体式。所以现在为大体计,我们应该暂时归附 Esperanto。等到那国际探索评议会制完了一种极好的国际补助言语,由各国政界正式承认,那自然改起来很省事。假如 Esperanto 到那时已经根深柢固,难于改动,这最高机关讨论的结果以为就用 Esperanto 最便,那末我们就用它。Esperanto 有些缺点是不必讳的。但比较无论哪一种天然的国语来是容易同适用了许多倍了,有些稍微难一点的读音或文法,到这言语资格老了也会觉得很自然的了。所以虽然 Guérard 希望最后的结果是一种比 Esperanto 好的体式,但是假如结果是用它,他也以为是世界底大幸事,一点也不算失望的事情。

3. 国际言语运动同中国言语文字中运动底比较

以上讲的这些于中国文字底改革有什么关系呢?我想我们很

---

① 原文如此。auxiliary language,今多译作"辅助语"。下同。——编者

可以用人家底经验做我们底参考。比较起来，其实我们底题目比他们底小得多了。我们只须造新文字，他们须要新言语并文字；我们底范围只包括一国，他们底范围包括全世界。但是有一样我们极吃亏的地方，就是虽照问题大小算起比例来，我们底人才还远比不上他们的人才。国际言语底问题在近几百年来不晓得花费了多少天才同博学人底心血，尤其以近几十年为多。算起有天资又热心办这类事的人，外国每一百个中国拿不出十个；算起在言语学有博士资格的专家，在这上做事的，外国有一百个，中国连一个都没有呢！（我自己也不是言语专家。）他们人才那么多对这事还那样慎重，我们人才这么少，对这事应该更要慎重了。

我们现在对于中国文字改革的态度可以同国际言语相比较。国语统一筹备会这机关就譬如国际探索评议会，是大家承认的一个机关。那会所定的国音系统同表示这系统的注音字母就譬如是 Esperanto 言语同它底文字。这上头我们已占便宜的就是那评议会还没到承认哪一种国际言语作为暂时试用的，而我们底统一会已经承认了国音同国音字母，虽还没有正式提倡字母独用，但实际已经有许多人这么用它了。我们对于社会上一般的人要使他们相信国语统一同拼音文字是可能的，就应该大家暂时一致赞成名义最正的国音同注音字母，作为试用的国语同文字。就犹之乎我们对于世界上一般的人要使他们相信国际补助语这观念同人造言语这观念是可能的，就应大家暂时一致赞成最通行的 Esperanto，作为试用的国际言语。但是我们同时也不必讳掉国音有些不妥的地方，注音字母形式上远不及罗马字母合用等等须改良的地方。就犹之乎 Esperanto 底短处，里外的人都晓得，也可以大大的改良改良。现在我们人才既然缺乏，更应该协力合作，所以断不可以生非互助的竞争心。所以一方面研究，虽可以一方面供献意见出来讨论，但不可以用宣传的态度大家互相攻击。在宣传方面我们暂时以国语统一同拼音文字的必要同可能性为宗旨。假如没有等到国语罗马字母定好，过了五年十年现在的正则国音同注音字母文字已经根深柢固到不便改了，那么也好。中国只要有了统一的国语有了字母的文字，比现在已经好的不能以道理计了。这几层同国际言语运动的比较是很明显的，不必细说了。

但在我底信仰，我想我们人才虽少，假如大家互相协助地做去，又多参考各国对于今古言语的知识，我们一定造得出一个很好的文字。至于国音的改良，本来大旨无须更动。比方"广"母太难，一律用"ȝ"母代，国声底入声字底韵母有许多不好懂，采用黄河流域底韵母，这些地方在国语统一筹备会里很可以正式修改的。现在最须研究的还是文字方面。底下讲的是我近来研究的所得。如上所说，这是献出来给大家讨论的材料，并不是我就宣传这个赵元任第二式的国语罗马字。

4. 1923,9,1 拟的国语罗马字

b p m f v i u ü a o e e
d t n l ai ei ao ou an en aq eq er
g k q h ia io ie iai iao iu ien in iaq iq
j ch n sh ua uo uai uei uan uen uaq oq
j ch sh r üe üen ün ioq
tz ts s
阴平入声都无号
阳平(1) i u ü 当全韵母的改作 yi wu yü，当韵母第一音的改作 y w yü
(2) m v n l q r 在 ai ei ao ou an en aq eq 前无号。
(3) 儿作 er
(4) 其余的声母或声母第一字母双写。

赏声把主要元音双写。

去声 i u ü ai ei ao ou iai iao iu uai uei -n -q 改作

iy uw üy ay ey aw ow iay iaw iw uay uey -nn -qq

其余的后加 h

偶耳^① 轻读声调同赏声偶耳变调都不改拼法。永久轻读声调如阴平无号。

现在论这种拼法所据的理由如下。

5. 国际音标还是罗马字母

先讨论为甚么用平常的罗马字不用国际音标。在汉字改革号第 23 页钱玄同君说的罗马字的三劣点同两优点都很对的，但是比起各点底份量来我觉得劣点不很要紧。我们研究言语学的总有把言语学当天下顶大的事倾向，我虽自己也有这种情感的偏向，但我总想法子制住它。这国际音标好是非常好，在言语学上同言语的教育上也很重要，但在学问世界中，国际音标是比较的一个无名小卒。罗马字底势力就几乎无处不见。这一层其实是很要紧的，钱君不把它当一个优点数，大概是因为它是人事上的优点不是学理的优点的缘故。我们要用字母文字其中一个大好处就是可以借用文字快快地输入别国文明的特色来增富我们底文明。用了严格拼音的国际音标，只能取一国底读音，失去多国同字源底便利。例如科学的名词 induction 各国都是差不多的罗马字形，德文 K 代 C 这是很小、很简单的改变。我们也可以把这字形借来给它一个中国的念法仿佛就念 [induktion] 无轻重节的中国派读音就是了。若是用了国际音标，那末英文是 [ɪnˊdʌkʃne]，法文是 [ɛ̃dyksjõː]，德文是 [ɪnduktsjoːn]。我们不能同时取几种读音，只好取一种，那末别

---

① 原文如此。今多写作"偶尔"。下同。——编者

种的都相差很远了。或有人说那末照普通的罗马字形底字母念法译成国际音标。我说既然这么转弯崩法，就已经承认原来字形要紧，那何不就用罗马字母呢？

总而言之，我们改革文字底方针最要紧的是在用字母文字，次要紧的才是用拼音文字，这两层虽有密切关系但不可混而为一。欧洲各国文字都是字母文字，至于合拼音底准确与否，各有不同的程度。英文底拼音比汉文底谐声字也几乎以五十步笑百步了，但英文文字比汉文适用就是因为拼音无论怎么不规则，总是字母文字。法文德文的拼音比较地规则的多了，但也有不少不规则的地方。现在我们造罗马字拼国音的系统虽不是一字一音一音一字那么严格地合学理的，但很容易造的同时又合实用又比法文德文底拼法还有规则的多。为了求语音学一隅的便利何必妨碍了文字底种种的别的用处呢？

6. 声母拼法

讲到字母的音值，我先前常怕字形太长，所以做了各种音素底遇见回数底统计，把多见的音用简短的字母代表。但有两层我没有见到的：（一）我们将来免不了取用西文字，而且如上所说取用西字最得当的法子就是用原字形。假如国语罗马字底音值同多数的西文音值相差太远，结果就不是大改原形就是大改原音。假如中国字中国读法西文字西文读法，那么，弄得拼法读音大不规则，不是求简反繁了吗？（二）文字稍长只要不太长不要紧。英文的拼法比德文法文简，同一段意思写起来所占篇幅较少。但我做了许多回英文同几种国语罗马字的比较，无论是加字母注声调的，或是不加的，无论是用一字母代ㄕ，ㄗ等音或用两个字母的，结果总是或者同英文一样长短，或者比英文还短些。可见得拼音虽以短为贵，但这一层上不可过于苛求，致有碍于别种好处。

讲到音值底细节,我仍旧用 b、d、g 代ㄅ、ㄉ、ㄍ。对于这个有些人以为于学理不合,不应该用带音字母代无音的辅音。关于这类音底"后流"底性质我在"审查国音底报告"里有过详论,此处不必细说,简说起来,这类音在官话区域里并不是法、意、西班牙等底 [p]、[t]、[k] 强音(fortes),乃是丹麦南德等读 b̥、d̥、g̥ 字母时所用的 [b]、[d]、[g] 弱音 [lenis],因此我国地方人学南欧 Romance 类言语的人假如用了ㄅ、ㄉ、ㄍ,结果是非常不合用的。对这上我有过经验的。教北京人念法文 capital 倒不如老老实实地像英德人念 [kʰapʰitʰal],法国人听了倒还容易懂些。还有一层,是英文德文底 b、d、g 在字首时也是无音的,其所以听像带音的缘故是破裂后微有带音的气流 [ɦ](吴音匣母就是带音的 [h]),所以听像有浊音的意味。他们底文字既然用 b、d、g 拼这类不是真带音的辅音,我们这样用法也不比英德法丹麦违背了。有人说研究中国的古音同方言,同研究英法等言语底比较应该要懂帮、滂、並等等三级的区别。我说真要细究起来可以用国际音标作为研究底器具,那还不止有三级的区别。这本来不是国语文字底问题,若要拼方音为实际应用的,那么可以把帮、滂、並、端、透、定、见、溪、郡拼作 b、p、bh;d、t、dh;g、k、gh 就是了。在现在吴音这九音用国际音标写起来是 [p、ph、b̥h;t、th、d̥h;k、kh、g̥h] 这並定郡的性质是近乎英德底"借流假浊音",不过吴音底 [ɦ] 更强一点罢了。

ㄐ、ㄑ、ㄒ 同 ㄓ、ㄔ、ㄕ 公用三个声母这是许多人已经赞成的了。前者总是"齐,撮"后者总是"开,合",所以于学理上虽有同号异音的批评而于实用上同教授上一点不会发生困难。钱玄同君用半国际音标性的国语字母也用这取巧的法子。ㄐ、ㄓ照ㄅ、ㄉ,ㄍ例要用英德所谓带音的字母,但德文无此音,所以取英文音值相近的 j。ㄑ、ㄔ若是从简尽可以用 c 一个字母,但借用西字许许多多的拉丁字根都用 c,若改了 k 有时面目改变的太多不如留单 c 字为译外国字用，或照拉丁一律读 [k] 音，或照英文在 a、o、u 前读 [k] 在 i、e、y 前读 [s] 这个以后再定。（因同理国语文不用 x 字母，留当西文 ks 音用。）ㄒ、ㄕ西文无单字母，但 sh 在西文没有第二种念法，所以很容易懂。这音遇见的次数甚多用两字拼法字形有时被加长，但照上述调查国语罗马字全体不比英文长，那也无妨了。（德文 [ʃ] 音用 sch 三字母代表这是真累赘了）ㄏ母用 n 拼，大概多数人赞成，不必讨论了。ㄖ母用 r 代表于英文很近（山东、南京、九江等ㄖ母近英文 r）。这种用法可以拿 er 当儿，这是于中西的语音系统都相合的。（儿本从ㄖ母分出。）ㄐ母我本想用 z 代表，但 tz 当ㄗ，就可以把 Z 字母一律当 [x] 音用，于西文的 z 很相宜。ㄘ、ㄙ用 ts、s 是不必讨论的了。

7. 韵母拼法

ㄧ、ㄨ用 i、u 也是没有问题的。ㄩ用 ü 虽是用了加符号，但这音比较地少见而且世界上人没有看了不晓得它底音值，可以说它底言界字上的资格同身份比国际音标底 [y] 还高些。这ㄩ母草书时若是怕同 ü 相混可以把两点作两小竖，写在当中如 ü̈ 这是德文的写法（ü 原来是德文 ue 变的，德文体 e 像两竖，写在 u 上头，后来渐变成两点。有的书上 ü 还是刻成ǘ的。）从前我拿 v 当ㄩ，但 v 在西文用处极大，像 Violin、Victoria 等字借用起来把 v 当ㄩ念未免去原来的字音太远了。这类"麻子"符号自然不可多用，但偶耳遇见无妨，不是俗语说轻少的麻子还可以做美貌的点缀吗？（参阅末段各则。）

ㄚ、ㄛ，作 a、o 无须讨论。ㄜ、ㄝ同用 e 字母，在开口只须归拼为ㄜ。这样看起来 e 的读法有一个很简单的规则，就是"前或后有 i 或 ü 读 [e]，其余的读 [ə]"全例如下：

[ə] ei ie ien uei üe üen （[e] 作普通音值，不必分 [é、ė、ɛ]）

[e] e en eq er uen

ㄞ、ㄟ作 ai，ei 无须讨论。ㄠ作 au 似乎同西文拼法近些，但 au，an 草体容易相混，而且 ao 的音同中国ㄠ母近些，所以取 ao，在去声 aw 形式甚好而且不同别的相混，这一点不规则一点不难记，所以取 ao、aw 两种拼法辨声调。ㄠ的去声都是极熟极要紧的字，用 aw 比 aoh 好的多。（参阅下末段第（5）例。）又作 eu 也是近西文些，但怕草体同 en 混，所以作 ou。这是京音的ㄡ。现在定的国音的ㄡ是在 [ou] 同 [əu] 之间的音。这两种拼法我不过是暂试拟的，假如能教人写字的时候总小心辨 n 同 u，那末就用 au、eu 当ㄠ、ㄡ，好处也很多。

ㄢ、ㄣ用 an，en 无须讨论。ㄤ、ㄥ用 aq，eq 是取 q 字母比 ng 短。用 ng 除掉音极常见怕太长外还有 ng 拼法最易生读音的误解的坏处。这字母本来 Henry Sweet 也曾当 [ŋ] 音用过，在西文凡遇 q 字母当 [k] 读的不妨用 c 代表，例如 question，quantity，中国借用起来可以拼作 cuestion，cuantity，比原来字形还干净好看的多呢。

ㄦ作 er 可以无须讨论。

ㄧㄚ、ㄧㄛ、ㄧㄝ、ㄧㄞ、ㄧㄠ作 ia、io、ie、iai、iao 也是很明显的，无须讨论。ㄧㄡ作 iu 在西人习惯怕把 1 读的太短，u 读的圆唇度太高，弄的同 u 同韵（比较英文 too 同 you 押韵）。假如拼 iou 或 ieu 可免这弊，但实在读音，这中间的音并不总是存在，而且不存在的时候多，所以拼 iu 最好，只要 i 音念的不太短就是了。

ㄧㄢ、ㄧㄣ、ㄧㄤ、ㄧㄥ作 ien、in、inq、iq 无须讨论。

ㄨㄚ、ㄨㄛ、ㄨㄞ作 ua、uo、uai 也无须讨论。ㄨㄟ的读音在北京是阴平作 ui，别的声调作 uei。这种区别未必可以算国音的标准。因为 uei 音读法最普通，所以一律作 uei。声调另有辨法。

ㄨㄢ作 uan 无须讨论。ㄨㄣ的读音有时读 un 有时读 uen，因声母而变。而且读 un 的时候到了赏声不但是 u 音延长,而且 u 后的中性又现了出来,这种复杂的变化于实际拼音没有用处,所以最好一律作 uen。ㄨㄤ作 uaq 无须讨论。ㄨㄥ作 oq 声音比 uq 清楚些而且国音有ㄅㄨㄥ、ㄆㄨㄥ、ㄇㄨㄥ、ㄈㄨㄥ的字音,用 o 音比 u 音容易些。但这两种拼法也没有大上下,就是用 u 也不过取开值 [u],就是用 o 也不过是取闭值 [o],所以相差有限。

ㄩㄝ、ㄩㄢ、ㄩㄣ、ㄩㄥ作 üe、üen、ün、ioq 无须讨论。

有许多拼音的制度常把起音的ㄧ、ㄨ、ㄩ同不起音的ㄧ、ㄨ、ㄩ分当作辅音与元音看待。例如"烟"作 yen,"连"可是作 lien。"温"作 wen,"昏"可是作 huen。这种区别有是有的但在事实上不是有规则的,不是人人一致的,有人读"乌"自始至终有摩擦,仿佛是 [w:],有人读作 [wu],有人读的自始至终无摩擦,作为 [u:];有人在阳平声调读的多点辅音性,别的声调读元音性,有人读的同声调无关。而且横竖这种辨别于实际的字形辨别一点没有用处,所以最好不必多此一举,并且可以留下 y、w 两个很有用的字母当辨声调的大用处。(按 Inlaud Missien 拼法,俄文底中国字拼法,同 Bernhard Karlgren 底语音学极精密的中国音拼法都不认ㄧ、ㄨ、ㄩ辅音性同元音性的区别。)

8. 拼法取其合乎广义的世界语

关于字母底音值,我还有一层要讨论的,就是中国文字同世界文字的关系。用以上的拼法可以拿西文底最普通的字形借了来就好用,而且念起来同各国的音差不很远的。钱玄同君所拟的纯用罗马字的第二式国语字母也是根据于同世界大同的用意,所以有的拼法都用了 Esperanto 底改良拼法(从前的 ĝ、ĉ、ŝ、ĵ,现在作 gh、ch、sh、jh)。我个人的意见,如上文所呈,是赞成提倡 Esperanto 的,但是那是一种对于国际补助语运动底政策,并不是赞成 Esperanto

这言语。而且我相信将来由最高机关认定的世界语多份还不就是Esperanto，大概还是一种近于Romance类的人造言语。这种言语底字根最近于拉丁同英文的字形，因为这种文字本来已经是事实上的最通行的文字了，所以我们可以拿它当作一种可以信托的投资所。无论将来的国际补助语是否Esperanto或是否别种人造语，这已经存在的天然的还未成系统的国际语是摆在那块不会消灭的。所以我们用了这种比较地直接的标准作为取用外国字的字形比较用Esperanto买办先生的经手靠得住的多，而且一定不会上当的。

9. 声调作为造字的一种材料

论到声调的问题，先说声调要不要辨别。周辨明君同我两人是极端主张要辨的。外国人学中国言语也渐渐觉得声调底重要不次于韵母底分辨。从言语音素上看起来，声调自然是语素之一，这是中国言语中的一个要素。你提倡废除它，赶它，它也不会跑掉的。有些人把声调当作狭义的文法的声调辨别（grammatical tones），例如"应当上当"，"解衣衣之"等等，其实这是声调的一个很小的比较地很不要紧的例。多数声调底在言语上的地位是字素的声调（etymogical tones），如山西，陕西；解说，界说；火车；货车等等都不全相干的字根。我们字根本来没有西文的富，再不用声调只剩了四五百个单音字根了，怎么够一国的国文用呢？我这主张拼音调并不是拘泥读音一定要高扬起降促地那么讲究，我的意思，黎劭西君给我的信里说的比我自己说的还明白：就是根据中国天然固有的声调的区别来定中国新文字字形的辨别，并不是到临写字的时候想到了，才东加一个西加一个声调的符号的。这句话非但在声调如此，连关于声母韵母也是如此。要定"what"这意思在中国新文字怎么写，不是查字典里"甚"字"么"字两个汉字底读音拼起来作ㄗㄣㄇㄛ就算中国底文字的。一定要调查官话当中这意思说起来,最普通最相当的叫法究竟是ㄗㄣㄇㄛ还是ㄗㄜㄇㄛ,还是ㄗㄜㄇㄛ,还是ㄗㄜㄇㄛ,……然后才算国语的文字。所以这几千汉字底国音的声母韵母同声调虽然可以够当国语文字百分之九十几的参考物,但不就是国语文字的充足的标准,那还是要等大家研究出来呢。

10. 声调拼法

因为这个缘故,我所拟的声调拼法是给服务于国语事业的人做造文字的参考用的,不是给学习了为应用国语的学生们当一套术诀用的。因此我这拼法的方针不求规则简括而力求实际的拼法简单,阳平同去声分作好几种格例也就是这个缘故。

现在这声调注法比我早先拟的还更省字母而且不像从前 h 那么多的讨厌。我上回做的统计所取的材料太偏于极通俗的白话。据后来调查,大概愈近于文一点用字愈深一点,阴阳平同入声的字愈多,所以 h 同双声母就多起来,像"阿菊"那段故事就已经不是平常俗话,念起来觉得满口都是字眼儿了。现在我把阴平同入声都用最简拼法,阳平的 l、m、n、q、r、v 在开口复韵母前不双写就省了多少了。而且这一类声母在 i、u、ü、a、o 单韵母前阳平不从简,是因为这类字入声很多,这样可以辨梨,力(lyi, li),摩,摸(mmo, mo)等。

现在拼的去声有地方用 y、w,音理的理由同阳平用 y、w 一样。阳平先短低后高,凡是低音高的音听像有辅音性质,所以用 y、w 在前。去声先高后短低,所以后头能用的地方都用 y、w。n、q 双写也是示注意辅音低音的意思。这种拼法于形式上极美观而于字形上也不占多少字母的数目。上回我算的那拼法为了拼声调每音节多费的字母数是 0.6;现在我把"阿菊"那段故事底第一段统计起来。

  共总音节数目   176
  为声调多用的字母 66
  合到每音节加长字母数 0.38
所以差不多三个音节只多一个字母。

11. 词类连书底目的

  关于词类连书底问题近来出了许多有价值的研究，如黎劭西君底许多文章同周辨明君底《词的界说》等。我对于这事底意见也是以实用便利为主，不主张严格地合乎论理。词的观念比英文底 word 较广，差不多凡是成为语意的粗略单位的，换言之差不多凡是成一个 part of speech 的都是词，所以词在英文常常用几个 word 造成的。中国一向字的观念比英文底 word 较窄，不是一个汉字可以写得出不是一个音节能包括的就不是一个字。何以言语有些音节要连写呢？（一）一层为要把言语中大大小小的各种结构底层次可以分清，所以现在多数人提倡用五六等号来辨别，结构最密切的音节就连拼起来，次一层的就在当中加连分号"-"，再疏一点的就用字母同字当中的空间分开，再次用"、"隔开，再次用","号隔开，再次就用"；" "。"，段、章、卷、本、部等言语结构底分等法。参考西文的习惯起来，各国各国不同，英文法文的连书字都甚短，（为便于说写，暂拿"字"字当包括中国的单字同西文的 wort, mot, wert 的普通名词。）说起广义的词来，在英文、法文大多数是不连书的。在德文连书的字比较地长些，但有许多长词也是分写的。西文一向的趋势大概是由长连书的字改成短分书的字。从言语内容上看起来也是从综合的连书的复字改成分析的分书的单字拼词。这种变迁的性质大概是从字拼字改成文法关系的字接字，例如文言是 excavate（拉丁），在英文白话就是 dig out，"挖-出来"；德文两个名词当中加一个 s 连成一个字的,在英文(或法文)大概总是倒过来当中加一个 of (或 de)分作三字写；较古的文字用连拼的文法变化,在较新的文字都改用介词连词等分析出来成为分写的几字词,例如法文本来有综合式的将来语词尾,但现在趋向是用分式的小字表同样的意思,不说 Jele mangerai 而说 Je vais le manger,犹如英文 I am going to eat it 一样。这种事实是可供我们参考的。(二)何以有些音节要连写底第二层目的是要把言语中须特别学习而不能从其成素就看得出意义的组织物归拼成一个单位,预备学习的人可以晓得从哪里起到哪里止是字典里会查得到的项件,而且是假如不已经认得非查字典不能懂的。

假如拿结构醒目为标准,那末英法拼法的习惯最好,比到德文底 Feuerversicherungs=police 或 auseinanderzusetzen 等可怕的拼法适用多了。若是要凡是成一句底文法的分子,其确实意义不能从成素中得来的,都要连写起来,那么,结果怕弄出比德文还要长笨的字母底队伍。所以我想最好还是宁失之于太短,不要失之于太长。连号甚不雅观,写起来也麻烦,也没有用的必要。词典里尽仿外国好的词典底例,凡是须解释的无论是连书或分书的一律登入。在小词典选择材料也是从实用上的重要定取舍,不一定取单形的去复形的词,例如"撮口"(tsuokoou)是专门学的专门名词,虽是连写的,在小词典里可以不列入,而同时最常见的词如"一点"(a little, un peu, ein wenig)无论是连写作 idieen 或尽管写作 i dieen 也可以列入小词典里。

这有节制的连书主义还有一样好处,就是可以把音节看的清清楚楚,分节疑惑的机会少些。但分节不定的难处,其实不很要紧。在西文处处都是,因为我们学西文的时候,对着标准字形记读音同意义,以后看了,一点不怕难认。我在汉字改革号(第 109 页)已经举了许多英文的例,如 shorthand, misled, mishap, misshape, nowhere 了,德文的也不少,比方 bergab 底 g 还是归前半念 [ç] 还是归后半念 [g]？ entsprechen 底 s 还是归前半念 [s] 还是归后半念 [ʃ]？ Friedrich 底 d 还是归前半念 [t] 还是归后半念 [d]？这些例在德文一点不算难处,连外国人学德文都不嫌它们难,所以中国的分节问题是更不要紧的了。黎均荃君所举的例（上述同号第 163 页"吹毛求疵"段）是两种分法都有意义的,似乎同外国的例不同；但是这种机会极少,就是英文也有 no-where, now-here 两种解法,不过 now-here 没人用它就是了。照本篇的新拼法,黎君所举的三个例都可以拼的吹毛不见疵：

湖南 Hwunan　因果 inguoo　信义 sinniy（心腻不成词）
昏暗 huenann　鹰窝 iquo　细腻 siyniy

12. 国语罗马字的举例

现在举几个长例做参考,希望大家一面努力提倡汉字革命同拼音文字的运动,一面用极慎重的研究的态度来协力创造一个世界上极完善极适宜于发展文明的文字。

（1）Guey siqq？ Biy siqq Lii, Nyn guey siqq a？ Tzienn Siqq Lyi. Jeh Liaaqgo ren Shrh Shwei？ Jeh shrh Uaq jia dii Erh shawye, nah shrh waq Eershuenn dii errtz.

（2）Nii nna nah uaan iw iaw daw naali chüy maai yu le？

Bu shrh! Qoo nna jeh uaan yu daw nahbien Uann jia chüy may tsyen, may wan le yu, qoo iuu le tsyen, tziw baa ta mai tzay diy diishiah.

（1）贵姓？敝姓李。您贵姓阿？贱姓黎。这两个人是谁？这是汪家底二少爷,那是王耳顺底二儿子。

（2）你拿那碗又要到哪里去买油了？

不是！我拿这碗油到那边万家去卖钱,卖完了油我有了钱,就把它埋在地底下。

129

（3）Siee dan tzh, shuo duaan huah, i dieen bu nan dooq, jrr iaw baa ttszdiaw loqq jueen le, shwei du tiq de dooq. Nii kann, jeh bu shrh heen haao dooq di ma?

（4）I tien tzaaoshaqq, Ajü bey tadi fuwtsin soqq tzinn igo guaqmyq, koqkuo, towchiy di diyfaq, Ta faaqfu ttsoq igo shrhjiay ttouru bie igo shrhjiay lii. Tadi jia lii jrr iuu i jaq juotz ho liaaq tyao pohhuaydi cchaqdeqq; iijiq shrr tadi siaao shenchüy hweisyüen bude; banntziedi baanmen cheqchii, veirodi guaqsienn ttsoq jiaishaqq towtzinnlai, — inuey dueymienn shrh dieendaqq lii kuwffaq dii gao tsyaq—shrr ta ttsoqlai buttseq kann tsyq ta muutsin dii miennppaq; men uay tsyaqjio shrh shyqren dii siaaobiennchuw, sshrcchaq iuu ren tzay nahli tan twu ijiidi, gooutsieedi bienndaq, shrr ta siguann le bulyaq koqchiy dii hushi. Shienntzay jehgo jiqqjiay tzay naali ni？ Ta jenshrh ttouru bie igo shrhjiay le.

（5）Alice siaaq daw:"Ieeshüü ta bu dooq Iqguo huah, qoo gaan shuo ta idiqq shrh goh Faguo hawtz, gen jo William Dahtziaqq lai di."（Inuey Alice sueiran nienn guoh le shüüdo lishrr, kooshrh uenn shemo shrhtsyq Shrh jiisshr iuu

（3）写单字，说短话，一点不难懂，只要把词调弄准了，谁都听得懂。你看，这不是很好懂的吗？

（4）一天早上，阿菊被他的父亲送进一个光明，空阔，透气的地方。他仿佛从一个世界投入别一个世界里。他的家里只有一张桌子和两条破坏的长凳，已经使他的小身躯回旋不得；半截的板门撑起，微弱的光线从街上透进来，——因为对面是典当里库房底高墙——使他从来不曾看清他母亲底面庞。门外墙角是行人底小便处，时常有人在那里贪图一己的、苟且的便当，使他习惯了不良空气底呼吸。现在这个境界在哪里呢？他真是投入别一个世界了。

（5）阿丽思想道："也许他不懂英国话，我敢说他一定是个法国耗子，跟着威廉大将来的。"（因为阿丽思虽然念过了许多历史，可是问什么事情是几时有过的，她一点都不清楚。）所

guoh di, I idieen du bu tsiqchuu.)
Shooii I iw kaikoou daw: "Ou est ma chatte?" jeh shrh I Fawen kohbeen lii di ttoui jüy, Nah laaoshuu tiq le tzay shueei lii i tiaw do gao, shiah de hwenshen jr doou. Alice i kann bu haao, pah shaq le nah siaao chusheq dii gaantsyq, lyenmaq ppeitzuey daw: "Aia, dueybujuw, dueybujuw! Qoo du uaqqjiy le nii shrh bu shiihuan mao di."

以她又开口道:"Ou est ma chatte? 这是她法文课本里的头一句,那老鼠听了在水里一跳多高,吓得浑身直抖。阿丽思一看不好,怕伤了那小畜生底感情,连忙赔罪道:"阿呀,对不住,对不住! 我都忘记了你是不喜欢猫的。"

(6) Diymyq liy
Jrliy Shandoq Jiaqsu Jejiaq Fujienn Guaaqdoq Hwunan Hwube Jiaqsi Anhuei Hhonan Shansi Shaansi Gansu Szhchuan yünnan Gueyjou Guaaqsi Bejiq Tientzin Tziynan Nanjiq Sujou (Be) Sujou BeToqjou NanToqjou Uuchaq Hannkoou Nanchaq Jiuujiaq Cchaqsha Shaqqhaai Hhaqjou Fujou Shiahmen Guaaqjou TayShan BeHheqShan NanHheqShan HwaqHho YaqtzzJiaq

(6) 地名例
直隶 山东 江苏 浙江 福建
广东 湖南 湖北 江西 安徽
河南 山西 陕西 甘肃 四川
云南 贵州 广西 北京 天津
济南 南京 苏州(北) 肃州
北通州 南通州 武昌 汉口
南昌 九江 长沙 上海 杭州
福州 厦门 广州 泰山 北恒
山 南衡山 黄河 扬子江

(7) "Ta" Hwu Shr
Nii sin lii ay ta,
　Mo shuo bu ay ta.
Iaw kann nii ay ta,
　Tsiee deeq ren hay ta.
Taaq iuu ren hay ta,
　Nii rwuhho duey ta?
Taaq iuu ren ay ta,
　Geqq rwuhho day ta?

(7) "他" 胡适
你心里爱他,
　莫说不爱他。
要看你爱他,
　且等人害他。
倘有人害他,
　你如何对他?
倘有人爱他,
　更如何待他?

赵元任先生反对别人称他拟的国语罗马字为"赵元任式的国语罗马字",

说"假如引起了个人的出风头的心,怕于协力共进有妨碍"。因此,主张"在现在讨论的时候,或者可以叫'某某人拟的国语罗马字'"。我以为赵先生似乎太过虑了。我们称"赵元任式、周辨明式、林玉堂式",其实与称为"赵元任拟的、周辨明拟的、林玉堂拟的"的意义是一样的。把这话说完全了,便是"赵元任所拟的式样、周辨明所拟的式样、林玉堂所拟的式样"。因为这样说法嫌噜哪,所以或称"某人式"或称"某人拟"罢了。现在赵先生既不赞成用"赵元任式"的字样,我个人从今以后一定改称"赵元任拟的"或"赵拟";不过别人或用"赵式"字样,我却未便擅改,我想这似乎不甚要紧。至于赵先生称他自己这次修正的为"1923,9,1,国语罗马字",我却也不赞成;因为不但写、说太不方便,而且假如同这一天周辨明、林玉堂诸人也拟了一式或改了一式,不是便要闹到"辞穷"了吗?所以我想还是说"某人拟的"最好。到了审定、公布之后,当然只称为"国语罗马字"或"国语字母",无所谓"某式""某拟"了。

钱玄同附记。1924,1,20,北京。

(《国语月刊》第2卷第1期,1924年)

北京、苏州、常州语助词的研究*

甲 "口气"概说 说话有所说的内容,说话有说话的口气。表示口气的方法很多,其中一样极要紧的就是用语助词。单单研究语助词一样,这题目也就不小了,本篇不过是语助词研究的一个起头儿罢了。要明白语助词怎么表示口气,最好先看看别种表示口气的方法是怎么用的。现在给每样举几个例:

㈠ **用实词**:"我想今天许会下雨。""谁料到他会嫁勒这个人勒!"以上没有﹏号的是话的本题,有﹏号的是用明言的话语来表示口气的。

㈡ **用副词**状词**或连词**:"这事情一定要失败。""他现在娶勒亲过后,倒比从前快活勒。""他现在娶勒亲勒,所以没有从前那么快活勒。"

㈢ **用语法上词式的变化**:"I would if I *could*, but since I *can't*, I *sha'n't*." "Ich *sei* unglücklich? Nein, das *bin* ich gar nicht." 因为中国语中词式的变化(inflections)大都是语助词的形式,所以这个不另成一种了。

㈣ **单呼词**:平常以"感叹词"译 interjections,但有许多表示口气的 interjections 不一定有"感叹的"性质,所以暂称之为单呼

---

* 本文原载《清华学报》第三卷第二期 865—918(1926年出版)。原文用注音字母与国语罗马字记北京音,用吴语音韵罗马字(见1928年《现代吴语的研究》)记苏州音与常州音。1992年《方言》发表时,编者斟酌在方括弧内加注国际音标。——编者

词,例如有人说:"他回南去勒。"我可以用各种单呼词答应,每一种词是一种口气,如下:

答词	词调	意义
①M!	平	是的,我已经听见过说勒。
②O!	平	是吗？我倒还没有晓得。
③Oo!	低,长,尾升(如北京赏声)	是吗？那真是料不到的!
④Ei!	短平	那倒是个好办法。
⑤A!	长平	好啦,可以放心啦!
⑥Ar?	音高扬(如北京阳平)	你说什么？我没有听清?
⑦Aa!	低,长,尾升	真古怪,我不懂他上南边去是甚么用意。

⑤ **用语调的变化**：广义的语调里非但包括音高的变化,并且包括节奏(rhythm),就是强度与长短的关系,因为音高与节奏在语调里常常牵连着变化,所以现在在同一节下说它。上述的 O, Oo 与 A, Ar 也是以声调的变化来表示口气的例,但声调不仅在单呼调上有口气的不同,用在成句子的长语上也有口气的不同,例如:"别去罢"一句话,可以有以下几种说法：

[声调图见下文第173页]

　　　　　声　调　　　　　　　　　意　义
① 别略长,去半长,罢读如 be　干脆命令叫不要去。
(ㄅㄜ)极短而低。
② 别半长,去半长,两字音高平　设拟"不去,好不好？"
常,罢半长,音高居中而平。
③ 长短同①,三字音高都极尖细。你不肯去就别去,尽麻烦我干什么?
④ 别去两字略低缓,罢字低而极　"不听老人言,后悔在眼前,我劝你
缓,音高作"低,中,低"式。　　还是(下三字缓说)别去罢!"

又如在英文里 What's his name？一句,可以有下列几种说法:

	声　调	意　义
①	高,高,中降	普通问语
②	低,中,高降	I didn't say what's his business？ I said what's his name？
③	中,上中,高升	I am sorry to ask you again, but will you kindly repeat his name to me once more？
④	低,高,低升	"What's his name？"（Don't you know what his name is？）①

㈥ 语助词：

① 他赚了三万块钱。　　　平常叙事。
② 他赚了三万块钱呐。　　有那么多呐。
③ 他赚了三万块钱吗？　　是吗？真的吗？
④ 他赚了三万块钱阿？　　我没听错,是不是？
⑤ 他赚了三万块钱罢？　　人家说两万或四万都不确罢？
⑥ 他赚了三万块钱末！　　难怪他近来那么阔勒。
⑦ 他赚了三万块钱喽！　　还不去查他,一忽儿他把那七万也要带跑喽！

乙　语助词研究的各方面　以上讲各种表示口气的方法,其中只有语助词是本篇所讲的。但是语助词的研究也有种种方面,本篇中所研究的也不过是各方面的一部分。现在把不研究的各方面先略说一说：

㈠ 定义　甚么是语助词如"矣、乎、呢、吗",甚么不是语助词如"天、快、走、更",在大多例中是谁都辨得清的。本篇也就只拿这个作临时的起点。至于作正式的语助词的定义也是一种研究。但现在不讲到这个。

㈡ 来历　语助词的来历大都跟别种虚词的来历相类。例如跟本是有"跟随、附属"等意思的动词；用久了,它的具体的意义洗

---

① 参阅 H. E. Palmer：A Grammar of Spoken English, pp.13ff.

淡了,就变了北京当"与、及、and"等用的极抽象的连词了。同样,"作罢、罢休"的罢是实字,在句尾说轻了像"你去罢"的罢只表示口气,并没有"你去了便罢"那么滞重的意思了。像写成罢字的语助词,因为现在同时罢字也还有当实字的用法,所以还可以看得出来这是从那里来的。但是有时写作吧,就难知道了。还有大多数的语助词是没有字写的,或是通行的写法,咱们明知是临时造的或是假借的,例如常州、无锡"竟好得"的得字,苏州"耐勿要嘘"的嘘字,那就不能一看就看出从甚么字来,跟甚么字通了。所以语助词变来的方法,从普通语言学看起来,虽然可以比较的 a priori 说它们大都是从实字变来,而某某语助词的确是从那个那个字来的,是要用许久历史的 a posteriori 的研究才可以做的题目。这也是本篇不及详论的。

(三) **汉字写法** 某字的写罢写吧,写么写吗,写阿写啊,写耳写尔,写矣写已,在官话和文言中已经是很足研究的题目,在方言当中例如广东、福建、江苏的白话书语助词的通行写法,也是给咱们许多可以收集的材料。这种材料有两种用处:① 同一语助词的各种写法当中可以找到些能暗示咱们它的来历的写法,或是找到与别的方言中语助词相关的地方。例如从吧看不出是什么来历,有罢的写法虽然不足以证明它即是本字,但至少给咱们一个暗示,而且吴音中同用法的语助字是读浊音的而不读清音,又是罢字是本字的一证了。② 他方面看起来,遇到古怪一点的新一点的写法,就可以看出来写这个的人的实在读音,例如从"好啦!"的啦字,就可以想到这个语助词不是像"了当"的了字那么说的。但是汉字写法的调查与研究都是一种辅助的研究,只能给人暗示而不能作为充分证法。因为来历要用历史的方法,读音要用直接观察的方法才靠得住呢。本篇所用的汉字不是有了研究过后再选择的,是随便写的,大致的趋向是偏向于审音方面,去本字形稍远一点。因为横竖大多语助词的来历不甚明,不如照本方音拣最近的字写下来还可以算一个准确的记载这是指举的例中说,本篇的行文仍旧随俗。

㈣ 音 语助词的音有一种特点,就是常常有普通字音系里所没有的字音。先说声调:比方北京有阴平、阳平、赏声、去声四种声调,但得勒呐吗等字也不是阴平,也不是阳平,也不是赏声,也不是去声,乃是一种短而中性的"轻声"声调。这个性质别种词也有时有之,比方"烧买"的买字,"板凳"的凳字,"糊弄局儿"的弄字也都是轻声字。但语助词差不多全是轻声字,连两三个字的像"罢勒"、"就是勒"等都是个个字轻声。次说声母韵母:有系外声母的语助词,作者还没有留心到过,有系外韵母的甚多。比方北京得、格、遮、则的元音,注音字母作ㄜ [ɤ],其实它是一种很特别的元音。此处不必讲这元音的性质,只须说它是一个南方人觉得很难学的元音就是了。但"来勒""看得见"的勒、得,虽然写作"ㄌㄜ"、"ㄉㄜ",其实这元音ㄜ是一个中性的,处处都有的ㄜ音,语音符号作倒写的 e[ə],所以南方人虽然不会说北京音"勒令"的勒,而说起"来勒"(＝了)的勒,可以跟北京人说得一样。可见北京语助词中,得、勒、么甚么、呐(＝呢)等字的元音是北京正式音系里所没有的一种音,不过暂归入"ㄜ"韵里就是了。

有时音素不是特别的,而一般的字不像这么拼法。例如北京唇音没有跟开口的ㄜ韵拼的,而在"假如正好末那我也许……"里,末字一点不是"末了儿"的末字音,而是ㄇㄜ [mə] 音,并且其中的ㄜ也是上述的中性音ㄜ [ə]倒写e。

㈤ 本篇的比较研究 本篇的研究只是第一次的粗略调查,大部分的结果都是归纳法第一步的性质,须要等到多试过后才可以算是完全成立。材料调查的范围也只就作者对于这三处方言的知识曾在北京两年,苏州一年,常州七年多,跟随时遇见的三处的人,并没有做极广搜的工作,所以虽然本篇所载,凡是最常见的语助词都有了,难免还有些遗漏的。

　　这三处范围虽甚小,但从这研究上也可以看出好些与别的方言与别种语言相合相通的地方,所以有时候也引文言中语助词,或南方官话语助词,或西文表示同样口气的说法来比较。

　　关于语助词的比较,常常有人有一种误见,就是以为两国语言或两处方言的成分可以做一一对照的互译的,比方说了等于英文 *ed*,或是吗等于文言乎。这都是靠不住的,例如"我想不去了"可以译作"I think I *did* not go"吗？"天乎！"在白话是说"天吗！"吗？这是因为语助词了一切别的词也然总不止有一种用处,它的 a b c d 几种用处当中,许是 a b c 跟某方言中某语助词哉的 A B C 三种用处相同,而它的 d 的用法在这第二种方言中不用哉而用仔表示的;同时,这仔除掉这用处以外,还有别的用处是了字所没有的。所以这么一来都参差起来了。在本篇材料的排列是以北京语助词的音为纲,其余的跟着,因为有上述的参差的关系,所以常常有同一词,例如常州的惑的用法不能聚在一处,这是没有法的,假如把常州的词聚拢来,北京的又拆散了。假如照所表示的"口气"排,那三处都拆散了,而且同是一种口气可以不用语助词而用上述的别种方法表示,那么语助词跟连词、副词、单呼词等等都要混列了。这未始是不可的事情,不过在本题范围之内,不便这么办就是了。

丙　京、苏、常语助词详目

　　㈠　北京 *de*[①] 得　这语助词似可分为得的两个不同的语助词,例如"看得见","说得好"或"说的好"、"我的书"[②]。但这样分化,

---

　　① 本篇中 b d g ji j tz 等字当"拨得格基支兹"等不吐气的清音用,吴音的"白特辩忌囗慈"浊音用 bh dh gh jhi jh dz,单 e 字为韵作厄音(语音符号作倒写 e[ə])。

　　② 参阅《胡适文存》卷三,从六八到八〇页。其中有《水浒》《红楼梦》《儒林外史》中的得的比较。

是文学上的分化,在语言的事实上,其实都是说 de[tə]得的。所以在北京话只有一种语助词当许多种用法;在别处当然是不能定是两种三种,或是几种。

A 领格词尾:

北京	苏州	常州
de 得("的、底")	ge 格	ge 格
我得书	我格书	我格书
纸得颜色	纸格颜色	纸格颜色

说明:平常叫它为介词,其实它的性质跟在、于、除、沿、对等介词的性质不同。叫它领格的词尾相近一点,仿佛像英文的 's 似的。文言作之。

B 前置形容词词尾:

北京	苏州	常州
de 得("的")	ge 格	ge 格
好看得衣裳	好看格衣裳	好看格衣裳
吃饭得时候	吃饭格辰光	吃饭格辰光
卖菜得小孩儿	卖菜格小干五(ng)	卖菜格小佬

说明:前置形容词(attributive adjective)词尾,仿佛是德文的 -er, -e, -es 等形容词词尾。(ein schönes Kleid。)假如是以逗(clause)为形容词的,就像 relative pronoun:"the boy who sells vegetables"。

C 后置形容词词尾或代名词:

北京	苏州	常州
de 得("的")	ge 格	lao 佬, ge 格
我要一个好得	我要一格好格	我要一个好佬(或格)
那是靠不住得	格是靠勿住格	过是靠勿住佬(或格)
这是真得	格格是真格	至格是真佬(或格)
来了一个卖菜得	来仔一格卖菜格	来则一格卖菜佬(或格)

说明：这种用法仿佛是把形容词当名词用，所以词尾得处了代名词的地位了。文言中用者，在常州话格字形容词意味多些，佬字代名词意味多些。

D 事类：

北　京	苏　州	常　州
de 得("的")	ge 格	ge 格
告诉了他，他会生气得。	告诉仔俚，俚会动气格。	告诉则佗(dha)，它会生气格。
不行，这样一定会出事情得。	勿兴，Zeghan 一定会出事体格。	勿兴，镢(gann)一定会出事体格。
不能敷衍敷衍就算完得。	勿能敷衍敷衍就算完结格。	勿能敷衍敷衍就算完结格。
那天我也去听得。	格日仔我也去听格。	遇日我也去听格。
是得，昨天他真得哭得	是格，昨日俚真格哭格。	是格，昨头佗真佬哭格。

说明：这种用法跟上述两种用法有点相近。比方"不能敷衍敷衍就算完得"可以作为"这不是能敷衍敷衍就算完得事情"讲形容词词尾，或是作为"这事情不是能敷衍敷衍就算完得"讲代名词或后置形容词词尾。但也得认为它另是一种用法，因为这种用法不一定有是字，不一定有所指的名词，得所指的只是一种泛指的事情的情形，"昨天他真哭得"并不是说"他是一个昨天真哭得人"，乃是说那一回事情的性质是"昨天他真哭"得性质。

这种得、格的用法在南方方言中往往当一种像英文的过去似的。例如，南京"我看见他的"，苏州"我看见俚格"是"I *saw* him (on that occasion)"。假如说"我看见勒他勒"，"我看见仔俚哉"，就是 perfect tense：I *have seen* him (now)，但在北京这种区别不大注重，大概都用勒 就仿佛德文平常说 Ich *habe* ihn *gesehen*，不说 Ich *sah* ihn，只有的确有"事类"的口气才用得的呢。

得字表示事类时,在常州话只能用格,不能用佬。

E 副词词尾:

北京	苏州	常州
de 得("的,地")	jiaw 叫①, ge 格	tze 则, ge 格
好好儿得走。	好好叫走。	好好则走。
偏偏儿得死了。	偏偏叫洗脱哉。	偏偏则死落既。
和和气气得说。	和和气气格说。	和和气气则说。
认真得做。	认真格做。	认真则做。
出人意外得可恶。	出人意外格可恶。	出人意外格可恶。
他一定不成问题得。	俚一定勿成问题格。	佬(dha)一定勿成问题格。
会失败得。	格会失败格。	格会失败格。

说明:副词有表示较具体的状态的,有表示较抽象的情形的。在苏州话前者用叫,后者用格;在常州前者用则,后者用格。但具体与抽象本是一种渐变的区别,所以苏常两种字的用法的界限也参差不同。大概苏州的叫只有用在叠字后头,而在常州除掉几个字的副词用格外,还是用则的时候多。苏州的叫在上海作 neng 能,大概是从恁字来的。

F 动词结果、性质:

北京	苏州	常州
de 得("的,得")②	de 得	de 得, tze 则
他唱得好听着呐。	俚唱得好听笃。	佬(dha)唱得好得。
他走得不算慢。	俚走得勿算慢。	他走得勿算慢。
这个人做事做得勤快。	哀个人做事体做得勤快。	至格人做事体做得(或则)勤快。

---

① 苏州的au(ㄠ)韵,音近单元音[æ],现在姑且照国语罗马字写成ㄠ母去声 aw 式

② 《水浒》写得,《红楼梦》写的或得,《儒林外史》写的,比较138页脚注②。

说话总要说得公道。　说闲话总要说得公道。　说话总要说得公道。
变戏法要变得人家　变把戏要变得人家看　变把戏要变得别人家
看不出破绽出来。　勿出破绽出来。　看勿出破绽出来。

说明：这种用法照书上的写法虽然可写得可写的，而当常态的北京话连领格形容词词尾等等的的也一律念得，那现在写得写的似乎也没有关系。但从有一样事情看，似乎是写得好，就是在苏州常州等处，的作格最多，而在这种用法，偏偏用得。这语助词大概是从代名词的来的，"他走得不算慢"大概是从"他走的速率不算慢"来的。但是现在另成一种口气了，例如"俚唱格好听"也许是他的唱法好，也许是他选择的歌好，"俚唱得好听"就是注重他唱工的口气了。在文言这口气可以用也字表示，例如"其行也速"，"其触于物也，铿铿锵锵"碰得铿铿锵锵地响。在英文里结果词是短的就是副词："He walks *quickly*"，长的就用 *so as*, *so that*；"A trick must be done *so as* not to be detected," 或 "*so that* it will not be detected."

G 动词结果、程度：

北　京	苏　州	常　州
de 得（"的，　得"），daw 到	de 得, dela 得啦, daw 到	dawtze 到则
他累得走不动勒。	俚吃力得啦走勿动哉。	佗 dha 吃力到则走勿动俚。
他愁得一夜没有睡着。	俚愁得啦一夜分困着。	他愁到则一夜份困着。
快活得都说不出来勒。	快活得说勿出哉。	快活到则说勿出格俚。
快活到不知道怎么说勒。	快活得啦勿晓得那亨说哉。	快活到则勿晓得难减说俚。

我恨他恨到听见他名字就生气。	我恨俚恨得啦听见仔俚格名字就生气。	我恨佗(dha)恨到则听伦格名字就生气。

说明：这种用法跟上头不同的地方就是注重程度，所以前头的词累、愁、快活、恨都是有程度的词，比方说"他唱得好听"，在苏州就不能说"俚唱得啦好听"，因为"好听"是"唱"的性质，不是"唱"的程度，所以在北京虽然都用得音，而在别处不混。这语助词的来历或者是到字的转，结果句较长的时候如后两例还是用到字本音，而且在常州还是一律用到则间或单用"到"，但不多。

英文的 so 本有性质跟程度的两种用法。上节所举的 *so as*, *so that* 的例就是表示性质用法的例。表示程度的时候，*so that* 比 *so as* 用的多一点，例如 "He is *so* tired *that* he cannot walk any more."

在这类里头中西语还有个并行的地方，就是可以把结果句省去，把前句当作一个感叹句，例如，"He is *so* happy!" "你看他快活得！" "俚快活得啦！" "佗快活到则！" 得字这种用法在官话中不大有，而且用时带点讥笑的意思，在英语的 *so* (德 *so*, 法 *si* 也然)，跟苏州的得啦，跟常州的到则，倒是常常有这样用法的。"该格水清得啦"，在北京只能说"这个水好清阿！"不能说"这个水清得！"

H 可能：

北京	苏州	常州
de 得	de 得	de 得
看得见	看得见	看得见
走得动	走得动	走得动
吃得下去	吃得落	吃得落
听得明白	听得明白	听得明白

说明：这语助词很简单。就是表示可能的意思就是了。用这词的时候，否定式就拿不字换进去，例如"走不动"。在得字别种用

法的否定式就不能这么换,例如"说得公道"的反面不是"说不公道",乃是"说得不公道"或是"没有说得公道"。

I 等于跟、和等等:

北京	苏州	常州
de 得	ge 格	ge 格
八块得七块是十五块。	八块格七块是沙五块。	八块格七块是十五块。
这张纸是九寸得十二寸。	格张纸头是九寸格十二寸。	至张纸是九寸格十二寸。
二十胡得十六胡三十六胡。	廿胡格十六胡三式六胡。	二式胡格十六胡三式六胡。

说明:这种用法大概是有数量的名词当中用的,而且常常带有一头想一头说的口气。

J 在:

北京	苏州	常州
de 得	le 勒	le 勒
别睡得地下!	勿要睏勒地浪!	勿要睏勒地醸!
扔得水里去勒。	笃勒水里向气哉。	丢勒水里头气既。
他住得那儿?	俚住勒啥场化?	他(dha)住勒浪块?
都吃得衣裳上勒。	才吃勒衣裳浪哉。	多吃勒衣裳醸既。

说明:北京在字本有再、代、獃(dai)、挨等说法。现在这种用法好像有点像得 F, G, 动词结果的用法,所不同的就是这种用法是有止词的介词。但这个介词加止词跟普通的在加止词有点不同。它的功用不是普通的副词,乃是动词的补助词(complement)。说"睡在地下","扔在水里","住在那儿","吃在身上",不是以睡、扔、住、吃为话的正题,是拿在跟它的止词为正题。只有这种用法可以用得代在,换言之,就是读在为得。说"在地下睡","在那儿住",是以睡、住为题,其余的都是附属的了。"在水里扔"完全又是一个意

思。"在身上吃"就更没有意思了。(比较德文介词 in 后用 *dative*, *accusative* 的区别。)

㈡ **北京 *le*[lə] 勒** 这个语助词有了、啦、喇几种写法。它的音其实与勒字最相近,就跟的、得都念得一样。用法比较如下:

A 起事(inchoative):

北京	苏州	常州
le 勒	tzé 哉	li 哩
下雨勒。	落雨哉。	落雨哩。
天快要晴勒。	天要晴快哉。	天要晴快哩。
进来罢,吃饭勒。	进来罢,吃饭哉。	进来罢,吃饭哩。
来勒,来勒!	来哉,来哉!	来哩,来哩!
这事情不会成功得勒!	格桩事体勿会得成功格哉。	至格事体勿会成功格哩。
我不高兴去勒!	我勿高兴气哉。	我勿高兴去哩。
别等他勒。	勿要等俚哉。	勿要等伦哩。

说明:常有人说了表示过去,其实在这种用法是表示现在或将来。它的主要的意思是:① 本来没有这事情天晴的,饭还没有开好等等现在有勒下雨勒,饭开好勒,或者是 ② 本来没有留心到或知道这事情没有往外看,没有知道开饭,等等现在留心到或知道这事情才看见外头是下雨勒,才知道是可以吃饭勒。报钟点或日子常常用这种口气,例如,"现在十点半勒","今天二十九勒",但报月份只有在月初这么说,假如在八月二十九有人说,"现在是八月勒",别人一定要说"还'现在八月勒'呐,都快九月啦!"

B 设想的结果:

北京	苏州	常州
le 勒	tzé 哉	li 哩
只要风一吹,地下就干勒。	只要风一吹,地下就干哉。	只要风一吹,地下就干哩。

你告诉他,他就明白勒。	倷告诉俚,俚就明白哉。	你告诉佗,佗就明白哩。
再不走就晚勒。	再勿去就晏哉。	再勿去就晏哩。
那就好勒。	格是好哉。	过是好佲哩。

说明：末了一个例虽然有点像"起事"的用处,其实"那"字就是设想的前题,等于"假如那样"。

C 完事（perfect）：

北 京	苏 州	常 州
le 勒	tzé 哉, getzé 格哉	tzi 既, geli 格哩
天晴勒。	天晴哉（格哉）。	天晴既（格哩）。
他早来勒。	俚老早来格哉。	他老早来既（格哩）。
饭都开好勒。	饭才开好哉。	饭多开好既（格哩）。
我都忘掉勒。	我才忘记脱哉（格哉）。	我多忘记落既（格哩）。

说明：这用法跟"起事"用法有接触的地方,因为一样事情完就是别样事情起头,比方"饭开好勒",就可以起头"吃饭勒",所以第一勒是完事,第二勒是起事。可是说"他去勒"的勒,就有点难说：假如拿去当"离此"的行为,那就是完事的"去勒",就是"He *has* gone"的讲法。假如拿去当"不在此"的状况,那就是起事的"去勒",就是"He *is* gone, He is a goner"的讲法。所以有时候起事完事不容易分。但在大多数例中是可以分的。在苏、常也用稍微不同的说法。

常州既字或者就是从格哩来的,也未可知,格哩两字当中辅音失去了,就成 gi；但 gi 音在常州不能成立,只有 ji,既字见母在别处本来大抵念 ji,惟有在常州既念 tzi,所以同样格哩的 ji 也变成 tzi 音了。

D 叙事过去：

| 北 京 | 苏 州 | 常 州 |
| le 勒 | tzé 哉 | tzi 既 |

商量得没有结果，大家就回去勒。	商量得呒不结果，大家就转气哉。	商量得呒不结果，大家就转气既。
一会儿他又出去勒。	一歇歇俚又出气哉。	一歇歇他又出气既。
后来我就去睡去勒。	后来我就气睏哉。	后来我就气睏既。

说明：这种用法有点跟法文的 passé défini 相近，法文用 imparfait 描写过去情形的不能用 passé défini 的时候，中国话也不能用句尾的勒。但用 passé défini 的时候不一定要用这种勒，有时须用下列的 E 种，有时叙事也可以全不用勒。

E 过去动词加数量止词：

北　京	苏　州	常　州
le 勒	tzy 仔①	tze 则
我今天吃勒三碗饭。	我今朝吃仔三碗饭。	我基夜吃则三碗饭。
睡勒两个钟头。	睏仔两个钟头。	睏则两个钟头。
出去走勒十里路。	出气走仔十里路。	出去走则十里路。
碰见勒一个朋友。	傍见仔一个朋友。	傍见则一个朋友。

说明：A，B，C，D 的勒字都是在句尾逗尾的，E，F，G 的勒字动词的词尾，得要放在止词前头的。这是语法结构上很不同的地方。看苏州哉、仔的区别，常州哩既则的区别就看得出这是很不同的。广州前者是 lo 咯，后者是 tzo 左也是不同的。在文言前者是矣，后者就没有相当的语助词。"遇见勒一个朋友"的勒字在文言中是不能翻译的。②

这 E 种用法限于有数量的止词或副词性的止词，如"十里路"，"两三声"，"十几下"之类。不定冠词如"一个，一回"等，也可以算数量之一例。但定的止词前就不能这么用勒字，例如，"我昨天看见勒一个狗"，可以成一句整话；假如说"我昨天看见勒那个狗"，人家就要问"看

---

① y 单用作知痴诗日 [ɿ] 兹雌思 [ʅ] 音的韵母。

② 作者在《阿丽思漫游奇境记》里阿丽思的口语中曾经把句尾逗尾的"了"写"勒"，动词词尾的"了"写"了"，但现在看这种区别是全无语音上的根据的。

见勒它怎么呐?"一定还得接下去一句话,假如没有话了,就只能说"我昨天又看见那个狗勒",或是"我昨天看见那个狗得。"

F 时间附属逗(dependent clause of time):

北 京	苏 州	常 州
le 勒	tzy 仔	tze 则
他说勒这句话我就晓得不对勒。	俚说仔格句闲话我就晓得勿对哉。	佗说则至句话我就晓得勿对格哩。
你吃勒人家的就想走啦?	㑚吃仔别人家格,阿就要走啊?	你吃则别人家格就要走哩阿?
想好勒再说。	想好仔再说。	想好则再说。
那猫跑勒就算勒罢。	格只猫迷脱仔就算哉惑。	过只猫逃落则就算则哩惑。

说明:这种用法有"之后""既然"等意,仿佛英文的 when(不当 while 用的 when),或 having…now that…等词。这勒字或有止词前两例,或无止词后两例,有止词时也不一定要有数量的。

G 假设附属逗(dependent clause of condition):

北 京	苏 州	常 州
le 勒	tzy 仔	tze 则
这时候漏勒消息就坏勒。	姑歇漏仔消息就坏哉。	至歇漏则消息就勿好哩。
这类东西就是变勒味也还可以吃。	该朱末事,就是变仔谜,也还可以吃。	至种东西就是变则味道也还可以吃。
我死勒你怎么样?	我洗仔㑚那亨?	我死则你难减?
他答应勒,我就答应。	俚答应仔,我就答应。	他答应则,我就答应。

说明:这个跟上头的格式完全一样,就是所表示的是假设的事情就是了(比较英文 when, if 之别,跟德文 wenn Wenn 之混)。

H 设想正句或命令;

北 京	苏 州	常 州
le 勒	tzy 仔	tze 则

148

回来出勒事情!	晏歇出仔事体!	晏歇出则事体!
倒别死掉勒!	倒勿要洗脱仔!	倒勿要死落则!
别迷勒路!	勿要走失仔路!	勿要走失则路!
别吃坏啦(=勒+阿)!	勿要吃坏唗(=仔+阿)!	勿要吃坏则阿!
可吃饱勒,阿!	吃饱仔,阿!	吃饱则,阿!
拉住勒,阿!	牵牢仔,阿!	牵牢则,阿!

说明：这种设想大概本来也是附属逗，"回来出勒事情"就是"回来出勒事情,那怎么好？"的意思。同样,命令的用法也许是从附属逗来的,"别迷勒路"就是"迷勒路就坏勒。"但这不过是一种可能的解释,现在还没有别的事实证明它历史上真是这么变来的。

注意这种勒字后虽然或有止词或没有止词,而没有止词的时候,在苏、常还是用仔、则而不用哉、哩。

I 胪列（enumeration）：

北京	苏州	常州
le 勒("咧")	le 勒	le 勒
桌子勒,凳子勒,床勒	柏子勒,凳子勒,床勒	柏则勒,凳则勒,床勒
……	……	……
甚么赛跑勒,溜冰勒,甚么勒,样样儿都会。	啥格赛跑勒,滑冰勒,啥格勒,样样才会。	爹格赛跑勒,滑冰勒,爹格勒,样样多会。

说明：这语助词似乎跟了字没有关系,平常写作咧,其实没有 lie 的念法,只有 le 的念法,所以写勒字较近,因为就是了字的音,所以作为 le 语助词的第 I 种用法。

㈢ **北京 *ne* 呐** 好些书里分辨呢、哩,用呢当 A, B, C 的口气,哩当 D, E, F 的口气。其实在北京都是呐音。所以在现在语言中只是一个语助词当这几种用处,间或有人说"他正吃着饭勒(le),"这里似乎应该写哩,但说这话的人他同时也说,"他还是吃饭勒,还是吃饼勒？"这里明白是个呢。所以这并不是呢哩的化分,乃是他把各种的呐 ne 一律说成勒 le 罢了。但大多数北京人是说 ne。

A 特指问：

北　京	苏　州	常　州
ne 呐("呢")	gni① 呢	ne 呐
那么他自己来不来呐？	格末俚自家阿来呢？	过末佗自家来勿来呐？
看是好看,好吃不好吃呐？	看是好看格,阿好吃呢？	看是好看佬,好吃勿好吃呐？
（不问你几时动身得）你是几时到得呐？	……倷啥辰光到格呢？	……你几时到格呐？
他会弹琴,你会甚么呐？	俚会弹琴,倷会点啥格呢？	佗会弹琴,你会爹东西呐？
还是今天去,还是明天去呐？	还是今朝气,还是盟朝气呢？	还是基夜气,还是盟朝气呐？
还是嫁这个人呐,还是嫁内个人呐？	还是嫁该格伫呢,还是嫁归格伫呢？	还是嫁八至格伫呐,还是嫁八过格伫呐？
要是他老不回来呐？	要是俚总归勿转来呢？	譬如伦总归勿家来呐？
刘顺呐？	刘顺呢？	刘顺呐？
（我是想到法子勒）你呐？	……倷呢？	……你呐？

说明：以上九个例，两句是是否式的问句，两句是问事式的问句，两句是拣择式的问句，末三句是拿一个名词或一个附属逗作问的问句。其中公共的点就是问话当中有一部分是问的目的,这一部分说得也特别重。在英文里，这个重要的部分就有一种下降的声调，例如 "Is he coming him *self*？" 虽然这是一个是否式的问话,

---

① gni 如法文 campa *gnie*.

但音高并不向上,末 self 字是往下降的,像北京去声似的。假如把 self 音高提起像北京阳平或赏声的念法,那就是"他自己来吗?"的口气,不是"他自己来不来呐?"的口气了。

这种问句在苏州、常州间或用脚、色或"三"代替"呢,呐",但脚、色或"三"有一点下段"起头问"的口气,或北京阿的口气比较下第④节。

B 起头问:

北　京	苏　州	常　州
ne 呐("呢")	jia 脚, gni 呢	san 三, se 色, ne 呐
那么他来不来呐?	格末俚阿来脚?	过末佗来勿来三或"色、呐"?
那是何必再去呐?	格是何必再气呢?	过是何必再气三或"呐"?
你为什么不去呐?	倷为啥勿气脚?	你为爹勿气三或"呐"?

说明:这种问句不特别注重句中某一部分,还是认真问的。它的特点是问的时候是才想起来问,或随口回问的话或装做这种口气,有点 "by the way," "in that case, then…" 的口气。假如说"他来不来阿?"就没有这种"才想到"的口气。但在苏州的脚、呢之分,或常州的三、呐之分没有北京阿、呐分得那么清。

C 假设附属逗:

北　京	苏　州	常　州
ne 呐("呢")	gni 呢	se 呐
要是忽然下起雨来呐,那就……	譬如忽然落起雨来呢,格末就……	譬如忽然落起雨来呐,过末就……
万一他一定不肯呐,那只好……	万一俚一定勿肯呢,格末只好……	万一佗一定勿肯呐,过末只好……
倘若本来是可以的呐,那就更好了。	倘使本生是可以格呢,末加呢好哉。	倘使本来是可以格呐,过末尤其好哩。

说明:这个有点像问话的呐,仿佛是"要是下了雨呐?""你怎么办呐?"这地方假如用 me 末,就一点没有问的意味了,"要是下

151

了雨末_{那我就不出去,我本来不一定要出去}"。末的用法详第�节。

D 设想正句：

北　京	苏　州	常　州
ne 呐("哪")	gnia 嗻	ne 呐
倒别弄坏了呐！	倒勿要弄坏仔嗻！	倒勿要弄坏则呐！
这个很危险呐！	格倒 mhé① 危险格嗻！	过倒恶危险得呐！
这简直靠不住呐！	格格直头靠勿住嗻！	至格直头靠勿住呐！

说明：留意此处苏州用嗻不用呢。

E 申明有：

北　京	苏　州	常　州
ne 呐("哩")	do 笃	de 得
有三十万呐,阔得很呐。	有三十万笃,阔得野笃。	有三十万得,阔得利害得。
听说还有个姓张的呐。	听说哀有格姓张格笃。	听说还有格姓张格得。
还会弹琴呐。	哀会弹琴笃。	还会弹琴得。

说明：这种口气是说,"你不要以为没有那么多,其实有那么多呐"或是"你不要以为没有这事,其实这事来得出你意外呐。"

F "还不"：

北　京	苏　州	常　州
ne 呐("哩")	le 勒	le 勒
还没完呐。	还分完勒。	还份完勒。
现在没到时候呐。	姑歇分到辰光勒。	至歇份到辰光勒。
还不用这么多呐。	还勿要 zeghan 多勒。	还勿要鑑(gann)种多勒。
还不去呐。	还勿气勒。	还勿气勒。

---

① m 的阴平声作 mh。

152

G "还"：

北京	苏州	常州
ne 呐（"哩"）	do 笃	de 得
在那儿吃饭呐。	勒冷吃饭（笃）。	勒头吃饭得。
没走呐，还在那儿呐。	分去勒，还勒冷笃。	份去勒，还勒头得。
老朋友阿！还"老朋友"呐！	老朋友阿！还"老朋友"笃！	老朋友阿！还"老朋友"得！
"公理战胜"，还"公理"呐！	"公理战胜"，还"公理"笃！	"公理战胜"，还"公理"得！

说明：以上 F，G 两种口气差不多是一样的。就是时间上的继续性或抽象的时间上的继续性。但在苏州、常州，肯定的用笃、得，否定的用勒。当时间的用法的，苏州语中有时省笃字，只把末字作"低、中下、低"的声调 如第一例。

㈣ 北京 *ma* 吗 这字有时写么，但音都是 ma 音。

A 是非问句：

北京	苏州	常州
ma 吗	a...jia 阿……脚	vezan 佛馋
你知道吗？	倷阿晓得脚？	你晓得佛馋？
是本来有的吗？	阿是本生有格脚？	是本来有格佛馋？
没钱就不行吗？	阿是呒不铜钿就勿兴脚？	呒不铜钱就勿兴佛馋？

说明：这种问法的口气偏重于肯定的方面。假如问"你知道不知道？"问的人完全是中立的。假如说"你知道吗？"这是以"知道"为假设的观点而问这假设的是否。常州的 vezan 佛馋是 fesan 勿三 "三"就是南方官话的"煞" 读轻了变成浊音所成，仿佛说"你晓得不煞？"

B 反诘是非问句：

北京	苏州	常州
ma 吗, a 阿	a 阿	a 阿
你不怕吗?	倷勿怕阿?	你勿怕阿?
你想骗我吗?(或阿?)	倷想骗我阿?	你想骗我阿?
这事情是可以顽的吗?(或阿?)	该格事体是好弄孛相夹(=格+阿)?	至格事体是好弄孛相夹(=格+阿)?

说明:比较第⑻节阿 A。

㈤北京 me 末 这个语助词的用法虽然不是没有人注意过,但在行文时很少人用它。在昆曲中有时写嚜。

A"你应知":

北京	苏州	常州
me 末	ue 豌 me 末	ue 惑
这本来不行末!(何必老试呐。)	格格本生勿兴豌(或末)!	至格本来勿兴惑。
我早想到得末!(你还不信?)	我早想到官(=格+豌),(或格末)	我早想到骨(=格+惑)。
这也不是我的错处末!(你为什么怪我?)	格格也勿是我格错处豌(或末)!	至格也勿是我格错处惑!
你这文章像抄来得末!(你蒙不了我。)	倷文章像抄来得官(=格+豌)(或格末)!	你至格文章像抄来骨(=格+惑)!

B "你应知"特指:

北京	苏州	常州
me 末	ia 呀	ue 惑
这本来不行末!(现在还不是一样?)	格格本生勿兴呀!	至格本来勿兴惑!

这又不是我的错处末!(是他的错处阿。)	格格又勿是我格错处呀!	至格又勿是我格错处惑!
这得要拿开水冲的末!(你怎么忘了?)	哀格要拿滚水冲格呀!	至格要拿开水冲骨(=格+惑)!

说明：A，B两种用法相同的地方就是有"你应当知道,记得,或懂,但我想或你怕你实在不知道,不记得或不懂"的口气。但A种是注重全句的,B种是注重句中一部分的。这两种口气在北京、常州只能以句中有无特别重读部分辨它,在苏州就有呀呛或呀末的不同。在英文否定句中A种口气用降调,B种用四拆复调"中、高、低、中"。例如"This wasn't my fault", *my* 高 *fault* 从高下降,就是A种口气,假如 *my* 从中上升, *fault* 从低上升像北京阳平接赏声,就是B种口气。①

在南方官话例如在南京末字A，B的用法可以用末还可以用煞 sa 或 sha,例如"是的煞,本来不行煞！"

C 暂顿：

北 京	苏 州	常 州
me 末	me 末	me 末
先末做这个,然后末做那个。	先末做该格,晏歇末做归格。	先末做至格,晏歇末做过格。
还有末——让我想阿	哀有末——让我想阿	还有末——让我想阿
身长末四尺二,出手末二尺七,……	身长末四尺二,出手末二尺七,……	身长末四尺二,出手末二尺七,……

说明：这是把语气说得略缓的说法,好像加一个撇号(com-

---

① 参见135注①引的Palmer书第21页讲"第三种"调类用法。

ma），叫听的人先听听上半句,然后下半句再慢慢的想出来。

D 假设逗暂顿：

北 京	苏 州	常 州
me 末	me 末	me 末
要是他肯来末……那末就再好没有了。	譬如俚肯来末……格末就再好呒不哉。	譬如佗肯来末……过末再好呒不哩。
倘若不成的话末,也只好……	倘使勿成功格闲话末,也只好……	倘使勿成功说话末,也只好……

说明：这个顿的用法跟别种暂顿是一类的口气。

E 词尾：

这种末平常写么,就是甚么、怎么……的么。它的音也是 me，但与语助词性质有点不同。

（六）北京 *ba* 罢或吧

A 劝令：

北 京	苏 州	常 州
ba 罢	bha 拔	bha 拔
走罢！	气拔！	气拔！
吃点儿罢！	吃点拔！	吃点拔！
还是不要罢！	还是勿要拔！	还是勿要拔！
就这么办罢！	就实 ghan 办拔！	就鑑（gann）种办拔！

说明：这种口气是极认真但又带和缓的命令的口气,像英文的"Let us,""You had better"那一类的口气。假如罢字拖长而作低、微升、再低的声调,就再带规劝观的口气 看173页"别去罢！"第 ④ 种声调图。

B 是否问句：

北 京	苏 州	常 州
ba 罢	a…jia 阿……脚	fa 法
你去罢？	倷阿气脚？	你气法？
你喝酒罢？	倷阿吃酒脚？	你吃酒法？

你聪明罢? 俚阿聪明脚? 他聪明佬法?

说明：ba 罢大概是不 + 阿合成的,同样,常州的 fa 法大概是勿 + 阿合成的。在上海就是乏 va（平常写哞）,因为上海勿字念 ve,在常州是勿 fe,所以有乏、法的不同。

这个罢比 A 种罢劝令音高微微高一点。在劝令口气里句中字都是满声调,末了罢字很低或短或长,在询问口气句中字的音高都平些升降的范围窄些,罢字的音高也居中些,所以同时"你去罢"三字可以从句调上听出来是命令还是问话看173页声调图。

C 试定：

北京	苏州	常州
ba 罢	bha 拔	bha 拔
我看未必罢?	我看未必拔?	我看未必拔?
要有个护照罢?	要有格护照拔?	要有格护照拔?
大概是初三来的罢?	触罢是初三来格拔?	恐怕是初三来格拔?
那不能罢?	格是勿能拔?	过是勿能格拔?

说明：这种口气像说了一句话再加 "n'est pas？", "nicht wahr？" 或英文中的各种反问句,例如 It was on the third, wasn't it？ "That can't be, can it？"

这个罢字的音高也是中下,且略长,句中的字仍是用平常声调,音高的范围并不缩窄。

D 假设逗：

北京	苏州	常州
ba 罢	bha 拔	bha 拔
不说罢,也不应该。	勿说拔,也勿应该。	勿说拔,也勿应该。
说了罢,又怕叫他伤心。	说仔拔,又怕叫俚伤心。	说则拔,又怕叫佗伤心。
要是不管罢,又看不过去。	譬如勿管拔,又看勿过去。	譬如勿管拔,又看勿过去。

157

说明：这个罢的口气跟第 C 种有点像，不过是作正式的假设，所以比"试定"的口气更虚一点。它的声调是中平而长。

㈦ 北京 jy 之（"着"）

A 延长动词尾：

北 京	苏 州	常 州
jy…ne 之……呐	（[le]lang）…（do）	ledhei…（tze）de
（着……呢）	（[勒]郎）……（笃）	勒头（则）……得
他吃之饭呐。	俚郎吃饭（笃）。	佗勒头吃饭得。
还说之话呐。	还郎说闲话。	还勒头说话得。
还在那儿嚷之呐。	还郎叫。	还勒头叫则得。

说明：在讲呐 G 用法的时候，已经拿呐跟笃得对照过了。郎或勒头跟勒头就是"在那儿"或"正那儿"的意思，在北京也可以另加进去，例如"正那儿吃之饭呐，"所以严格说，北京的之着在苏、常并没有同样的语助词。常州得前的则跟之相当，但不一定用。在第二例，假如苏州只用一个郎字，末尾饭字就带一种"低、中、中下"的声调。

这种用法像英文的 continuative："His is still talk*ing*."

B 分词词尾：

北 京	苏 州	常 州
jy "着"	tze…（le）（仔）……	tze 则
	（勒）	
带之眼镜看。	戴仔眼镜（勒）看。	戴则眼镜看。
骑之马找马。	骑仔马（勒）寻马。	骑则马寻马。
坐之比站之舒服。	坐仔比立仔适意。	坐则比立则适意。
你们听扎（=之+阿）!	唔笃听仔阿!	你家听则阿!

说明：后两例中好像是正动词的词尾，其实也是分词性质，第二句的动词仿佛是一种 gerund："Sitt*ing* is more comfortable than stand*ing*." 末句也可以当"Be listening!"讲。

(八) 北京 *a* 阿或啊

A 设问：

北　京	苏　州	常　州
a 阿	a 阿	a 阿
他不去阿？	俚勿气阿？	佗勿气阿？
怎么？还没有阿？	那亨？哀咉不阿？	难减？还咉不阿？
这就算完啦(＝勒＋阿)？	格格就算完结哑（哉＋阿）？	至道格就算完哩阿？

说明：这种阿许是从 ar 阿 京调阳平 "你说甚么" 的阿来的，所以它的口气也是假定对方已经是那么说了 例如 "他不去"，我再复他一遍，问 "我听对了你的话没有？" 或 "我听见了，有这事没有？"

B 是否问：

北　京	苏　州	常　州
a 阿	a…jia 阿……脚	san 三
他去不去阿？	俚阿气脚？	伦气勿气三？
这个完没完阿？	格格盐（阿＋曾）完结脚？	至格完份完三？

说明：这种问句的口气是中立的，所以句中有是否的双问法，在苏州就有阿的字样。

C 问事问：

北　京	苏　州	常　州
a 阿	jia 脚	a 阿，san 三
谁阿？	啥佮脚？	爹佮阿（或三）？
你做甚吗(＝么＋阿)？	傐做啥脚？	你做爹三？
是那儿来搭(＝得＋阿)	是 loh 搭来格脚？	是郎块来格三？

D 称呼：

北　京	苏　州	常　州
a 阿	a 阿	a 阿
老二阿，我告诉你阿。	阿二阿，我对傐话阿。	阿二阿，我替你说阿。
有点儿靠不住阿！	有点靠勿住阿！	有点靠不住阿！

159

| 我说阿，…… | 我说阿，…… | 我说阿，…… |
| 诸君阿，…… | 诸君阿，…… | 诸君阿，…… |

E 命令：

北　　京	苏　　州	常　　州
a 阿	guia 嚱	san 三, se ue 色惑, sue
说阿,别害怕阿!	说嚱,勿要怕嚱!	说三,勿要怕三!
吃阿,别客气阿!	吃嚱,勿要客气嚱!	吃色惑,勿要客气三!
你别胡闹阿!	倷勿要混 ziaw 嚱!	你勿要缠色惑!

说明：这种命令比用罢的口气认真一点，直接一点；"走罢"是"可以走勒"的口气，"走阿！"是"你为甚么不走"的口气。

F 感叹：

北　　京	苏　　州	常　　州
a 阿	a 阿	a 阿
老三阿！你好没心肝阿！	阿三阿！倷实 ghan 呒心肝阿！	阿三阿！你鑑（gann）种呒不心肝阿！
掉阿！掉阿！掉完勒就好啦（＝勒＋阿）!	突下气阿！突完结仔就好嗰（＝哉＋阿）!	漏下气阿！漏下气阿！漏完则就好哩阿！
你这个人哪（ren a）!	倷格格佇阿!	你至格佇阿!

说明：平常讨论阿字的总以它为感叹的语助词，其实不过是它的许多用处之一。这么用的时候，音高是中下，且拖长，这是跟命令的阿不同的地方。

G 警告：

北　　京	苏　　州	常　　州
a 阿	a 阿	a 阿
我并没答应阿!	我并分答应阿!	我并份答应阿!
这事情还没成功阿!	该格事体还分成功阿!	至格事体还份成功阿!

不能不去搭(＝得＋ 勿能勿气夹(＝格＋ 勿能勿气夹(＝格＋
　　阿)!　　　　　阿)!　　　　　　阿)!

说明:这个比末A申明的口气更重一点,末A的口气是"你应该知道,记得,……。"阿的口气是"怕你许不知道,我现在来告诉你。""我并没有答应末"等于"I didn't promise it, you see!""我并没有答应阿"等于"I didn't promise it, you know."(i.e., I am afraid you don't know.)这种阿的声调是中平微升,全音很长。

H 提醒:

北京	苏州	常州
a 阿	ia 呀, a 阿	la 啦
本来应该他去搭(＝得＋阿)……	本生应该俚俫气格呀,……	本来应该伦气格啦,……
都是那个姓张得闹搭(＝得＋阿)……	才是归格姓张格闹格呀!	都是过格姓张佬闹格啦……
他是他的侄子阿……	俚是俚格阿侄呀(或阿),……	他是他格侄则啦,……

说明:这种口气是在叙事中解释情节时常用的。这个阿比警告的口气说得短得多,在英文不是"you know"的口气,是"*as* you know"的口气。

I 暂顿:

北京	苏州	常州
a 阿	a 阿	a 阿
我说阿,	我说阿,	我说阿,
今天哪(tian a)	今朝阿,	基夜阿,
那位王先生阿,	格位王先生阿,	过位王先生阿,
他说得话阿(或呀)[①]都是靠不住得。	俚说格闲话阿,才是靠勿住格。	伦说格话阿,多是靠勿住佬。

---

① 看本节末尾(163页)引黎书"阿"音变化第(6)条规则。

说明：这种暂顿跟上述的末 C 不同。用末暂顿，是说话的自己要换气，或是要想想，所以暂顿的；用阿暂顿，是怕听者不留心听，或一时懂不过来，所以暂停停引他注意，或给他点时候慢慢ㄦ的听。

J 假设顿：

北　京	苏　州	常　州
a 阿	a 阿	a 阿
万一他不肯说阿，……	万一俚勿肯说阿，……	万一他勿肯说阿，……
假如我做勒你阿，……	倘使我做仔倷阿，……	倘使我做则你阿，……
假如我明天就死啦（＝勒＋阿），……	倘使我盟朝就洗忒仔阿，……	倘使我盟朝就死落则阿，……

说明：现在讲了四种假设顿了，就是阿、呐、末、罢四种。这四种里，罢字有选择的口气，末是平淡的事情，这么来也好，那么来也好，呐表示稍微重一点的事情，阿的口气最重，大概都是用在不会实现或怕实现的假设上的。现在举几个比较的例子如下：

罢　要是明天下起雨来罢，凉快是会凉快点，不过道ㄦ有点ㄦ难走就是勒。

末　要是明天下起雨来末，我就打起雨伞来，我早预备好勒。

呐　要是明天下起雨来呐，那也不要紧，就是怕咱们逛不成勒。

阿　要是明天下起雨来阿，那简直不堪设想；我那几十箱书，停在月台上一定都要濡湿了。

K 胪列：

北　京	苏　州	常　州
a 阿	le 勒	le 勒
驴阿，马阿，人阿……	驴子勒，马勒，佇勒，……	驴则勒，马勒，佇勒，……

茶阿,水阿,甚么得。　　茶勒,水勒,啥格。　　茶购,水勒,爹格。

说明:这个跟上述的北京 le 勒 I 没有什么大区别。

L 劝听:

北 京	苏 州	常 州
a 阿	a 阿	a 阿
别哭,阿!	勿要哭,阿!	勿要哭,阿!
好乖,阿!	乖,阿!	乖,阿!
不要紧,阿!	勿要紧格,阿!	勿要紧格,阿!
一火儿就好勒,阿!	一歇歇就好哉,阿!	一歇歇就好哩,阿!

说明:这种阿是单呼词的性质,因为它不跟本句相连,本句完了顿一顿才说阿字,说的时候常常有一个喉部的破裂音 [?]语音符号是缺下点的问号,即古影母音。它的声调也是曲折的,大约是"低、高、中"或"低、中、中下"的声调,全音也不很长。

M 试定:

北 京	苏 州	常 州
ar① 阿	hha② 鞋	hha 鞋
不妨试他一试,阿?	勿妨试俚一试,鞋?	勿妨试佗一试,鞋?
倒还没甚么,阿?	倒还爹呒啥,鞋?	倒还呒爹,鞋?
咱们又不是仇人,阿?	伲又勿是仇侎,鞋?	瞎你家又勿是仇侎,鞋?
可以不用去勒,阿?	可以勿用气哉,鞋?	可以勿用气哩,鞋?

说明:这种阿也是有隔断的单呼词的性质。它的口气是我说这句话时候也许你同时对我发表了甚么意见,我没听见,所以我接着问"阿?你说怎么?"所以这种阿跟英文的"eh what？"一样;"This is not bad, eh what？"这种试定的口气比罢 C 的试定的口气更决定些,罢是"isn't it？"上升声调的意思,阿是"isn't it？"

---

① r 作阳平符号。

② hh 当 h 的浊音(语音符号是弯头的 h[ɦ])。

下降声调的意思,例如:

我看这个很好罢! I think this is pretty good, *isn't it*? 末三字音提高

我看这个很好,阿? I think this is pretty good, *isn't it*? 末三字音下降

"阿"音跟前字连起来生出 *liaison* 的音类甚多。照黎锦熙《国语文法》三三〇至三三四页上所载的,有下列的规则。

上词收音于:	阿变成:	
①i, iu (凵)	ia 呀	你呀(nii a)。谁呀(shwei a)?
②u	ua 哇	在那儿哭哇(ku a)。姓周哇(Jou a)。
③n	na 哪	你哪(nin a)。天哪(tian a)!
④ng[ŋ]	nga[ŋa] 兀丫	你听兀丫(ting a)。先生兀丫(shenga)!
⑤a, o, e, é, y (ㄖㄥ)	不变	是我阿(woo a)哥哥阿(ge a)!
⑥a, el (儿)	可用 ia 呀	他呀(ta ia)!

但在平常说话的时候,只有 n 收音的用哪是差不多一定的,其余的因为收音不很咬的紧,所以呀、哇、兀丫等音就不大清楚了,例如,"您好阿?""Nin hao a?"好字的尾音在 o、u 之间,所以哇音不能成立,听来还像是原来的阿。同样,"买阿!""mae a!"的阿也不能成清清楚楚的呀音。大概在诗词戏剧里头注重咬文嚼字的时候,这些呀、哇、哪、兀丫就都出来了,平常就是哪字要紧些,其余的不大听见 所谓不大听见,并不是不常听见,是听不很真的意思。

还有一样最要紧的就是前词是以 e 或 y 收音的轻声词 语助词、词尾之类,那就跟阿拼了起来成好些的变化了,其详见下丁㊂节。

㈨ 北京 *ou* 欧

A 戏警：

北　京	苏　州	常　州
ou 欧	（无）	（无）
（你别在这儿做梦,先打听打听),他去不去欧？	（末字延长微升再下降。）	（末字延长微升再下降。）

（别只问便宜不便宜)东西好不好欧？

水开喽(＝勒＋欧)！

冷喽！快吃啵(＝吧＋欧)！

说明：这类的口气,有述事的,有问的,有命令的,它的特点在有一点警告的口气,但又没有用阿字那么正经,所以叫它"戏警"。这类口气在苏州、常州用语调表示,没有相当的语助词。

㈩ 北京 *lo* 咯

A 公认：

北　京	苏　州	常　州
lo 咯	（tzé）uö（哉）喍，	（li）ue（哩）惑
今天天气总算是不错咯！	今朝天气总算是勿差喍！	基夜天气总算是勿错惑！
也只好就这么样咯！	也节也就实 ghan 哉喍！	也则好就錱(gann)哩惑！
钱当然还是他得咯！	铜钿自然还是俚傢官(＝格＋喍)！	铜钱自然还是佗骨(＝格＋惑)！
原来就是这句话咯！	本生就是格句闲话喍！	本来就是至句话惑！

说明：这种口气跟 *le* 勒 *lou* 喽所表示的都不同一点,它的口气是"当然"、"不用说"、"公认"的口气。这字或者是从了字来的,但并不是了加 ou 欧而是了加 o 音。现在一时还没有找出它结合的方法,所以暂拿它当是另一种简单语助词。咯有"to be sure,

165

freilich"的口气。

南京 *ei* ㄟ

A 反对：

南　京	苏　州	常　州
ei ㄟ	a 阿 G, ia 呀	a 阿 G
不是这么做的ㄟ！	勿事实 ghan 做夹(＝格＋阿)！	勿事镪(gann)种则做夹(＝格＋阿)！
（你还在块做梦）他并没有ㄎㄧㄟ！	……俚并分气呀！	……他并份气阿！
（ㄟ！不要走）不是吃勒就算 lei（＝勒＋ㄟ）！	……勿是吃仔就算哑（＝哉＋阿）！	……勿是吃则就算哩阿！

说明：这种语助词比 a 阿 G 更重一点。但在北京似乎没有拿ㄟ当语助词的当单呼调有之，所以只得取南京话的例。在京苏常三处这种口气仍用阿，不过说得重一点就是了。

丁　语助词的结合　语助词跟语助词碰在一块儿有四种可能的结果㈠各不相影响；㈡另有一种用法，读音不变；㈢另成一个单节音，用法不变；㈣音义都变。现在除㈣项下找不出确例来，把㈠㈡㈢三类略解说一下：

㈠ 普通结合语助词　得、勒、呐、吗等等语助词后也许再有得、勒、呐、吗等词接着，在大多数例中甲乙两语助词结合的读音就是原来读音的结合，它们结合的用法，也就是用法的结合，举例如下：

得 C+ 勒 A	这事情是不会成功得勒。
得 E+ 勒 A	现在要好好儿得勒。
得 D+ 罢 C	不会这么得罢？
得 C+ 罢 A	穿那个红得罢！
勒 A+ 末 A	你看，都下雨勒末！

勒 C+ 末 A　　　　他已经去勒末!
勒 G+ 末 D　　　　要是他肯勒末,那就顶好勒。

说"结合的用法就是用法的结合"像是极简单的结合法,但是应用到方言的对照上就复杂了,因为假如北京勒有九种用法,末有四种用法,勒末就有四九三十六种用法。虽然一大些在事实上都是没有的,可也还有不少。但北京的勒不一定是苏州的哉,也许是仔,北京的末在苏州也许是唲,也许是呀,也许是末,所以上述的末了ㄦ三例,同是勒末,在苏州可得要说:

倷看,落雨哉唲!
俚已经气哉呀!
要是俚气哉末,格就勿必问哉。

㈡ **特别用法的结合语助词**　有几种常用的结合语助词,它的用法不能直接从它的成分揣摩出来的,现在且举几个最要紧的,并且附说几个多字的语助词,其成分不全是从语助词来的。

① 北京 *bale* 罢勒,*jiowshyle* 就是勒。

A 限制:

北　京	苏　州	常　州
bale 罢勒, jiowshyle 就是勒	batzé 败哉, ziowzytzé 就是哉	ziowzyli 就是哩。
不过说说罢勒(或就是勒)。	必过说说败哉(或就是哉)。	不过说说就是哩。
(不是不会)是不肯就是勒。	……勿肯败哉(或就是哉)。	……勿肯就是哩。

B 任听:

北　京	苏　州	常　州
jiowshyle 就是了	metze 末则	bhia(ue)ㄅ'丨ㄚ惑
等会ㄦ去就是了。	晏歇点气末则。	等歇气 bhia 惑。
让他去就是了。	让俚气希末则。	随他气 bhia 惑。

C 催令:

北京	苏州	常州
bale 罢勒	tzé-ue 哉喂	li-ue 哩惑
快去罢勒!	快点气哉喂!	快点气哩惑!
答应勒他罢勒!	答应仔俚哉喂!	答应则佗哩惑!

说明：在 C 种用法罢勒常常念成 bele，比 bale 更短一点。

② 北京 jyne 之呐("着呢")，之之呐("着着呢")

A 程度：

北京	苏州	常州
jyne 之呐	(le)(lang)do (勒)(郎)笃	(ledhei)de (勒头)得
还早之之呐!	还早勒浪笃!	还早勒头得!
差得远之之呐!	推班得远勒郎笃!	推班得远勒头得!
他阔之呐!	俚阔得野笃!	他竟阔得!
他觉得快活之呐!	俚觉着快活郎笃!	他觉着快活勒头得!

说明：之("着")有几种用法，呐有几种用法，当然之呐更有多种用法，这是跟勒+阿=啦一样的例，这里不能详举。本节所讲的是稍微带点新意思的，之呐这种用法比"申明有"的呐 E 多一点感叹的口气，比表时间的之呐（之 A）的意思更抽象化一点，而且之呐两字不能像"吃之饭呐"那么可以拆开。

苏州勒郎笃、常州勒头得都是"在那儿呐"的意思，苏州的勒字可以省去，或省去元音，把郎字声母加长，成 llangdo。

③ 北京 laije 来着。

A 近延长：

北京	苏州	常州
laije 来着	llang...(ge)(勒)郎……(格)	ledei...(ge)勒头……(格)
你干嘛来着?	俚郎做啥?	你勒头做参夹(=格+阿)?

168

| 我睡觉来着。 | 我郎睏觉(格)。 | 我勒头睏觉(格)。 |
| 你又哭来扎(=着+阿)? | 倷又郎哭夹(=格+阿)? | 你又勒头哭夹(=格+阿)? |

说明：这个有点像英文的"have been…ing"，或"was…ing"。

B 近过去：

北京	苏州	常州
laije 来着	ge 格	ge 格
我今天看见王先生来着。	我今朝看见王先生格。	我基夜看见王先生格。
我昨儿又出城来着。	我咋日又出城格。	我昨头又出城格。

说明：这种口气在英文就用简单的过去："I saw Mr. Wang today."

两种来着在苏州常州都没有特别相当的语助词，A种假如不加格就跟之A的口气一样，B种就跟得D"事类"的格一样。所以北京的三种语助词与苏、常的两种相当，因此就很难有口气确合的对照，这是比较研究的一个常遇的困难。

(三) **特别读音的结合语助词**　勒＋阿＝啦，这种拼法已经见过多次了，现在把结合成新音的例作一个全表如下：(见169—170页第一表、第二表)

这些结果的语助词的用处跟第一节里讲的一样复杂。现在不能给所有的四七二十八，八九七十二等等用法都举出例来，更不能一一跟苏州、常州语对照，只得给每样举两三个例就是了。

da	搭	得 D+阿 G	这不是顽搭，你晓得罢？
		得 C+阿 A	真搭，是咋儿来搭？
la	啦	勒 A+阿 A	甚么？开饭啦？
		勒 G+阿 J	万一我明儿就死啦，那就……
		勒 C+阿 F	好啦，他走啦！

第一表 成素

上字＼下字	a 阿		ou 欧		ei ㄟ	
de 得	de a	得阿	de ou	得欧	de ei	得ㄟ
le 勒	le a	勒阿	le ou	勒欧	le ei	勒ㄟ
ne 呐	ne a	呐阿	ne ou	呐欧	ne ei	呐ㄟ
me 末	me a	末阿	me ou	末欧	me ei	末ㄟ
ba 罢	ba a	罢阿	ba ou	罢欧	ba ei	罢ㄟ
jy 之	jy a	之阿	jy ou	之欧	jy ei	…ㄟ

第二表 结果(实在读音)

上字＼下字	a 阿		ou 欧		ei ㄟ	
de 得	da	搭	dou	兜	dei	ㄉㄟ
le 勒	la	啦	lou	喽	lei	ㄌㄟ
ne 呐	na	哪	nou	耨	nei	ㄋㄟ
me 末	ma	吗	mou	谋	mei	眉
ba 罢	ba	罢	bou	抔	bei	杯
jy 之	ja	扎	jou	周	jei	ㄓㄟ

na	哪	呐 F+阿 G	别动阿,还没完哪。
		呐 E+阿 A	是你说他阔之哪?（是你说"他阔着呢"阿?）
ma	吗	末 E+阿 C	阿? 甚吗?（限于词尾的末"么",句尾的末"嚜"）
		末 E+阿 C	怎吗?（后头没有用阿的。）
ba	罢	罢 A+阿 C	别去罢!（看173页第4图）
ja	扎	之 B+阿 E	拿扎,别掉啦!
		之 B+阿 J	我要早晓得你老是那么病扎,那我早就……
		(来着)+阿 A	你刚才偷嘴来扎?
dou	兜	得 D+欧 A	小心欧! 不是顽儿兜!
		得 D+欧 A	你再想想欧! 是不是昨儿去兜!

170

lou	喽	勒 A+欧 A	伙计！——来喽！来喽！
		勒 A+欧 A	起来喽，动身喽！
nou	耨	呐 F+欧 A	别忙欧，还没完耨！
		之呐 E+欧 A	你没晓兜，才舒伏之耨！
mou	谋	末 E+欧 A	别瞎闹欧！你看清了是甚谋！
		末 E+欧 A	快说欧！你到底怎谋？
bou	抔	罢 A+欧 A	晚喽！快走抔！
		罢 B+欧 A	你到底去抔！
jou	周	之 B+欧 A	小心周，别摔喽！
		之 A+欧 A	没完耨，他还在那儿吃周！
南京 dei		得 A+ㄟ A	早这不是你ㄉㄟ！
		得 C+ㄟ A	不行ㄟ，一定要找个教书ㄉㄟ（或的ㄟ）！
南京 lei	ㄌㄟ	勒 A+ㄟ A	现在用不着３丨ㄉㄟ。
		勒 C+ㄟ A	过勒时候ㄌㄟ。
南京 nei	３ㄟ	呐 F+ㄟ A	不要急ㄟ，还没有好３ㄟ。
		呐 E+ㄟ A	不要看不起他ㄟ，他还会游水３ㄟ。
南京 jei	ㄓㄟ	之 B+ㄟ A	不能不守ㄓㄟ！
		之 A+ㄟ A	不能不问他ㄟ，他还在那块闹ㄓㄟ！

以上四种用ㄟ的是北京没有的，所以 dei，lei，nei 也不能用得、内、雷等字来写，因为这些字在南京不是这么念的。末+ㄟ=眉，用的也很少，所以也没有举例。

苏州、常州语助词的结合变音的不很多，因为这一带方言的轻声音没有北京的轻得那么厉害，所以像哉啘这种声音并不连拼成钻 tzö 或 tzuö 一个音。现在把几个最常见的举出如下：

	苏州		
ga	夹＝格＋阿		格格勿是倷夹！
tza	哂＝哉＋阿		阿是俚倷来哂？

171

la	啦＝勒＋阿	勿要走阿！还分完结啦！（北京：还没有完哪 [＝呐＋阿]）	
		（注意,这种啦并不是北京的啦,而是北京的哪。）	
guö 常州	官＝格＋畹	好官！来末则畹！	
ga	夹＝格＋阿	参夹？至格是你夹？	
da	搭＝得＋阿	勿要走阿,还要吃饭搭！（北京：还要吃饭哪 [＝呐＋阿]）	
la	啦＝勒＋阿	还份完啦！（同苏州啦）	
gue	骨＝格＋惑	好骨！来bhia惑！	
sue	＝三(色)＋惑	来sue（南京：来煞！）	
bhia ue	＝拔＋惑(？)	要吃,吃点bhia惑！（北京：要吃,吃点就是了 [或：罢了]） （这个音变有点古怪,所以不敢一定说是拔＋惑来的。）	
tzi	＝格＋哩(？)	伲老早来格哩,伦老早来既。 （这个变也有点特别,在上头正文里已经讨论过,因为既跟格哩差不多,处处可以换用,所以疑心它们是一个东西。）	

戊　结论　　看完了本篇中的材料大概会有这么一种感想：就是有好些是人人天天说话用的语助词或语助词的用法,都是作语法书的人不大提、写白话文的人不大用的,所以现在的结果很可以给写"话剧"剧本的人参考参考。但这篇东西里的材料虽还不少,却也还有慢慢再整理的余地。比方分类上头有些不一致的地方,这里分得细些,那里把同类的语助词分得略些,还有单语助词、结合语助词这两种范畴,从历史上看起来也不是绝对的分别。比方罢A是问是否的,假如它是从不＋阿来的你去罢？＝你去不阿？,那么这种罢应该归到结合语助词里去了。做这种研究应该再把范围

推广,拿许多方言来比较比较,虽然这么一来,起初的结果一定会更生出繁杂的枝叶出来,但也会看得出本来看不出的概括的原则出来;可是这类的研究不比单字声韵或声调的调查可以在研究者自己不会说的生语上做工夫,得要比较的通了那一处的方言方可以下手,所以我希望各处人看了这篇东西过后,也试作一个自己方言中语助词的调查。就是有一样最好再申明一回:北京的一个语助词不一定规规则则的恰跟别处的某语助词相配例如"得=格","吗=乎"等谬论,对这一层,本篇中已经举了许多例了;并且在北京是语助词表示的口气,在别处未必也用语助词来表示,也许用声调、副词、连词等等别的方法。所以语助词的研究要真正做好它,简直就牵动语法的全部了。

声 调 图

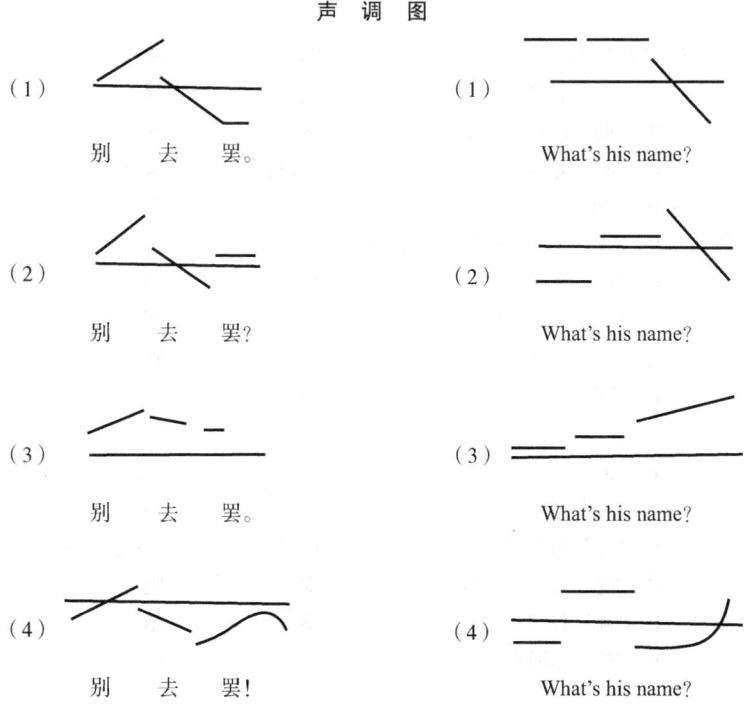

附语助词用法简表

㈠北京 de 得	苏州	常州
A "的"、"底",领格	格	格
B "的",前置形容词词尾	格	格
C "的",后置形容词词尾(代)	格	佬,格
D "的",事类	格	格
E "的"、"地",副词尾	叫,格	则,格
F "的"、"得",动词结果、性质	得	得,则
G "的"、"得",动词结果、程度	得,得啦	到则
H "得",可能	得	得
I "得" = 跟、和,等等	格	格
J "得",在	勒	勒

㈡北京 le 勒	苏州	常州
A "勒",起事	哉	哩
B "勒",设想的结果	哉	哩
C "勒",完事	哉,格哉	既,格哩
D "勒",叙事过去	哉	既
E "勒",过去动词加数量止词	仔	则
F "勒",时间附属逗	仔	则
G "勒",假设附属逗	仔	则
H "勒",设想或命令	仔	则
I "咧",胪列	勒	勒

㈢北京 ne 呐	苏州	常州
A "呢",特指问	呢	呐
B "呢",起头问	脚,呢	三(色),呐
C "呢",假设附属逗	呢	呐
D "哪",设想正句	嗐	呐
E "哩",申明有	笃	得

		苏州	常州
F	"哩","还不"	勒	勒
G	"哩","还"	笃	得

㈣北京 *ma* 吗(或写么)		苏州	常州
A	是否问	阿……脚	佛馋
B	反诘是否问	阿	阿

㈤北京 *me* 末(或写嚜)		苏州	常州
A	"你应知"	啘,末	惑
B	"你应知"（特指）	呀	惑
C	暂顿	末	末
D	假设逗暂顿	末	末
E	"么"词尾	——	——

㈥北京 *ba* 罢(或写吧)		苏州	常州
A	劝令	拔	拔
B	是否问	阿……脚	法
C	试定	拔	拔
D	假设逗	拔	拔

㈦北京 *iy* 之(通常写着)		苏州	常州
A	延长时动词词尾	郎……（笃）	勒头……得
B	分词词尾	仔……（勒）	则

㈧北京 *a* 啊(或写啊)		苏州	常州
A	设问	阿	阿
B	是否问	阿……脚	三
C	问事问	脚	阿,三
D	称呼	阿	阿
E	命令	嗻	三,色惑,sue
F	感叹	阿	阿

G	警告	阿	阿
H	提醒	阿,呀	啦
I	暂顿	阿	阿
J	假设顿	阿	阿
K	胪列	勒	勒
L	劝听	阿	阿
M	试定	鞋	鞋

⑨北京 *ou* 欧		苏州	常州
A	戏警	——	——

⑩北京 *lo* 咯		苏州	常州
A	公认	(哉)啘	(哩)惑
南京 *ei* 乁		苏州	常州
A	反对	阿,呀	阿

(《清华学报》第 3 卷第 2 期,1926 年)

符号学大纲

第一篇　符号概论

"符号学"三个字本来不成名词；这篇东西就是要陈说在学术当中有建立一种符号学的可能，所以加了一套引号来把它[①]介绍进来。在西文中 symbolics、symbolology（或简作 symbology）这类名词，也曾见过，但在这类名词下所论的问题，都有点偏重符号的哲理，不是本篇所论普通的符号学。

所谓普通的符号学是讲甚么东西的呢？要回答这话，先得要说一说在人类思想史上一门一门的学问怎么兴起的。一种最容易懂的兴起的情形，就是谁新发明了一批现象。例如从显微镜里发现[②]了微菌的存在，于是乎就有了微菌学；从分光镜里看出天体的化学成分，于是乎就有了天体的物理学（astrophysics）。但是最要紧的新学问，并不是因为找到了新题目，乃是在已经见过的事物当中想到了新看法而产生出来的。比方关于物体的性质，人类早就有不少的粗略的知识，到了希腊文艺最盛的时候，才有人把物体的形状与大小的关系作抽象的系统的研究，这就成了几何学。[③] 又如

[①]　原文写作"他"。下同。——编者
[②]　原文写作"发见"。下同。——编者
[③]　*Geo-metry* 照字根上看，虽然是"量地学"的意思，但到几何学成立之后，量地之事已成"量地学"的不要紧的一部分了。

早先研究原质分化的现象成化学,研究别种物质的变化成物理学。到十九世纪化学渐注意到化学变化中的温度、电程、压力、能量等等情形,这样从物理的观点看化学的变化,就成了一门物理的化学(physical chemistry)。这些新成的学问的材料,本是已有的材料,不过找到一种特别的看法就会又发现出新的真理来了。

符号这东西是很老的了,但是拿一切的符号当一种题目来研究它的种种的性质跟用法的普遍的原则,这事情还没有人做过。因此虽然有好些学问里的符号系统十分发达,而在别门学问里研究到事理上与前者很相近的题目,还不去采用或仿效它,还只晓得用很笨的符号。比方排戏练戏的事情是很可以用音乐符号跟语言学的符号来细定句法口气等等的,但是因为戏界里的人跟语音学里的人没有连络,所以戏本的写法还不能把演奏法与得神的诀窍写到一目了然。讨论中庸之道的不晓得生物学里最适点(optimum point)的研究跟算学里函数的浪线的起伏(maxima and minima)的分析法,所以说了好些话还是不很明白,这是不知道利用学问界中已有的符号之弊。但是一个人断难把各种学术里的符号都学了来预备着用。所以最好要有一个普遍的符号学,里头的工作是:

(1)研究符号的性质(这类工作已经有些哲学家做过一点了)。[①]

(2)调查与分析各门学术里所用的些符号系统。

以上属理论的符号学。

(3)研究符号好坏的原则。

(4)改良不好的符号,创造缺乏的符号。

---

① 例如C.K.Ogden and I.A.Richards: *The Meaning of Meaning*, 1923, London. R.Eaton: *Symbolism and Truth*, 1925, Cambridge, Mass.

以上是应用符号学。本篇先说符号的性质。

I. 符号的本身

1. 符号是甚么？ 要问符号是甚么，最好先举些例来作归纳的材料。比方 + - × ÷ 是加减乘除的符号，< = > 是小于等于大于的符号，π 是圆周率的符号，e 是天然对数底的符号，d 是微分的符号，∫ 是积分的符号，x、y、z 是未知数的符号，a、b、c 是已知数的符号。

⌢ 是延长的符号，p 是轻的符号，f 是响的符号，ff[①] 是特响的符号，＜ 是渐响的符号，＞ 是渐轻的符号，# 是高半音的符号，b 是低半音的符号，c 是四拍子的符号，₵ 是一种两拍子的符号；𝄢 是从底下数第二根线是 g′ 的符号。[a] 是阿音的符号，[i] 是衣音的符号；ˇ 是短音的符号，。是不带音的符号，□ 是平声的符号，'□ 是上声的符号，□' 是去声的符号，□, 是入声的符号，⊥ 是舌升的符号，⊤ 是舌降的符号。

·— 是 a 的符号，—··· 是 b 的符号，—·—· 是 c 的符号，· 是 e 的符号，··—· 是 f 的符号，··——··是 ? 的符号。

000 是普通书的符号，100 是哲学的符号，500 是科学的符号，900 是历史的符号，509 是科学史的符号，109 是哲学史的符号，901 是历史的哲学的符号。（这是杜威图书十进编号法）

日是太阳的符号，月是月亮的符号，山是山的符号，水是水的符号，△ 是三角的符号，∠ 是角的符号，▱ 是四边形的符号。

"哈哈"是好笑的符号，"嗳哟"是疼的符号，"华儿华儿"是叫猫来的符号，"哦吃！"是赶猫走的符号。

五色旗是中华民国的符号，黄龙旗是大清帝国的符号，花旗是

---

① 原文是"＞"，疑误植。——编者

美国的符号,红日旗"某国"的符号。①

Compradore 是洋行先生的符号, open door 是开门的符号, one dollar 是一块洋钿的符号, twenty-four 是二十四的符号。

从这些符号的例(同些别的例)归纳起来,咱们可以先得一个符号性质的大略的分析。

2 符号本身的成素。大多数是平面上的图形,但也并不限定于此,声音("嘟嘟"当开船),颜色(绿是行,红是止),模型(地球仪),动作(哑叭②手语,旗语,拽衣角示意),空间的关系(横线下为分母,横线上为分子,左下圈是平声,右上圈是去声,"打"字写在"我"字前表示动作止于我,"我"字在"打"字前表示动作出自我),时间的关系(先说十后说三,"十三",是十加三;先说三后说十,"三十",是三乘十;无线电报先说"雌"后说"策"是 n 字母,先说"策"后说"雌"是 a 字母,先说"策"隔了瞬息时间再说"雌"就是 e、t 两个字母),强度的关系(轻轻一握手就是"您好阿?"的意思,紧紧的握手就是"这么久没看见你了,我好想你阿!"的意思)等等,甚么东西都可以。所以说到符号本身的成素的取材,可以说是完全没有限制的。非但可以说"甚么东西"都可以做符号,并且还要把东西两字去了,说甚么都可以做符号,因为颜色、方向、左右、先后、强弱等等叫它"东西",有点把词义引申的太远了。

3. 符号的基本成素。上段所讲的"成素"不过是照通俗所谓"成素"就是拿甚么做的意思。但是上头所讲的几种成素,并不是不能再分析的。比方画一个圈儿 O,当零的符号。这圈是用墨的黑色所凑成的,凑的方法要有一定几何的关系(就是当中留空儿,四面圆圆的,竖里要比横里高)。所以这样看起来,平面上的图形就是

---

① 原文如此。
② 原文如此。今多写作"哑巴"。——编者

颜色与空间两种成素凑合而成，所以要论基本成素时，平面图形这一项就可以不必重复列入了。又如招手叫人来，算是以动作为符号。但是所谓动作还不就是由空间与时间的关系（或加用力的强度）所构成？所以有了空间与时间，又可以不必另列动作为基本成素之一种了。

要照这样分析下去，可以把符号的基本成素分到很少的几种。照古一点的哲学说法，到了空间算尽头了，就算基本成素之一了，同样，时间也算基本成素之一了。可是依据近代思想的成绩看，还可以再给它分析分析。比方从相对论里可以推出时间与空间互同通约的比例，仿佛能像斤求两两求斤那么通约，那么这两种成素又化而为一了。又如从感觉的达塔（sense-data）可以构成世界一切的具体的跟抽象的事事物物，那么成素的种类更少了。读者要知道这种分析法的详处可以参考 B. Russell: *Our Knowledge of the External World as a Field for Scientific Method in Philosophy*（罗素《哲学中之科学方法》，王星拱译）。但本篇所注重的不是符号的哲理的分析，乃是符号的性质与应用，所以不必从一种虽真而不易领会的观点起头，只须从一种比较的简单的成素，作暂定的起头就行了。照这样看，所得的符号的（比较的）基本成素，以下列的几种为最常用的：

1. 空间
2. 时间
3. 声音
4. 颜色
5. 数
6. 强度

此外的，比方侦探扮了仆人借端茶的机会当着人前传信给有关系的人，可以端温茶当"进行"的符号，端烫茶当"有险快逃"的符号，这就是用冷热来做符号成素。又如警狗用嗅觉闻出人的足迹,这就是以嗅觉为符号的成素。但这些符号都是罕用的,可以不必讨论。

4. 符号的组合。分析与综合,在逻辑上本来是同一件事情的两方面。所以上节所说的图形是由颜色与空间所构成这句话,又可以算是图形符号的分析法,又可以算是图形符号的综合法。同样,动作既可分析为空间与时间,也就是空间与时间综合而构成的。无论哪[①]几种成素,把它们合起来,就可以成为符号,这是不难懂的。还有一种稍微难懂一点,但是很要紧,且最常用的组合的方法,是把些不同的"东西"混称为"一"符号。现在且用几个例来解释解释。比方我现在画一个5形,作为数目中五的符号。但是等到这篇东西印刷了起来,上文那个亚剌伯[②]五字形就从草体变成了刻板体,读者并猜不出来我原稿上写的还是法文式的像爱斯字母的五字,还是像简笔與字的五字了,但我并不说排版的把我的符号弄错了,可见得虽然实在是不同的形状,我还认作同一符号。又如人的名字算是代表某人的符号,但从成素上看起来,这名字究竟是个甚么东西?比方有个人名张天才,他的图书刻出来的篆字名字是一个样子,他签起名来又是一个样子,报上登起来刻成铅字又是一个样子,人家写信给他,信面上写的又各有各的字派。那么究竟张天才这名字的样子是甚么样子?要说是这许多样的平均罢,那还有个困难。比方他到外国留学,把名字照 Wade 式拼了出来,成为 Chang T'ien-ts'ai,这一串弯弯扭扭的东西跟那三个方块的图形,要给求一个几何的平均,那么平均下来,该成了甚么样子?这问题的复杂的程度还不止于此呢。因为这人既然叫"张天才",那

---

① 原文写作"那"。下同。——编者
② 原文如此。今多译作"阿拉伯"。下同。——编者

么"知-肮　梯-烟　慈-哀"这三个字音一连串叫出来,就是他的名字,可是这音跟那字形有一样的困难,因为大人叫起来是粗声音,女人小孩子说起来是尖声音,北京人说的是这么三个字音,广东人说的是那么三个字音,上海人说的又是别三个字音,而且无论读这三个字音怎么与普通的不同,只要是中国方言中所有的读法,谁要把张天才的名字叫的古怪些,张先生只能说不懂,或者笑话他不会说官话,可是随便怎么,不能说他叫的不是张天才那个名字。从方音上面固然还可以说求个平均的读音,但是在"张天才"这个图形跟"知-肮　梯-烟　慈-哀"这声音,两者当中怎么求个平均呢?比方我们对张先生说:"你以为你有一个名字么?那你错了!其实你有两个名字,一个是写的(写给他看),一个是说的,就是'知-肮　梯-烟　慈-哀'这三个字音。"张先生听了一定会说:"我不懂你们这些哲学家劈的甚么头发丝儿,在我看,你写下来我那个名字就是叫'张天才',我叫的'张天才'那个名字就是那么样写,明明是一个名字,怎么分出两个出来了呢?"

　　这话其实说得很有理。咱们看见一个斜边形也说这是方桌,看见一个长方形也说这是方桌,摸着了硬的感觉也说这是方桌,照旧的说法是有一个玄学的桌子,它"有"那些看得见摸得着等等性质。照新的说法,①桌子就是这些所谓叫性质的组合体。除掉这些感觉的成素之外,并没有一张"有"这些"性质"的桌子。同样,张天才先生并没有一个非形非声的玄学的名字"张天才",其视觉的性质是真草篆隶等字,其听觉方面是古今南北等读音;他的名字就是这些样子跟这些声音的组合体。在这组合体中的许许多多的成分中并没有甚么求平均的手续,也并没有甚么天然的关系,其中惟一的联合的媒介就是碰巧常在一块儿而生出的联想的关系。大

---

① 见上述罗素书中。

凡联想极熟的几样事情,往往心里头有了这样误认为那样或 *vice versa*,或有了两样几样而误认为一样或 *vice versa*,心里只觉得含含混混的有那一堆的一部或全部。我说我刚才看见那屋有个方桌,可是问我所看见的是那么样子的一个斜形我就说不出来了。我记得昨天我接到张天才的信,可是他还是楷书签的还是行书签的名,我不记得了。前天张天才来会我,我还记得是王二拿着片子进来传达的,但是他不记得他还是:

(1)给我看了片子,同时对我说"张天才先生"五个字音,还是

(2)单给我片子看,没有做声,还是

(3)先说了"张天才先生",我听见了,就把片子接过来,不看就放在一边了。可见得就只用联想的黏力,可以把许多风马牛不相及的成素,堆在一块儿,叫它为一个东西,而且用起来非常自然,本来一个是这样子,一个是那声音,任意的组合了起来,就好像成了"一而二二而一者也"的天经地义了。

那么,再说到一切符号的构成。符号的本体也是事物当中的一种。事物的构成,大都是像上述的组合体的式子,而不是心理学家所注意的一瞬一点的感觉 data 或画家的一看的投影。所以符号的构成也大多数是这样,不过各种各样的符号里拢统①的程度不同就是了。②

5. 符号的边界。乍一看好像一个符号是一个符号,可以跟环境分得清界限的,其实有时不很容易分。比方铁路上的红旗,还是专是那红色是符号,还是连旗子的形状也算符号的一部分?比方在一个不便说话的地方,我跟一个人约好了,假如我轻轻咳嗽

---

① 原文如此。今多写作"笼统"。——编者
② 例如语音学里 a 字无论是大一点,小一点,阔一点,窄一点,都算"同一"符号,但写作草体 *a* 就另是一个符号了。在普通文字里就不分,a,*a* 都算"同一"个字母。在算学的习惯里,不分正草,但要分大写小写。

一声,然后总不响,他就打开书做看书的样子,假如我重重的咳嗽一声,他就停止看书,那么,那个"不响"算不算符号的一部分?假如队长喊"开步——走!"喊了过后不响,大家就继续走着,等喊"立——正!",大家再立正,那个"不响"算不算继续走着的符号?音乐里 cresc. 是"自此渐响"的符号。有时这号后头有一条断线,这线当然就是继续渐响的符号,但没有这线只要不写别的关于轻重的符号,仍旧是要继续渐响的,那么,渐响的符号还是单在 cresc. 几个字母呢还是 cresc. 几个字母又加后头的空白呢?在语言文字里头字的界限尤其难定,因为字的意义一大半是靠上下文的。一个字在字典里头有许多意思,为甚么在这句里只当这么讲呢?可以见得读者所得的对象不是这一个字单独的唤起的,乃是这个字(形或音或兼)会同上下文唤起的,换言之,那个字不是全符号,不过是符号的一部分。

6. 符号的产生。上节讲的符号的构成,是一种逻辑的分析,现在要问在时间的过程上,符号是怎么产生的。大约分起来,可分三种:

一、天然的,

二、人为的,

三、机器的。

比方用语言作思想或命令的符号,这是几千几万年渐渐演进出来的一套天然符号,等到近几千年比较的少数的人造了文字,这就是人为的符号了,到后来有人想了法子可以不用抄写就可一张一张的从一块刻好的板上印出来,这么印出来的书就是用(广义的)机器做出来的符号了。比方用天上的太阳或星宿的方向作时间的符号,这是天然的符号,定了子丑寅卯等十二时,或是钟点分秒这些名词,这就是人为的符号了。等用隔漏或钟表自己会指报钟点,这就是机器的符号了。比方拉车的说"靠里边ㄦ走!"这是用本有的天然的语言当叫人躲让车子的符号。比方岗上一个巡警把胳臂横着一抬起来,作为汽车往那么走的符号,这是人为的有意制定的符号;在希加哥①的密希根大马路(Michigan Avenue)上,每个十字街口上有一座灯台,这些灯归一个总机关管着,全街的灯,照一定的机械的次序依次变红绿色,就给街上无数的汽车作南北东西行止的符号,这些灯色的符号就是从机器里发出来的符号。

但这三种符号产生法并不是总归可以截然分得清的。在事实上可以算符号产生的三方面。比方语言虽然大部分是天演的结果,但在近代语言的变迁上,人的意志也微微有一点影响,比方化学家造了大批的名词系统,其中与日常生活有关系的就渐渐成了普通话的一部分了。反之,文字大部分虽是人造的,其变迁虽然是突变性的,但有好些地方也是跟着社会的情形慢慢的变迁的。至于机械的符号跟别的符号也不一定分的清,比方日晷又是用天然的日光,又是用人定的时刻,又是用日光在日晷盘上以机械式的作用映成影子的各种方向,所以这日晷上的符号的产生,可以算是兼用三种方法的。

II. 符号与对象

7. 符号的对象。上节曾经说凡是事物的成素差不多都可以做符号的成素,讲到张天才那些符号的组合法的论调又跟近代哲学论桌子构成的论调完全一样,那么,不是样样事物都是符号,符号就是等于样样事物吗?这话也是也不是。样样事物固然可以当符号,但是未必就是符号,一张桌子是一件东西,不是个符号,可是假如有人每顿饭前把堂屋里方桌子扛到厨房里给厨子看,作为叫开饭的符号,咱们只能笑话这个人憨,可是不能不承认这桌子(或扛

---

① 原文如此。今多译作"芝加哥"。——编者

桌子这"举动")是一个规规矩矩的符号。所以符号之所以为符号,并不是从符号的本身上可以看得出来的,是看这事物有所代表没有,假如某事物是代表他事物的,无论两者是属何性质,前者就叫后者的符号,后者就叫前者的对象。所以符号与对象,犹如师生父子等相对的名词,不是绝对的名词。

8. 符号与对象的相连法。 符号与对象都是用联想的关系作其中的黏胶。比方照上例中密希根大马路上总机关一换电路,马路上的红灯变了色了,这是电流的作用,所以不能说总机关的换电是灯变色的符号,[①]路上的些开车的人看见了绿色,因有绿色跟前进的联想,遂开车前进,这是因符号而唤起对象,那绿色才算符号。这联想的程度愈深,这符号就愈有效。比方一个音乐老手一看见谱,他的"心中耳里"就唤起那些音符所代表的声声音音的对象,而且引出他的风驰电掣的奏乐的动作来了。初学乐谱的看了半天,还看不出是几个字的的确音高,慢慢吞吞的动完了第一指,还没想到第二指是在哪里。大概符号用的愈多,联想的程度就愈深,所以一个人本乡的言语跟他所代表的意义当中的联想最强,临时造了一个或一套符号作为一回事用,过后就丢掉的,这种联想就最弱。

9. 符号与对象当中的界限。 在好些符号的用例当中,不难分谁是符号,谁是对象。比方"红色"是符号,"停止进行"是对象;"口"字是符号,人物的口是对象。但也有许多时候,符号跟对象的界限是很模糊不容易分的,比方跟亲人接吻作为亲近态度的符号,但接吻事情的本体在外国人虽然认为一个常用的符号,在中国人却拿它当一种对象的一部分了。比方初学代数的人看见了 a、b、c 等字样总觉得有点不放心,觉得这不过是一种"符号",暂时代一代

---

① 假如有人看见了电门改了,因而想到路上灯都变了色,那又当别论。

数目用的,在没下课以前,先生一定会算出来了告诉我们到底 a 是等于几,b 是等于几的。可是钟亦打了,课也下了,先生并没算出来 a、b、c 是些甚么数目,等过了一阵,学到字母方程式里,"令 x 代表未知数"乱七八糟算了一会儿,得数

$$x = -b \pm i\sqrt{c-b^2}$$

到那时数字也不在乎写了,方也不追着要开了,得了 $-b \pm i\sqrt{c-b^2}$ 就算得"数"了,x 是符号,a、b、i 既然都是"已知数",那么,$-b \pm i\sqrt{c-b^2}$ 也是已知数,所以就是对象了。又比方钱币是代表财物的符号,说某人有钱就是说某人能凭钱币的符号取到他所代表的对象。但是从钱的有间接享受的可能的联想,会使得人发生直接的见钱眼开的感想,因此钱币虽是符号,也就染了他的对象的性质,也就像对象的一部分,所以从要钱为要命的本意,有时会发生出要钱不要命的事情来了。

10. 符号与对象的层次与结构。符号与对象既是相对的名词,那么,犹如同一个人,乙可以又是甲的儿子,丙的父亲;同一件事物,乙也可以又是甲的对象,又是丙的符号。这是很常有的事。比方自古以来,语言是思想的符号。等到有文字把语言写出来,文字就是语言的符号,语言就是文字的对象了。回来造了电码,用甚么点线代表甚么字,那么,电码又是文字的符号,文字又是电码的对象了。但是这样一串一串的关系,是不会永久这么简单的,因为心理学里有一个联想的通则,就是甲与乙,乙与丙,丙与丁……常常在一块儿,过久,甲与丙,乙与丁,甲与丁……也会发生联想的,就仿佛背到"致知而后有定"的时候,虽然下句不是"虑而后能得",可是脑子里已经隐隐约约的想到那个。有时背快了跳了句把,就是这个作用。比方初学无线电电码的听见了擦擦,策擦,策擦策,擦策擦策,策策策策,得要想擦擦是 m 的符号,策擦是 a 的符号,这样慢慢的拼才拼出 m-a-r-c-h march,所以那些声音是 march 字的符

号,但是等电码学熟了,那些策策擦擦的声音不必慢慢的拼出就直接唤起电信所要说的话来,所以本是符号的符号现在就是符号了。同样,拼音文字虽是思想的符号的符号,但无论在哪一国,一般认字的人都是看见了字形,就差不多同时想到声音跟意思,还有少数的人,看书看多了的,一页一页的看下去,"心中耳"里并没有唤起书里的字音出来,喉舌唇等处筋肉的神经也并没有唤起读音的作用,所以文字虽仍旧可以叫符号的符号,也可以作直接的符号了。

讲到这里可以把上几节的讨论比较、比较。至讲符号的组合法时,已经说无论甚么不伦不类的成素(比方声音跟形状)只要有联想的关系,就可以算"一"个符号,符号与对象的界限也是不一定分得清的,符号的符号又可从间接联想而变为直接的联想,或为直接符号,那么,符号跟对象这个似哑铃式的结构,若照事实上分析起来,一定是一个像藕丝、蜘蛛网、电话局那么复杂的。现在用平面上接线式的符号来作几个例解。

先用简图写成符号之符号……之符号式如下:
明天开船这回事←"明天开船"这句话←明天开船四个字←这些字的电码←海底电线的 ⎍⎍⎍ 式。

　　进一层把交叉的联想都加进去,还有

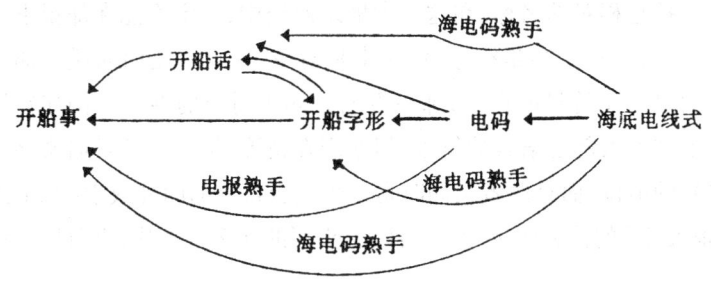

　　言语文字有时还是互为符号与对象的,比方一个广东人不懂官话,说"明天开船"这句话他听不出这符号代表的甚么,写下来

明天开船四个字,他就晓得那几音原来就代表这四字的音,只懂电码不懂语言文字拿语言文字作电码的符号这种人固然没有,但是如美国的出名的 Helen Keller 从小聋哑盲,先学了触觉的手语,后来才学说话,[①] 那么,语言对于她就是符号的符号了。所以上图里的箭线,在理论都有向背互画的可能。

再进一层,把所谓"一种"或"一个"符号组合的部分分析起来,那么,上头那个图就更复杂,但与事实的真相更相近了。

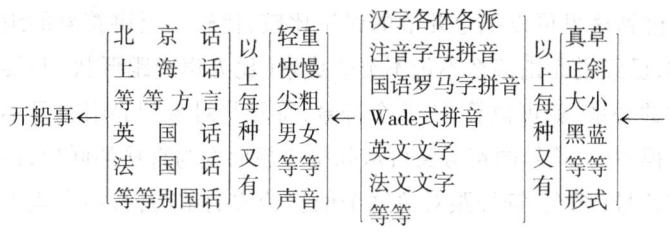

这图里的成素已经是从简写的了,里头的代表线也只画了几个,许多交叉的线都没有画进去。从这上看起来,可见得所谓符号与对象大抵是相对的名称,在这一大堆东西当中,一定不能在那里下一刀下去,说那一半是符号,那一半是对象,并且不能回回说定那一方向是属于符号的性质,那一方面是属于对象的性质。例如在历史上文字大部是语言的符号,但在现在情形,语言也常常居文字的符号的地位,而且两者又同时是一个复合符号的两种成素(如上述"张天才"的读音跟字形)。所以上头写的那么一大片,也可以算许

---

① 作者曾听见她演说过。参考她自己著的 Helen Keller, *The Story of My Life*,(1911?), New York.

多符号,也可以算是一个符号,代表开船那一回事,甚至开船这回事也不是绝对的对象,假如开船是表示庆贺、道歉、通商、绝交、宣战、议和等事,那么,开船这举动也是符号了,在那一头看,"海底电线弯弯扭扭式"这九个字是符号,那纸条上弯弯扭扭的线的本体就是这九字符号的对象了。这就是上文讲的无论甚么都有作符号的可能,并且无论甚么都有作符号的对象的可能。

11. 符号与对象相配的关系。事物与事物相配不外乎下举几种配法。

（1）1-1 相配的关系。例如多数旧式家塾与先生的关系,每塾大都只有一个先生,每个先生只在一家人家教书。又如国际音标与音值的关系,每一个字母只代表一个音,每一个音只用一个字母写。

（2）1-n 相配的关系。例如在外国多数学堂里,一个学堂请许多教师,可是一个教师却只在一个学堂里教书。又如法文的拼音,一个字音可以有许多种写法,例如 sent, sens, sans, sang, cent, cents,一个拼法却只有一种念法。

（3）n-1 相配的关系。这就是 1-n 倒过来的关系,所以不必另外举例。

（4）n-n 相配的关系。例如在中国许多学堂与教师的关系,一个学堂有许多教员,这些教师当中,每个教师又教好几个学堂。又如英文的拼法,一个音有许多种拼法,例如 no, oh, tow, whoa, beau, though；一种拼法也有许多种念法,例如 though, bough, through, enough, cough, hiccough。符号与对象相配的关系,在专门学术里定的当中,有些是严格的 1-1 相配的。假如出了一个专门学术之外拿人的思想的全盘来看,那 1-1 相配的符号与对象更少了。比方红色是停车的符号,也是俄派共产党的符号,也是喜庆的符号；同是停车的命令也可以用红旗为符号,也可以用铁路上信号机为符号。＞ ＜在算学中是大于小于的符号,在语言学中变成由来的符号,同是变成的意思,在语言学用 ＞ 号,在大多数别的学问里就用 → 或→号了。就是在同一门学术范围之内,符号与对象也往往有 *n-n* 相对的关系。例如一个小点在各种学术里,有许多不同的用处。在音乐里用处也不一致,比方在简谱字下一点是低一组音的意思,在五线谱就是一半有音一半休息的意思,并且就是专指五线谱,在钢琴谱上有时一点不过是一种手法的符号,同时若是把足键跳住,乐音并不斩断。反之,同是一个乐音,有简谱的数字符号,也有五线谱的点圈符号。

12. 含混与概括,重复与变通。1 符号与 n 对象相配时,假如用符号者心中只指定 n 对象之一,而看符号者(广义的"看")会有想到别的对象的可能,这符号就叫做含混,例如写 $d>t$ 当 "d 音变作 t 音",而看符号者会误认为 "d 大于 t"。若是作符号者本意是要用这一个符号代表 n 对象中随便那一个,这符号不是含混,是叫概括。例如用 $x+1>x$ 可以概括 "一加一大于一"、"二加一大于二"、……、"十加一大于十" 等等对象,又如 C 调的 C, G 调的 G, F 调的 F 等等对象,可以用一个 *do* 字概括之。

n 符号与 1 对象相配时,假如看符号者容易误认为代表许多对象的,这符号就叫重复,例如看见 T. T. Chang、Timothy T. Chang、张季高、张矮子、张天才、纯烟室主人、阿四、天宝,等等,很不容易知道就是一个人,这些当中有的是重复的叫法。假如看符号者容易知道 n 符号都是代表某对象,而且不觉得是有 n 符号的,这些符号就叫变通的符号。例如 "张天才" 三字种种的字体与种种的读音,从一方面虽是许多不同的符号,但也可以变通组合起来,算一个组合式的符号。而且好些人不留意这符号复杂的性质,会当它是一个符号的。还有符号结构起来太复杂了再用一个新符号,以上结构式作定义,这也是科学当中一种极常用极有用的变通法。

关于符号的分析,还有种种别的方面没有讲到,现在把它归到应用符号学里去讲罢。

第二篇　符号的应用

符号的用处。符号的用处可以依对象的性质来分类:

(1)唤起事物的联想。例如看见"酸梅汤"三个字就会联想到一种酸甜冷爽的味儿,听见远处有"乌都都"的声音,就会想到一个轮船。看见 $x > y$ 就会想到某数大于某数的关系。

(2)唤起情感作用。用符号唤起情感作用,有的是直接唤起的,有的是唤起知觉方面的联想而间接唤起情感作用的。比方接吻或挥拳,这是直接唤起情感作用的符号,说一声"多谢多谢"也是直接的符号,但是说"你帮助我的地方我将来总不会忘记的"这句话的对象是一回事情,听者要从这事的意义间接的才觉出来感谢的意味。

(3)传达命令。例如铁轨上走人,火车"乌都都"的叫,就是叫那个人躲开的命令。医生开的方子,就是叫药店配多少这个,多少那个,病人每多少时候吃多少的命令。

(4)作联想的中心点。人的构想力总是给最大跨步(mental span)所限制的。比方说点点点,或是点点点点点点点。还可以用一跨步的意像跨住;不数数目而能听得出打的几点钟就是把打的下子都跨在一个跨步之内了。可是太多了的时候,比方一加一加一加一加一加一加一加一加一加一,[①]那就没法子都放在心里了,所以就用"10"这么一个小东西来作那些"……"的符号;比方一

---

① 见 Lewis Carroll, *Through the Looking-Glass and What Alice Found There*, 第九章。

国里的人物跟过去、现在、将来的历史,是很难同时各方面都想在心里的,所以就拿"中国"这个词或五色旗来做联想的中心点。人的心理跨步也有大的也有小的。比方有教育的人能够一口气说或是懂几十个字的逗中套逗的一个句子,没有教育的人或小孩子听到下半句就抓不住上半句的头子了。但是脑力最广的人他一步所能跨的心理成素们究竟有限得很。所以不用说作复杂的思想,就是作极平常的思想,大部分要靠用比较的简单的符号来代表比较的复杂的对象。这是语言文字发源的一个大因子,也是一切符号发源的大因子。而且符号堆挤了起来抓不住了,又要用符号的符号来代替它们,比方在算学里常常得了一些式子是预备再用的;怕再堆了起来一眼看不出结构来就令某某字母暂代某某长式,这么样后来得的算式可以放得下在一跨步里了。学问当中所以一道一道的定许多术语,也就是用符号来作联想的中心点。而且用这类符号的时候,只要有代回原值联想的可能,而不要在运思时同时使原值并存在心上(在跨下),否则就失掉了借简单符号代替复杂对象的用意了。

还有时候对象并不甚复杂,但甚难捉摸,就要用抓得住的符号代表它。比方音高的比较甚难捉摸,就不妨拿一条直线代表之,线上两点相距若干长算半音,一倍这么长就代表整音等等。比方两事物并述而不带有别的关系的,这种极抽象的关系非常难捉摸,所以要用"与"、"跟"、"and"、"und"等等看得见听得见的符号来代表它。语言文字里头许多的虚字眼都有这类的功用。

这四种用处并不是对象的分类,所以用符号时也有几种功用兼有的可能。比方乐谱很熟的人看见了乐谱,可以想出里头的声音(第一种用处),也可以照着所指定的音高、拍子、强弱等等奏或唱出来(第二种用处),也可以(像默念诗文似的)默看而领略乐谱所唤起的音乐意像的滋味(第三种用处),也可以(像借字句在页上位置的帮助背四书五经似的）借乐谱页上位置符号的排布等等具体的形状，作为帮助记忆全乐的声音的（第四种用处）。

好符号的条件。 符号的好坏不是绝对的，是对于用符号的目的而定的。例如大多符号是愈容易做愈好，但纸币可就要难做一点才行；大多数的符号是愈容易懂愈好，但秘密语的符号就是愈难懂愈好；速记字写的极快，但看起来，就是熟手也不能很快，所以目的是在快写的时候相宜；刻板字非常不好写，可是好认得清，所以在注册报名的时候相宜。有时候虽然不是有两种互相矛盾的目的，但因为符号性质不能同时完全满足两种或几种条件的，那么，纵使在用符号的目的是两种都要的，而在事实上只能依目的各方面的轻重而定符号对于那方面第一注意，对于那方面第二注意。比方说一国的国语，不像纸币，不像秘密语，国语是又要容易说的又容易听得懂的。在若干程度以内，固然可以把国语做得又容易说又容易懂，可是过了若干限度，太容易说了就不容易懂，太容易懂了，就不容易说了。比方像初生的小孩子随便要甚么都哇哇的哭，这语言是再容易说没有的了，可是大人要懂他的话常常很费揣摩。所以这种国语——还是世界语呐！——太容易说太难懂了。反之，最好懂的国语莫如对那乡的人说那乡的话，可是谁有本事学这么繁复的一大堆国语呢？

从上头看起来关于一切符号的通则有下列两条：

一、符号的性质须适宜于用符号的目的。

二、用符号的目的复杂时，须看目的各部的轻重而勘酌关于符号各条件的轻重。

下列的许多原则虽然都用绝对的口气写的，但用起来当然还是与目的居相对的关系。

1. 要简单。　这几乎是不消说的了。大概用符号的时候，总要符号比对象简单些才值得用它。但也有些例外的格，比方写"纸上有黑点"一句,若是写作"纸上有·",这黑点的本体固然比"黑点"两个字简单的多了,但看的人也许误会了意思,也许看了觉得不雅观。这就讲第二点:

2. 要美。 这条件只有在用符号引起情感作用的时候要紧,例如音乐、图画、诗文、戏剧等美术品是要注重符号本体成素与组织的美的符号。这么用法子是一种狭义的 *symbolism*,近来有人译它作象征,在讲学理或讲实际的符号就不实分注重美的一点,例如哲学的文章常常因为要把一件事的各方的情形或条件补注到没有漏空,于是句法就会做得非常累赘而不美。用字母文字索引比用部首或笔画次序快得许多,可是无论正体斜体的花字也不能有王、柳、欧、颜汉字那么好看。但就是在学理中的符号,也有时求"一致"、"对称"等等条件。研究过算学的(尤其是研究过符号逻辑的)都能领略证式的美不美,并且法国的算学家的著述在世界上还以美(élégance)出名呢。

3. 要容易做。 要用符号代表别的东西,大概总是愈容易做愈好。比方在竹简上刻字,不如在纸上写字;对本乡人说外头话,不如对本乡人说本乡话;造立体模形①代表气压容积温度的关系,不如在平面上画一条一条的气压容积的等温线(图见下):

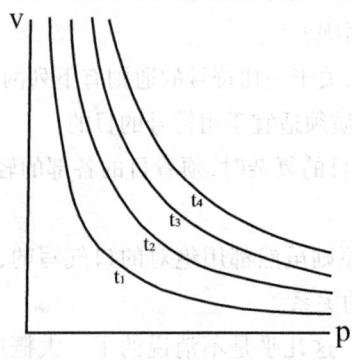

---

① 原文如此。今多写作"模型"。——编者

平面世界地图明明不能有地球仪上的比例准确,但仍是世界地图比地球仪多,就是因为地球仪难做而不轻便的缘故。

4.要容易传播与接收。　好些符号的传播与接收都是很简单、容易的事情。比方招手叫人来,这符号只要在有一点光的地方,就可以传得很远,接收的人也很容易辨认。但有些符号的传播与接收不很容易,这上头就分得出符号的好坏。比方电话传基本音高(fundamental pitch)比传播陪音与嗓音(overtones and noises)容易,中国话有平上去入声调的变化,这是基本音高的变化,外国话没有,外国话字尾常有辅音(consonants)这大半是嗓音的性质,中国话几乎没有。所以中国话在电话里又传得真又容易听。① 外国的科学名词都是两三个四五个音节,中国新造的些科学名词都是一两个两三个音节,所以讲起来比方英文说 radium, precipitate,很容易传得出听得真。中国话说"镭"或"铱";从前说"沉淀"还好,现在又规定是叫"淀",简直不成"话"了。所以名词声音太少了,于听的人的接收很不便当。

5.要容易构想。　符号的对象常常是很抽象的东西,而符号的本身大都是具体的。这是因为直接想抽象的事情难而用抓得住的符号代表它容易。柏格森常骂科学把时间弄成空间化了。其实科学家领悟时间的滋味的本事未必都不如柏格森,但因为人人容易构想空间而难单纯的构想时间,而时间的性质与一条直线的性质相合处又是异常之多,所以为容易构想起见,直线是时间的一个绝好的符号。比方一个哲学家要讲他的哲学他非但要用语言文字讲给人听,写给人看,并且还得要用语言文字作自己思想的符号。

---

① 留学生有时觉得电话上外国话容易听,是因为(a)有时说话的两个人的中国方言不同而他们的西文一样,或者是因为(b)他们所讲的内容乃是一向用惯了西文来想来说的。

一个时字的字形跟"时"字的字音跟这符号所代表的对象的关系，跟旧式结婚一样，完全是碰的(arbitrary)，为了构想上的便利，既然可以把时间都空间化、声音化，那么用性质极像时间的直线来代表时间，更是可以做应该做的事情了。构想难易的一个好例就是数字与号码的比较，比方说"two thousand seven hundred and twenty-six"很难构想，写作 2726 就非常容易构想了。

6. 要小。 上文讲过因为心理跨步的有限，所以要用简单的符号代表复杂的对象。有时在复杂的理论上许多简单的符号加起来，又不能放在一跨步底下了，所以要像代议制里代表中再选代表之代表似的，复杂符号的组织中又要造出符号组合的符号。这样又把符号缩小了。凡是科学里一层一层的专门名词都是用小符号代大符号的手续。所以结构愈精密的科学，符号定义的层次愈多而学起来愈得要循序而不能躐等，也不能太快，因为太快了，一层一层的代表的联想还不成固定的呢。

若是不必用加层符号就可以放在一跨步下的，那就以层数少为妙，要这样子，就须使符号的本身尺寸缩小。所谓尺寸是引申的尺寸，时间空间都是要小，小到不便作、传、接、想为度。比方平常的钟打的比较的快，打了好几点钟都能听在一个"现在"范围之内，所以听的时候虽然没有数，但仍旧听得出来是几点钟，并且要数还可以回头数数刚才所听见打的下数。但是有些大钟楼的钟打的慢的不得了，等心理跨步的能力已经尽了，钟还没有打完，非留心数着就听不出打的是几点，这就是符号太大的缺点，就是时间太长了的短处。在空间方面，常常有许多复杂的事实列成表式要占许多地方或许多分表，用了简小的符号就可以放在一个表里头，就可以使全部事实容易构想了。

7. 利用抽象成素。 上头说符号要容易构想，所以要用比较具体的成素。但凡是具体的成素合成符号时必定有许多比较的抽象的性质在内,这些性质横竖在里头,那么,顺便当它做甚么用,并不把符号加大而得到大符号的功用,比方写号码,横竖总要先写这个,再写那个,再写别个,那么,何妨就利用这次序把末了一个当个位,末了第二当十位,以此类推,就可以把2726很简小的符号代表很复杂而大的对象了。比方说话的字音,横竖总要有音高的性质的,外国人拿它来表示语气,这是一件比较的不要紧的东西。中国人拿它来当字本体成素之一,来辨飞、肥、匪、费等等,不必像外国那么加音 fate、fake、fable、face,这样就把符号在时间上缩小了。

8. 容易唤起对象。　符号既然是为着对象设的,当然要能够唤起对象才好,要唤起对象大部分是靠联想强固,有了深印的联想关系,随便甚么可以做随便甚么的符号,所以制符号或用符号时最好利用已有的联想的习惯。所谓对甚么人说甚么话,就是根据听话者已有的联想而用相当的符号。但除掉联想作用外,符号的本身也有适宜不适宜于唤起对象的不同,符号与对象相似点多就容易唤起对象,比方照相与所照物体就是。有时候虽不是个人的联想,也许是遗传的"联想",比方红色当危险的符号是比淡蓝好一点,这许是因为在天演史上红与血有了许多万年的联想的缘故。

9. 要能应情形上的限制。　用符号的情形很有不同,因之在这情形能用的符号在那情形就不合用。比方聋哑人不能说话,只能用视觉的符号,晚上不容易看远处的符号,所以晚上给远处的符号常常有用有颜色的灯光的。用简单的电流跟远处通信,能用的成素只有两种,一种是时间,一种就是电的有无,再这样限制极窄的情形之下,更有要想法子编出特别符号的必要,所产生的就是各种的电码。

10. 要省。　上头讲符号要简小是为了便于构想,可以在一个跨步底下放许多符号。但是从经济方面也要求精神上与物质上的省俭。很近处人说话用不着费大劲嚷,对认得草字的朋友写信用不着写楷书。无线电话虽然比无线电报省得学发学接,但因为设备较贵,[①] 不能处处代替无线电报。符号的学习期也要算在精神与物质的费用当中的。比方一套难学的符号学会了可以有许多用处,跟一套容易学的符号学会了有有限的用处,这两者之中就要看各因子的轻重来斟酌斟酌的。

11. 守旧维新要适中。　符号与对象既然靠联想作连合法,那么,利用已有的联想就在这上省如许的事。这就是守旧的好处。要是不问联想的习惯,为每种事情另造崭崭新的一套新符号,那么,非但是语言文字要大改而特改,连1234等亚剌伯数字形,钟表面十二点的分法等等都有改良的余地。假如把改习联想的费用看得无穷大,就得到一个极端守旧的态度。假如把改习联想的费用看得等于零,就得到一个极端维新的态度。但是在多数的事情,改良符号的费用也不是无穷大,也不是等于零,所以就要跟许多别的事情斟酌轻重了,大概已有的联想习惯本来是紊乱而不一致,那么,就值得创造新符号,比方定标准度量衡、标准币制等就是一例。有时候对象也在创造之中,那么,符号当然也要新造。比方有人拟想出一种算学的关系,也不是加减乘除,也不是乘方开方微分积分,就得要用一个新符号代表它。

12. 符号与对象相配的关系要明白。　上篇讲过符号与对象有 1-1, 1-n, n-1, n-n 等关系。这些关系常常因讨论范围(universe of discourse)的大小与性质而变。比方光在算学范围之内,或光在语言学范围之内,">"号并不代表两种对象,但在一切学问范围之内,">"号就是一个含糊的符号了。要全免符号的含糊是事实上做不到的,因为虽然符号成素的种类跟一切对象的种类一样多,但因为最便当的符号还是平面上的图形(包括文字),所以总不

[①] 收发的情形也两样一点。

免有一号几个用处,不过能免去含混的机会,总是免去的好。比方在语言学中把"变成"用一个很通行的箭号→代之,"由来"用←代之,就免得跟算学中"大于""小于"相混了。这个还不甚要紧,因为语言学跟算学还不常在一个讨论范围之中,若是在相近的题目当中,就会有同在一个讨论范围的机会,那么,含混的弊就显了。比方在五线谱里头,上下加点都是代表 *staccato* 的符号,就是"音长减半,后半改为休止"的意思。但在数码简谱里头,上下点变了高一组的符号了。而且简谱又没有简短的 staccato 的符号了。*B* 字母在英美是当 *C* 音底下半个音的符号,在德国却当英美 *B* 音再低半个音的符号。*Function* 在算学是当"函数"讲,在生物学是当"功用"或"作用"讲。这两种观念在近代哲学上又占很重要的地位,因此竟有好些认真研究哲学的人从这名词上发生许多很好笑的误会。我们中国人没有照样译成一个含糊名词,这是很幸的事。

但有些最便当的符号,不妨作几种用法。点、圈、线、箭、上下位置、先后次序、数字、罗马字母、右下角右上角小字等等最常用的符号,若是每种都定作一个很狭窄的用处,那就仿佛太可惜了,所以我们可以利用讨论范围的不同(就是联想环境的不同)来让它们含糊兼差。旁加点在竖行文当重要句子的符号,在横行文当句尾的符号,在音乐当音值加半的符号,一连串起来在文字当未尽的符号,在图画当虚线的符号,虚线在图画中又有种种不同的用处,在凡例上都可以加以说明,拿这些说明就作为暂时联想的根据。比方一个人英法语都很熟,说英语的人对他说"阿吴-衣"他听了就联想到"Are we?"的意思,回转头来听说法语的人对他说"阿吴-衣"他听了就联想到"Ah, oui!"的意思。这是因为对于符号的本身用熟了过后,就容易把它活用。所以最熟的些符号,都不妨活用,就是要防在太相似的环境里无意中把符号含糊用就是了。无意的含混虽然能免当免,而有意概括的符号,是愈多愈好。比方虫、鱼、

鸟、兽各有各的对象,假如用"动物"符号泛指随便那一个,这并不是含混,是概括看法。同样

一斤加二斤,一年加二年,一回加两回……可以总括为 1+2

1+2,3+4,3.14+2.72,10+10,700+6,……可以总括为 $a+b$

$a+b$, $a-b$, ab, a/b, a^2b^2, $\sqrt{ab}$, a_b, $\int_a^b xdx$……可以总括为 $f(a,b)$。

有时候可以引申一个符号的用处,假借在别的对象上。这就仿佛中国假借字似的,有时可以就写原字,有时加了偏旁以示区别。比方算理逻辑(mathematical logic)里有一种关系("或是 a 或是 b"的关系)跟加法的关系的性质很相近,但又不是普通加法,那就有两种办法:一种就是仍用"+"号但推广其义,用时看上下文而定意义(看所加的还是数量还是逻辑项位);一种办法是造一个相似的符号,例如"⊕"当逻辑加法。但是因为这两种加法也有泛指的好处与有趣的地方,所以最好又要有一种概括的新加法符号。在科学的习惯中大概以第一种办法较为便利。不过这也都是要看轻重斟酌的事情罢了。

符号与对象成 n-1 的关系,假如是没有目的的,而且容易发生误会的,这就叫做重复。例如各乡不交通,各用各的方言不要紧;各国不交通,各用各的语言不要紧;各门学问没有互相发明的机会,各用各的术语不要紧;因为在各个不相通的"讨论范围"之内,每种对象有一致的符号,就不要紧了;可是要有相通的机会,那么,n-1 的流弊就同 1-n 的流弊同等的不好了。同是一回事,在英文叫 C、D、E、F、G、A、B,在德文叫 C、D、E、F、G、A、H,在法文叫 ut、re、mi、fa、sol、la、si,这是有甚么用处呢?

重复不好,但是变通不要紧,比方有时候宜用声音,有时候宜用形状,有时候宜用颜色,同一对象可以有几种可以变通的符号代

之。比方同是一个 C 音,给它一个叫的名字,叫"西"①预备说话的时候用,在谱上当然又有点、圈、单旗、双旗等形式,这是变通的符号,从符号的组织上说起来,可以当作复合符号当中的许多部分。

运用符号时,常常会发见某某符号组合起来所代表的对象,就是某某别的符号所代表的对象。例如 3×7 跟 $2 \times 10+1$ 共等于一个数。有时候是为了构想的便利,故意造了简单的符号用定义作为等于一些符号的结合体。在这些例中也是极有用的符号变通法,符号与对象要没有这些有系统的 n-1 相配的关系,那人的意想都要变成板板六十四石化的东西了。

所以通共看起来,符号与对象 1-1 相配未必是好,n-n 未必是坏。n-n 相配像英文拼法与读音的关系那就很坏,像算学里字母可以比较的随便写、随便叫,又代表很概括的对象,那就很好。1-1 相配若是用极端严格的"一"个符号,代表极端严格的"一"个对象,非但不可能,即使可能也没有用处。因为再要到"那"符号,已经不是"那"符号,严格的"那"符号只能用一回,用过它之后,它就已经是历史上过去的事情了。若是把复合的符号认作"一"符号,"概括"的对象认作一对象,那么,1-1 相配又成了个好的标准,这标准的意思就是把符号与对象的关系认明,认明了含糊就不是含糊,认明了重复就不是重复了。

13. 符号与对象要相干。 符号要求简小,当然不能把对象所有的尺寸跟详细的性质都备具在符号里面,否则不失了用符号的本意?但符号虽要小,也要有若干尺寸跟性质的不同才好辨得清这符号与那符号的不同,来辨别这对象与那对象的不同。那符号配那对象,虽然,完全是任意(arbitrary)的事情,但为便于联想,为便于运用符号作思想的器具,最好要把符号做得愈像对象愈好。

---

① 但既然叫"西",就不要再叫 tsé、sé 等重复的叫法了。

对象所有的性质虽然不能备具在符号里,可是对象所无的性质,最好能少放在符号里就少放点。换言之,符号对于对象不要有不相干的性质。比方我要用符号代表马与动物两个范围,用 Euler 式的圆圈画起来如图 A。

但圆圈都有一个中心点,马类并无所谓中心点这么一个对象,圆圈的线上有一定不变的曲度,马与非马的界限并无与曲度相当的对象。所以符号中这些性质都是带进来的不相干的性质。比方把"范围"的观念拿不规则的图形代表它,那就好一点了,例如像图 B 这么样子:

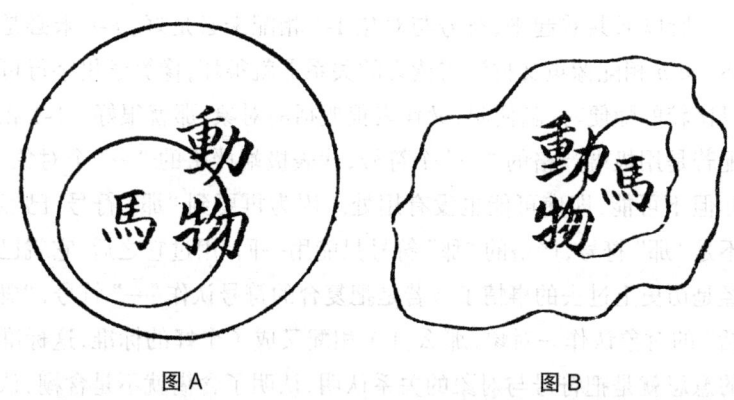

图 A　　　　　　图 B

符号相干的程度有两种限制,第一,无论怎么削去不相干的性质总还剩有些别的不相干的性质。比方上头那个不规则的范围线比两个圆圈相干一点了,但是这两个图都在平面上,平面有平面的性质,定了三点,其余的点就定了。定了三个动物其余的动物就都定了吗?平面有平面的面积,这倒[①]还可以做到它相干,可以把世界上马的个数或全重量照它在全动物中的比例来定大小。但平面形的边线也有长度,这个算甚么呢?若是把平面图形改成立体模

---

① 原文写作"到"。——编者

形,似乎跟范围的意思相近一点,但这立体模形的几何性质跟材料的性质也是有许多与对象不相干的。所以要相干的话只是一种极限的标准,不能有完全相干的符号的。

第二种所以不能尽求相干的情形就是假如符号的本身或符号的用法是很熟的了,那就不论相干不相干也可取用,比方罗马字母是一套当许多用处的很熟的符号,那么,有些事情上,与其造几个生而不容易记的符号,不如犯 1-n 的嫌疑拿它来当符号。例如化学里用字母代表元质,比天文里用些古里古怪[1]的符号代表八大行星的办法好得多。[2] 用法很熟的也不妨沿用。比方亚剌伯数字,除掉 1 字是一竖以外,全是一套与对象很不相干的符号,但因为当中的联想是有很老的资格的,所以不必再改动亚剌伯数字了。

有一层要特别注意的就是看符号相干不相干,不要偏重几何的形状一件事情,因为形状不过是许多性质之一,也未必总是所论对象的最要紧的性质。虽然阿剌伯数字与它们所代表的数目的关系不甚相干,而结构起来的算式与运算的本身是有很严密的相干的关系的。虽然 a 之于阿音,i 之于衣音,u 之于乌音等没有甚么相干的关系,而在语音符号里拼起长篇的东西来就有极高的相干的程度,所以大处相干、小处不相干倒不要紧。还有一个表面上不相似而实在甚相干的例就是留声机片上的纹路跟这些纹路跟它们所代表的声音,乍一看好像风马牛不相及的似的。但细究起来,这里头相干的程度异常的高。声音简单,纹路简单,声音复杂,纹路复杂,声音高低多少,纹路密疏多少,声音大小多少,纹路的横移位依一定的函数大小多少,所以留声机片上的纹路可以算是一个头

---

[1] 原文写作"古哩古怪"。——编者
[2] 有好些人虽然知道注音字母只写中国音,罗马字母可写中国音又可写英、德、法、意等音,但他们仍旧觉得罗马字拼中国字比注音字母容易,这也是因为符号本体用熟了的缘故。

等相干的符号,不过因为人没有看细复浪线的眼力跟看浪线知声的联想的训练,所以不能拿浪线当随便用的记声符号罢了。

14. 符号系统与对象系统要相干。 在一个题目或在一门学问之内,要用好些符号代表好些对象,这些符号的比较的关系,最好与对象的比较的关系能彼此相干。换言之,一套互有关系的些符号,其异同应该有一致的原则。比方说6月1日上午11点22分25.5秒,乍一看好像月日点分秒都是一样的单位似的,其实月日前号码的用法跟点分秒前号码的用法完全两样的。6月1日是第六个月第一天,时间才过了五个月又不到一天,说到钟点却是过了十一个钟头二十二分又二十五秒半了。又比方法国管过一星期叫"过八天"(dans huit jours)。搭头着算,固然没有甚么不可能,但照这说,过一星期减一天就得要叫"过七天",过一星期减两天要叫"过六天",以此类推,到过一星期减六天(就是明天)可不是要叫"过两天",过一星期减七天(就是今天)可不是要叫"过一天"吗?可见得这种叫法就不能一致到底,这就是符号系统不能合对象系统的毛病了。

相干性最要紧的好处就是可以运用符号来推测对象的性质,比方用平面图形代表数量,可以配成极详细周密的相干关系。因此借图形的提示可以发明函数学(theory of functions)里许多定理(theorems)并提示出证法来,这种符号的用处比拿一个星形代表功劳那种符号高明的千万倍了。大概科学里用符号(包括图画与术语)推理,都是借过符号(本身)的相干性,尤其是符号与符号中复合的相干性。而相干性当中愈是抽象的愈要紧,比到普通的极肤浅的、不能藉而推论半步的那些文学性的譬喻或"象征"的符号,那是有天渊之别了。

15. 符号的总数不可过大也不可过小。 符号系统与对象系统相干了,结果还有一个好处,就是可以把全盘的基本符号减少。

比方化学中每样物质用一个各不相干的符号,那就要用不少符号了。但是依物质之化学成素,样样东西都把它写成符号式,那就只须八十几个符号,再加普通数码字,就可以写无千无万种的物质的符号了。但一个符号系统里,基本符号的总数也不好极端的减少。因为符号愈少,代表许多种对象的时候就得要用那几种符号当中配来搭去的复合符号才行,结果就是把符号的"尺寸"弄的太大了。比方用十作数底以十进的写法是很便当的,只用十个符号,加上横排的位次,就可以写千千万万的数目出来。但是假如嫌这几个符号还太多,只用0、1两个符号,位次以二进,单位是一,次位是二,再次是四,再次位是八,……,那么,一写1,二写10,三写11,四写100,五写101,六写110,……一百里有一个六十四,一个三十二,没有十六,没有八,一个四,没有二,没有一,所以要写作1100100,比十进式的百作"100"长的多了。

反之,比方拿千字文代替亚剌伯数字,天当一,地当二……盈当十一,昃当十二,……乎当九百九十九,也当零,那么,只须写"天也"就是"1000","天寒"就是"1017","天也地也"就是"1,000,002,000",写"寒来暑往乎"五个字就等于"17,018,019,020,999"这么一大串,这么短是短了,可是一千个号码,这总数太大了。所以符号尺寸能小就小,符号总数能少就少,可是遇着了——也常常遇着——两者成反函数的关系呢,那就得要选一个折中的办法了。

16. 对象只能辨别到某程度,符号的细度就不必过此程度。

学了算术初学物理的,对于用物理数量法,常做出外行的事情。比方量一个数量,明知只能准到百分之一的准度,而公式里假如有圆周率 π 的,他非得要用 3.1416 三万分之一的准确度的数来作长除长乘法。同样,比方人眼看东西只能辨到多少细,那么,假如画画,画到比这个再细,画的就不是所见的对象了。铜版复印照相法（half-tone reproduction）就是利用这个方法。很细的铜版，里头几乎看不出点，但只用有限数的点子的大小配起来，就可以代表好像无穷数种类的东西似的。所以宇宙虽是无穷大无限细，而咱们研究事理的时候，总是注意某方有穷大有限细的事情，才成一个题目；为研究这种题目，假如用点巧，花点工夫，总会定出或造出一个或一套相当的符号来的。

（《科学》第11卷第5期、第11期，1926年）

高本汉(Bernhard Karlgren)的谐声说(译)

本篇中所用符号凡例：

[ ] 译者注。

四声：平，‛上，去’，入。

← 由来，例如羊 iang←z-。

→ 变成，例如羊 z-→ziang。

⇒ 时代变，音不变，例如甘 kân⇒kân。

k- 声母 k-，例如佳 kāi 的声母是 k-。

-k 韵尾 -k，例如谷 kuk 的韵尾是 -k。

ā 长音，例如佳 kāi。

ě，ĭ 短音，例如身 śiěn。

ṭ 舌尖后音：tṣ, tṣ'，……照₂，穿₂，等等。

t' 舌面前音：t', t'‛, d'‛, t'ś, t'ś‛，知，彻，澄，照₃，穿₃，等等。

k‛ 送气 k‛, t‛, t‛‛，……溪，透，彻，等等。

χ, γ 舌根摩擦清浊两音(晓匣)，例如呵 χâ，何 γâ。

j, i̯ 舌面半元音(喻₃喻₄)(j 较 i̯ 稍紧，但没有 ź(禅)音那么前或摩擦得多)

·a 喉部破裂音(影,)例如安 ·an。

a, â 前 a 后 â，例如山 san，寒 γân。

å a, o 中间的音，例如江 kång。

ä e, a 中间的音，例如炎 jiäm。

ə 中性元音，例如恩 ·ən。

ɐ ə, a 中间的音(不很开的 a 音)，例如庚 kɐng。

[以上符号是本文所附的字典里所用的,所以都仍旧(除 ← → 原文是 < > 外)。其余的都跟国际音标或别种音标都差不多,可以不用注解了。——译者]

第一篇 谐声原则概论

想到中国的文字是经过了好些不同时代的造字者渐渐的造成的,似乎很难指望其中谐声字的造法会有甚么一致的规则,可是咱们也得记得在中国文字史当中,谐声是造字法的最后时期(除掉于字的本素无关的纯粹形式的变化不算外),而且在上古中国语[①]的时候大多数的谐声字都已经造定了,在那时候虽不无方言的差异,可是总不见得有现在方言不同的那么厉害。要是细看起这字典[②]里的例来,一定可以看出谐声法例是异常的有规则的。这儿那儿固然会遇见些不合系统的特例,像是外行的或是粗心的人写的。但是从全体看起来,都可以找得出整套整套的谐声字,从其中可以看得出谐声的方法来的。

现在可以定下来的第一条原则就是这个:谐声的部分跟全字不必完全同音。例如咸、减、喊、感四字在古音是 ɣam, kam, χam, kâm 四个音,假如在上古音的时候是完全同音的而到古音的时候各自变成那四个不同的音了,那照一切语言史的经验上看起来是不会有的事情。咱们可以无疑的说这四个字在上古音时代已经有

---

① [原文 Archaic Chinese,指周秦汉初时代语。在西历前 500 年以前的叫原始中国语,原文 Proto-Chinese。本文所谓古音(Ancient Chinese)是指《切韵》所代表的音,大约在西历第六世纪。——译者]。

② [指 *An Analytic Dictionary of Chinese and Sino-Japanese*, Paris, Paul Geuthner, 1923(以后简称为 *Anal.Dict.*)本文第一篇就是这书的序的一部分。——译者]。

甲、乙、丙、丁四种音了,而且甲既然可以做乙、丙、丁的谐声,咱们也可以晓得那四个音虽然不同都也是相近的音。不但如此,就假使在古音是绝对可以"单念偏旁"的,例如奇、骑,都念 g'jię,咱们也不能因此就断定,在早先造骑字的时候本来是完全同音的。因为从近千余年的音史看来,咱们知道总是早一点时代所有的分别,过些时代就混了,所以同样在古音里分不出的音(例如奇、骑),在上古音里也许本来是有分别的。

造字的人所以不用完全同音的谐声而让它有一点出入阿,总也有种种的理由。在好些例中,就是因为他愿意兼取会意的造法,因此愿意用义合音差的写法,例如酣、贫,还有一个理由就是恰恰同音字不容易找。如上文所说,中国语在早年时候不同字的读音可以辨得很清,那时候同音字的例恐怕不见得多于一般印度欧洲的些语言中的。①

要从已详知的最古音系(就是《切韵》的音系)起头来做谐声字的研究,得要用很多材料,才能够得满意的结果。要用《康熙字典》的全部当然是不行的,因为里头三分之二是极冷的字,所以相沿下来的注音是靠不住的。可是单用这 *Anal.Diet.* 里所载的字又不够。下述的研究是根据大约 12,000 字所做的。

       A

在有一大类的字,差不多占谐声字的大多数,它的主谐字跟被谐字,就说在古音中,也是有相同或相近(cognate)的声母辅音、韵中主要元音跟韵尾辅音。

这句话得要加几句注解:

第一,假如在古音中主谐字跟被谐字的声母不同,至少大都

---

① 不然《论语》中所用的字,明明是直抄下来的口语,怎么跟当时的别的文字一样简约?一定是那些字当时就可以单靠音就可以跟别的字辨别的了。

是发音部位相同的(指"唇、齿、舌、牙、喉")例如古 kuo：苦 k'uo，干 kân：罕 χân，干 kân：旱 ɣân，等等，都是舌根音("牙音")或般 puân：盘 b'uan，半 puân：判 p'uân，等等，都是唇音。

可是要留心在古音不同部位的声母也许在上古音是同部位的，也许是虽不同部位而因为部位相近可以互相谐声的。所以有时舌尖前音与舌尖后音可以互换，例如才 dz'âi：豹 dẓ'ai 或舌尖前音与舌面前音互换，例如尚 źiang：堂 d'âng，关于这类的变换，其中还有些定律，以后再讲到。

口部音与鼻音互换的，像难 nan：摊 t'ân 的例，是很少见的。

第二，假如韵里头的主要元音不同，大概都是因为有没有受介母 i 与 u 的影响的关系，例如瓘 kuân：權 g'iwän，鼠 l'iäp：臘 lâp，仓 ts'âng：枪 ts'iɑng，等等；元音相差更远的，像丩 ki̯əu：叫 kieu（前元音 a, ä, e 与中元音 ə）互换句，那就很少见的了。

第三，在本 A 节下所论的字的韵尾辅音差不多完全是相同的，有些极少数的例外，差不多都是口音鼻音的互换，例如占 t'śiäm：帖 t'iep。

同一个主谐字当然可以谐好几个别的字，其中有的也许全谐，有的也许差一点的，例如甘 kâm：柑 kâm，坩 k'âm，酣 ɣâm，钳 g'i̯äm，等等；合 ɣâp：盒 ɣa'p，鸽 kâp，恰 k'ap，洽 ɣap，给 ki̯əp，等等。

通共说起来，谐声字当中大概有五分之四的字，它们的音的三要素(就是声母、主要元音、韵尾辅音)都是大致跟谐声部分的音相合的。① 像 kân：kuân：ki̯än：ki̯wän：k'an：k'ien：χan：χi̯wän 互换的例是常见的。但是像 tieng：ki̯eng 或 an：tan 或 si̯əu：pi̯əu 或 mâu：mân 或 li̯äp：li̯ät 或 ki̯ən：ki̯əm，等等互换是不大遇见的。

---

① 假如两字都是没有辅音起头的(例如羊：洋 i̯ang)，当然也算同声母(喻母)，假如韵尾都没有辅音(例如哥：歌 kâ)，当然也算同韵尾。

B

以上讲的是谐声字中大多数的倾向,现在再讨论不属于 A 类的谐声字,就是在古音看起来,谐声的声母、元音、韵尾三者不全是相同或相近的。这里头就有两头的字,其特点就是或在主谐字,或在被谐字,不是声母的辅音失去了(变喻母)就是韵尾的辅音失去了。例如:

B 类:甬 i̯wong:通 tʻung,炎 ji̯äm:谈 dʻâm,勻 i̯uěn:钧 ki̯uěn,于 ji̯u 讦 xi̯u。

C 类:乍 dzʻa:昨 dzʻâk,敝 bʻiei:瞥 pʻiet,卜 puk:赴 pʻi̯u。

现在先讲 B 类。

乍看起来,好像造字的人有了两样事情相合了,第三样虽不相合,只要没有积极的冲突就算行了,所以甬 i̯wong 的主要元音与韵尾跟通 tʻung 相同或相近(o 与 u)就可以谐它了,而 kung 却不能谐 tʻung,因为 k、t 是冲突的。

这不过好像是这么样。假如真是这么回事,那么同一个甬 i̯wong 字应该又可以谐 tʻung 字又可以谐 kung 字。咱们一看见古音无辅音声母的字作主谐字的,就应该可以预料它所谐的字可以甚么部位的声母"唇、齿、舌、牙、喉"都有。可是在事实上这是很少见的。举几个例看看:

甬 i̯wong(勇 i̯wong 等等):筩、甈 dʻung、捅、桶、痛、通 tʻung、诵 zi̯wong 等等;

炎 ji̯äm(掞 i̯äm 等等):淡、倓、惔、锬、餤、郯、痰、窆 dʻâm、毯、赕、菼 tʻâm、睒 śi̯äm;

勻 i̯uěn:均、钧、袀 ki̯uěn;

爰 ji̯wɐn:谖、楥、愋 χi̯wɐn、锾 ɣwan、缓、湲 ɣuân。

用不着再多举例了;只要在字典里查,就可以看见无数的例都指明这类谐声的字是每一套只限于一种部位的声母的。这个当然不是偶然的。假如造字的时候总是这么严格的,要噩限于舌尖音

（或舌面前音）范围之内，要嚜就全限于舌根音范围之内，而两不相混，那是因为有个很强的理由在里头，这理由是甚么，就是在上古音里，甬 i̯wong 类的字本来是有一个舌尖前的声母，匀 i̯uěn 类的字本来是有一个舌根的声母，不过在《切韵》时代以前就失掉了。这就可以解释从它们所得的谐声何以那么严格的各归各系了。

这一个要紧的结论还有下列的别的佐证：

a）细查这类字的许多例，就可以看出来凡是缺辅音声母的字，都是 i 音（或是松的 i̯，或是紧的ji）起头的。比方像甬 i̯wong：通 t'ung，炎 ji̯äm：谈 d'âm，匀 i̯uěn：钧 ki̯uěn，云 ji̯uen：魂 γuən，等等的例，要找多少就有多少；可是咱们很少遇见一个 uən 音的字谐一个 kuən 音或 tuən 音的字，或是一个 âu 音的字谐一个 kâu 音，tâu 音，或 sâu 音的字的。这倒很有趣味，因为它使咱们想到别的语言中的一个常遇的现象：

第一，一个 d- 或是 g- 在 i 前头的时候很容易掉掉；比方在我自己瑞典语里，di̯up→i̯up，gi̯uta→i̯uta。

第二，一个 g-，不问后头有甚么元音，自己就变成 i̯；一个很好的例就是在有些德国的方言里 gans→i̯ans，gut→i̯ut。

b）在古音中没有（口部）声母的字都严格的分成两类，就是影母跟喻母。在我的《中国音韵学研究》（*Études sur la Phonologie Chinoise*）当中，我已经证过影母是一个喉部的破裂音，是由声带闭而忽开所成的辅音：古音的恩 ·ən，仿佛跟德文的 ·Ecke 一样起头的，而喻母乃是一个简单光软的元音性的起头，像英文 end，法文 aimer 起头的读法。这么微细的一点区别，而分得这么严，岂不有点古怪？看来莫非是本来还有很显的区别，到后来只残留了这么一点小小不同的地方了？试比较比较影喻后的元音看。影母的字，甚么样的元音接它的都有，例如阿 ·â，欧 ·əu，乌 ·uo，噫 ·i，央 ·i̯ang，等等，而喻母的字没有不是 i（i̯ 或 ji）音起头的，① 再加之（甲）凡是 i-（i̯- 或 ji-）跟 t- 系或 k- 系互谐的，像甬 i̯wong：通 t'ung，匀 i̯uěn：钧 ki̯uěn，等等，其中 i- 差不多全是喻母，而（乙）i- 不跟 t- 系 k- 系相谐的，像因 ·iěn：姻 iěn，烟 ien，恩 ·en，等等，其中的 i- 就都是影母——那么咱们可以无疑的断定：

古音的影母字（·），本来就没有口部的声母；·on 本来就是 ·on。

古音的喻母字（软起头），本来是有一个舌尖前或舌根的声母的，而古音喻母字所有的那个 i 音，不是那旧声母失落的致因，就是它失落后所留的痕迹。

c）这个说法的一个很显的佐证是有好些一字两读的字，其中一个读音是喻母，一个读音是舌尖（包括舌面前）或是舌根音。这里不过举几个例；要在《康熙字典》里翻起来就可以找出许多百像这么样的例来：

佻	古音 t'ieu	跟 i̯äu	
怵	古音 d'‘i̯əu	跟 i̯əu	
瞆	古音 kji̯wəi	跟 i̯wi	
湲	古音 ɣwan	跟 ji̯wän	

要是假定上古音就是一个字有 d'‘i̯əu：i̯əu 两式，那太不像了，但是假如咱们加还它一个失掉的舌尖音，说 i̯əu←d-，那么一个字有 d'‘i̯əu：di̯əu 两种读法就好懂多了。

那么现在有没有法子求出那些失掉的声母的性质来呢？

甲）上文 a）节所讲的 d-、g- 在 i 前失掉，或自己失掉了变成 i，那些例已经是很值得想想的了；可是还有更强的证呢。

乙）在古音有一条通则，就是平上去入当中，音高高一点的字

---

① [喻母字合口字成所谓"撮口"ü 音，是后来的事情，在古音时代还是先 i 后 u 那么读的。——译者。]

都是清音声母的字,低声调的字都是浊音声母的字。影母的字在四声当中都是属于高类的而喻母的字都是属于低类的。所以它是在浊音声母的系里的。可见得失掉的舌尖或舌根音一定是些浊母。

丙）古音声母系统特别的地方就是清音有送气跟不送气两种（p, p'; t, t' 等等），而浊音都是送气的（b', d', g' 等等）而无不送气的纯浊音 b, d, g 等等：所以只有 k, k', g'; t, t', d'; t', t'', d''; t'ś, t'ś', d'ź', 等等,这个现象（证明在《中国音韵学》*Phonologie Chinoise* 356—359 页）很古怪。可是现在咱们看出它的理由来了：就是上古音里是四样都有的, k, k', g, g'; t, t', d, d', 等等,到了古音时期 d- 跟 g- 母的字都埋在喻母里去, d- 声母的甬字成了 i̯wong, g- 声母的匀字成了 iuěn, 所以系统不那么整齐了。

这么一看,古音缺乏 b, d, g 等等既然可以这么样解,这种解释就一方面是声母掉落说的最强的证据,一方面又是帮助考定这些失掉的声母的性质的方法。

有一样不可解的事是,上古的 d-, g- 有时成古音的 ji-（紧,多辅音性）,有时成古音的 i-（松,多元音性）;从字形上看不出那是甚么道理来。上头又讲过 g- 的掉落有两种掉法：

因为后头有 i 而掉的: giuta→iuta。

g 自己变成 i: gut→i̯ut。

那么中国语言中的那个变迁是属于那一种？是不是一个上古的 gia 变成古音的 jia, 上古 ga 变成古音 ia? 从文字的研究上也看不出来。所以我在 *Anal. Dict.* 里只把上古的声母标出来,这么样：i̯wong←d-, jiäm←d-, 这就是说古音是 i̯wong, jiäm 的字是从 d- 音起头的字来的,并不说在上古音的时代那些字的其余的部分（介母,元音,韵尾）是甚么。

现在咱们得到的结论就是掉落的声母都是不送气的浊音,而且

甬 i̯wong←d-,所以能谐通 tʻung,

勻 i̯uěn←g-,所以能谐钧 ki̯uěn。

可是是不是靠得住这不送气的浊音声母总是 d-, g- 两种？不是 z 跟 ɣ,也是不送气的浊音声母吗？这地方就走进了一个最要紧的问题的范围了,简直就是到了上古声母系统的问题了。

1）关于舌根音——— g- 或 ɣ-——— 不难就得到一个结论。咱们已经知道 k, kʻ, l 等声母在古音或是简单的跟韵母相接：哥 kâ, 古 kuo, 见 kien,或是有舌面附颚作用的（yodicized,就是加 j）：蹇 kji̯än, 几 kji,可是 ɣ[匣]母的字总是用在没有附颚作用的韵母前的（何 ɣâ, 胡 ɣuo, 县 ɣien）,而 gʻ[群]母的字总是用在有附颚作用的韵母前的（乾 gʻji̯än 强 gʻji̯ang 其 gʻji）那么说它在上古音本来是一个声母,到后来因韵母的不同而分歧为两个声母,倒也是近理的说法。现在所以有两种可能：

	上古	古
或是	何 gʻâ→ɣâ	
	其 gʻi→gʻji	
或是	何 ɣâ→ɣâ	
	其 ɣi→gʻji	

从这上不难看出来前者比后者较合乎音理一点。而且古音的 ɣ 母的确是从上古的 gʻ 来的还可以从谐声上头证出来。从字典里可以看出来 k：χ（干 kân：罕 χân）相谐的例极罕,而 k：ɣ（古 kuo：胡 ɣuo）相谐的例很多——总有几百个例。前者的 k：χ 都是清音,岂不比后者,一清一浊的 k：ɣ 更切近一点？假如古音的 ɣ 就是上古的 ɣ 传下来的,那么 k：ɣ 多于 k：χ 的例就不可解了。可是假如咱们假定 ɣ 是从一个上古的 gʻ 来的,那个问题就解释了。因为 k：χ（一个破裂音,一个摩擦音）相谐虽是罕见,而 k：gʻ（两个都是破裂音）常常相谐那倒是当然的事情了。

到这地方咱们就可以得到关于那个掉落的声母的结论了。就是既然破裂跟摩擦音(例如 k：χ)那时不算可以谐的,只可算是例外,那么跟 k, k', g' 互谐的"不送气的浊音"一定不是 ɣ 而是 g。

2)关于舌尖音的情形也很顺利,这里咱们可以找出几条很要紧的定律来可以给语音学作参考的。这些定律固然不是绝对一点没有例外,有些不很严格的造字者造了字,这些字通行之后就成了不少的不规则的例;可是从所根据的 12,000 多个字里看起来,里头有许多倾向大致是很明显很强的,叫它们作定律不算过分。

乍一看像:童 d'ung：鐘 t'śi̯ wong,憧 t'śi̯'wong 撞 d''ång；召 d''i̯ äu：超 t''i̯ äu,昭 t'śi̯ äu,绍 źi̯ äu,貂 tieu,笤 d'ieu；戋 dz'ân,tsien：笺 tsien,钱 dz'ien,浅 ts'i̯ än,线 si̯ än,残 dz'ân,盏 tṣan,栈 dẓ'an,划 tṣ'an,这类的谐声,好像

一切的舌尖前音：t, t', d', ts, ts', dz', s, z [端,精系]

一切的舌尖后音：tṣ, tṣ', dẓ', ṣ [照二系]

一切的舌面前音：t', t'', d'', t'ś, t'ś', d'ź', ś, ź [知,照三系]

都可以互相谐声,里头的系统像很松似的。可是除掉刚才说的比较的少数不规则的例之外,其实这里头的系统并很严的。

下列的几条通则是可以注意的:

甲)舌尖前的破裂音可以随便互谐：t：t'：d' [端：透：定]

乙)舌尖前的破裂摩擦音跟摩擦音可以随便互谐：ts：ts'：dz'：s：z [精：清：从：心：邪]

丙)舌尖后的破裂摩擦音跟摩擦音可以随便互谐：tṣ：tṣ'：dẓ'：ṣ [照二穿二床二审二]

丁)舌面前破裂音可以随便互谐：t'：t''：d'',[知：彻：澄] 以上都很自然的;可是还有的规则就很妙了:

戊)同是舌尖前音,而一方面破裂音 t, t', d' 不跟他方面破裂摩擦音和摩擦音 ts, ts', dz', s, z 互谐。这条定律的例外比较的不多。

己）舌尖前的破裂摩擦跟摩擦音 ts, ts', dz', s, z 跟舌尖后的破裂摩擦跟摩擦音 tṣ, tṣ', dẓ', ṣ 可以随便互谐。

庚）舌面前的破裂摩擦音 t'ś, t'ś', d'ź'[照三穿三床三] 跟舌面前的摩擦音 ź[禅] 可以随便互谐。

辛）舌面前的摩擦音 ś[审三] 大都不跟上述的 t'ś, t'ś', d'ź', ź 互谐。

壬）舌尖 $\begin{vmatrix}前\\后\end{vmatrix}$ 的破裂摩擦音跟摩擦音 $\begin{vmatrix}\text{ts, ts', dz', s, z}\\\text{tṣ, tṣ', dẓ', ṣ}\end{vmatrix}$ 大都不跟

舌面前的破裂摩擦音跟摩擦音 t'ś, t'ś', d'ź', ś, ź 相谐。

癸）舌尖前的破裂音 t, t', d' 不但可以跟

舌面前的破裂音 t', t'', d'' 随便互谐，而且可以跟

舌面前的破裂摩擦音 t'ś, t'ś', d'ź' 跟摩擦音 ź 随便互谐

（可是不跟 ś 互谐！）

从这些事实，咱们可以得几条很要紧的结论。

一）假如是先看庚辛两条，就看得出禅母 ź 是跟 t'ś, t'ś', d'ź'[照三穿三床三] 相通，而不跟 ś[审三] 相通。这个证明我在《中国音韵学》（原书450—452页）里所说古 ź 从更古一点的破裂摩擦音来的说法（那书里所举的各种理由之一就是梵文 j 音（破裂摩擦音）照例是用禅母的字译，比用床母字 d'ź' 译的倒多。）我那个时候假定床禅的字都是同一个声母 d'ź'，到了《切韵》的时候嚜，就已经分成一个床三母 d'ź' 一个禅母 ź 了。可是这个说法的弱点是在我说不出为甚么理由有些字另外分开了成一个 ź 母，而其余的定又仍旧保存着原来的 d'ź' 音。可是看了上文庚）节里所讲的情形这问题就明白了。在西历第四五世纪的时候 [晋, 六朝] 有一套全的四件头的照三 t'ś, 穿三 t'ś', 床三 d'ź', 禅 d'ź（不送气的！），到了古音时代送气的 d'ź' 没有变，不送气的 d'ź 变成了 ź 了。

那么这就解释了为甚么古音的ź（早一点的d'ź）可以跟t'ś, t'ś', d'ź'互谐而不跟ś互谐了。

二）在上文戊）节下已经指出破裂音 t, t', d' 很不愿意跟破裂摩擦音或摩擦音 ts, ts', dz', s, z 互谐，两者虽然同是舌尖前音并不因此相通。可是在癸）节下又看见舌尖前的破裂音 t, t', d' 非但跟舌面前的破裂音 t', t'', d'' 互谐，而且又跟舌面前的破裂摩擦音 t'ś, t'ś', d'ź', d'ź（禅）互谐（可是 ś 不在内！），连 t 系跟 t'ś 系发音部位不同都不要紧似的！ t：ts 都嫌不够相近作互谐，而 t：t'ś 倒可以互谐，这好像古怪极了。这问题还有一方面，

破裂摩擦音跟摩擦音

在舌尖前音 ts, ts', dz' 　　　跟 s, z 可以相谐，而

在舌面前音 t'ś, t'ś', d'ź' 　　　跟 ś 不可以互谐；

又　　舌尖前音　　跟舌面前音

在破裂音 t, t', d' 　　　跟 t', t'', d'',可以互谐，而

在破裂摩擦音 ts, ts', dz' 　　　跟 t'ś, t'ś', d'ź' 不可以互谐。

从这些事实上推起来，只可以有一个推论，就是古音的舌面前的破裂摩擦音 t'ś, t'ś', d'ź' 在上古音不是破裂摩擦音，而是破裂音 t', t'', d''。

所以 t, t', d' 才会跟它们（t', t'', d''）互谐而不跟 ts, ts', dz' 互谐，所以它们才不能跟 ś 互谐，犹之乎 t, t', d' 不能跟 s 互谐一样；所以 ts, ts', dz' 不能跟它们互谐，要是它们在上古音也像古音似的读 t'ś, t'ś', d'ź' 那就不会不能了。

这个解说阿，看起语言史上一个舌面前破裂音多么容易变成加摩擦的音：t'→t'ś 来，更显得是可靠的了。

这个说法可是还有一道好像过不过去的难关：在隋代的古音中非但有舌面的破裂摩擦音照三, 穿三, 床三 t'ś, t'ś', d'ź'。而且还有舌面的破裂音知, 彻, 澄 t', t'', d''。假如照系的字是从上古的

破裂音 t′ 等等来的,那么知系的字呢? 这个困难不难解决。咱们容易证明 t′, t′′, d′′（知系）的字在《切韵》前不多时候还是 t, t′, d′ 音的字。在《切韵》的音系里,破裂音声母的字有

tien, tieng 等字跟 kien, kieng, sien, sieng 等字相当,

而没有 tiän, tiäng, 等字跟 kiän, kiäng, siän, siäng 等字相当。①
这里头的理由不难明白。在上古破裂音的 t′, t′′, d′′（照系）变成破裂摩擦音 t′ś, t′ś′, d′ź′ 之后,上古的 tiän 类的字变成了 tjiän,就像 kiän→kjiän 一样,随后这先舌尖破裂音 t,后舌面附颚 j 的 tjiän字,变成了同时舌面破裂音 t′ 的 t′iän 字,于是上古的舌面破裂音 t′, t′′, d′′（照三系）虽变掉了,而又生出一套新的舌面破裂音（知系）来。可是在 kien, kieng 类韵母的字 [四等], k 后不发生 j; 同样在 tien, tieng 类的字 t 还是 t（端系）,并不变成 t′。②

这一种变迁晚到连《切韵》里都留的有痕迹在里头: 贮,丁吕反,可是从方音的调查,可以晓得在唐初已经是变成知母了,例如现在贮字在官话里是 tṣu 而不读 tu 了。

现在总结上古音的舌尖音跟舌面音变迁的结果如下（表中的 a 是代表随便甚么元音）:

上古		古（第六世纪）
端	ta	⇒ ta
透	t'a	⇒ t'a
定	d'a	⇒ d'a
喻	da	→ ia, jia
知	tia	→ t'ia
彻	t'ia	→ t''ia

---

① [就是"端透定无三等"的话。——译者]
② 在有几个例中 t 系字在"前 a"前也变成舌面音: 茶 d'a→ 古音 d''a。

$$\begin{aligned}
澄 \quad & d\text{'}ia & \to & \quad d\text{''}ia \\
喻 \quad & dia & \to & \quad ia, jia \\
照 \quad & t\text{'}ia & \to & \quad t\text{'}\acute{s}\text{'}ia \\
穿 \quad & t\text{''}ia & \to & \quad t\text{'}\acute{s}\text{'}ia \\
床 \quad & d\text{''}ia & \to & \quad d\text{'}\acute{z}\text{'}ia \\
禅 \quad & d\text{'}ia, \to d\text{'}\acute{z} & \to & \quad \acute{z}ia
\end{aligned}$$

三) 破裂摩擦音跟摩擦的舌尖前音(精 ts 系)跟舌尖后音(照二系)可以随便互谐是一件有趣的现象。可是要把这事情弄得对,得要再仔细一点看:

咱们假如查一遍古音中没有介母 i 的字(一等,二等),就会看出 ts, ṭṣ(精,照二)从不同韵的奇事。

在古音下列韵中						只有下列一类的字				而无
歌	咍	覃,谈	寒	登	唐 豪					
â	âi	âm	ân	əng	âng âu	tsâ	ts'â	dz'â	sâ	ṭṣâ 等等
						tsân	ts'ân	dz'ân	sân	ṭṣân 等等
而在古音下列韵中						只有下列一类的字				而无
麻	皆,佳	咸,衔	山,删	耕	庚 江 肴					
a	ai, āi	am	an	ɐng	âng au	ṭṣa	ṭṣ'a	ḍẓ'a	ṣa	tsa
						ṭṣan	ṭṣ'an	ḍẓ'an	ṣan	tsan

一个很自然的结论当然就是说在上古音系里这些字都是 ts 等等,就是遇到了有些元音(后来成"前 a",ɐ,跟 å 的三个元音)的时候舌尖前的 ts, ts', dz', s 变成舌尖后的 ṭṣ, ṭṣ', ḍẓ', ṣ 了。[①] 这个说法还有一个很奇巧的证据。在古音里,z(邪)母总是有介母;而从

---

① 在介母 i 前头有时候也有舌尖后音(照二系),例如庄 ṭṣiang,邹 ṭṣieu。固然这也许是从舌尖音 ts 来的,但是我现在还没有确证可以说这话。因为有 i 音的既会有庄 ṭṣiang,邹 ṭṣieu 之类的字,又会有将 tsiang,挚 tsieu 之类的字,现在还说不出假如前者是 ts 何以它们变成 ṭṣ 而后者不变。

不见于 â, âi, âm（歌,咍,覃,谈）那些韵的。既然这样,恰巧《切韵》里头没有舌尖后的 ẓ 音！[照等韵说法就是"邪母没有一二等,所以禅母没有二等。"]

现在在上古声母系统里绕了这么一个大弯儿,可以再问问喻母字所失掉的辅音是否总是 d 了。现在咱们也就可以否定的答它了。像甬（通）,炎（谈）的例,咱们可以知道这一定是从 d 音来的,因为咱们已经知道通谈的破裂音 t, t', d' 不能够从破裂摩擦音 ts, ts', dz' 或摩擦音 s, z 谐来的。可是以同样的理由咱们也可以断定羊 i̯ang 祥 zi̯ang 里的羊字一定也不是个 d,因为 d, z 不相通的。那么羊字的喻母原来是甚么呢？

这一定不是舌尖前的破裂摩擦音,就是舌尖前的摩擦音,因为它跟古 z 相谐而别类的音都不跟古 z 相谐。所以现在得在 dz 跟 z 当中拣。① 可是假如羊字的 dzi̯ang 都变成了 i̯ang 而祥字的 zi̯ang 倒还保存着一个 z,这个不像有的事情。所以咱们只能认羊字所失的辅音不是 dz 而是 z：就是说羊 i̯ang←z-。

那么是不是在有些读 zi̯ang 音的字里头 z 音落掉了,在有些字里头还仍旧保存着呢？这一定不能的；这要跟一切语言变化的通例相反了。

那么这儿咱们就要加上咱们音系建筑的最后的一块石了。咱们已经知道古音里有 ts, ts', dz', s, z 而没有不送气的浊音 dz。这地方咱们可以看出一个极有趣极要紧的跟舌面音禅母呼应的局面。上头曾经证明说禅母原来是不送气的 d',在《切韵》时代前不久还是破裂摩擦音 d'ź,到《切韵》的时候刚刚变成了 ź；同样,邪母在上古是一个不送气破裂摩擦音 dz,快到《切韵》的时候就变成 z,

---

① 固然也可以想到英文 *that* 的 ð 音,不过这个音本来是不常有的,而且在中国现代方音中也不存在,未免有点扯得太远了。

在《切韵》里还是 z。那么古音的 z 不是上古的 z 而是上古的 dz。上古音本来也有个 z，不过后来埋在喻母里去了。所以羊：祥的谐声，并不是 i̯ang：zi̯ang，也不是 z-：z-，乃是 z-：dz- 的谐声。

这个上古 dz → 古 z 的说法的不错，还可以从方言中得一个佐证。就是古音 z 虽是摩擦音而在有些方言中不变成摩擦音的 s 而变成破裂摩擦音的 ts，例如广州音古邪母字平声都是 ts'，仄声都是 ts，例如祥 ts'öng。① 所以这个说法并没有甚么卤莽的地方。

这么看起来嚜，上古的破裂摩擦跟摩擦音变迁的法子就是这么样的了：

上古	古	
	在有些韵	在别的些韵
ts → ts	（早 tsâu）	ṭṣ（爪 tṣau）
ts' → ts'	（磋 ts'â）	ṭṣ'（差 tṣ'a）
dz' → dz'	（残 dz'ân）	ḍẓ'（馋 ḍẓ'an）
s → s	（三 sâm）	ṣ（山 ṣan）
z → 喻	（羊 i̯ang）	

所以结果是虽然乍看在舌尖前音 t, t', d', ts, ts', dẓ', s, z, 舌尖后音 tṣ, tṣ', ḍẓ', ṣ, 舌面前音 t', t'', d'', t'ś, t'ś', d'ź', ś, ź 三大系里头可以随便互谐，像很妈妈呼呼的似的，而其实造这些谐声字的人并很注意主谐字跟被谐字读音的相近。照上古音看起来只有

1）t：t'：d'：d：t'：t''：d'：d' 成内部互谐的一系；

2）ts：ts'：dz'：s：z 成内部互谐的一系；②

而 3）ś 很少跟 1），2）互谐；1）跟 2）也不互谐。

---

① [在长江流域的官话大都拿徐、祥等字读成破裂摩擦音，但也不全如此，例如斜、谢仍读摩擦音。——译者。]

② 假照本书222页注①所说 tṣi̯ang 类的字假如原来就是 tṣ- 而不是从 ts- 来的，那么 tṣ 系的字也要加入这个里头。

现在回到 B 节讨论的起点,咱们现在可以看出来本节里所讲的甬 i̯wong,匀 i̯uěn,羊 i̯ang 的例虽然好像不合 A 节所列的条例而其实是合的:在上古音里,这三种谐声字也是三素都谐,就是声母,元音,韵尾:

甬 i̯wong　　←d-:　通 tʻung

匀 i̯uěn　　←g-:　钧 ki̯uěn

羊 i̯ang　　←z-:　祥 zi̯ang < dz-。

[(四)附 B 节所讨论声母变迁表:

上古音			古音		
	g	→	i̯	喻匀	
k kʻ	gʻ	⎡ +i̯ →k kʻ gʻ	见溪群		通谐
		→	ɣ	匣	
	d	→	i̯	喻甬	
t tʻ	dʻ	⎡ →t tʻ dʻ	端透定		通谐
		+i̯ →tʼ tʼʻ dʼʻ	知彻澄		
	dʼ	→(dʼź)→ʼzʼ	禅		
tʼ tʼʻ dʼʻ		→tʼśʼ tʼśʻ dʼźʻ	照三穿三床三		
ś		→	ś	审三	独谐
	dz z	→	zi̯	邪喻羊	
ts tsʻ dzʻ s	⎡ â →ts tsʻ dzʻ s		精清从心		通谐
	a, ɐ, å		t̠s t̠sʻ d̠zʻ s̠	照穿床审	
(t̠s t̠sʻ d̠zʻ s̠)(?)	→		⎯⎯⎯⎯		

看到这里,最好把 B 节全节的讨论跟这个表对照一遍,就更明白了。——译者。]

C

现在咱们还得讨论乍 dzʻa:昨 dzʻâk,敝 bʻiei:瞥 pʻiet 的例,这里不是声母的辅音落掉,乃是韵尾的辅音落掉了。这类的字跟 B 节所论的有许多相类的地方呢。

假如是因为乍 dzʻa:昨 dzʻâk 已经有了声母元音两者相近就

算够做谐声的程度了,那么自然乍 dẓ‘a 当然也可以一样做 dz‘ât,dz‘âp 等音的谐声,所以乍 dẓ‘a 字所谐的字应该 -p 尾,-t 尾,-k 尾的字都有咯。可是咱们并不遇见这种事情;乍字所谐的字都是严格地限于 -k 尾的字:作 tsâk 昨,怍,酢 dz‘âk,窄,舴 tṣak。

这类的例差不多都有这种限制。在字典里可以找出无数的例来。这里不过举几个:

至 t'śi:侄,晊,桎,蛭 t'śiĕt,挃,厔,桎,窒 t'i̯ĕt,姪 d'‘iĕt,d‘iet,垤,绖 d‘iet,室 śiĕt 等等;

曳 i̯äi:拽,俀 i̯ät,渫,绁 si̯ät 等等;

夜 i̯a:液,袳,焳,掖,腋 i̯äk 等等。

假如造字的这么严格的不是全限于舌尖音的韵尾就是全限于舌根音的韵尾,这是有理由的:乍 dẓ‘a 谐的字在上古音是有舌根音的韵尾的,不过在古音就已经失掉了,敝 b‘iei 谐的字在上古音是有舌尖音的韵尾的,不过在古音就已经失掉了。

这种结论可以从现代方言中得很好的比例。

在这类的谐声字里头,那些在古音没有辅音韵尾的字大都是以 -i 或 -u 收尾的:曳 i̯äi:拽 i̯ät;世 śi̯ät 继 si̯ät;例 li̯äi:列 li̯ät;孛 b‘uâi:勃 b‘uət;费 p‘jwɐi:弗 pi̯uət;亥 ɣâi:核 ɣek;罩 tau:卓 t'âk;钓 tieu:勺 t'śi̯ak;告 kâu:酷 k‘uok。

拿这些例跟现代北方官话入声字的读法一比较起来,就不难看出来古时候的韵尾辅音变了 -i, -u 跟近代的韵尾辅音变了 -i, -u 完全是一类的事情了。例如

	古音		今北京音
北	pek	→	pei;
白	b‘ɐk	→	pai;
脚	ki̯ak	→	t'śiau;
没	muət	→	mei。

还有一个确证就是像 B 节下桃,怵,瞪,浽的例似的,这里也

有许多一字两读的例：觉 kåk，kau，陌 ˙ak，āi，兑 d'uât，d'uâi，掣 t'śi̯ät，t'śi̯äi，这类的例《广韵》里不晓得有多少呢。比方像一字有 t'śi̯ät：t'śi̯äd 两读还有一点像。若是原来就是 t'śi̯ät：t'śi̯äi 两读，那就不可解了。

那么这些失掉的破裂音究竟是些甚么呢？

想到古音有韵尾的 p，t，k，m，n，ng 而无 b，d，g 就会猜到后者这几个了，再比较起来别国语言当中也是浊音比清音容易失掉，这就是更像对的了。再举我自己的语言做例，在瑞典好些的方言里头，bēd→bē，可是 bēt⇒bēt 不变。所以在乍，敝这类字所失掉的韵尾一定总是个 g 跟 d。这个入声浊音尾的说法从一个很有趣的现象里可以得一个很有价值的佐证：

在这些失掉韵尾辅音的字，十个有九个都是<u>去声</u>：

敝 b'iei'：瞥 p'iet；世 śi̯äi'：继 si̯ät；砌 ts'iei'：切 ts'iet；例 li̯äi'：列 li̯ät；曳 i̯ai'：拽 i̯ät；缀 t'i̯wäi'：叕 t'i̯wät；至 t'śi'：侄 t'śi̯ĕt；秘 pjwi'：必 pi̯ĕt；翠 ts'wi'：卒 tsuət；内 nuâi'：讷 nut；奈 nâi'：捺 nât；沸 pjwęi'：弗 pi̯uĕt；孛 b'uâi'：勃 b'uət；兑 d'uâi'：脱 t'uât；夬 kwāi'：决 kiwet；乍 dẓ'a'：昨 dẓ'âk；亚 ˙a'：恶 ˙âk；炧 t'˙a'：乇 d'ɐk；斥 t'ś'i̯a'：斥 t'ś'i̯äk；怕 p'a'：白 b'ɐk；夜 i̯a'：液 i̯äk；诧 t'˙a'：宅 d'˙ɐk；陌 āi'：厄 ˙ɐk；画 ɣwāi'：懂 ɣwɐk；试 śi'：式 śi̯ek；赴 p'i̯u'：卜 puk；告 kâu'：酷 k'uok。

据中国的音韵学家说去声是最后分出来的调类，而且他们所定的出现的时期恰恰在我们发见乍，敝等字失掉韵尾辅音的时期。现在这些字既然大多数是去声字，那么这两种同时的现象一定不是偶然的。咱们现在虽然不必说到凡去声字都是这么样来的（因为还有鼻音韵尾的去声字例如定 d'ieng），可是韵尾 d，g 的失落是去声出世主因之一，那是无疑的。所以咱们现在说：

乍 dẓ'ag→dẓ'a'，敝 b'ied→b'iei'。

在支那系的语族中，凡是清音声母的字使全字的声调高：刀 -tâu，而浊音声母的字使全字的声调低：萄 -d'âu。这种现象当然有它的发音生理作用的理由，而于咱们这个问题特别有关系，因为假如一个上古的 dzʻag 变成一个古音降调的 dẓʻaʼ，这就是因为先有的韵尾 d, g 之类的音使那字的后半变低所以成了降调（去声）了。①

说失掉的韵尾是 -d, -g，当然我也不能包不会有时候是摩擦的浊音：-aγ, -ad；可是现在一点没有甚么特别的理由要假定它有这类的花样罢了。

这韵尾的讨论还没有完呢。韵尾 -d 的变化倒是很简单了，就是总变成 -i，例如敝 bʻied→bʻiei'（仿佛是个倒过头来的 d-→i-, ji- 似的。）可是韵尾的 g 有三种变法：

乍　dzʻag→dẓʻaʼ
阨　·ag→·āi
告　kâg→kâu

这一定是因为韵尾的 -g 有三种稍微不同的读法，阨字的 -g 最前，所以有 i 的倾向，乍字的 -g 居中，没有特别影响，告字的 -g 最后，所以有 u 字的倾向。不过单从说文上看不出这种区别出来，因为 -g 的所以有几种读法一定是前头元音的影响，但从说文上现在还看不出上古音的元音是怎么样的，所以这一层不再讨论了。在字典里也用不着用符号分辨出三种 -g 来，因为

假如写　　　　　　　那就一定是个
dẓʻaʼ ←dzʻ-g　　　　普通的 -g；
·āi←-g　　　　　　　带舌面前一点的 -g，后来的 -i 就是它变的；
kâu←-g　　　　　　　偏后的 -g，后来的 -u 就是它变的。

现在一直讨论的都是 -d 跟 -g 的失落。那么有没有失掉 -b 的

---

① m-, n-, ng- 鼻浊音的声母没有 bʻ-, dʻ-, gʻ- 破裂浊音的声母那么会把声调带低，因为 ma 类的字虽没有 pa 类的高，但究竟没有 bʻa 类的字音低阿。参观 *Phonologie Chinoise*，595—597 页。照同理就可以解释为甚么韵尾的 -m, -n, -ng 没有像韵尾 -d, -g 那么大的产生去声的效力了。

例呢？这个就不那么有把握了，我只知道几个例，可是还带踌躇的算它是韵尾 -b 失掉的例：

去，古音 k'iwo'，谐劫，钛 kiɐp

怯，痪 k'iɐp 等等。

照中国小学家的说法，劫是算会意的字，不算从去字得声。底下的就算劫"省声"作去。可是"省声"这种说法能不用的地方总是不用为妙。像裹字那么复杂的谐声还是全部写出，何在乎省劫为去？现在去字既然刚刚是去声（降调），那么只须说去 k'iwo'←-b，就既可以解释劫 kiɐp 的谐声又可以解释怯 k'iɐp 的谐声了。还有一个很强的证据是咕字古音有 k'iwo'，k'iɐp 两读。

此外还有一个内字。古音 nuâi'，也是颇难解释的。这个字（还有它谐的汭，芮 ńźiwai'）是去声，而且它既然又谐入声字，一定曾经失掉过韵尾辅音的。可是所讨厌的就是有好些个内字谐声的字，像纳字，是古音的 nâp，而又有些别的字，像讷字，是古音的 nuət。讷字固然还可以当它作会意看，可是内字谐声而有 -t 尾的不尽能当会意看。而且从一定几读的例里头可以看出来这些的确是有谐声的关系的，例如呐字有 nâp，ńźiwäi 两读，抐字有 nuət，nâp，ńźiwäi 三读。

照我的意见看起来，这种现象倒可以用中国合口字避唇音韵尾的倾向来解释。比方风字从凡（b'iwɐm）上古音 pium，里头的 u，m 两唇音不好念，所以由异化作用（dissimilation）就变成古音的 piung 了。同样法字的古音是 piwɐp，在现在广州音也由异化作用读 fāt 了（广州音在别种的古 -p 尾字仍旧是保存着 -p），而且法字在日本的音读也是 hotsu ホツ（旧音 potu），可见这种音变已经是很早的了。

那么我现在就假定它是这么样的：

内 -b→nuâd→nuâi'，

229

芮　-b→ńźiwäd→ńźiwäi',
　　　讷　-p→nuət⇒nuət,
　　　纳　-p⇒nâp⇒nâp。

其中內,芮的 -b 尾因有 u,w,异化而成 -d,这个 -d 就照例失掉了变成个 -i。讷的 -p 尾异化而成 -t,因 -t 是清音韵尾,所以不掉。纳是开口字,没有前后唇音的异化作用,所以一点不变。

　　以上不过是几个特例。大致说起来很难找出韵尾有 -b 的确例。莫非韵尾 -b 都合拼了在韵尾 -m 里了罢？（还说不定声母 b- 都合拼在声母 m- 里了呢？）

　　总结 C 节的结果就是乍 dz'a', 敝 b'iei' 这类谐声的例,跟 A 节大类（包括 B 节）的例都是根据一样的原则的：

　　　　乍 ds'a'　←dz'-g　谐　昨 dz'âk,
　　　　敝 b'iei'　←-d　　谐　瞥 p'iet。

D

现在既然把谐声字的三大类都讨论过了,再看还有几类极有趣的谐声字。

1）有好些谐声字里头舌根音跟舌尖的边音 l 常常交换：

各 kâk（胳 kâk 格 kɐk）：络,烙,骆,酪 lâk 略 liak 路,赂 luo'←-g 等等；

京 kiɐng（鲸 g'iɐng）：凉,谅 liang 等等；

柬 kan（谏 kan）：练,炼 lien,兰 lân 等等；

兼 kiem（谦 k'iem）：镰,廉 liäm 等等；

监 kam（鑑 γam）：篮,滥,蓝 lâm 等等；

这地方无疑的是一个复辅音声母的痕迹,早年一定是有 kl- 一类的声母,到后来变成单音了。可是这些字也一定不会个个都是有一样的声母 kl-,要是的也就会变成一样的音了,怎么会在同样的韵母前有的变 k- 有的变 l- 呢？这地方咱们得想想几种说法的可能。第一，假设各是 klâk,络是 lâk,就是以 kl 谐 l。可是咱们研究 A，B，C 三大类的时候越看越觉得谐声规则的严密,照那种标准阿, kl: l 的谐法有点太不像了。而且假如 kl- 可以谐 l-,那么 l- 应该也可以谐 kl-（后来的 k-）,可是古音中虽然有好些 l-[来] 母的字,我只遇见过很少的例 l- 母的字可以谐见母系的字的（像立：泣）。所以咱们有理由说非但是各本字,连所有各谐的字,在上古音里也都有一个舌根音的。可是就这么说也还有两种可能：

甲）各 kâk: 络 klâk;

乙）各 klâk: 络 glâk,

在这种谐声系统里,咱们现在还没有充足的证据来考定上古的声母究竟是甚么呢。咱们只能指出这些字的一部分大概是有个 kl- 或 gl- 音的。至于准确的音值或者将来从支那语系的比较的研究里可以考查出来。

从还有些相类的例里头,咱们也可以猜上古有 pl- 或 bl- 的声母。

2）有几个（可是都含字不少的）谐声系统里古音的 k-[见] 系跟 t'ś-[照三] 系（据上 B 节是上古的 t'）互谐：[①]

支 t'śię （←t'-）: 妓,技,岐 g'jię;

氏 źię （←d'-）: 衹,忯 g'jię;

旨 t'śi （←t'-）: 耆 g'ji,麐 kji;

耆 g'ji:　　　撍 t'śi（←t'-）,嗜 źi（←d'-）。

照这样,好像假定了上古的 t- 系音本来是舌根音 k- 系来的就可以解释它了,可是我想这个推想的太远了。这类的谐声字都是以 i 为主要元音的,所以就是上古的 k- 系舌根音在 i 前也许有一

---

① 除下列几种例以外还有甚 źiem: 堪 k'âm 里头连主要元音都不同,恐怕不能跟上头的一样说。

点颚化了(就是舌高部移向舌面前部了)。既然这样那么一个 k′ 跟 t′ 在发音的触觉跟听觉上本来很相近,可以用不着假定上古的 t′ 是更早的 k 音了。

3)稍微费解一点的就是有时候造字者好像不顾 i, u（或 w）的次序,弄颠倒了似的:

　　　　九 ki̯əu　　　　轨,宄 kjwi,　　　馗 g'jwi；

　　　　有 ji̯əu←g-:　　 洧 jwi←g-,　　　贿 χuâi；

　　　　不 pi̯əu（否 pi̯əu）：丕 p'jwi,　　　 盃 puâi.

可是这种韵音的不合,一定是后来发生的事情,因为在最古的诗里头还是可以押韵。所以九, 有, 不(否)这些字的 u 音后一定掉掉过一个 -i,而且这 -i 既然后全掉完了,当初也只能是个轻短的 -i（也许是一个更古的辅音韵尾的痕迹罢？）这么九 ki̯əu←-ui: 轨 kjwi 就像了。

4)从说文上可以看出古 -uo[模] 韵有两种来源。一种是 -o, -a 可以互换的,例如

　　　　　　夸 k'wa: 袴 k'uo,

一种是 -o, -u 可以互换的,例如

　　　　　　甫 pi̯u: 补 puo,

可是在一套谐声字范围里头大致没有同时有 -a, -o, -u 三种的。从这上的推论是这样的：跟 -a 互换的古 -(u)o 也就是上古的读法（袴 k'uo）；跟 -u 互换的古 -uo 乃是上古的 -u 仿上古 -uo（袴）而改成古音的 -uo 的：补 pu→puo。所以关于 -uo[模] 韵的字跟 -a 或 -u 互谐者,就可以知道它是从甚么来的,要是一致的只谐 -uo 韵的字,那就不晓得了。

5)最后我还要提一声皮：波,我：羲,麻：靡等等好像是不合主要元音须相似的原则,其实并不是真的例外。因为这里头的些 -i

音是古音的 -iẹ,而古 -iẹ 又来自上古的 -ia,① 这么着就很明白了:

皮 b'jiẹ　←-a：　波 puâ

羲 ngjiẹ　←-a：　我 ngâ

靡 mjwiẹ　←-a：　麻 ma

以上所写下来的几条谐声的原则并不是全无例外,我已经在好几处指出过些来了。尤其是在最常见的字里很有些例外的字——也许因为这些字造的早一点,那些造字的人大概没有像后来的有科学精神的李斯辈做事那么有条理。

可是统观 12,000 个字的谐声法,再加上 B, C, D 三节下的解释,那里头真正除掉极小极小的一个百分数的例外之外没有不照 A 节下所定的基本原则的: 就是在上古音的谐声字里头总是有相同或相类的声母辅音,主要元音,跟韵尾辅音。至于还有些没有讲到的例外,这里暂不能讨论,等将来详细的研究再定它们当中哪些是由于造字者的疏忽,哪些又可以领咱们发现上古音系中别的有趣的现象。

第二篇　谐声字中弱谐强的原则 ②

[上略。(就是把第一篇的结果略述一遍。)]

Arthur Waley 先生给我的 *Anal. Dict.* 做一个很有意思的书评的时候,曾经说过这个话:③"最足注意的可就是在那些规则整齐一

---

① [现在北京音家 t'śia 下 śia 等字轻读的时候是 t'śie, śie,例如王家 wangt'śie,黑下 χeiśie。更进一层还有人管王家叫 wangt'śi 的呢,这也是一类的现象。——译者。]

② [原题 "A Principle in the Phonetic Compounds of the Chinese Script",见 *Asia Major*, Ⅱ(1925),2,302—308。——译者。]

③ 见 *Bulletin of the School of Oriental Studies*, Ⅲ, 364 页。

点的谐声系里头那个缺辅音声母的(就是原来有 b, d, g 等等不吐气的浊音声母的)字都是主谐字(甬),而不是被谐字(通)。我想高本汉博士的学说还没有完全解释这个现象。"

我当时倒也看出这个来的,可是我没有很注意它,因为这事情于我那字典序里的理论都没有冲突的地方:这一定不会是上古音里头有一条规则说"无辅音声母的字(甬 iwong)可以谐有辅音声母的字(通 t'ung)",因为这还不能解释其中最要紧的现象,就是甬 iwong,炎 jiäm 类的字只限于舌尖音的字,而勺 iuěn,爰 jiwen 类的字只限于舌根音的字。可是 Waley 先生说我的学说还没有解释何以 ia←d- 常常谐 d'a, t'a 等等,而很少有 d'a 或 t'a 反过来谐 ia←d- 的。关于这个问题我得找个解答。

要做这个,得要用点统计。为统计的材料,光是我那字典里的六千字不够,可是我用的字数大约等于 Giles 的大字典里的字数,有个一万二千罢(Giles 字典里的 13,848 个字,有好些是重见的跟变体的),这差不多包括古音时代一切常用的字了。

在下文的讨论中,我全不讲到破裂音跟摩擦音^①或跟鼻音互谐的例,比方乞 k'iet 迄 χiet,更 kɐng:硬 ngang——这些虽然算不得罕见,究竟是例外的。所以现在先拿破裂音跟破裂摩擦音起头。

我想证的原则是这么的:

造字者拿某强度声母的字随便来谐声母等强或较强的字而不谐声母较弱的字。

咱们当然不能够指望古时候造字者对于这层上怎么十分的敏锐,所以咱们也只能粗略的分辨分辨。我没有能够发现甚么 g'- 跟 k- 用法的不同,或 d'- 跟 t- 用法的不同。这两种当中是随便互换

---

① 可是古音中摩擦音的 ɣ(匣)母当然也要跟 g'(群)母字一道统计起来的,因为我在我字典的序里[第一篇 B 节]已经证明古 ɣa 等等是从上古 g'a 等等来的了。

的。两种都比 g-, d- 强,都比 k'-, t' 弱。所以咱们所得的等级是这样的:

```
弱        g    (b)①    d     dz    d'②
   ┌甲   g'    b'      d'    dz'   d''   d'ź   dẓ
中 │     跟    跟      跟    跟    跟    跟    跟
   └乙   k     p       t     ts    t'    t'ś   tṣ
强        k'   p'      t'    ts'   t''   t'ś'  tṣ'
```

假如上头说的那条规则是对的,那么

1. 弱字就会谐弱,中,强字。比方一个(d)ia(例如也 ia←d-)可以谐(d)ia,或 d'a, ta,或 t'a。

2. 中字可以谐中,强字。比方 d'a, ta 可以谐 d'a, ta,或 t'a,可是不谐(d)ia(ia←d-)。

3. 强字只谐强字。比方 t'a 只谐 t'a,不谐 d'a, ta 也不谐(d)ia (ia←d-)。

假如这些详细规则能够成立,那么 Waley 先生所观察的就可以解释了:甬 iwong 谐箳 d'ung 通 t'ung 是合第 1 小条的; d'ung, t'ung 不能谐 iwong 那是为第 2, 3 两小条所限制的。所以现在得试试这条例能不能成立。

那三小条里所讲的积极的话是用不着统计来证实的。古音 i- 或 ji-[喻]母的字常常可以谐 -, ji; d'-, t-; t'[喻;定;端;透]等等母的字,这一层在我的字典里已经有无数的实例了:例如甬 iwong 谐俑 iwong,箳 d'ung, 通 t'ung; 易 iang 谐 杨 iang, 肠 d''iang, 遏 d'âng, 遢 t'âng; 龙 iəm 谐 忱 źiəm (←d'-), 沈 d''iəm, 枕 t'śiəm (←t'-), 耽 tâm; 炎 jiäm 谐 谈 d'âm, 毯 t'âm, 等等。

古 d'-(定)母可以随便谐 d'-, t-; t'-[定,端,透]母,在我那字典里差不多无论哪一页上都可以找出例来:例如定 d'ieng 谐锭

---

① 上古音有无 b- 母还不敢定。
② d'→ 古 ź-,例如上古市 d'i→ 古 źi。

tieng,弟 d'iei 谐第 d'iei,剃 t'iei;乔 g'i̯äu 谐轿 g'i̯äu,娇 ki̯äu,跻 k'i̯äu,等等。

同样古 t-（端）母可以谐 d'-, t-; t'-[定,端;透]：例如旦 tân 谐怛 tân,但 d'ân,坦 t'ân。

以上只是正面一面,可是更要紧的是反面的话是否也是确实可靠？这个可以分作两个问题：

a）是不是中声母的字（b'-, d'-, g'-, p-, t-, k-, ……[並,定,群,非①,端,见等等]）跟强声母的字（p'-, t'-, k'-, ……[敷①,透,溪等等]）照例不谐弱声母的字（i̯-, ji̯[喻母], ← 上古 d-, g-）——换言之 Waley 先生的观察对不对？

b）是不是强声母的字很少谐中声母的字？

从 12,000 字里所得的统计,对于这两个问题,可以给咱们够靠得住的回答。

a）Waley 先生的规则的例外比较地很少。我这里做一个全单字："中"辅音甲类谐古音 i̯- 或 ji̯-（← 上古 d-, g-）的只有 15 个字：

字：　　崒→　　完　色　盍　翟　朕　虫蟲
声母：　g'- -g'- ɣ←g'- ɣ- g'- ɣ- g'- ɣ←g'- ɣ- g- d' 或 d'- d'- d'-
所谐字数：1　1　5　　1　　2　　1　　2　1　1

举例：色 ɣam←g'- 谐阎 i̯äm←g-。

"中"辅音乙类谐古音 i̯- 或 ji̯-（← 上古 d-, g-）的有 23 个字

字：　　军 均 监 贵 谷 多 詹　　占　　　隹　　　粥
声母：　k- k- k- k- k- t- t'ś←t'　t'ś←t'　t'ś←t'　t'ś←t'
所谐字数：4　1　1　1　6　2　1　　1　　　5　　　1

举例：谷 kuk 谐欲 i̯wok←g-。

强辅音谐古音 i̯-（← 上古 d-, g-）的有 5 个字：

字：　　顷　象

---

① [古无帮,滂,非,敷就是 p, p' 音。——译者。]

声母： k'- t'-
所诣字数：2　3

举例：彖 t'uan 谐缘 i̯uän←d-。

这些例外总算是少得够让咱们说 Waley 先生的规则可以算根本不错了。从造谐声字的情形看,既然经过那么些人的手,经过那么长的造字的时期,有这么些例外也是意中的事情。所以不用中声母或强声母的字谐弱声母的字,可以算是一个很强的倾向,这倾向的强啊,可以够使咱们拿它当作当初造字的一条主要原则了。

b) 要答第二个问题,咱们可以说以强谐强的例是以几百几百计,例如康 k'âng 谐糠 k'âng（空谐字数 10,忝 7,充 6,夸 8,匡 8,楚 6,口 5,秋 12,采 8,罽 15,岂 6,夋 7,区 7,此 10,昌 7,去 8,彀 5,仓 18,丕 10,差 10,参 13,妻 7,叉 6,春 6,等等）,而以强谐中的例虽不算极少,也只以几十几十计,例如乞 k'i̯ət 谐纥 ɣuet←g'-,讫 ki̯ət,这些例少得可以够作"例外"看待。总计如下：

主谐字：	夋	崔	取	秋	妾	束	总	差
所谐"中甲"字字数：	2	1	1					1
所谐"中乙"字字数：2		10	6	2	1	5	3	

主谐字：	禺	察	此	七	戚	气	孚
所谐"中甲"字字数：			2		1		4
所谐"中乙"字字数：2	1	8	1	2		1	

主谐字：	專	溥	浦	普	川	橐	彖
所谐"中甲"字字数：3	1	1		1		4	
所谐"中乙"字字数：6			1		1		

主谐字：	夸	彀	口	却	丂	切	去	乞
所谐"中甲"字字数：1	1			1			1	3
所谐"中乙"字字数：	5	1	1		2	1	2	

主谐字： 岂 由
所谐"中甲"字字数：
所谐"中乙"字字数：2　1

在这个统计里头我没有把有强中两读的主谐字算进去,因为既然有中声母的读法,那么以中谐中并不犯例了。这类的主谐字有下列的几个：番 p', b'; 亢 k', k; 开 k', k; 可 k', k（当哥本字）; 咼 k', k; 潘 p', b'; 辟 p', p; 票 p', p; 大 t', d'; 湯 t', i-; 壬 t', d'; 它 t', d'; 次 ts', ts, dz'; 卒 ts', ts; 夋 ts', ts; 土 t', t, d'; 刍 ṭs', ṭs; 畐 p', b'; 困 k', g'。

还有三类假如算了进去,那例外就更多了,但是因为它们暗示上古遗下来的复辅音痕迹;所以也没有算进去：

出 t'ś'iuět 谐屈诎 k'iuět,等等
佥 ts'iam 谐检 kiam,敛 liäm。
音上古音 p'eu 跟 t'əu。

还有已列的尃,溥的谐声字另有别的不规则的地方（查 *Anal. Dict.* 第 50 页）,恐怕也不能算强谐中的明例,那么以上 96 个例外又减到 86 个了。

还有一层是这 96（或 86）个强谐中的例中,不下 50 个是破裂摩擦音 ts'-: ts-; 跟 ts'-: dz'-（后者少一点）,等等。这里头像有个道理,因为 ts': ts[清：精] 音的区别听起来本来没有 t': t[透：端] 两音相差的那么明显,[①] 所以造字的对于前者较疏忽一点也是意中的。

总结起来,从上头的表,可以看出强字不愿谐中而谐强,是很显的一个倾向,再加起 a),b)两节的结果就把我的通则证完全了：造字者以不用强字谐弱为原则,而以谐等强或更强的办法为可能,而且是最常用的。

---

① 现在江苏方言中有些也渐渐的混 ts': ts 音的。

以上讲的都是破裂跟破裂摩擦音的例。但是还有一类的例也可以归在这个原则之下,就是羊 i̯ang(←z-)①谐详 zi̯ang(←dz-)的例极多而反谐的例我只找到了两种:

酋 dz'i̯əu 谐三个字 i̯əu←z-,

巳 zi←dz- 谐一个字(圯)i←zi。

所以这里又看见同样的倾向:弱字(z)i̯a 可以谐强(d)zi̯a,可是强字不大谐弱。

这么看来,谐声的规则竟有我从来没有料到的那么严呢。我想等到关于上古音的知识更扩充了之后,现在还有的好些不合基本规则的怪例也会又显出一致的条理来了。

(《国学论丛》第 1 卷第 2 号,1927 年)

---

① 这地方的 i- 是上古 z- 不是 d-,在第一篇 B 节末已经讨论过。比较《孟子》三卷三章十节:庠 zi̯ang(←dz-)者,养 i̯ang(←z-)也,校 ɣau(←g'-)者,教 kau 也。

"俩""仨""四呃""八阿"*

北京话里有两个字,一个叫ㄌㄧㄚ,通常写作"俩";一个叫ㄙㄚ,没有普通的写法,现在为便于纸上谈兵起见,姑且把它写作"仨"。

A 第一,先说这两个字的意义。

俩字本来读ㄌㄧㄤ,是"伎俩"的俩,与"俩子儿"的俩没有语根的关系。现在问当ㄌㄧㄚ音读的俩字是甚么意思呢?寻常人看见一个人旁就想到"咱们俩","他们俩"等语的俩,于是就说俩是"两人"之简称。但是稍微想一想就容易知道这话不能成立。

第一层:俩字未必包括人字,因为咱们虽然可以说"他们俩来了","你们俩别打架",但是也可以说,"这东西俩人抬不动,得要仨人才抬得起来呢"。

第二层:俩字所包括的单位未必是人,只要是数得清的,张、条、把、个、只、头、盏、架……甚么东西(无论是说出来的或是不说出来的)都可以包括在内。例如"你怎么只拿俩茶碗①出来,再拿仨来!"

现在要看俩仨既然不论在人、物前都可以用,而且用了过后,人、物的名仍旧可以说出,不必已经包括在内,那么再看这两个字的用法,究竟甚么地方可以用,甚么地方不可以用?

---

* 本文有英译修订本:A Note on LIA (俩), SA etc., 发表于 Harvard Journal of Asiatic Studies, Vol. I, 33—38, 1936。——编者

① 注意:是俩茶碗,不是俩碗茶。(参看下文第三限制文。)

第一限制：俩仨是包括"张、条、把、个……"个体性的副名词的，所以无论正名词说出不说出，俩仨与副名词两者不能并用的。例如：

可以说
- 两张桌子，
- 两个小孩儿，
- 我要三只，
- 三把水壶，

也可以说
- 俩桌子，
- 俩小孩儿，
- 我要仨，
- 仨水壶，

但是不可以说
- 俩张桌子。
- 俩个小孩儿。
- 我要仨只。
- 仨把水壶。

第二限制：要用"尺、寸、斤、两、点、分、秒"等数量性的副名词的时候，就不能用"俩""仨"。例如：

可以说：你要买三斤肉么？不要，我只要买两斤（或二斤）。

不能说：你要买仨肉么？不要，我只要买俩。

可以说：他们说话，说了没五分钟，也许三分都不到，他们就……

不能说：他们说话，说了没五分钟，也许仨都不到，他们就……

第三限制：个体性的名词前若是不用副名词的，就不能用俩、仨。

ㄅ　次第数不用副名词。

　　能说：二哥，三哥，二月，三月。

　　不能说：俩哥，仨月。

　　因为不是当"两个哥哥，三个月"讲的缘故。

ㄆ　正名词当数量的副名词用。

　　能说：两箱书，三碗茶。

　　不能说：俩箱书，仨碗茶。

　　因为箱碗在此处不当正名词，我并不必有了三个茶碗（仨茶碗），才可以喝三碗茶。

第四限制：用动词或动作名词的副名词如回、趟、下、番、句、声、把……时，也不能用俩仨。例如：

可以说：钟打了两下的时候，他才说了三句话。

不能说：钟打了俩的时候，他才说了仨话。

第五限制：凡是郑重一点的话，都不能用俩、仨，说很大的物件时，用了俩、仨，也不相宜。例如：

可以说：给那猫做了俩小窝儿，后来它就下了俩小猫儿。

但是不能说：政府里有仨机关：立法、司法、行政；立法是归上下俩议院作的事情。

总上头所说的，就是俩仨是等于两字或三字后加一个个体性的副名词的意思，而在语气很随便的时候用的。反之，凡是不能用两字或三字后加一个个体性的副名词的地方，也就不能用俩字或仨字。

B 第二，再说俩仨的音的分析。 两俩三仨的读音，照国际音标写起来是

两 liɑŋ　　三 san
俩 liɑ　　　仨 sɑ

乍一看好像加一个人旁的影响是去掉韵尾的鼻音似的。可是照这么样想下去，就想不出是甚么道理了。其实这音的解释并不在这里。试看最常用的数字当中的没有鼻音的韵尾的几个字：一、四、五、六……读者试留心听，凡是说话的口气可以不必正正式式的说两个、三个，而俩仨就可以行的时候，那么同时也可以不必正正式式的说一个、四个、五个、六个。所说的是甚么呢？乃是：

一呃[①]、四呃、五呃、六呃。

这"呃"的来源也并不难懂。在北京的ㄅ、ㄉ、ㄍ母本来比法文的不吐气的"p"，"t"，"k"软许多，所以细说是"b̥"，"d̥"，"g̥"音。但语音学中有一种常遇的现象，就是重轻两音节相连，当中夹着的辅音，就会有软化的倾向。所谓软化，就是从吐气变成不吐气，从

[①] 留心"呃"字不是有重念的有喉部破裂音（古影母）的呃字，乃是一个纯元音的轻声字，与一，四，五，六等数字尾元音相连。一呃，五呃，六呃仿佛跟英文 ear, poor, newer 韵尾相似。

不带音变成带音,从破裂变成破裂带摩擦,从破裂变成摩擦,从破裂带摩擦变成摩擦,从摩擦变成元音。

在北京,ㄅ、ㄉ、ㄍ重音念不带音,但在词当中轻音的就带音了,比方来罢 [lai bɑ]、蓝的 [lan di]、能干 [nˆŋgan]。这种的 [b]、[d]、[g] 都是带音的破裂音(不带圈儿的字母),与英文里的无异。就仿佛美国人说 shut up 说随便了就成 shud up 似的。

但在"一个"、"两个"、"三个"……第一等常用的词里,这辅音的变化就更进一层了。一个(重在个字)是 [i-gə]。从这个变成平常说的 [igə],这是第一步,就是破裂不带音变成破裂带音了。但稍微快一点, [igə] 又变成了 [iɣə],就是从舌根破裂音变成舌根的摩擦音了。这个可以拿德国的 g 字母读法来比方。在德国标准国音介乎两元音中间的 g 字母仍读 [g] 音,但实际上多数人是把它念成带音的摩擦音的。例如:

	wachen	wagen	waren
德国理论的国音	[vɑxən]	[vɑ:gən]	[vɑ:rən]
	(舌根摩擦不带音)	(舌根破裂带音)	(舌尖打滚)
最通行之德国音	[vɑxən]	[vɑ:ɣən]	[vɑ:ʁən]
	(舌根摩擦不带音)	(舌根摩擦带音)	(舌根处小舌打滚)

从 [igə] 变成 [iɣə] 这一步虽然有抽象上的可能,但在北京因为有一种特别的情形,这 [iɣə] 的读法并不成立。因为在北京疑母、影母开口字重读时本是用一种极轻的 [g] 音起头,例如:碍、爱都是 [gai],而轻读时就是纯元音,例如不碍事 [buaiʂʒ],所以一个的个虽然理论上有用 [g] 音的可能,但因重了就是 [g],轻了就照碍、爱例也就是纯元音,所以简直就变了 [iə] 了。上文写的"一呃、四呃、五呃、六呃"其中的呃就是从个字变成纯元音 [ə]。

现在把"一呃,四呃"等等解说了,那么"两只、三把"怎么变成"俩、仨"呢? 这只、把等等是有点儿讨厌,现在姑且把它撇开,先从

个字上着想。"两个"的第一步变化如上所说,是

从 [liaŋ°] 变成 [liɑŋ°]

这种词音,在英文里像 longer[lᵊŋg°]、linger[liŋg°] 等字是比较的稳固不易变的音。但在中国大多数的方言中凡是在韵尾的鼻音念的都不着实,不是英文脚踏实地的辅音 [n]、[ŋ] 而像法国南部韵尾鼻音的读法。对于这层北京音虽然没有南京含混的那么利害,却也要算在南、法那种读音的例内的。所以两 [liɑŋ] 字的 [ŋ] 音还没有来的时候,[ɑ] 音已经带上一点鼻音,而到了 [ŋ] 音的时候,舌根也不着实的顶上作一个完全的兀母,结果 [liɑŋ] 字虽然名为有"附声"韵母的,其实一半还是普通的元音韵母的性质。现在两字既然算是元音收尾了,那么同上例也可以从两个 [liɑŋ°] 变成两呃 [liã°] 了。

三个的变化稍微多隔一层,因为三是弓韵,是 [n] 音收尾的。但因为下个字舌根音的缘故,同化力甚大,所以就是在小心说话的时候,三个 [san+g°] 总是说成 [saŋg°],既然平常都是说 [saŋg°],那么就跟两个 [liɑŋ°] 变成两呃 [liã°] 一样,三个 [saŋg°] 也会变成三呃 [sãə] 了。

现在到了"两呃、三呃",但是离开"俩、仨"还不甚近似的。试再拿那几个别的呃来参考参考。这许多呃字里头若是细听起来也不全是一样,"四呃、五呃"的呃最清楚,这是因为这两数字的元音最高(最紧)的缘故。"六呃、九呃、一呃、七呃"的呃就稍微开一点,因为这几个韵尾开一点。到了"八呃",八字的韵母是再开没有的了,[bɑ°] 当中的 [ɑ] 跟 [ə] 都不是高元音了。大凡两个元音相连,其中两个都不是 [i、u、y、ɿ] 等高元音,结果就是得一种打了呵欠关不上下巴的感觉,西文叫作 hiatus,这类的组合都是不大稳固的,所以遇到了八字,呃字也同化了,结果八个仍旧变回了一个八字,不过音稍微长一点,或稍微现一点复合元音的性质,仿佛是 [bɑᵊ]

似的。但是因为"八阿"太像一个单八字，所以没"四呃、五呃"用的那么多。

现在既然明白"八呃"不稳固而变成"八阿"，那么两 [liǎ] 三 [sǎ] 的 [ã]、[ã] 也会把呃字的音变成阿字，于是得"两阿"[liãɑ]、"三阿"[sãɑ]。但在声韵系统上 [liɑ]、[sɑ] 像字成话一点，所以最后就成俩仨两个很稳固的式子。

再进一步，上文已说过，俩、仨只是很随便的时候才用的。大凡说话极随便的时候就不大用张、把、尾、盏等字，只要是数得清的东西，都可以用一个个字概括之，所以呃、阿等字并不是有张、把、尾、盏等字的资格，乃是

因为：——一张凳子、两把茶壶、三条小鱼、四辆车、八枚铜子，

可以说：——一个凳子、两个茶壶、三个小鱼ᵣ、四个车、八个子ᵣ。

所以也可以说：——一呃凳子、俩茶壶、仨小鱼ᵣ、四呃车、八阿子ᵣ。

总结起来说：俩、仨不是两个特别的字，乃是跟着平常的语音变化，照下列次序变化出来的：

$$liaŋ^ɡ > liaŋ^ɡ > liǎ^ɡ > liãɑ > liɑ.$$
两个　　两个　　两呃　　两阿　　俩

$$saŋ^ɡ > saŋ^ɡ > saŋ^ɡ > sã^ɡ > sãɑ > sɑ.$$
三个　　三个　　三个　　三呃　三阿　仨

照这看法，无论是

一呃、俩、仨、四呃、五呃、六呃、七呃、八阿、九呃、十呃，都是要当一回事看的。

至于用法，可以说在随便口语中，凡是安得上个字的，都可以用以上呃、阿诸式；又因为在随便说话时张、条、把、扇……都可以混称为个，所以呃、阿诸式也可以代那一类的字。

末了,关于上述的种种变化的程序不过是一种就事实的分析与比较而推测出来的解释法,并不是根据史料而重建出来的俩、仨史。例如两个 [liaŋ°] 跟俩 [lia] 都是现在的活语,并不是两个死了然后产生出俩来的。不过照音理上看,我们可以看得出俩比两个是新一点,而且推想得出大概是经过甚么样的过渡式而成的罢了。

(《东方杂志》第 24 卷第 12 号,1927 年)

歌 词 读 音[*]

自从民国十五年国语统一筹备会通过了修正《国音字典》一律用标准京音为原则的议案,嗣后又公布了与这个原则相合的《国语罗马字拼音法式》,现在这国语定音的事情,——至少从世界各国标准语的历史上判断起来,——可以算是上了正轨了。那末唱歌的读音当然也是要照这个标准咯。但是所谓以京音为原则并不一定凡是北京拉车的所用的音都可以算读诗唱歌的标准国音,咱们只能拿它当一个消极的标准:就是说,凡在北京不可能的音(例如短促的入声),或是在北京都认为"喳"chieh①,或"侉"koa 的音(例如没有 meiyeou 叫"膜有"mohyeou,放假 fanq-jiah 叫"放贾"fanq-jea),这些音都不取。至于在这范围之内究竟用什末音,也应该有各种等格或派别的不同。比方写小说的要写无知识阶级的口吻,一个弄字尽可以读它作"耨"(now),但是假如说"梅花三弄",那就连 nonq 恐怕还不够古板,总要读 lonq 才觉得得体呐。比方当副词用的还字,非但在北京,连南官话当中也有"韩","孩"的读法,读作"还原"的"还"(hwan)音太不自然了。在这个歌集,我就取"韩"音作为折中的读法。大致说起来,本集里歌词的读音要以北京守旧一点的读音为标准。但这也不能说得十分死,因为

---

* 本文原载《新诗歌集》,上海商务印书馆,1928 年。1960 年台湾商务印书馆出版增订本,本文据此。又载《赵元任音乐论文集》,中国文联出版公司,1994 年。——编者

① -h 是去声的一种符号,看后头声调拼法表。

像"满插瓶花……"那一派的诗跟"嫂嫂织布"那类的歌谣,当然有些字不必一定要一样的读法。还有了,的那些语助词,在读普通白话文的时候应该照普通语音读作 le, de,所以我赞成在国语罗马字的行文时也就这末写。在唱歌时,在短音上可以也就这末读,但是要拉长的时候,还是唱 leau, dih,似乎好一点。

关于唱音方面,还有两样须注意的事情。第一样是中国诗时使世,思词死四那类韵的字(注音字母不写韵母,国语罗马字作 y)唱起来不大方便,在短音上还没有什末关系,在长音上最好把前半仍照普通音读,到后半可以把韵音望 e(ㄜ)韵的方向渐渐放开一点,例如"也是微云"的是字有四慢拍,头一拍可以照平常是字音读,以后渐渐的放宽,到第四拍差不多就唱成"呃"音了。但是这个得要唱得没有痕迹,不要把四拍全念成"设—呃—呃—呃",也不要从是音忽然变到呃音,总得要渐渐的来才好。但是"当日的心情"的日字只有一拍多一点儿,可以不用变韵,唱时只要把舌尖放松一点就行了。照旧式的唱曲法是日字得要念成"古音" ri[①],这虽然比今音好唱,但太不自然了。

还有有介母跟有韵尾的字的唱法,例如香(shi-a-ng),睡(shu-e-y)那类的字,在旧式唱曲的法子,是要在介母上拉长,香字要唱希(shi-),希了半天到临完的时候再央(-(i)ang)一下,同样睡字要唱树(shu-)到末了再用卫(-(u)ey)音收尾。在外国是把韵尾留在最后,其余的音都先唱出来,以上两个字要拉长就在 a 音 e 音上拉长。我觉得这种唱法都太呆板,唱词也不好懂。唱了半天"re---",听者莫名其妙的等了好久,才来了一个"-st",这才晓得唱的是 rest。不过这是没有法子的, st 是不能唱的,更没有拉长唱

[①] 这也不过是一种"牛吃蟹"的古音,要照《切韵》的音读日字是 nzhiĕt,也并不好唱。

了的可能,这是英德语言的音乐上的缺点。中国大多数方音中没有这类的韵尾,这是中国音的长处。但是唱香字先希了半天再央,或先虾了半天再 ng,听的时候也不大好懂,而且不自然;所以我现在提倡一种调和的办法:在短音字上那就无所谓,一说就说过去了;在中长跟长音字上就把字音大略匀分,而且让音与音中间变得要渐,遇到鼻音韵尾,可以使韵腹元音先带一点半鼻音,然后再读出 -n 或 -ng 的韵尾出来,这样听起来又觉得自然又容易懂一点了。要说明这个原则的具体的意义,最好取本集第一八页"月光恋爱着海洋"一句的字音照三种唱法分析起来(为便于讨论,光字原调儿1.3省作丨1—),如下:

这里头第 1 种是外国唱法,第 2 种是中国唱法,第 3 种是调和的唱法。每行字底下的线,虚线是还听不出字的部分,实线是听得出的部分;在第 3 种唱法里实线最多,可见这末唱最好懂。但是这都不过是三种唱法的理论的区别。在事实上,无论是中国或是外国的唱家,也常常有用这种调和唱法的倾向,我现在不过就索性把这个

说破了,并且赞成明取这个为标准就是了。

全集歌词共用480个字(一字两读算两个字),现在把这些字的音都用国语罗马字注起来,依字母的次序排列成表。因为用这个集子的或者没有过机会看见《国语罗马字拼音法式》那本小册子,现在得要把字母的用法简略的说一说:

(1)声母　b　p　m　f　　　拨泼末弗
　　　　　d　t　n　l　　　得忒呐勒
　　　　　g　k　h　　　　　格克喝
　　　　　j　ch　sh　　　　基欺希
　　　　　j　ch　sh　r　　知蚩施日
　　　　　tz　ts　s　　　　兹雌思
　　　　　y　w　y(u)　　　移吴于

(j, ch, sh 在开口跟 u- 类韵母的字读知,蚩,施,例如 jong 钟, chuang 窗, shan 山;在 i- 类 iu- 类韵母的字读基,欺,希,例如 jia 家, chiing 请, shyuan 旋。)

(2)韵母简式:

开口	y		a	o	e	ai	ei	au	ou	an	en	ang	eng	ong	el
i-类	i		ia		ie	iai		iau	iou	ian	in	iang	ing	iong	
u-类	u		ua	uo		uai	uei			uan	uen	uang	ueng		
iu-类	iu				iue					iuan	iun				

　　　　(日,思)阿(波)厄哀(非)噢欧安恩肮(哼)(烘)(儿)
　　　　　　　衣　　鸦　　噎(崖)　腰优　烟因央　英　雍
　　　　　　　乌　　蛙窝　　歪威　　　　弯温汪　翁
　　　　　　　迂　　　　约　　　　　　　冤氲

(y 当主韵用时是日,思那类的韵音,当韵头(介母)用时,或后头有 n, ng 时,仍读衣,移那类的音。)

（3）声调拼法：

韵头类\原则\字调类	阴平 简式	阳平 加-r；"紧头"	赏声 双写；"松头"	去声 变尾
开口	简式 [1)	-r [1)	双写 [2)	-h -y -w -nn -nq -ll
i- 类	i-	y-	e- [3)	
u- 类	u-	w-	o- [3)	
iu- 类	iu-	yu-	eu-	

注 1）m, n, l, r 声母的阳平仍用简式，它们在阴平字改作 mh, nh, lh, rh。

2）但 ai, au 的赏声作 ae, ao（不双写而"松尾"）。

但 ie, uo 的赏声作 iee, uoo（不"松尾"而双写）。

3）只有阴平字可用 i-, u-, iu- 字母起头。阳平、赏、去的字以丨、ㄨ、ㄩ音起头而别无声母者，须写 y, w, y（u）声母，例如有（jeou 九）yeou 有，（shuey 睡）wey 为，（chiee 且）yee 也。

声调拼法举例：

韵头类\字调类	阴平	阳平	赏声	去声
开口	搀 chan	缠 charn	产 chaan	忏 chann
i- 类	牵 chian	前 chyan	歉 chean	欠 chiann
u- 类	穿 chuan	船 chwan	喘 choan	串 chuann
iu- 类	圈 chiuan	全 chyuan	犬 cheuan	劝 chiuann

韵头类\字调类	阴平	赏声	去声
开口	搭 da	打 daa	大 dah
i- 类	呆 dai	歹 dae	待 day
	刀 dau	岛 dao	到 daw
u- 类	单 dan	胆 daan	但 dann
iu- 类	当 dang	挡 daang	荡 danq
	[单儿] dal	[胆儿] daal	[带儿] dall

注意：中国字不可以读外国音。这句话好像是多余说的，可是事实上竟有人那末做。这个毛病，除了上文说的复合韵母各部分时间上的分配不宜从

外国习惯之外,还有关于声母的清浊,尤须注意。中国国音的声母,除以韵母起音的字以外,只有ㄇ,ㄋ,ㄌ,ㄖ四个声母是浊音,就是英文所谓 voiced consonants。浊音的特点是：在韵母发出之先,唇或舌还在成阻时,声带就已经开始颤动,因而喉部就预先在那儿呱呱作响。至于其他国音声母,如ㄅ,ㄉ,ㄍ,ㄐ,ㄓ,ㄗ,ㄆ,ㄊ等等,都是清音,就是 voiceless consonants；这类字在韵母没有开始以前声带不发音的。

反之,英语跟很多别的语言有 $\underline{b}$, $\underline{d}$, $\underline{g}$, $\underline{dz}$ 等等中国国音所无的浊音,所以中国人学英语十个人有九个人拿ㄅ,ㄉ,ㄍ等等清音声母来代替,把浊音的 "good baby, bad dog" 说成中国音的ㄍㄨㄉ ㄅㄟㄅㄧ ㄅㄞㄉㄚㄍ。赶他们学唱英文歌儿的时候,先生除教唱歌之外,往往顺带着也教他们英语发音。经了长时间的训练,也许把 "good baby, bad dog" 都唱成正确的喉部呱呱作响的浊音声母 $\underline{b}$, $\underline{d}$, $\underline{g}$ 了。这当然是个可庆幸的成就,是应该鼓励的。

可是这种治发音缺点的方法,犹之乎吃药治病似的,把毛病医好了,可是常常带出了不良的"副作用"出来了。这副作用就是：不但把应该读浊音 "good baby, bad dog" 唱对了,并且连唱中国字的时候连本来是清音的ㄐ、ㄅ也唱成 "叫(浊音)我如何不(浊音)想他",把清音的"给你八百九十九"用浊音说成了像英语的 "gay knee bar by jew she jew" 了。

这种错误的来源,是由于在西洋声乐教学的时候,师生当中对于中西语文的立场,起头儿就没弄清楚。他们应该先明白凡是一个语言的清浊之有无,于那个语言的优劣完全无关。只是因为先生学生都费了大劲好容易学会了英语的浊音 $\underline{b}$, $\underline{d}$, $\underline{g}$, …,所以跟着在他们的"下意识层"里成了一种态度,仿佛认为浊音是高等文明之音,不送气的清音是退化民族之音似的。一旦把这个说破了,把这种下意识的疙瘩给解析开来了,那就容易预防那种副作用的发生了。总之,唱外国字的时候用外国音,唱中国字的时候用中国音,甚至用外国字母拼中国音的时候,例如国语罗马字拿 $\underline{b}$, $\underline{d}$, $\underline{g}$,清音ㄅ,ㄉ,ㄍ,当然也用中国音读,这本来是"多余说的"嘤!

(《新诗歌集》,上海商务印书馆,1928年)

北平语调的研究

I. 单字的声调

在讨论语调之前,得要先略说一说字调。中国字每个字都有一定的声调,如古时有平上去入四声;或广州有上下的平上去入,加中入,共九声。在北平就有阴平阳平赏声去声四类。这种单字声调的性质跟它[①]的实在的声音也有人研究过,其中最详细的就是刘复的《四声实验录》[②]跟 *Étude Expérimentale sur les Tons du Chinois*。[③] 现在为实用便利起见,暂用简谱把北平声调写下来如下:

i	5̲ i̲	2̲ 6̲	7̲ 2̲
衣	移	椅	意
阴平	阳平	赏	去

这不过是一种粗略的平均声调。至于细说起来,也许有时念成:

i 7̲	5̲#̲ i̲	3̲2̲ 6̲	i̲ 3̲ 2̲
衣	移	椅	意

要是更细说起来,字调里的音不是像风琴上一个一个音忽从这个变到那个的,乃是像提琴上手指一抹所得的渐变的滑音,应该用

---

① 原文写作"他"。下同。——编者
② 上海群益书社,1924。
③ Paris, Société d'Editions "Les Belles Lettres",又北平,北大出版部,1925。

《四声实验录》里的曲线来作符号才准,不过为实用上的便利,用以上的写法也可以表示它的大意了。

大多数外省人到了北平不几个月就学会了打起"i, 5 i, 2 6, 72"的从前所谓京腔来说:衣,移,椅,意;中,华,好,大;"今儿","明儿","几儿","后儿";那类的四种声调。而且因为他自己的方言既然也是中国话,当然跟北平话四声分类法多少有点关系。比方天津人说衣,中,今,妈,都是一个低音"3",他在北平住了一阵,听见人不用低音3,而用高音 i,他听多了之后他非但把他自己亲耳听见过的"衣,中,今,妈,"那些字改用了高音"i",他连一切的天,津,低,音等等"3"音的字(虽然他从来没有听见北平人念这些字)他也改念成高音 i 的声调,并且他改得的确是对的。非但阴平如此,别的声调的字也可以用这个法子来"举一反千"。这种情形可以用这末一句话总结起来:两处相近的方言,虽然他们的声调的真声音,可以差到了互相讥笑的程度,而同时他们对于调类的分合(就是说什末些字归一类,什末些字另归一类)仍旧会很相近,或完全相同的。

但是假如一个武昌人学北平调,先晓得了读人、来、长、十、直……的时候不用武昌的"4#24ᵡ"那种低转音,而用北平的 5 i 那种高升音,于是他也就仿天津人的办法应用他的归纳的结果到别的字上去;这末办法,对的时候固然也很多,可是不能回回都对。比方他知道绿、叶两个字在武昌是跟人、来、长、十、直……一样的声调的,所以他改用"京腔"的时候也把它改成 5 i 的声调。人、来、长、十、直在北平倒的确是念阳平 5 i 的高升调的,可是绿、叶这两个字在北平是去声 72,并不是阳平 5 i,假如按阳平念,那就听了像驴、爷两个字了,——我的确听见过湖北人管"绿叶"叫"驴爷"的。

大多数用这本小书的人的本乡,当然没有像天津离北平那末近,因此调类的分合上头就往往有跟北平参差的地方。但是在这一本不是专讲音韵的书里,要把各处调类跟北平不同的地方都写出来,当然是太麻烦了,所以现在只得取一个跟全国字调有关系的一种最小公倍数,——三十六个古字母的清浊类,——来作一个声调分类的规则表,如下:

北平字调分类表

（表当中小字是举例）

声母 / 旧"声"	清	浊	
		次浊	全浊
旧"声"	见溪晓影 知彻照穿审 端透精清心 帮滂非敷	疑喻 娘日 泥来 明微	群匣 澄床禅 定从邪 並奉
平	阴平 开张他夫	阳　平 洋如年门　求成同平	
上	赏 几止小反　眼女里晚	去 下上道父	
去	去 看处做变　又认路慢　会事大步		
入	（无规则） （接国给作）	去 业日乐密	阳　平 学直昨别

上头这些规则当然有例外,下列的只限于戏里正文里不合例的字:

旧	字母	照例读	其实读	字
平	次浊	阳平	阴平	妈 mha,扔 rheng
入	次浊	去声	阴平	拉 lha
入	次浊	去声	阳平	没 mei（当无字讲）
入	全浊	阳平	去声	或 huoh,·he,特 teh

Ⅱ．中性语调

字与字连起来成话,就不一定照每个字单念的时候那末念了,就有很复杂的变化了。可是读者请留意这句话倒并不是指因口气不同而生出来的变化说的,就是在极平淡极没有特别口气的时候,语句里头的字调也因地位的不同而经种种的变化,这些变化我管它叫"中性语调",好跟下节所论的"口气语调"来分别。

关于中性语调有一样事情跟字调的真音相像的,就是它的规则是一城一乡一个样子的。(不像单字的分类法变得那末慢。)可是有一样可喜的事情,就是北平中性语调变化的规则,虽然绝对说起来也要算是复杂的,可是跟各处的方言比较起来,要算是变化挺少的了。这也是现在拿北平语调作国语语调的一个上算的地方。

1. 轻音字。单字音在词里头或在语句里头改变声调的最要紧的例就是轻音字。所以讲轻音字而不讲重音的缘故是因为字念重的时候不过把声调的范围加大(例如去声从 72 加到 i1)跟时间拉长[①],并不改它的性质,而轻音字可就完全失去它的固有的阴阳赏去的声调,它的音高的性质就完全跟着它的环境而定了。

轻音字有中,高,低,三种读法,它的规则如下:

(1) 阴+轻=高+中, 好像 阴+去,
例如 商量谅, 先生胜
(2) 阳+轻=升+中, 好像 阳+去,
例如 朋友右 明白拜
(3) 赏+轻=低+高, 好像 赏+阴,
例如 早起欺 晚上商
(4) 去+轻=降+低, 好像 去+(低)[②],
例如 后悔(天津)灰 地下(天津)虾

遇到轻音字相连的,可以连用上头的规则,就是:

阴轻轻=高中低,例如 张先线生(低),知道(如字)吗(低)。

---

① 看下口气语调第 11,第 265 页。
② 去声后的轻音像南京、天津的阴平。

阳轻轻＝升中低，例如　王先线生(低)①，拿出处来(低)。

赏轻轻＝低高中，例如　走出(如字)去(如字)，滚下虾来赖。

赏轻轻轻＝低高中低，例如　鲁先(如字)生胜的(低)，打扮班打大扮(低)。

去轻轻＝降低低，例如　赵先(低)生低，告送(低)你(低)。

若是轻音字已经读了低音，后头再有的轻音字也就都读低音了，例如"我都告·送·了·他·了"，告字(去声)后的四个轻音字都是低音。

照上头的规则，阴阳平后轻音字假如本来是去声，像"乡下"、"凉快"，或是赏声后的轻音字本来是阴平，像"李家"，那末轻不轻的区别就是短一点轻一点，它的调儿还是差不多的。在本书的戏文里遇到这些地方，往往就把轻音的点号省掉了，例如张·妈、李妈，第二妈字不用点，又如，陈·先·生、鲁先·生，第二回先字也可以不必点(第(3)条规则)。

轻音的字往往有许多读音上的变化。现在不能详论，只说几种最要紧的。

(1) ia 变 ie，例如　李家 Lii-jia　　　　念李·街 Lii-jie

　　　　　　　　　黑下 heishiah　　　　念黑·谢 heishieh②

(2) ua 变 uo，例如　绵花 mianhua　　　　念绵·货 mianhuoh

　　　　　　　　　笑话 shiawhuah（动词）念笑·货 shiaw·huoh

(3) ai 变 ei，例如　回来 hweilai　　　　念回·累 hwei·lei

　　　　　　　　　脑袋 naoday　　　　念脑·ㄉㄟ nao·dei

(4) 语助词韵母变 e (ㄜ)，例如罢了 bahleau 念ㄅㄜ·勒(·be·le)。

说了轻音字的读法，还有一个要紧的问题，就是什末时候要读

---

① 北平南京说"王先生"的调虽然很相像，但其实不同；北平的是王·先线生(低)(升中低)，南京的是王·先低·生低(升低低)。

② Cf. 上古音，羲 ngia（我 nga 谐声）变成古音 ngie。

轻音？这个一半是有规则的,一半是没有规则的。先把能说的规则说一说：

1）语助词都是轻音的,就是

　　阿、罢、的、得、着、了、咯、喽、吗、末、呐之类。

2）虚字词尾都是轻音,就是

　　个（这～等等）、末（什～等等）、是（但～等等）、头（后～里～等等）、们（我～等等）之类。

3）方位的补助动词,例如：

　　回·来,拿·回·来,弄·掉,低·下·来,走·出·去。

4）方位的后置词（不特指的时候）,例如：

　　娑发·上,银行·里。但,门外（因为指明外）。

5）作止词的代名词（不特指的时候）,例如：

　　你要嫁他。一直没<u>梅</u>看见·你。他不会听见·咱们的<u>得</u>。
　　但,你爱<u>他</u>（特指）。

6）"要不要"式里不字跟后头的动词用轻音,例如：

　　我爱·你·不·爱·你？（你字依上条也是轻音。）

以上几条规则不能算全,只可以算规则当中的顶要紧的几条就是了。

　　没有规则而又不可以念错的,就是有好些两三音节的词,往往它们的第二音节,或第二第三两音节必得要念轻音,否则就不成话（或成南方官话）。这个固然也不是全无道理的,大致说起来可以说资格老一点的词常常含有轻音字,资格浅的词（新名词之类）就差不多总是照单字匀着念的。但是这个原则的例外也很多,所以实际上的办法只有留心听或是查注轻重音的词典,但是因为现在还没有这种词典,所以只得在戏文里把这类的"不规则"的轻音字都用前点注出来。举例：

　　　　张·妈　太·太　　地·方　明·白　正·经　事·情　晚·上
　　　　丈·夫　先·生　　把戏　东·西　愿·意　打·算　照·应

快·活　好·些略好　规·矩　衣·裳　朋·友　生·活　拳·头
但是：现在　　事实　　　高兴　　发生　　礼拜　简直　要紧
　　　本来　　好些许多　外套　　交际　　拢总　赞成　手枪

2.赏声变化规则：

1）赏声跟赏声相连，第一字读如阳平，例如：

你尼也不在乎他。

我（：阳平）有了。

拢龙总的。

但是第二个赏声字念轻声的不一定这样改，看底注①。

2）赏声跟别类的字相连就变成平低音，就是从"26"变成"2"，这个叫做"赏半"（赏半对于上条规则仍旧有效）。例如：

赏阴：我刚才进来的。

赏阳：你回来啦？

赏去：鲁季流。

赏轻：你们——？早起①。

从上头两条规则可以得几条附则。第一，全赏声的用处极少，只有在句子的末尾才用得到，否则就或变阳平或切去尾巴成为"赏半"。第二是赏声相连，可以连应用上头的规则来念。例如：

你尼有由你（：赏半）的五分钟。

我（wo）想（赏半）你尼打赏半定了主意了。

---

① 假如"赏轻"的轻音字本来是赏声字，第2)规则跟第1)条规则可以随便用，例如："可以"、"打扫"、"想想"、"痒痒"、"等等儿"，可以照第1）条念作"咳意"、"达噪"、"详像"、"羊样"、"囗'凳儿'"，或是照第2）条念作"可衣"、"打骚"、"想襄"、"痒央"、"等'登儿'"。但是有些只有一种念法，例如："早起欸"、"那里（阴平）"、"椅子兹"（一切"（赏）子兹"式的名词），一定要照第2）条规则。北平拉车的（自以为是学南方话），跟好些国语教员，管"那里"（应该赏半轻）叫"拿里"（阳赏半），不足为训。

259

或,我(wo)想详你ㄦ打赏半定了主意了。

上句照第一种说法,"我想"是一个单位,"你打定"是一个单位。我字改阳平是因为想字的影响,你字改阳平是打字的影响,想字念赏半是因为后头你字是阳平,已经失去赏声对上字的影响,所以想字不变阳平。这种句法较松一点,照第二种说法,"我想你打定"是一个单位,一起头就觉到后头有个赏声的打字了,所以都变成阳平了。在文法上当然不是"我打",也不是"我想打",可是在语音上是"我打"、"想打"、"你打"的心理,说成"我(wo)想详你ㄦ打"的调。这种说法的句法比第一种紧密一点。(看戏文第108页。)

　　3. 重叠形容词或副词。白话里常用的重叠形容词或副词里的第二个字,不问本来是什末声调一律改成阴平①,例如:

　　　　偏偏ㄦ　pianpial
　　　　常常昌ㄦ　charngchangl
　　　　好"好蒿ㄦ"的　haohaulde
　　　　慢"慢妈ㄦ"　mann-mhal

但是不很常说的或文一点的重叠字,就照原来字的声调念,还有重叠字当"个个"讲的,像"天天ㄦ"、"人人"、"回回"等等也不在此例。

　　4. 一,不。一字单念,在数字词尾,或在句尾,念阴平"衣";在阴平、阳平、赏声前念去声"意";在去声前念阳平"移"(除非念轻声的时候ㄦ,那当然无所谓),例如:

　　　　数字词尾:　十一衣点钟左右。
　　　　阴　平　前:　他这是哪一意出?
　　　　阳　平　前:　一意直没看见你。
　　　　赏　声　前:　最后的一意眼。

―――――――――

　　① 在我的 *A Phonograph Course in the Chinese National Language*(上海,1925)里第35跟40页,我曾经把阳平除外,但是据后来的观察,阳平也可以改阴平,不过似乎没有赏去非改不行的情形。

去声前：　一移句・一・句的来。

轻音一字：不过就是对你说・一套。

不字，单念或在句尾（句尾语助词不算）念去声或阴平，其余的念法跟一字一样，例如：

句尾：　　　　我并不不。
句尾有语助词：我才不不呐，先生！
阴平前：　　　我也不不知道——啧！
阳平前：　　　那样儿不不行的。
赏声前：　　　不不等着让他有他的五分钟？
去声前：　　　还是不（：阳平）要罢。
轻音不字：　　我要・不了一"会儿"工夫。

Ⅲ．口气语调

口气语调这题目比中性语调的题目有容易的地方，有难的地方。容易的地方就是它不像中性语调那末一处是一个样子，是几乎全国一个样的，甚至于跟外国语言也有好些相同的地方；所以假如把北平的口气语调能够详详细细的都研究了出来阿，这结果的大部分非但可以算"中国口气语调的研究"，就是在普通语言学上也是很有意义的。它的难的地方呐，就无非是因为这题目极复杂，又从来没有人做过成系统的研究[1]，所以不能像中性语调那末根据

---

[1] 外国研究语调的著作有 D.Jones *Intonation Curves*, Teubner, Leipzig, 1909，这本小书里头有好些实例，但是没有分类或归纳的结果；D.Jones, *English Phonetics*, Teubner, 2nd ed., 1922, pp.135—168；H.E.Palmer, *English Intonation*, Heffner, Cambridge, 1922；H.Klinghardt and M.de Fourmestraux, *Französische Intonationsübungen*，原书年代出处未详，英文本 M.L.Barker 编译, *French Intonation Exercises*, Heffner, Cambridge, 1923；M.L.Barker, *a Handbook of German Intonation*, Fu Liu（刘复），前引的法文书。

阴阳赏去轻几种分类,半演绎的一来,就可说"大致不外乎此"了。因为现在做的是第一次尝试,所以读者只可以拿下列的不完全的归纳当作将来再做归纳的材料罢了。

在没有讲口气语调以前,得要先讲口气语调跟中性语调的关系。上头所说口气语调不大因地而变,并不是说同是一种口气的话,南北中外都是用差不多儿的腔调说:这明明是没有的事。为什末呐?因为耳朵所听见的总(*resultant*)语调是那一处地方特别的中性语调加上比较的普通一点的口气语调的代数和。所以虽然加数同而因为被加数不同,得数当然也不同了。现在举例来解释解释。比方英国人用英文总语调说:

  My name is Wang, your name is Yeh。

跟北平话的

  我姓王,你姓叶。

都是上句暂顿的口气末字提高,下句结束的口气末字下降。可是用英文的语调说:

  My name is Yeh, your name is Wang。

听起来不像

  我姓叶,你姓王,

而像

  我姓爷,你姓望。

这是因为英文里没有平上去入,它的中性语调极简单,所以它的

以上 Jones 第一次的,尤其是刘复的,结果是用曲线详细画出来的,因为那种工夫非常精细,所研究的材料就不能十分多,所以难做通盘归纳的结论。Klinghardt 等做的是法文的中性语调的规则。只有 Jones(在他那第二部书里)跟 Palmer 做的是英文的口气语调。但是他们做的也只包括关于罗辑性的口气一部分,关于感情的口气的语调的变化,他们做的不多。我想这也许是因为他只研究狭义的语调(音高)而不把时间、强度跟嗓子一块儿研究的缘故。

结果语调就几乎全照口气语调定的。中国话的暂停跟结束口气，其实也是一升一降，在第一例阳平的王字跟去声的叶字它们的字调本是一升一降，加起语调一升一降的结果，程度虽然不同，性质还是一样。可是倒过来的时候，叶字去声要降而口气要它提高，王字阳平要提高而口气要使它下降，所以结果是一个不很降的去声叶字，不很升的阳平王字，这就是两种因子的代数和。这种暂顿跟结束口气还不过是罗辑性的口气，并没有什末感情的影响，要是口气语调占主要的地位的时候，有时也会把中性语调跟字调的代数正负号都反了过来，例如"好家货"的中性语调是"低、高、降"，在这出戏里头的"好耗㑩货！"要念成"高降、中、低"了。（看76页。）

单字调跟中性语调里头，虽然也有强度的关系，但是总以音高跟时间两成素为最要紧。这两样弄清楚了就差不了多少了。可是口气语调里所不能不问的些成素就复杂多了。除掉音高跟时间，还得要注意到强度，跟"嗓子"的性质（*quality of voice*），有时候嗓子变得利害了还会影响到字音的声母韵母。要作有系统的研究非得有两种工夫，一方面调查出来各种成素所有可能的变化，在同一种语调之下列举这种腔调能表示些什末口气（因为同一种腔调往往不止表示一种口气），这是以体式（*form*）为纲，以功用（*func-tion*）为目的做法。在另一方面呐，就是把话里所有口气的种类做出系统来，在每种口气之下，列举可以表示它的语调（因为同一种口气往往不止有一种可以表示它的语调），这是以功用为纲以体式为目的做法。可是在这初稿里头还说不上是哪一种，不过暂取第一种的形式就是了。下列语调的次序是大约照音高、时间、强度、嗓子四样成素当中哪一样最要紧排的，但是有时候不止一样成素要紧，例如第9又是音高又是时间的关系，所以不能把以下的清清楚楚的分作四类。

甲．以音高跟时间的变化为主要的成素的。

体 式	功 用	举 例	见第几页
1. 实字平常，虚字轻短，尾略降。	平常句。	太·太，鲁·先·生来·了。 就好跟·你做爱·了。	62 108
2. 同上，但音程放大（高的高，低的低）。	和气，客气，或天下太平的口气。 "知己"，商量的口气。	恺林阿，饭厅里有火没有阿？ 这"火儿"咱们这一班人里头到底是怎末样的规矩？	96 82
3. 末尾略短，全调高。	普通问话。	是谁阿？ 你现在不能吗？ 你想我选你吗？	62 108 110
4. 同上，全调居中。	普通问话。	那是什末意思？ 那是不是你？	110 108
5. 同上，全调低，略降。	设拟而问（存疑）。	那末他对你做爱做了一年啦？ 那末你选了他阿？ 你回来啦？	94 110 82
6. 同上，末尾升调。	设拟而问（不疑）。	你没后悔，可是（：$\underline{6\,7}$）？ 这"火儿"就出去（：$\underline{5\,6}$）？ 而季流不是个生人，嘎？	64 100 88
7. 全调高。	轻飘，不当回事。	没谁阿（你何必问呐）？ 一个小鸟儿告送我的。 有时候儿阿，（下四字轻而尖：）他们回来。（你想古怪不古怪！）	62 78 76

体 式	功 用	举 例	见第几页
8. 全调低。	沉重,赞叹,感叹。	丹里,你可会有原谅我的日子阿?	84
		唉!我做了这末一个小傻东西。	116
		我阿,我一个人,一有五年的工夫,来连连的想着你。	114
9. 全调低快。	插语(parenthesis)。	谈到寄生虫阿,他说阿,你可认得一个鲁季流先生阿他说。	78
		咱们顶好阿,——我这都是为你说哷,恺林,——咱们顶好……	102
10. 全调低,平,响。	对人凶。	(对小孩子:)你(:1)要(:1)什(:1)末(:1)?(吓得他不敢回答了。)	
11. 把单字的音程放大,时间加长①。	罗辑的重音(logical stress)。	你想,你爱他。	90
		不是没主意,是有幻想的本事!	110
	心理的重音(psychological stress)。	你为什末还老要在这里头?你为什末还要那末难受的闹一场?	104
12. 一字特别延长。	自信,叫人放心。	不(5·i)——是!(有—的是!)	110

---

① 看前引刘复法文书94页283节的例(附图ⅩⅦ),95页284节的例(附图ⅩⅩ,尤其是 fig.6)跟100页300节的结论。所谓"放大"就是高的更高、低的更低的意思,例如赏声低就更低,阴平高就更高,这上头是中国语调跟英文德文不同的地方。英文德文的重音虽然也放大音程跟时间,但是以强度的增加为主。

体式	功用	举例	见第几页
13. 同上,用假(尖)嗓子(falsetto)。	同上,带滑稽。	(例同上。)	
14. 赏声改像去声。	惊奇。	好耗像货！你难道就是— ?	76
	发急。	老涝天爷这不是顽儿什末游戏ㄟ!	104
	嗲声音。	我顶定亲的恺忾林!(小叫花子)(老涝爷!你赏上我一个大花罢! 老涝爷!)	70
15. 阳平单呼词。	追问要人答(cf. 上6)。	翻根头不来,嘎(ar)?(没听懂:)(嘎(ar)?你说什末?)	92
16. 赏声单呼词。	例是不错。	ㄟ(：1 2),是的。	104
	别这末样想或说。	矮,你也用不着一口气都回答出来。	110
	原来如此,我倒没知道。	(袄,他也来了?)	
	怎末这末?	也? 这就是我要问你的末。	82
		(ㄟ(：2 6),那怎末行呐?)	
17. 句尾下转,转法如下:	先误解,又明白了。	"袄噢澳"(：142),那(不要紧了,我还以为他真快到了呐)。	66
阴平变i 4, 阳平变 3 6 2, 赏声变 1 4 2,	赞成新提议。	ㄟ(：5 i 3),这样才"好 噢 澳"!(你怎末没有早想到?)	92

体　式	功　用	举　例	见第几页
去声变 6 232，轻声变 232。（大致如此，实在的音值略有伸缩。）	改谬误，开愚昧，警告。（音程小。）	美国学生也不是好的得（ :5⁺63)!	68
		不是没主意（ :343 ），是有幻想的本事（ :563)!	110
		（你以为我留你吃饭阿?）我才不呐,先生（ :251⁺)!	70
	急劝,埋怨。（音大程）	恺林。（为什末还不答应跟我走阿?）	68
		丹里（ :1 53ᵇ ）（别这末开顽笑!）	116
	滑稽,形容人的叙述。	告送你说你多好看（ :6232),说他多有钱（ :252);说你们在一块儿可以多快活（ :232)。	94
	安慰(音程小)。	不要紧!	84
		跟你（ :141⁺)!（刚才是哄你的!）	72
	赞叹或感叹（低）。（这种转尾调用在感叹有点官派或有点显然不诚实。要显然诚实的要用前第8种语调。）	（唉,真可怜（ :362)!）（假如末尾不下转用第8种语调,就是态度较诚实的腔调。）	

267

体　式	功　用	举　例	见第几页
18. 尖假嗓子（*falsetto*）	不耐烦。	你你为什末不能一个人安安顿顿的坐在椅子上呐？	88
	诧异。	这这这这干ㄇ——？	96
19. "——"字拉长（低中）。（这个的后头假如再有话总是特别的快一点儿。）	说了一半，要连下去，但是措辞还没有想好。	张妈，你去——你去罢！	64
		一个东方的小鸟，待那儿——咱们就说他待那儿找早饭吃罢。	78
		我们当中哪一个有这末好的福气可以——伺候你。	114
20. "←"（*minus comma*）句读不分，反而特别紧接。	一句没有说完又一句又想好了，来不及的要说出来。	季流尽着问我的就是这句话←你不嫌我叫你季流罢？	84
		（加法的文法标点：八块，八块，十六块。实在的语调：八块，八块←十六块。）	
21. 上半句快后半句慢。	上半句是空话，后半句是具体一点的话。	我想咱们顶好还是不要（：以上快）再拿外国十八世纪的野蛮的顽意儿再搞得这个里头罢！	90
	临时想起来补充或修改上句。	他自己也就明白。还许倒（：三字快）高兴出了这种事呐。	70

体式	功用	举例	见第几页
		那末咱们就等到这个礼拜完了再——要是他(:三字快)来的话。	70
22. 一个字一个字匀的念。	背字。	东局,一,三,九,七我就是。(句。)陈,丹,里。	72 76
23. 匀,但在每个短语末字上拉长而中降。	背书,joai文腔。	这就是——"睁开眼睛——看事实"噿。鲁先生——有鲁先生的五分钟。	80 94
24. "一。"自己断。	说了一半又想到别处去了。	嗳,这才——。你打算——? 我不晓得——。	70 96
25. 快,结巴(口吃)。	着急。	这这这这干П——?你你你简直越弄越下等了末!	96 92
26. 慢,结巴。	心里乱,不知所云。	你,你回来啦?你也知道这种——这种——这个——事情阿,——	82 86
27. 快,重(chorng)说。	急命令或申明。	快点儿! 快点儿! 轻轻儿的!(せ,不对不对不对不对! 不对了!)	104

乙. 以强度跟嗓子的性质为主要成素的。

| 28. 高响(强度看被唤者有多远)。 | 叫远。 | 张妈! 张妈!(站住!) | 62 |

体 式	功 用	举 例	见第几页
29. 单字 *sforsando* (重,但音程跟时间不一定放大,cf. 上 9。)	吵骂。	我从来没听见过这末——。	96
		什末东西!	100
	我以为如此,不管你怎末想。	像这样儿事情,什末都是公道的!	104
	自信。	字还是背?	96
30. 末尾 *sforzando*,又 *diminuendo* (重,又带尾下转,cf. 上 15)。	自信又教训人。	不过就是对你说一套—很悲惨的离别辞(: 13♭7)。(13♭音重,7 音轻。)	102
		美国! 美国学生也不是好的得(: 5♯63)! (5♯6 音重,3 音轻。)	68
31. 低,粗,吐气(全句或半句)。	你自然应该知道或想得到,何必装糊涂或故意为难。	要是那末说(: 以上低粗吐气),那他五年前就指望你等他的。	104
		咱们随后可以再写信来,(以下低粗吐气:)要解释什末都可以解释。	102
32. 低,粗,吐气,又加句尾微下转。(cf. 上 17。)	等了半天现在完了,或急了半天现在好了。放心的口气。	恺(: 1)林:(2♭—1)! (好勒——! 你不成问题的是我的人勒——!)	114
		(Hha! 好勒——! 火车来勒——!)	

体　式	功　用	举　例	见第几页
33. 单字上的声母改作吐气音例如 b、d、g 改成吐气的 p、t、k，元音改作喉音的 h。	冷笑。 诧异，又生气。	鲁——虎季流阿？ 他——哈哪儿经得起…？ 真踩是！ (这彻东西！)	112 98
34. 开唇(元音都望清细的方向改变，例如后 a 变前 a，是笑脸的声音)。	嗲，亲近。	然后我就跟你来。 那末咱们这火里干点儿什末呐，留我吃饭还是怎末？	70 70
35. 噘嘴，全句带鼻音(元音都望暗的方向变)。	咕叨的口气。	你昨天让我的末。为什末我今天不能 kiss 你？ 我不喜欢这个。	64 98
36. 小舌上升(起头打阿欠的作用)，喉头下降(像学西法唱歌学不像的嗓子)。	张嘴笑得说不清话。 张嘴哭得说不清话。 张嘴吓得说不清话。	(不拘什末话都会说成这种声音，但这个戏里没有例。)	
37. 打喳喳(*whisper*)。	秘密。	快点儿！快点儿！轻轻儿的！	104
38. 瘪着嗓子，噎着嗓子。	嗲。	我的恺林！ (小孩子尽缠着大人恳恳恳的闹，所谓恳恳恳乃是 qhngq qhngq qh！)(q 代表喉部破裂音，国际音标作 [ʔ]。)	70

271

体式	功用	举例	见第几页
39. 喘气(在字跟字的中间,不一定在字本身上,跟第30专在字上的不同)。	惊吓。	(咳哟,h-h! 吓死我了,h-h!)	
	生气。	所以你到底还是要做他的贤妻,阿?(句当中两三次呼吸,跟文法的结构全无关系。)	116
40. 微抖。	微笑。	噢,一个洋油炉子,也没点。	96
	生气。	所以你到底还是要做他的贤妻,阿?	116
	悲苦。	我阿,我一个人,——	

(《最后五分钟》附录,中华书局,1929年)

南京音系[*]

研究一处的方音有两种不同的观点,因而也有两种不同的工作。一种是语音学的研究(phonetics),是要把所研究的方言里的语音(包括声调)都调查分析出来,并且考定同一个音在什末情形之下有些什末变化(换言之平常所谓叫"同一个音"其实是些什末音),例如同化作用、轻音的影响等等。第二种是音韵的研究(phonology),是要问这方言里头有些甚么声母、韵母、声调,拼出来有些甚么字音(例如g、k,h跟i拼不拼),什末字属于哪一类(本地的音韵学 local phonology),还要问它的分类法跟别处方言的异同(比较的音韵学, comparative phonology),还有跟古音音系分合的异同(历史的音韵学, historical phonology)。

这两种观点的不同处倒并不是绝对的不同,乃是程度的不同。注重音就是语音学,注重音在语言里所成的分类系统就是音韵学。但是近来中外人研究中国方音的往往接不起头来,我想这都是因为太偏于一方面的缘故,比方 Daniel Jones 跟 Kwing Tong Woo (中名未详)做的那本《广州语读本》[①],错是很不错,但是它的观点纯粹是语音学的观点,所以不能给研究广州语的人,尤其是中国人,一个充分的帮助。反之中国人做的音韵学国语学诸书又偏重

---

[*] 本社按:中国科学社第十三次年会中宣读之论文。

[①] Daniel Jones and Kwing Tong Woo, *A Cantonese Phonetic Reader*, London, 1912, University of London Press.

于音韵的方面,比方从注音字母拿ㄩㄌ拼ㄧㄨㄭ音的办法上,就可见一斑。现在这篇讲南京音系的短文,就是想叫这两种有关系的工作接起头来,或者换个譬喻,叫它们拉起手来。所以在语音的方面,我用一种纯拼音性的国际音标,并且照声母韵母的排列,在音韵方面又用一种半拼音性半文字性的方言罗马字(拼法跟国语罗马字用一样原则),用前者可以正音,用后者可以统系,所以上头标题中"音系"两个字也可当"音"跟"系"分开来讲。

本篇所根据的材料,大部分是根据一九二七秋作吴语调查时顺便到南京所记载的发音。此外参考的就是凭记忆写作者在一九〇七至一九一〇住南京时所听得的音。书籍当中最有价值的是高本汉的《方音字典》①。从前西人讲南京音往往拿它当一种南式标准语看待,有些南京不分辨的音,例如 in、ing, n-、l-,他们给它分辨起来,那就不成为学术的研究了。Kühnert 倒是早看出这个毛病来。他的《南京字汇》②是一个大胆的工作,不过有的地方的胆太大了,把如字拼作 λjê,威海卫拼作 eï-chai-eï,所以关于音的分析上,他的书简直没有用处,但是关于音的分类,本篇也有些查用它的地方。

Ⅰ. 南京的语音③

1. 声母

白 p	拍 p'	墨 m	拂 f
得 t	忒 t'	勒 l	
格 k	克 k'	黑 x	

---

① Bernhard Karlgren, *Études sur la Phonologie Chinoise*, Vol. IV, Paris, 1926.
② Franz Kühnert, *Syllabar des Vanking-Dialectes*, Wien, 1898.
③ 论语音时用国际音标标音,以方括弧 [ ] 为记,但列表时 [ ] 号从省。

基 tɕ	欺 tɕ'	希 ɕ			
知 tʂ	蚩 tʂ'	施 ʂ	日 ʐ		
兹 ts	雌 ts'	思 s			

(a) 发音方法：

[p, t, k]是极不吐气的破裂音(plosives)；[tɕ, tʂ, ts]是极不吐气的破裂摩擦音(affricates)。

第二纵行[p', t', k', tɕ', tʂ', ts']都是吐气音。

[l]母略带鼻音，碰到[i]、[y]音时几乎变成 n 音。

[ʐ]母音摩擦甚少，比北平的更软，它跟英文[ɹ]音不同的地方就是[ʐ]不一定有唇作用，而英文[ɹ]总带一点唇作用。

(b) 发音部位：

[x]部位很后，轻读时有变成喉音[h]的倾向。

[tɕ, tɕ', ɕ]比北平的略后，但不后到德文 ich [iç]里[ç]的程度，所以现在用近来国际音标里新定的 ɕ，代表这称普通部位的舌面颚音(palatals)，细说起来，这里的 t 字也应作带左横钩的 t，因为它也是舌面与颚接触的音，但因为后头已经有 ɕ 号了，所以第一字母可以从简了。

[tʂ, tʂ', ʂ, ʐ]比北平稍前。

[ts, ts', s]跟中国别处的差不多，因此比英文的要前得多。

2. 韵母

ʅ ɿ	ɒ	o	ɔ	ɛ	æ	ie	au	ue	ə̃	aˉ	ən	oŋ	ər
(施,思)	(他)	痾	恶	舍	厄	(爹)	哀	(杯)	噷	欧	天	安	恩	翁	儿
	i	ai	ɔi		ie	iaæ	iau	iəu	iə̃	iaˉ	iŋ	ioŋ
	衣	鸦	药		爷	(鞋)	腰	幽	烟	央	因	雍
	u	au		ue	uaæ	iəu	uən	uaˉ
	乌	蛙		(国)	歪	威	温	汪
	(y)			(yə)(yɛ)		(yẽ)	(yin)
	迂			靴 月		冤	氲

[ʅ]、[ɿ]，一个是舌尖后一个是舌尖前的元音，跟北平的相仿

佛。

[ɐ]是一个很"暗"的[a]音,跟苏州的买、啥、野一类字的韵音一样。

[o]单用时略有念成oó或òo之势,因为它变动的范围极小,所以不写作ɔo或ou等复合式。[o]在[oŋ]是一个部位高而略前的[o]。

[ɔ]只见入声,部位比第六标准元音略高。

[ɛ]单用或在[u]后的只见入声字,它的音偏后偏低,有一点转[ɐ]的倾向。

[æ]在[aæ]时是很前的[æ]音。

[ə]单用甚前,几乎是一种[e]音。在[əi],在[əu]音偏后。在[əŋ]或在轻音字是中性[ə]。

[ɚ]前有声母的较近卷舌纯元音,单念(加在儿耳二)有分为[ɔɹ]的倾向。

[a]在[aæ]比在[ã]较前。

[ã]的元音微偏后。

[e]部位甚高,与法文é相仿佛,且略往上移,有ei意味,不过范围甚小,所以不写两个字母。

[ẽ]部位跟[e]一样。

[i]单用,或在[iəu]或在[iŋ]是算韵母的主元音,在别处是单作韵头或韵尾。声母假如是[tɕ, tɕʻ, ɕ],韵头的[i]很短(比北平的短),例如香[ɕiã]差不多就是[ɕã]。

[u]的唇位近乎英文的长缝式的合口作用(不作圆形)。[u]在韵尾(在[au, iau, eu, iəu])是很前很开仿佛在[u] [ɵ]之间。[①]

[y]当韵头时比当主元音时较短。有好些南京人全无撮口,所

---

① 原文如此。——编者

有用[y]的地方都改用了[i]了。而且[yɛ]月字改读齐齿时,元音也齐为[e],与[ie]叶同音了。

[e~]、[a~]表示前半无鼻音后半有半鼻音的韵。这种韵很容易受下字的同化作用,例如天[tʻe~]、边[pe~]连起来成[tʻembe~];当、头[tɑ~, tʻəu]成[tantʻeu];鲜、果[se~, ko]成[seŋko]。

[ŋ]、[n]的韵尾也有时受同样的同化作用,其中以[əŋ, iŋ]最不稳,[uən, yin]次之,[oŋ, ioŋ]最不受影响。

[əŋ]韵字独念时往往又用[ən],大致是"奔喷门风"用əŋ时候多,"登疼伦,庚肯很"ən、əŋ随便用,"真称胜人,曾衬生"用ən时候多。

[ʔ](喉部关闭作用)在入声字单念或在短句尾入声字重念时有之,平常入声字不过短就是了,并没有喉部关闭作用。

第 一 图

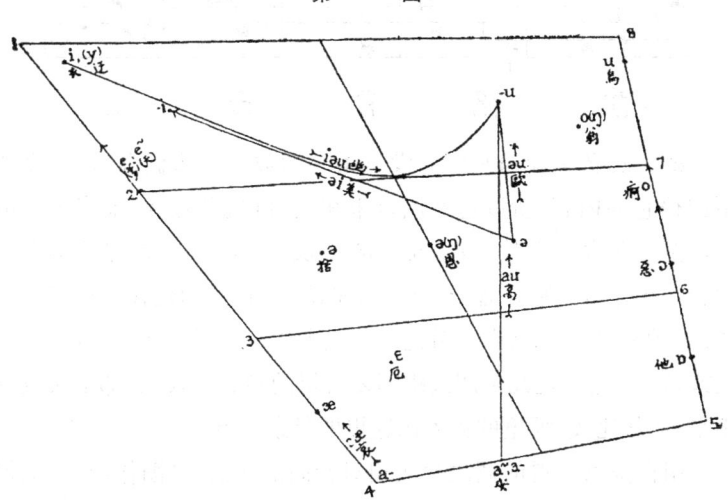

照标准元音(cardinal vowel)图,南京元音的舌位大约如上图(图中的线代表复合元音的路线,号码就是八个标准元音的次第)。

图当中只注单元音跟真复合元音（就是先开后关的）；带介母的，除 iəu 一韵 i 音较长，其余的没有列入，因为它们并没新音素在里头。

3. 声调

南京有阴平（衣）阳平（移）赏（椅）去（意）入（一）五声。它们的音值我从前估测起来是

第 二 图

这回又到南京用渐变的音高管模拟发音者，所得的音值是

第 三 图

第二次做实验的时候并没有第一图放在旁边做参考，也完全不记得它的内容，所以这两图这末相近可以证明这结果多少是可靠。至于两次的绝对音高（key of voice）亦几乎一样，是因为那位发音者跟作者的喉音碰巧一样，这是偶然的事（用现在的粗略记音法，这种机会大约是十二分之一），若是换了一个人也许会全部移上或移下一点。这几个调式跟刘复所得的微有出入[①]。那上头没有阳平，无从比较，那里的去入比这里的复杂一点。

用在南京所得的调改写成相对音高的简谱，又图作简图，就得

---

① 看他的 *Étude Expérimentale sur les Tons du Chinois*, Paris, 1925, 附图 Pl. I, figs, 10—13。

下列的样子：

第 四 图

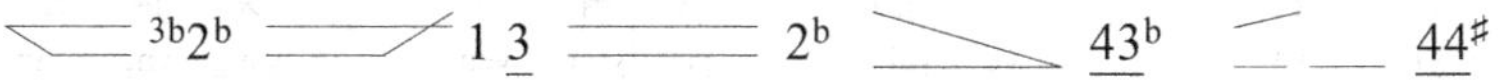

$\diagdown$ ³ᵇ2ᵇ 1 3̲ 2ᵇ 4̲3ᵇ 44#

南京的轻音字的声调当然也要因轻读的影响而生变化，但这是语调的问题，这另是一种研究，本篇在论单字音的系统暂难顾到这个上头。（在篇尾成段的故事里有一点声调变化的实例。）

Ⅱ. 南京的音韵

1. 本地的音韵。

研究音韵而不注重语音分辨的细处，最好莫过于用方言罗马字来拼音，因为罗马字既可以把声母韵母声调干干净净地写出来，又可以于印刷书写上比语音符号简单，所以在本节里就大半用罗马字了。南京罗马字跟国语罗马字的拼法用一样的原则。读者拿下列声母韵母表跟第Ⅰ节里用国际音标的表一比较，就看得出什末等于什末了。

声母：　白 b　　拍 p　　墨 m　　弗 f
　　　　得 d　　忒 t　　勒 l
　　　　格 g　　克 k　　黑 h
　　　　基 j　　欺 ch　　希 sh
　　　　知 j　　蚩 ch　　施 sh　　日 r
　　　　兹 tz　　雌 ts　　思 s
　　　　移 y　　吴 w　　于 y(u)

韵母：

	y	à	o	e	é	ai	ei	au	ou	én	ang	eng	ong	el
	(施,思)	(他)	(痾)	(遮)	(爹)	哀	(杯)	(蒿)	欧	(天)	安	恩	翁	(杯儿)
	yr	àr	or	er	ér	air	eir	aur	our	érn	arng	erng	orng	erl
	(时,词)	(爬)	鹅	(蛇)	(斜)	呆	(肥)	熬	(侯)	(绵)	昂	痕	(红)	儿
	yy	àà	oo	ee	éé	ae	eei	aau	oou	één	aang	eeng	oong	eel
	(使,死)	(把)	我	(者)	(姐)	矮	(美)	袄	偶	(脸)	(仿)	(肯)	(孔)	耳
	yh	àh	oh	eh	éh	ay	ey	aw	ow	énn	anq	enq	onq	ell
	(世,四)	(霸)	卧	(赦)	(谢)	爱	(妹)	奥	怄	(线)	暗	(恨)	(瓮)	二

yq	àq	oq	eq	éq					
(失)	(八)	恶	厄	(别)					
i	ià		iai		iau	iou	ien	iang	ing	iong
衣	鸦		(街)		腰	幽	烟	央	因	兄
yi	yà		ye	yai	yau	you	yen	yang	yng	yong
移	牙		爷	捱	摇	由	言	洋	银	容
ii	eà		iee	eai	eau	eou	een	eang	iing	eong
椅	雅		野	(解)	咬	有	眼	养	影	永
ih	iàh		ieh	iay	iaw	iow	ienn	ianq	inq	ionq
意	亚		夜	(界)	要	又	厌	样	印	用
iq	iàh	ioq	ieq						
一	鸭	约	叶						
u	uà		uai	uei			uen	uang	
乌	蛙		歪	威			温	汪	
wu	wà		wai	wei			wen	wang	
吴	娃		(怀)	围			文	王	
uu	oà		oai	oei			oen	oang	
五	瓦		(拐)	委			稳	往	
uh	uàh		uay	uey			uenn	uanq	
务	话		外	卫			问	万	
uq	uaq	ueq							
屋	挖	(国)							
iu		iue					iuen	iuin	
(虚)		(靴)					冤	氲	
yu							yuen	yuin	
鱼							元	云	
eu							euen	euin	
雨							远	允	
iuh							iuenn	iuinn	
遇							怨	运	
iuq		iueq							
菊		月							

关于罗马字所要注意的就是j,ch,sh又当[tɕ,tɕʻ,ɕ](基、欺、希)又当[tʂ,tʂʻ,ʂ](知、蚩、施),在拼字的时候凡是在i-(衣)类或iu-(迂)类韵母的都当基、欺、希,在开口或u-(乌)类的都当知、蚩、施,所以没有混乱的机会;要是专讲到这些声母的时候,前者写作j_i,ch_i,sh_i,后者不加什末。

韵母方面除掉阴平声可以用i,u,iu起字的,在其余几声逢i,u,iu当头都写y,w,yu,这不过是为行文上的便利,在语音并没有什末意义。南京罗马字系统如上页。

研究本地音韵的主要的工作,第一步是问有些什末声母、韵母、声调,上头两个表就是这问题的完全答案了。其次就是问这些声母韵母声调拼起来的些可能的字音,共总有多少是有字的,所得的就是一套单字音的表(syllabary),就像从前的《切韵指掌图》《韵镜》《切音指南》那类东西的内容。外国人做的中国的单字音表总是不辨声调,那是于理论于实际都极不便的缺点,现在做的是中国式的(有声调的)音表,表中共列1052个字音,全表见本文末尾。

从上头的表可以得以下的几条南京音系的性质。(不说特点而说性质,是因为虽然总说起来虽只有南京音有这些性质汇在一道,而分说起来,每个性质也许有些别的方言也有的。南京音的特点见后。)

(1)声母方面:浊音只有m、l、r三种软音(liquids)。(官话都是只有软浊音,就是旧名的次浊。)

　　l、n不分,都并入l(奈读如赖)。(从南京起溯长江以上两岸都是如此。)

　　j、ch、sh(章、昌、商)跟tz、ts、s(臧、仓、桑)不混。(但分法跟国音略有不同,看下面。)

　　没有ng母,别处用ng母的都用元音起头(碍读如爱)。

(2)韵母方面:en(真)eng(蒸)不分,现在写作eng(实在的读音是en、eng混用);in(今)、ing(京)不分,现在写作ing。

　　an(山)、ang(商)不分,现在写作ang;uan(官)、uang(光)不分,现在写作uang。

　　o(渴)、e(客)不混。

　　有o而没有uo(锅读如歌)。

（3）声调方面：有阴阳平，上去各一种，有入声。

（4）声母跟韵母：b 系声母不跟 ong 韵拼。（风不读 fong 而读 feng。）（跟北方同，跟一般南方官话不同。）

　　　　　　　b 系声母除 u 韵外不跟 u- 类、iu- 类韵母拼。（多数现代方音如此）

　　　　　　　f 母并且不跟 i- 类韵母拼。

　　　　　　　d 系声母跟 uei 拼而不跟 ei 拼。（对内作 duey luey 不作 duey ney。）

　　　　　　　g 系声母跟除给去两字白话音读 gii、kih 以外，不跟 i- 类、iu- 类韵母拼。

　　　　　　　ji 系声母只拼 i- 类、iu- 类韵母。

　　　　　　　j 系声母只拼开口、u- 类韵母。

　　　　　　　tz 系声母可以有 i- 类、iu- 类。（tzi、tsi、si（跻、妻、西）不跟 ji、chi、shi（基、欺、希）混。）

（5）声母跟声调：b、d、g、ji、j、tz 没有阳平。

　　　　　　　m、l、r 除妈、拉、拎等少数几个字外没有阴平。

　　　　　　　因为只有一种入声，所以浊母 m、l、r 的入声字（密、落、日）不另成阳入，音值类似一般吴语的阴入。亦、一也无分别。

（6）韵母跟声母：é、én 不单见，不拼 g、ji、j 系声母，只拼 b、d、tz 系声母（别、列、接；边、天、先）。

　　　　　　　ie、ien 只单见（爷、烟），或拼 ji 系声母（结、谦）。

　　　　　　　ei 限于拼 b 系字（杯）。

　　　　　　　ong 不拼 b 系声母（风读 feng 不读 fong，跟国语同）。

　　　　　ia 只单见或拼 ji 系声母(牙、家)。
　　　　　ua 只单见或拼 g 系 j 系声母(瓦、花、挝)。
　　　　　ue 只拼 g 系声母(国)。
　　　　　uai 只单见或拼 g 系 j 系声母(歪、快、衰)。
　　　　　iu- 类韵母除 liu 音四声外,只单见或拼 ji 系
　　　　　　 tz 系声母(雨、去、须)。
(7)韵母跟声调:y 韵拼 tz 系声母时缺入声(有雌慈此次而无
　　　　　　tsyq)。
　　　　　io、ue、iue 只有入声(学、阔、血)。
　　　　　有 -i、-u、-n、-ng、-l 韵尾的没有入声(杯、乎、
　　　　　　生、通、二),但入声字与词尾儿字合并者,
　　　　　　不在此例(如碟儿 delq 仍是入声)。
(8)声调跟声母:看上(5)
(9)声调跟韵母:看上(7)

2. 南京音的派别。

　　南京本来外路人比本地人多,街上听起来,听了好几个带外路口音的人才听见一个纯粹南京口音的人,但是南京人虽少而南京音在这少数人当中,仍旧还暂保一种内部大体一致的系统。这种现状或者不能永久保持下去,现在城北已经有许多扬州化的倾向(如 ai 读如 é,跻妻西并入基欺希之类),但在城南还可以找出一个独立的南京音系来。

　　本篇所讲的派别是在所谓"纯粹南京音"范围之内,仍旧有几种不同的地方。

　　(a)撮口之有无。有的人的撮口韵甚完全,凡是国音撮口的字他都用撮口。上列的音表就以此为标准。高本汉、Kühnert 的书也都认那类字为撮口的。有些人就全无撮口的,月、圆、云、远完全读成业、沿、寅、演。以上两种大约是读书人与非读书人两种阶级性

的读音的差别,但也不尽然,因为又有第三派人把那些字有的读撮口,有的读齐齿,或同一个字文言读撮口,白话读齐齿的。关于这一层的人数与字数的统计作者还没有得到充分的材料,现在只知道有这末几种而已。

(b) j 系 a、ai 韵开齐问题。渣叉沙斋钗篩与家卡虾街□蟹在上列的表中分开齐两类,前者是舌尖后音 j、ch、sh 与开口韵 a、ai 所成的音,后者是舌面音 j_i、ch_i、sh_i 与齐齿韵 ia、iai 所成的音,高本汉与 Kühnert 也有这种区别。但有一部分南京人把第二类的也全照第一类读,如下雨读如沙去声雨,螃蟹读如螃蟹上声,这种读法用在 sh 母字上比在 j、ch 母字上还更多。同样,有人把入声欲蓄等字不读 yuq、shiuq 而读 ruq、shuq。

(c) 遮车奢惹的韵音。这类字的韵音高本汉把它归并到 ai 韵里去,因此遮等于斋,奢等于篩, etc.。Kühnert 把遮车奢的韵音写作 eï(声调符号除外)[1],惹字仅写声母不写韵母[2]。查他解释 eï 的音值[3],他说 "nicht wie deutsches *ei*, sondern getrennt wie in frz. *reine*."(不像德文的 ei [ɑi],是分开来读,像法文 *reine* 字里的音)。其实法文的 ei 亦是一个单粹元音(国际音标 [ɛ])何尝是"分开来读"的。Kühnert 既然把他做譬喻的材料也弄错了,他对于这南京音值的估量恐旧也不可靠了。

照作者的调查,关于这个韵类曾经得到三种音值,就是 [æ]、[ə] 和 [ə̯]。[æ] 只有文言才用。因为南京的 ai 韵读 [aæ] 变度极窄,所以这个韵跟 ai 韵是否合并(奢是否等于篩)现在不敢说,高本汉所取的大概是这一种音。[ə] 是一个很前的 [ə],也可以算是

---

[1] *Syllabar*,130,131,399 页。
[2] 同上,362 页。
[3] 同上,7 页。

一个很后的[e]。这大概就是Kühnert所谓eï的音。[ə̧]是卷舌韵,只有白话用它,如"一条蛇,不要惹他"。Kühnert惹字不注韵母的写法大概是从这个韵音来的。但这三种区别不是字的不同是读法的不同,所以同是一个字看地方去许有两三种读法的可能。本篇在音值表跟音韵表中都取第二种读法为标准。

Ⅲ. 比较的音韵

上章讲的也有些涉于比较的话,但那还是些不负责任的随便说说的比较。要是真做比较的工夫得把声母、韵母、声调全部的分合彼此都算出一个双登式的簿记,才可以算比较的音韵,要在南京的音系上做比较的研究,可以拿它比今,也可以拿它比古。但是比起古来,其中一大部就不是南京音系的研究而变成一般的官话的研究了,例如浊音变清音,韵尾-m变-n,阳上一部分变去声等等是多数官话里共有的现象①,所以这种题目不便放在南京音系里讨论。但是现代标准语的音系是(至少算是)人人应该有的,所以研究哪一种音系总应该拿标准语作为起点的"已知数",来做一个双登的对照。以下的就是这种比较的研究:②

1. 国音南京音声母分合比较表。

   分类全同的:b p m f

         d t -

---

① 关于这个有一个很扼要的说明见Bernhard Karlgren, *An Analytic Dictionary of Chinese*, 1923, Paris, 序论9—16页。

② 关于国音与《切韵》时代古音的详细的关系看作者调查吴语时的报告,在清华学校研究院丛书第四种:《现代吴语的研究》,一九二八出版。所有古音国音声、韵、调的比较都可以在第一表(22—26页)第二、三表(40—61页),第四表(76—77页)的题头上看得出来。

	g	k	h
	-	-	-
	-	-	-	r
	-	-	-

分类不同的：a. 长方表看法：

（表中的字不过是例字，声母相同或相近的用小字，不同的用大字。）

南京＼国音	n　l	j_i　tz　j	ch_i　ts　ch	sh_i　s　sh
l	农　龙			
j_i tz j		京 精　增　争 　　　蒸		
ch_i ts ch			轻 清（层）撑 　　　称	
sh_i s sh				兴 星　僧　生 　　　声

b. 双行对照看法：

南京　　　　　　　　　　　　　国音

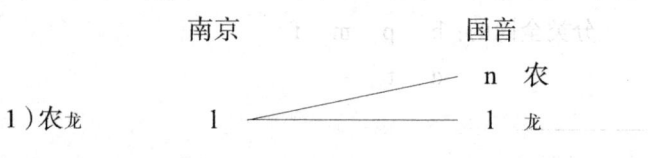

1）农龙　　　　l　　　　　　　　　　l　龙

2）,3）精增争蒸　　tz　　　　　　　　　tz 增

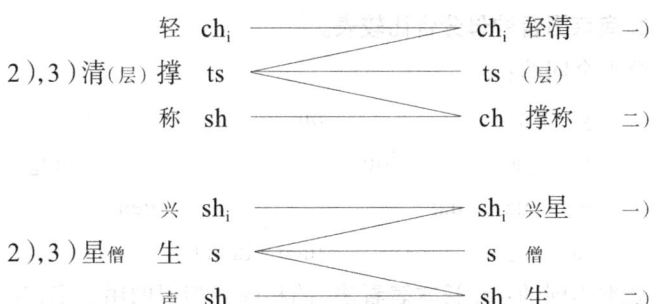

1）南京 l，在泥娘母字国音变 n，例如奴、年、女、来母字还是 l，例如卢、连、吕。

2）南京 tz、ts、s，在齐撮字国音变 j、ch_ii、sh_i，例如节、请、须；在开合字不变，例如再、葱、岁。

3）古音知彻澄照穿床审禅大半变南京音与国音的 j、ch、sh，其中有少数字变 tz、ts、s，但在南京变 tz、ts、s 者比在国音变 tz、ts、s 者多。（但没有天津的多。）最要的例字如下：

蘸争；衬撑初愁；师狮士仕柿事瘦生牲笙省。

南京　　tz；　　ts；　　s
国音　　j；　　ch；　　sh

一）国音 j_i、ch_i、sh_i，在精清从心邪母字变南京 tz、ts、s，例如节、请、须；在见溪群晓匣母字不变，例如结、轻、虚。

二）国音 j、ch、sh 在上第 3）条例变为南京的 tz、ts、s。

附：邪母平声字国音除辞字用 ts 音外都用 s 或 sh_i 音。但南京在徐祥详寻字还是用 ts 音。

附：鼠黍在南京是 chuu，在国音是 shuu，纯唇在南京是 shwen，在国音是 chwen，刚刚掉个个儿。

以上两条因为例不多，所以没有列在表中。

2. 南京国音韵母分合比较表。

分类全同的：

y	a	ou	el
i	ia	iou	iong
u	ua	uai	uen
iu		iuen（iuan）	

分类不同的：**a. 长方表看法**（韵相同或相似的用小字，变韵的用大字）

国音＼南京	o uo e ie iue	ai iai ei uei an iau	ian an ang uan uang en eng in ing ueng ong
o io e ue é ié iue	波锅哥　略 　　　　学 魄　车 国 　　　写 　　　爷 　　　靴	郝 　　　　脚 白　北	
ai iai ei uei au iau		柴 街　崖 　　美 　雷灰 　　　高 　　　腰	
én ién ang uang eng ing ong			天 烟 韩杭 完王 痕恒 因英 翁烘

288

b. 双行对照看法：

	南京			国音		
1）	波锅哥略郝	o		o	波魄	一）
2）	学脚	io		uo	锅国	二）
3）	魄车白北	e		e	哥车	三）
	国	ue				
	写	é				
	爷	ié		ie	写爷街	四）
	靴	iué		iue	略学靴	五）
	柴	ai		ai	白柴	五）
4）	街崖	iai		iai	崖	
	美	ei		ei	北美雷	六）
5）	雷灰	uei		uei	灰	
	高	au		au	郝高	七）
	腰	iau		iau	脚腰	八）
	天	én				
	烟	ien		ian	天烟	九）
				an	韩	
6）	韩杭	ang		ang	杭	
				uan	完	
7）	完王	uang		uang	王	
				en	痕	
8）	痕恒	eng		eng	恒	
				in	因	
9）	因英	ing		ing	英	
				ueng	翁	
10）	翁烘	ong		ong	烘	

289

1）南京 o　在 b 系声母字（唇音字）国音介乎 o、uo 之间，省并作 o，例如波、摩。

在 d、j、tz 三系声母变国音 uo，例如多、说、做，但略、虐等字韵国音用 iue。

在 g 系声母字有锅、果、裹、过、伙、货、火几个常用字音国用 uo，其余用 e，例如哥、科、喝。

在铎药觉韵字国音白话音作 au，例如落、着、剥。

2）南京 io　限入声字。在国音文言用 iue，白话用 iau。例如脚、学、觉。

3）南京 e　麻韵 j 系声母字，国音也用一种 e 音，但音值部位较后，例如遮、车、奢、惹。

入声字 b 系声母字的韵音，国音在 o、uo 之间省作 o，例如魄、白。

入声字他系声母的韵音，国音用 e，例如得、革、舌、贼。

但在陌麦韵一部分国音白话音用 ai，例如拍、白。在德韵一部分国音白话音用 ei，例如黑、贼。

4）南京 iai　除崖的同音字以外，在国音都用 ie，例如街、鞋。

5）南京 uei　除 l 母字（国音 n、l）跟谁字的白话音国音用 ei 以外，其余一样，例如内、雷国音开口，对、退、归、围合口。

6），7）南京 ang、uang　在古 -n、-m 韵尾字，国音用 -n 尾，例如韩、穿、谈；在古 -ng 韵尾字，国音用 -ng 尾，例如杭、窗、唐。

8），9）南京 eng、ing　在古 -n、-m 韵尾字，国音用 -n 尾，例如真、深、金、心；在古 -ng 韵尾字，国音用 -ng 尾，如蒸、声、京、星。

10）南京 ong　前无声母的，国音作 ueng，例如翁、瓮，其余的一样，例如东、公。

一）国音 o　假如不是南京的入声字，就是南京的 o，例如波、摩、叵、破。

假如是南京的入声,在末、觉、铎韵字用 o,例如拨、剥、莫,在麦、陌、德韵字用 e,例如白、墨。

二) 国音 uo 假如不是南京入声字就是南京的 o 韵字,例如我、过、火。

假如是南京入声字,d、j、tz 系的字在南京用 o,例如夺、桌、作,g 系字用 ue,例如郭、阔,但霍、活仍用 o。

三) 国音 e 在 d 系声母字,在南京用 e,例如特、测。

在 g 系声母字在陌、麦、德韵字,在南京用 e,例如格、克。

在铎、曷、合、盍韵字,在南京用 o,例如各、渴、鸽。

在 j 系声母字在南京也是 e,平赏去音与入音音彩略有不同(看上 1),例如奢、蛇、捨、舍、舌。

四) 国音 ie 在 b、d、tz 系声母字,南京用 é,例如灭、列、借。

在前无声母时,南京也用 ie,例如叶、野。

在 jᵢ 系声母,南京入声字也用 ie,例如结、歇。

在 jᵢ 系声母,南京平赏去字用 iai,例如皆、蟹。

五) 国音 iue 在 n、l 母,南京用 o,例如掠、虐。

假如是古觉、药韵字,南京用 io,例如学、却。

在其余的例南京也是 iue,例如靴、月。

六) 国音 ai 假如是南京入声字就是 e,例如白、麦。

假如是南京平赏去字也是 ai,例如拜、迈。

七) 国音 ei 假如是南京入声字就是 e,例如黑、北。

南京平赏去字 b 系声母字用 ei,例如杯、美。

别系字用 uei,例如内、雷、谁。

八) 国音 au 假如是南京的入声字就是 o,例如剥、酪。

在南京的平赏去也是 au,例如高、老。

九) 国音 iau 假如是南京的入声字就是 io,例如药、脚。

在南京的平赏去也是 iau,例如要、小。

十)国音 ian 在南京 j_i 系声母或没有声母的用 ien,例如见、显、言。

在 b、d、tz 系声母用 én,例如面、点、线。

3. 南京国音声调分合比较表。

a. 长方表看法:

国音＼南京	阴平	阳平	赏	去
阴平	爹			
阳平		拿		
赏			椅	
去				坐
入	缺	乏	笔	墨

b. 双行对照看法:

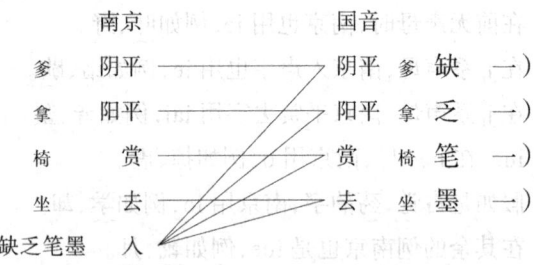

1)南京入声 假如声母是 m、l、r 的,在国音作去声,例如墨、纳、力、日。

假如声母是旧、群、匣、澄、床、禅、定、从、邪、並、奉字,在国音作阳平,例如及、滑、直、毒、杂、别、伏。(要紧的例外或、特、续读去声。)

2)其余的阴阳赏去不容易以规则说定。

一)国音四声的字都是有南京入声的可能,但可以加下列的条件:

国音 d 系 tz 系声母的字跟 e 韵拼一定是南京入声,例如得、勒、色。

国音的同一字假如文言音读 u、e、o、iue 之一,而白话音读 ai、ei、au、iau、ou、iou 之一的,这一定是入声,例如肉(u、ou),色(e、ai),北(o、ei),药(iue、iau)。

国音韵母有 n 或 ng 韵尾的一定不是入声,例如天、万、东、景。

国音 uai、uei 四声的字没有南京入声,例如外、推。

国音 tz、ts、s 跟 y 韵的四声拼的字也没有入声,例如斯、词、死、字。

附,南京与古音声调比较表。

纽	清	浊	
		次浊	全浊
声	见溪晓影 知彻照穿审 端透精清心 帮滂非敷	疑喻 娘日 泥来 明微	群匣 澄床禅 定从邪 並奉
平	阴平 公书天非	阳 由人连迷	平 鞋常头旁
上	赏		去
	敢整子本	咬忍里武	下上坐饭
去	去		
	过至四破	异二内望	换树代伴
入	入		
	哭得发式	欲热力物	或直夕拔

二)除以上所述条例中已包括者,还有下列的零碎的例外的字:

字	南京音		国音	
横	hwen	=魂	herng	=恒
硬	enn	=恩去声	yinq	=映
去白	kih		chiuh	=去文
给白	gii		geei	

293

薄(荷)	poh	=破	boh	=簸	
帕	peq	=魄	pah	=怕	
剖	poh	=破	poou		
粥白	juq	=竹	jou	=周	
熟白	shuq	=蜀	shour	=收阳平	
六白	luq	=陆	liuw	=流去声	
绿白	luq	=陆	liuh	=虑	

Ⅳ 南京音的特点

总结起来,南京音最显著的地方如下:

语音方面:

1) 别处的[a]音南京念[ɐ]。别处人笑南京人说话第一样就是笑他把"家去吃茶," jia-chiuh chy char 说成了 jio-kih chyq chor。这个未免形容得过分,但也差不多是这末个味儿。

2) ei、ai 两韵的音值作[əi]、[æ],与附近方言的音彩很不同。

3) 阴平声念低音,跟天津一样。

以上两点是南京人到外头去的时候自己觉得最愿意遮掩的地方。

音韵方面:

4) n、l 不分。

5) tz、ts、s 可以跟 i- 类 iu- 类韵母拼。

6) 别处的 ie、ien 韵一大半变成开口的 é、én,例如天、边、仙 tén、bén、sén。

7) an、ang 不分,例如翻、方不分,谈、唐不分。

8) 有(高而短的)入声一种。

9) 白话中卷舌韵甚多,而且卷舌韵往往将齐齿变为开口,例如今儿(jing-erl)国音 jiel,南京 gel 或 jel,明儿(mingerl)国音 mi(ng)l,南京 mel。

其余的地方不跟别种官话特别显著的两样。在上文讲南京音的"性质"的时候已经叙述过了。

以上几点可以用下列短语代表它：

1) 他家插花　　　　　　[t'ɐ tɕiɐ tʂ'ɐ xuɐ。]
2) 买煤回来　　　　　　[maæ məi xuəi laæ。]
3) 西山真高　　　　　　[⌐si⌐ʂa~⌐tʂən⌐kau。]
4) 你能论理　　　　　　lii leng luenn lii。
5) 性情将就　　　　　　sinqtsyng tziangtziow。
6) 天边练力　　　　　　ténbén lénn léq。
7) 陕官赏光　　　　　　shaang guan shaang guang。
8) 七百十六　　　　　　tsiqbeq shyqluq。
9) 今儿,明儿,昨儿,后儿　gel, mel, tsorl, hell。

附成篇的南京话故事一段：

(一)汉字文

有一回北风高太阳在那块辩论那个的本事大；正在吵着,来了一个走路的人,身上穿着一件厚袍子。他们两个人就商量好了说,哪个能先叫这个走路的人脱掉他的袍子啊,就算哪个的本事大。好,北风就用起大劲来尽刮尽刮,但是他刮的越利害,那个人就拿袍子裹的越紧；到后来北风没法儿,只好就算了。一刻儿太阳就出来拼命的一晒,那个走路的人马上就拿袍子脱掉。所以北风不能不说到底孩是太阳比他的本事大。

(二)国际音标

-iəu ˋi ⌐ xuəi ˊpɐ ⌐ fəŋ ˋkau ˋt'ɐæ. ia~ ˙tsaæ ˙lɒ ˋk'uɐæ
ˋpeˉluən -lɒ ˙ko ˙ti -pən ʂʅ ˋtɒ; ˋtʂəŋ ˙tsaæ -ts'au tʂʅ ˎ laæ ˙lə ˙i ˙ko
-tsəu ˋlu ˙ti ⌐ zən, ʂən ʂa~ ⌐ tʂ'ua˙tʂʅ ⌐ i ˙tɕie~ ˋxəu ˎp'au

·tsʅ.╰ t'ɒ ·mən-lia˜ ·ko ╱ zən`tsiəu ╰ ʂa˜. lia˜-xau ·lə ´ʂɔ, -lɒ ·ko ´lən╴seˉ˜ tɕiau ·tʂə ·ko -tsəu `lu ·ti ╱ zən‾t'ɔ ·tiau ╰ t'ɒ ·ti‿p'au ·tsʅ ·ɑ, `tsiəu `sua˜‿lɒ ·ko ·ti -pən·ʂʅ `tɒ. -xau, ´pə ╰ fən·tsiəu `ioŋ ·tɕ'i `tɒ `tɕin·laæ -tsiŋ ´kuɒ -tsiŋ ´kuɒ, `ta˜ ·ʂʅ ╰ t'ɒ ´kuɒ ·ti ´yɛ `li ·xaæ, `lɒ ·ko ╱ zən·tsiəu ´lɒ ‿p'au ·tsʅ -ko ·ti ´yɛ -tɕiŋ; `tau `xəu ╱ laæ ´pə ╰ fəŋ ‿məi ´fɒʳ, ‿tʂʅ‿xau ·tsiəu `sua˜. lə。·i´ k'əʳ `t'aæ. ia˜ ·tsiəu -tʂ'u ·laæ ╰ p'im`min·ti ´i `ʂaæ, `lɒ ·ko -tsəu `lu ·ti ╱ zəŋ -mɒ ·ʂa˜ ·tsiəu ´lɒ ‿p'au ·tsʅ ´t'ɔ ·tiau. -so ·i ´pe ╰ fəŋ ·pu ╱ ləm·pu ´ʂɔ `tau -ti ‿xaæ ·ʂʅ `t'aæ ·ia˜ ·pi ╰ t'ɒ. ti -pən·ʂʅ `tɒ.

（三）方音罗马字

Yeou iq-hwei Beqfeng gau Tayyang tzaylàhkuay bénnluenn làagohdiq beenshyh dàh; jenqtzay chaoj', laile iqgoh tzoouluhdiq reng, sheng-shanq chuagj' iq-jienn how paurtz. Tàmen leanggoh reng tziow shangliang-hao le shoq, làagoh leng sén jiaw jeqgoh tzoouluhdiq reng toq-diaw tàdiq paurtz a, tziow suanq làagoh diq beenshyh dàh. Hao, Beqfeng tziow yong-chii dàq jinq lai tziing guàq tziing guàq, danqsh tà guaq diq yueq lihhay, làhgoh reng tziow là paurtz goo diq yueq jiing; daw howlai Beqfeng mei fàlq, jyq hao tziow suanq le. Ikelq Tayyang tziow chuqlai pingminqdiq iq-shay, làhgoh tzoouluhdiq reng màashanq tziow là paurtz toq-diaw, Sooyii Beqfeng buqleng buq shoq dawdii hairsh Tayyang bii tàdiq beenshyh dàh.

（附国语罗马字）

Yeou i-hwei Beeifeng gen Tayyang tzaynall jengluenn sheirde beenshyh dah; shuoj shuoj shuoj, laile ige tzooudawlde, shenshanq chuanj i-jiann how paurtz. Tamen lea jiow shangliang-hao le shuo, sheir neng shian jiaw jehge tzooudawlde tuodiaw tade paurtz a, jiow suann sheirde beenshyh dah. Hao, Beeifeng jiow yonqchii dah jinn lai jiin gua jiin gua, keesh ta gua de yueh lihhay, neyge ren jiow baa paurtz guoo de yueh jiin; daw howlai Beeifeng mei fal, jyy hao jiow suann le. Ihoel Tayyang jiow chulai rehrhelde i-shay, neyge tzooudawlde maashanq jiow baa paurtz tuo-diaw. Suooyii Beeifeng buneng bu cherngyenn dawdii hairsh Tayyang bii tade beenshyh dah.

(《科学》第13卷第8期,1929年)

上古中国音当中的几个问题^{*}

I. 韵尾

研究古代中国音的系统,因为中国文字不是标音的,不能从文字上的读音看出来,我们曾经利用了各种别的很丰富的材料,总算考定了,而且详细的考定了,所谓"古音"的系统,就是第六世纪的《切韵》所代表的音。可是研究到更古的时代,材料就更少,更不好用,所以在现在的时候要想详细的考定我们可以叫作"上古"的中国语,就是周朝跟经书的语言的读音,那还做不到呐。但是咱们也不是完全没有办法。关于那时代的中国语言,大致也可以得许多要紧的结论,那末,这个有四种方法。这里头最要紧的恐怕是中国以外的各种支那系语言的比较研究;可是要作这种研究,现在的时候还不能算成熟。那些 T'ai 语(就是暹罗的语言)跟那些西藏缅甸语先得彻底的研究好了,用比较的方法把它最古的音考定了,然后拿他们来研究中国语言才有用处。但是其余的三种材料现在就可以用的,在下文就可以举几个例来显明用了那些材料怎么可以得到关于上古中国音系的新而有趣的结果。

第一样就是古音系统里的空当给我们许多要紧的暗示。在我

---

* *Problems in Archaic Chinese*, by Bernhard Karlgren,见 *Journal of the Royal Asiatic Society*, October, 1928. ——译者

的 Analytic Dictionary（1923）第22页到25页❶，我曾经研究过几个例。现在再研究些同类的例。

咱们假如翻开《切韵指掌图》，或是《康熙字典》里的《切音指南》，那类的表，就可以看出来所谓开口跟合口两种表的很规则地相配的现象。这就是关乎声与韵当中的 u 或 w 的有无。凡开口 kâ 就是跟合口 kuâ 相配，开口 gâng 跟 gwâng 相配，开口 kiang 跟合口 kiwang 相配，其余类推。在这样，咱们假如拿那些韵表前五百年的《切韵》的韵母再照韵表的原则来排列起来，同时特别研究两大类有许多地方相类的韵母，咱们就可以得一个表如下：——

等	韵	韵
一	寒 kân	桓 kuân
二	山,删 kan	山,删 kwan
三跟四	仙 kĭän	仙 kĭwän
三	元 kĭɒn	元 kĭwɒn
四	先 kien	先 kiwen
一	覃,谈 kâm	○
二	咸,衔 kam	○
三跟四	盐 kĭäm	○
三	严 kĭɒm	凡 pĭwɒm
四	添 kiem	○

这样看起来，在 -n 韵尾有一全套合口的韵，而在 -m 韵尾，差不多全没有合口的韵。咱们就得问，为什么会这样？那末最显然的回答，就是在那 -m 韵里，-m 是一个唇音，u(w) 也是一个唇音，所以一个很可能的解释就是说在最先倒是真有像 kuâm, kwam,

---

❶ 我曾经翻译过一段，见清华《国学论丛》第一卷第二号第三十四到四十一页。（译者注均以阴码标序。下同。——编者）

kǐwăm 那类的字,可是后来因为一种异化作用,就是在同一个字里头避免有同类音隔开音而读两次的现象,使得那类的字改变了音,所以在表的右边发生了空当了。

这个当然不过是猜想,咱们现在就得看能不能把这个说法证实。第一样事情要调查的,就是问中国语当中有没有这种异化作用的现象。

这种现象在上古中国语的存在,倒是容易证明的。拿一个风字,在古音"《切韵》音"是 pǐung;可是风字从凡声,凡字在古音是 b'ǐwɒm,是 -m 尾字,可见得上古风字的音是 pǐum。还有在《诗经》里风字照例跟心,古音 sǐəm,林,古音 lǐəm,押韵,也是一个证据。所以说风字的上古音是 pǐum 是稳当的。❶ 还有熊字古音 ɣǐung 也是一个同样的例。熊字从 ɣǐum 变成 ɣǐung 就如同风字从 pǐum 变成 pǐung 一样。这个可以从两个保存古音最多的方言当中看出来,就是在厦门跟汕头熊字还保存了 -m 韵尾读作 him。那末上古音的 -ǐum 既然变成了古音的 -ǐung,那一定是因为有异化作用,就是因为有了一个唇音 u 就不高兴再有一个唇音 m❷。

---

❶ 至少说它的 p- -m 是稳当的。

❷ 关于 -m 尾(或 -p 尾):-ŋ 尾相通的现象,罗常培(莘田)先生曾经找了不少的例,现在承他的允许,附录在这儿(有 * 号的是"又读"):

1. 从凡的字。——

《广韵》收 -m 的:　　　　　　《广韵》收 ng 的:

凡,馻:符芝切,b'ǐwɐm.　　　　风,枫,猦,偑,檒:方戎切,pǐung.

馻:又扶泛切,b'ǐwɐm.　　　　　讽,风:方凤切,pǐung.

岚,葻:卢含切,lâm.　　　　　　猦,汎,芃,渢,梵*:房戎切,b'ǐung.

《集韵》收 -m 的:　　　　　　凤:冯贡切,b'ǐung.

风*,枫*,朳:甫凡切,pǐwɐm.　　飕芃:薄红切,b'ung.

《广韵》收 -p 的:

颯:苏合切,sâp.

这种倾向从现代的广州语当中还可以得一个有趣的证据。古音的 -m 韵尾在广州语大致是保存的,像盐字古音是 kam 广州语也是 kam。可是到了凡字,古音 b'ĭwɒm 在客话是 fam,在汕头也还是 kuam,而在广州语是 fan 不是 fam 了。所以这就是异化作用,就是讨厌两个唇音在一块儿的趋向,使得那 -m 变成 -n 了。

　　现在再回到上头古音 -ân 与 -âm 的表,咱们就可以放心的假定在上古音当中一定有过 kuâm,kwam 等等的音,不过因异化作用在古音时代以前就变成了别的音了。那末在情理之中咱们想它们是变了些什么音了呐？假如咱们利用广州语的暗示,就会疑心到古音当中包含字数极多的韵 kuân〔桓〕,kwan〔删关山鳏〕,kĭwän〔仙

---

2. 一个字。——
　　《广韵》收 -m 的：
　　闯：丑禁切,t'ĭəm,照例应变作今音 chenn.

　　今国音跟许多方言：
　　闯：窗上声,choɑng.

3. 从贛,贪的字。——
　　《广韵》收 -m 的：
　　壈*,贛*,籦,贛,䇓,灨*,灨*：古禫切,kâm.
　　灨*,灨*,贛*：古暗切,kâm.
　　贪：都感切,tâm.
　　醓：徒绀切,d'âm.

　　《广韵》收 -ng 的：
　　贛*,壈*,䇓*,赣：古送切,kung.

4. 从宋的字。——
　　《广韵》收 -m 的：
　　㮗,㮔：桑感切,sâm.
　　㮗,䅎：苏绀切,sâm.
　　㳮：卢感切,lâm.

　　《广韵》收 -ng 的：
　　宋：苏统切,suong.

5. 从並的字。——
　　《广韵》收 -m 的：
　　菳：白衔切,b'am.
　　淰：蒲鑑切,b'am.

　　《广韵》收 -ng 的：
　　並：蒲迥切,b'ĭweng.

缘], kǐwon［元原］, kiwen［先玄］那些韵里头一定会藏着许多上古音 kuâm, kwam, kǐwäm 等等的韵。既然这样,那末古音的 -uân 等等的韵一定有以下两种不同的来源：——

     上古 kuân kuâm
     古音   kuân

这个也还不过是一种猜想,但是幸亏咱们能够证实它的。有一个方言在许多零见的例当中还能够保存上古的韵尾。这又是汕头的方言。在这里头咱们看见有以下的音：——

	汕头	古音		上古音
唤	ham	χuân	←	χuâm
患,槵	huam	ɣwan	←	ɣwam
镰	chiam	tsǐwän	←	tsǐwäm

现在咱们有汕头语当中的那么好的材料,咱们就能够来解释古音系统当中的大空当了。就是这样：——

古音	古音	古音	古音	（上古音）
ân［寒］	uân［桓］	âm［覃谈］	○	(uâm)
an［删颜山艰］	wan［删关山鳏］	am［咸衔］	○	(wam)
iän［仙延］	ǐwän［仙缘］	ǐäm［盐］	○	(ǐwäm)

就是说在上古音开合口都是全的,但是因异化作用 -m 变了 -n。上古音的 -uâm 等等韵,到后来变成 -uân 等等,所以结果就是有一个大空当［就是咸摄没有合口的话］。

上文所谓利用古音系统来研究上古音,刚才所说的就是一个例。研究上古音,还有两个更要紧的方法呐,一个是谐声字：就是一个偏旁一个声符［声符俗也叫"偏旁"］拼成的字；还有一个方法就是《诗经》里的韵。① 这两种材料都可以领咱们回到周朝时代。

---

① 《诗经》的韵曾经给顾炎武跟段玉裁考定过的,后来 Legge 根据段的工作把那些韵曾经记下来过。照我看起来顾跟段都有一点做得过火,有些地方作诗的人未见得要押韵的,他们也把它们当作韵。但是他们的研究在大体上是很聪明很可信的。

虽然其中有好些古怪跟不规则的地方，可是仍旧有可以研究的通则，而且是极有价值的通则。

在我的 *Analytic Dictionary* 里头我曾经利用谐声字来推测些关于上古音的很古怪的结果。其中有一样，就是证明上古音当中曾经有些声母跟韵尾，后来没有到古音时代就失掉了。比方甬古音是 ïwong，在更古的时候是有一个 d- 声母的。因为这个缘故，它所以能够作许多舌尖音字通筩诵等等字的声符。还有假如列古音 lïät 是能作例 lïäi` 的声符呐，那也是因为例字本来有一个舌尖辅音的韵尾，不过在古音时代以前就失掉了，或是应该说变成了 -i 了。关于列：例的问题我现在还有一点讨论而且打算提议一个关于我早先的论说的更好的修正案。

在我那字典里头，我起头就认定例古音 lïäi` 不会一直就是简单的 lïät，要不然列也得要把它的 -t 掉了。要假设两个完全同音的上古音 lïät，一个列字到古音时代仍旧是 lïät，又一个例字到古音时代变成了 lïäi`，那是没有这个理的。❶ 那末最就手的解释就是想到例字有一个 -d 韵尾：上古音 lïäd 念成古音 lïäi`，我那时候找到

---

❶ 同音在同样音的情形之下一定要同样变，这原则在语史学上固然是很有用，但是怕不能认它为完全没有例外，否则在《广韵》同"纽"之下（就是在一个圈儿之下）怎末常常发现今音分化的现象？一个很要紧的非音的而又能影响音变的情形就是读书跟说话的分化。例如在中部有些方言同是咸韵胡谗切的字，咸鹹两个字文言读 jen 白话读 ɣan，但是咸字白话用的少，鹹字文言用的少，因此渐渐咸字不论在读书或口语偶用总是读 jen，而鹹字不论书上偶见，或在口语总是读 ɣan，以后就成了分化的局面了。胡适之先生在他的《入声考》(《新月》杂志第一卷第十一号第十八页）第一节里谈到这个 -t 尾变去声的问题就以"冷僻"不"冷僻"为保存不保存古音的条件。但据我个人意见，讲到音变的事情，假如有音的情形可循的，不如注重在音的情形，因为它的影响是普遍的。冷僻的标准很难定，至少在现在这题目之内，似乎以去声（无论当降调讲或是渐轻音讲，看一下译者注，355 页）为失落 -t 尾的条件，比冷僻的说法较好一点。

对于这个观念的证据，就是证从谐声上看起来，在古音曾经有掉了上古音韵尾的痕迹的字，大多数都是去声字：例古音 liäiˋ（从列 liät），世 siäiˋ（谐泄 siät），怕 p'aˋ（从白 b'ɒk）。在古音当中浊音声母的字比清音声母的字低一点，这是大家知道的。现在在许多方言当中还是这样：田 d'ien- 是低音，天 t'ien- 是高音。所以我当时就得了一个很自然的结论，说例是在上古音读 liäd，不过那一个 -d 韵尾把字的后半的音拉低了，所以发生后来古音的 liäiˋ。

但是我近来想恐怕我是把因果弄倒了。说不定还并不是韵尾辅音的性质影响到字的性质，倒还许那调是本来有的，因调而影响到韵尾的性质呐。要是这样，那韵尾原来也许并不是一个 -d，也许就是一个 -t：例上古 liät → liädˋ → 古 liäiˋ，而列 liät，因为没有降调（仿佛一种"平"的入声），还保存它韵尾的 -t；古音 liät，而例字 liätˋ，因为它是降调，所以它的韵尾 -t 变成了 -d 而这个 -d 又变成了 -i 了。同样，怕字古音 p'aˋ（从白 b'ɒk）并不是上古音 p'ag，像我在那字典里头所说的，而是一个 p'akˋ 有一个降调，换言之就是 p'akˋ → p'agˋ → p'aˋ。

这个论说的修正是很有一点关系的。现在不像以前的用一种韵尾辅音之不同来解释：——

  列 liät 例 liäd （→ liäiˋ）
  白 b'ɒk 怕 p'ag （→ p'aˋ）

现在我们加入了一种新的声调的现象：——

  列 liät- 例 liätˋ （变成了 liäiˋ）
  白 b'ɒk 怕 p'akˋ （变成了 p'aˋ）

这是一个大胆的声调论。大家都知道中国音韵家几百年来只算有四声，不讲上的下的，就是：——

  tan‾（平）   tanˋ（去）
  tan´（上）   tat（入）

那 tat 放在第四个声调其实是个排列的方便，倒并不是个逻辑的办法。固然也可以说 tat 的急促的收法也是一种音乐的性质，也可以跟头三种声调变化一样的比较。可是从普通语音学看起来，咱们可以说上头的那四种当中像 tan 是有三种音乐的变化，而像 tat 那种音，它自己就不另有声调的变化。我现在的说法就是说现在有 tan¯, tanˋ 的分别，那末在上古音当中也有 tat¯, tatˋ 这种的分别。不过因为在第六世纪以前 tatˋ 已经变了（tadˋ →）taiˋ 或是 taˋ，所以后来的中国音韵家就看不出那种入声学当中还有调的变化的可能了。❶

从语音学看起来 tat¯, tatˋ 的分别并不比 tan¯, tanˋ 的分别古怪些。所以这上头并没有什么立论的困难，现在的问题就是这个说法另外还有什么不妥的地方或是另外还有什么证据？

在我所看得到的，并没有什么不可以解决的困难。固然一个人可以说假如列在上古音是 liät 而例是 liätˋ，那末咱们就会料到这两韵在《诗经》上可以押韵的。在事实上倒的确可以找到些这类字押韵的：——

---

❶ 但是至少有一个吴敬恒先生（稚晖）曾经想到这个可能。他说："入声果当于四声之分配乎？……屋, 质, 缉等之用 k, t, p 收其声，与东, 真, 侵, 之以 ng, n, m 收其声又何以异？且东, 真, 侵等所含之音母，与屋, 质, 缉等所含之音母，与西方十八九统以为'短音'，又相同也。然则胡为东, 真, 侵等之鼻音有平上去三声可分，而屋, 质, 缉等独无之乎；(试就入声一字，而以平上去读之，似无人不能造其区别也。) 故若谓周德清辈以入声分隶于平上去为不合古音，似矣。而谓入声自亦可有其平上去，必非无一论之价值：盖以

东, 真, 侵等为一团，

屋, 质, 缉等为一团，

复以东, 真, 侵, 屋, 质, 缉所自出之支, 脂, 之, 微, 鱼, 虞, 模, 齐, 佳, 皆, 灰, 咍；萧, 肴, 豪, 歌, 戈, 麻, 尤, 侯, 幽, 为本团，三团皆有其平上去，非较周、沈等之分别为善乎？"（见《新青年》四卷（1918）五号，四七三页，《致钱玄同先生论注音字母书》）这个说法是再明白没有的了，可惜当时没利用这个来解释列：例等现象，因此只是个设想，一直没有引人注意。

烈,古音 lĭɒt： 发 pĭwɒt： 害 γâi←-t`

《小雅》"蓼莪"五章

  南山烈烈 飘风发发
  民莫不穀 我独何害 ❶

月,古音 ngĭwɒt： 达 d'ât： 害 γâi←-t`

《大雅》"生民"二章

  诞弥厥月 先生如达
  不坼不副 无菑无害

揭,古音 kĭɒt： 害 γâi`←-t`： 拨 puât： 世 śĭäi`←-t`

《大雅》"荡"八章

  ………… 颠沛之揭
  枝叶未有害 本实先拨
  殷鉴不远 在夏后之世

舌,古音 dźʹĭät： 外 nguâi`： 发 pĭwɒt

《大雅》"烝民"三章

  …………
  出纳王命 王之喉舌
  赋政于外 四方爰发。

但是这类的韵(就是列古音 lĭät 跟例古音 lĭät`)在《诗经》里是比较少见的；这两种韵通常是不押韵的。不过这也不足怪,因为比方 kanˉ, kanˋ 也是这样的嘛。大致说起来同韵不同调的字在《诗经》里也不大容易押韵的。假如查一查 Legge 记的段玉裁《诗经》韵类,就可以看出来,差不多一百分的八十的韵是平上去各归各的。那末,同样,咱们也应该料到除去上述的几个特例之外 lĭät：lĭät` 也是不押韵的。

---

❶ 本篇《诗经》韵出处全引 Legge 译《诗经》的页数,现改为《诗经》章数,并举出原句,以便参考。

至于要证明这个说法的理由呐,我觉得是很强的。

(1)第一层,有好些字的构造,用了新的说法,可以容易解释得多。这个非但能够解释列:例说上古例是 liät` 比较说上古 *liäd 可以同 liät 的音更近一点;在弋(古 ĭək)谐代(古 d'âi`)昔(古 sĭäk)谐措(古 ts'uo`)更显到我的新说法的好处。

因为照我的旧说法是:——

    弋(d)ĭək   谐代 d'âg
    昔 sĭäk   谐措 ts'uog`

远不如我的新说法:——

    弋(d)ĭək   谐代 d'âk`
    昔 sĭäk   谐措 ts'uok`

谐得那末好。

(2)第二层呐,新说法可以解释许多一字两读的有趣的例:——

    度,古音 d'âk, d'uo;   塞 sək, sâi`;
    射 dź'ĭäk, dź'ĭa`;    质 tśĭĕt, tśi`;
    恶 ·âk, ·uo`;      易 ĭäk, ĭĕ`;
    食 dź'ĭək, (d)zi`,

照我原来的说法就得假定每个字的两种读音当中很有点差别:——

  度 d'âk:d'uog 恶 ·âk:·uog 塞 sək:sâg 易 ĭäk:ĭĕg 等等。

要是用新的说法呐,那两种音就相近得多了:——

  度 d'âk:d'uok 恶 ·âk:·uok`  塞 sək:sâk` 易 ĭäk:ĭĕk`
  射 dź'ĭäk:dź'ĭak 食 dź'ĭək:(d)zik`  质 tśĭĕt:tśit`

而且从上古音变到古音的时候,那些失掉韵尾 -k, -t 的字跟保存韵尾 -k, -t 的字,他们两者的元音的变化未必是一样的,所以要是追溯到上古时代那些两读的音,除掉声调以外,也会是,甚至于像会是,完全相同的。要是这样,那就跟好 hao´:hao` 王 wang¯:wang`

那些用声调来表示功用不同的例是一样的原则了。从这上头看起来，假定上古音 -k, -t 韵尾去声而不假定 -g, -d 韵尾这说法，给一字多读的现象可以解释得非常好了。

（3）第三样呐，像 kag 那类的字同 kang 那类的字的音既然那末相近，咱们就应该料到谐声字应该一定有 kag 同 kang 互相通谐的例❶，但是这种例似乎是从来没有的。这个也合乎上古 kakˋ 而不是 kag 的说法。

（4）最后第四层呐，就是有一个害字可以给一点暗示。这个字在经书里，例如《书经》"汤誓"，或是《诗经》"葛覃"，有时候可以代替曷字。曷 ɣât 写成了害 ɣâd 那似乎有点奇怪，可是假如曷 ɣât 写成了害 ɣâtˋ 那稍为不小心一点是像会有的。

以上四种理由，我想合起来他的盖然的程度就差不多等于必然了。

我得要说明白有了现在新的说法，并不一定就说我的 *Analytic Dictionary* 有几百几百的例，像例古音 liät ← -d 那类的公式就算错了；错倒并不错。因为从例 liätˋ 变成 liäiˋ 当中差不多一定会经过一个 liädˋ 的时期。不过在新的说法，除掉 liäiˋ ← -d 的公式以外咱们可以找着一个更古时期 liätˋ 就是了。从一个旁证还可以看出来假定一个 liädˋ 等等过渡的音的好处呐。西历几百年的时候（看下 325 页）像非去声的列 liät 字（广州，lit，就是平常的入声字）在中国北部起头失掉 -t 的时候，那 -t 先变成 -d 再变成 -δ（摩擦的 -δ，例如英文的 that），这个可以从两个地方看出来，一个是古代用 -t 字翻译外国字的 -r，例如 Nirvāna 译作 "涅槃" 涅 niet（→nieδ）代

---

❶ 去年我记广州音时，有好些人把竺 tuk, 谷 kuk, 得 tak, 等字读成 tug, kug, tag 等等。旁边有一位外省人听着说："他们广东人怎把屋韵字念成东韵了？"由此可见 -ng 与 -g 尾音之近似。

表 Nir-。还有一样就是 -t 韵尾在朝鲜文变作 -1,例如列(lĭät > (1) ĭäδ =)iəl。

Ⅱ. 主要元音

现在讲完了韵尾辅音了,咱们要讲上古韵的元音的大问题了。在我的 *Analytic Dictionary* 里头,从古音看起来,那些十分之九的谐声字是谐得很好的:主 tśĭu,注 tśĭu,住 dˇĭu;甘 kâm,绀 kâm,酣 ɣâm,钳 gĭäm,声母是相同或至少相近的,主要元音跟韵尾辅音也是这样。但是有好些很显著的例外。这些例外用我在那字典里所推测的上古音都已经解释了,但是有一个不合的地方,我当时是留了预备后来讨论的。现在就讨论这个了。

在谐声字里头跟《诗经》的韵里头有好些麻韵跟鱼,模韵相通的例,在古音看起来就是 -a∶-o 相通的例。比方:

衙古音 nga 从吾 nguo 声

贾 ka 又读 kuo

家 ka 跟乎 ɣuo 押韵

　　见《诗经·小雅》"棠棣"八章

　　　宜尔室家　　　乐尔妻帑

　　　是究是图　　　亶其然乎

从叚 ka 的骃 ɣa 跟鱼 ngĭwo 跟徂 dz'uo 押韵

　　见《诗经·鲁颂》"駉"四章

　　　駉駉牡马　　　在坰之野

　　　薄言駉者　　　在駰有骃

　　　有驒有鱼　　　以车祛祛

　　　思无邪　　　　思马斯徂

牙 nga 跟居 kĭwo 押韵

　　见《诗经·小雅》"祈父"一章

309

　　　　祈父　　　　　予王之爪牙
　　　　胡转予于恤　靡所止居

下 ɣa 跟女 ńiwo 押韵
　见《诗经·召南》"采蘋"三章
　　　　于以奠之　　宗室牖下
　　　　谁其尸之　　有齐季女

夏 ɣa 跟鼓 kuo 押韵
　见《诗经·陈风》"宛丘"二章
　　　　坎其击鼓　　宛丘之下
　　　　无冬无夏　　值其鹭羽

马 ma 跟楚 tsʻiwo 押韵
　见《诗经·周南》"汉广"二章
　　　　翘翘错薪　　言刈其楚
　　　　之子于归　　言秣其马

从巴 pa 的豝 pa 跟虞 ngǐu 押韵
　见《诗经·召南》"驺虞"一章
　　　　彼茁者葭　　壹发五豝
　　　　于嗟乎驺虞①

拏 nja 从奴 nuo 声
且 tsʻǐa 又读 tsǐwo
车 tśʻǐa 又读 kǐwo
野 ǐa 从予 ǐwo 声

───────
① 《诗经》"驺虞"的第一章，把虞字随在葭豝两韵的后边，第二章把虞字随在蓬豵两韵的后边。朱熹的《诗集传》于是把第一个虞字叶音牙第二个虞字叶音五红反，这种任意改读，自然不能算数。清朝讲古韵的学者，像顾炎武、江永、段玉裁、孔广森，都主张首章的葭、豝跟次章的虞字算隔行押韵，王念孙、江有诰，都主张首章的葭、豝、乎、虞跟次章的乎、虞算隔行韵。但是我觉得焦竑说的"葭与豝为一韵，蓬与豵为一韵。吁嗟乎驺虞一句自为余音不必叶也"比较的有道理，所以这个例似乎可以删去。

者 tśia 谐诸 tśĭwo, 都 tuo, 跟户 ɣuo 押韵
 见《诗经·唐风》"绸缪"三章
  绸缪束楚 三星在户
  今夕何夕 见此粲者……

邪 zĭa 跟鱼 ngĭwo, 徂 dz'uo 押韵（见上段例）

斜 zĭa 从余 ĭwo 声

瓜 kwa 谐孤 kuo, 跟庐 luo 押韵
 见《诗经·小雅》"信南山"四章
  中田有庐 疆场有瓜
  是剥是菹 献之皇祖……

夸 k'wa 谐袴 k'uo

华 ɣwa 跟都 tuo 押韵
 见《诗经·郑风》"有女同车"一章
  有女同车 颜如舜华 将翱将翔
  佩玉琼琚 彼美孟姜 洵美且都

从古音看起来这些韵里的主要元音都不合了，要解释这个有几条路。

  第一种解释就是说在上古跟中古音这些字都是有 -a, 有 -o。不过到造谐声字的人跟作诗的人觉得 -a, -o 的声音够像到可以互谐或互押了。但有几种事实使这种解释不能成立。这些押韵的 -a 在《诗经》里有些地方非但跟 a 而且跟 u 都押韵的：——

野 ĭa：羽 jĭu
 见《诗经·邶风》"燕燕"一章
  燕燕于飞 差池其羽
  之子于归 远送于野

马 ma：武 mĭu
 见《诗经·郑风》"叔于田"三章
  叔适野 巷无服马
  岂无服马 不如叔也

洵美且武

华 ɣwa:夫 pǐu

见《诗经·小雅》"皇皇者华"一章

皇皇者华　　　　于彼原隰

骁骁征夫　　　　每怀靡及

但是在叶韵的语法，-a, -o 押韵或是 -o, -u 押韵还可以想像的，要是 -a, -u 押韵那就押得太坏了。从还有个证据也得同样的结果。无论在谐声字里或是在《诗经》的韵里，从来不看见唐韵 -âng（-wâng）跟冬钟 -uong（-ĭwong）相通的。例外是有的，但是很少。-âng 跟 -ong 大体上是严格分开的。那末，既然 -âng, -ong, 相近的程度不够押韵，或是作谐声相通的字，为什么 -a, -o 倒可以呐？

所以这一个说法，说衙是 nga 吾是 nguo，从上古到古都没变，这话是不能成立的了。咱们现在得说或者衙原先不是 nga，要不然吾原先就不是 nguo。

马伯乐（Maspero）教授在他的 *Le Dialecte de Tch'ang-ngan sous les T'ang*（唐代长安的方言）（BEFEO., 1920, 15 页）曾经注意到这一个问题的。他说而且相信有些像家古音 ka 那类的字，是从上古 kò（ò 他是当一个开口 o 用的）来的，所以直接可以跟女字nǐwo（马伯乐写作 nyiò，也是开 o）直接押韵。但是光这么说不能就算。第一层他并没有给什么理由。第二层他专门论家 ka, 牙 nga, 下 ɣa 那些没有介母的字，换言之这是现代官话也是用 -a 的字，他并没有论到野 ĭa, 者 tśĭa 那类有介母 ĭ 的字，换言之就是现在官话变成了 ye, chê, shê 等等。① 但是咱们已经看见后者跟前者都

---

① 假如马伯乐当初非但是想到家、牙、下那些二等的字，假如他也想到野、者那些三等的字，那末照他上古元音说法他一定也会得到也（官话 ye）上古是 iò, 者（官话 chê）上古是 tśiò。可是照他自己所定的系统予字（官话 yü）是上古 iò, 诸字是上古 tśiò, 那末要说同是一个上古 iò, 野字变了 ye, 予字变了 yü, 这个有点不近情理了。从这个上可见得马伯乐当初一定只想到二等字家古音 ka 那类的字。

是在这问题里头的。因为在《诗经》里既有家:乎押韵的事,也有者:户押韵的事;既有夸:袴相谐的字,也有者:诸相谐的字。所以这问题得拿全部来看,再讨论各种的可能,然后再定一个可以证明的解决。

要弄这个题目有两个逻辑的可能:

或者吾古 nguo 是从上古 ngua 来的,因此可以谐衙古 nga;

不然就是吾古 nguo,所以谐衙古 nga 是因为衙是同马伯乐所想是从一种 ngo 音来的。

第一个可能不能够没有认真的反证就随便撇开的。有几样事情是很利于这个说法的。第一层,咱们可以提到西藏文跟中文的有些很有趣相配的字:——

    五古音中文 nguo   西藏文 lnga

    吾古音中文 nguo   西藏文 nga

    鱼古音中文 ngĭwo   西藏文 ńya

这个看起来很有道理,可是离开证明上古音那些字的韵尾是 -a 差得还远呐。究竟那 -a 是本来的或是后来的是很难说的,而且在中国语跟藏语没有作通盘比较之前,要从随便检的那末几个例来作结论是很危险的。

第二层呐,就是在中国古音系统里有一个古怪的空当。在古音 -â, -a, -o, -u 四个韵里头有以下的韵母:

等	开口		合口	合口
一	歌 kâ		戈 kuâ	模 kuo
二	麻 ka	麻 kwa		
三,四	麻 ĭa	○	鱼 kĭwo	虞 kĭu

第二行三等里应该有的 -ĭwa 是一个除掉一两个有问题的字❶

---

 ❶ 鞾字(通常作靴)在 *Analytic Dictionary*(第 60 页)作 χĭwa 归麻韵三等合口,但在《广韵》见戈韵,似应作 χĭuâ,在方音中如(常州)有读若虚的,也像是长 u 的痕迹。

以外,是并不存在的。这个很可以引诱人设想在上古音里头一定有予 ǐwa,诸 tśǐwa 那类的字,不过后来因为 w 的影响变成了古音时代的予 ǐwo 诸 tśǐwo 了。用这个说法来解释以下的谐声那就好极了:——

予 ǐwo ← *ǐwa　　　谐野 ǐa
诸 tśǐwo ← *tśǐwa　　从者 tśǐa

但是这种说法的难处马上就可以看出来的。在一二两等的例并没有空当。一到要解释吾古音 nguo 怎么可以谐衙 nga 的时候,那就不能够同样地假设说吾 nguo 是从上古 *ngua（nguo ← ngua）来的了,因为那就要跟一等戈韵例如卧字古音 nguâ 或是二等麻韵例如瓦字古音 ngwa 冲突起来了。假如吾当初是 ngua,后来变成 nguo,那末卧 nguâ 瓦 ngwa 也应该变成了 nguo,ngwo 了,而他们并没有变。

固然人家可以说古音戈韵的 -uâ 例如卧 nguâ 他是从别的音来的。这一点咱们得好好地想想,以后许可以看出来,要解决全问题这个可以给咱们一个很有根的起点。

在事实上,咱们的确能证明一等的韵母古音歌韵 -â（kâ 等等）音,戈 -ua（果 kuâ、卧 nguâ,等等）在上古时代真是有一种 a 音作主要元音,跟古音一样的。这个从谐声字跟《诗经》韵里头可以看得出来。在这两种地方他都跟支韵相通,现在在官话读 i,早一点读 iě,更早一点读 -iǎ 的。比方可古 k'â 谐奇 g'jiǎ,我古 ngâ 谐羲 ngjiǎ,波古 puâ 从皮古 b'jiǎ 等等。

在《诗经》里,河古 ɣa,他 t'â 跟儀 ngjiǎ 押韵:

《鄘风》"柏舟"一章

汎彼柏舟　　在彼中河
髧彼两髦　　实维我儀
之死矢靡他　母之天只

不谅人只

何 γâ 跟宜 ngjiǎ 押韵

《鄘风》"君子偕老"一章

....

象服是宜　　子之不淑

云如之何

磨 muâ 磋 ts'â 跟猗 iǎ 押韵

《卫风》"淇奥"一章

瞻彼淇奥　　绿竹猗猗

有匪君子　　如切如磋

如琢如磨　　..........

歌 kâ 跟池 d'˙iǎ 押韵

《陈风》"东门之池"一章

东门之池　　可以沤麻

彼美淑姬　　可与晤歌。

所以古音 -â, -uâ 韵在上古也有一种 -a 音作韵母是可以算确定的了。

拿这个做一个固定的出发点,咱们就可以进一步说,无论在谐声字或《诗经》韵,古音 -â, -uâ 不跟古音 -uo, -ĭwo(《切韵》模,鱼)相通的。这个规则我一共只晓得两个例外①。大致说起来这规则是异常的严格的。所以这个无疑的证明吾古音 nguo, 诸 tśĭwo 那类字的韵母 -uo, -ĭwo(《切韵》模,鱼)不是从一种上古的 *-ua, *-ĭwa 来的;这类的字在上古音看样子也是以 -o 那类的音为主要元音的。

这两点既然没有问题了,咱们就可以再拿 ka, pa, ĭa, tśĭa 等等字来作一个最后的审查。

马伯乐指出古音 -a 韵的字在上古音是分作两种,一种他假定

---

① 固 kuo 谐箇 kâ; 跟虘 dz'â 谐覷 ts'ĭwo。

是上古的 ò。但是这事情其实还更复杂呐。那些 -a, -ĭa 类的字一块儿算起来(《切韵》麻韵)从谐声字跟《诗经》韵里可以看出来有三种很清楚的字组：——

（a）一组的字在谐声跟《诗经》韵里跟古音 -â, -uâ (-iě ←) iă (《切韵》歌戈支)那些韵来的。这一组里有以下的字：——

加古音 ka 谐袈 kâ, 跟宜 ngjiă 押韵

《郑风》"女曰鸡鸣"二章

  戈言加之   与子宜之

  …………

麻 ma 谐摩 muâ, 跟歌 kâ 池 d′′iă 押韵

（见前"东门之池"）

沙 sa 谐娑 sâ, 跟多 tâ, 宜 ngjiă 押韵

《大雅》"凫鹥"二章

  凫鹥在沙   公尸来燕来宜

  尔酒既多   尔殽既嘉

  …………

差 ts'a 谐磋 ts'â

也 ĭa 谐他 t'â 跟池 d′′iă

蛇 dz'ĭa 从它 t'â 声，跟皮 b'jiă 押韵。

《召南》"羔羊"一章

  羔羊之皮   素丝五紽

  退食自公   委蛇委蛇

些 sĭa 从此 ts'iă 声

呙 k'wa 谐过 kuâ

化 χwa 谐货 χuâ

瓦 ngwa 跟仪 ngjiă 押韵。

《小雅》"斯干"九章

乃生女子　　载寝之地

载衣之裼　　载弄之瓦

无非无仪　　…………

此外咱们还得加许多从以上所得出来的字,例如:痂,袈,迦,嘉,枷,驾 ka,伽,茄 g'ĭa,麻 ma,砂,袈,鲨,纱 sa,槎 dz'a,嗟 tsĭa,娲,蜗,剐 kwa,花 χwa,这一组里头的字,无论是在谐声或是在《诗经》韵里,没有跟古音 -uo 或 -ĭwo 相通的。

(b)第二组的字在谐声跟《诗经》韵里是跟古音 -uo,-ĭwo(《切韵》模,鱼)相通的,那末间或也跟 -iu(《切韵》虞)相通。这一组就是给咱们发生问题的字。这里头第一样就有衙,牙古音 nga,贾,家,叚 ka,下,夏 γa,马 ma,巴 pa,拏 nja,且 ts'ĭa,车 tś'ĭa,野 ĭa,者 tśĭa,邪,斜 zĭa,瓜 kwa,夸 k'wa,华 γwa,其次还有从他们得出来的字也应当算在里头,如槚,嫁,稼,姖,茛,瑕,蝦,遐,霞,暇,廈 γa,厦,嗄 ṣa,玛,码,蚂,祸,骂,吗 ma,吧,疤,笆,把,爸,靶 pa,爬,琶,跁 b'a,姐 tsĭa,查 dz'a,赭 tśĭa,奢 śĭa,爷,椰 ĭa。这一组在谐声或《诗经》韵里从来不跟古音 -a,-uâ,-ĭä(《切韵》歌,戈,支)相通的。

(c)第三呐,就是像赦字古音 śĭa` 从赤 tś'ĭäk 又自己谐螫 śĭäk 的字。这个赦字显然是上古去声字来的:赦 śĭa`←-k`,① 这个韵尾先变了 -g,然后在古音以前早就掉掉了。这一组里头有以下的字:——

赦 śĭa`←-k` 如上文

乍 dz'â`←-k` 谐作 tsâk

怕 p'a`←-k` 从白 b'ɒk

亚 ·a`←-k` 谐恶 ·âk

---

① 这个从 -k` 尾来的 -ĭa` 又跟宕摄(《切韵》药):虐 ngĭak 等等用长短的不同来分辨的。

射 dź'ĭa` 又读 dź'ĭak（又得出来的谢 zĭa`←-k`,
麝 dź'ĭa←-k`）

借 tsĭa`←-k` 又读 tsĭäk,从昔 sĭäk

夜 ĭa`←-k` 从亦 ĭak,夜自己又谐液 ĭäk

寫 sĭa`←-k` 从舄 sĭäk,自己又谐瀉 sĭa`←-k`

蔗 tśĭa`←-k` 从庶 śĭwo` 又谐蹠 tśĭäk

以上三种(a),(b),(c),就是古音 -a, -ĭa（《切韵》麻韵的二三等开口），当中第一组是很显的,第二,第三组还要加一点解释：——

（a）就是上古 -a(-ĭa)：加 ka,也(d)ĭa 等等字

（b）在这一组马伯乐提议一个开 ò 是当然有理由的,因为咱们已经看见他们在谐声字跟《诗经》韵里是跟 -uo, -ĭwo 甚至 -ĭu 相通的。但是恐怕咱们没有充分理由假定这就是普通的开口 o,像马伯乐说跟鱼 -ĭwo 里头的 o 音一样,像德文 Gott,或是 kommen 的 o 音一样。因为在这个例咱们已经知道那个 o 是变成古音的 -a,而 -ĭwo 后来变成 iu 又变成 ü。在麻韵开口字咱们固然可以说：——

家上古 kò→古 ka→官话 kia,而：

居上古 kĭwò→古 kĭwo→官话 kü,

说因为家,居当中 w 的有无之不同,所以后来变得两样（马伯乐可是不承认居有 w,他说居是 kio`!）但是在麻韵合古字像这样的例：——

瓜上古 kwò→kwa,而：

居上古 kĭwò→kĭu→kü,

那就不近情理了,因为瓜,居都有 w,要假定一个 -wò 变成了 -wa 又一个 -wò 变成了 u(ü) 那是不可能的,所以瓜,居当中的 o 音一定有一点性质的不同的。

这是我们最后的一个难点了,这难点乍看起来好像很可怕的。

因为假如咱们设想那元音渐渐从 o 经过 â 变成 a（家上古 kò→kâ→ka）那咱们简直没法子解释别的有 â 的字像歌 kâ（上头已经证明原来就是 â）没有也从 â 变成 a。说歌字老是 kâ 不动，而家从 kò 经过 kâ 又变成 ka，这话是不能成立的。所以 ò＞â＞a 这个公式是不合式的。要解决这个问题可以从唐代别的韵变迁得来的。《切韵》江韵 kång 当中的元音是一个比德文 Gott, kommen 更开的音，仿佛像英文的 lɑw 普通所谓 o, â 之间的音，照马伯乐很巧的证明是这样变的：①——

江 kång→kåång→kåang→kang。在有辅音韵尾 -ng 的字。这现象一直晚到唐朝才有。现在我提议在更早得多的时候在没有韵尾的字也有一样的现象，比方上古家 kå，野 iå 那类字，就是说上古 kå→kåå→kåa→古 ka。

这种解决的法子的好处马上就看得出来的。一方面家 kå 跟呼 ɣuo 押韵，者 tśĭå 跟户 ɣuo，楚 tṣ'ĭwo 押韵，而谐都 tuo，诸 tśĭwo 就显得是很自然的事情了。又一方面呐：——

瓜 kwå 变成 kwåa→kwa 而

居 kĭwo 变成 kĭu→kü，

也就容易懂了。

（c）关于第三组就是上古音有韵尾 -k` 的字像赦 śĭa` 本来是 -k 变成的等等还得加一点解释。从谐声上看起来属于这一类的字其中一部分就是射 dź'ĭa，夜 ĭa，写 sĭa，有时候在《诗经》里跟 -uo, -ĭwo，甚至于跟 -iu 押韵，好像跟（b）类的字（家上古 kå 等等）一样似的，比方：——

射 dź'ĭa←-k` 跟御 ngĭwo 押韵

《郑风》"大叔于田"二章

---

① *Le Dialecte de Tch'ang-ngan sous les T'ang*，79 页。

```
..........         叔在薮
火烈具扬           叔善射忌
又良御忌           ..........
```

这个似乎很古怪,所以得解释一下。

押韵押得特别的,其实还不止上头说的古音 ia←-k` 等等的字,还有些别的上古 -uo 的字,就是本来 -k` 去声的字,也有同样的特别的押韵的地方。关于这种,我曾经找着十七个我以为靠得住的例:——

射 dź'ia`←-k` 跟御 ngǐwo,誉 ǐwo 押韵

关于射,御,例见《郑风》"大叔于田"

《小雅》"车辖"

```
              ..........
辰彼硕女        令德来教
式燕且誉        好尔无射
```

夜 ia`←-k` 跟圃 puo,瞿 kǐu,居 kǐwo,呼 χuo 押韵

《齐风》"东方未明"三章

```
折柳樊圃        狂夫瞿瞿
不能辰夜        不夙则莫
```

《唐风》"葛生"四章

```
夏之日          冬之夜
百岁之后        归于其居
```

《大雅》"荡"五章

```
              ..........
靡明靡晦        式号式呼
俾昼作夜
```

写 sia`←-k` 跟湑 sǐwo,语 ngǐwo,处 tś'ǐwo 押韵

《小雅》"蓼萧"一章

```
蓼彼萧斯        零露湑兮
既见君子        我心写兮
```

燕笑语兮　　　是以有誉处兮

路 luo`←-k` 跟故 kuo,椐 kǐwo,固 kuo,诩 χǐu 押韵

《大雅》"皇矣"二章

....

　　启之辟之　　　其柽其椐
　　攘之剔之　　　其檿其柘
　　帝迁明德　　　串夷载路
　　天立厥配　　　受命既固

《大雅》"生民"三章

　　实覃实訏　　　厥声载路

....

露 luo`←-k` 跟故 kuo 押韵

《邶风》"式微"一章

　　式微式微　　　胡不归
　　微君之故　　　胡为乎中露

莫 muo`←-k` 跟圃 puo,瞿 kǐu,除 d´ǐwo,居 kǐwo,顾 kuo,怒 nuo,故 kuo,虞 ngǐu 押韵

《唐风》"蟋蟀"一章

　　蟋蟀在堂　　　岁聿其莫
　　今我不乐　　　日月其除
　　无已大康　　　职思其居
　　好乐无荒　　　良士瞿瞿

《大雅》"云汉"六章

　　旱既大甚　　　黾勉畏去
　　胡宁瘨我以旱　憯不知其故
　　祈年孔夙　　　方社不莫
　　昊天上帝　　　则不我虞
　　敬恭明神　　　宜无悔怒

愬 suo`←-k` 跟茹 ńźǐwo,怒 nuo 押韵

321

《邶风》"柏舟"二章

  我心匪鉴 不可以茹
  亦有兄弟 不可以据
  薄言往愬 逢彼之怒

庶 sĭwo` ←-kˋ 跟固 kuo,除 dˆiwo,顾 kuo,怒 nuo 押韵

《小雅》"小明"二章

  昔我往矣 日月方除
  曷云其还 岁聿云莫
  念我独兮 我事孔庶
  心之忧矣 惮我不暇
  念彼共人 睠睠怀顾
  岂不怀归 畏此谴怒

度 dˆuo` ←-kˋ,跟虞 ngĭu 押韵

《大雅》"抑"五章

  质尔人民 谨尔侯度
  用戒不虞 慎尔出话
  …………

从这上咱们似乎非得说或者每段第一个字射 dźˊĭa,夜 ĭa` 等等在上古音本来有舌根辅音韵尾;或者说其余的御,誉,圃等字也有这种韵尾。第一个说法自然不能成立的;非但从说文上可以看出来舌根韵尾的痕迹,在《诗经》里,除掉上述的押韵法以外,那些字在别处也跟入声字押韵,例如

夜 ĭa` ←-kˋ:夕 zĭäk:恶 ·âk

《小雅》"雨无正"二章

  ………… 莫知我勩
  三事大夫 莫肯夙夜
  邦君诸侯 莫肯朝夕
  庶曰式臧 覆出为恶

庶 sĭwo` ←-kˋ:炙 ts'ĭäk:客 k'ɒk

《小雅》"楚茨"三章

....　　　　为俎孔硕

或燔或炙　　　　君妇莫莫

为豆孔庶　　　　为宾为客

....

等等。第二个说法似乎又说得太远了,那就得在那一大些 -uo, -ĭwo, -ĭu 韵的字上装了舌根辅音韵尾,这个结论只根据《诗经》里不到二十个例的证据似乎太靠不住了。但是幸而还有一个第三种可能。另外还有一个很显的事实来领路。

在上表的右边那些字像御 ngĭwo 呼 χuo 等等固然有时候跟夜 ĭa` ←-k`,莫 muo` ←-k` 押韵,但他们从来不跟笃(古音 tuok)现在我们叫入声的字(就是一直到古音跟现在方言还保存了 -k 音的字)来押韵。这个不能纯粹是偶然的,乃是证明在周朝时候像夜 ĭak`,莫 muok` 那类字的辅音韵尾一定起头变弱了(后来不久就掉掉了):ĭaᵏ`, muoᵏ`,因此虽然像居 kĭwo,笃 tuok 那种韵不可能,而偶尔可以有以下的这种韵:

莫 muoᵏ` :居 kĭwo;

庶 śĭwoᵏ` :顾 kuo;

夜 ĭaᵏ` :居 kĭwo,呼 χuo。

这最后的韵真是勉强极了(因此这类的例也是很少很少见的),所以不免教人想说在上古音像射,夜那类字的韵母不是一个 -ĭakˋ,而是一个 -ĭâkˋ,到后来 -k 音掉了,夜 *ĭâ 就跟野字一样从 ĭâ 变成 ĭáă,变成 ĭa 那末变的。不过这个说法对于亦 ĭäk:夜 ĭa 等等字谐声的关系又不大好,光凭这末点理由似乎是难成立的。

Ⅲ. Simon 的韵尾说

这篇东西正要付印的时候,——本来是在 1928 正月在伦敦东方学学校一个讲演的题目，——我接到了柏林 Dr. Walter Simon 的一篇文章①，这个学者在那文章里讨论了好几个上文所讨论的题目，而且有些极有趣的暗示，所以不能不看看他的说法，然后现在的讨论才能算完。

在我的 *Analytic Dictionary* 里头，是从谐声字里得到明白证据之后，然后才断那个字在上古音是有舌尖音或舌根音韵尾（后来未到古音时代就失掉的）；就是像上文讨论的列 liät：例 liäï 那类的字。Simon 要证明这类上古韵尾失落的现象还要遇见的多得多，有许多类的字在古音（《切韵》）虽然是元音韵尾，在早先是以辅音收音的，而且包括好些从说文上一点也看不出来有辅音韵尾的字。

先说 Simon 对于我早先提议上古韵尾的种类的说法他不赞成。我早先是说普通入声是 -p, -t, -k：答 tâp，割 kât，木 muk，像例古音 liäï，裕古音 ĭuˋ 韵尾是 -d, -g。他所提议的是前者是带音的破裂音 -b, -d, -g，而后者就因为想不到更好的说法，是带音的磨擦音 β, δ, γ：——答 tâb，割 kâd，木 mug；
例 liäδ，裕 ĭuγ（δ 像在英文 *th*at；γ 像在北方德文 wagen）
他对于这个修正案没有给一个充分的理由。他一方面说在古代西藏语（大概是跟中文有关系的）从前没有 -p, -t, -k，只有 -b, -d, -g，因为嚁在上古中国音大概有 -b, -d, -g，不过后来变成不带音的 -p, -t, -k，像德文 Bad 读 bat 一样。这个仅仅乎是一个揣度。为什么西藏的 -b, -d, -g 音是原始的，而中国音是后来的，很难看得出来。要说西藏文原来是有 -p, -t, -k，因同化等等作用（Sandhi）变成带音，后来他的势力扩充了变成一切辅音韵尾都是 -b, -d, -g 了，这个一样说得过去。或者更像一点，——也许西藏语从前 -b, -d, -g, -p,

---

① "Zur Rekonstruktion der altchinesischen Endkonsonanten" *Mitteilungen des Seminars f. Orientalische Sprachen*, B d. XXX, Abt. 1, 21 页。

-t, -k 都有的(就像中国语我想我能证明也有),不过后来由仿效作用(analogy)都变成 -b, -d, -g,这种普遍化简单化的现象是跟支那语性很相合的。关于这些,我们现在实在是没有的确的智识,从西藏语的情形上,也不能证明关于中国语的什么。Simon 还有一个理由,就是说入声 -t(照他是 -d)在古代翻译外国字当 r 用,而在朝鲜的中国音就跟 l 相当(割古音 kât,朝鲜 kal)。他想这个证明上古中国音的韵尾是带音的(-b, -d, -g)。但是这并不见得证明了。固然在中国北部有些地方在唐朝,甚至于在唐朝前一点儿,像割 kât 一定是 Kâδ,这个一方面可以从朝鲜的中国音(大约西历六百年)看得出来,又一方面可以从佛经的音看出来,例如羯摩 kĭät-muâ 等于 karma,这是拿 δ 当作 r,但是这个带音韵尾 δ 在汉朝初年是显然没有存在的,因为在那时候外国的 r 音不是这样翻译的,乃是用中国 -n 翻译的,例如安息 ân-sĭək = Arsak。[①]

从日本的"音读",无论是吴音(第五,第六世纪)或是汉音(第七世纪)都可以证明 -t 变作 -δ 是纯粹局部的现象(大概是北方的音)而不是普遍的。从两种音读的字里头都看出来他们借的字都是根据中国 -p, -t, -k 韵尾而不是 -b, -d, -g 来的。这个可以用一个相近的例来证。古代日本音没有韵尾 -ng,所以他们翻译中国的刚 kang 用 kagu(→kau→kō)。假如当初日本人听见各字念作 kâg,他们一定会把这个翻成 kagu 不会翻作 kaku 了。那末既然在吴音跟汉音各字都是 kaku,可见他们当初听见的一定是 kâk 不是 kâg 了。同样也可以看出来古时日本人听中国的割是 kât,蛤是 kâp,因为假如他们当初听见的是 kâd 跟 kâb,那么按情理在他们一定会把他们翻成 kadu(变成现在 kadzu)跟 kabu,而不是像他们实在所写的 katu(现在 katsu)跟 kapu(现在 kō)了。

---

① 看 F. Hirth, *China and the Roman Orient*, 1885, 139 页。

那么一来，Simon 的入声字答 tâb，割 kâd，木 mug 的说法又落空了。咱们要没有积极的证据对于作结论就得小心。咱们知道中国入声字有不带韵尾 -p，-t，-k，因为他们在南部方言仍旧还存在，咱们（除掉刚才说的北部局部的变化 -t 变作 -δ）从日本音读的证据上也知道在中国古音也是这样的。所以要敢说上古中国音这个韵尾有别种音质，那非得要有很强的积极的证据，而这种证据现在并没有。

Simon 的例 liäi`←liäδ`，裕 ĭu`←ĭuɣ` 的说法更不像了。他设想这一类字的韵尾是摩擦音的唯一的理由就是想不到别的辅音。-t，-k 他想在这些字里不行，而 -n，-ng 在别的字组里已经有，那末除 -δ，-ɣ 剩下来没有别的音了！咱们一会儿可以看出来 Simon 还要把这 -ɣ 整大批的用在上千上万的字里头呐。要说这个很古怪的 -ɣ（这个音在别的语言里大概是只当 g 音的一种变化发生的）是上古中国音最常的韵尾的一个，这事情说他不像会有还是说轻了。这个困难其实是得用我上头所提议的去调入声的说法来解决的。Simon 所以不得已用这个勉强的说法是因为他还相信我早先的假设说列 liät 跟例 liäi` 的韵尾辅音一定要不同的。他的区别跟我从前的一样，不过他所用的音值（在我的意见是不能成立的音值）跟我的不同就是了：——

    Karlgren 1923   列 liät，   例 liäi`←liäd.
    Simon 1928   列 liäd，   例 liäi`←liäδ`.
    Karlgren 1928   列 liät，   例 liäi`←liät`.

我的新说法就可以把我们两个人的困难（例 liäd 跟 liäδ）都免去了。

但是像前头说过，Simon 非但要把舌尖舌根韵尾辅音（照他的说法 -δ，-ɣ）放在从谐声上有的确证据的字里头，并且还要放在好些别的大类的字里头。要作这一步他先反对我的上古韵尾辅音产生去声的说法(*Analytic Dictionary*,28页)❶(Karlgren,1923,例 liäd→liäi`)。我想在若干限度之内,他是对的,这是上文已经说了。我相信我是把因果倒置了,我所应当说的是:上古例 liät` 的去声产生出来 liät`→liäd`→liäi` 的变化。但是 Simon 还走进一步,这就走得太远了:他否认古音例 liät`,裕 iu` 那类字的去声声调跟他们辅音韵尾的失掉当中有任何关系。拿一点统计就可以证明这不能这末说的。假如查我的 *Analytic Dictionary*(里头大约有六千常用字)找里头的从说文上可以证明是上古韵尾掉掉的字,就会看出来凡是能够证明掉掉了的音是舌尖音的(例 liäd→liäi` 那类的字)一定是去声字,——这是包括有不同的四十五套的谐声字。还有从谐声上看出来是曾经掉掉了舌根韵尾的字(像裕 iuk→iu` 那类的字)在不同的六十二套谐声字里,有一大些是跟去声走的。跟这些对待的,Simon 只能举十七套谐声字是从谐声上看出来曾经掉掉舌根音而有别种声调的(平声跟上声)。而且他也注意到凡是这些"例外"都是掉掉舌根音而不是掉掉舌尖音的字。

Simon 所举的十七套例(其中好些套只有一个字)在我的 *Dictionary* 里是属于以下的声符的:亥,亚,由,告,高,敫,冓,觉,翏,儿,莫,包,舄,肃,是,庶,若,例如:——

亥古音 'γâi (谐该 ˌkâi 等等),——从刻 k'ək, 核 γək 上证明是舌根韵尾。

高古音 ˌkâu (谐篙, 膏 ˌkâu 等等),——从鷊 γâk, 鄗, 謞 χâk 上证明是舌根韵尾。

由古音 ˌiŏu (谐紬 d'ˈiŏu 等等),——从轴 d'ˈiuk, 笛 d'iek 上证明是舌根韵尾。

除掉 Simon 所举的还有些别的例子,特别在交,毛谐声的字,还有些罕用的字(看下文)。

---

❶ 《国学论丛》第一卷第二号二十三页。

就单单因为这几个例，Simon 就把那个通则撇开了，——就是从说文上看出来是失了上古韵尾的字跟去声的关系而且在舌尖音是没有例外的通则，——他就想他可以自由假定像在裕 ĭu` 的辅音韵尾（这字的舌根韵尾是从谷 kuk 推测出来的），在许多别的字里头不管是平声上声跟去声一样有舌根韵尾的。这样否认去声的通则可是不行，而且为 Simon 的用处也不必要。咱们只要能够把通则的例外（亥, 高, 由等等的字）解释了就可以明白有了这通则并不是一定不能说上古音某种的舌根韵尾也可以在平声上声里头见的。现在既然有上头说的去调入声的结论，这个解释就不难作了。

假如去入相谐像裕 ĭu` 从谷 kuk 这倒是常例，而平上跟入声相谐像高 ‹kâu 谐鄐 χâk 是罕见的，那一定是因为前者的主谐字（声符）跟被谐字比后者主谐字跟被谐字的音相近得多一点。现在咱们是假定裕 ĭu`←-k`（从谷 kuk）当中的辅音韵尾是相同的。但是对于第二种例，咱们不能承认辅音韵尾是完全相同，因为假如高字在上古也是 kâk 到古音变成 ‹kâu 那末就不能解释为什么各 kâk 不也变成 ‹kâu 而在古音仍旧是 kâk。❶ 所以结果只好说在高字上古音一定有一种别的舌根音，跟鄐古音 γâk 裕 ĭu`←-k` 两样一点的音。有好几种可以想到的：高 kâg, kâχ, kâγ, 不过最简单最自然的就是写 kâg，这样让 -g 代表一个不是 -k 而此外不知道甚么性质的符号。❷ 这样我们就得以下的表：——

❶ 参考前第 303 页注 ❶。
❷ 藏文 ག 字在一般的罗马字对照法（transliteration）写作 g，这个音当韵尾用的时候，有时候读成一种很轻的 -k 或 -g，有时候舌根不抵腭，就成一种 -χ, -γ, 或 -ɯ（不圆唇的 -u）。像高类的字说不定在上古某时某地方也有这种不明白的音。换言之，非但咱们现在对于这韵尾性质的知识不明白，就知识明白了之后也许这音本身就是个不明白的音。

	上古	古
平	各 kâk →	kâk
去	裕 ĭuk` →	ĭu`
平	高 ˏkâg →	ˏkâu

这个说法可以完全解释上头讨论谐声通则的例外，就是像亥 ɣâi ←-g 谐刻 k'ək, 高 ˏkâu ←-g 谐鄗 χâk 那类的例：这些跟去声不发生关系的，因为他们是上古一种 -g 尾字，跟例 lĭäi` ←lĭät`, 裕 ĭu` ←-k`（上古 -t, -k）是性质不同的；而且因为高 kâg：鄗 χâk 音不甚相近，在谐声原则上要算是"例外"，结果所以这类的字的确是很少。这种说法也可以满足 Simon 要在去声以外自由寻找失去的辅音韵尾的要求：不过所找出来的失去的辅音不是那个例子很多的 -k（在裕 ĭu` ←-k`），而是个 -g。

Simon 说上古有舌根辅音韵尾的字当中一组就是古音 -ðu, ĭðu（《切韵》：侯，尤）跟古音 uâi, -wi（《切韵》：灰，脂迨）在谐声上跟《诗经》韵里相通的字例如：——

有古 jĭðu 谐贿 χuâi, 洧 jwi

九古 kĭðu 谐轨 kjwi

亩古 mðu 跟秠 pjwi 押韵

《大雅》"生民"六章

　　　恒之秬秠　　　是获是亩

丘古 k'ĭðu 跟媒 muâi 押韵

《卫风》"氓"一章

　　　…………

　　　送子涉淇　　　至于顿丘

　　　匪我愆期　　　子无良媒

我从前在 *Analytic Dictionary* 里解释这个古怪的现象的法子是说 -ĭðu 的 -u 音后头上古还有 -i: 有 jĭěu←-g-, -uǐ 谐贿 ɣuâi 跟

329

洧 jwi 音，——这个意思是从马伯乐(*Dialecte de Tch'ang-ngan*, 86页)，在1920给的一个暗示得来的，Simon 不这末说，他有一个有趣儿的说法说这些字的 -u 跟 -i 都是上古一个舌根韵尾(照他说是 -ɣ)剩下来的痕迹到古音念成元音了：——

有上古 gǐəɣ 谐贿 χuâɣ 等等；

那末照咱们上头得的结论就得改成：——

有上古 gǐəg 谐贿 χuâg 等等。

咱们先得注意光是解释这里头的谐声跟《诗经》韵的可能不能就算一个证据。① 因为马伯乐跟我的说法一样可以解释他的。那不过是两种可能的说法当中的一种。

要他站得住，那还得要证。

要证这个 Simon 举几个 -ðu, -iðu 在上古音无疑的有舌根韵尾的例，例如，祝 tśĭðu` 又读 tśĭuk，繡 sĭðu` 从肅 sĭuk，跟彀 kðu` 从殼 k'ǎk。他就说既然有些古音 -(ĭ)ðu 的字能证明是有上古舌根韵尾的，那末何妨也假定古音"有" ɣĭðu (Simon 上古 gĭəɣ)那类字也有上古舌根韵尾的。这个说法似乎很中听。

但是咱们得记得像祝 tśĭðu`←-k 跟繡 sĭðu`←-k 的例虽然在比较的晚时期的古音(西历第六世纪)是跟有 jĭðu 同韵尾，可不能说这就是证明有字在上古音也有舌根韵尾。要假定这个就是方法的错误了。那就仿佛是说因为 High German *auf* 是从古 German *ūf* 来，所以 H. G. *Kauf* 一定是从 *kūf 来，*Hauf* 从 *hūf 来，而事实上 *kauf* 本来是 *kouf*, *Hauf* 本来是 *hūfo*。当然没有理由说所有的古音 -ĭðu 都是从同一种上古音来的。其实说几种上古音合并了成古音的 -ĭðu 是很可能的，就像我在上文证明上古 -a, -å 跟 -ak` 都合并

---

① 这个不能跟因为列 lĭät 有舌尖韵尾所以例 lĭäi` 也有舌尖韵尾那种例相提并论。

了成古音的 -a 一样。所以像繡 sǐðu` 那种例不能算是有 jǐðu 那种字在上古音也有舌根韵尾的证据：他们也许完全是另外一个来路。要证明 -ðu, -ǐðu：-uâi, -wi 的字在上古音有 -g 韵尾的唯一方法就是要在谐声或是《诗经》韵里找出他们跟真正入声字（木 muk，笃 tuok, 肃 sǐuk 等等），——就是上古跟古音无疑的有舌根韵尾的字，——发生相通的关系。

Simon 倒是想找这类字跟入声字相谐的例，像有 jǐðu（九、某等等里头 ðu：i 可以互换）。但是他一共只找到了两个例。

第一个就是有字是郁（古音 ·ǐuk）的谐声。这个可能是可能，但是不见得靠得住。郁是影母字，在上古音是不另有声母的，而在上古是另有声母；所以这也许是个会意字（郁就是咱们所"有"的"邑"）。

第二个例，九 kǐðu 谐旭 χǐwok 也是一样的靠不住。九固然许是声符，但是也许是会意：在我的 Dictionary 我就把旭字当"九个日头"讲。本来这个字也许就是从《山海经》里所说扶桑树上九个日头的神话来的，就是《淮南子》里头说那个善射者，射下来的九个日头（乌鸦）。

固然可以说因为谐声字里头 -ǐðu 跟 -uâi, -wi 相通的例本来不多，所以找到这个里头有舌根韵尾的例当然会不多，因此不能说例少，就是不可能。这也许对的；不过咱们得要明白这类的例，假如 Simon 找到很多就可以证明他的说法，现在既然没有找到很多，那末他的说法就是仍然没有积极的证据。

所以咱们现在得明白 Simon 关于有，贿（-ðu：-i 互换的字）舌根音韵尾的学说只是说明了，而并没有证实。因此他接着又作些范围很大的结论是更危险的了。他说（原文第 14 页）："何以见得只有 -ðu 跟 -uâi, -wi 互换的字才有 -ɣ 韵尾呢？同样为甚么不会所有 -ðu 韵字都是这样呢？更进一步，既然在谐声跟《诗经》韵

里 -ðu, -âu［豪］①互换,为甚么 -âu 韵的字不也是这样呢？还有最后,既然 -ieu, -iäu［萧,宵］在谐声跟韵里都跟 -âu 互换,他们不也是这样吗？所以咱们现在不能不断定说拢总的在切韵时候是 -au, -âu, -ieu, -iäu, -ðu, -ĭðu 韵的字里头的 -u 一定是从一个早期的 -ɣ 来的。"所有这些话当然不过是个揣度。光知道在第六世纪古音这几个包含字数极多的字组以 -u 收音,咱们并没有权利能作范围那末广的结论。可是那位著者觉得这个范围还不够广。他把他的上古舌根韵尾还用在一个别的大字组上。他看见古音 -ĭðu, -ĭu［尤,虞］常常通谐：孚 p'ĭu 谐浮 b'ĭəu,偷 t'ðu 跟输 śĭu 同样声符,等等,他就作个结论(原文第 15 页)说,"那个复合元音 -ðu 咱们已经追溯到一个早期的 -əɣ,因此跟 -ðu 互谐的复合元音 -ĭu 早先一定是个"-ĭuɣ"。那么既然有些谐声字里同时有 -uo, -ĭu 又有 -ðu,例如补 puo,甫 pĭu,牖 ĭðu,他就推想 -uo：-ðu 互换, -uo：-ĭu 互换都是上古舌根韵尾的征状。此外在《诗经》里他又找了些古音 -ĭu 跟古音 -uo, ĭwo, -a, -ĭa 押韵的例,比方：——

　　杜古音 d'uo 跟父 b'ĭu 押韵

　　　《唐风》"杕杜"一章

　　　　有杕之杜　　　其叶湑湑

　　　　独行踽踽　　　岂无他人

　　　　不如我同父

　　　　⋯⋯⋯⋯　　　⋯⋯⋯⋯

　　女古音 ńĭwo 跟舞 mĭu 押韵

　　　《小雅》"车舝"三章

　　　　虽无德与女　　式歌且舞。

　　下古音 ɣa 跟羽 jĭu 押韵

---

① 寿 źĭðu：祷 tâu；号 χâu：枵 χĭâu

《陈风》"宛丘"二章

  坎其击鼓　　宛丘之下

  无冬无夏　　值其鹭羽

野古音 ĭa 跟武 mĭu 押韵

《郑风》"叔于田"三章

  叔适野　　　巷无服马

  岂无服马　　不如叔也

  洵美且武。

  这里他的结论也是说从 -ĭu 跟 -uo(ĭwo)-a(-ĭa) 押韵上，看出在这些韵里上古都有 -γ。这样他给古音 -o，-a 的这很大的字组，例如土 tʻuo（跟从土的字），女 nĭwo（跟从女的字跟从如的字），下 γa，予 ĭwo（跟从予的字，野 ĭa，舒 śĭwo 等等），等等都装上一个上古的舌根韵尾。①

  咱们现在看出来 Simon 用了几层方法上不能成立的推论，他的结果比前题所能容许的走的远的多；因为有些古音 -ĭə̆u 的字（例如繡 sĭə̆uˋ ← -kˋ）在上古无疑的是有舌根音韵尾，又因为假定了一个舌根音韵尾可以作一个有 jĭə̆u 贿 χuâi 相通的解释之一（两种可能的解释之一），他就断定拢总古音 -(ĭ)ə̆u 音的字在上古都有舌根韵尾；因为有的古音 -âu，-au，-ieu，-ĭäu 的字在谐声跟《诗经》里跟有的古音 -ĭə̆u 韵的字相通，他就断定说拢总 -âu，-au，-ĭə̆u，-ĭäu 的字也都有那同样（他以为他已经证了拢总 -ə̆u 韵的字都有的）的舌根韵尾；因为有的古音 -uo，-ĭwo，-a，-ĭa 跟有的 -ĭu 韵的字相通，又因为有的 -ĭu 韵的字跟有的 -ə̆u 韵的字相通，他说断定 -uo,

---

① 他的学说似乎可以解释《诗经》乎，古音 γuo 跟家，古音 ka 押韵的现象（参看上文的讨论）；这就是说上古乎 γuoγ 可跟上古家 kaγ 押韵的话。但是这个说法并没有价值，因为在《诗经》里既然 -âng 跟 -uong 不押韵，一个设想 -uoγ 跟一个 -aγ 也不会押韵。所以用 Simon 的学说并不能给乎，家一个满意的解释；他的真解释乃是如上文所说的。

-ǐwo 跟 -ǐu 相通或是 -a(-ǐa) 跟 -ǐu 相通的例都证明这些字组里头的字有一个已失掉的上古的舌根音。他的理论步步的立脚地的稳固都靠上一步的稳固,那末既然他每步走的都比前题所能容许的远了一点,那就结果一步一步增加的靠不住。

我现在虽然对于 Simon 的文章里的结论作些方法上面的问难,我可是要声明,我并不以为他的观念是无稽。我倒是觉得这个学者对于语言学上有一个很精明的洞见。咱们不由得会觉得 Simon 疑心古音两拼跟三拼的字的韵 -(ǐ)ðu, -(u)âi, -âu, -ǐäu 等等里头至少有好些在早时期总有甚么辅音韵尾,而那许多 -u, -i 实在是这些辅音变成元音的痕迹,他疑心的恐怕是对的。他的学说当然是很巧,所以值得试一试。咱们要看看能不能找到点证据,假如找着的话,再看他的设想能够成立到甚么样的程度。

(1) 咱们现在先看看在谐声跟《诗经》里 -ðu 跟 -i 相通的例,作为研究的起点。谐声字有底下几套(看 Simon 原文 12 页):——

不古音 pǐðu (:丕 p'jwi)　　否 pǐðu (棓 puâi)

又古音 jǐðu (:灰 χuâi)　　有 jǐðu (贿 χuâi)

九古音 kǐðu (:轨 kjwi)　　咎 g'ǐðu (臯 kjwi)

龟古音 kjwi (:阄 kǐðu)　　某 mðu (媒 muâi)

音古音 p'ðu (:倍 puâi)　　隹 tświ (售 źǐðu)

以上只有 -ǐðu, -ðu 跟 -uâi, -wi 相通的例。但是假如再看《诗经》的韵,就又有 -i, -âi, -ai,例如:

采古音 ts'âi : 已 i : 右 jǐðu : 沚 tśi

《秦风》"蒹葭"三章

蒹葭采采　　白露未已
所谓伊人　　在水之涘
溯洄纵之　　道阻且右
溯游从之　　宛在水中沚

李古音 lji：子 tsi：母 mǒu

《小雅》"南山有台"三章

  南山有杞　　北山有李
  乐只君子　　民之父母
  乐只君子　　德音不已。

海古音 yâi：止 tśi：友 jiǒu：母 mǒu

《小雅》"沔水"一章

  沔彼流水　　朝宗于海
  鴥彼飞隼　　载飞载止
  嗟我兄弟　　邦人诸友
  莫肯念乱　　谁无父母

载古音 tsâi：喜 χji：右 jiǒu

《小雅》"彤弓"二章

  彤弓弨兮　　受言载之
  我有嘉宾　　中心喜之
  钟鼓既设　　一朝右之

否古音 piǒu：史 i：耻 t'i：怠 d'ǝi

《小雅》"宾之初筵"五章

  凡此饮酒　　或醉或否
  既立之监　　或佐之史
  彼醉不臧　　不醉反耻
  式勿从谓　　无俾大怠
  …………　　…………

戒古音 kai：事 dz'i：亩 mǒu

《小雅》"大田"一章

  大田多稼　　既种既戒
  既备乃事　　以我覃耜
  俶载南亩　　播厥百谷
  …………

梅古音 muâi：尤 jǐəu

《小雅》"四月"四章

<ruby>山有嘉卉</ruby>　　<ruby>侯栗侯梅</ruby>

<ruby>废为残贼</ruby>　　<ruby>莫知其尤</ruby>

Simon 当然也留心到这个的,他就很一致的断定所有这些 -i, -âi 的韵在上古都有舌根音韵尾。他只举了几个 -i 跟 -âi 的例(原文第 13 页)(而没留心到戒 kai 的例)但是咱们最好还是把《诗经》里关于这个问题的字全体聚拢来：——

古音是 -i 而跟右列各字的一个或一个以上押韵：——

期,基,箕,姬,纪古音 kji 杞,屺,芑 kʻji,淇,骐 gʻji,薿 ngji,喜ɣji,矣 ji,以,已,苡,饴 i,耻,祉 tʻʻi,治 dʻʻi,之,止,沚,趾 tśi,蚩,齿 tśʻi,士,仕,事,涘,俟 dzʻi,史,使 ʂi,诗,始 śi,时,恃 źi,李,里,狸,鲤,里,理 lji,耳 ńźi,子,梓,耔,兹,鼒 tsi,丝,思 si,耜,似,祀 zi

海 χâi,来,莱 lâi,哉,载,宰 tsâi,采 tsʻâi,在 dzʻâi,息,殆 dʻâi,戒 kai

龟 kjwi,逵 kʻjwi,秠 pʻjwi,备 bʻjwi

晦 ɣuâi,媒,梅 muâi

古音是 -əu 而跟左列各字的一个或一个以上押韵：——

母,亩 məu

久,玖,疚 kǐəu,丘 kʻʻǐəu,裘俅,仇,旧 gʻǐəu,牛 ngǐəu,又,有,友,侑,尤,忧,右 jǐəu,否,纰 pǐəu,负,妇 bʻǐəu,谋 mǐəu

假如 Simon 的主要观念是对的,就是说以上各字在上古音都有舌根韵尾,那末咱们就得假设比方一面上古基 kjig,采 tsʻâg,戒 kag,媒 muâg,龟 kjwig,而又一方面上古久 kǐəg,母 məg,在前者那个 -g 后来变成元音的 -i,而在后者变成元音的 -uo。至于说这个韵尾不是一个 -k 而是一个 -g(如上文所用当作一种除掉 -k 以外的一种性质没确定的舌根音)那是跟上文所说的高由等等字一样理由,就是因为造字者通常不拿 -i 跟 -ðu 韵的字跟入声(古音 -k)的字通谐。

要用积极的证据来证明这些大字组里头的上古舌根韵尾，——除了利用支那语系比较语言学方法以外，——只有两条路。一方面是看在《诗经》①里这些字是不是很有跟老的 -k 尾字押韵的，还有一方面就是看这类的字(比方一个有字一个以字)是不是有时候反着常例来作入声字(上古跟古音都是 -g 尾)的谐声。

要找《诗经》里头有好些那类的字似乎不大近情理，因为 -âg : -âk 本来不是很工的韵。所以咱们不能指望能找到许多例，可是既然如此，《诗经》里所有的，因作诗者特别自由而成立的少数的例当然更有价值了。

第一层咱们似乎很愿意利用下列的例：——

止 tśi：试 śi` ←-k`

《小雅》"采芑"一章

于此菑亩　　方叔涖止
其车三千　　师干之试
方叔率止　　乘其四骐
....

载 tsâi：意 ·i` ←-k`

《小雅》"正月"十章

....　　............
屡顾尔仆　　不输尔载
终逾绝险　　曾是不意

究 kǐəu 祝 tśǐəu` ←-k`

《大雅》"荡"三章

....　　............
侯作侯祝　　靡届靡究

---

① 我把现在的研究限于《诗经》算是最古的诗集，但是从《楚辞》《庄子》等等也可以找些旁证。

因为要说试 śiˋ 算是上古 śikˋ 意 ·iˋ 算是上古 ·ikˋ（里头的 -k 尾如上文所讲在古音以前因为去声而失落了）可以从谐声上看出来（式古音 śiək 谐试，億 ·iək 从意）；要说祝 tśĭŏuˋ 算是上古 -k 尾可以从他的又读 tśĭuk 看出来。

但是这种证据并不充足，因为上文已经说，咱们有理由相信这些去声字的 -k 尾在早年已经变弱了（后来就全掉了），那么在幼稚时代的诗里不很讲究押韵的时候，像下列的韵

  止 tśi   ：试 śik

  载 tsâi´   ：意 ·ik

  究 kĭŏu   ：祝 tśĭŏuk

也可以成为一种妈妈呼呼的韵了。比那个强得多的证据还是要算入声韵的字，就是在上古不是去声因而在古音跟现在南部方言当中还保存 -k 尾的字：——

  戒 kai 跟翼 ĭək，服 pĭuk，棘 kĭək 押韵

  《小雅》"采薇"五章

  ………… …………

    四牡翼翼   象弭鱼服

    岂不日戒   玁狁孔棘

  来 lâi，载 tsâi 跟牧 mĭuk，棘 kĭək 押韵

  《小雅》"出车"一章

    我出我车   于彼牧矣

    自天子所   谓我来矣

    召彼仆夫   谓之载矣

    王事多难   维其棘矣

  载 tsâi 跟辐 pĭuk 押韵（见前"正月"）

  又 jĭŏu 跟克 kʻək 押韵

  《小雅》"小宛"二章

    人之齐圣   饮酒温克

彼昏不知　　壹醉日富
各敬尔仪　　天命不又

载 tsâi 跟息 sĭək 押韵

《小雅》"大东"三章

………　　………
薪是获薪　　尚可载也
哀我惮人　　亦可息也

来 lâi 跟服 pĭuk 押韵

《小雅》"大东"四章

东人之子　　职劳不来
西人之子　　粲粲衣服

祀 zi,侑 jĭəu 跟棘 kĭək,稷 tsĭək 翼 ĭək,亿 ·ĭə 食 dź'ĭək,福 pĭuk 押韵

《小雅》"楚茨"一章

楚楚者茨　　言抽其棘
自昔何为　　我蓺黍稷
我黍与与　　我稷翼翼
我仓既盈　　我庾维亿
以为酒食　　以享以祀
以妥以侑　　以介景福

祀 zi 跟食 dź'ĭək,福 pĭuk,式 śĭək,稷 tsĭək 等等押韵

《小雅》"楚茨"四章

苾芬孝祀　　神嗜饮食
卜尔百福　　如几如式
既齐既稷　　既匡既勑
………

祀 zi 跟黑 χək,稷 tsĭək,福 pĭuk 押韵

《小雅》"大田"四章

曾孙来止　　………

339

来方禋祀　　　以其骍黑
　　　与其黍稷　　　以享以祀
　　　以介景福。

又 jĭŏu 跟识 śĭək 押韵

《小雅》"宾之初筵"五章

　　…………　　　…………
　　　三爵不识　　　矧敢多又

载 tsâi 跟直 dˊˋĭək 翼 ĭək 押韵

《大雅》"绵"五章

　　…………　　　…………
　　　俾立室家　　　其绳则直
　　　缩版以载　　　作庙翼翼

载 tsâi, 祀 zi, 备 bʻjwi 跟福 pĭuk 押韵

《大雅》"旱麓"四章

　　　清酒既载　　　骍牡既备
　　　以享以祀　　　以介景福。

来 lâi 跟 囮 kĭək 押韵

《大雅》"灵台"二章

　　　经始勿亟　　　庶民子来
　　…………

字 dzˋi 跟翼 ĭək 押韵

《大雅》"生民"三章

　　　诞寘之隘巷　　　牛羊腓字之
　　　诞寘之平林　　　会伐平林
　　　诞寘之寒冰　　　鸟覆翼之
　　…………　　　…………

子 tsi 跟德 tək 押韵

《大雅》"假乐"一章

　　　假乐君子　　　显显令德

340

止 tśi, 晦 χuâi 跟式 śĭək 押韵

《大雅》"荡"五章

　　…………　　…………
　　天不湎尔以酒　　不义从式
　　既愆尔止　　靡明靡晦

事 dẓ'i 跟式 śĭək 押韵

《大雅》"崧高" 二章
　　亹亹申伯　　王缵之事
　　于邑于谢　　南国是式
　　…………　　…………

戒 kai 跟国 kwək 押韵

《大雅》"常武" 一章
　　…………　　…………
　　既敬既戒　　惠此南国

来 lâi 跟塞 sək 押韵

《大雅》"常武" 六章
　　…………　　…………
　　王犹允塞　　徐方既来

鲤 lji, 祀 zi 跟福 pĭuk 押韵

《周颂》"潜"
　　…………
　　鲦鲿鰋鲤　　以享以祀
　　以介景福。

事 dẓ'i, 倍 puâi 跟忒 t'ək, 背 puâi←-k`, 慝 nĭək, 识 śĭək, 织 tśĭək 押韵

《大雅》"瞻卬" 四章
　　鞫人忮忒　　譖始竟背
　　岂曰不极　　伊胡为慝
　　如贾三倍　　君子是识

341

妇无公事　　　休其蚕织

土 dẓ'i 跟敎 ïäk 押韵

《大雅》"思齐"五章

....

古之人无斁　　誉髦斯士

最后还有两个例特别有趣,因为上文既然说所推测的韵尾是 -g 而不是 -k,那刚好可以解释这些韵:——

来 lâi 跟赠 dz'əng 押韵

《郑风》"鸡鸣"三章

知子之来之　　杂佩以赠之

又 jĭǒu 跟能 nəng① 押韵

《小雅》"宾之初筵"二章

....　　............

各奏尔能　　宾载手仇

室人入又　　酌彼康爵

这里头有些韵固然可以撇开算是顾炎武跟段玉裁瞎想的,但是多数靠得住是真韵,所以对于 -ǒu：-i 相通的字上古中古都有一个很强的 -k 尾的当中的音韵的关系这是一个不可否认的证据。这是第一次找出关于 -ǒu：-i 相通的字在上古有舌根韵尾说的确实证据(除掉郁,旭那两个靠不住的例)老实话说,我就是找到了所有这些很有意义《诗经》的韵,我还在那儿踌躇着不肯说我早先的学说(有 jĭueu ← -uĭ 等等)是错,还不肯说上文期,基,箕,姬,纪；母,亩,等等那两个表里头的字在上古都全有 -g 韵尾。可是后来碰着一个很古怪而重要的发现,我的踌躇就消灭了。

在中古音(宋朝)有些很大的字组都是以 -i 收音。这些字有

---

① 注意能 nəng 在另外一个讲法又读 nâi,还有等有təng,tâi 两读；Simon 说(原文第 13 页)他也许跟待 d'âi 同一个字身(stem),这个想得很聪明。

各种来源：在古音（第六世纪《切韵》所代表的音）有下列的四种韵：——

(α) 微（平；上尾，去未）
(β) 脂（〃　〃旨　〃至）
(γ) 支（〃　〃纸　〃寘）
(δ) 之（〃　〃止　〃志）

我曾经有法子考定 α 韵是古音 -ĕi 韵，γ 韵是古音 -iĕ（←-iă），而 β 跟 δ 我只能定为古音 -i，因为没有一种材料可以使我看出来除掉 -i 还会是甚么。在我的《中国音韵学研究》(*Études sur la Phonologie Chinoise*, 第 467 页) 曾经说他们的分别也许在 -i 音的长短上，可是我又加一句说这不过是猜猜的。

现在查 -i 韵在《诗经》里跟 -k 尾的字通押的，再看上表基，期，以，已，喜，之，治，止，士，子，里等等跟 -ðu:-ĭðu 互换的字，就看出来全是古音 δ 韵之（止，志）韵的字，而没有一个是 β 韵脂，治，至韵的字。所以他们在上古音因为有 -g 尾很大的痕迹，而自成一组，到了古音时代也还独立自成一韵。这个不会纯是偶然的，他显出咱们走的路是对的。假定了上古的 -g 尾就可以帮助破这个古音当中这两个奇怪的韵的谜儿。就是说脂韵例如肌古音 kji，夷 i，师ṣi，私 si 本来就是 i，向来就没有辅音韵尾，——至少没有舌根音，——而刚才所说的之韵字例如基 kji，之 tśi，思 si，有一个上古的 -g 尾：基 kjig，之 tśig，思 sig，这样一方面可以跟久 kĭəu←上古 kĭəg 一方面又可以跟食 dźĭək，式 śĭək，福 pĭuk 押韵。比方肌 kji（β 韵）就一直没动，而基 kjig（δ 韵）因为 -g 变了 i 就失掉了辅音韵尾（就跟来 lâg 变了 lâi，还有久 kĭəg 因为 -g 变了 -u 变成 kjii 一样）因此变成古音的基 kjii。这样咱们关于在拢总方言跟韵书里除掉一个简单的 -i 找不出别的音来的 β 脂跟 δ 之两韵的谜儿找到一个简单而满意的解答：就是说 β 脂是 -i 而 δ 之是 -ii，所以我关于他们长短不同的猜想是证实了。①

这样照着 Simon 主要的观念定基上古 kjig 等等还可以帮助我们解释为甚么《切韵》β 韵的字脂古音 kji 等等在《诗经》里从来不跟 δ 韵：基古音 kjii 等等押韵，而这类基 kjii 等等字倒随便跟像来古音 lâi，久古音 kĭŏu，福古音 pĭuk 在读音上不同的字倒押韵；这全是因为上古基 kjig，来 lâg，久 kĭəg 有一个 -g 尾的缘故。

咱们现在看出来关于 -i：-ŏu 相通的字在《诗经》的韵里头可以找到所要的舌根韵尾的证据了。此外在谐声里除掉 Simon 所举的郁，旭那两个靠不住的例以外就没有别的证据了吗？倒并不；还有些有价值的例，不过很少就是了：——

<u>有</u>古音 jĭŏu，囿(jĭŏu 跟)jĭuk 从有 jĭŏu，是这类的字

<u>蹴</u> tṣ'ĭuk，从齿 tś'i 是这类的字

<u>慝</u> ńĭək 或 ńĭuk，从而 ńzi 是 δ 韵，之

<u>嶷</u>，<u>擬</u> ngĭək，从疑 ngji 是这类的字

<u>凝</u>② ngĭəng，从疑 ngji 是这类的字

<u>特</u> d'ŏk，从寺 (d)zi 是这类的字

<u>堖</u> mĭuk，从每 muâi 是这类的字

<u>踣</u>，<u>菩</u> b'ək，从音 p'ŏu 是这类的字

<u>械</u>，<u>諴</u> kək，从戒 kai 是这类的字

加上了这些证据这学说可以算是确定了。

（2）咱们到现在只讨论了在谐声跟《诗经》里古音 -ŏu，ĭŏu 跟

---

① 在古音 β.δ.两韵下只有一个脂韵有合口字，既在咱们也可以看出他的原因来了：在开口字肌上古 kji 变成古音 kji，基 kjig 变成 kjii；但在合口字一个 w 已经使全字音加长了，这个 w 后头的 i 音长短的不同就不容易保存了：上古龟 kjwig → kjwii，所以变短了成为 kjwi，这样就跟规古音 kjwi ← 上古 kjwi（β 韵）合拼了，这样 δ 韵合口的字就没有存在，拢总的字都归入 β 韵脂韵了：规（上古 kjwi），龟（上古 kjwig）等等。

② 凝，特，两例 Simon 已经举过了，原文第 13 页。

古音 -i（-wi, -âi, -uâi, -ai）相通的字。咱们现在得看看没有那种关系的古音 -ŏu, ĭŏu 韵的字，同时再看看古音 -âu, -iäu, -ieu 韵的字，因为这两类的字在《诗经》韵跟谐声上也有相通的例，例如：——

舟古音 tśĭŏu 跟刀 tâu, 瑶 iäu 押韵

《大雅》"公刘"二章

<u>何以舟之</u>　　<u>维玉及瑶</u>

鞞琫容刀

周古音 tśĭŏu 谐调 d'ieu 等等

上文已经说 Simon 的结论，说因为在古音（第六世纪）像周，舟 tśĭŏu 的字跟有 jĭŏu（←-g）同韵，所以他们在上古音都有舌根韵尾，接着又说所以像刀 tâu 跟瑶 iäu 跟调 d'ieu 的字又概括到一切的古音 -ŏu, -ĭŏu, -âu, -au, -iäu, -ieu 都有同一个舌根韵尾，是不能成立的。咱们得走慢一点，再细细地查是否，跟到甚么程度，在这些字组里可以找到有舌根韵尾的痕迹。

（a）上文已经说过像高，由，告，冓，肅那类的字虽然不是去声也一定有过舌根韵尾，不过韵尾是 -g 而不是 -k：高 ˎkâu←-g, 由 ˏĭŏu←-g, 皓 'γâu←-g, 包 pau←-g, 溝 ˎkŏu←-g, 萧 ˎsieu←-g 因为这组的字有入声：鄗 γâk, 轴 d''ĭuk, 告 kâu 跟 kuok, 雹 b'åk, 讲 kång, 肅 sĭuk, 等等。这个在我的 Dictionary 里已经注明过了。除上文已经讲过的字以外，还可以加下列的字：——

从毛 ˎmâu←-g 的字，谐芼 muk 跟 måk 两读，在《诗经》里

芼 mâu：乐 lâk 押韵

《周南》"关雎"二章

<u>参差荇菜</u>　　<u>左右芼之</u>

窈窕淑女　　钟鼓乐之

毻 mâu：虐 ngǐak 押韵

《大雅》"板"四章

<table>
<tr><td>天之方虐</td><td>无然谑谑</td></tr>
<tr><td>老夫灌灌</td><td>小子蹻蹻</td></tr>
<tr><td>匪我言耄</td><td>尔用忧谑</td></tr>
<tr><td>多将熇熇</td><td>不可救药</td></tr>
</table>

从交 ˬkau←-g 的字谐较 kau`, kåk 两读,读作 kåk 时又跟虐 ngǐak 押韵

《卫风》"淇澳"三章

....

<table>
<tr><td>宽兮绰兮</td><td>猗重较兮</td></tr>
<tr><td>善戏谑兮</td><td>不为虐兮</td></tr>
</table>

从乔 ˬg'ïäu←-g 的谐蹻 k'ïäu, g'ïäu 跟 kǐak, g'ǐak 四读,读作 kǐak 时跟虐 ngǐak 押韵。(例见前"关雎")

从攸 ǐəu←-g 谐倏 (Simon 曾经指出,原文第 10 页)

儵,儵 śiuk 在《诗经》里修 sǐəu 淑 źǐuk 押韵

《王风》"中谷有蓷"二章

<table>
<tr><td>中谷有蓷</td><td>暵其修矣</td></tr>
<tr><td>有女仳离</td><td>条其歗矣</td></tr>
<tr><td>条其歗矣</td><td>遇人之不淑矣</td></tr>
</table>

(b) 还有几个说文上看得出来的例,在《诗经》里没有旁证的:——

从羔 ˬkâu 的字——糕,《广韵》读 kuok

从就 dzǐəu 的字——蹴,蹙,《广韵》读 tsʼǐuk；蹴,噈《广韵》读 tsǐuk

从丑 tʼïəu 的字——䏽《广韵》有 ńźǐuk 跟 ńǐuk 两读；忸,䏔衵,𧭈《广韵》读 ńǐuk

从寿 źǐəu 的字——䦼《广韵》读 źǐuk

（c）又有些从《诗经》韵里看得出来而谐声上看不出来的字：——

讎 ẑǐǒu 跟慉 χǐuk 押韵
　《邶风》"谷风"五章
　　不我能慉　　反以我为讎

到 tâu` 跟乐 lâk 押韵
　《大雅》"韩奕"五章
　　蹶父孔武　　靡国不到
　　为韩姞相攸　　莫如韩乐

好 γâu´ 陶 ˏd'âu 跟轴 d'ˇǐuk 押韵
　《郑风》"清人"三章
　　清人在轴　　驷介陶陶
　　左旋右抽　　中军作好

炤 ˏtśǐäu 跟虐 ngǐak 押韵
　《小雅》"正月"十一章
　　…………　　…………
　　潜虽伏矣　　亦孔之炤
　　忧心惨惨　　念国之为虐

沼 ˊtśǐäu 跟濯 d'ˇak 躍 ǐak 押韵
　《大雅》"灵台"二章
　　王在灵囿　　麀鹿攸伏
　　麀鹿濯濯　　白鸟翯翯
　　王在灵沼　　於牣鱼躍

孝 χau` 跟欲 ǐwok 押韵
　《大雅》"文王有声"三章
　　…………　　…………
　　匪棘其欲　　遹追来孝

奏 tsǒu` 跟禄 luk 押韵
　《小雅》"楚茨"六章

347

　　　　乐具入奏　　以绥后禄
後 'ɣǒu 跟巩 kĭwong 押韵
《大雅》"瞻卬"七章
　　　…………　　…………
　　　不自我先　　不自我後
　　　藐藐昊天　　无不克巩
垢 'kǒu 跟谷 kuk, 穀 kuk 押韵
《大雅》"桑柔"十二章
　　　大风有隧　　有空大谷
　　　维此良人　　作为式穀
　　　维彼不顺　　征以中垢
后 'ɣǒu 跟岳 ngak 押韵
《周颂》"时迈"
　　　…………　　…………
　　　及河乔岳　　允王维后
牟 mĭǒu 跟育 ĭuk 押韵
《周颂》"思文"
　　　…………　　贻我来牟
　　　帝命率育　　无此疆尔界
　　　…………

　　就是好,陶,沼不能算是靠得住的押韵的例,其余的似乎是没有问题的。(Legge 以为木:附:猷:属都押韵,我疑心这韵是 a:b:b:a 式,还有他以为昭:乐:教:虐:全押韵,我疑心是 a:b:a:b,这些我都没有算。)

　　以上所讲的(a, b, c)三类字的特点就是在谐声或是在《诗经》韵跟从上古一直到现在还保存舌根韵尾的字(入声字)发生关系。所以在 a 组下的字就跟上文(1)类的字一样是无疑的有上古舌根韵尾的,而在 b, c 两组的字大概也是一样。

　　(d) 咱们现在讲到古音 -ǒu, -ĭǒu, -âu, -au, -ĭäu, -ieu 当中跟

入声字没有直接的关系而在《诗经》里跟咱们已经考定了上古有舌根韵尾的字押韵的字，无论是 -k 尾去声例如冒 mâu←-k 或是 -g 尾，例如仇 g'ĭəu←-g，高 kâu←-g。这里好像可以应用算学的公式：假如 a＝b 而 b＝c，就 a＝c，因此就说拢总那些押韵的字一定也有过舌根韵尾，例如：——

报 pâu 跟冒 mâu←-k 押韵

《邶风》"日月"二章

日居月诸　　下土是冒
乃如之人兮　　逝不相好
胡能有定　　宁不我报

忧 ·ĭəu 跟绣 sĭəu←-k 押韵

《唐风》"扬之水"二章

………　　　………

素衣朱绣　　从子于鹄
既见君子　　云何其忧

休❶ χĭəu 跟仇 g'ĭəu←-k 押韵
劳 lâu 跟高 'kâu←-k 押韵

《小雅》"渐渐之石"一章

渐渐之石　　维其高矣
山川悠远　　维其劳矣

那就等于说古音 -ŏu, -ĭŏu, -âu, -au, -ĭäu, -ieu 韵的字大多数在上古音有舌根韵尾了。那又依了 Simon 的话了。但是我怕这前题还不够坚固。因为咱们得记得上文所说的：那 -k 看样子在很早就起头变弱了（理由见上文第 323 页）已经起头对着 -u 的路上走了（就是 mâk→mâ_{wk}→`mâ_{wg}→mâu` 的变化）那末因同样理由那 -g

---

❶ 按所举之照例原文所指 Legge 译《诗经》页数应该是《周南》"兔罝"："肃肃兔罝，施于中逵，赳赳武夫，公侯好仇"，可是并无休字；休与仇押韵，《诗经》中别处也没找到。

尾也一定很弱,后来没有到古音时代早就失落了。因此看见下列的韵,——虽然得要算不大很工——也不能算十分出奇:——

（冒 mâk`）冒 mâ$_{wk}$：报 pâu
（绣 sĭək`）绣 sĭə$_{wk}$：忧 ˋĭu
（仇 g'ĭəg）仇 g'ĭə$_{wk}$：休 γĭšu
（高 kâg）高 kâ$_{wg}$：劳 lâu

所以我的意见是,虽然(1)类跟(2 a, b, c)类的字因为有入声字相通的根据可以算确定是有过舌根韵尾的而在(2d)类的字不能说证明他们有过舌根韵尾。这并不是说这类的字不会有,或甚至于不像会有的意思;不过我觉得那几个《诗经》的韵还不够作这种结论的够坚固的立足点。这得要等到将来能作比较的支那系语言学的时候才能够分辨在古音 -ðu, -ĭðu, -âu, -au, -ĭäu, -ieu 韵的字除掉上文(1)跟(2 a, b, c)的字以外哪些是有上古舌根音哪些是没的。

（3）关于第(1)类的字(-ðu：-i 相通的字)咱们已经把 Simon 的上古舌根韵尾作充分的证实了,关于第(2)类的字(就是 -ðu, -ĭðu 韵中其余的字,跟 -âu, -au, -ĭäu, -ieu 的字)他的说法至少对于一部分的字也证实了,现在要讲到他的其余的字组:就是 -ĭu, -o, -a 韵的字;可是这地方咱们的结果是否定的。

固然有些 -ĭu, -uo, -iwo, -a, -ĭa 韵的字从谐声上明明看得出来上古是有舌根韵尾的,这类的例我在 *Analytic Dictionary* 里也曾经注出些个,例如:——

裕 ĭu`←-k 从谷 kuk；
恶 ˙uo`←-k 又读 ·âk；
亚 ·a`←-k` 谐恶 ·âk；等等①

---

① Simon 还加了一个有趣的例：虡 kĭwo 训"野猪"又训"鬥"。我在 *Dictionary* 里第 163 页曾经认虍 χuo 为声符而把劇 g'ĭɒk 训"戏"当作会意字,"用刀鬥(虡)"。Simon 的说法是虡在上古有舌根音,所以就是劇字的声符。我想他是对的,因为还有一个同样的字醵 g'iak (在《诗经》里跟席 zĭäk 押韵)这就是说 kĭwo`←-k` 这公式也可以用在據,遽两个字上。

上文已经指出 Simon 的结论说所有古音 -ĭu:-ðu 相通的字在上古都有舌根韵尾，又说所有 -uo, -ĭwo, -a, -ĭa 韵字在《诗经》里跟 -ðu, -ĭu 押韵的字也有舌根韵尾，是远超过他的前题的范围，这里咱们也得照上文（1）（2）的步骤来分字调查，看看哪个有上古舌根音的痕迹。这里还是得用《诗经》韵来作补充谐声的材料。咱们已经看见在上古实在有舌根韵尾的字在《诗经》里有好些跟入声字（在上古跟古音都是 -k 的）押韵。假如古音 -ĭu, -uo, -ĭwo, -a, -ĭa 韵的字里很有几组在上古有 -g 尾的，那末就如同在（1）跟（2）类的字一样在《诗经》里一定会有些跟入声字押韵的例。但是这个几乎是不见。我只碰见过一个靠得住的例①：——

茹古音 ńžiwo：获 ɣwâk
《小雅》"六月"四章
　　玁狁匪茹　　　整居焦获

这个似乎显出从如②的字都有舌根韵尾。这个证据倒是值得记得的。不过像这样的一个单独的例绝不能算充分的证据，因为在《诗经》里本来有些不完全或是甚至于没配好的韵，例如急 kĭəp：

---

① 我不认夫：夜：夕：恶：为全是押韵，虽然 Legge 那么说，我觉得夫显然不算在韵里的；也不认木：附：献：属：为全是押韵的，这个我认为是 a：b：b：a 式的韵。
《小雅》"雨无正"二章
　　周宗既灭　　靡所止戾　　正大夫离居　　莫知我勚
　　三事大夫　　莫肯夙夜　　邦君诸侯　　　莫肯朝夕
　　庶曰式臧　　覆出为恶
《小雅》"角弓"六章
　　毋教猱升木（a）　　如涂涂附（b）
　　君子有徽猷（b）　　小人与属（a）
　　…………

② 这就更有趣了，因为这就可以疑心如 ńžiwo←-g 跟若 ńžĭak 是同一个字身（stem）的两个样子了。

国 kwək①

《小雅》"六月"一章

玁狁孔炽　　　我是用急
王于出征　　　以匡王国

所以现在咱们简直得说从大体看起来《诗经》韵一点也不证实 Simon 的 -ĭu, -uo, -ĭwo, -a, -ĭa 韵字里有好些大字组在上古有舌根韵尾的说法。要是其中一部分有的话也得用别的法子来证。现在咱们也没有别的法子。

总结起来，咱们可以说 Simon 的学说，只要已经细考了过后，再加上了真的证据，再把他的范围限定划在能够证明它能用得上的字上，这就成了一个非但很有趣，而且很重要的学说。料想到将来到了可以作支那语系的比较的工作的日子，能够把整个儿的字音像子 tsig, 有 gĭəg 等等考定出来，那些问题就更容易研究得多了。

* * * * * *

在这篇文章里我用的有些符号跟我在 *Analytic Dictionary* 里的有点儿不同的地方。

（a）不用 t´ś, t´ś‘, d´ź‘　　　而用 tś, tś‘, dź‘
　　　不用 tṣ, tṣ‘, dẓ‘　　　而用 tṣ, tṣ‘, dẓ‘

---

① 这是一个很坏的韵，因为这两个字的 -p 跟 -k 尾在所有的韵书里跟好些现代方言里都还分得很清。但是有时候对于用别的方法看是很不明白的语音上的问题，《诗经》倒可以射一线料不到的光明。比方即古音 tsĭək 的 -k 尾好像很奇怪，因为他是从卪 tsiet 而自己又谐節 tsiet, 而《诗经》里不是用照例的 -k 尾却是 -t 尾，例如栗 lĭět, 室 śĭět, 即 tsĭək 押韵；又密 mĭet, 即 tsĭək 押韵。

《郑风》"东门之墠"二章
东门之栗　　有践家室
岂不尔思　　子不我即
《大雅》"公刘"六章
止旅迺密　　芮鞫之即

这不过是印刷上的简单化。在 tś 音里第一个音素(t´)的颚化的性质从他的第二个音素(ś)的颚化音值上可以看得出来,这个 tś 是一个整个的音,破裂磨擦音。在国际音标里破裂磨擦音也是用这样简单的写法的。我所以改了,不用 t´ś, tṣ 而用比较的不准确不逻辑的 tś, tṣ 等等是因为我的读者曾经反对我"那些可怕的撇,点,符号拼出来的字简直比汉字还更难认了"!

(b) 不用 kʷan, kǐʷän, kiʷen,

　　而用 kwan, kǐwän, kiwen,

这一半也是因为要在书写跟印刷上简单一点儿。但是另外还有一个更紧要的理由。

在古音像官 kuân(广州 kūn)这类字有一个很强的元音性的 u,而像关 kwan(广州 kwan)有一个附属的弱的 w。这两者是分得很清楚的。本来 u:w 两个字母就够表示这个区别了。我从前把 kwan 的 w 字写得上头一点儿乃是仿 kiʷän 那类的字的例,在后者的 w 写得高一点是有一个特别的理由的。用从前考定的方法可以知道像卷这类字古音是 -än 韵有 i, w 两个介母,但是难处就是在知道怎么拼法。到底是个先后的 k-i-w-än 还是 k-w-i-än 还是一个同时的 i, w 把那个字读成 kwän 呐?因为我当时说不定是哪一个,我所以写了 kiʷän 表示这 w 或者是 i 音的唇音化,也或者是在 i 音之后的独立的音。可是马伯乐教授相信那个 w (他写作 u)是在介音 i 之前,所以他写(在 *Le dialecte de Tch'ang-ngan* BEFEO., XX) kuien 等等。

我想到底有一个法子可以证明在古音这些音素是先后的而且这次序是 k-i-w-än。

马伯乐所以赞成那个 k-u-i-en 的次序大概是根据安南的中国读音的理由。照这里这个次序是很明白的,例如员(古音 jiwän)安南 vien,唇音在 i 前。但是这个我想是很难算靠得住的记号。第一层安南的中国音比较的很近,——在唐末——关于第六世纪的语言不能给靠得住的材料。又一方面，vien 的读法可以当一种在语言上很自然的后来的变化来解释。在舌根声母后头安南音很难有复合元音 üen：例如卷 küen，所以看样子像员，安南的中国音原来是 üen，不过后来因为 ü 的后半受底下的 e 音开唇的影响也提前开唇，因此发生一种分裂（Brechung）的现象 üen→üien→vien。

一个好一点的着手点是朝鲜的中国音。比方咱们找像均一类的字，就看见：马伯乐古音 kyuiĕn，高本汉古音 kĭuĕn，朝鲜的中国音 kiun 这里容易看出来我所定的格式对于朝鲜的音解释好的多。不过这个证据还不充足，因为在事实上这种 k- 声母是 y- 化的（ky，kj），那末，人家也许说朝鲜音 kiun 只是代表声母的颚化。但是像在允，匀这种例，这个反对的理由就不能成立了。这些字在等韵里是叫四等字，他们的反切上字也跟 y- 化的声母的反切上字是各别的。现在咱们所得的是：——

允，匀，马伯乐 uiĕn，高本汉 ĭuĕn，朝鲜的中国音 iun

朝鲜的中国音合于我的说法。

同样在还有一类字：——

圭，闺，桂，马伯乐 kuiei 高本汉 kiwei（kiʷei）朝鲜的中国音 kiu

奎，马伯乐 kʻuiei 高本汉 kʻiwei（kʻiʷei）朝鲜的中国音 kʻiu

这种例是绝对的跟逃不了的明白了。这声母是硬的（四等，在《广韵》里用古，苦，作上字的）不是 y- 化的，所以朝鲜 iu 里头的 i 不能拿声母的颚化来解释的。要解释朝鲜音 kiu 非得要假定元音性的介音（在同韵的开口是 kiei）一定不在 w 音之前：ki-w-ei，不在 w 音之后：k-u-i-ei 也不跟它同时：kiʷei 这样咱们得到一个明白的次序 k-i-w-ei 所以不再有理由把 w 字写到上头去了。而且朝鲜的中国音尤其是有价值，因为它是跟《切韵》同时的，又是直接根据这部书所取材的北方中国音（看《通报》1922 第 6 页）。

〔以下译者附记：

Ⅰ.总结高本汉关于上古音局部的考定

1.关于声母的：

（见 *Analytic Dictionary* 序,译文见《国学论丛》一卷二号）

上古音	古音	字类	例字	上古音	古音	字类	例字
k	k	见	哥	d'	d'	定	陀
k 或 kl?	k	见各	监	d'ï	d'ï	澄	茶
k 或 gl	l	来洛	蓝	t´	tś	照章	之
k'	k'	溪	可	t'´	tś'	穿昌	出
g	(j)ï	喻匀	禹	d'(→dź)	ź	禅	成
g'	γ	匣	红	d'˙	dź'	床船	唇
g'ï	g'ï	群	穷	ś	ś	审书	扇
t	t	端	当	ts	ts(â)	精	左

〔中国的平上去入的名称在西方向来作 even（平）,rising（升）,falling（降）,entering（入）或是 abrupt（促）。咱们现在关于《切韵》时代平上去入的实在调值完全不知道,这一点高本汉也承认的。所以去声叫作 falling-tone 的缘故我想大半是因为西人在近代所听见的北京音的去声,的确是降调；至于上古音,甚至于古音,去声究竟是升的,是降的,或是别种调,咱们一句话都不能说。所以假如因为是降调(falling-tone)而容易失掉辅音韵尾,这怕有点望文生义——望西文生义——的嫌疑,因为去字轧根儿就没有降的意思嘞。

但是去声对于辅音韵尾还有一种可能的作用。声调现象的主要因子固然是时间上音高的变化,但是一个字各部强度的变化也得要算声调成素之一。从神珙所引的《元和韵谱》"去声轻而远"或是《玉钥匙歌诀》的"去声分明哀远道"那类的说明,固然难得一个确实的解释,而且这些话尤其不是听见过上古音的人所说的。但是假定去声从前是一个先强后弱(diminuendo)的调,也是一个可能的说法,而这个说法也可以一样解释辅音韵尾失落的现象。这当然也是一种可能,不能算一个学说。

这不过是个小点。无论去声是否降调,是否先强后弱,这一点与上段的大体的逻辑不发生影响,因为它两个主要的根据是谐声跟《诗经》韵,都是讲音韵学的(讲音类),而不是纯粹讲语音学的(讲音值)的问题。——译者。〕

tǐ	t´	知	张	tṣ	tṣ(a)	照庄	诈
t'	t'	透	偷	tṣ'	tṣ'(â)	清	参
t'ǐ	t´	彻	抽	tṣ'	tṣ'(a)	穿初	搀
d	(j)ǐ	喻甫	炎	dz	z	邪	袖
dz'	dz'(â)	从	残	tṣ(?)	tṣ	照庄	邹
dẓ'	dẓ'(a)	床崇	栈	tṣ'(?)	tṣ'	穿初	创
s	s(â)	心	散	dẓ'(?)	dz'	床崇	状
s	ṣ(a)	审生	山	ṣ(?)	ṣ	审生	瘦
z	(j)ǐ	喻羊	由				

2.关于韵母的:(见本文)

上古音	古音	字类	例字
-k`	-i, u, -○	谐,韵,又读,去通入	例,告,度
-m	-n	方,用 -m	患,熊
-m	-n	谐,诗,通 -n	风
一种 -a 音	-â	谐,诗,â(歌),uâ(戈)通 iě←iǎ(支)	波,河
-a	-a	谐,诗 -a(麻)通 -â, iě(歌,戈,支)	沙,些
-å	-a	谐,诗 -a(麻)通 -uo, ǐwo,(ǐu)(模,鱼,(虞))	瓜,者
-aᵏ`	-a	谐,又读,-a(麻)去通入 -k	乍,借
-uo, ǐwo	-uo, ǐwo	模,鱼韵	吾,诸
-uoᵏ`, ǐwoᵏ`, -ǐuᵏ`	uo, ǐwo, ǐu	谐,又读,通入 -k 而诗,通 -uo, ǐwo,(ǐu),(模,鱼,(虞))	路,庶,度
-g	-i, -u	谐,诗, -ii(之,ǒu, ǐǒu(侯,尤):入 -k 相通	基,母,寺,音
-wig	(-wii→)wi	谐,诗,又读 -wi(脂追):ǒu, ǐǒu(侯,尤)相通	贿,轨,龟

下列不与 -ii, -wi(之,脂追)相通,而 ǒu, ǐǒu

(侯,尤)与 ău, au, iău, ieu（豪,肴,宵,萧）相通的字：

-g	-u	(a)谐,诗,通入 -k 的	高,由,萧
-g(?)	-u	(b)谐,通入 -k 的	就,丑
-g(?)	-u	(c)诗,通入 -k 的	好押(轴),垢(押谷)

Ⅱ.音标对照

高本汉	国际	高本汉	国际
p	p	tś	tɕ
p'	p'	tś'	tɕ'
b	b	dz'	dz'
b'	b'	ś	ɕ
m	m	ź	z
w	w	nź	(ŋz)
t	t	tṣ	tʂ
t'	t'	tṣ'	tʂ'
d	d	dẓ'	dʐ'
d'	d'	ṣ	ʂ
n	n	ts	ts
l	l	ts'	ts'
k	k	dz	dz
k'	k'	dz'	dz'
g	g	s	s
g'	g'	z	z
ng	ŋ	δ	ð
χ	χ	i	i
γ	ʁ	e	e
t'	(ʈ)	ä	ɛ, æ
t''	(ʈ')	a	a
d´	(ɖ)	â	ɑ

d῾	(ḍ῾)	å	ɒ
ń	(ŋ), ɲ	ò	ɔ
j	j	ǝ	ǝ
o	o	ŏ	ŏ
u	u	ii	i:
ü	y		

(《中研院史语所集刊》①创刊号,1930年。
高本汉著,赵元任译)

---

① 《中央研究院历史语言研究所集刊》的简称。下同。——编者

关于臻栉韵的讨论

赵元任致高本汉信：

我刚把您的"*Problems in Archaic Chinese*"翻译了，等印好了就送您一本。

我现在正修改方言调查例字表，排成一种声韵纵横的表式，里头加入您考定的音值作参考。我仿佛有一次写信问过您关于臻韵跟您考它的入声栉韵的瑟字作 ʂɒt 的事情。无论是我把您的回信放没了或是别的，反正我现在不知道这个问题讨论到什末地步了。您是不是以为：

臻 是 tʂǐěn
选 是 ʂǐěn
栉 是 tʂɒt
瑟 是 ʂɒt

既然是这样，为什么平入声不相配？倘若您能给我一个简短的解释我就很感谢了。

高本汉复赵元任信：

谢谢您的来信。您是真好来翻译我的"*Problems*"，我一定是很乐意看见这篇论文写成了中文。

这个臻的事情我觉得有点讨厌。起先我以为臻栉是跟真质是同样的韵类，不过因为前者的声母的舌尖后音（supradental）的关系，使韵母的音彩（nuance）微有不同。可是后来由瑟字的现代方音上看起来(参看 *Phonologie Chinoise*, 页 872)我觉得瑟字或者有一个比质韵的字较开一点的元音。我就想到梗摄里面的韵类：一等 əng, 二等 ɒng, 三等 iäng, 所以我就大胆的写 ʂɒt 而不写 ʂiĕt 了！不过，——我怎末那末心不在焉，——我竟没有想到同样也应该写 tʂɒn 臻, 不该在 *Analytic Dictionary* 里依然写了 tʂiĕn 榛等等了。要是要完全一致的话,自然就应该或者写臻 tʂiĕn、瑟 ʂiet, 或者写臻 tʂɒn, 瑟 ʂɒt。有两样事情是赞成 ɒn, ɒt, 而反对 iĕn, iĕt 的, a)是已经讲过了的那个瑟字在国音的读法, b)要是臻是 tʂiĕn, 为什么单单它另成一韵而同时榛衬又同在震韵之下而不另成一韵？

但是反对 ɒn, ɒt 而赞成 iĕn, iĕt 的就是那个在保存有音较多的方音的 i。臻字高丽读 chin, 日本是读 shin（客家读 chin）；瑟字（高丽是读 soel, 这个 oe 不知道是指什末音的）日本读 shitsu, shichi, 客家读 sit。自然,这不是能绝对作准的,因为无论如何在日本吴音说是用 kiaku 读 ɒk（格,革）,在高丽是有时候用 iək 读 ɒk。但是日本汉音跟客家总是用 ɑk 代替古音 ɒk。这真是很难弄清楚的了。还有因为大多数的方言都是一致的对待臻跟真,所以把臻写成 tʂɒn, 比较把瑟当作 ʂɒt 更为冒险,这个瑟字其实在近代方言中倒是有许多的奇怪的 ɑ 类的元音的。就说臻, 栉本来不是相配的,这样说怎末样？

说句真话,我相信我写瑟作 ʂɒt 是太急忙了一点了,我恐怕它还得是 ʂiĕt 才对。留心这一点,在臻韵中只有舌尖后音(照庄系) —— tʂ; ʂ: 在真韵只有舌面前音(知系照章系) f, fʂ 等等——这有两种的韵。在栉韵跟质韵他们也是完全跟它一样。在震韵就舌尖后音(榛)跟舌面前音(震 fʂiĕn)两种都有,——这只有一个韵,并没有跟臻栉相对的去声的韵。您看这岂不是表示陆法言方面的不一致吗？在舌尖后音之后韵母的元音微微的开一点,陆法言在平声跟入声分开另成韵类,而在去声没有这末分,您说怎末样? 照这样,臻作 tṣiĕn 而瑟作 ṣiĕt 可以算是顶稳健的猜度。

(《中研院史语所集刊》第 1 本,1930 年。刘学濬译)

反切语八种

Ⅰ．总论

一、秘密语。

反切语是一种秘密语。秘密语的种类很多。比方苏州(跟别处)有所谓叫"缩脚语",取成语一句,只说到末字不说,就算代表那个末字。如：落雨就叫吉力各(＝落),满城风(＝雨)。还有根据字形而定出各种叫法的,比方苏州有一种叫数字的法子如下：

一	二	三	四	五	六	七	八	九	十
旦底	挖工	横川	侧目	缺丑	断大	皂底	公头	未完(丸)	田心

还有一种差不多人人都用的秘密语,就是在小团体的范围之内,例如在家庭,或在几个常在一块儿的同伴中,往往事物都得了外号(cant, jargon)；起初不过是为说着顽儿说的,但既是外人听不懂的,就自然有了秘密语的功用了。这种语言完全没有永久性,在同一团体有时候过过就会变,而且团体散了,它①就死了；但间或有些字或词给多一点的人知道,它或者就升为土话或 slang 的资格,它的生命就比较的长一点。

---

① 原文写作"他"。下同。——编者

以上所说的几种秘密语都是取语言里词汇的局部的材料,给它改变了特别的说法。但语言的词汇材料是非常繁多的,要是每样事物(包括动词形容词等)都要用缩脚、拆字等等很零碎而无系统的方法来都给它提起新叫法来,那是事实上不可能的。所以用它的人只不过给有些要紧的话改了说法,例如贼帮里头给钱、枪、财主、巡警、跑、捉等等词大概起的有外号,而一般的词类如不、冷、老虎、但是等等还是照平常话说。

二、音的秘密语。

全部说话都能改变的,大概都是利用音的变化。一种语言的音素无论怎末繁复,比起词类来总是少好些倍;论语音上辨得出的音素一个语言至多不过有百把来个,论音韵上的音类或音位,至多不过几十个。所以只要对于音上有了一定的改变法,就可以把随便什末话机械的一改就全成了秘密语了。最简单的就是定几个字音,每一个字后加一个,以乱人的听闻。比方北平有一种秘密语就是凡字都加红黄蓝白黑循环的说。如:咱红们黄不蓝要白跟黑他红"顽儿"黄,就是:咱们不要跟他顽儿。在纽西兰的 Maori 人的语言有一种秘密语,每音节前都加 te 音,如:kei te, haere au ki reira 就说成 te-kei te-i-te te-haere-te-re te-a te-u te-ki te-re te-i-te-ra。① 稍复杂一点的是丹麦一种秘密语在每音节后加 -rbe,而把本字韵尾吸收进去。如:du er et lille asen(你是一个小驴②)变成 durbe erbe erbe〔不用 etrbe〕lirbe lerbe arbe serbe。还有一种秘密语把所有字的韵母都改成一样的。广州跟东莞有一种叫"麻雀语"的就是这样。如广州:我反去归咯, ŋɔ faːn hœy kwai lɔk 就说成 ŋa fa

---

① 本段外国语的例都取自 O. Jespersen, *Language*, p.150。关于还有些相类的别的外国秘密语的例,可以参看原文。

② 这是一句顽儿话, asen 不像英文骂人话 ass 那末重。

hɑ kwɑ lɑ。这个非常容易说,但不懂的人很容易懂,而懂的人倒有时候弄得不懂起来。广州有三种"燕子语",一种叫"燕子公",或就叫"燕子语",是正式的反切语,详见下文 395 页。还有两种叫"燕子乸"跟"燕子仔",都是在每字后加 ɕ,再加本字韵母。如:你去边处,就说成 nei-ɕei hœy-ɕœy pin-ɕin ɕy-ɕy。燕子乸是平上去读平,入声读上入,燕子仔是平上去读去,入声读中入。在法国有一种秘密语叫 javanais,它是加两个声母,每个后加本字韵母。如: je vais bien 变成 je-de-que vais-dei-qei bien-den-qen〔想是读 -dɛ̃-kɛ̃〕。丹麦也有这种跟着韵母变的。如上头那一句 du er et lille asen,就说成 dupu erper etpet lilpillepe apasenpen。所以这两种秘密语也可以算法国跟丹麦的燕子乸或燕子仔。

三、反切语。

最有系统,在音韵上也最有意思的是用反切的秘密语。真的反切语必须把字拆开成为声母韵母两部分,例如妈 m-ɑ,在声母后加一个韵母如 ai,成为 mai,在韵母前加一个声母如 k 成为 kɑ,于是妈就说成买旮 mai-kɑ。为便于称述,mai 字可以叫作妈的声母字,ai 叫附加韵,kɑ 可以叫韵母字,k 叫附加声。在韵书里通行的名称是叫反切上字,反切下字;但反切语往往有声韵倒说的,如在苏州、广州、福州,所以上下字的名称在这里不合用。

反切语都是比较的有规则的,只要知道它的附加声,附加韵,声调用法,跟遇特别情形时变化的条例,就可以碰见字都会说了。所以下文说每种反切语的格式是把所必须知道的几条规则不重复的编起来叫作定则(大字的),每条加以说明跟举例。最后再加一个成篇的用例。

所谓定则是研究者从具体的材料中找出来的。实际用反切语的大多数是小学生、算命瞎子、流氓、做贼的等类的人,他们当然并不知道一共有几条什末规则。他们学的法子往往先学了十个数目字的切法,然后以此类推到别的字上去。因为这个的缘故,学的人也有学的好坏之不同。比方广州山 ɕaːn : laːn-ɕin,生 ɕaːŋ : laːŋ-ɕiŋ,附加韵的韵尾 -n、-ŋ 在讲究一点的说法是要跟本字韵尾相合的,但也有人就麻呼一点拿 ɕin 当生字的声母字用。又如有好几种反切语有各种避免把本字音说漏的方法,但说得不好的人往往就不管,仍旧让他说漏。

四、研究反切语所要注意的问题。

要知道一种反切语的全部系统,得要注意下列的些问题:

0. 调查那地方的声、韵、调的系统。

1. 声母字韵母字是顺的是倒的?

2. 声母字附加韵用哪个或是哪些个?

附加韵如与本字韵母一样,是否改用别的音,以免把本字音说漏?

声母包括不包括 i、u、y(或 j、w、ɥ)等韵头在内?

3. 韵母字附加声用哪个或哪些个?

附加声如与本字声母一样,是否改用别的音,以免把本字音说漏?

韵母包括不包括 i、u、y(或 j、w、ɥ)等韵头在内?

4. 反切字用什末字调? 是用本字的调还是用别的调?

反切字连说起来声调怎末变法?

五、反切语名称。

反切语的分布,不全以地方分。如同在北平有三种反切语,而昆山、浦东等好几处方言虽不同都用同样的反切法。现在取妈字为例,把它切起来而冠以方言的地名就知道是哪一种了,如北平 mai-kɑ 式,北平 man-tʻɑ 式,广州 lɑ-mi 式,福州 lɑ-mi 式之类。

至于各处本地的叫法就很不同了:

北平 mai-kɑ, mei-kɑ, man-t'ɑ 　　　名称未详，
常州 mən-lɑ 式　　　　　　　　　叫"字语"，
昆山 mo-pɑ 式　　　　　　　　　叫"切口语"，
苏州、浦东、余杭、武康 mɔ-pɑ 式　叫"洞庭切"
　（大概因为是从太湖洞庭山来的(？)。）
苏州 uʋ-mən 式　　　　　　　　叫"威分"，
　这是翻字的切音(fɛːuɛ-fən)，
广州 lɑ-mi 式　　　　　　　　　叫"燕子语"或"燕子公"，
东莞 lɑ-mi 式　　　　　　　　　叫"盲佬语"，
福州 lɑ-mi 式　　　　　　　　　叫"庹语"，或"仓前庹"。

六、反切语的通则。

在没有讲到各种反切语定则以前，有些是各种反切语共有的性质，现在可以先述说一下。

通则：

1. 轻调虚字不必反切。

词尾如子、的，助词如了、吗、啊，甚至于连词如但是，都可以带过去照本字直音说出。关于什末虚字要切，什末虚字不必切，没有一定的规定。大概轻调轻得利害的方言（如北平）不切的字多，轻调不甚轻的方言（如广州）还是照样切的字较多。

2. 字音或字调在平常说话时受变化者，反切时完全看说者对于那个字的单读字音的意识中的见解为定。

比方苏州贡巷，照两字相连变调法第一阴去变阴平，读成公巷，假如拉车的说反切语，他以为它本来是公巷，就当它公字切；假如他心里觉着他是贡巷，他虽然口里说公巷的音，他仍旧当它贡字切。如南方所谓山芋，北平叫白薯(pai˧, ʂu˧)，因为上上相连，第一字变阳平，因而读成白薯(pai˧ʂu˧)。那末在反切语里究竟把第一字认为上声的百字，还是认为阳平的白字呐？这就得看说话的人

自己认它为什末字了。假如他是个不识字的人,向来只听见"白薯白薯"的音,他大概就把它当白字切。但是摇头摆尾的摆字虽然也念成白,但说的人觉得它还是个(上声的)摆字,所以切起来仍旧当它上声字切。同祥福州管"我们"叫 nouŋ-ŋa,是从侬家 nouŋ-ka 连说变出来的。不识字的人大概认它为侬、啊两音,那末切起来第二字也就被认为啊 a 字切了。但是甜汤(tieŋ, tʻouŋ),连说起来虽然变成 tieŋ nouŋ,可是说的人的意识中仍旧觉着第二个字是个汤 tʻouŋ 字,所以切起来还是当它 tʻouŋ 字而不当它 nouŋ 字切。

还有轻调实字,如北平商量、早起、意思、知道、大夫等等词的第二字,也是照单字本词量(阳平)、起(上声)等等切的,——除非说话者不知道本字是什末,以为是商亮、早欺、意四等等,那就仿百薯当白薯的例拼切了。

3. 一句话已经说成反切语,这里的些反切字就照平常相连变化的规则变了。

比方北平 mɑn-tʻɑ 式卯字作满–讨 mɑn˧-tʻɑu˧。这两个上声字连起来第一个字就照例变成阳平,就成了瞒–讨 mɑn˧-tʻɑu˧ 了。这种相互的影响大概是在同一个反切之内的两个字中间的强一点,在一个反切的第二字跟下一个反切的第一字之中的较弱一点。在福州反切语,比方汤字切成 louŋ-tʻiŋ 照平常音变的习惯应该会说成 louŋ-niŋ。这种现象在反切语说到很熟很快的时候是难免会发生的,说的人大概自己都不觉得,你问他汤 tʻouŋ 为什末切作 louŋ-niŋ,他也许说,"我没说 louŋ-niŋ 阿,我说的明明是 louŋ-tʻiŋ 嚜!"但是反切语究竟是听起来有点费事的东西,所以在事实上说者大概不敢随便让字音像平常说话时变得那末利害。

4. 反切字常常有无字的音。

反切语是说的,不是写的。有了附加音的规则,无论遇到什末要说的字,他的反切就脱口而出,跟韵书反切取易认字注难认字的用意迥然不同。因此虽然文字的反切都是有字的,而反切语的反切"字",往往就碰到是没有字的音。大概所用的附加韵附加声是字数多的韵母声母,反切字就容易有字一点,否则有字的机会更少。本文遇到没有字的反切就用一个方框子"□"代表它。有时候取一个本调字预备读者按变调的条例读出相当的读法,如北平 mai-kɑ 式,岛 tɑu˧:tai˧-kɑu˧,声母字 tai˧ 阳平没有字,但这本来是上声变的,所以把反切字写作歹—稿,第一字照例就自然变成阳平了。

七、反切语跟本地音韵的研究。

反切语对于本地音韵最大的关系就是从它上头可以看出许多点本地人对于本地音类的分合异同上的态度,或态度的不定。因为反切语大都不是音韵学家造的,所以它对于音的分类法更没有受少数人的学说化的嫌疑。比方论中国方言,往往发生介母属声属韵的问题。比方瓜字在北平、广州、福州都差不多念 kwɑ 音(暂一律用 w 字表示合口),但三处的反切都不同:

    北平 瓜 kwɑ: 拐-□ kwai-lwa, 认为 kw + wɑ,
    广州 瓜 kwɑ: 擸-□ lɑ-kwi, 认为 kw + ɑ,
    福州 瓜 kwɑ: □-□ lwa-ki, 认为 k + wɑ。

所以北平认 w 为两属,广州认它为属上,福州认它为属下。固然本地人对于他自己音类的态度不能就拿来作为语音学上的最后的定论,但至少也是一种很重要的可以参考的事实。

又如侯、尤、幽部的字,苏州都用一种开口〔ɣ〕音,不跟另有的 ㄩ〔y〕韵相混。在反切的时候,像流、沟等字的切法就有点犹豫[①]不决:

    流 lɣ :候—林 fiɣ-lin (认为齐齿),

---

① 原文写作"犹预",下同。——编者

或候—伦 ɦy-lən　　（认为开口），

沟 ky ：欧—□ ɣ-kin　　（认为齐齿），

或欧—跟 ɣ-kən　　（认为开口）。

这一韵在无锡就是开口（ei），在吴江就是齐齿（ieө），而苏州恰在开齐撮之间，所以他对他反切法的犹豫也就是他对于这韵母地位的态度不定的象征了。

还有比方常州 ts、tsʻ、dzʻ、s、z 不跟 u 韵拼而跟圆唇舌尖韵母 ʮ 韵拼。像租、粗、助、书、如都读成 tsʮ, tsʻʮ, dzʻʮ, sʮ, zʮ。但切起字来又把它当作 u 韵字切。如：

粗 tsʻʮ：春—卢 tsʻyoŋ-lu（认为 tsʻʮ + u）。

可见在常州人耳朵里觉着 ʮ、u 是同一个音位（phoneme）[①]。

最有趣的，上第二节所说的 Maori 语有一个 reira 字，乍看像是 rei-ra 两个音节，但是他们的秘密语把它说成 te-re-te-i-te-ra，从这上看出来他们这字是 re-i-ra 三个音节，e-i 是像法文 *paye*〔pe-i〕的分读法，不像中国北〔peǐ〕的合读法。

八、反切语的来源。

反切语的来源作者在书籍中始终没有看见提过。只有李汝珍《镜花缘》第十七回有"吴郡大老倚间满盈"一句秘密语，当"问道于盲"讲。就是

问：吴—郡　　（李是大兴人，合口微，疑不分），

道：大—老　　（根据韵书道字算上声），

于：倚—间

[①] 还有一种可能就是常州的反切语是从别处有 tsu, tsʻu 等字音的地方（如镇江）的反切语学来的。但现在既然没有这种借学的具体证据，就不必这末做绕弯儿的解释了。

盲：满一盈 [1]

但这个不能算真正的反切语,因为这是一个音韵学家临时诌出来的一句,里头非但都是有字的音,并且是虽不成句也都成词的反切。所以从这个上未必就能断定李汝珍会反切语,或乾隆,嘉庆的时候已经有反切语。

　　但是纯粹从理想上说,反切语这东西本来没有什末不会早就有了的必要。上文既说明反切语跟韵书的反切是两路的东西,那末也不必等先有文字的反切而后有反切语,nay! 就是在中国没有文字以前就有反切语都是可能的,还许文字的反切是从反切语的暗示而来的呐! 不过这都是完全凭空虚造的假设,也没凭据说它是有,甚至说它是像有,也没凭据说它一定不会有。

九、关于反切语的著作。

近来关于反切语的文章也很少。作者所看见的只有下列的两段东西：

　　（a）[2] "我现在举述一种应用'反切'来做秘密语的。这种反切的秘密语,在我国是很容易发生,大约各处也会有的,因为用反切注释单音字,在我国是极通行的缘故。我现在要述的,就是我所知的广东通行的一种反切的秘密语。这种语,在广州名为'燕子语',在东莞县名为'盲佬语'。'盲佬语'俗里相传以为当初由瞎子发明,后来给人家懂了,瞎子都不敢说了。在前清初办学堂的时候（民国纪元前六七年间）,中小学校里很为通行。但是这种秘密语用来谈秽亵的事情的人很多。后来懂得的人渐渐多了,

---

　　[1]　李汝珍《音鉴》三十三字母词把明母分为满,眠洪细两种,《镜花缘》第三十一回字母表也有茫,"妙秧"两种,满字是洪音,所以虽与齐齿盈字切,也勉强可以切盲音。至于盲读唐韵,《镜花缘》认定它为错的。

　　[2]　见《歌谣周刊》三卷五二号,容肇祖,《反切的秘密语》。

到如今大都看作很下流的一种语,也渐渐没多人敢说了。
〔中有说明从略。〕

"此外有一种用单字代表单字的秘密语,名为麻雀话,如说话时,一切的字皆改为'萧韵'的声音,如'食饭'读为'ㄙㄧㄠㄈㄧㄠ';'读书'读为'ㄉㄧㄙㄧㄠ'等等。一知道了一个字,就可以完全悟出来。故此绝少人应用。

"又有一种三字代一字的盲佬话,亦是本反切的道理,但是说来不容易,故此亦极少人应用。如天字用'ㄉㄧㄢㄊㄧㄥㄊㄨㄣ'或'廉①听吞'三字;先字用'ㄉㄧㄥㄙㄨㄥㄙㄧㄣ'或'领松新'三字去代表是。"

(b)② "廋语者,皆以口语为根据,或颠倒其双声叠韵,或搀杂无谓之韵纽,以混人闻听。最通常者有仓前廋,为城内仓角头流氓之所创。其法盖析字之韵纽,取其韵以配栗,取其纽以配期京,(阴韵配期,阳韵配京,)各从原有之四声,连而言之。例如福 houk,析其韵以配栗则为 louk,析其纽以配京则为 heik,连而言之则为 louk-heik;又如州字 tɕieu,以其韵配栗则为 lieu,以其纽配期则为 tɕi,连而言之则为 lieu-tɕi。嘴前话者,仅析其纽以配期京,与原字重言之。例如福,嘴前话作 lik-houk,州嘴前话作 li-tɕieu③。又有加 lau 于每字之后者,例如福州作 hulaurieulau,其法虽易知,然连语则发生转变类化,骤闻之颇难晓也。"

---

① 按这是东莞切法。东莞廉字读 lin(不读 lim),要是广州反切就得用连字阴平了。
② 见本刊一卷四期,陶燠民,《闽语研究》。(原文所举的例是用闽语罗马字写的,现在给他写成国际音标。)
③ Cf 上文第二节广州的燕子㞢,燕子仔。

371

十、本文的材料。

本文所详论的八种反切语当中,北平 mei-kɑ 式,常州 məŋ-lɑ 式,苏州 uɒ-mən 式是作者本来会说的,不过近来对于特别的变例,记忆有一点模糊,有些定则是又找了比我知道更多的人才求出来的。昆山 mo-pɑ 式是还没发表的 1927 年吴语调查的材料。广州是没发表的 1928 年粤语调查的材料。其余三种是新近找人问的。

所用的方言材料,关于吴语的,大半用我做的《现代吴语的研究》,关于广州语的用粤语调查的材料,关于福州语(尤其是字调的变化)是取本刊一卷四期陶燠民的《闽语研究》。有些例字是从高本汉的《方言字典》(B. Karlgren, *Phonologie Chinoise*, IV, *Dictionnaire*)里找的。

II. 分论

一、北平 mai-kɑ 式反切语

定则:

1. 声母字韵母字次序是顺的。

如:妈 ma　　:买—旮 mai-kɑ　　(不用:旮—买 kɑ-mai)。

2.1. 声母字附加韵依本字开齐合撮而用 ai、iɛ、uai、yɛ。

声母字附加韵,在原则上就是以 ai 为主,而就本字的韵头的开齐合撮加成为 ai, iai, uai, yai;但是 iai(丨ㄞ),yai(ㄩㄞ)这类音在北平不大自然,所以取的是音相近而较常用的 iɛ, yɛ。如:

　　　　他 tʻa　　:□—旮 tʻai-kɑ,
　　　　想 ɕiaŋ　 :斜—讲 ɕiɛ-tɕiaŋ(不用:ɕiai-),
　　　　吹 tʂʻuei　:揣—归 tʂʻuai-kuei,
　　　　去 tɕʻy　　:□—句 tɕʻyɛ-tɕy(不用:tɕʻyai-)。

注意(a).uŋ(ㄨㄥ)韵虽然用一种开 u,但仍算合口。如:

空 k'uŋ　　蒯—公 k'uai-kuŋ　　（不用：恺 k'ai-）。

注意（b）.iuŋ（ㄩㄥ）韵的第一音本来有点儿圆唇,因为圆唇的程度不高,所以音标写 iuŋ 而不写 yuŋ,但在这反切语里还是算作撮口,如：

兄 ɕiuŋ　：雪—扃 ɕyɛ-tɕiuŋ　（不用：写 ɕiɛ-）。

2.2. 唇音声母跟 u 本韵拼时,声母附加韵用 ai。

如：布 pu　：摆—故 pai-ku　（不用：puai-），
　　普 p'u　：排—骨 p'ai-ku　（不用：p'uai-），
　　母 mu　：埋—古 mai-ku　（不用：muai-），
　　夫 fu　：□—姑 fai-ku　（不用：fuai-）。

2.3. 假如本字是舌尖韵 ɿ、ʅ 的,就用 ɣ（ㄜ）为附加韵。

如：次 ts'ɿ　：□—字 sɣ-tsɿ　（不用：sai-），
　　诗 ʂʅ　：舍—之 ʂɣ-tʂʅ　（不用：色白 ʂai-）[①],
　　日 ʐʅ　：惹—志 ʐɣ-tʂʅ　（不用：ʐai-）。

3.1. 韵母字附加声开合用 k,齐撮用 tɕ。

韵母附加声其实以加 k 为原则,遇齐撮 k 变 tɕ 较顺口一点,可见北平有人还觉得 kɣ、tɕi、ku、tɕy 的声母是属于一个音位（phoneme）。如：

单 tan　：歹—干 tai-kan，
令 liŋ　：口—镜 liɛ-tɕiŋ　（不用：-kiŋ），
蠢 tʂ'uən　：揣—滚 tʂ'uai kuən，
宣 ɕyan　：雪—捐 ɕyɛ-tɕyan　（不用：-kyan）。

3.2. 假如本字是舌尖韵 ɿ、ʅ 的,韵母附加声就用 ts、tʂ。

附加声 k 跟 ɿ、ʅ 舌尖韵甚难拼读,因为国音声母中, p、t、k、tɕ、tʂ、ts 六母的发音方法相近（劳乃宣所谓戛透轹捺的戛类）,所以取 tʂ、ts 两个舌尖声母来代替 k。如：

[①] 色白代表色字白话音,色文代表色字读书音,别的字也准此例。

思 sɿ　　　：□—兹 sү-tsɿ　　（不用：-kɿ），

翅 tṣʻʅ　　：扯—治 tṣʻʅ-tṣʅ　　（不用：-kʅ）。

3.3. 假如附加声跟本字声母重复，就改用 l。

高 kɑu　　：改—捞 kai-lɑu　　（不用：改—高 kai-kɑu），

假 tɕiɑ　　：节—俩 tɕiɛ-liɑ　　（不用：节—假 tɕiɛ-tɕiɑ），

棍 kuən　　：拐—论 kuai-luən　　（不用：拐—棍 kuai-kuən），

举 tɕy　　：绝—吕 tɕyɛ-ly　　（不用：绝—举 tɕyɛ-tɕy）；

紫 tsɿ　　：则—□ tsү-lɿ　　（不用：则—紫 tsү-tsɿ），

志 tṣʅ　　：者—□ tṣү-lʅ　　（不用：者—志 tṣү-tṣʅ）。

在最后两个例，lɿ 跟 lʅ 两个字音倒是非常难发，但事实上并没有别种办法。

注意：韵母字以包括本字韵头为常例，但 u 音当头而别无声母的字，除本字是 u 音照例切 uai-ku 外，在其余的例中韵母字不包括韵头的 u。

如：乌 u　　：舀—姑　uai-ku,

但：我 uɔ　　：舀—葛　uai-kү（但也可用：—果 kuɔ），

袜 uɑ　　：舀—尬①　uai-kɑ（不用：—卦 kuɑ），

外 uai　　：舀—盖　uai-kai（不用：—怪 kuai），

委 uei　　：舀—给　uai-kei（不用：—鬼 kuei），

弯 uan　　：舀—干　uai-kan（不用：—官 kuan），

稳 uən　　：舀—颐　uai-kən（不用：—滚 kuən），

汪 uɑŋ　　：舀—刚　uai-kɑŋ（不用：—光 kuɑŋ），

翁 uʌŋ　　：舀—庚　uai-kʌŋ（不用：—公 kuŋ）。

这种变化的原因也许是因为北平 u 音起头的字有多数人读成一种 ʋ 音（无摩擦的 v 音），所以被认为声母而韵母倒算是开口，但是我、卧切作 uai-kү（因为 kɔ 字音在北平不能成立）跟本字韵有点不对，

---

① 北平没有 ka 去声字，现在借用方言中尴尬的尬字。

所以也有用 -kuɔ⌐ 做韵母字的。

4. 声母字认为上声读，韵母字读本字调。

依北平上声变化规则，上声后有上声第一上声变阳平，后有别种调的字就变一种低音的"半上声"。声母字既认为上声读，假如本字是上声，它就读阳平，假如是别的，它就读半上声。如：

奔 pən⌐[①]　：摆—根 pai˩-kən⌐,
徐 ɕy˩　　：雪—局 ɕyˑ˩-tɕy˩,
酒 tɕiou˩　：截—柳 tɕiɛ˩-liou˩
　　　　　（是从姐—柳 tɕiɛ˩-liou˩ 变来的），[②]
道 tau˅　　：歹—告 tai˩-kau˅。

注意（a）. 在平常说话时上声字应该变调的，或第 5 条定例以外的字应读轻调的，在反切时一律照单字原调看待（参看总论 I 第六节通则 2）。如：好酒的好变毫 xau˩，但反切作：孩—稿 xai˩-kau˩（不用：海—囗 xai˩-kau˩）；一样的一变移 i˩，但反切作：野—鸡 iɛ˩-tɕi⌐（不用：野—极 iɛ˩-tɕi˩）；商量的量变轻调 liaŋ˩，但反切作：囗—囗 liɛ˩-tɕiaŋ˩（不用：liɛ˩-tɕiaŋ˩）。

注意（b）. 但既拼成了反切语之后，那些切字相连起来就仍旧照普通变调规则变了。在一个"切"范围之内两字互相影响的例，在第 4 条定例已经说过了。"切"与"切"相邻的地方说快了也会影响。如：

[①] 国音字调用字母式符号标，如下：

阴平	阳平	上声	去声	半上声	轻声
55：	35：	15：	51：	11：	
⌐	˩	˅	˼	˩	˙	（或不标）

标法拿音分作四段五点 1,2,3,4,5，作一竖线当比较线，再画横或斜线标调的起止点。

[②] 上声反切字第一变阳平，在写反切例字时有阳平字写阳平（截），要是没有阳平字而只有上声就用上声字（姐），预备读者连读起来照习惯读成阳平。下仿此。

北：paɪ˧-keiʌ　　风：faiㄥ-kʌŋ˧

因为北的韵母字(keiʌ)是上声,后头又接着一个风字的声母字(faiㄥ)是半上声,说到连起来的时候 keiʌ 就照普通变调规则读成阳平 kei˧,全体就读成

北：paɪ˧-kei˧　　风：faiㄥ-kʌŋ˧

了。但这类变化的倾向比较的不强(看上文Ⅰ六2),在下面故事当中没有标出,标出了怕原来的切法太看不明白了。

2&3&4. 推则。本字音不会说漏的

有好些种反切语碰到本字在反切字里说漏了就让它说漏了。在这个反切语里倒是没有说漏的可能。遇到(1)本字声母是 k、tɕ、tʂ(ʅ)、ts(ɿ),依定则3.3,附加声改为l,这个上文已经说过了。至于遇到(2)本字韵母是 ai、iɛ、uai、yɛ(与附加韵同)的时候,也不会说漏。因为依定则4,声母字认为上声读,假如本字不是上声,当然不会说漏,因为声韵虽同而调异,如：

阴平　些 ɕiɛ　　：写—街 ɕiɛ˧-tɕiɛʌ　（些写异调),
阳平　学 ɕyɛʌ　：雪—绝 ɕyɛ˧-tɕyɛʌ　（学雪异调),
去声　快 k'uaiʌ：蒯—怪 k'uai˧-kuaiʌ　（快蒯异调)。

要是本字是上声的呐,声母字既然也用上声,就似乎要有：

上声　海 xaiʌ　：海—改 xai(ʌ)-kaiʌ

的情形了。可是碰巧上上相连第一字变阳平,所以上头这例到底还是这末切法：

海 xaiʌ　：孩—改 xai˧-kaiʌ　　（海孩异调)。

用例：

有：爷—九 iɛʌ-tɕiouʌ　　那儿：乃-"盖儿" nai˧-kɑuʌ　　火儿：怀-"鬼儿" xuai˧-kuɑuʌ
一：野—鸡 iɛ˧-tɕi˧　　　争：窄—庚 tʂai˧-kʌŋ˧　　　　　来：锹—囗 lai˧-kai˧
回：囗—囗 xuai˧-kuei˧　　论：囗—棍 luai˧-kuən˧　　　　了：　　　　　ləɣ
北：白—给 pai˧-kei˧　　　谁：色白—囗 ʂai˧-kei˧　　　　一：野—鸡 iɛ˧-tɕi˧
风：囗—庚 fai˧-kʌŋ˧　　　的：　　　tɤɣ　　　　　　　　个：　　　　　kɣ
跟：改—囗 kai˧-lən˧　　　本：白—颇 pai˧-kən˧　　　　走：宰—狗 tsai˧-kouʌ
太：囗—盖 t'ai˧-kai˧　　　事：色—志 ʂai˧-tʂʅ˧　　　道儿：歹-"告儿" tai˧-kɑuʌ

阳：也—□ iɛ˩-tɕiaŋ˧	大：歹—尬 tai˩-kʌ˥	的： tə˧
在：宰—盖 tsai˩-kai˥	一：野—鸡 iɛ˩-tɕi˧	身：色—根 ʂai˩-kən˧
上：色—杠 ʂai˩-kaŋ˥	好：孩—稿 xai˧-kau˥	的： tə˧
穿：揣—官 tʂʼuai˩-kuan˧	了： lə˧	袍：□—□ pʼai˩-kau˥
着： tʂʅ˧	说：甩—锅 ʂuai˩-kuɔ˧	子： tsʅ˧
一：野—鸡 iɛ˩-tɕi˧	谁：色—□ ʂai˩-kei˧	脱：□—锅 tʼuai˩-kuɔ˧
件：解—恋 tɕiɛ˩-liɛn˥	能：乃—□ nai˩-kʌŋ˧	下：写—架 ɕiɛ˩-tɕia˥
厚：海—够 xai˩-kou˥	先：写—尖 ɕiɛ˩-tɕiɛn˧	来：㧴—□ lai˩-kai˧
袍：□—□ pʼai˩-kau˥	叫：解—料 tɕiɛ˩-liau˥	啊： ɑ˧
子： tsʅ˧	那：乃—□ nai˩-kei˥	就：姐—六 tɕiɛ˩-liou˥
他：□—旮 tʼai˩-kɑ˧	个： kɣ˧	算：□—贯 suai˩-kuan˥
们：买—哏 mai˩-kən˧	走：宰—狗 tsai˧-kou˥	谁：色—□ ʂai˩-kei˧
俩：□—假 liɛ˩-tɕia˥	道儿：歹-"告儿" tai˩-kauɻ˥	本：白—颐 pai˧-kən˧
就：姐—六 tɕiɛ˩-liou˥	的： tə˧	事：色—志 ʂai˩-tʂʅ˥
商：色—刚 ʂai˩-kaŋ˧	把：白—乍 pai˧-kɑ˥	大：歹—尬 tai˩-kʌ˥。
量：□—□ liɛ˩-tɕiaŋ˧	他：□—旮 tʼai˩-kɑ˧	

二、北平 mei-ka 式反切语

定则：

1.声母字韵母字次序是顺的。

如：妈 ma ：妹—旮 mei-ka （不是：旮—妹 ka-mei）。

2. 1.声母附加韵依本字开齐合撮而用 ei、ei、uei、y。

如：方 faŋ ：费—刚 fei-kaŋ,

连 liɛn ：累—□ lei-kiɛn （不用：liei-),

坐 tsuɔ ：罪—过 tsuei-kuɔ,

月 yɛ ：玉—□ y-kyɛ。

注意(a). tɕ、tɕʼ、ɕ（ㄐ、ㄑ、ㄒ）声母的字跟 i 音当头而别无声母的字,他们的反切声母字用 tɕ(u)ei、tɕʼ(u)ei、ɕ(i)ei、iei。如：

今 tɕin ：□—□ tɕei-kin,

要 iau ：□—□ iei-kiau。

假如 tɕ(i)ei 等等当中的流音(i)不算,而 iei 的第一音认为声母,那末这些例也可以算合定则 2.1.,不算例外了。

注意(b). uŋ（ㄨㄥ）韵也认为合口。如：

　　东 tuŋ　　　：对—宫 tuei-kuŋ　　（不用 tei-)。

注意(c). iuŋ（ㄩㄥ）也认为撮口。如：

　　兄 ɕiuŋ　　：序—□ ɕy-kiuŋ　　（不用 ɕei-)。

2.2. 唇音声母跟 u 本韵拼时，声母附加韵用 ei。

　　布 pu　　　：背—故 pei-ku　　　（不用 puei-),
　　普 p'u　　　：佩—古 p'ei-ku　　　（不用 p'uei-),
　　母 mu　　　：妹—古 mei-ku　　　（不用 muei-),
　　夫 fu　　　：费—姑 fei-ku　　　（不用 fuei-)。

3.1. 韵母字附加声用 k。

　　例见前后各例。

3.1. 推则。齐撮韵的韵母字全是没有字的音。

北平 k 音向无齐撮韵。在 mai-ka 式反切语碰到齐撮就改用 tɕ，现在既然一律用 k，那就不能有字了。如：

　　另 liŋ　　　：累—□ lei-kiŋ　　　（不用：累—镜 lei-tɕiŋ),
　　宣 ɕyan　　：续—□ ɕy-kyan　　（不用：续—捐 ɕy-tɕyan)。

3.2. 假如本字是舌尖韵 ɿ、ʅ 的，韵母附加声就用 ts、tʂ。

　　如：思 sɿ　　：□—兹 sei-tsɿ　　　（不用 -kɿ),
　　　　翅 tʂ'ʅ　：□—支 tʂ'ei-tʂʅ　　（不用 -kʅ)。

3.3. 韵母字以包括本字韵头为常例，但声母 tɕ、tɕ'、ɕ 跟韵母 iɑ、iɑu、iaŋ 拼时，i 可省去，跟 yan 拼时 y 可作 u。

　　如：教 tɕiɑu　：□—高 tɕei-kɑu　　（或□—□ tɕei-kiɑu),
　　　　宣 ɕyan　：序—官 ɕy-kuan　　（或序—□ ɕy-kyan)。

4. 声母字读去声，韵母字读本字调。

　　如：奔 pən˥　：背—根 pei˅-kən˥,
　　　　活 xuɔ˧　：会—国 xuei˅-kuɔ˧,
　　　　允 yn˧　：喻—□ y˅-kyn˧,
　　　　料 liɑu˅　：累—□ lei˅-kiɑu˅。

2,3,4. 推则。本字音常会说漏。

假如本字声母跟附加声一样，本字就在韵母字说漏了。如：

  高 kɑu˧   ：□—高 kei˅-kɑu˧，

  怪 kuai˅ ：贵—怪 kuei˅-kuai˅，

  纸 tʂʅ˧˥ ：□—纸 tʂei˅-tʂʅ˧˥，

  兹 tsʅ˧   ：□—兹 tsei˅-tsʅ˧。

假如本字韵母是 ei、uei、y 三韵的去声，本字就在声母字说漏了。如：

  费 fei˅   ：费—□ fei˅-kei˅，

  醉 tsuei˅ ：最—贵 tsuei˅-kuei˅，

  去 tɕ'y˅   ：去—□ tɕ'y˅-ky˅。

照例贵音的字应该拼成这样：

  贵 kuei˅   ：贵—贵 kuei˅-kuei˅。

用例：

有：□—□ iei˅-kiou˥	走：□—狗 tsei˅-kou˥	先：□—□ ɕei˅-kiɛn˧
一：□—□ iei˅-ki˧	道儿：□-"告儿" tei˅-kɑu˥叫	：□-(告) tɕei˅-k(i)ɑu˅
回：会—□ xuei˅-kuei˧	的： tə˩	那：内—□ nei˅-kei˅
北：背—给 pei˅-kei˧˥	身：□—跟 ʂei˅-kən˧	个： ky˅
风：费—庚 fei˅-kʌŋ˧	上：□—杠 ʂei˅-kɑŋ˅	走：□—狗 tsei˅-kou˥
跟：□—跟 kei˅-kən˧	穿：□—官 tʂ'uei˅-kuan˧	道儿：□-"告儿" tei˅-kɑu˅
太：□—盖 t'ei˅-kai˅	着： tʂʅ˧˥	的： tə˩
阳：□—□ iei˅-k(i)ɑŋ˧	一：□—□ iei˅-ki˧	把：背—乍 pei˅-kɑ˧˥
在：□—盖 tsei˅-kai˅	件：□—□ tɕei˅-kiɛn˅	他：□—奋 t'ei˅-kɑ˧
那儿：内-"盖儿" nei˅-kɑɹ˅	厚：□—够 xei˅-kou˅	的： tə˩
争：□—庚 tʂei˅-kʌŋ˧	袍：佩—□ p'ei˅-kɑu˧	袍：佩—□ p'ei˅-kɑu˧
论：□—棍 luei˅-kuən˅	子： tsʅ˧。	子： tsʅ˧
谁：□—□ ʂei˅-kei˧	他：□—奋 t'ei˅-kɑ˧	脱：退—锅 t'uei˅-kuɔ˧
的： tə˩	们：妹—哏 mei˅-kən˧	下：□-(尬) ɕei˅-k(i)ɑ˅
本：背—颐 pei˅-kən˧˥	俩：累—□ lei˅-kiɑ˧˥	来：累—□ lei˅-kai˧
事：□—志 ʂei˅-tʂʅ˅	就：□—□ tɕei˅-k(i)ou˅	啊： ɑɹ，
大：□—尬 tei˅-kɑ˅。	商：□—□ ʂei˅-kɑŋ˧	就：□-(够) tɕei˅-k(i)ou˅
一：□—□ iei˅-ki˧	量：累—□ lei˅-kiɑŋ˧	算：岁—贯 suei˅-kuan˅
火儿：会-"鬼儿" xuei˅-kuaɹ˅	好：□—稿 xei˅-kɑu˥	谁：□—□ ʂei˅-kei˧
来：累—□ lei˅-kai˧	了： lə˩	本：背—颐 pei˅-kən˧˥

了：　　　lɤ˩　　　说：睡—锅 ʂueiv-kuɔ˥　事：□—志 ʂeiv-tʂʅ˥

一：□—□ ieiv-ki˥　　谁：□—□ ʂeiv-kei˥　大：□—尬 teiv-kɑv。

个：　　　kɤ˩　　　能：内—□ neiv-kʌŋ˥

三、北平 man-t'ɑ 式反切语

定则：

0. 分类跟定义：ɑ、iɑ、uɑ、ai、iai、uai、au、iau、an、iɛn、uan、yan、ɑŋ、iɑŋ、uɑŋ，跟这些韵母的卷舌化的韵叫作大口韵，所有其余的韵母叫作小口韵。

1. 声母字韵母字的次序是顺的。

如：妈 ma　　：颠—他 man-t'ɑ　　（不用：他—颠 t'ɑ-man）。

2.1. 声母附加韵，依本字开齐合撮，大口韵用 an、iɛn、uan、yan，小口韵用 ən、in、uən、yn.

如：烧 ʂau　 ：山—掏 ʂan-t'au,

　　相 ɕiaŋ 　：先—□ ɕiɛn-t'iaŋ,

　　花 xua 　：欢—□ xuan-t'ua,

　　"圈儿" tɕ'yaɪ：圈—□ tɕ'yan-t'yuaɪ;

　　诗 ʂʅ　　：身—□ ʂən-t'ʅ,

　　姓 ɕiŋ　 ：信—□ ɕin-t'iŋ,

　　所 suɔ　 ：损—妥 suən-t'uɔ,

　　月 yɛ　　：韵—□ yn-t'yɛ。

注意（a）. uŋ（ㄨㄥ）韵算合口。如：

　　东 tuŋ　　：敦—通 tuən-t'uŋ　（不用：tən-）。

注意（b）. iuŋ（ㄩㄥ）韵算撮口。如：

　　兄 ɕiuŋ　　：薰—□ ɕyn-t'iuŋ　（不用：欣 ɕin-）。

2&1 推则。本式没有避免漏韵的规定，所以假如本字韵母是 an、iɛn、uan、yan，或 ən、in、uən、yn，本字音就在声母字里说漏了。

如：

　　山 ʂan˥　　：山—滩 ʂan-t'an˥,

　　前 tɕ'iɛn˥　：前—田 tɕ'iɛn-t'iɛn˥,

    还 xuanꜛ   :还—团 xuanꜛ-t'uanꜛ,

    愿 yanᵥ   :愿—□ yanᵥ-t'yanᵥ;

    门 mənꜛ   :门—□ mənꜛ-t'ənꜛ,

    秦 tɕ'inꜛ   :秦—□ tɕ'inꜛ-t'inꜛ,

    春 tʂ'uənꜛ   :春—吞 tʂ'uənꜛ-t'uənꜛ,

    勋 ɕynꜛ   :勋—□ ɕynꜛ-t'ynꜛ。

但如本字是上声字,因为声母字变阳平,就不说漏了。如:

    脸 liɛnᴧ   :廉—舔 liɛnꜛ-t'iɛnᴧ,

               (是从脸—舔 liɛnᴧ-t'iɛnᴧ 变来的),

    蠢 tʂ'uənᴧ   :唇—氽 tʂ'uənꜛ-t'uənᴧ

               (是从蠢—氽 tʂ'uənᴧ-t'uənᴧ 变来的)。

2. 2. 唇音声母跟 u 本韵拼时,声母附加韵用 ən。

如:布 pu   :笨—兔 pən-t'u   (不用 puən-),

    普 p'u   :盆—土 p'ən-t'u   (不用 p'uən-),

    母 mu   :门—土 mən-t'u   (不用 muən-),

    夫 fu   :分—秃 fən-t'u   (不用 fuən-)。

3. 韵母字附加声用 t'。

例见前后各例。

这附加韵是一致不变的,所以遇到 ʅ、ɿ 韵就发生很古怪的韵母字了。如:

    磁 tsʮɿ   :岑—□ ts'ən-t'ɿ,

    事 ʂʅ   :甚—□ ʂən-t'ʅ。

这种语言是用的人不多,设若是一种通行的语言当中有了 t'ɿ、t'ʅ 这种不稳固的音节,一定不久就会变成 tsɿ、tʂʅ,或两个都变成 t'ɣ 了。

3. 推则。本式没有避免漏声的规定,所以假如本字声母是 t',本字音就在韵母字里说漏了。如:

    他 t'ɑ   :贪—他 t'an-t'ɑ,

    退 t'uei   :褪—退 t'uən-t'uei。

假如本字又是 an、ən 等等,而声母又是 t',那就有天:天天、吞:吞吞的情形了。在事实上或临时随便改变一下,例如让附加韵 an、ən 互换,这就只漏一次了。

4. 反切字各用本字调。

但如本字是上声,声母字照例变阳平。如:

  鹰 iŋ˥ :因—汀 in˥-tʻiŋ˥,

  罗 luo˧˥ :轮—陀 luən˧˥-tʻuo˧˥,

  且 tɕʻiɛ˨˩˦ :秦—铁 tɕʻin˧˥-tʻiɛ˨˩˦

       (是从寝—铁 tɕʻin˧˥-tʻiɛ˨˩˦ 变来的),

  造 tsɑu˥˩ :赞—套 tsan˥˩-tʻɑu˥˩。

用例:

有:银—□ in˧˥-tʻiou˨˩˦   走:怎—□ tsən˧˥-tʻuo˨˩˦   先:先—天 ɕiɛn˥-tʻiɛn˥
一:因—梯 in˥-tʻi˥   道儿:旦-"套儿" tan˥˩-tʻɑu˥˩   叫:见—跳 tɕiɛn˥˩-tʻiɑu˥˩
回:魂—颓 xuən˧˥-tʻuei˧˥   的: tə˩ ,   那:嫩—□ nən˥˩-tʻei˥˩
北:本—□ pen˧˥-tɕʻei˨˩˦   身:身—膛 ʂən˥-tʻɑŋ˥   个: kɤ˩
风:分—鼟 fəŋ˥-tʻʌŋ˥   上:善—烫 ʂan˥˩-tʻɑŋ˥˩   走:怎—□ tsən˧˥-tʻuo˨˩˦
跟:跟—□ kən˥-tʻən˥   穿:穿—湍 tʂʻuan˥-tʻuan˥ 道儿:旦-"套儿" tan˥˩-tʻɑu˥˩
太:叹—太 tʻan˥˩-tʻai˥˩   着: tʂə˩   的: tə˩
阳:炎—□ iɛn˧˥-tʻiaŋ˧˥   一:因—梯 in˥-tʻi˥   把:板—塔 pan˨˩˦-tʻʌ˨˩˦
在:赞—太 tsan˥˩-tʻai˥˩   件:件—瑱 tɕiɛn˥˩-tʻiɛn˥˩   他:贪—他 tʻan˥-tʻʌ˥
那儿:难-"炭儿" nan˧˥-tʻʌɹ˥˩   厚:恨—透 xən˥˩-tʻou˥˩   的: tə˩
争:真—鼟 tʂən˥-tʻʌŋ˥   袍:盘—桃 pʻan˧˥-tʻɑu˧˥   袍:盘—桃 pʻan˧˥-tʻɑu˧˥
论:论—褪 luən˥˩-tʻuən˥˩   子: tsɿ˩。   子: tsɿ˩
谁:神—□ ʂən˧˥-tʻei˧˥   他:贪—他 tʻan˥-tʻʌ˥   脱:吞—脱 tʻuən˥-tʻuo˥
的: tə˩   们:们—□ mən˧˥-tʻən˧˥   下:现—□ ɕiɛn˥˩-tʻia˥˩
本:本—□ pən˨˩˦-tʻən˨˩˦   俩:廉—□ liɛn˧˥-tʻia˧˥   来:兰—台 lan˧˥-tʻai˧˥
事:甚—□ ʂən˥˩-tʻɿ˥˩   就:近—□ tɕin˥˩-tʻiou˥˩   啊: ɑ˩ ,
大:旦—挞 tan˥˩-tʻʌ˥˩ 。   商:扇—汤 ʂan˥˩-tʻɑŋ˥˩   就:近—□ tɕin˥˩-tʻiou˥˩
一:因—梯 in˥-tʻi˥   量:连—□ liɛn˧˥-tʻiaŋ˧˥   算:算—褖 suan˥˩-tʻuan˥˩
火儿:魂-"腿儿" xuən˧˥-tʻuəɹ˨˩˦   好:寒—讨 xan˧˥-tʻɑu˨˩˦   谁:神—□ ʂən˧˥-tʻei˧˥
来:兰—台 lan˧˥-tʻai˧˥   了: lə˩   本:本—□ pən˨˩˦-tʻən˨˩˦
了: lə˩   说:□—托 ʂuən˥-tʻuo˥   事:甚—□ ʂən˥˩-tʻɿ˥˩
一:因—梯 in˥-tʻi˥   谁:神—□ ʂən˧˥-tʻei˧˥   大:旦—挞 tan˥˩-tʻʌ˥˩ 。
个: kɤ˩   能:□—疼 nən˧˥-tʻʌŋ˧˥

四、常州 məŋ-lɑ 式反切语

定则：

1. 声母字韵母字的次序是顺的。

  如：妈 ma ：□—□ məŋ-lɑ （不用 lɑ-məŋ）。

2.1. 声母字附加韵一般声母用 əŋ，舌面（即颚化）声母用 iŋ。

讲常州音的等呼最好把韵母只分为开口齐齿两类，而把唇作用归在声母身上。这样办法在底下讲韵母的时候也容易讲一点。如：

  干 kɔ̃ ：根—鸢 kəŋ-lɔ̃，
  贯 kuɔ̃ ：棍—乱 kuəŋ-lɔ̃ （不用 -luɔ̃），
  吉 tɕie ：今—力 tɕiŋ-lie，
  决 tɕye ：君—力 tɕyiŋ-lie （不用 -lye）。

2.2. 唇音声母跟舌尖中的声母（t、t'、d'、n、l）跟 u 本韵拼时 u 音不归声母。

  如：布 pu ：□—路 pəŋ-lu （不用 puəŋ-），
  无 vu ：文—卢 vəŋ-lu （不用 vuəŋ-），
  都 tu ：登—卢 təŋ-lu （不用 tuəŋ-），
  奴 nu ：能—卢 nəŋ-lu （不用 nuəŋ-）。

2.3. 假如本字韵是 ən、iŋ 的，附加韵就改为 ə，ie（或 ye）入声。

  如：门 məŋ ：没—伦 mə-ləŋ （不用：门—伦 məŋ-ləŋ），
  纯 zʮəŋ ：入—伦 zʮə-ləŋ （不用：纯—伦 zʮəŋ-ləŋ），
  今 tɕiŋ ：急—陵 tɕie-liŋ （不用：金—陵 tɕiŋ-liŋ），
  云 jyiŋ ：越—陵 jye-liŋ （不用：云—陵 jyiŋ-liŋ）。

3.1. 韵母字附加声用 l。

例见前后文各例。

注意（a）. 韵母范围除 u 本韵外不包括 u 音，例见定则 2.1.。但包括韵头 i 音。如：

  小 siɑɣ ：醒—了 siŋ-liɑɣ （不用：醒—老 siŋ-lɑɣ），
  摇 jɑɣ ：营—聊 jiŋ-liɑɣ （不用：□—劳 jəŋ-lɑɣ
              或：营—劳 jiŋ-lɑɣ）。

最有趣的是撮口 y 音，除 y 本韵单用外，它的两部成素中的唇作用归在声母，而舌面（颚化）作用归在韵母，因而韵母变成相近音的齐齿韵。如：

  居 tɕy ：君—间 tɕyiŋ-ly （y 本韵用 -ly），
  决 tɕye ：君—力 tɕyiŋ-lie （ye 韵算 ie），
  君 tɕyiŋ ：决—林 tɕye-liŋ （yiŋ 韵算 iŋ）。

3.2. 单 ɥ 本韵认为 u。

常州舌尖前音（ts、tsʻ、dzʻ、s、z）可以跟圆唇舌尖韵 ɥ 拼而不跟 u 拼，别的声母恰恰相反，所以 ɥ 是 u 音位的一个附属值（subsidiary member of phoneme〔u〕）。如：

  如 zɥ ：纯—卢 zɥəŋ-lu （不用：-lɥ），
  租 tsɥ ：谆—卢 tsɥəŋ-lu （不用：-lɥ）。

3.3. 不圆唇的舌尖韵 ɿ 反切韵认为 ɹe，并且省去附加声 l。

  如：兹 tsɿ ：真—儿 tsəŋ-ɹe （不用 -lɿ），[①]
  事 zɿ ：甚—儿 zəŋ-ɹe （不用 -lɿ）。

这种办法没有多大的音理的关系，看上去好像是古音"自：疾二切"的神气，但造反切语者未必是读书阶级的人，所以究竟是怎末来的不得而知。

3.4. ɹe、ɦɹe、m̩、ŋ̍ 四个字音不用附加声。

  如：耳 读书音 ɹe：□—耳-əŋ-ɹe，
    而   ɦɹe：恒—而 ɦəŋ-ɹe，
    姆 呒不 m̩：门—姆 məŋ-m̩，
    五 语音 ŋ̍：□—五 ŋəŋ-ŋ̍。

3.5. 如本字声母是 l 的，附加声改为 t。

  如：劳 lɑy ：伦—刀 ləŋ-tɑy （不用：伦—劳 ləŋ-lɑy），
    力 lie ：林—跌 liŋ-tie （不用：林—立 liŋ-lie），

---

① Cf. 北平 mai-ka 式定则 3.3 的例。

伦 lən	：勒—登 lə-təŋ	（不用：伦—伦 ləŋ-ləŋ
		或：勒—伦 lə-lən），
另 liŋ	：力—订 lie-tiŋ	（不用：另—另 liŋ-liŋ
		或：力—另 lie-liŋ）。

2&3 推则。除定则 3.4. 所讲的几个字音以外,本字音不会说漏。例见定则 2.3. 跟 3.5.。

4. 反切字除入声声母字须用平声,跟 əŋ、iŋ（yiŋ）韵字声母字须用入声外,各依本字调读。但声母字重韵母字轻,并照声调相连法发生变化。附加声 l-、t- 与本字声母清浊不合就让它调的阴阳不合去。①

这些规则似乎很复杂,其实是从本地语的习惯就会这样变化。又因为韵母字读得轻,所以声调不大清楚。本节反切字的汉字仍照原调写,因为虽有些变调是单字所没有的,但原调读轻了就成了所要的调了。

声调举例如下：

本字调	字	反切字	单个调	连说成为
阴平 44：	东 toŋ	：登—龙	˥-˧˥	təŋ˧-loŋ˥
	登 təŋ	：得—伦	˥-˧˥	tə˧-lən˥
上声 55：	岛 tau	：登—老	˥-˧˥	təŋ˧-lau˥
	等 təŋ	：得—冷ᵡ	˥-˧	tə˧-ləŋ˥
阴去 513：	带 tav	：凳—赖	˩˩-˧˥	ləŋ˧-vai˥
	凳 təŋ	：得—论	˥-˧˥	tə˧-lən˥
阴入 4：	的 tie	：登—力	˥-˩	tiŋ˧-lie˩
阳平 13：	同 d'oŋ	：滕—龙	˧˥-˧˥	d'ə˧-loŋ˥

---

① 常州有"绅谈","街谈"两种调,说"街谈"的人数多一点,但因为本文的材料是从说"绅谈"者得来的,所以举例都用了"绅谈"的调。说"街谈"者以这种调的话为普通的话,并无名称,而管"绅谈"叫"乡绅话"。看《现代吴语的研究》页 76—77 声调表,又页 80—81 的说明。

		龙 loŋˊ	：伦—东	ˊ—ˋ	ləŋˊ-toŋˋ
		伦 ləŋˊ	：勒—登	ˊ—ˋ	ləˊ-təŋˋ
阳去24：		动 d'oŋˋ	：邓—弄	ˋ—ˋ	d'əŋˋ-loŋˋ
		弄 loŋˋ	：论—冻	ˋ—ˋ	ləŋˋ-toŋˋ
		邓 d'əŋˋ	：夺—论	ˋ—ˋ	d'əˋ-ləŋˋ
阳入23：		达 d'aʔ	：滕—辣	ˊ—ʔ	d'əŋˊ-ləʔ
		辣 laʔ	：论—答	ˋ—ʔ	ləŋˋ-təʔ

用例：

有 jɤɯʔ：形—□ jiŋ-liɤɯ 走 tseiˊ：整—柳 tsəŋ-lei 格 kəʔ：庚—勒 kəŋ-lə
一 ieʔ：因—力 iŋ-lie 路 luʔ：论—妒 ləŋ-tu 能 nəŋˊ：纳—伦 nə-ləŋ
回 wæeˊ：魂—来 wəŋ-læ 格 kəʔ 够 keiʔ：更—漏 kəŋ-lei
北 pɔʔ：奔—六 pəŋ-lə 人 ȵiŋˊ：逆—林 ȵie-liŋ 先 siˊ：心—连 siŋ-li
风 foŋˊ：分—龙 fəŋ-loŋ 身 səŋˊ：色—伦 sə-ləŋ 叫 tɕiaɤʋ：镜—料 tɕiŋ-liaɤ
瞎 xaʔ：亨—辣 xəŋ-la 让 ȵiaŋˋ：迎—亮 ȵiŋ-liaŋ 至 tsɿʋ：镇—贰 tsəŋ-ɿe
太 t'avˋ：□—赖 t'əŋ-la 穿 ts'ɔˊ：蜓—銮 ts'əŋ-lɔˊ 格 kəʔ：庚—勒 kəŋ-lə
阳 jaŋˊ：银—良 jiŋ-liaŋ 则 tsəʔ 人 ȵiŋˊ：逆—林 ȵie-liŋ
勒 ləʔ：伦—德 ləŋ-tə 一 ieʔ：因—力 iŋ-lie 脱 t'əʔ：吞—勒 t'əŋ-lə
头 d'eiˊ：腾—楼 d'əŋ-lei 件 dziˋ：近—恋 dz'iŋ-li 佗 d'aʔ：滕—□ d'əŋ-la
争 tsaŋˊ：真—郎 tsəŋ-laŋ 厚 g'eiˋ：□—漏 g'əŋ-lei 格 kəʔ
爹 tiaˊ：丁—□ tiŋ-lia 袍 b'aɤˊ：盆—劳 b'əŋ-laɤ 袍 b'aɤˊ：盆—劳 b'əŋ-laɤ
人 ȵiŋˊ：逆—林 ȵie-liŋ 则 tsəʔ：争—勒 tsəŋ-lə 则 tsəʔ：争—勒 tsəŋ-lə
格 kəʔ 佗 d'aʔ：滕—□ d'əŋ-la 啊 a
本 pəŋˊ：不—冷文 pə-ləŋ 家 kɔˊ：庚—□ kəŋ-lɔ 就 ziɤɯˋ：尽—□ ziŋ-liɤɯ
事 zɿˋ：甚—贰 zəŋ-ɿe 就 ziɤɯˋ：尽—□ ziŋ-liɤɯ 算 sɔ̃ˋ：逊—乱 səŋ-lɔ̃
大 d'ɤɯˋ：邓—□ d'əŋ-lɤɯ 商 saŋˊ：生文—郎 səŋ-laŋ （哪）lɔˊ：伦—□ ləŋ-lɔ
一 iʔ：因—力 iŋ-lie 量 liaŋˊ：林—□ liŋ-tiaŋ 格 kəʔ：庚—勒 kəŋ-lə
歇 ɕieʔ：兴—力 ɕiŋ-lie 好 haɤʋ：亨—老 həŋ-laɤ 格 kəʔ
来 læeˊ：伦—堆 ləŋ-tæe 则 tsəʔ 本 pəŋˊ：不—冷文 pə-ləŋ
则 tsəʔ 说 sɣəʔ：□—勒 sɣəŋ-lə 事 zɿˋ：甚—贰 zəŋ-ɿe
一 iʔ：因—力 iŋ-lie 叫 tɕiaɤʋ：镜—料 tɕiŋ-liaɤ 大 d'ɤɯˋ：邓—□ d'əŋ-lɤɯ
格 kəʔ：根—勒 kəŋ-lə （哪）lɔˊ：伦—□ ləŋ-lɔ

五、昆山 mo-pa 式反切语

0. 分类跟定义。——为便于附加声的说明，可以把昆山的声母分成下列的塞声①、通声两类的发音方法跟 p、t、k、tɕ、ts 五系的发音部位：

	塞 类			通 类			
p 系	p 巴兵	p' 怕潘	b' 旁伴	m 门马	f 夫方	v 附武	
t 系	t 多丁	t' 梯天	d' 同动	n 奶能		l 落来	
k 系	k 公刚	k' 铅开	g' 狂共	ŋ 熬岸	h 好荒	ɦ 杭王	○ 爱汪
tɕ 系	tɕ 居今	tɕ' 劝欠	dz' 求件	ɲ 牛女	ɕ 希虚	j 夷云	i 衣要
ts 系	ts 周将	ts' 超寸			s 少先	z 陈如	

定则：

1. 声母字韵母字次序是顺的。

如：妈 ma ：□—□ mo-pa （不用 pa-mo）。

2. 声母字附加韵用 o。

如：来 lɛ ：□—丹 lo-tɛ

西 si ：沙—跻 so-tsi （不用：sio-），

关 kuɛ ：瓜—还 ko-ɦuɛ （不用：kuo-），

君 tɕyən ：□—云 tɕo-jyən （不用：tɕyo-）。

2. 推则。本式没有避免漏韵法，所以 o 韵字就在声母字里说漏了。如：

花 ho ：花—瓜 ho-ko，

作 tso ：作—俗 tso-zo。

3. 1. 韵母字附加声（1）发音部位跟本字同系，（2）发音方法通塞互换：本字塞声的用通声 v 行，本字通声的用塞声 p 行。

---

① 平常塞声只包括破裂音，现在暂以广义连破裂摩擦音（法国语音学者叫半塞声，mi-occlusive）也叫塞声。

如：邦 pã : 巴—房 po-vã, 房 vã : □—邦 vo-pã,
多 təu : □—卢 to-ləu, 奴 nəu : 拿—都 no-təu,
同 d'oŋ : □—龙 d'o-loŋ, 龙 loŋ : □—东 lo-toŋ,
开 k'ɛ : □—孩 k'o-ɦɛ, 爱 ɛ : □—盖 o-kɛ,
狂 g'uã : □—王 g'o-ɦuã, 王 ɦuã : □—光 ɦo-kuã,
丘 tɕ'ɿ : □—盐 tɕ'o-jɿ, 要 iɔ : □—叫 o-tɕiɔ,
瞿 dz'y : □—于 dz'o-jy, 薰 ɕyən : □—君 ɕɔ-tɕyən,
专 tsɵ : 渣—然 tso-zɵ, 削 sia : 缩—爵 so-tsia,
次 ts'ʅ : 岔—寺 ts'o-zʅ, 如 zʅ : 蛇—猪 zo-tsʅ。

3.1. 推则。因为附加声跟本字声母通塞互换,所以无论什末声母的字音不会在韵母字里说漏的。

3.2. 音节化的(syllabic)鼻音可不切。

昆山有 m̩、n̩、ŋ̍ 音,如呒不,"没有",唔得,"你们",五。照规则反切起来这些声母又当声又当韵。如：

呒 m̩ : 麻—□ mo-pm̩ （如英文 tip me 的 pm）,
唔 n̩ : 拿—□ no-tn̩ （如英文 kitten 的 t(e)n）,
五 ŋ̍ : 娃—□ ŋo-kŋ̍ （如英文俗语 bacon 的 c(o)n）,

但这些向鼻腔内部破裂的音非常不自然,所以实际上往往就不切了。

4. 反切字调跟着本字分舒促,平上去分的不清楚[①],但大致跟本字调又跟字调相连的变法变的。

如：邦 pã˧ : 巴—房 po˧-vã˧,
七 ts'ʅ˧ : 促—席 ts'o˧-zʅ˧。

---

① 昆山声调如下：

阴平	阳平	阴上	阳上	阴去	阳去	阴入	阳入
33:	131:	53:	11:	424:	313:	4:	23:
天	同	土	稻	太	事	不	六

4. 推则。韵母字调的阴阳常常会跟本字不对。吴语调的阴阳大致跟着声母的清浊来的。依定则 3.1.,附加声既然另有固定的办法,那就不能一定跟本字调合了。看本节上文的声母表,本字声母是 p 行 p' 行的就要成阴调字用阳调韵母字（v 行）切,本字是 m 行 v 行的就要成阳调字用阴调韵母字（p 行）切（妈、囡等少数的阴平字是例外）。

附注。昆山还有一种三字切口,可以称它作 mən-pən-pɑ 式。它的附加韵用 ən,附加声跟上述定则 3.1.一样,而当中增加的一个字就是附加声跟附加韵拼起来的字音。如：

汤 tʻɑ̄　　　: 吞—伦—郎 tʻən-lən-lɑ̄,
郎 lɑ̄　　　: 仑—登—当 lən-tən-tɑ̄,
消 siɔ　　　: 生—真—焦 sən-tsən-tsiɔ,
焦 tsiɔ　　: 真—神—樵 tsən-zən-ziɔ。

这个跟上文Ⅰ.九(a)所引的"天：廉–听–通"不同一点,那个切法的正当中的字也是个声母字,昆山的这个正当中的字是完全与本字不同音的。

用例：

有 jɯ˧: □—久 jo-tɤi　　　讲 kɑ̃˦: □—□ ko-ɦɑ̃　　　夷 ji˩: □—鸡 jo-tɤi
一 i˧: 郁—结 io-tɤi　　　勒 lə˩　　　　　　　　　特 dʻəɩ: 独—勒 dʻo-lə
转 tsɤɯ˦: 榨—善 tso-zø　讲 kɑ̃˦: □—□ ko-ɦɑ̃　　　两 liɑ̃˩: □—□ lo-tiɑ̃
北 po˧: 北—复 po-vo　　来 lɛɯ: □—丹 lo-tɜɩ　　　家 kɑ˧: □—鞋 ko-ɦɑ
风 foŋ˧: □—□ fo-poŋ　　是 zɯ˧　　　　　　　　头 dʻɛɯ: □—雷 dʻo-le
搭 tɑ˧: 笃—辣 to-lɑ　　一 i˧: 郁—结 io-tɤi　　　就 zeɯ: □—奏 zo-tse
太 tʻɑɯ: □—赖 tʻo-lɑ　　掰 gʻəɩ: □—合 gʻo-ɦə　　商 sɑ̃˧: 沙—臧 so-tsɑ̃
阳 jɑ̃˩: □—姜 jo-tɕɑ̃　　走 tsɯ˦: □—□ tso-zi　　量 liɑ̃˩: □—□ lo-tiɑ̃
刚 kɑ̃˧: □—杭 ko-ɦɑ̃　　路 ləɯ: □—妒 lo-tɤu　　好 hɔ˦: □—稿 ho-kɔ
刚 kɑ̃˧: □—杭 ko·ɦɑ̃　　掰 gə˩　　　　　　　　是 zɯ˧
勒 lə˩: 乐—得 lo-tə　　人 ɲənɯ: □—金 ɲo-tɕən,　话 ɦoʊ: 话—□ ɦo-ko
浪 lɑ̃˩: □—当 lo-tɑ̃　　身 sən˧: 沙—真 so-tsən　啥 sɑɯ: 舍—债 so-tsɑ

389

争 tsã˦: 渣—常 tso-zã
论 lən˦: □—凳 lo-tən
啥 sɑʏ: 舍—债 so-tsa
人 ȵən˦: □—金 ȵo-tɛən
搿 geɪ①
本 pən˦: □—□ po-vən
事 z̩˦: □—志 zo-ts̩
大 dˑuɛ˦: □—路 dˑo-lɛu
掰 gəɪ
人 ȵən˦: □—金 ȵo-tɛən
脱 tˑɤɪ: 秃—勒 tˑo-lə
是 z̩˦
夷 ji˦: □—鸡 jo-tɛi

浪 lãʏ: □—当 lo-tã
着 tsaɪ: 捉—石 tso-za
是 z̩˦
一 iɪ˦: 郁—结 io-tɛi
件 dzˑɪ˦: □—又 dzˑo-ji
厚 ɦieʏ: 下白—够 ɦio-ke
袍 bˑɔʏ: 爬—□ bˑo-vɔ
子 ts̩ʏ: □—□ tso-z̩
搿 gəɪ
袍 bˑɔʏ: 爬—□ bˑo-vɔ
子 ts̩ʏ: □—□ tso-z̩
阿 ɑɪ
就 zeʏ: □—奏 zo-tse
算 səʏ: 舍—钻 so-tsa

人 ȵən˦: □—金 ȵo-tɛən
能 nən˦: 拿—灯 no-tən
先 sɪ˦: 沙—尖 so-tsɪ
教 kɔʏ: □—号 ko-ɦɔ
鉴 kɜʏ: □—害 ko-ɦɛ
搿 gˑeɪ: □—合 gˑo-ɦəɪ
走 tsɪʏ: □—□ tso-zɪ
路 lɛuʏ: □—炉 lo-tɛu
啥 sɑʏ: 舍—债 so-tsa
人 ȵən˦: □—金 ȵo-tɛen
本 pən˦: □—□ po-vən
事 z̩˦: □—志 zo-ts̩
大 dˑuɛ˦: □—路 dˑo-lɛu

五·二·上海浦东 mɔ-pɑ 式反切语

浦东这切语叫"洞庭切",它的定则跟昆山的一样,不过附加韵用舒声的 ɔ。这韵是浦东的豪包超等字的韵。所以也比昆山的容易有字一点。(上海本地想必也有洞庭切,可惜没有碰到会它的人。)

五·三、五·四·余杭跟武康 mɔ-pɑ 式反切语

罗常培先生曾经给了我他所记的一点反切语材料如下:

"余杭,武康有所谓'三反切',一名'洞庭切',或'哼切',其法先学一至十之切语,即可拼切一切字,盖一种民间流行之隐语也。兹录其十字反切如下:

一:育—结 yɔ-tɛɛ
二:虐—基 ȵiə-tɛi
三:沙—追 sʊʌ-tsɜɪ
四:晒—制 sue-ts̩

---

① 国语的(苏州葛)昆山用 gˑe,等于昆山沟字浊音。

五：碗—古 ʊʌ-ku
　　六：腊—笃 lɐ-tou
　　七：触—席 tsʻœ-ziɛ
　　八：百—伏 pɐ-ʊʌ
　　九：掬—友 tɕyɔ-iu
　　十：熟—则 zɘ-tsə

从这上可见这也是跟浦东、昆山的大致一样,就是附加韵用入声的 ɔ(ʌʔ) 音。

五·五·苏州 mɔ-pɑ 式反切语

苏州除了述 ɑ-mən 式反切语以外,有一种反切语把饭 vɛ 切成伏—扮 vɔʌ-pɐ。这种反切语作者只听见过个把例,并没找到会用它的人,所以不能知道它详细的定则。但是它也叫作"洞庭切",可见也是跟浦东、昆山的是一种切法,不过是用在苏州话的。所不同的就是声母附加韵全用入声的 ɔʌ 而不用如浦东、昆山舒声字用舒声 o。

六、苏州 uɒ-mən 式反切语

定则：

1. 声母字韵母字是倒的。

如：妈 mɒ　　：□—□ uɒ-mən　　(不用：mən-uɒ)。

2.1. 声母附加韵依本字开齐合撮而用 ən, in, uən, yən①。

如：好 hæ　　：拗—亭 ɐ-hən,
　　亮 liã　　：样—令 jã-lin,
　　官 kuø　　：碗—□ uø-kuən,
　　绢 tɕyø　　：怨—君 yø-tɕyən。

注意(a). tɕ, tɕʻ, dzʻ, ɲ, ɕ, j 或 (ʔ)i 起音的字在苏州不跟 in 韵拼而跟 ɲɛ 韵拼,所以切字的时候这类字的附加韵用 ɲɛ 而不用 in。

如：叫 tɕiæ　　：要—今 iæ-tɕin　　(不用：iæ-tɕin),

---

① 苏州音凡国音ㄣ、ㄥ韵字,都是 -n、-ŋ 混用的,现在姑从简作 -n。

  仰 ɲiã   : 样—认 jã-ɲən   （不用: iã-ɲin），
  伊 i   : 伊—因 i-iən   （不用: i-in）。

（但这里的 ə 音也不清楚，而 ə 的前头总有点 i 的音流，所以跟 in 也差的不很远。有时 -n 变读为 -ŋ，那就更近 in 了。）

  注意（b）. 欧、幽、楼、流、走、酒、钩、鸠等字的韵母严式是 ɤY，简作 ɤ，它的音在开、齐、撮之间。在反切语声母字除上段述颚化声母附加韵必用 ən 外，其余声母加 ən 加 in，办法有点不定，大致是 k、kʻ、gʻ、ŋ、h 后 ən 的倾向多一点，在其余声母后 in 的倾向多一点。如：

    牛 ɲɤ   : 由—银 jɤ-ɲən,
    欧、幽 ɤ   : 殴—音 ɤ-jən,
    沟 kɤ   : 殴—根 ɤ-kən   （或殴—□ ɤ-kin），
    流 lɤ   : 侯—林 jɤ-lin   （或侯—伦 jɤ-lən）。

  注意（c）. m̩、n̩、ŋ̍。独用当字时，这些音又认为声母又认为韵母。如：

    呒 m̩   : 呒—门 ɦm̩-mən   （不用 ɦm̩-ən），
    唔 n̩   : 唔—能 ɦn̩-nən   （不用 ɦn̩-ən），
    五 ŋ̍   : 五—□ ɦn̩-ŋən   （不用 ɦn̩-ən）。

2.2. 唇音声母跟 u 本韵拼时，声母附加韵用 ən。

  如：布 pu   : 坞—奔 u-pən   （不用: -puən），
    夫 fu   : 乌—分 u-fən   （不用: -fuən）。

3.1. 韵母字用秃头韵母。

例见前后各例。

3.2. 阳调字加一种浊音吐气 ɦ。

  为方便计，ɦ（开口韵）、ɦi（或声母是 tɕ、tɕʻ、等时）、ɦu、ɦy 改写为 ɦ、j、w、jy。如：

    端 tө   : 安—登 ө-tən,   潭 dʻө   : 寒—滕 ɦө-dʻən,
    相 siã   : 央—心 iã-sin,   像 ziã   : 样—尽 jã-zin,

匡 kʻuɒŋ ：王—匡 uɒŋ-kʻuɑn， 　　狂 gʻuɒŋ ：王—□ wɒŋ-gʻuɑn，

决 tɕyə ：□—君 yə-tɕyən， 　　掘 dzʻyə ：越—郡 jyə-dzʻyən。

3.3. 舌尖韵 ɿ 跟出唇作用的舌尖后韵 ʅ 在阳韵字加重摩擦而成附加声 z、ʐ（略圆唇的 ʐ）。如：

兹 tsɿ ：□—曾 ɿ-tsən， 　　寺 zɿ ：寺—赠 zɿ-zən，

处 tʂʅ ：□—春 ʅ-tʂʻən， 　　如 ʐʅ ：如—辰 ʐʅ-ʐən。

3.4. 开口韵母遇唇音声母以合口论，但附加韵仍用 ən 不用 uən。如：

排 bʻɒ ：怀—盆 wɒ-bən 　　（不用：鞋—盆 fiɒ-bʻən），

翻 fE ：威—分 uE-fən 　　（不用：哀—分 E-fən），

般 pө ：豌—奔 uө-pən 　　（不用：安—奔 ө-pən），

房 vɒŋ ：王—文 wɒŋ-vən 　　（不用：杭—文 fiɒŋ-vən），

袜 ma ：滑—闷 wa-mən 　　（不用：狭白—门 fia-mən）。

2.&3. 推则。本字无声母的（fi、j 等也算在内）就在韵母字里说漏了。如：

哀 Eɿ ：哀—恩 Eɿ-ənˇ，

红 fiоŋʌ ：红—痕 fiоŋʌ-fiənɿ，

往 uɒŋˇ ：往—温 uɒŋˇ-uənɿ，

曰 jyaˋ ：曰—韵 jyaˋ-jyənˇ。

本字是 zɿ、ʐʅ 的，因为依定则 3.3. 韵母说重，所以本字音也说漏。如：

慈 zɿʌ ：慈—层 zɿʌ-zənɿ，

树 ʐʅˇ ：树—顺 ʐʅˇ-ʐənˇ。

本字韵母是 ən、in、uən、yən 的就在声母字里说漏了。如：

分 fənɿ ：恩—分 ənɿ-fənɿ，

尽 zinˇ ：引—尽 jənˇ-zinˇ，

昆 kʻuənɿ ：温—昆 uənɿ-kʻuənɿ，

群 dzʻyənʌ ：云—群 jyənɿ-dzʻyənʌ。

但因为第二字本来较轻,而且在有些调后还会变调,所以不完全说漏。

假如本字就是 ən、i(ə)n、uən、yən、ɦen、jən、wən、jyən,那末除变调的例以外就说重两回了。如:

  温 uən˦ : 温—温 uən˦-uən˪,
  因 iən˦ : 因—因 iən˦-iən˪,
  混 wən˪ : 混—混 wən˦-wən˪,
  云 jyən˪ : 云—云 jyən˦-jyən˪。

4. 韵母字(第一字)调认为与本字调一样。声母字(第二字)如本字是平上认为平声,本字是去入认为去声。但连起来照先重后轻连字变调法变调。

苏州变调法甚复杂。如下表:

		切法认为	实在读音近乎
阴平	西 si˦	衣—新 i˦-sin˦	衣—醒 i˦-sin˦
阴上	徙 si˪	以—新 i˪-sin˦	意—新 i˪-sin˦
阴去	细 si˪	意—信 i˪-sin˪	衣—新 i˦-sin˦
			或 意—新 i˪-sin˦
阴入	息 si˦	一—信 ie˦-sin˪	同左
阳平	齐 zi˪	夷—情 ji˪-zin˪	夷—(情) ji˪-Li˪
阳去	聚 zi˪	异—尽 ji˦-zin˪	异—尽 ji˦-zin˪
阳入	席 ziʌ	亦—尽 jə˦-zin˪	同左

阴去的两种读法大概看本字较轻的用第一种变法,本字较重的用第二种变法。下文用例里反切字的汉字是照所"认为"的字写的。但如没有字的就写他所变成像的调的字。

用例:

有 jy˪: 有—幸 jy-jən 讲 kɒŋ˪: □—庚 ɒŋ-kən 家 kɒ: 挨—根 ɒ-kən
一 iəʔ: 一—印 iə-lən 来 lɛʌ: 孩—伦 ɦɛ-lən 头 d'ɤʌ: 侯—亭 jɤ-d'in
转 tṣø: □—真 ø-tṣən 仔 tsɿ 就 zy˪: 厚—尽 jɤ-zin

北 pɔ˧: 屋—□ ɒ-pən	一 ieɪ: ——印 ie-iən	商 sɒŋ: □——僧 ɒŋ-sən
风 foŋ˧: 翁—分 oŋ-fən	葛 kɘ˧: 厄—□ ə-kən	量 liaʌ: 阳—林 jã-lin
搭 tɑ˧: 鸭—凳 a-tən	走 tsyʏ: 西—精 y-tsin	好 hɐʏ: 拗—亭 ɐ-hən
太 tʻɒʌ: 挨—吞 ɒ-tʻən	路 lsuʌ: 贺—论 ɦsu-lən	仔 tsɨ
阳 jã: 阳—形 jã-jən	葛 kɘ˩	说 ʂɒŋ: 厄—胜 ə-ʂən,
拉 laɪ: 狭—论 ɦia-lən	人 ȵuɛʌ: 形—人 jən-ȵən,	啥 ʂɒʌ: □—身 ɒ-ʂən
浪 lɒŋʌ: 巷—论 ɦiɒŋ-lən	身 ʂeŋ: 恩—身 ʂə-ne	人 ȵuɛʌ: 形—人 jən-ȵən
争 tsã˧: 樱白—曾 ã-tsən	浪 lɒŋɪ: 巷—论 ɦiɒŋ-lən	能 nənʌ: 痕—能 hən-nən
论 lənʌ: 恨—论 ɦən-lən	着 tʂɘ˧: 押—镇 ɑ-tʂən	够 kyʏ: 幼—根 ɣ-kən
啥 ʂɒʌ: □—身 ɒ-ʂən	仔 tsɨ	先 siŋ: 烟—心 iɪ-sin
人 ȵuɛʌ: 形—人 jən-ȵən	一 ieɪ: ——印 ie-iən	叫 tɕiɐʌ: 要—金 iɐ-tɕən
葛 kɘɪ	件 dzʑiɴ: 现—近 ɦiɪ-dzʑən,	间 kɛŋ: 哀—根 ɛ-kən
本 pənʏ: □—奔 ən-pən	厚 jʏ: 厚—幸 jʏ-jən	葛 kɘɪ: 厄—根 ə-kən
事 zɨʌ: 事—赠 zɨ-zən	襧 rɘm: 安—门 ɘ-mən。	人 ȵuɛʌ: 形—人 jən-ȵən
大 dʻsuʌ: 贺—邓 ɦsu-dʻən	俚 liŋ: 衣—拎 i-lin	脱 tʻɘʏ: 厄—褪 ə-tʻən
讲 kɒŋʏ: □—庚 ɒŋ-kən	笃 tɔ˧: 屋—凳 ɒ-tən	脱 tʻɘʏ: 厄—褪 ə-tʻən
勒 lɘɪ	两 liãʌ: 样—令 jã-lin	俚 liŋ: 衣—拎 i-lin
葛 kɘɪ	算 sɵʏ: 暗—僧 ɵ-sən	本 pənʏ: □—奔 ən-pən
襧 mɘŋ: 豌—（门）uɵ-mən	啥 ʂɒʌ: □—身 ɒ-ʂən	事 zɨʌ: 事—赠 zɨ-zən
啊 ɑɪ,	人 ȵuɛʌ: 形—人 jən-ȵən	大 dʻsuʌ: 贺—邓 ɦsu-dʻən
就 zyʌ: 厚—尽 jʏ-zin	葛 kɘɪ	

七、广州 lɑ-mi 式反切语

定则：

1. 声母字韵母字次序是倒的。

如：妈 mɑ　　　：喇—嘛 lɑ-mi　　　（不用：嘛—喇 mi-lɑ）。

2. 1. 声母字附加韵,依本字阴韵 -m 或 -n 尾、-ŋ 尾、-p 或 -t 尾、-k 尾,用 i、in、iŋ、it、ik。[①]

如：多 tɔ　　：啰—啲 lɔ-ti,

　　甜 tʻim　：廉—田 lim-tʻin,

　　栈 tɕaːn　：烂—贱 laːn-tɕin,

[①] 广州 iŋ, ik 韵照严式应该作 eŋ, ek（艇,石等字语音作 ɛŋ, ɛk,又是一回事）,但这里的元音可以算跟 i 同一个音位。

讲 kɔːŋ　　　：□—境 lɔːŋ-kiŋ,

十 ɕap　　　：立—舌 lap-ɕit,

吉 kat　　　：角—□ lat-kit,

石 ɕɛːk　　　：□—食 lɛːk-ɕik。

这里头阴韵、鼻尾韵、入声韵,三者的界限分得很严,至于 -n 跟 -ŋ 或 -t 跟 -k 有时可以随便乱用的。

2.2. 但如本字韵母是 i、in、iŋ、it、ik 的,附加韵就改变 u、un、uŋ、ut、uk。①

如：志 tɕi　　　：□—□ li-tɕu,

便 bin　　　：练—伴 lin-bun,

姓 ɕiŋ　　　：令—宋 liŋ-ɕuŋ,

熟 jit　　　：列—□ lit-jut,

色 ɕik　　　：栎—宿 lik-ɕuk。

3.1. 韵母字附加声用 l。

例见前后文各例。

3.2. 假如本字声母是 l,韵母附加声阴调字跟阳去用 k,阳平上入用 k'。

如：阴平　拉 laiˇ　　：鸡—□ kaiˇ-liˇ,

阴上　吼 lai˧　　：□—□ kai˧-li˧,

阴去　靓 lɛːŋ˧　：镜—□ kɛːŋ˧-liŋ˧,

阴入　角 lat˧　　：吉—□ kat˧-lit˧,

阳平　林 lamˇ　：琴—连 k'ɒmˇ-linˇ,

阳上　冷 lɔːŋˇ　：□—岭 k'aːŋˇ-liŋˇ,

阳去　乱 lyn˧　：绢—练 kyn˧-lin˧,

阳入　立 lap˧　：及—列 k'ap˧-lit˧。

3.3. 唔 m̩、五 ŋ̍ 等字没有切。

2&3' 则。本音不会说漏。如：

连 lin　　　：乾—□ k'in-lun,

---

① 广州 uk 韵照严式应该作 ok,但这里的元音可以算跟 u 同一个音位。

列 lit　　　：□—□ k'it-lut,
令 liŋ　　　：敬—弄 kiŋ-luŋ,
力 lik　　　：□—六 k'ik-luk。

4.1. 反切字声调每个字各与本字声调一样。如：

中入　各 kɔk˧　：咯—□ lɔk˧-kik˧。

其余调的例见上段定则 3.2.。

4.2. "变音字"较有固定性者照变音拼（看总论Ⅰ五2）。

用例：

有 jau˧: 柳—以 lau-ji　　头 t'au˧: □—□ lau-t'i　　嘅 kɛ˧
一 jat˧: 用—□ lat-jit　　喺 hai˧: 吼—□ lai-hi　　本 pun˧: 卵—扁 lun-pin
匀 wan˨: 邻—荣 lan-wiŋ　　处 ɕy˧: □—思 ly-ɕi　　事 ɕi˧: □—□ li-ɕu
北 pak˥: □—壁 lak-pik　　争 tɕaŋ˥: □—征 laŋ-tɕiŋ　　大 ta:i˧: 赖—□ la:i-ti
风 fuŋ˥: 龛—□ luŋ-fiŋ　　论 lœn˧: □—练 kœn-lin　　一 jat˥: 用—□ lat-jit
同 t'uŋ˨: 龙—亭 luŋ-t'iŋ　　边 pin˥: □—般 lin-pun　　阵 tɕan˧: □—贱 lan-tɕin
热 jit˧: 列—□ lit-jut　　个 kɔ˧: □—□ lɔ-ki　　睇 t'ai˧: 吼—□ lai-t'i
见 kin˧: □—灌 lin-kun　　两 lœŋ˧: □—岭 k'œŋ-liŋ　　个 kɔ˧: □—□ lɔ-ki
一 jat˥: 用—□ lat-jit　　个 kɔ˧: □—□ lɔ-ki　　人 jan˧: 邻—延 lan-jin
个 kɔ˧: □—□ lɔ-ki　　人 jan˧: 邻—延 lan-jin　　将 tɕœŋ˥: □—征 lœŋ-tɕiŋ
行 ha:ŋ˧: □—□ la:ŋ-hiŋ　　就 tɕau˧: 漏—治 lau-tɕi　　件 kin˧: 练—□ lin-kun
路 lou˧: □—□ kou-li　　商 ɕœŋ˥: □—声 lœŋ-ɕiŋ　　棉 min˧: 连—瞒 lin-mun
嘅 kɛ˧　　　量 lœŋ˧: 强—零 k'œŋ-liŋ　　袍 p'ou˧: □—□ lou-p'i
人 jan˧: 邻—延 lan-jin　　唔 tɕɔ˧: 捞—纸 lɔ-tɕi　　脱 t'yt˧: □—铁 lyt-t'it
身 ɕan˥: □—先 lan-ɕin　　话 wa˧: □—□ la-wi　　落 lɔk˧: □—力 k'ɔk-lik
上 ɕœŋ˧: 亮—盛 lœŋ-ɕiŋ　　我 ŋɔ˧: □—□ lɔ-ŋi　　嚟 lai˨: □—□ k'ai-li
着 tɕœk˧: □—□ lœk-tɕik　　哋 tei˧: 利—□ lei-ti　　吖 a˥
住 tɕy˧: □—治 ly-tɕi　　睇 t'ai˧: 吼—□ lai-t'i　　就 tɕau˧: 漏—治 lau-tɕi
一 jat˥: 用—□ lat-jit　　边 pin˥: □—般 lin-pun　　算 ɕyn˧: □—线 lyn-ɕin
件 kin˧: 练—□ lin-kun　　个 kɔ˧: □—□ lɔ-ki　　边 pin˥: □—般 lin-pun
长 tɕœŋ˨: 良—情 lœŋ-tɕ'iŋ　　能 naŋ˨: □—甯 laŋ-niŋ　　个 kɔ˧: □—□ lɔ-ki
棉 min˧: 连—瞒 lin-mun　　够 kau˧: □—□ lau-ki　　嘅 kɛ˧
袍 p'ou˧: □—□ lou-p'i　　先 ɕin˥: □—□ lin-ɕun　　本 pun˧: 卵—扁 lun-pin
佢 k'œy˧: 吕—□ lœy-k'i　　使 ɕai˧: 吼—史 lai-ɕi　　事 ɕi˧: □—□ li-ɕu
哋 tei˧: 利—□ lei-ti　　唔 tɕɔ˧: 捞—□ lɔ-ki　　大 ta:i˧: 赖—□ la:i-ti

七·二·东莞 la-mi 式反切语

东莞 la-mi 式反切语跟广州一样。实在的读音,当然跟广州不同,比方 -m、-p 尾韵除侵、缉韵字外大都变 -n、-ŋ、-t、-k、-ʔ 尾,切字的时候当然也照东莞音切。

八、福州 la-mi 式反切语[①]

分类跟定义:[②]

0. 福州的字调如下:

阴平	上声	阴去	阴入	阳平	阳去	阳入	变上	轻声
天	好	爱	一	田	事	力	好(酒)	
44:	31:	13:	23:	53:	353:	4:	35:	

(a)阴平、上声、阳平、阳入、变上、轻声叫紧音调。

(b)阴去、阳去、阴入叫松音调。

(c)因调的不同而音有松紧的韵母叫松紧韵。

福州松紧韵元音变化法如下:

紧调用紧音　　　　　　　　松调用松音

i　衣以姨　　　　　　　　ei　意异

iŋ　音引人　　ik　亦　　　eiŋ　印咏　　eik　壹

uŋ　温稳文　　uk　勿　　　ouŋ　愠问　　ouk　屋

yŋ　雍忍庸　　yk　辱　　　øyŋ　涌用　　øyk　郁

ɔ　呵袄河　　ɔ(ʔ)　学　　ɒ　奥傲　　ɒ(ʔ)　雺

œ　梳鲁驴　　　　　　　　œ　咩

ɛ　挅矮鞋　　ɛ(ʔ)　溅　　œ　□

---

① 福州 la-mi 式虽然跟广州的原则上是一样,但因为两种音系相差的太远,所以另列为第八种。

② 关于福州音的材料,大半取本刊一卷三期陶燠民作的《闽音研究》。但"松紧"名称是我拟的。还有上声阳去的音据我听似乎应该作 22:242:,现在姑仍照他的乐谱写作 31:353:。

øyŋ 棕鬃红	øyk 读	əyŋ 甕洞	əyk 角
eu 欧殴		ɛu □	
ouŋ 恩影行	ouk 痿	ɑuŋ 饂	
eiŋ 莺擤闲	eik 夹	aiŋ 爛限	aik 厄
wɔŋ 汪往黄	wɔk 越	wɔŋ 怨望	wɔk 国

定则：

1. 声母字韵母字次序是倒的。

   如：妈 mɑ ：拉—□ lɑ-mi （不用：mi-lɑ）。

2. 1. 声母字附加韵依本字韵母跟声调的性质用 i、iŋ、ik，ei、eiŋ、eik，如下表：

	舒声		入声
	无鼻尾	-ŋ 尾	无尾或 -k 尾
紧调	i	iŋ	ik
松调	ei	eiŋ	eik

   如：朱 tɕyˉ ：□—之 lyˉ-tɕiˉ,

   注 tɕyˊ ：□—至 lyˊ-tɕiˊ,

   唐 touŋˉ ：郎—亭 louŋˉ-tiŋˉ,

   荡 tauŋˊ ：浪—定 louŋˊ-teiŋˊ,

   药 yɔˉ ：略—弋 lyɔˉ-ikˉ,

   约 ɕiˊ ：掠—壹 lyɔˊ-eikˊ,

   乏 hwɑkˉ ：□—□ lwɑˉ-hikˉ,

   法 hwɒkˊ ：□—翕 lwɑkˊ-heikˊ。

2. 1. 推则。假如本字韵母是 i、iŋ、ik 或它们的松调音,本字音就在附加韵里说漏了,除非声母字因变调影响变了音。如：

   以 iˊ ：里—以 liˉ-iˊ,

   置 teiˊ ：利白—置 liˊ-teiˊ,

   经 kiŋˉ ：□—经 liŋˉ-kiŋˉ,

   盛 seiŋˊ ：令—盛 liŋˊ-seiŋˊ

密 mik˧ ：力—密 li˧-mik˧,

壹 eik˩ ：慄—壹 lik˧-ɵik˩。

2.2. 声母照(说话人意识中的)单字音拼,不因平常连说时变音而跟着变。

如：甜汤 tieŋ tʻouŋ 连说变成 tieŋ nouŋ 但切起来还用：

甜 tieŋ˧ ：□—丁 lieŋ˧-tiŋ˧,

汤 tʻouŋ˧ ：□—汀 louŋ˧-tʻiŋ˧ （不用 louŋ˧-niŋ˧）。

但参看上总论Ⅰ五2。

3.1. 韵母字附加声用 l。

例见前后各例。

3.2. 三个纯鼻音字不切,或把本字音说两次。

如：怀怕的怀 m̩：m-m

怀是的怀 n̩：n-n

怀去的怀 ŋ̍：ŋ-ŋ

4.1. 反切字声调以每字照本字调读法为原则,但韵母字(即第一字)依二字声调相连变化法照例变调。

如：天 tʻieŋ˧ ：□—汀 lieŋ˧-tʻiŋ˧ （阴平阴平：不变）,

好 hɔ˥ ：老—喜 lɔ˧-hi˥ （上声上声,第一字变"变上"）,

菜 tsʻai˩ ：簌—饮 lai˩-tsʻie˩ （阴去阴去,第一字变阳平）,

鸭 ak˩ ：䴇白—壹 lak˧-eik˩ （阴入阴入,第一字变阳入）,

常 syɔŋ˥ ：良—承 lyɔŋ˥-siŋ˥ （阳平阳平,第一字变上声）,

待 tai˧ ：赖—地 lai˧-tei˧ （阳去阳去,第一字变阳平）,

没 muk˧ ：律—密 lu˧-mik˧ （阳入阳入,第一字变阴平）。

注意(a). 阳平字反切第一字变阴平调值,落去 -k 尾,如上例,luk-mik 变成 lu-mik 这 -k 音本来是很微的。

注意(b). 本节写反切汉字时都写本字调的字,不照所变成的调的字写。福州变调的情形跟北平好酒：豪酒,苏州贡巷：公巷的情形不同。北平豪字下接酒字仍照豪字本调读,苏州公字下接巷字仍照本字本调读,但福州比方:阴去阴去试探 søy˩ tʻaŋ˩ 变成阳平阴去徐探 sy˥ tʻaŋ˩。但是假如你写了徐探,福州人见了又不读作 sy˥-tʻaŋ˩ 而读成上声阴去始探 sy˨ tʻaŋ˩。要是再跟着追写作始探,他又不读 sy˨ tʻaŋ˩,而读成变上阴去□探 sy˧ tʻaŋ˩,就没字可写了:好像阿丽思追看镜子里的铺子里架子上的东西,总比他看的那一层高一层,等到他看到顶棚,那东西就不声不响的走到顶棚里头去了①。只有阳平阳平变上声阳平(如郎承 > 朗承)就不再变了。现在从简都照本字调写,预备读者照定则 4.1. 的变法变读。

4.2. 有松紧的韵母字依定则 4.2. 变调法变。

如: 注 tɕøy˩   : □—至 ly˥-tɕei˩   (原来是 løy˩-),
　　 碎 tsʻøy˩ : □—炊白 løy˥-tɕʻei˩ (原来是 løy˩-),
　　 福 houk˧   : □—禽 luk˥-heik˧   (原来是 louk˧-),
　　 务 ou˥   : 路—异 lu˥-ei˥   (原来是 lou˥-),
　　 洞白 tøyŋ˥ : 弄白—定 løyŋ˥-teiŋ˥ (原来是 løyŋ˥-)。

3&4. 推则。假如本字声母是 l,韵母字认为说漏本字者甚多,但实在的读音上很少说漏的。因为照定则 4.1. 只有阴平的韵母字(第一字)不变调,但 l 母阴平字甚少,所以实在说漏的机会少。又照定则 4.2.,韵母字在上声由紧音变松音,在阴阳去跟阴入由松音变紧音,这样把本字音更藏得听不出来了。如:

　　 老 lɔ˨   : 老—李 lɔ˥-li˨   (不用: 老 lɔ˨-),
　　 虑 løy˥   : 虑—吏 ly˥-lei˥   (不用: 虑 løy˥-),
　　 灵 liŋ˥   : 灵—灵 liŋ˥-liŋ˥ (实在只第二字漏),
　　 吏 lei˥   : 吏—吏 li˥-lei˥   (实在只第二字漏),
　　 力 lik˧   : 力—力 li˥-lik˧   (实在只第二字漏)。

用例:
葡 pwɔ˥ : □—琵 lwɔ˨-pi˥　　　醉 tɕwei˩ : □—至 lwei˨-tɕei˩

---

① Lowis Carroll, *Through the Looking Glass*, Ch. V, p. 96, MacMillan edition.

萄 tɔ˦	: 罗—迟 lɔ˧-ʨi˧	卧 ŋwɔ˧	: □—耳白 lwɔ˦-ŋei˧
美 mi˧	: 里—美 li˦-mi˧	沙 sɑ˦	: 拉—诗 lɑ˦-si˦
酒 tɕieu˧	: 柳—旨 lieu˦-tɕi˧	场 tyɔŋ˦	: 凉—亭 lyɔŋ˧-tiŋ˦
夜 iɑ˧	: □—异 liɑ˧-ei˧	君 kuŋ˦	: □—经 luŋ˦-kiŋ˦
光 kwɔŋ˦	: □—经 lwɔŋ˦-kiŋ˦	莫 mouk˦	: 落—密 lou˦-mik˦
杯 pwei˦	: □—卑 lwei˦-pi˦	笑 tɕ'ieu˧	: □—伙白 lieu˦-tɕ'i˧
欲 yk˦	: 陆—弋 ly˦-ik˦	古 ku˧	: 鲁—几 lu˦-ki˧
饮 iŋ˧	: 领—饮 liŋ˦-iŋ˧	来 lai˦	: 来—黎 lai˧-li˧
琵 pi˧	: 黎—琵 li˧-pi˧	征 tɕiŋ˦	: □—征 liŋ˦-tɕiŋ˦
琶 pɑ˧	: □—琵 lɑ˧-pi˧	战 tɕien˧	: □—正 lien˧-tɕein˧
马 mɑ˧	: □—美 lɑ˧-mi˧	几 ki˧	: 里—几 li˦-ki˧
上 syɔŋ˦	: 亮—盛 lyɔŋ˧-sein˦	人 iŋ˦	: 林—人 liŋ˧-iŋ˦
催 tɕ'wei˦	: □—痴 lwei˦-tɕ'i˦	回 hwei˦	: □—□ lwei˧-hi˦
月 ŋwɔk˦	: 捋—逆 lwɔ˦-ŋik˦	其 i˦	
是 sei˦	: 吏—是 li˧-sei˦	刀 tɔ˦	: □—知 lɔ˦-ti˦
大白 twai˦	: □—地 lwai˧-tei˦	仔 kiɑŋ˧	: 领白—景 liɑŋ˦-kiŋ˧
奴 nu˦	: 卢—呢名 lu˧-ŋin˦	掏 tɔ˦	: 罗—迟 lɔ˦-ti˦
是 sei˦	: 吏—是 li˧-sei˦	还白 hein˦	: 莲白—形 lein˧-hiŋ˦
细 sɑ˧	: □—四白 lɑ˧-sei˧	月 ŋwɔk˦	: 捋—逆 lwɔ˦-ŋik˦
拜 pai˧	: 籁—秘 lai˧-pei˧	月 ŋwɔk˦	: 捋—逆 lwɔ˦-ŋik˦
你 ny˧	: 吕—□ ly˦-ni˧	其 i˦	
索白 sɔ˦	: 落白—席文 lɔ˦-sik˦	耳 ŋei˦	: 吏—耳 li˧-ŋei˦
百 pak˧	: □—笔 lak˧-peik˧	仔 kiɑŋ˧	: 领白—景 liɑŋ˦-kiŋ˧
零 liŋ˦	: 零—零 liŋ˧-ŋiŋ˦	掏 tɔ˦	: 罗—迟 lɔ˦-ti˦
八 paik˧	: □—笔 leik˦-peik˧	还 hein˦	: 莲白—形 lein˧-hiŋ˦
拜白 pɑ˧	: □—秘 lɑ˧-pei˧	奴 nu˦	: 卢—呢名 lu˧-ŋin˦
奴 nu˦	: 卢—呢名 lu˧-ŋin˦		

附录 1. 撮要表

地名 名称	妈字拼法	次序	附加韵	漏韵	介母	附加声	漏声	声母字调	韵母字调
一、北平	买一昨 mai-ka	顺	ai (etc.)	不避	两属	k, tɕ	改 l	上声	本调
二、北平	妹一昨 mei-ka	顺	ei (etc.)	不避	i 属韵，u, y 两属	k	不避	去声	本调
三、北平	掫—他 man-t'a	顺	an (etc.)	不避	两属	t'	不避	本调	本调
四、常州"字语"	□—□ maŋ-la	顺	əŋ	改 ə	i 两属，u 属声，y 分属	l	改 t	本调	本调轻
五、昆山"切口语"	咪—□ mo-pa	顺	o	不避	属韵	同系通塞互换	不会漏	本调	本调轻
浦东"洞庭切"	□—□ mɔ-pa	顺	ɔ	不避	属韵	同系通塞互换	不会漏	本调	本调轻
余杭"洞庭切"									
武康"洞庭切"	莫—□ mɔ-pa	顺	ɔ	不避	属韵	同系通塞互换	不会漏	入声	本调
苏州"洞庭切"									
六、苏州"威分"	□—□ uə-mən	倒	ən (etc.)	不避	大致两属	（零）	不避	本调轻	本调变
七、广州"燕子语"，"燕子公"	喇—嘟 la-mi	倒	i (加尾)	改 u (加尾) 属声	l	改 k, k'	本调	本调
东莞"盲佬语"									
八、福州"廈语"，"仓前廈"	拉—□ la-mi	倒	i (加尾)	不避	属韵	l	不避	本调	本调变

附录 2. 新式反切语的造法

反切语的原则极简单。某处之所以用某式不过是事实上的情形，其实在若干程度以内任何式可以用在任何方言上。比方用 mai-kɑ 式切广州话：

  今 kɐmˠ : 解—啉 kɑːi˧-lɐmˠ，
  日 jɐt˩ : □—跶 jaːi˧-kat˩，
  好 hou˧ : □—稿 haːi˧-kou˧，
  热 lit˩ : □—桀 jaːi˧-kit˩。

或随便造附加声韵成一种新式。比方造一种 vɑ mɚ 倒式，附加韵用 ɚ 附加声用 v，用在北平语就成这样：

  反 fan : van-fɚ，
  切 tɕʰiɛ : viɛ-tɕʰɚ，
  语 y : vy-ɚ 或 vy-ɥɚ。

甚至于外国语都可以用反切语来说，只要对于分音节上有规定的办法。比方拿 lɑ-mi 式来切英文就成这样：

  by bai : *lie-be* lai-bi，
  sack sæk : *lack-sick* læk-sɪk，
  strong strɒŋ : *long-string* lɒŋ-strɪŋ，
  liquor lɪkə : *killy-lurky* kʼɪ-lɪ-lɜ-kɪ。

（《中研院史语所集刊》第 2 本第 3 分，1931 年）

"连书"什么"词类"*

反对拼音文字的人,他们顶爱问的问题就是同音字怎么分别的法子。这问题的顶容易答的答复就是"词类连书":只要是成词的字都给它们拼的一块ㄦ,每个词就有它自各ㄦ的"面孔",就不会跟别的词混了。

这个法子当然是不错。可是我觉得要是一个人单靠这个法子他写起文章来还是会用些声音不干脆、字眼ㄦ生冷的词类来哑兹哑兹的(ngtzyngtzyde)写了一大片,我怕结果还是不像从活语言里写出来的活文字,还旧像是一种汉字的文章,不过换个样ㄦ罢了。

要把(baa)G. R.(国语罗马字)文字写得明白,好说,又好认,我觉得还(hair)得(deei)有好几样ㄦ事情应该格外留心的。

第一要紧的话是:别怕写白话。现在不是白话文已经通行的日子了吗?国语罗马字不是本来单为写白话文用的吗?还说什么怕不怕的话呢?我所以还要说这种废话,是因为现在一般的白话文,靠着有汉字的鬼脸ㄦ,还可以不管说的明白不明白,只要汉字"写"的明白就算了。拿这种文字改拼成了罗马字,哪怕是里头的词类都没有跟别的词同音的,还是没有真正拼音文字的味ㄦ。真正白话的好处待哪ㄦ呐?就是因为曾经有过这么些人用了它这么些年代,凡是听了不容易明白的词,早就丢了不用了。所以我觉得咱

---

* 本文为国语罗马字促进会的"国语罗马字公布五周年纪念刊"而写的。原文用的是国语罗马字,本文由温锡田翻译。——编者

们虽然用不着说,非用顶白的白话不可,但是至少可以说写拼音文字的时候儿咱们得要拿顶白的白话来做个标准。

上头说的是咱们应该走的大概的方向。分开来说呐,就有底下的几样得留心的事情:

一,声音要响亮。凡是希虚希虚乌里乌里声音的字总是少用的好:"注意"（juhyih）不如"留心"（lioushin）;"于是"（yush）不如"然后"（ranhow）;"忧虑"（iouliuh）不如"发愁"（fachour）;"立时"（lihshyr）不如"马上"（maashang）;"立着"（lihje）不如"站着"（jannje）;"不得已"不如"没法儿";"始终须要去的"不如"早晚儿得要走的"。

二,多用同音字少的字:"须"（shiu）不如"得"（deei）;"自"（tzyh）不如"从"（tsorng）;"应"（ing）不如"该"（gai）或是"应该"（inggai）;"全"（chyuan）不如"都"（dou）;"制"（jyh）不如"造"（tzaw）。

三,在文法上"-l"（儿）韵当名词的记号儿的,应该放开了胆儿多用用。"wey"有 weysherme（为什么）的"wey"（为）,鼻子闻的"wey"（味）,"well"就一定是闻的"well"（味儿）了。"suey"有 pohsuey（破碎）的"suey"（碎）,niansuey（年岁）的"suey"（岁）,挂的 sueytz（穗子）的"suey"（穗）, suell 就一定是挂的"suell"（穗儿）了。"daw"有 dawluh（道路）的"daw"（道）, dawnaal（到哪儿）的"daw"（到）;"dawl"就一定是 tzooudawl（走道儿）的"dawl"（道儿）了。"yr"的意思多得简直让这个字音没法单用; yel 就一定是母亲姐妹的那个"yel"（姨儿）了。"wan"有完了的"wan", wanshoa（顽耍）的 wan, yawwantz（药丸子）的"wan"（丸）;"wal"（玩儿）就一定是小孩儿 wal 顽意儿的"wal"了。

四,一个字有几种读法而意思没有分别的,就用跟别的字同音顶少的那个读法。"seh"（色）不如"shae", bor（白）不如"bair", "bor"（薄）不如"baur",jwo（着）不如"jaur",jyue（嚼）不如"jyau","luh"（六）不如"liow"。

五，单字词够明白的就甭改成生冷的两三字的词，"shiee"（写）不必改"shushiee"（书写），wal（顽儿）不必改"wanshoa"（顽耍），"benn"（笨）不必用"yubenn"（愚笨），"tzoong"（总）不必用"tzoongguei"（总归），"shiudeei"（须得），也可以就用"deei"（得）。

六，要是用多音字词的时候儿，顶好里头的些单字也都是声音响亮意思明白的字，因为中国的白话的词类虽然有慢慢儿变成两字词的神气，但是老实话说，到底还有一半儿是用单字词的；并且哪怕就是用多字词的时候儿，里头所用的单字的意思还是在说话人的脑子里头活着呐，并不像英法文的多字词里头的拉丁字的本来的意思都是半死半活的了。所以假如你用些很文的文言，同音字又很多的字，拼拼凑凑弄出一大些词来，像"shuhfwu"（束缚），"jingbor"（精博），"huennyau"（混淆），"fuuwey"（抚慰），"yuhniann"（欲念），"jijiing"（机警），"shyhwuh"（事务或事物）"iyhjyh"（意志或抑制）什么什么的，看的人假如看不出本来是什么汉字，就很难看懂，假如"因为猜出了汉字来"才懂的，那还不是仍旧让汉字在背后跟 G.R. 唱双簧(shuanghwang)？我的 G.R. 朋友里头，有人对我说，那些词就是得那么硬学，甭管它本来是些什么汉字。这个"做"是当然没什么"做"不到，碰到了新思想用老"普罗"的白话没法儿说的时候儿，那也只好造点儿汉字的双簧词儿来用用，预备以后有唱"单簧"danhwang 的日子。不过我现在要说明白的就是万不可因为靠有汉字帮你造词，弄的你以后（换个比方说）断不了汉字的奶。所以要造多字词的时候儿，假如能用声音响亮意思明白的单字作材料，那还是该用这类的单字，哪怕你拼出来之后另外有新的讲法，可是给学的人可以容易学得多，用它跟读它的人的嘴里也可以多尝到些滋味儿，他们老先生们喜欢咬文嚼字，可是关着嘴唇儿偷偷儿的咬人家的汉文嚼人家的汉字，那就有点儿太寒伧了。

不多日子以前，我跟钱玄同先生、黎劭西先生谈到"基本英文"（Jibeen Ingwen, Basic English）的问题跟造"基本国语"（Jibeen gwoyeu）的问题。钱先生就说起国语罗马字的成功还得等造出一种基本国语来，弄出些基本的单字词（跟少数的多字词）的"面孔"，当做一种 G. R. 开铺子的成本，然后再谈词类增加的话。我觉得这话很有道理，所以就起头儿来一篇有点儿像基本又不大很"基本"的国语。好像就是"先行买卖，择日开张"的办法。我写这篇东西是一起头儿就拿 G. R. 打草稿的。这么写法写出来才是真正的 G. R. 的白话文。我敢说要是先写了汉字再翻成罗马字拼音，那结果恐怕不是那么回事儿了。以后你们写稿子的时候儿也这么来来看！

附：译后记

赵先生这篇文章是为国语罗马字促进会的《国语罗马字公布五周年纪念刊》写的，原文是用的国语罗马字。现在纪念刊还正在印刷中，所以先把它译成汉文，在这里介绍给关心国语尤其是关心国语罗马字的人们。

这篇文章，我们至少有两点应当特别注意的：第一，怎样写真正的白话文？第二，关于"基本国语"的问题。

赵先生在这篇文章里发挥怎样写真正的白话文的具体意见很值得我们留心。自然，他说话的立场是为写真正的国语罗马字文字，凡写国语罗马字的人都该特别留心了；其实这也正是用汉字写真正白话文（国语文）的问题，任何想写成真正白话的人都该留心的。如今许多人不满意现在的白话，以为"白话其名文言其实"，赵先生说写国语罗马字第一要紧的是别怕写白话！更说了六条怎样写白话，这真是极中肯之论。现在的白话文不能成为真正的白话文，还不是写的人"怕写白话"，不肯写白话，不能写白话的吗？写国语罗马字的人要改正"怕写白话"的心理，就是要用汉字写真正白话文的人也得改正这种心理。

写国语罗马字真得用"白话"以及现在白话文不能到真正白话文的地步，我在《国语罗马字与中国文学》（也是"国语罗马字公布五周年纪念刊"里的一篇)一文中也有论列。赵先生说写国语罗马字得要用顶白的白话。是的,真正的白话也惟有用国语罗马字才能表示的出来;拙笨的汉字压根儿就不能代表灵活的语言。所以用汉字写白话文的无论怎样求其白话,也摆脱不了汉字的桎梏。想要写真正的白话文,非得改良写白话文的工具,就是非得改用拼音字不可。中国以后要建设新的文学,活的文学,人的文学,也非得改正文学的工具(汉字)用拼音字(国语罗马字)不可。

其次"基本国语"的问题。基本国语,无论在理论上或实际上是必须有的,因为一国的语言,尤其是一个国家的标准语,必要制定一种最基本的东西,做学习与推行上基础的依据,根据这种基本的东西再加变化。赵先生现在正研究基本国语的问题。这篇文章就是他开始的第一篇,不过用汉字这样排印,没法把赵先生所说"弄出些基本的单字词跟少数的多字词的面孔"看出的,那只好请看国语罗马字的原文。这个基本国语的问题将来许会成为一个国语上很重要的讨论研究的问题。

最末,这篇文章原是用国语罗马字写的,活泼,自然,确可以当"真正的 G. R. 的白话文",而无愧色,现在我用汉字译注出来,因为压根儿汉字非真正语言的工具,所以竭力地保持原文的神韵,然而还是减色不少,那末,吾无他言,惟请鉴赏原作。

温锡田译后记,一九三四,一,五。

(《国语周刊》第 120 期,1934 年)

关于苏俄的拉丁化中国字

径启者：

新近何永佶先生路过海参崴,寄了一本俄国人教中国人罗马字的课本来,叫做 Sin wenz（新文字）。我把它内容看了一看,找出了下列的声韵的系统：

b	p	m	f
d	t	n	l
g	k		x
gi	ki		xi
zh	ch	sh	rh
z	c	s	
zi	ci	si	
(j)		w	

	a	e	o	ai	ei	ao	ou	an	en	eng	r
i	ia	ie				iao	iu	ian	in	ing
u	ua			uai	ui			uan	un	ung
y		yo						yan	yn	

g, z 两套分 "zian-tuan"。wuu 字拼 u, 但其余的像 Wade 加 w-。"j" 在起头儿不用,在当间儿用,例如, igo, 但 diji（dih-i）。

uo, uei, uen, 没有声母就照 Wade: wo, wei, wen; 有声母作 o, ui, un, 连 guo, shuo 都作 go, sho。"有无" 的 "有" 作 iou, 但朋友的友作 iu（在当中作 -ju, 如 pengju）。

ueng 音没有见着,猜想是 weng。

-y 当韵母不用,例如 jyshyh(知识):zhsh;syytzyh(私自):sts;tzyhjii(自己):zgi.

声调不分。

相应报告,即希查照为荷,此致
国语统一筹备委员会公鉴。

赵元任,23,5,14。

(原)编者按:赵先生的原信是用国语罗马字写的,这是译文。

(《国语周刊》第 139 期,1934 年)

方言性变态语音三例

在一个小范围时间空间之内的语言,例如四五十年内一乡或一城的语言,它的语音大概都是有比较的稳定性的。这种小范围的语言就是普通描写语音学所论的对象,咱们可以简称它为方言。一个方言里的音,用耳朵或仪器精细的分辨起来固然能得很多几百上千的不同的音,但这些音在那语言里的功用上看起来,换言之,作为有意义的字的成素,总是归成很少数的几十个代表类,这些类就是 D. Jones 跟 L. Bloomfield 所提倡的音位(*phoneme*)的观念。每一个音位之内包括有许多略有不同的各种音,例如"八"字北平音读 pa,它的韵母的 a 音是一种平均中 a 音,但是事实上 a 音有的人读得较前一点近乎第四标准元音,有的人读得较后一点近乎标准元音的后 ɑ 音,并且同是一个人在不同的音的前后,或在同样音的情形在不同的时候也有略前略后的不同的读法;这是当然的事,因为人的发音器官不是个机器,是个活东西,所以它的行为不能绝对的固定化的。但语音虽然不固定,可是一个音位所包括的范围是有相当的稳定性的。如果某人某次说话所用的音越出了这个音位的变化的范围,那就是变态的读音了。比方一个北平人在笑的时候说"八"字也许成一种 pæ 音那就像扬州"八"字的音了,在害怕的时候说"八"字也许成了一种 pɒ 甚至 pɔ 音,那就像南京"八"字音或甚至像北平"拨"字音了。

变态读音发生的情形可以分为两种,一种是临时的,一种是有系统的。临时的变态发音,比方在笑的时候元音变开变前:"笑的话

(xa)都说(ʂə)不(pɯ)清楚(tʂʻɯ)了，"在气的时候不送气的音变成送气："这(彻)东西！真(琛)是的！"或"嗲"的声音把声调都改了类："奶(耐)妈！我早(灶)饿了！"这类的情形上文已经提过了。还有一种临时的变态读音就是平常认为说错了的话(*lapius linguae*)。这种现象曾经有许多人注意到过，S. Freud 甚至给所有一切说错的话都加上了有用意的意识下的动机，不过多数人还不能认它为定论就是了。错话当中有一种很常遇的方式，就是把两个重要字的声母互换位置，如"一个阔(kʻuə)人走到铺(pʻu)子里去了"说成"一个破(pʻɔ)人走到裤(kʻu)子里去了"。这种现象之普遍竟至有人给它起一个名词叫 *spoonerism*[①]，因为传闻牛津大学的 W. A. Spooner 有这种错误的习惯，例如"our very dear Queen"（我们的很敬爱的女王）说成"our very queer Dean"（我们的很怪的教务长）。对于这些例还没见过 Freud 的解心式的解式。

在语言学上最有兴趣的变态读音是那些有系统的变法。本篇所说的三个例都是这类的例。这个可以分为发育未全跟发育不全两种情形。发育未全因而读音跟常态读音有歧异的就是小孩的说话。到成年而始终发音还是越出环境语言所用各音位的范围的就是所谓"大舌头"等类的语病。这些变化不是一次两次或对于一两个字读音特别，乃是对某某音在某某情形全体的改变。所以它自成一个内部一致的系统，它跟它所处的环境语言的正则读音的关系，正如另一方言（或另一时代的语言）跟这语言的关系一样。Jespersen 说："小孩子用这音代替那音大半是有系统的，在好些例我们竟可以说有'严格的变音定律。'"[②] 因此我们可以说这些变态

---

① "两个或两个以上的字的第一音或其他部分无意中的互换。"《牛津大字典》本字下注。

② O. Jespersen, *Language*, p.107, New York, 1924。

的语音是有方音性的,所以以下各例的描写也是像描写方言一样的说法。

Ⅰ. 发育未全的北平话

人名:F. L.。性别:女　年龄:四整岁。观察年:1904。环境语:不很纯粹的北平话。

单从他的音系看起来:

声母：　p　p'　m　f
　　　　t　t'　n
　　　　k　k'　ŋ　x
　　　　tɕ　tɕ'　ɳ　ɕ
　　　　ts　ts'　s　z

韵母：ɿ　a　æ　o　ə　ai　ei　au　əu
　　　　i　ia　　iɛ　　　　　　　　iau　iᵊu
　　　　u　ua　uæ　　uə　　　　uai　uei
　　　　y　　　yɛ

除掉有一个十分简单化的印象跟全无鼻音韵尾之外,似乎没有什么别的特点。但是跟他的环境语一比起来,就看出些很有趣味的变化条例来了:

环境语声母：　　　　　　　　F. L. 的声母：

p　p'　m　f　　　　　　　p　p'　m　f
t　t'　n　　l　　　　　　　t　t'　n　　　　(1)
k　k'　ŋ①　x　　　　　　k　k'　ŋ　x

---

① ŋ(安),ɳ(年),ue(州),əŋ(登),uŋ(包括翁字)是环境语跟北平话不同的地方。

tɕ	tɕʻ	ȵ①	ɕ		tɕ	tɕʻ	ȵ	ɕ
tʂ	tʂʻ	ʂ	z		ts	tsʻ	s	z
ts	tsʻ	s			ts	tsʻ	s

环境语韵母：

ɿ, ʅ a ɔ ə ai ei au əu① an ən aŋ əŋ① ɚ
i   ia   iɛ iai   iau iºu iɛn in iaŋ iŋ
u   ua uɔ   uai uºi   uan uen uaŋ uŋ①
y   yɛ   yɛn①yn   iuŋ

F. L. 的韵母：

ɿ   a ɛu ə ai ei au əu æ a ə ə ə
i   ia   iɛ 无例② iau iºu iɛ i   ia i
u   ua uə   uai uºi   uæ eu ua o
y   yɛ   yɛ 无例② 无例②

声调完全跟环境语的一样③。

（1）声母 l 变 i-，例如"来"lai 读"崖"iai。

（2）声母 tʂ 系与 ts 系合并为 ts, tsʻ, s，因而 ʐ 也跟着变成 z，例如"猪肉"tʂuʐəu 读 tsuzəu。

（3）韵母 ɿ, ʅ，因为声母 tʂ, ts 两系变 ts 系，当然也合拼为 ɿ 韵。

（4）因为他的韵母特别富于 ə 韵，所以 ɔ, uɔ 亦同化为 ə, uə。此外除环境语的 ə 还是 ə 外，连环境语的 ən, əŋ 的鼻音韵尾也失落而变 ə；ɚ 的卷舌作用失去也变 ə。uºn 也变 uə。例如"门"mən 读 mə，"火棍"xuɔkuºn，"火棍儿"ɹuɔkuɚ 都一样读 xuəkuə。

（5）但 uŋ 不变 uə 而变 o，因为这个 u 音较开，有另成一韵的

---

① ŋ(安), ȵ(年), əu(州), əŋ(登), uŋ(包括翁字)是环境语跟北平话不同的地方。
② 这几个韵里没有遇到小孩常用的字。
③ "许多小孩在很小的时候就能把大人所说的或唱的调学得丝毫不差。"Jespersen, *Language*, pp.111—112。

意味。例如"空钟"kʻuŋtʂuŋ 读 kotʂo。

（6）iɛ, iɛn 全是 iɛ; yɛ, yɛn 全是 yɛ。例如"面"mian 读 miɛ, "圆圈"yɛntɕʻyɛn 读 yɛtɕʻɛ。

（7）an, uan 不跟别韵混,但改读为 æ, uæ。例如"山"ʂan 读 sæ;"完"uan 读 uæ。

（8）i, in, iŋ 都是 i,例如"今天"tɕintʻiɛn 读 tɕitʻiɛ。

（9）aŋ, iaŋ, uaŋ 变 a, ia, ua。例如"瓜","光"都读 kua。

这些变化要是凑在一块儿的时候,当然会使字音跟环境语差得很远。例如"叮叮当当"就成了"啲啲叮叮"tititata,"铃铃郎郎"就成了"噫噫呀呀"iiiaia,"来了两个人"就成了"崖□哑个□"iai iɤ iakɤ zə。但是家里的人跟别的听惯了他的话的人不难懂他的话,犹如听惯了一种方言对于那些变了的读音就会无意中给它们折合成常态的哪种音。固然有些音类的合并好像会产生两可或几可的疑惑,但是方言与方言比较起来发生分合上的不齐是常有的事,广东人不因北边人"山,衫"不分 ʂan, ʂam 而学不会听懂北方话,那么那些合并的例也不发生根本的困难。至少在这个例,据作者的观察,对于别人听话上没有发生多大的困难。

后来作者曾经把他教会了读 aŋ, ən 两个韵,法子是把韵拆开,例如"方"他读 fa,就教他说 fa—ŋ;"灯"读 tə 就教他说 tə—ŋ[①]。以后的过程没有跟下去。

Ⅱ．发育未全的北平话

人名：J.L.。性别：女。年龄：两岁半。观察年：1932初。环

[①] 当时作者不过十二岁,当然不是用国际音标教的,不过是用口头的音教就是了。

境语：北平话。

声母： p　m
　　　　t　n
　　　　　　ŋ
　　　　k　kx
　　　　tʎ　tʎ'

韵母：
　　　　　a　ɔ　ə　　ai　ei　au　ou　an　ən　aŋ　əŋ
　　i　ia　　　iɛ　　　　　iau　iᵒu　iɛn　in　iaŋ　iŋ
　　u　　　　　　　　　　　　　　　　　　　　　　uŋ
　　y

跟环境语的比较如下：

　　　　环境语声母：　　　　　J. L. 的声母：

p　p'　m　f　　　　　　　p　p'　m　p
t　t'　n　l　　{ 开合　t　t　n }　　（i）
　　　　　　　　　齐撮　tʎ　tʎ　ŋ
k　k'　　x　　　　　　　k　kx　　kx
tɕ　tɕ'　ɕ　　　　　　　tʎ　tʎ'　　tʎ'
tʂ　tʂ'　ʂ　ʐ　　　　　　tʎ　tʎ'　　tʎ'（i）
ts　ts'　s　　　　　　　tʎ　tʎ'　　tʎ'

环境语韵母：

ʅ, ɿ　a　ə　ɔ　　ai　ei　au　ou　an　ən　aŋ　əŋ　ɚ
i　ia　　iɛ　iai　　iau　iᵒu　ian　in　iaŋ　iŋ
u　ua　uɔ　　uai　uei　　　　uan　uᵊn　uaŋ　uŋ
y　　　yɛ　　　　　　　　　　yan　yn　　iuŋ

J. L. 的韵母：

　　i　a　ə　ɔ　　ai　ei　au　ou　an　ən　aŋ　əŋ　ei

417

i	ia		iɛ	无		iau	iºu	iɛu	in	iaŋ	iŋ
u	a			ɔ	ai	ei				an	ən	aŋ	uŋ
y			iɛ						iɛn	in(?)	iuŋ

声调除下述的两个例外完全跟环境语的一样。

（1）爆发音 p，t（开合）不分送气与不送气，结果是近于外国派的中间音，比法文的送气较多，比英文的较少。例如"饱，跑"都读的像"饱"pau 但比环境语的"饱"字送气略多一点。"图"读"独"tu。

（2）摩擦唇音 f 发爆发音 p。例如"飞"读 pei "杯"略带"呸"的意味。

（3）其余摩擦音与塞擦音混为一种中间音，暂写作塞擦音式 kx，tʎ（ʎ 作为舌而清边音的简写）。所以 k 以下各声母的送气与不送气倒分辨出来了。例如"看，汗"都是 kxan，"巧，小"都是 tʎ'iau；但"干，看"或"脚，巧"不混，与 p，t（开合）不同。

（4）环境语里的十一种不同的音 t，t'（两音的齐齿），tɕ，tɕ'，ɕ，tʂ，tʂ'，ʂ，ts，ts'，s 在 J. L. 的口里都合并为 tʎ，tʎ' 两个音。例如"掉，叫，照，造"都是 tʎ(i)au；"天，千，先"都是 tʎ'iɛn；"少，炒，草，扫"都是 tʎ'au。这是一种舌面的塞擦边音，跟韵母接起来并没有像意文 gl 那末像带一个清楚的闪旗作用。所以跟环境语 l，ʐ 相当的音不变成一个独立的 ʎ 而变成一个不很清楚的 i 音。例如"六，肉"都是"又"iºu。因为 t 系齐齿变塞擦音而他这音系里能分塞擦音的送气与不送气，所以虽然"独，图"不分而"掉，跳"倒能分为 tʎiau，tʎ'iau 了。

（5）n 在齐撮变 ŋ。

（6）l 一律变 i。例如"楼"读"油"iºu。

（7）前后两套 tʂ，ts 系舌尖声母既变了舌面韵母，跟着它们的舌尖韵母 ʅ，ɿ 母当然也变了舌面韵母 i 了。这 i 音在唇音后比较的清楚，t, n不见于齐齿，k在环境语本来没有齐齿，只剩了tʌ系可以有i，这是一个不很清楚的近乎ʌ音的i。

（8）其余韵母的主要元音跟环境语的几乎没有差别，不过一切a音因为口腔尺寸的关系都是很"浅"的音。

（9）-n尾韵母的-n读得很前，读时别人看得见舌尖，但对于音彩没有什么影响。

（10）除在唇音声母字或无声母字（包括失落的l, ʐ）外，a, au, ou的开口齐齿不甚分明。例如"啊，家"，"找，脚"，"走，九"，"张，姜"，（全是tʌ声母）六个字只有三种字音。这是因为声母ʌ成素本有舌面作用的缘故。

（11）除u本韵跟u音甚开的uŋ韵，还有u当声母的字（别无声母的合口韵）外，没有合口韵。例如"花"读kxa，"乖"读"该"kai。但"五""外"仍读u, uai。

（12）除y本韵跟撮口很弱的iuŋ韵外，撮口变齐齿。例如"月"读"叶"iɛ。"云"一类的字读音未详。

（13）卷舌韵尾-r音变-i。例如"二"读ei，"顽儿"读uai。

（14）环境语里有一个不规则的声调，就是"不"在平上前或在语尾读去，在去声前读阳平，他都给它一律化读去声了，例如"我布要"（环境语"不"字在这地方读阳平）。"一"字声调未详。但上声相连第一字变阳平一点都不错的。

这些读音合起来当然成一种很怪的"方言"。例如"渴茶"kxɛ tʌ'a，"地图"tʌitu，"十四"tʌ'itʌ'i，"小孩儿"读tʌ'iau kxai，"还要坐坐"就成了kxai iau ʌtɕʌtʌ。"骑着（之）白马去烧香"tʌ'i tʌi paima tʌ'i tʌ'au iaŋ。但是听起来并不很难懂，至少听惯了不难，因为他的字调跟语调是完全对的，这个帮助了一大半了。

过了两年半后（五岁）大部分读音都改成跟环境语一样。它的声母系统变成了：

	p	pʻ	m	f
开合	t	tʻ	n	l
齐齿	ȶ	ȶʻ	ȵ	ʎ
	k	kʻ		x
	tɕ	tɕʻ		ɕ
	tʂ	tʂʻ	ʂ	ʐ
	tθ	tθʻ		θ

韵母跟声调跟大人的完全一样了。

（1）l在开口合口发现很早。并且学会了l音之后还有时装在本来没有l音的字上，成一种"矫枉过正"的现象。例如会说了"上楼"不再说"上油"了，可是有时候连"没有"也说成"没篓"了。

（2）t系声母的齐齿撮口仍用舌面音，但爆发音 ȶ, ȶʻ 不与塞擦音 tɕ, tɕʻ 相混。一般语音学家认为非跑到拉萨找不着的舌面爆发音 ȶ, ȶʻ，在这个例中是个极自然的音，并且在齐撮他还不会读舌尖的 t, tʻ 音。

（3）l音在第一期读i，当中经过一个时期读作舌面的纯浊爆发音 ɟ，旁人笑他把"两个"读成"讲个" tɕiaŋkə，其实他说的是 ɟiaŋkə[①]。后来经过人特别教他说 leaŋkə，把介母放宽近乎开口性，这样说了一阵又改成了舌面边音 ʎiaŋkə，大概因为他嫌韵母的声音不够好的缘故。

（4）ts系声母变成了齿间音 tθ, tθʻ, θ，这是很普通的小孩子话。他学了几句英文也是这末说的。例如 Thith ith my thithter。

[①] 参考作者所记的《广西猺歌记音》，149页第7表汉语的来母齐撮往读成 g̃。ɟ 跟 g̃ 的齐撮是很相近了。

III. 发育不全的常州话

人名：J. S.。性别：男。年龄：十三岁到成年不变。观察年：1904。环境语：常州话。

这个例的环境语知道的人比较的少，所以起头就必得把声母韵母用对照式写起来，并且加上例字，好知道一点那些音在音韵上的意义。

声母：

例字：	环境语声母：	J. S. 的声母：
摆派牌埋发乏	p p' b' m f v	p p' b' m f v
带太大捺 赖	t t' d' n l	t t' d' n （i）
纲康共昂蟹鞋	k k' g' ŋ h ɦ	k k' g' ŋ h ɦ
基欺其泥希	tɕ tɕ' dʑ' ȵ ɕ	ts ts' dz' n s
兹雌持 私辞	ts ts' dz' s z	ts ts' dz' s z

韵母：

时	矮	哑	白	曷	哀	欧	奥	疴	喊		安	恩	刚	翁	儿
衣	夜	欲	一			妖	幽		烟	渊	应	央	雍	
乌	怀	华	活	会					弯	碗	温	汪	
迂			月								永		
如													

环境语韵母：

ɿ a ɔ ɤ ai ei ɯa ɯe æ ẽ õ əŋ aŋ oŋ ɻ
i ia iɔ iɤ ei iau mei mai ĩ eĩ iŋ iaŋ ioŋ
u ua uɔ uɤ uai   uæ̃ eũ uəŋ uaŋ
y   yɤ   yiŋ
ʮ

J. S. 的韵母：

iz	a	ɛ	ə	ai	ei	aɯ	ɐɯ	a		ɔ	ei	a	oŋ	ei
iz	ia	ɛi	əi		iaɯ	ɯei	ia	iz	iɔ	ei	ia	ioŋ
u	ua	ɛu	əu	iau		ua		ɔu	uei	ua
y		yə					未详
ɿ

声调跟环境语的没有差别。

（1）l 母变阳调的 i。例如"来"环境语 lai 读 iai（阳平）。

（2）k 系声母在 u 韵有颚化倾向。例如"苦" k'u 读 c'u。

（3）tɕ, ts 系声母合并成一种"j-化"的舌尖音，近乎俄文的"软音"。这个环境语的 ts 系声母本来有齐撮，换言之分"尖团"这个人都用一种不很清楚的 j-化的尖音。例如"交" tɕiaɯ，"焦" tsiaɯ 都是 tsⱼaɯ。

（4）同样鼻音的舌面音 ȵ 也变成 j-化的舌尖音 nⱼ。例如"牛" ȵieɯ，"挪" nəɯ 都是 nⱼəɯ。

（5）韵母 ɿ 跟 i 跟声母 ts, tɕ 两系正当配，所以既然这两套声母混为 tsⱼ 等等，ɿ, i 也混为一种舌尖化的 i，或舌面化的 ɿ，写作 iz①。例如"斯" sɿ，"西" si 都读 siz，并且照上第（3）条连"希" ɕi 也是 siz。i 韵半鼻音失落也变 iz，所以"先"也读 siz。

（6）a, ia, ua；æ，—, uæ；aŋ, iaŋ, uaŋ 合并为 a, ia, ua。例如"埋" ma，"蛮" mæ，"忙" maŋ 都读 ma。

（7）ɔ̃, iɔ̃, uɔ̃ 也失落半鼻音与 ɔ, iɔ, uɔ 合并。例如"画" ɦuɔ̃，"换" ɦuɔ̃ 都读 ɦuɔ。

（8）əŋ 失落鼻尾变 ei，并且跟它相当的 iŋ 韵也变 ei。例如"周" tsei，"真" tsəŋ，"今" tɕiŋ 都读 tsjei。

---

① 安徽各部对于古"见"系今 i 韵有 i—iz—ɿ 各种读法，iz 代表这里的中间音。

（9）ɑɹ 韵也变 ei。例如"而"fiɑɹ 读 fiei。

这个音系听起来有点像第一例，因为除 oŋ, ioŋ 韵保存外全无鼻音。因为它富于后元音，所以听起来比第一例更有像听伤风人说话的印象。这个话比头两种稳固得多，代表一种更成熟的习惯。

从以上这三例看来，我们得到一个最明显的印象就是它们简直像三种方言。固然不见得有真的方言有这种音系，但是那里头每种与环境语不同的地方，单独看起来，都是可能的方言变化，并且差不多全可以找到方言上或历史上的实例。所以这都是些音变的方向的很好的示例，就是一个音虽然会变得离起点很远，而第一步的变化总是只把原音的各成素一部分变了，其他的部分仍旧保存着。尽管可以变得个个音都错了而仍旧听得懂，那就是因为假如根据每音的各成素的存否来定分数，以上三种例所包含的环境语的成分实在都还远超过"及格"分数以上呐。

以上几例比起篇首所说的临时性的变态读音来，固然系统化得多，换言之较具有方言性，但是跟真的方言比起来当然有不同的地方。方言之所以有比较的稳定性是由于社会的势力。各人所用各音位里的音固然多少都有点伸缩，但是每个音位都有一个比较稳定的平均。假如读音离开这个平均差得太远了，他的环境，——无论是由他自己的判断或是别人的讥笑或听话上的误会，——就会叫他退回就范。这一点是语言学者早都注意到了的。那末在发育未全的语言，是因为小孩子的语言的行为（连同一切别的行为）还没完全社会化，它的社会环境，如大人的教话，大同伴的讥笑，生人懂话的困难，不单不像真方言的环境维持它的稳定，并且还催着它改变，所以它本身虽然像一种方言而在时间上变起来，在最快的时期，差不多一年就等于语史上的一世纪。在这变化过程里有一点跟方言的变化相同，有一点跟它不同。（1）方言的变化是系统性的，某字的音怎么变，凡含有这类音的字也都变。例如第二例"人"

本读 zən，后来改读"zen"，那么"肉，让，软"等字也都改用 z- 了。更精确点应该说某音在某种情形之下都是一律变的。例如第二例 l 母在开合后 i 改正为 ɿ，但在齐撮从 i 变 ɖ 又变为 ʎ，过了两年多还不变 ɿ。（2）那么上头有许多环境语几种音合并成一类的改起来怎么分辨法子呐？这就是这种"方言"跟真方言的一个不同的地方了。真方言的变迁是慢的，是无意识的。小孩子话的变迁是跟着环境语的领导走的，所以在发音器官没有训练到某程度的时候，耳朵常常已经超过口的程度了，所以变迁的快，并且对于合并音的分化往往可以利用自己耳朵的辨别，一个会就全会了。比方在第二例，有一个时期虽然 p'，p 不分，t，t' 不分，但是假如别人学他说"地独"，他还反对人家学的不对，说是"地独"不是"地独"，说第一个"地独"的时候自己耳朵里却是想着"地图"，不过说不好"图"字的音就是了①。像"没有"读作"没婆"那种矫枉过正的例比较是少见的。

发育未全跟发育不全的变态读音虽然是两路事情，但是也不是绝对没有中间例的。往往同在一块儿的几个小孩子最大的有一种变态读音，其余的都跟着他学，结果成了一种小范围的环境语，它的稳固性因而增加了许多。这些音有时候有一部分就保持到成年之后还不变，就成了第二类的变态读音了。像 ts 系变 tθ 系，tʂ 系变 tʎ 系或 tl 系是最常见的例，就是通俗所谓"大舌头"或"叨嘴"。对于小孩学话不正确在语音演变的影响，说者的意见很不一致②。但这些小范围的环境语是否比单个小孩的影响较大一点还没有人作过彻底的调查。我们再看一个例。常州 ɞ 在语音发育未全

---

① Jespersen 曾经引过 Passy 举的一个法国小孩子话的例。他管 garcon（男孩子）跟 cochon（猪）都叫 tosson，但是假如别人管男孩子叫猪他仍旧是要反对的。Jespersen, *Language*, p.110。

② 同书 pp.16—162。

跟发育不全的人读作 a 的非常之多。在附近的溧阳,宜兴,丹阳北部这种读法却是正则的读法了。那么这几处的 æ 变 a（或直接从 an 变 a）是怎么来的,是否那些变态读音至少是这种变迁的致因之一,倒是值得想一想的。对于这个,在没有得到多份的例跟历史的材料以前,我们当然不能下什么断语。

(《中研院史语所集刊》第 5 本第 2 分,1935 年)

国 语 语 调*
（讲　演）

在这国语运动闹得正热闹的时候，我打算讲两句关于国语方面的枝叶的问题。枝叶是与根本对待的观念。关于国语的根本方面，大家都知道的，就是国音，国语的词类跟国语的语法。关于这几个重要的题目，别的各位讲演的当然另外有详细精专的讨论了。但是一个生物，除掉根本之外，它的枝叶也是生命的一个重要的部分，有了枝叶才能够呼吸新鲜的空气，才能够成一个活的生物。那末国语的枝叶是什么呐？国语的枝叶就是国语的语调，就是平常所谓说话的腔调。国语是咱们本国通用的语言。写在纸上的字或是拼出来的音不过是这个语言的符号。真正的语言有语言的抑扬顿挫的神气，这就是语调，有了语调，方才成功一种活的语言。

要讲国语的语调，得要分三方面讲：

第一字调，

第二中性语调，

第三表情语调。

现在先讲字调。

字调——就是平常所谓声调，就是阴阳上去四声的分别，严格说起来，字调是国语的根本的一部分，并不能算是枝叶。比方

---

* 这是赵元任先生1932年2月8日的演讲词。——编者

说"奔""喷"的分别,"奔""邦"的分别,"奔""本"的分别,在一般人的心理,都觉得是一样要紧的字音的不同,他不觉得因为"奔""喷"声母的分别,"奔""邦"韵母的分别,比到"奔""本"声调的分别更重要一点,因为一般人并没有声母、韵母、声调的观念,反正都是一对一对不同音的字就是了。

现在既然承认字调是国语的根本的成素,为什么今天还要谈到它呐?这是因为字调跟语调有密切的关系,两者都是以声音的高低的变化为主要因子,所以不能不把字调的性质大略说一说。

说到声音的高低,乃是声音的高低,并不是声音的大小,平常用名词往往把这两种事情混乱起来。比方说,你说话的声音太高,声音要低一点,其实应该说,你说话的声音太大,声音要小一点。这种错误也是有来历的,因为平常低声音比较的小的多,高声音比较的大的多。比方叫一个没有受过训练的人唱 do, re, mi, fa, sol, la, ti, do´,他从低唱到高就有越唱越响的倾向(举例)。但低而小高而大虽然有这种自然相配的倾向,并没有非这样相配不可的理论上或事实上的必要。比方从低到高,也可以同时让它从大到小。(举例: do, re, mi, fa, sol, la, ti, do´,或是 do´, ti, la, sol, fa, mi, re, do, 从小到大。)所以现在在讨论以下问题之先我要声明,以后凡是说到高低是严格的高低,叫它尖粗也可以,叫它细宏也可以,但不是大小。大小乃是强弱、响与不响、重轻的意思。

国语里的字调或是声调是什么呐? 就是每一个字有一个字的特殊的高低的性质。一个妈字必定是高而平的调方才成个妈字;一个麻字必定是由半高往上升到高的一个变调方才成个麻字;一个马字必定是由半低降到极低然后望上升的一个转调,一个骂字必定是由高降到低的一个变调方才成个骂字。假如你看见一个四只脚的可以骑的动物,你用一个高而平的调说:"妈来了!"那末你的话根本就说错了。假如你用一个中平的调说"ma"那末国语里头根本就没有这个字,因为凡是国语里的字都不外乎阴阳上去四大类的声调,中平调的字是绝对不存在的。

现在既然知道国语里所有一切的字都不外乎阴阳上去四大类的声调,那末字跟字连起来成为长篇的国语是不是就等于这四种声调的各种次序的组合呐?咱们不妨试一试。比方要照这个法子来说国语啊,那末今天这个讲演就要这末起头了:各,位,听,众:在,这,国,语,运,动,闹,得,正,热,闹,的,时,候,兄,弟,打,算,讲,两,句,关,于,国,语,的,枝,叶,方,面,的,问,题。枝,叶,是,与,根,本,对,待,的,观,念。这,样,讲,演,你,们,听,听,看,好,听,不,好,听?这个国音是读得再准没有的了,可是为什末说得不成话呐?这是因为只有字调没有语调在里头。国语要说得成话至少要有中性语调在里头。

现在我们讲中性语调。

中性语调——就是最平淡而仍旧连贯成话的语调,这是一切语调的起码货。假如说话的人对于他所说的话没有任何感情、态度,或是特殊意味的表示,他也会有这些所谓中性语调的变化的。中性语调里有两种变化:一种是字与字相连所发生的变化,一种是因字音的轻重而发生的声调上的变化。

国音当中字字相连而发生的声调上的变化,跟全国各重要方言比较起来,要算是最简单的一种了。比方厦门、福州、上海、苏州,声调相连的变化就比国音复杂得多。国音里阴平阳平跟别的字相连完全不受影响,比方:他,他说,他来,他走,他去;谁,谁吃,谁顽儿,谁打,谁骂,——他,谁,单念跟连起来都是不变的。去声也几乎不变,比方:又,又酸,又甜,又苦,又辣,又字几乎不变。有的人在去声跟去声相连的时候把第一个字念高一点,或甚至望上转一下:又辣,但是不这样变也没关系,所以在实际上我们可以说阴阳去三声是没有变化的。国音里只有一个上声的变化比较复杂一点。

上声的变化，也只有两条规则。第一条上声跟上声相连，前头的上声变成阳平。比方：美、酒，连起来不像话，第一字要变高像阳平"梅"字，读成美(梅)酒才成自然的语调。同样总、统、府三个上声连起来声音很怪，必得把前字变成阳平说总统府才觉得自然。所以上上相连，前上变阳平。第二条规则是上声跟别的字相连起来，它就不像独立时候带个上升的尾子，而把这个尾子去掉了。比方：北，单念有个上升的尾，但是北京、北平、北路就变成低而不望上升的调了。这种调叫作半上声。所以这条规则就是除掉在上声前变阳平外，在别种调的前头上声变半上声。从这两个条例看起来就可以知道上声很少有机会读作整个儿的全上声的。比方有一大半上声字只有在语气稍微停一停的地方有全上声，其余的都是半上声跟阳平了。比方：我，想，你，总，有，点，懂，理，连起来就成了我(□)想你(泥)总有(油)点懂(□)理。只有最后一个理字是全上声。

中性语调的第二部分就是轻重音的分别，这个比上声的变化还更要紧，因为它跟词类语法都有关系的。刚才起头不是说调是声音高低的变化吗？轻重既然是声音小大的意思怎么又讲起轻重来呐？这是因为刚才所说的轻重是有影响高低的倾向。国音有所谓"轻声"一种声调，但这并不是阴阳上去之外又加上一个第五种字调，是不管阴阳上去哪一调的字在待会儿我要讲的情形之下会读得很轻，又因为轻读的缘故把原来高低的变化全失落掉了。比方：生，阴平，在"先生"就读轻声。来，阳平，在"回来"就读轻声。轻声不论本来是什么调的字都是读得短一点，并且是平的没有多少高低的变化。它的高低看前头一个字是什末调。前头是阴平或阳平读半低，比方：青的，黄的。在上声后读高音，但没有阴平那末高，当然也没那末重那末长，比方：紫的。在去声后是低音，比方：绿的。

轻声的读法就是这末样了。那末什末时候用轻声,什末时候不用轻声呐?这个就要看字在文法上在词类上的地位怎末样。关于文法上的地位,比较的好办。这都是有条例可循的。

第一,一切助词都是轻声,并且因为助词是轻声当中的最轻的,所以有些字的韵母,都是变了的,比方:"目的"的"的"当助词不能读地,要读成 de,"国货呢"的"呢"当助词不能读泥,要读 ne。"那么出了什么事情了呢",不能说"那抹出瞭十抹事情瞭泥",要说"那·me 出·le 蛇·me 事情·le·ne"。这是几条当中最紧要的一条,凡是"的,了,着,呢"不读轻声的 de, le, je, ne,而读"地,瞭,酌,泥",那这是认国字,不是读国语。我要做了小学教员,学生"地瞭酌泥"我就扣他分数,我要做了小学校长,教员"地瞭酌泥"我就扣他薪水。因为助词在文法上的结构上是一个极重要的关键,助词弄不好是根本不能体会国语的神气的。

第二,凡是词尾的虚字都是轻声,比方:"这个"的"个","什么"的"么","但是""就是"的"是","里头""外头"的"头","我们""你们"的"们"之类。

第三,常用的表示方位的补助动词,比方:回来,叫回来,摔下去,去掉之类。

第四,做止词的代名词,比方:看见我,盼望你,叫他们来。

第五,凡是已经说过一遍的字或是词,再说一遍就有变轻声的倾向。比方:"你懂不懂""让我看一看",有文法的轻声,有词类的轻声,第二个"轻声"说重了意思反而不明了。

这类的规则还不止这几条,现在不过举几个最要紧的就是了。

词类的轻声比较麻烦一点。在好些语言当中,凡是两个或是几个字合成一个复词的时候,这个词用得越多,连合就越紧,因而就发生了轻重的结构式出来。比方英文 black bird,黑的鸟,是两个词,可是 blackbird 是一种鸟的名字了。比方"早起"是起来很早的意思,是两个词,但是"早起(起字轻声)"就是早晨的意思,就是一个时间的名称了。这类的轻重音的学习,虽然大半是靠死记的工夫,但是也有一个原则可以利用的。大概文言词跟新名词里的字都是字字并重没有轻声的。比方束缚、精博、混淆、抚慰、机警、欲念、严格、绝对、单位、政府、国语、广播,这类的词都是字字并重,没有轻声字的。有轻声字大半都限于资格最老的白话词。但是白话词里的多字词也不全是一重一轻的,所以这就要靠死记的工夫。比方:本来、要紧、留心、高兴、简直、现在、信纸、书房,不能把"来、紧"等字读成轻声的。但是愿意、明白、事情、东西、地方、时候、快活、规矩,就不能把"意、白"等字读成去声的意,阳平的白那末读,那末读就不成词了。关于词类的轻声字现在可惜还没有书籍可以查。近来北平的中国大辞典编纂处正在那儿编一部《国音普通辞典》,虽然叫普通词典,可是分量也不小,编成了大概有十万多个词,这里头凡有轻声字的词,都是注得很明白的。这是查有轻声字词的最好地方了。在这辞典没有出版以前,诸位暂时可以参考白涤洲先生的《标准国音国语留声片》(按:中华书局)和全国国语教育促进会的《标准国语留声机片》,还有鄙人新近做成的一套《新国语的留声片》(按:商务印书馆)。从这里对于最常用词里的轻声字都可以听得到不少了。鄙人做的那套《新国语留声片》有甲乙两种课本,乙种课本里对于轻声字注得很详细,可以作为暂时参考的用处。

现在讲了半天还只是讲的中性语调,就是因字与字相连而发生上声变半上或是变阳平的变化。还有因文法或是词类的结构而发生轻重音的分别。这种中性语调是拿国字连缀成为国语的最低条件。国语有了中性语调,它的意义就明白了,它的达意的功用算是实现了。但是一国的语言除掉达意之外,还有表情的功用,特别是在艺术上所用的语言,例如在戏剧的对话里,那就全要靠表情语调用得得当了。比方在所谓中国有声电影里头,说这样的对话:你,既,然,喜,欢,跳,舞,你,为,什,么,不,去,跳,舞,呐?这还不是所谓读国字吗?这个话要说成国语至少得有一个中性语调:你既然喜欢(轻)跳舞,你为什么(轻)不去跳舞(轻)呐(轻)?但是光是这末平平淡淡的说,究竟说话的人是什末态度呐?这个就要看所用的是什末样的表情语调了。(举三种例)

表情语调——这个现象比字调跟中性语调复杂得多。里头除掉严格的语调只讲声音的高低之外,连轻重快慢还有喉音的音程也都是表情法的成素,就比方音乐里所谓乐调除 do, re, mi, fa 等等之外还有拍子的节奏都算乐曲的一部分。今天因为时间的限制不能详细讲语调的各种变化,只好把几种最要紧的语调跟各种功用大略讲一讲。

语调里最要紧的变化就是音程跟时间的放大跟缩小。比方平常讲字调,平均的阴平算是高 do´。阳平算是 sol do´。上声算是 mi re la 去声算是 do´ re,但是这不过是平均的音程(音程就是高低变化的范围)。有时候会变窄,有时候会变宽(举例)。这种变化最好拿一个机械的比方来解释。假如你在一块拉紧了一半的橡皮上画了阴阳上去的曲线,阴平是一条高横线,阳平是一条从左中到右上斜线,上声是从左半低到最低,又到右高的一条弯线,去声是一条从左上向右下的斜线,画好了之后,另外再拿一张没有伸缩的玻璃纸画了五道五线谱的线盖在那四个声调曲线上,这就成了阴阳上去的平均乐谱上的曲线。现在你把上下拉橡皮的力量放松一点,于是四个曲线都变扁了,但是那个玻璃纸并没有弹性,所以照谱上唱那个音就都变成小音程了。反之,要是上下使劲把橡皮拉长一点,那末音程就又加大了。要是左右的力量变大变小呐,那末四个曲线就会变宽变窄,这就代表时间的变长变短。要是拉的力量不变只把橡皮上曲线上下移动呐,那就是简单的变高变低(举例)。

音程的变大变小变高变低在语调上的功用当然很复杂。现在只能只举几个重要的例子。

音程放大可以代表和气或客气，比方：还早呐，请坐会儿再去呀（附解释）；可以代表知己的态度，比方：这好办，咱们大家可以商量商量（附解释）；可以代表不耐烦的态度，比方：我愿意你别老那末样儿聋，我叫了你好几遍（附解释）。

要是一个单字的音程放大并且加长了呐（就是把橡皮四面拉紧），那就是代表一种特长的重音。比方：说的是国字不是国语。这是一种逻辑的重音，是为逻辑上的分辨用的。有时候一个字放大只是表示一种感情的。比方：这话从哪里说起呀？这是心理的重音。

音程变小也有许多种功用。比方：这东西是你偷的吗？窄而响，就是凶的口气；窄而不响，就是表示软弱。比方：我没偷东西阿。可是窄，不响，又快，那就是不在乎的口气。要是音程放大了那就更表示自信心重了。比方：我（从极低起）没偷东西阿。音程窄而低就表示一种沉重的态度。比方：最近主张，……是所至嘱。要是音程窄而低到又粗又吐气的声音，那就表示一种自信而不耐烦的口气。比方：你那何必打官话呐？咱们打开窗户说亮话好了。

国语语调当中有一个很常用的调，叫作下转调。这个调的性质要看一句的最后的一个字是什末字调，在这个字调之后就加上一个望下降的尾子。比方阴就变阴↓，阳就变阳↓，上就变上↓，去就变去↓，轻声"的"就变"的"↓。这种调的功用很多，大致说起来，用这种调的时候总带一点觉得自己知道人家不知道或是自己行人家不行的态度。比方列举一些事情或是东西要人听了觉得很多似的就用这个调，比方：锅↓，盘↓，碗↓，筷↓，吃的↓，顽儿的↓，买的↓，用的↓。表示赞成，比方：唉↓，这样办法好↓。骂人不对，比方：不是这样的，先生↓，没有这末样读国音的↓。这种

433

转调对小孩子说话用的特别多。比方：小妹妹↓，别淘气↓。别哭了，阿↓。回头还买点儿糕↓，买点儿糖↓，擦擦脸↓，擦点儿蜜↓。这都是表示说话的人自己完全有把握，因为对方的人也许不明白，不放心，要开导，教训，或安慰他的口气。

　　以上讲的不过是表情语调当中的几个重要举例。还有比方尖假嗓子的用法，一个字或是几个字特别拉长，在句读处应该停的地方特连得更紧一点，半句慢，半句快，还有与下转调对待的各种上转调，这些变化今天没有工夫细讲了。现在我举一个长一点的例给各位听听做一种参考。这是胡适的一首诗叫"乐观"的。先读一遍，完全读字，然后再用中性语调读一遍，最后再加上各种语调的变化。我们简略说起来，第一种可以算是国字。第二种是国文，第三种是国语。（以下三种读法举例）

　　附录"乐观"

　　这棵大树真可恶，他碍着我的路！来！快把他砍倒了，把树根也掘去！哈哈！好了！大树被砍做柴烧，树根不久也烂完了。砍树的人很得意，他觉得很平安了。但是那树还有许多种子，很小的种子，裹在有刺的壳儿里，上面盖着枯叶，叶上堆着白雪；很小的东西，谁也不注意。雪消了，枯叶被春风吹跑了，那有刺的壳儿都裂开了，每个上面长出两瓣嫩叶，笑迷迷的好像是说：我们又来了！过了许多年，坝上田边都是大树了。辛苦的工人们，在树底下乘凉儿，快活的小鸟儿，在树上唱歌儿。那砍树的人到哪儿去了！

（《广播周报》第23期；又《国语周刊》第214期，1935年）

G. R. 连书词读法和"-"号用法

一、所拟办法。

(一)读者见连书词时,如何读断音节法:

(a)如词中无"-"号,把元音尽可能向左归拼,把辅音尽可能向右归拼,例如 jiaren 读 jia ren(佳人),元音 a 归左,辅音 r 归右,不读 ji ar en(基嘎恩)。

(b)如词中有"-"号,当依照"-"号分,便如 fan-ann(翻案)。

(二)写者在连书词中用"-"号规则:

(a)如词中元音本来是尽可能向左拼的,辅音是尽可能向右拼的,就不用"-"号,例如 jiaren。

(b)如果词中音节不是照"a"条分的,就用"-"标出事实上分节之处,例如 fan-ann。

但条:nh、lh、rh,以 h 归右,n、l、r 归左为原则。如全归右则在 n、l、r 前加"-"号,例如 lanhua(兰花),shia-nhie(瞎捏)。

理由:"a"条中元音尽左一句是必然的规矩,例如 guai 字 a 和 i 尽量向左拼上去成一个音节 guai(乖)。设使规矩是以不加"-"号之 guai 定为读 gu ai(孤哀)或读 gua i(瓜衣),那么碰到要写一个"乖"音的时候就没有办法了。反之,照现在规矩,不用符号元音就属左,那么碰到要说"孤哀"的时候可以写 gu-ai,"瓜衣"就写 gua-i。

"a"条中辅音尽右一句是因为根据统计的调查,这样定法,的确可以最省用"-"号。(老规矩是辅音也尽可能归左,现在新办法是辅音尽右。)

二、规则中名词的定义。

(一)元音辅音的定义。——本规则所讲元音辅音,不是严格的语音学上的元音辅音,不过是两批罗马字母的简称。规则中所用的名称是照下定义:

(a)a,e,i,o,u,为元音。

(b)b,c,d,f,g,h,j,k,l,m,n,p,q,r,s,t,v,w,x,y,z,为辅音。

附注:两 y 相连时,第一 y 认为元音,第二 y 以辅音尽后论,如 jyyeh 读 jy yeh(枝叶),如果 y 要归左,须加"-"如 jyy-eh(止饿)。

(二)何谓可能?——上头条例中所讲"尽可能"向左或向右拼,拼出来的样子究竟怎么算可能的,怎么算不可能的,有时容易辨,有时不易辨。比方 dangran 的 gnr 尽可能归右只能取一个 r,读作 dang ran(当然),g 不能归右成 gran。因为中国话里没有 gr 当声母的。daniou 照辅音属右规则成 da niou,虽有"搭牛"两字音是对的,但不成词,只有分作 dan iou(担忧)才有词,那么 daniou 中辅音 n 归右作 da niou 是算可能,是算不可能? 若是不规定一下,就很难说了。现在把可能性和不可能性的十种程度列在下面,并且以应用上的方便为原则,分别规定前七种为不可能,后三种为可能。

第一等:中外一般语言中所无的音组算不可能,如 shiangtsuen 一定是 shiang tsuen(乡村),因为 shian-gtsuen 的 gts 或 shia-ngt-suen 的 ngts 是中外罕见的声母。

第二等:外国有而中国没有的音组算不可能,如 tingle 一定是 ting le(听了),而不是 tin gle,因为 tin gle 的 gl- 在英文虽有之而现代中国语没有这类的声母。

第三等:方音有而国音没有的声母或声调,算不可能,如 shingan 是 shin gan(心肝),不会是 shi ngan,因为国音里现在没有

ng 这个声母。又如 fangwey 一定是 fang wey（方位）不会是 fangwey，因为 gwey 是阳去式的拼法而国音没有阳去。faangwenn 是"访问"，gehwey 是"各位"，也是因同样理由。

第四等：国音中所没有的韵母算不可能，gwoi 一定是 gwo i（国医），不会是一个整个的音节，因为虽然广东、江西等处有 oi 韵，而国音里没有 oi 韵，所以无论怎么尽量向左，i 也拼不上左边的 o。同样，tornguen 是 torng uen（同温），不是 torn guen，因为国音里没有 on、orn、oon、onn 的韵母。（这一条另列在后，因为一个韵母是否国音中所有，比声母或调类难看得出一点，所以算比第三等较次的"不可能"。）

第五等：国音中所无的结合韵母算不可能，如 gwouei 照元音尽左拼规则似乎要把 u- 归左读 gwou ei，但是国音里没有 uiu、wou、-uoou、-uow 这个结合韵母，所以 gwou 不可能，还是要读 gwo uei（国威）。又如 tieei 不是一个字，是 tieei（铁衣）两个字，因为国音里没有 iei、yei、-ieei、-iey 这个结合韵母。

第六等：b、p、m、f 跟 e 拼的，或 g、h、r 跟 i in 韵头拼的，算不可能，如 beyuo 是 bey uo（被窝），不把辅音 y 归右作 be yuo，因为 be 不可能。又如 jongiang 是 jong iang（中央），不是 jon giang，因为 giang 不可能（也因为 jon 是第四等的不可能）。dihi 是 dih i（第一）不是 di hi，因为 hi 不可能。hourin 是 hour in（喉音），不是 hou rin，因为 rin 不可能。

第七等：跟国语罗马字拼法规则冲突的算不可能。

（a）m、n、l、r 不拼阳平韵母，如 tianer 是 tian er（天鹅），不是 tia ner，因为 ner 不可能。ellyi 是 ell yi（二姨），不是 el lyi。因为 lyi 不可能。faanerl（反而）、inyueh（音乐）也是一样。

（b）上去声 i、u 当头者不可能，如 daying 一定是 da ying（答应），不是 day ing，因为 ing 不可能。jihuey 是 ji huey（机会），不

是 jih uey，因为 uey 不可能。（"b"条本已包括在"辅音归右"规则下，所以不提也行。）

（c）特例：yneel 是 yn eel（银耳），不是 y neel，因为 y 不能独立成音节。

第八等：不在第一至七条之下的拼音，虽无汉字，也算可能。如 ellu 有 ell u（二屋）、el lu（囗卢）两种分法，el 虽无汉字，也算可能。照辅音"尽可能"归右规则，ellu 应读作 el lu。如果要拼南京称"二叔"，叫"二屋"，就得用"-"号作 ell-u。tairuan 有 Tair uan（台湾）、tai ruan（胎囗）两种可能读法，ruan 虽然没有汉字，但也认为可能。照辅音尽可能向右拼规则，应读 tai ruan，如拼"台湾"就得用"-"号作 Tair-uan。cheian 照元音尽可能向左，应读 chei an（虽然 chei 无汉字，仍算可能）。如果要拼"车烟"就得用"-"号作 che-ian。

第九等：不在第一至七条之下的拼音，虽不成词而成有汉字之音者，也算可能。shenaw 照辅音尽可能向右拼规则，应读 she naw，有"奢闹"两字，虽不成词，也算可能。如要拼"深奥"这个词，就得用"-"号作 shen-aw。又如 guaiang 照元音尽可能向左拼的规则，应该读 guai ang，有"乖肮"两个字，虽不成词，也算可能。如要拼"瓜秧"这个词，就得用"-"号作 gua-iang。

第十等：成词的当然是可能。如 fanann 有 fa nann（发难）、fan ann（翻案）两个可能词。照辅音向右拼规矩，fanann 应读 fa nann（发难）。如果要写"翻案"，须用"-"作 fan-ann。

总以上几条，第一等世界上少见的音组，第二等中国所无的音组，第三等国音所无的声母或声调，第四等国音所无的韵母，第五等国音中所无的结合韵母，第六等国音中所无的声韵配合法，第七等不合 G. R. 拼法的，都算不可能。"尽可能"向左或向右拼时，不能犯这七条。

第八等国音字有音无字的,第九等有字无词的,第十等有字有词的,都算可能。施用尽可能向左向右规则时,这后三等都算可能。

理由:前七等只要求 G. R. 拼法和国音大体系统的知识就能记得。关于后三等,还得知道国语中所有的有字音和所有的词类,才辨别得出来,这个太困难了,所以不管有字无字、有词无词,都算可能。照这办法,学生读书时"遇到生词时,他可以读得出音来",这是教育上的一个大帮助,否则生词读音还得查词典,这不是我们希望这新文字所有的缺点。

三、音节尾首相接的例词(在括弧里的是假设词或不必连书之词,即第八第九等)

G. R. 音节末字母有 n、ng、nn、nq、l、h、r、w、y、a、e、i、o、u 几种;首字母有 a、b、c、d、e、f、g、h、i、j、k、l、m、n、o、p、r、s、t、u、w、y 几种。这里头除 nq 一定是向左拼,b、c、d、f、j、k、m、s、t 一定是向右拼之外,其余是左右都拼的。以下就是用左右都拼的首或尾,照以上所拟规则连拼或加"-"号的例词:

	不用"-"的词	用"-"的词		不用"-"的词	用"-"的词
n + a	fanann 发难 shinan 西南	fan-ann 翻案 chin-ay 亲爱	u	(shinuo) 西挪	jin-u 金乌 ioan-uan 转弯
e	dineng 低能 tianer(ner 七等) 天鹅	shen-aw 深奥	w y	inwey(nw 七等) 因为 jiinyan(ny 七等) 谨严	
h	lanhua 兰花(但条)	(shia-nhie) 瞎捏(但条)	ng + a	langan 栏杆 shingan 心肝	charng-an 长安 shing-an 兴安
i	hwanian 华年	dan-iou 担忧			
o	(shianow) 瞎弄(白)	shian-oou 鲜藕			pying-an 平安

	不用"-"的词	用"-"的词		不用"-"的词	用"-"的词
e	yanger 严格,沿革	hwang-en 皇恩	i	jinnian 今年	jin-ian 禁烟
	sange（h） 三个			Nanning 南宁	
	Parngeng 盘庚			shinniang 新娘	
i	torngin（gi- 六等） 同音		n	wanneng（nn- 一二等） 万能	
	shiangian（gi- 六等） 香烟		o	shiannong 先农	yuann-oou 怨偶
	hwanging（gi- 六等） 黄莺		u	bannuo 搬挪	yann-uo 燕窝
o	tiangoou 天狗	（hwang-ou） 黄鸥	w	fennway（nw- 七等） 分外	
	faangong 反攻		y	huennyau（ny- 七等） 混淆	
u	sangu 三姑	farng-u 房屋	l + a	bolan 波兰	Eel-an 尔安
	tsanguan 参观	（tsang-uan） 苍湾	e	（chuley） 出类	（Eel-en） 尔恩
w	mingwo 民国	huang-wu 荒芜	h	（erlhua） 儿花(但条)	（o-lha） 喔啦(但条)
	beengwo 本国		i	boli 玻璃	erl-1 儿衣
y	tsangyng 苍蝇		l	ialli 丫儿梨	ell-u 二屋 （南京人称"二叔"）
nn + a	Yunnan 云南	liann-ay 恋爱	o	kulong 窟窿	（Eel-ou） 尔欧
	annan 安南		u	yulu 愚庐	（yuel-uo） 鱼儿窝
e	jineng 机能	shann-eh 善恶	w	melway（lw- 七等） 门儿外	
g	shinngao（ng- 三等） 信稿		y	Eelyea（ly- 七等） 尔雅	

	不用"-"的词	用"-"的词		不用"-"的词	用"-"的词
h + a	yihann 遗憾	yih-ann 议案	o	gerong 鸽绒	bair-ou 白鸥
e	yihenn 遗恨	dih-ell 第二	u	(boru) 波如	Tair-uan 台湾
		muh-eel 木耳			er-uo 鹅窝
i	dihi (hi-六等) 第一		w	pairwey (rw-七等) 牌位	
	tzyhin (hi-六等) 字音		y	tzeryaw (ry-七等) 择要	
o	jyhow 之后	(Dah-ou) 大欧	y + a	fayan 发言	Tay-an 泰安
u	fahuen 发昏	shyh-uei 示威	e	huayeh 花叶	(ney-eh) 内俄
w	fahwei 发威	fah-wen 法文		jyyeh 枝叶	(jyy-eh) 止饿
	guhwen 孤魂	fuh-wen 讣文		shyyeh 失业	(以上左三例右一例见定义附注。)
	mohwu 模糊	(ruoh-wu) 若无		shyye 师爷	
y	dahyu (hy-六等) 大愚		i	Shiayi 虾夷	ney-i 内衣
r + a	chauran 超然	Chaur-an 潮安	o	mayou 麻油	(Tay-ou) 太欧
		bor-ay 博爱	u	shayu 鲨鱼	(say-u) 赛乌
e	taren 他人	bar-en 拔恩		beyuo (be-六等) 被窝	
h	(darheng) 达亨	(da-rheng) 搭扔	a + a	maan 满	(ma-an) 麻安
	tourhuen 头昏	(以上三例但条)		maaan 马鞍	(ma-aan) 麻俺
i	peirin (ri-六等) 陪音		e	mae 买	(ma-ei) 麻欸

	不用"-"的词	用"-"的词		不用"-"的词	用"-"的词
i	(chaiang) 拆肮	cha-iang 插秧	o	shiou 修	(Shi-ou) 西欧
o	(chaoou) 炒鸥	(cha-oou) 插藕	u	jiuan 捐	ji-uen 鸡瘟
u	Gauan 高安	fa-uen 发瘟	o + a	woan 碗	(wo-an) □安
e + a	jeayu 甲鱼	(je-an) 遮安	e	woen 稳	(wo-en) □恩
	geay (g + eay 六等) 割爱		i	gwoin (oin 四等) 国音	
e	keeay 可爱	(she-en) 赊恩	o	(guoou) (uoou 五等) 果乌	(guo-ou) 郭欧
i	lei 雷	(je-ian) 遮烟	u	foou 否	(bo-uan) 波弯
	tieei (ieei 五等) 铁衣			ooueel 偶尔	
o	yeou 有	(ye-ou) 爷欧		gwouei (wou 五等) 国威	
u	cheuan 犬	(che-uan) 车湾	u + a	shuann 涮	shu-ann 书案
	yeui 雨衣		e	huen 昏	(hu-en) 呼恩
i + a	shian 先	Shi-an 西安		chui (ui 四等) 初一	
e	shieh 谢	(Shi-eh) 西俄		(iauou) 妖鸥	(ia-uo) 鸭窝
i	Liiang (lyons) 里昂	li-iang 梨秧	o	guo 锅	(gu-o) 孤喔
	liii 里衣		u	(tuuan) 土安	(tu-uan) 秃弯

(《国语周刊》第221、222、223期,1935—1936年)

中国方言当中爆发音的种类＊

爆发音可以从发音部位的方面研究，也可以从发音方法的方面研究。中国多数方言里的爆发音都是属于 p-, t-, k- 的部位。舌尖特别缩后的 t（就是[ṭ]）大都是塞擦音的声母在方言里的一种变化，例如"昭"在一般的方言是[tṣɑʊ]，在皖，赣，鄂三省交界的各地往往有读成[ṭɑʊ]的。还有舌面的爆音[t]，[c]之类大都是 k 音位遇到前元音（齐齿或撮口）所成的音质，假如，山东中部跟东部，"鸡"[ti]，国音[tɕi]。部位的问题比较的简单，在本篇就不再讨论了。现在只限于讨论中国方言里爆发音各种的发音方法。并且为简单计，只须举唇音 p, b 等以概舌尖舌根等，只遇到因部位不同而方法也不同的时候才特别提出来。

多数人都知道国音有[b̥]跟[ph]① 两类的爆发音。稍微研究过点方言的也许知道厦门音里有[b]音，例如"马"[be]。国音的两类是清音（声带不发乐音），第三类是浊音（声带发乐音）。再细分起来，我们至少可以分出十类来，如下：

第一类 p 如上海"班"pɛ	第三类 ph 如北平"坡"phɔ	第七类 bɦ 如宁波"牌"bɦa
第二类 b̥ 如北平"班"b̥an	第四类 bh 如南昌"怕"bha	第八类 b 如厦门"帽"bo
	第五类 px 如太原"怕"pxa	第九类 ʼb 如松江"饱"ʼbo
	第六类 pɦ 如江阴"爬"pɦo	第十类 ʔb 如文昌"板"ʔban

＊ 英文稿曾用留声机片在伦敦第二届国际语音学会议上宣读。

① 平常写送气音都是用 ʻ 号。因为本文里须要把 ʻ 号留给送气较轻的英文[pʻ]用，所以暂用[h]来标中国方言当中的送气音。

第一第二类都是不送气清音。第一类是强的,第二类是弱的。例如上海称父亲"伯伯"[pɑpɑˀ],北平叫"爸爸"[bɑbɑ]。这里头[p]跟[b]一强一弱很不同的。上海人或是多数说别种吴语的人学法文不送气的 p, t, k 音的时候,尽管可以用他自己方言里的 p, t, k 音来代。例如他要读 capitaine [kɑpitɛiːn]这个字,他只须想起他自己方言里"隔壁个凳"[kɑpikə təŋ]一句话,至少声母都差不离了。但是例如北平人用"隔壁的凳子"[g̊ʌbidə dʌŋ d̥ˢʅ]的音作为模范那就不成了。那就要把 capitaine 读成 [g̊ɑbidɛiːn] 了。这种读法准会要受咱们英美籍的法文先生的改正,因为他们非得要把 capitaine 读成送气的 [khɑphitʰɛːn] 才算对。可是学生又不服,又跟先生争论起来,每一方都说对方错了。他们倒都是对的,因为两个对方是都错了。学生读得太软,先生读得太送气。

这两类的音在环境里的变化也不同。第二类在元音中间读轻音时往往变成浊音,而第一类很稳固。例如"爸爸"[ˈbɑ bɑ]的第二"爸"字的声母变成浊音[b]。上海的"伯伯"[pɑ pɑˀ]固然两字并重,但在"三百廿"[ˈsɛpɑ ˈŋɛ]当中的轻音"百"字的声母仍旧是[p],并不浊化。

第三第四第五第六类是送气的清音。第三类,[ph]是强送气,如北平"怕"[phɑ]。第四类[bh]是弱送气,如南昌"怕"[bhɑ]。第五类是强音加摩擦送气,如太原"怕"[pxɑ]。第六是强音加浊音送气,如上海"牌"[pɦɑ]。

第三类是很稳固的。无论在什么地位,送气作用总是不失落的。哪怕在很少见的极端分轻重音的北平话里,也只有有限的几个特别词里才会有因轻读而失落送气的现象。例如"糊涂",[ˈxuthu] > [ˈxudu̥] > [ˈxudu],"枇杷"或"琵琶"[ˈphiphɑ] > [ˈphibɑ̥] > [ˈphibɑ]。但是这个只是限于少数的特例,不能认为当然的变化规则。比方"外头"[ˈuaıthoʊ]从来没人读[ˈuaıdoʊ]的。

第四类跟第三类听起来没有多大分别,可是跟别的音在一块儿的时候,它的变法大不同了。我们在上文已经说过第三类是很稳固的音了。第四类就不然。它非但在两字词的第二字里会浊化而变成纯浊音(不送气)的[b](第八类),并且还跟[b]随便互用成为一种互换音位(variphone)。① 例如"偏僻"北平读[phiɛnphi],在南昌或者是第二个声母,或者是第一第二两个声母都变成不送气的纯浊音,换言之或者读[bhiɛnbi]或者是[biɛnbi]。

第五类[px]似乎可以认为一种爆发又加摩擦②的复合音。在舌根的部位简直就成了一种塞擦音(affricate)了。我所以把这一类放在送气爆发音的栏里阿,不但是因为它跟别处方言的普通的送气爆发音相当,并且还有个语音学的理由呐。在山西有好些方言里,例如太原的,这个口部摩擦的送气[x]在齐齿撮口就变成德文 *ich* 音的[ç],如"皮"[pçi],与"怕"[pxɑ]用[x]不同。可是单是这个[ç]未必准是一种送气音。比方法文的 *pied* 通常标作[pçe],但是这个字的音比到山西各方言里读"撇"字的[pçe]音再不同没有了。这里的差别是这样的: 法文的[p]音是属第一类的,跟送气作用是根本冲突的。*pied* 字里 *i* 字母所代表的[j]音虽然因与前[p]音同化而变成清音[ç],但是这不是一个声门大开放的一个[ç]音。因为[p]音不送气,它爆发之后声门还是有点紧缩的,[ç]所

---

① 平常用音位(phoneme)这名词是当一种音在不同环境而音质略有变更的音,例如"里"[li]字的[l]音较浅亮,"鲁"[lu]字[l]音较深暗,但是这种声母的变化全是跟着韵母走的,所以我们认它为一个音位。有时候阿,两个从语音学上看是显然不同的音,而在某方言里可以随便互用,并不(或不一定)跟着音的环境走的。例如在长江流域的好些方言里,同是一个"鲁"字可以随便读[lu]或[nu]而本地人并不觉得有什么分别。这就叫作互换音(variphone)。

② 照广义讲,固然送气的[h]也是(喉部的)摩擦音。但是送气作用至少在中国语言里是一种特别作用,所以现在所说的摩擦音是专指口部的摩擦音[x],[ç],[s],[f]等等。

需的一点气大半是从口腔发出的,所以听起来一点也没有平常的送气音的意味。至于山西的 [pxɑ], [pçi] 里的 [x], [ç],那就是声门大开着读的。所以在这类的字里头,送气是主要的作用,舌根或舌面上的摩擦作用是偶然的。

这类的爆发音在扬州以东的方言里有时跟普通的送气音并存。例如如皋"托"[thoˀ],"毒"[txoˀ]。

第六类是个很有趣的一类。这就是吴语里 [p], [ph], [pɦ] 当中的第三类。这类的音平常都认为是一种浊音的 [b],并且听起也很像浊音。①但是一个上海人把 *big boy* 读成 [pɦɪkpɦɔi] 的时候,从英美的耳朵听起来非但觉得添出来了一大些浊音的送气,并在音的本身上简直就没有什么浊音的 [b]。吴语的"浊音"不浊说乃是刘复用音浪计证实了第一次告送我的。②还有一种情形使得这个音听起像 [b] 就是它在词类的中间会读成真 [b]。例如上海"别"[pɦɪˀ],但在"特别"[tɦəbɪˀ],第二个字的声母就从清音浊送气变成浊音不送气了,可是第一字"特"[tɦə(ˀ)] 仍旧是个第六类的爆发音。至于吴语里的第一类爆发音 [p] 在元音中间连起来仍旧是不浊化的,这个在上文已经提过了。

第七第八第九第十类是真浊音,换言之,在未爆以前声带已经在那儿颤动成乐音的。第七类 [bɦ] 有浊音送气。它跟第六类 [pɦ] 见于同域的方言(吴语),并且在同样的字。我不敢说这类的音在任何方言里是独立成音位的。据我所能观察到的,它总是跟第六类 [pɦ] 成一个互换音位。例如,宁波"牌"有时候读 [bɦɑ] 有时候读 [pɦɑ]。在两个元音中间 [bɦ] 也变成不送气的 [b],跟第六类一样。

---

① 例如高本汉(在《中国音韵学研究》,页260)。但是他承认有浊音的送气。艾约瑟可就把这类的音写作斜体字的 *p*, *t*, *k*,在词类的中间地位才写作 b, d, g。看 J. Edkins, *Grammar of the Shanghai Dialect*, 2nd ed., 1868, pp.1—2。

② 发表见处可惜不详了,大约是在1925年左右在北京的某种期刊里。

第八类是普通的弱浊音。除掉上文所说见于别类的变式之外，它也有时候成独立的音位。在厦门语它跟多类别处方言的 m 音相当，如"帽"[bo]，国音[mɑʊ]。上文讨论第四类[bʱ]类的时候已经提过南昌的[b̥ʱ]跟浊音[b]互换。在南昌区的别的江西方言，送气清爆发音就专门读成不送气的纯浊音。比方，"派"南昌读[bʱaɪ]或读[baɪ]，在都昌跟湖口就总是读[baɪ]。在高元音前，舌根的爆发音简直就变成一个通音(continuant)。比方"快"南昌有[g̊huaɪ]，[g̊uaɪ]两读，在都昌就读作[uaɪ]。

第九类是一个浊音[b]同时声门有一点紧缩作用。我暂时用[ˀb]号来标它。这类的音见于上海附近的一个小区域里，但不见于上海本市。比方"饱"，浦东跟松江[ˀbɔ]，上海[pɔ]（第一类）。除此之外我只在浙江永康遇见过这类的音。

第十类跟第九类差不多，就是喉部更紧一点，口部的成音也强一点，所以如果第九类算弱音，第十类就是跟它相当的强音。这类的音听起来跟读起来都有一个特点：就是在爆发的时候，声门那里因为紧缩的缘故，出来的气太少，不够充满因开大而增加的口腔的容量，结果气反而望里吸进来一下，就发生了一种高音的音彩。这个事实曾经由李方桂在调查海南岛方言时候用音浪计证明的。在他所得的曲线上，当平常所谓"爆发"的部分，曲线不但不望外动，并且的确是望里动的。（可以比电灯泡的爆炸。）在调查过的中国方言里，这类的音只见于海南岛的东北部。例如文昌"冰"[ˀbeŋ]，浦东[ˀbiŋ]，上海[piŋ]。

这第九第十两类的音的见法有一个很有意味的情形：就是在所有见处的方言里，都是只限于唇音跟舌尖音而从来不见于舌根音。这类的音是跟一般方言里的[p]，[t]，[k]相当的，在有这种特类声母的方言里，它总是[ˀb]，[ˀd]，[k]或是[ˀb]，[ˀd]，[k]，第三个总只是个普通的[k]。这里的理由不难找，从舌根与软颚相接的地方到声门那里一共就没有多大的空间可以像口腔较宽绰的 [b] 或 [d] 音那么弄出些特别的把戏；声带稍为一颤动，那一点的空间马上就充满了气成正压力了。所以也没有空间也没有时间可以造成第九类那种悬挂的印象或是第十类那种望里"爆发"的印象。本来舌根的爆发音不加上那些特别的把戏已经够难成浊音了。

有两类爆发音在中国的方言里还没有发现过呐。一类是带闭喉作用的清音 [pʔ], [tʔ], [kʔ]，像美国印度语的 Chipweyan 语里所有的。南部方言里的入声的闭音韵尾可以算是跟它比较相近的。例如"急"广州 [kɑp]。在一个短语或句子的末尾，听起来跟第一类 [p] 没有什么区别，只是不爆发出来就是了。但是假如后头有元音起头的字接连起来就有刚刚一点闭喉作用，阻止它跟下字的元音相连。比方广州"乞儿" [hɑt(ʔ)i]，从来不读 [hɑti]。这个闭喉作用可是没有像美国印度语那么强而读成 [hɑtʔi]，那就不像广东的音了。

还有一类中国不见的爆发音就是介乎送气与不送气之间的清音，像英文日文那类的音。英国人读"北平"两个字的时候，中国人听起来往往觉得他故意说颠倒话给它读成"丕兵"。英文 *peak*, *take*, *Kate* 的声母固然比 *speak*, *stake*, *skate* 里 s 后头的音送气较多一点，这一点是中国的英文学生无有不注意到的；但是前者并不充分的送气，后者也并不全不送气。例如用中国派的读法读 [ph]eak, [th]ake, [kh]ate 跟 s[p]eak, s[t]ake, s[k]ate，结果就很"不英文"了。英文的两种音都是介乎送气与不送气之音的，这类的破裂音在中国还没有观察到过。

总结起来中国方言里所见的爆发音如下：

第一类 p t k	第三类 ph th kh	第七类 bɦ dɦ gɦ
第二类 b̥ d̥ g̥	第四类 bh dh gh	第八类 b d g
	第五类 px tx kx	第九类 ʼb ʼd （缺）
	第六类 pɦ tɦ kɦ	第十类 ʔb ʔd （缺）

(《中研院史语所集刊》第 5 本第 2 分，1935 年)

矫枉过正的国音

凡是一处地方的人,学说别处地方的话,大概总有过这种经验:就是某种声音改成某种声音,学会了几个字以后,又碰到同类的字,他就觉得用不着每个字单独的死记,他觉得只要"以此类推"就对了。比方南京人学国音,先知道了 dò seau diq dò 国音是 dah sheau de dah(大小的大)。fòqtsää diq fòq 国音是 fatsair de fa(发财的发)等等,这类的字他学多了之后,又碰见哪怕从来没听见过国音的字,他也会同样把 mòhmòh 改成 mhamha(妈妈),dòòfòq 改成 daafa(打发),Tòh lòò chòò huee jòòh 改成 Ta na char hwei jia(他拿茶回家)。换句话说,凡是南京用 ò 音做韵母的字,在国音都变成了 a 音韵母的字。这个从归纳法得出来的公式就是:南京 ò = 国音 a。

现在还举两个例。比方上海人先知道了 dong né si boq ghe si 是 dong nan shi beei de shi(东南西北的西),tzianglé ghe tziang 是 jianglai de jiang(将来的将),tsingtie bhaqzeq ghe tsing 在国音是 chingtian bairryh de ching(青天白日的青),不久过后他不用人教就会知道上海的 tziang tzinq tzeou 就是 jiang jinn jeou(将进酒),tsiq tsie 就是 chi chian(七千),seòsing 就是 sheaushin(小心)。他归纳的公式就是:上海 tzi, tsi, si = 国音 ji, chi, shi。

还有,比方广州喝茶的"茶"停止的"停"是读一种很低的低调,在国音都是望上抬起来的调。这类的字听多了之后,又碰到新的同类的字像 ren, men, torng, chyng, shyng, lian(人,们,同,情,形,连)等等,就也会读成望上抬起来的调了。

照这样看,这个归纳法不是国音速成的一个诀窍吗?无论哪一处的人,只要找出来他自己的土话里头某某声母在国音变成某某声母,某某韵母在国音变成某某韵母,某某声调在国音变成某某声调,这不就成了吗?

这种看法,假如你认为是学习语言的一种第一步的门径,那是很有用的。凡是什末事情,总得能够所谓"举一反三"了,学了这几个字的土音怎末变成国音,就得推求它变化的原则或是定律;从这原则,又应用到新的例子上,而得到新的结果,这就是科学方法当中所讲的"归纳演绎,互相为用"的意思。

可是第二步,我们就得要问我们已经得到的材料是不是已经充分了,是不是已经够做归纳的结论了。你们大概总听见过江浙人要吃绿豆跟马篮头的故事呢?因为 iq gnih sä syh nng loq ghe loq 国音是 liow(六),dhounòò ghe dhou 是 tour(头),所以 loqdhow(liuhdow 绿豆)就叫 liowtour(六头)。因为北方管马叫"牲口",篮子叫"筐子",头叫"脑袋",所以马篮头就叫"牲口筐子脑袋"。满街的找"牲口筐子脑袋"也找不着。这就是因为虽然一个音在这个字是这末变,在别的字不一定也是这末变。并且有时候儿同一个字在这种用法上是这末变,在别一个用法上不一定也是这末变。假如调查得不清楚,太早就做了太笼统的结论,结果就变错了。这就是我所谓"矫枉过正"的毛病。

要躲开这种毛病的危险,我们就得明白一处地方的方言跟国音比较起来,不都是简简单单的一对一的配起来的,乃是多对多的参差的关系。一对一的关系固然也有,刚才讲的南京 ò = 国音 a 就是一个例子。但是在大多数的例子当中都是我分你合你分我合的关系。

现在我们先讲方言当中分辨得很详细而国音都合并成一类的

例子。这是最不麻烦的例子。你只要记得方言里某某不同的声音在国音里都合并成某一种声音就行了。广州话的声音分辨得最细密；广州音分辨,而国音不分辨的例子很多；国音分辨而广州音不分辨的例子虽然也有,可是比较的少。所以广州人说官话虽然往往有声音说得不准的毛病——这是另一个问题——而对于改音改错了的毛病比较的少见。因为你叫一个ㄇㄚㄇㄚㄏㄨㄏㄨ的人变成仔仔细细是难难得得的事情,而叫一个本来已经仔仔细细的人变成ㄇㄚㄇㄚㄏㄨㄏㄨ倒是个容容易易的事情。比方广州音有所谓"闭口音"的韵母,就是用 -m 收音的,它跟用 -n 收音的韵母是不同的。男女的男是 nam,难易容易的难是 nan,门帘子的帘是 lim,联合的联是 lin,那末咱们只要说一声"凡是广州用 -m 的字在国音一律用 -n"就行了。这不是非常方便的事情吗？还有,广州有阴去阳去两种去声。订条约的订是 dinq,一定的定是 dynq；少年的少是 shiow,浙江绍兴的绍是 shyow,在国音就没有这种分别,订约也是 dinq,一定也是 dinq；少年也是 shaw,绍兴也是 shaw,这就是从仔细变ㄇㄚㄏㄨ的方便。

可是假如碰到了你本来方言当中不分辨而国音当中要分辨的音,那就要从ㄇㄚㄏㄨ变仔细,这就会真是所谓"出岔头"了。这里头有一套很要紧的例子,就是有好些方言只有用舌头尖儿顶住牙齿读的 tz, ts, s 的声母,而国音里要分出前后两套声母来,一套就是 tz, ts, s,还有一套是用舌头尖儿顶住牙肉或是上口盖的 j, ch, sh 三个声母。比方孟子的家乡是邹(Tzou),他那个朝代是叫周(jou)。在上海音,两个都是 Tzou,一个上海人学会了说 jou, chou, shou 当然是学到了一个很有用的本事。可是假如他把这新学会了的本事乱用起来,管山东的邹(Tzou)县叫 jou 县,管自己的儿子(tzyhjii de erltz)叫 jyhjii de erljy（至己的儿止）,管"咱们昨天早起走了四十四里路"(tzarm tzwotian tzaochii tzoou le syhshyr-syh lii luh)

叫 jarmen jwotian jaochii joou le shyhshyr-shyh lii luh（炸门浊天找起肘了市十市里路），那就成了"矫枉过正"了。要怕犯这种毛病，就得随时留心某某字是要变的，某某字是不变的。比方像有些急口令，例如"吃字纸，撕字纸，四十四张湿字纸"（chy tzyhjyy, sy tzyh jyy, syhshyr syh jang shy tzyhjyy）等等，学会了固然也有点儿用处。可以藉此分辨得出 j, ch, sh 跟 tz, ts, s 读音的不同，但是要紧的功夫还是在虚心的处处留意，常常问问自己哪些哪些字是归 j, ch, sh 的一类，哪些哪些字是归 tz, ts, s 的一类，这样才不会犯"矫枉过正"的弊病。

刚才讲的是方言当中某类的音，一部分要改，一部分不要改，如果也改了就是矫枉过正了。还有一种常常碰到的情形就是方言当中某某音，全都要改，而改的时候儿不是一律改成同一种的音，乃是要改成两种或是多种的音。比方湖北武昌有四种声调，mha, maa, mah, ma，大致说起来是跟国音的阴阳上去的 mha, ma, maa, mah，相当相配。（细说起来真的声音也不很像，不过大约是这末个意思罢了。）凡是武昌的今，天，高，飞，那类腔调的字（比国音稍微望上抬起来一点儿），在国音都是高而平的声音。凡是武昌 nih, tzow, jiow, lih……这类的字，在国音都是 nii, tzoou, jeou, lii（你，走，九，里）……这种腔调。凡是武昌 guee, miin, chiin, shiin……那种声音的字（其实武昌的还要低得多），在国音都是 gwo, min, chyng, shyng（国，民，情，形）；……这种腔调，凡是武昌 dar, ma, hwen, tzarng, ……那么样说法的字，在国音都是 dah, mah, huenn, janq（大，骂，混，账）……这么样说的字。这个归纳的结论就是武昌的 a, aa, ah, ar = 国音的 a, ar, aa, ah，这个大致是不错的。这里头第一、第二、第四，就是阴平、上声、去声的配法，可以说是几乎绝对的不错（这只是说配法，并不是说真的腔调很像）。可是第二类阳平字就不十分相配了。武昌的第二调所包括的字多，国音阳平所包括的字比武昌的少。武昌的第二调里不但包括所有的阳平字,并且还有所谓入声的字。读者大概知道,照现在国音的标准,老入声的字都分配到阴,阳,上,去四声里了。并不是像武昌一律都归到阳平里去(这个现象不但武昌一个地方,在湖北,四川,云南,贵州,所谓西南官话的范围之内,大致都是这样的)。所以假如武昌人把所有他们的 aa, oo, ee……的字都改成了 ar, or, er, ……那就改得太凶了。比方 liow, yueh, luoh, liuh, yeh(六,月,落,绿,叶)几个老入声的字,在国音都是去声。假如武昌人因为 guee, miin, chiin, shiin, ……要变 gwo, min, chyng, shyng, ……,因此也把 liow, yueh, luoh, liuh, yeu 也改成 liou, yue, luo, liu, ye,(留,(曰),骡,驴,爷)那就改错了。我敢包你一听见有人管"六个绿叶子"(liowge liuh jehtz)叫 liouge liu jetz(留个驴爷子),你就可以断定这是湖北或是四川那一类地方的人。他自己也许还不承认,他说"Ngohmen Huubee hwa syr jyar(我们湖北话是叫)noougor noou yee", jyau(叫)"liouge liu ye" syr guee in(是国音)!这个 guee in 可是说得太 guee 了。这种错误,严格说起来不是矫枉过正,乃是矫枉矫到隔壁儿去了。

-(《广播周报》第 1 期,1935 年)

国语罗马字认声调法

（一）韵母是基本式（注）的读阴平，如 shan ㄕㄢ，ding 丁，ou 欧。

（二）但浊音声母（即 m，n，l，r）的字，韵母是基本的读阳平，如 ma 麻，nian 年，lau 劳，reng 仍。

（附）m，n，l，r 母拼作 mh，nh，lh，rh 时，仍读阴平，如 mha 妈，nhian 鸢，lhau 捞，rheng 扔。

（三）韵中有 r 读阳平，如 par 爬，chern 陈。

（四）韵头是 y，w，又无上声，去声记认的，读阳平，如 chyi 奇，yu 鱼，hwang 黄。

（五）有双元音的读上声，如 maa 马，jiee 姐，doou 斗，yiin 引。

（六）e 字母见于 ea，eo，eu，ae，是上声的记号，如 jea 假是 jia 家的上声，yeou 有是 iou 忧的上声，sheu 许是 shiu 虚的上声，gae 改是 gai 该的上声。

（七）o 字母见于 oa，ao，oe 的是上声的记号，如 goa 寡是 gua 瓜的上声，gao 稿是 gau 高的上声，goei 鬼是 guei 归的上声。

（八）凡字尾有 -h，-y，-w，-nn，-nq，-ll 的都是去声，如 dah 大，pay 派，daw 到，ann 暗，genq 更，ell 二。

（注）如韵母表基本形式已背熟了，当然可以看得出某韵母是否基本式；在没有背熟以前，可以看：假如没有阳平，上，去，三调的记认，当然就是阴平。

（《国语周刊》第 205 期，1935 年）

国语罗马字[*]

一，来历——国语罗马字（GR）是用罗马字母来拼中国国语的一种拼音法。自从明万历年意大利教士利玛窦（Matteo Ricci）最早编过全套的中国音用罗马字的拼法，这三百多年来曾经经历许多种拼法的制度。现在比较通行的罗马字拼法是英国人威妥玛（Sir T. F. Wade）拼的，就是所谓"威妥玛式"（Wade System）。但是这套拼法有许多又不方便又难看的撇点符号，所以有好些人虽然用它，事实上也都是给它改得不像样子的。GR是一种中国人自己编的拼法制度。中国人研究用罗马字拼音的，最早要算清光绪年间福建同安县的卢戆章，他曾经作过一种"切音新字"，是为拼福建南部各地方言用的。至于国语的罗马字，在民国二年教育部开"读音统一会"的时候跟《新青年》杂志创办的时候才起头有些认真的讨论。后来经过许多个人的试验跟团体的讨论（大半都是"国语统一筹备会"或是其他有关系的团体）拟了许多种方式，改了许多种方式，到民国十七年才由中华民国大学院公布了一个"国语罗马字拼音法式"，这就是现在的GR，也就是教育部公布的《国音常用字汇》里头跟注音符号对照的罗马字拼法。

二，特点——今天当然没有功夫把GR的全体都细细的讲一道。现在只讲几个要点，可以知道它是怎末样个东西。GR拼的是国语，所以跟注音符号有一定的对照法。二十六个罗马字母当中

---

[*] 本文系作者1936年2月7日在中央广播电台的讲稿。——编者

有 X、V 不当拼音用,所以一共只用二十四个字母拼音。这个拼法绝对不用上加下加等符号,无论国音里什末字,全是用干干净净的字母拼的。不但是声母韵母用字母拼,不加符号,连阴阳赏去的声调也不加符号。比方ㄅㄚ,ㄅㄚ(二),ㄅㄚ(三),ㄅㄚ(四)就拼 ba, bar, baa, bah 四声。(关于声调的拼法,各位可查《国音常用字汇》或是别的书籍,现在只举几个例。)还有一个特点是用 b, d, g 等字母代表ㄅ,ㄉ,ㄍ等音,用 p, t, k 等字代表ㄆ,ㄊ,ㄎ等音,这样一来又省掉了符号,又免去了误会,比一般的外国人用的拼法用 p, t, k 当ㄅ,ㄉ,ㄍ,用 p', t', k' 当ㄆ,ㄊ,ㄎ好多了。GR 的拼法虽然为了求形式简单干净的缘故,不免有些跟外国人拼法习惯不同的地方,但是大体看起来,跟一般的西文字母用法也大致相近,比方 Yunnan 云南,Ili 伊犁,kai men 开门,Wang Yangming 王阳明,ren 人,lai 来。

三,用处——GR 的用途有以下的几样。

第一,GR 是国定的罗马字拼法,所以凡是有用罗马字的机会,例如外交上的西译人名,邮政局火车站上地名的译法,留学生在各国名字的写法,都应该用这个法定拼法。这样就不至于像中华邮政图上把广西的永安(Yeong-an)拼作广东音 Wing On,把广东的永安倒拼作 Yung An,留学生的名字也不会有什末 Charlie Lum、Johnie Ng 那类的名字了。不过因为现在外国人拼法的势力,特别是威式拼法的势力非常大,我们天天叫这个自主、那个自主,现在国定的罗马字拼法在好些地方我们还是不能自主。不过至少教育部前年曾经通令各学校,凡学生姓名如拼罗马字时,应照公布的方式拼写,并且要把姓写在前面,名字写在后头,这也算是大进步了。

第二是为教国音国语的一种辅助工具。现在国语教学最重要的工具当然是注音符号,但是有好些人,特别是海外的华侨从学西文上已经有了罗马字母的知识,他们用罗马字母来学国语虽然在各字母的用法须另改一点习惯,但是据调查的结果,用已知的符号换一个用法,比学习新符号还更省力,所以很有些人情愿用GR来学习国语。关于这个,有一件事实可以报告:去年我编了一本《新国语留声片课本》,有甲乙两种,甲种是注音符号本,乙种是GR本,两种内容一样,价钱也一样,去年我在这个电台广播十次的注音符号,结果似乎总该多一点人看甲种了,但是三月下来,甲种销的是两千四百多本,乙种倒销了两千七百多本,这不过是一种书的例子,但是从这上可见得用罗马字学国语的人是不在少数了。

第三是可以作索引的辅助。汉字索引的制度很多,但是字多的时候往往在同一个里头仍旧有许多不同的时候,在这时候,或者用罗马字作纲,或者作目,可以补充别种制度的不足。要是字不多的时候或是像电话簿子可以一眼看许多题目的时候,可以直接用罗马字索引也行。

第四是打电报用GR,可以直接打,直接收,不必翻译成号码。现在交通部关于电报方面正进行编制国语的电报词汇,无论是用注音符号或是GR都可以打。里头是以词为单位,比方好,坏,都算一个字,政府,发明,现在,假如,也算一个单位的价钱,这样电文如果是白话或浅近的文言,发报员跟收报员只要经过短期训练,可以不用查书就能翻译给一般人,不像现在用号码的法子,哪怕多年在电报局的人也不能把常用字都记得。要是遇到特别人名地名,那个新编的电报汇编里,也有用字母辨别的法子,不过在普通的电文里只要说的够明白就用不着特别的符号来分辨单个儿的字,因为电报局的计划是要鼓励人用国语,所以多字词跟单字词都算一样的价钱。这个国音的电报书还正在编制中。

第五是拿GR当一种民众教育的工具。现在注音符号固然于识汉字有很大的帮助,但是当独立的文字用注音符号虽然可能,可是拼起字来究竟没有GR的shan山,ren人,hao好,dah大,lai来,

chiuh 去，i 一，ell 二，san 三，syh 四那么又醒目又富于个性的形状。据山东省有一区实验 GR 的结果，在短期间可以把不识字的人教到能独立的读书，并且可以读得出新的名词，这样自己可以得到新的观念、新的知识。这种效果是很可观的。

第六是拿 GR 可以把它扩充一点作语言学研究的工具。平常研究语言中的读音都是用的专门的音标符号，例如"国际音标"（IPA）之类，这是为精密分析所必需的工具。但是为研究语言中好些别的问题，特别是方言中的词类，并不必用很复杂很难印刷的音标符号，只须把 GR 照它本身的原则加一点儿扩充就够了。所以中央研究院记载各处方音的时候，除掉用细密的音标以外，每一个重要方音，如厦门、广州、长沙等处都作一套"方音罗马字"（Fang-yin Romatzyh, FR）为编词汇跟长篇举例的用处，并且还好跟国语比较。

四，疑问——现在已经把 GR 的来历、性质跟用处大略说过了。剩下来的时候就把常遇见有些疑问稍为解答一下。

第一问。——用了 GR 是不是就打算废除汉字？答。——这个问题的答复是"岂敢岂敢"。在近年来研究 GR 的人当中固然也有主张废除汉字的，但是从事实上看来，汉字在全国的生活当中已经有这末深切的关系，一定不是在几十年内就能够不用的。并且从政府方面看，这个法定的罗马字拼国音的法式当然只是个拼音的法式，决没有代替汉字的用意的。

第二问。——有了注音符号为什末还要加一种花样儿给学生或是一般人多一种麻烦的事情？答。——这个并不是加一种麻烦，乃是加一种帮助。我们认字本来要认四五千乃至六七千才够看报用，多认了四十个注音符号跟二十四个罗马字，多费的力有限，而功效非常的大。人的记忆力是很古怪的，往往多一点东西比少一点东西倒容易记。比方一个电话号码，31650，干干净净的几个数目字不容易记,假如造出了许多理由,比方3+1+6=10,6-1=5,都是又不通又不相干的理由,反而容易记得了。同样,加上二十四个罗马字,对于记忆力的担负增加得有限,可是对于国语的学习上头,却是多了一方面的帮助。至于罗马字的知识是现代生活当中的一个极要紧的知识,那更是不消说的了。

第三问。——拼音字没有偏旁,没有意义,要拼出音之后听见了声音然后能懂,这个怎末补救法?答。——当一种注音的工具当然不用管它有没有意义,可是当一种文字写起来,GR的妙处就在每个词都有它自己的面孔, dah 大, sheau 小, hao 好, huay 坏, lai 来, chiuh 去, Jearu 假如, tamen 他们, Jonghwa 中华 Mingwo 民国,都可以当字认的,就跟现在外国通行的所谓看字法(flash system)一样,教认字的起初并不教 a, b, c, d 等字母,只拿 cat, dog, come, go, can, may 整个儿的字跟着意思一块儿教,到后来才慢慢的教拼法。

第四问。——外国的字母怎末可以拼得准中国音?答。——这个可以拿一个比方来解释。假定有一个英国小孩子学会了说话就到法国去读书,学了回到英国来不认得英国字。他的英国话没有忘记,他还知道猫是叫 cat,但是人家告诉他猫字就是写 CAT 他不信,因为他说 CAT 是 CAFÉ 的 CA- 的声音,并且二十六个罗马字里找不出字母来拼英文猫字的音的。我们觉得这个可笑,因为我们知道只认得法国的国语罗马字的,虽然要把 CAT 读成 CAFÉ 的 CA-,而英国的国语罗马字的确是用 C-A-T 三个字母来写猫字,所以,同样,我们中国的国语罗马字是用来拼中国音的,不是可以照英文或是任何外国文读的。比方英文的 B (bee), P (pee), M (em), F (ef),在我们就是 Bㄅ,Pㄆ,Mㄇ,Fㄈ。

第五问。—— GR 的声调拼法规则很繁,为什么不把声调取消了?答。——这个要分积极消极两方面答复。从积极方面说,GR

之所以读成中国音,就是靠有声调,如果不标声调,不但难看得懂,并且第一次难读成话,那末读书就都变了猜书了。现在俄国人作的一套"拉丁化"的中国文是没有声调,他们笑中国的 GR 是"布尔乔亚(bourgeois)"的文字,但是拉丁化的文字总是有猜书的危险,决不能像 GR 可以随便说什末就是什末。恐怕倒是"布尔乔亚"先生们因为读过很多的书,有本事看一半儿猜一半儿。我们"普罗列塔利亚"(proletariat)民众还是愿意把话都写明白了,省得我们因为学问不够,不会猜书。从消极方面说,觉得声调拼法麻烦的人是速成科的先生们,不是学生们。因为先生本来不会教,赶忙的学起来当然会觉得麻烦。学生反正是拿读物来读,那末假如先写一个 dadau,让他去猜到底是达到 dardaw,是打倒 daadao,是大刀 dahdau,还是大盗! dah daw(大道),那样学生读起书来一定要觉得讨厌的。那些声调拼法的条例,是设计 GR 时候为专门的讨论用的,不是为教学用的,反正不是为教"初学"用的。所以,声调的麻烦不是因为这出戏不好看,是因为看戏的人,人人都要到台后去导演去,那当然是自找的烦恼了。

第六问。——同音字怎末办? 答。——办法很多。一,写白话或是浅近的文言。二,写声调。三,多音的词连写起来。四,看上下文。但是这都是枝叶的方面。根本方面的答复就是:今天我读了这半天的讲演的稿子,假如因为同音字太多的缘故,你们听不懂我说的什末话,GR 就是失败。假如你们听得懂我说的什末话呐,那可就出了怪事了;GR 就已经证明是成功的了。我告诉了你吧! 你猜手里的稿子是怎末写的? 不是写的,从头儿到尾是用打字机打成 GR 的。可不是华文打字机,阿! 就是平常打 a,b,c,d 的打字机。——不说,你听不出来吧? 好,今天这个 GR 的讲演稿子,既然我读了你们"听"得懂,那末假如你"把这一套拼音学会了",你拿这稿子去自己看也就"看"得懂。不但是这一个讲演稿子,无论谁的讲演稿子,或是任何种的讲演稿子,只要是读出来给听众可以听得懂的,——听不懂的稿子当然本来要不得罗!——它打成GR的稿子也可以看得懂。你说,"这不就成了吗?"成啦!那就不用再多说了。完了。

(《国语周刊》第230期,1936年)

附录1. "国语罗马字"简介*

国语罗马字 （National Language Romanization）全称为"国语罗马字拼音法式"。1925～1926年国语统一筹备会"罗马字母拼音研究委员会"研究制订,1928年国民党政府大学院公布。这是中国推行国语和供一切注音用的第一个法定的拉丁字母拼音方案。

产生经过 "五四"运动前后,在"文学革命"的影响下,《新青年》和《新潮》等杂志讨论文字改革,提出采用罗马字(拉丁字母)拼音的问题。1923年,《国语月刊》出版"汉字改革号"继续讨论这个问题,发表钱玄同的《汉字革命!》、蔡元培的《汉字改革说》、黎锦熙的《汉字革命军前进的一条大路》、赵元任的《国语罗马字的研究》等文章。赵元任提出制订国语罗马字的25条原则和一个国语罗马字方案的草稿。钱玄同、周辨明、林语堂、许锡五等也都提出了各自的罗马字拼音方案。1923年,国语统一筹备会开会,钱玄同提出《请组织国语罗马字委员会案》,黎锦熙、叶谷虚等也提案请求公议一种罗马字拼音方案,与注音字母同时推行。大会通过决议,成立"国语罗马字拼音研究委员会",指定钱玄同、黎锦熙、黎锦晖、赵元任、周辨明、林玉堂(语堂)、汪怡、叶谷虚、易作霖、朱文熊、张远荫11人为委员。但由于时局变动,委员会无法开会,改由刘复发起的研究音韵学的"数人会"进行讨论。"数人会"的6个成员中,5个是"国语罗马字拼音研究委员会"的在京委员。经过一年时间,开会22次,九易其稿,终于议定了《国语罗马字拼音法式》。1926年9月,"国语统一筹备会"召开"国语罗马字拼音研究委员会",通过并提请教育部公布。1928年9月26日,国民党政

---

* 附录1."国语罗马字"简介,附录2.注音字母、国语罗马字和／拼音字母／对照表,均由吴宗济先生根据有关资料编制。——编者

府大学院公布,作为"国音字母第二式"。

国语罗马字拼音法式

声母

ㄅ ㄆ ㄇ ㄈ ㄪ*	b p m f v*
ㄉ ㄊ ㄋ ㄌ	d t n l
ㄍ ㄎ ㄫ* ㄏ	g k ng* h
ㄐ ㄑ ㄬ* ㄒ	j ch gn* sh
ㄓ ㄔ ㄕ ㄖ	j ch sh r
ㄗ ㄘ ㄙ ㄙ'*	tz ts s z*
ㄧ ㄨ ㄩ	y w y(u)

韵母(基本形式)

开	ㄭ',ㄦ	ㄚ	ㄛ	ㄜ	ㄝ*	ㄞ	ㄟ	ㄠ	ㄡ	ㄢ	ㄣ	ㄤ	ㄥ ㄦ
齐	ㄧ	ㄧㄚ	ㄧㄛ		ㄧㄝ	ㄧㄞ*		ㄧㄠ	ㄧㄡ	ㄧㄢ	ㄧㄣ	ㄧㄤ	ㄧㄥ ㄩㄥ
合	ㄨ	ㄨㄚ	ㄨㄛ			ㄨㄞ	ㄨㄟ			ㄨㄢ	ㄨㄣ	ㄨㄤ	ㄨㄥ
撮	ㄩ				ㄩㄝ					ㄩㄢ	ㄩㄣ		

开	y	a	o	e	ê*	ai	ei	au	ou	an	en	ang	eng el
齐	i	ia	io		ie	iai*		iau	iou	ian	in	iang	ing iong
合	u	ua	uo			uai	uei			uan	uen	uang	ueng
撮	iu				iue					iuan	iun		

①表有*号者系今音不用或罕用之音。

②声母ㄐ、ㄑ、ㄒ仅有齐撮,ㄓ、ㄔ、ㄕ仅有开合,故可同用j、ch、sh三母而不混,以避字形过于繁细。

③ㄧ、ㄨ、ㄩ本兼声韵两用,故国语罗马字亦列y、w、y(u)。在上去齐撮韵字别无声母时须将第一字母改为y或w,如-iee、-uay独用时作yee也、way外。但如改后形与他韵混或全无元音时则在第一字母前加y或w,如-eu、-uh独用时作yeu雨、wuh雾(非yu、wh)。

④注音字母对于"知、痴、诗、日、兹、此、四"等字未制韵母,今以y表之。

⑤ "东、送"与"翁、瓮"等不同韵,故ㄨㄥ分为开口 ong 与合口 ueng 两韵。ㄩㄥ韵近齐齿,故亦归第二排。

声调

阴平:

① 用"基本形式",如 hua 花、shan 山。本式包括轻声、象声字、助词,如 ma 吗、aia 阿呀。

② 但声母为 m、n、l、r 者加 h,如 mhau 猫、lha 拉。

阳平:

① 开口韵在元音后加 r,如 char 茶、torng 同、parng 旁。

② 韵母第一字母为 i、u 者,改为 y、w,如 chyn 琴、hwang 黄、yuan 元;但 i、u 两字母为全韵时改为 yi、wu,如 pyi 皮、hwu 胡、wu 吴。

③ 声母为 m、n、l、r 者用"基本形式",如 ren 人、min 民、lian 连。

上声:

① 单元音双写,如 chii 起、faan 反、eel 耳。

② 复韵母首末字母为 i、u 者改为 e、o,如 jea 假、goan 管、sheu 许、hae 海、hao 好;但既改头则不再改尾,如 neau 鸟、goai 拐。

③ ei、ou、ie、uo 四韵准上声第①条,如 meei 美、koou 口、jiee 解、guoo 果。

去声:

韵尾为 -i、-u、-n、-ng、-l 或 -(无)者各改为 -y、-w、-nn、-nq、-ll 或 -h,如 tzay 在、yaw 要、bann 半、jenq 正、ell 二、chih 器。

附记

① 在官话区域内仅长江下流有短促之入声。如欲表入声时可用 -q 韵尾,如 tieq 铁、loq 洛。

② 罗马字母之 v、x 二母,不作拼国音用,惟重字可用 x 代之,

如 pianpian（偏偏）可作 pianx；隔一字重者可用 v 代，如 kann i kann（看一看）可写作 kann i v；重二字者可作 vx，例如 feyshin feyshin（费心费心）可作 feyshin vx。

③ 南京、杭州、北平新旧都城皆富于卷舌韵。国音也可采用，其拼法原则如下：

　　a. 韵尾之 i、n 音省去，例如"孩儿"（hair-erl）作 harl，扇儿（shann-erl）作 shall，味儿（wey-er）作 well。

　　b. (y)、i、iu 三韵加 el；其余加 l，如丝儿（sy-erl）作 sel，今儿（jin-erl）作 jiel，鱼儿（yu-erl）作 yuel，明儿（ming-erl）作 mingl，后儿（how-erl）作 howl。

④ 根据国语罗马字原则可拼各地之方音。如江浙间有 bh、dh、gh、dj、dz 等浊母，如 bhu 蒲、dji 其、dzy 慈。西安有 bf、pf 等声母，如 bfang 庄、pfu 初。广州有 m、p、t、k 韵尾，如 sam 三、lap 立、tzit 节、hork 学。

附录 2.
注音字母、国语罗马字与 /拼音字母/ 对照表
（基本形式）

声母	ㄅ b/b/ 玻 ㄆ p/p/ 坡 ㄇ m/m/ 摸 ㄈ f/f/ 佛	ㄉ d/d/ 得 ㄊ t/t/ 特 ㄋ n/n/ 讷 ㄌ l/l/ 勒	ㄍ g/g/ 哥 ㄎ k/k/ 科 ㄏ h/h/ 喝	ㄐ j(i)/j/ 基 ㄑ ch(i)/q/ 欺 ㄒ sh(i)/x/ 希	ㄓ j/zh/ 知 ㄔ ch/ch/ 蚩 ㄕ sh/sh/ 诗 ㄖ r/r/ 日	ㄗ tz/z/ 资 ㄘ ts/c/ 雌 ㄙ s/s/ 思
韵母	ㄚ a/a/ 啊 ㄛ o/o/ 喔 ㄜ e/e/ 鹅 ㄝ ê/ê/ ㄞ ai/ai/ 哀 ㄟ ei/ei/ 诶 ㄠ au/ao/ 熬 ㄡ ou/ou/ 欧 ㄢ an/an/ 安 ㄣ en/en/ 恩 ㄤ ang/ang/ 昂 ㄥ eng/eng/ 亨的韵母 /ong/ 轰的韵母 ㄦ el/er/	ㄧ i/i/ 衣 ㄨ u/u/ 乌 ㄩ iu/ü/ 迂	结合韵母	ㄧㄚ ia/ia/ 呀 ㄧㄛ io ㄧㄝ ie/ie/ 耶 ㄧㄞ iai ㄧㄠ iau/iao/ 腰 ㄧㄡ iou/iou/ 忧 ㄧㄢ ian/ian/ 烟 ㄧㄣ in/in/ 因 ㄧㄤ iang/iang/ 央 ㄧㄥ ing/ing/ 英	ㄨㄚ ua/ua/ 蛙 ㄨㄛ uo/uo/ 窝 ㄨㄞ uai/uai/ 歪 ㄨㄟ uei/uei/ 威 ㄨㄢ uan/uan/ 弯 ㄨㄣ uen/uen/ 温 ㄨㄤ uang/uang/ 汪 ㄨㄥ ueng/ueng/ 翁 -ㄨㄥ -ong	ㄩㄝ iue/üe/ 约 ㄩㄢ iuan/üan/ 冤 ㄩㄣ iun/ün/ 晕 ㄩㄥ iong/iong/ 雍

（注：）1. 本表采自《国语周刊》所载"国语罗马字拼音表"，原注音为[国际音标]，兹按《汉语拼音方案》改为 /拼音/，并加注汉字。

2. 本表每音自左至右依次为：1, 注音字母, 2, 国语罗马字, 3, 拼音, 4, 汉字。

国语罗马字的特点

在中国用罗马字机会之多是大家所公认的。比方在邮政局，税关等等与外国人有关系的事情，都是要用到罗马字；中国人写外国文字的时候，讲中国的人名，地名，或特别名词，也常用到罗马字。但无论是Wade式拼法或邮政式拼法，都是外国人造的糊弄局的文字，不甚合中国人拼字便利的条件。现在咱们宣布罗马字母自主，定出标准的国语罗马字，这就是国音字母的第二式。这种罗马字并不是代替原有国音字母第一式注音符号的，是因为罗马字拼音这回事本来是处处时时遇见的事情。现在定了这拼法，就是"凡是遇到要用罗马字的时候就须用这标准式"的意思。这国音字母第二式之于别种罗马字拼法，就同国音字母第一式之于官话字母，合声简字等等一样。

国语罗马字的特点如下：

（一）用b, d, g等字母写ㄅㄉㄍ等音，在音理上乍看像有以浊母写清音的嫌疑；但在欧洲用字母的历史与现在用字母的习惯上，b, d等字母（本称medial，并无带音或浊音之意），其实有两种性质：（a）带音，（b）用力较软弱。近年来语音学者碰巧把第一种性质作为b, d等字母的定义，这种定义虽然没有不对，但并非天经地义，且在实际用字母的时候（当文字性质的）有些不便的地方。北方人说beandow（扁豆）与德国南方说baden一样：就是重读的b不带音而软（语音符号〔b̥〕），在字中的d带音，也软（语音符号〔d̥〕），这种音在德文也用medial字母，在中文有何不可？以上是"可"用

b,d……作ㄅㄉ……的理由。

假如像有些拼法用 p,t……拼ㄅ,ㄉ……,那么势必要用 ph,th 或 p',t' 等代ㄆ,ㄊ……结果就十分麻烦了。不但如此,等用起外国文起来 Dalton 作ㄉㄠㄦㄉㄨㄋ,那就 d,t 不分了;假如照标准拼法 Dalton 就是ㄉㄛㄦㄊㄨㄋ的对照,那多清楚。江浙人会念浊音,让他们念去,多数中国人只有ㄅ……ㄆ……两系的("全清"与"次清"),只有把它与 b……p……对照是实际上通行的办法(参看商务印书馆出的《外国人名地名辞典》的拼法)。若是拘泥清浊,强多数人以所不能,结果是清浊并未分而学外国文与读外国私名尤其弄的更乱了。反之,外国人学中国言语或读中国人名地名的,也是如是是不可,例如英美人用 Wade 式的,常常对自己说"p' 是真 p,单 p 须读 b;t' 是真 t,单 t 须读 d,……"可见其心理之一斑了。以上是不宜用 p,t……当ㄅ,ㄉ的理由。

(二)用字母拼声调。声调在中国拼音文字上之不可少,是经有许多的经验证明了。声调的拼法似乎有点复杂,其实也甚自然。阴平与轻音无号,当然不成问题。浊母(m n l r)平声大部是阳平,Mei Lanfang 平平平当然是阳阳阴,不会有误解的。介母 y,w 字作 i,u 的阳平也是取 y,w 是浊母之意。ian,uan,iuan 是烟弯冤;yan,wan,yuan 是言完元;也是很自然的。r 字母在元音后在西文往往无音,所以作开口字阳平符号甚好。赏声在读音上较别的声略长略开,所以单元音的韵母用双写,复元音中把半元音 i,u 写开一些,变为 e,o。例如 gai,gae,该,改;Juan,Joan,专,转。去声用变尾法;i,u 变 y,w;鼻音,卷舌音,双写作 nn,ll。但 ngg 太长,把 gg 改简为 q,所以 ng 的去声为 nq。开尾字加 h 也甚便利,因为开尾字往往是入音字在今音读去声的,如 lah 腊,keh 客等字,用 -h 适与常见的旧式罗马字拼法相合。

以上是声调拼法条例的用意。至于说声调拼法的学习与记忆,有两种方法:一种是把37个简单韵母背熟了,再用拼法的读调条例与写调条例,这是喜欢用理论的人可以用的方法,但多数人最好把143个分调韵母的全体背熟,那就见字可念,想字可写,就可以不用条例了。

每声调有两种写法,有点像无须有的麻烦,所以有过人有"一调一号"的主张,有人要用空 m, d, l 的,有人要用空 x, q, z 的,结果"王沛九"(Wang Pey Jeou)这么一个名字写成了 Uangm Peil-Jioud, Uangx PeizJiouq 等形状。虽然这样,假如因为条例简单而于学习上所省甚多呢,那容或也值得牺牲结果的好看,但是其实不然,因为要晓得一个字的拼法,要晓得(一)这字是甚么声母,(二)这声母是用哪个罗马字,(三)这字是甚么韵母,(四)这韵母怎么拼,(五)这字甚么声调,(六)这声调要怎么改变韵母的拼法来表示。除掉北京本地人,大多数人对于声母,韵母,声调是要用一番呆记的工夫的。所差的就是第(六)样:一面要背37个阴平韵母,加上阳,赏,去的 m, d, l 或 x, q, z;一面要背143个韵母。这两者当中或者后者要比前者费加倍工夫,但在全体所差有限,假如用前者六星期可以教完国音与字母,用后者也许不要七星期也可以教会了。以上是为结果好看计,声调拼法不妨略有变化的理由。

(三)全不用上加符号　文字固须求简短,但尤其要清楚干净,像 Wade 式撇点满行当然讨厌,但ㄩ母作 ü 不甚不便,非但"许雨生"作 Shüü yü sheng 不雅观,就是索引上排起字母的次序来,üan, uo 谁前谁后也会发生问题,所以现在的罗马字是绝对不用符号来标音的,是一种纯粹文字式的文字。

(四)现在的拼法虽不专门求短,但结果也不长。声母除 ch, sh, tz, ts,其余都是单字母,韵母(连声调)最长的不过五个字母,所以单字最长的不过七个字母。(Wade 式 chuang "不写声调"还有六个多字母呢。)

(《国语周刊》第270期,1936年)

方音改国音应注意之点*

南京音

（一）ㄋ,ㄌ要分。

（二）ㄗ,ㄘ,ㄙ拼ㄧ,ㄩ时改ㄐ,ㄑ,ㄒ,如将ㄐㄧㄤ,枪ㄑㄧㄤ,相ㄒㄧㄤ。

（三）其余的ㄗ,ㄘ,ㄙ一部分改ㄓ,ㄔ,ㄕ,如争ㄓㄥ,拆ㄔㄞ,生ㄕㄥ。

（四）音须放开,如打ㄉㄚ(3),发ㄈㄚ,他ㄊㄚ,回ㄏㄨㄟ(2),家ㄐㄧㄚ。

（五）ㄧㄛ改ㄩㄝ,如觉ㄐㄩㄝ(2),民ㄇㄧㄣ(2),学ㄒㄩㄝ(2),校ㄒㄧㄠ(4)。

（六）ㄢ,ㄤ要分,如山ㄕㄢ,商ㄕㄤ。

（七）ㄧㄝ,ㄧㄢ要先读ㄧ音,如姐ㄐㄧㄝ(3),天ㄊㄧㄢ。

（八）ㄣ,ㄥ要分,如分ㄈㄣ,风ㄈㄥ；新ㄒㄧㄣ,星ㄒㄧㄥ。

（九）前四声改成国音,特别注意把阴平提高。

（十）南京入声按国音分配为阴阳上去四声。

上海音

（一）ㄗ,ㄘ,ㄙ拼ㄧ,ㄩ时改ㄐ,ㄑ,ㄒ(同南京二)。

（二）其余ㄗ,ㄘ,ㄙ,须全盘逐字分成ㄓ,ㄔ,ㄕ与ㄗ,ㄘ,ㄙ两套。

（三）国音里没有重浊音,如旁ㄆㄤ(2),唐ㄊㄤ(2),葵ㄎㄨㄟ

---

* 本文为当时教育部国语训练广播大纲。文内注音字母后面的括弧内号码表示声调号。如(1)表示第1声,依此类推。——编者

(2),其ㄑㄧ(2),病ㄅㄧㄥ(4),地ㄉㄧ(4),共ㄍㄨㄥ(4)极ㄐㄧ(2),房ㄈㄤ(2),时ㄕ(2)等改用国音声母。

(四)分辨王ㄨㄤ(2),黄ㄏㄨㄤ(2);吴ㄨ(2),胡ㄏㄨ(2);言ㄧㄢ(2),贤ㄒㄧㄢ(2)等有ㄏㄒ与无ㄏㄒ字。

(五)上海ㄨ要分为ㄨ,ㄛ,ㄜ,ㄨㄛ,如布ㄅㄨ(4),哥ㄍㄜ,波ㄅㄛ,锅ㄍㄨㄛ。

(六)一部ㄅ变ㄚ,ㄚ变ㄞ,如花ㄏㄨㄚ,马ㄇㄚ(3),买ㄇㄞ(3),牌ㄆㄞ(2)。

(七)注意ㄞ,ㄟ,ㄠ,ㄡ复韵母,因为上海没有复韵母。

(八)注意ㄢ,ㄧㄢ,ㄨㄢ,ㄩㄢ带鼻音,如三ㄙㄢ,天ㄊㄧㄢ,还ㄏㄨㄢ(2),原ㄩㄢ(2)。

(九)分辨ㄣ,ㄥ与ㄧㄣ,ㄧㄥ,如根ㄍㄣ,耕ㄍㄥ;新ㄒㄧㄣ,星ㄒㄧㄥ。

(十)上海阴平大致可用,其余调改国音。

(十一)入声照国音分配阴阳上去。

以上除第(一)条宁波大致适用,宁波须加一条:要分ㄓ,ㄔ,ㄕ与ㄐㄧ,ㄑㄧ,ㄒㄧ,如真ㄓㄣ,金ㄐㄧㄣ;少ㄕㄠ(3),小ㄒㄧㄠ(3)。

广州音

广州方言离国语很远,须从头学起,条例虽有,说起来太繁。现在只说几条最要紧的。

(一)广州一带分ㄏ,ㄈ,它们是国音ㄎ,如开ㄎㄞ,科ㄎㄜ,空ㄎㄨㄥ。

(二)广州ㄫ,现在国音不用,如爱ㄞ(4),岸ㄢ(4)。

(三)广州ㄐ,ㄑ,ㄒ分为国音的ㄓ,ㄔ,ㄕ和ㄐ,ㄑ,ㄒ,如张ㄓㄤ,将ㄐㄧㄤ;ㄏㄔㄤ(3),抢ㄑㄧㄤ;少ㄕㄠ(3),小ㄒㄧㄠ(3)。

(四)广州ㄧ拼字一部分要改为ㄖ母,如人ㄖㄣ(2)。

(五)广州ㄧ是国音ㄓ,ㄔ,ㄕ,ㄖ,ㄗ,ㄙ不注韵母的字,如知ㄓ,

字ㄗ(4)。

（六）广州ㄟ和短ㄞ是国音的ㄧ，如记ㄐㄧ(4)，计ㄐㄧ(4)，起ㄑㄧ(3)，启ㄑㄧ(3)。（短ㄨㄞ是国音ㄨㄟ，如贵ㄍㄨㄟ(4)。）

（七）广州短ㄠ是国音ㄡ（或ㄧㄡ），如欧ㄡ洲ㄓㄡ。

（八）广州ㄡ要分成国音的ㄠ，ㄨ两韵，如陶ㄊㄠ(2)，屠ㄊㄨ(2)。

（九）广州短ㄢ一部分是国音ㄧㄣ，如新ㄒㄧㄣ，民ㄇㄧㄣ(2)。

（十）广州长ㄧㄣ是国音的ㄧㄢ，如先ㄒㄧㄢ，天ㄊㄧㄢ。

（十一）广州长ㄩㄣ是国音的ㄨㄢ，ㄩㄢ，如专业ㄨㄢ，员ㄩㄢ。

（十二）国音ㄤ，ㄧㄤ，ㄨㄤ韵的广州音是国音所没有的，须注意，如汤ㄊㄤ，香ㄒㄧㄤ，王ㄨㄤ(2)。

（十三）广州闭口韵（就是收ㄇ音的）在国音是ㄢ，ㄣ韵，如谈ㄊㄢ(2)，添ㄊㄧㄢ，深ㄕㄣ，心ㄒㄧㄣ。

（十四）广州九声中，阴阳上改归一个上声，阳去改归一个去声，三个入声照国音改分入国音四声，如酒ㄐㄧㄡ(3)，有ㄧㄡ(3)；带ㄉㄞ(4)，代ㄉㄞ(4)；一ㄧ，六ㄌㄧㄡ(四)，七ㄑㄧ，八ㄅㄚ，十ㄕ(2)。

（十五）注意国音四声读法。

福州音

（一）分ㄈ，ㄏ，如方ㄈㄤ，荒ㄏㄨㄤ，饭ㄈㄢ(4)，换ㄏㄨㄢ(4)。

（二）福州ㄋ一部分变国音ㄖ，如日ㄖ(4)，汝ㄖㄨ(3)。

（三）福州兀，国音不用。

（四）注意分ㄓ，ㄔ，ㄕ，跟ㄗ，ㄘ，ㄙ，如章ㄓㄤ，昌ㄔㄤ，商ㄕㄤ；脏ㄗㄤ，仓ㄘㄤ，桑ㄙㄤ。

福州韵母跟国音参差得更厉害，最须注意的是：

（五）福州ㄛ分化为国音ㄛ，ㄜ，ㄠ，如波ㄅㄛ，哥ㄍㄜ，高ㄍㄠ。

（六）要分辨ㄢ，ㄤ，如山ㄕㄢ，商ㄕㄤ(同南京)。

（七）要分辨ㄣ，ㄥ或是ㄧㄣ，ㄧㄥ，如根ㄍㄣ，庚ㄍㄥ；心ㄒㄧㄣ，星

ㄒㄧㄥ。

（八）福州阴阳去声合为去，阴阳入声改记国音四声。

（九）福州变调法很复杂，国音不适用，如今ㄐㄧㄣ，早ㄗㄠ(3)，今字不变。

（十）改去舌舐汤团式软化读字法，如"我是福州人"不能读成像"我利胡幽雷"。

西南官话

北方官话跟国语已接近，而西南官话也近，不过有几点要提出。西南官话包括四川，云南，贵州，广西北部，湖南西部，湖北也大致相近。

（一）注意分辨ㄋ，ㄌ。

（二）取消ㄦ。

（三）要分辨ㄓ，ㄔ，ㄕ，ㄖ，ㄗ，ㄘ，ㄙ。

（四）ㄛ，ㄨㄛ，ㄜ改法大致同南京。

（五）分辨ㄣ，ㄥ；ㄧㄣ，ㄧㄥ。

（六）声调阴平可用，阳平像国音半上声（武汉，长沙阳平像国音全上声），上声像去，去声像阳平，所以武汉的"三民主义"，听起来像音三ㄙㄢ，敏ㄇㄧㄣ(3)，句ㄐㄩ(4)，移ㄧ(2)；如果写"三命局椅"，倒像"三民主义"了（武汉无ㄓㄨ音）。

（七）特别注意：因为四声改四声容易，许多人（可以说一百个倒有九十九个半），把西南官话的阳平全改国音阳平，但须知西南官话阳平字有两个来路：（ㄅ）真阳平可照改，（ㄆ）入声字照西南官话全变西南阳平，而在国音只有四分之一变阳平。（ㄇ，ㄋ，ㄌ，ㄖ声母字除捏ㄋㄧㄝ，辱ㄖㄨ(4)少数几个字外，入声全变去声。）（参考《广播周报》第一卷，第一期或《国语周刊》第二〇二，二〇三期。）

其他方言

此外如湖南一部分阳平不送气应该改送气，如从ㄘㄨㄥ(2)，前

ㄑㄧㄢ(2);江西大部分去声送气应该改不送气,如第ㄉㄧ(4),一ㄧ,次ㄘ(4),代ㄉㄞ(4),表ㄅㄧㄠ(3),大ㄉㄚ(4),会ㄏㄨㄟ(4);湖南江西大半不分ㄈ,ㄏ,如飞ㄈㄟ,灰ㄏㄨㄟ,房ㄈㄤ(2),黄ㄏㄨㄤ(2),大半把都ㄉㄨ,土ㄊㄨ(3),奴ㄋㄨ(2),卢ㄌㄨ(2)读成ㄉㄡ,ㄊㄡ,ㄋㄡ,ㄌㄡ;安徽大半不分ㄢ,ㄤ;山西一部分ㄧㄣ,ㄧㄥ不分,民ㄇㄧㄣ(2)国ㄍㄨㄛ(2),银ㄧㄣ(2)子ㄗ,ㄧㄣ用ㄧㄥ音;河南,山东,河北南部,安徽北部,阴阳上去四声近乎引ㄧㄣ(3),央ㄧㄤ(2),□ㄕㄤ(2),去ㄑㄩ(4),或是银ㄧㄣ(2),样ㄧㄤ(4),商ㄕㄤ,麒ㄑㄩ(3)等等;因为时间限制,不能详细举出了。

(《国语周刊》第223期,第224期,1936年)

歌词中的国音*

在旧时中国声乐里的习惯,唱曲唱戏时所读的音,跟平常说话读书的音完全不同。例如北京音"清"字读 qing,在京剧里用的所谓中州音就读作 cien。但是所谓中州音也并不是真正的河南或是湖北的任何方言,比方"日"字读 ri,这个 ri 音在中国任何方言里恐怕都是没有的,所以戏曲里字音的读法完全是另外一套东西。

外国语的唱音与语音也有些分歧的地方。比方英美人唱歌时 r 要打滚,平常说话时候除苏格兰、爱尔兰人外,r 都不打滚的。英语的所谓短 a 音,如 hat, cap 里的 a 字音,平常说话读书所用是一种扁脆的音,喉部略带紧张,唱歌时嫌这个音容易妨碍宏亮唱音的发生,所以在普通习惯总是把这"短 a"改唱为如在 father 字的 a 音。还有美国读音往往用如北京话的卷舌韵,如 sir, harm 等等,似乎国音加儿的卷舌韵,但在唱歌时另有两种读法,一种是把 r 读成打滚音如同声母 r 一样,一种读法是用南部英国音把 r 音完全取消读 sir 如 se,读 farther 如 father。在英国南部固然 farther 与 father 本是同音字,但在美国前者用卷舌韵 ar,后者用简单的 a,如用第二种唱法就一样了。此外还有德法文 r 音唱歌时用大舌头打滚,说话读书时一般人(大城市人多)用小舌打滚,还有法文所谓"哑 e"如

---

* 本文原载《音乐月刊》1937 年第 1 卷第 1 期。因当时正值抗日战争时期,故得见此文者甚少。《中国音乐》1986 年第 2 期将之重新发表,发表时,将原文的注音符号改写为汉语拼音。本文据后者校勘而成。——编者

elle 的第二 e, aime 的 e, 说话读书时不读, 唱歌时就全读出来, 这也都是语音与唱音分歧的例子。

那么我们现在唱歌, 应该用什么样的音作为读字的标准呐? 皮黄昆曲的音当然用不着提的。从语言学上看起来, 那些所谓中州音也是"中"得莫明其妙的, 还有什么"日"字古读 ri 也是个"牛吃蟹"古音。从大体上看起来, 我们唱歌时当然是要以国音为根据的。不过以国音为根据, 是不是完全就用平常说话读书时所用的字音? 为了声乐上特别的情形, 是否对于字音上略有改变的需要或是有改变的好处? 这就是值得我们仔细讨论一下的事情了。

关于国音声母方面, 我觉得没有什么要改的地方。国音的不送气音 b、d、g、j、zh、z, 例如在邦、当、刚、江、张、臧等字的声母, 都是非常音乐化的, 因为国音的 b、d、g 是近乎法国的 p、t、k 是不送气的, 但比法国的 p、t、k 较软, 所以很音乐化。国音当中送气声母 (p、t、k、q、ch、c), 例如在旁、汤、康、强、昌、藏等字的声母, 都稍微粗硬一点, 在唱歌时不妨把送气作用减轻一点, ——当然不能取消送气, 否则"空气"要读成"公计"了, ——不过在表情时需用粗硬音时那是例外。摩擦音 (f、h、x、sh、s) 也是粗糙一点, 平常唱时不可以拉的太长, ——特别表情也是例外。国音当中有四个浊音声母 (m、n、l、r), 都是很富于音乐性的, 当然用不着改变唱法。总共一句话说起来, 国音声母只有送气的 (p、t、k、q、ch、c) 跟摩擦的 f、h、x、sh、s 除特别表情时可读粗重, 在普通唱音应该略减短送气或摩擦的时间; 以免侵占乐音本身的时间。

现在有许多学过唱西文歌的, 他们唱中国歌时, 把 b、d、g、j、zh、z 六个声母不用国音而用英法文的 b、d、g、j(i)、j、dz 一类的浊音, 例如"宝贝"国音应该读 baobei, 国际音标 [pau] [bei] (方括弧 [ ] 表示里头是国际音标), 但是这派的唱法把它读作 [baobei], 犹如英国人用 bow bay 两个英文字来读中国的"宝贝"两个字那样声音。因为这个事情很重要而又牵涉到语音学问题,所以我得费一点事分几部分讲。

第一,先讲b、d、g等类音和"b"、"d"、"g"等类音的性质。b类的音是不送气清音(unaspirated voiceless)。当双唇或尖舌等处成阻时,声带静止,所以叫做voiceless。等双唇(或其他成阻部分)爆开,紧接上一个韵母,读到韵母时,当然声带就颤动了。这一类的音见于中国大多数方言读巴打该基之糟等类字音。法文的pas, ta, que,也用这类的音。英文的par, tea, kate是送气音,近乎中文的p、t、k;但前有s时送气较少,如在speak, stake, skate,较像b、d、g一点。

"b"类音就大不同了。在语音学上,它们的名称叫做浊音(voiced)。当双唇紧闭或舌尖等处抵住未爆开以前,声带即已先开始颤动发音,但因为前门没有开,所以喉间成一种呱呱的闷音,并且因为气没有出路,这种闷音不能维持有多久的功夫,瞬时间爆开后就成了韵母的音了。这类音的特点是在声带从头至尾不停地在那颤动,而且用b、d等类的字,声带颤动只限于韵母的时间。例如说garde-bois声带连着颤动不断,说uncapitains在c(即k音),p、r、t时声带都停止片刻时间。如下图:

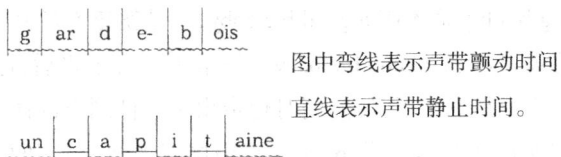

图中弯线表示声带颤动时间,直线表示声带静止时间。

第二,再讲这些音在中国各处方言怎么样分布。b、d、g、j等等不送气清音,几乎全国都有的。如巴打该基之糟等字,北方人读起来较软一点,南方人较硬一点。"b"类的音,就是浊音,在中国方言中很少见。只有少数几处地方有这类音。如厦门读马、帽等字不用"m-"而用"b-"音,江西一部分,如都昌怕字读"ba",湖南西部南部旁唐葵等字用"b"、"d"、"g"等音。江浙一带所谓吴语区读旁唐葵等字近似英法文的浊音,但并非真浊音,因为在爆开以后方有重而浊的气流,在爆发以前声带并不如英法"b"、"d"、"g"音呱呱作闷响。总而言之"b"、"d"、"g"等等音是中国极少见的音。

第三,再讲中国人多数省份的人既无"b"、"d"、"g"等等音,学西文时怎么办?极少数的对于学语言相近的人,当然只要学就可以会,但是一百个有九十几个是非但不容易学这类浊音,他根本就不觉得这是他语言里所无的音。北方人和闽粤觉得 b—y by 就是读中国音的"逼—外拜", d—o do 就"低—欧妒"。其实他只用了自己语言里的 b、d 等等音来代替他应读而不会读的"b"、"d"等等音。至于江浙人呐,他们就用旁、唐、葵等听似很重浊而并非真浊的音,来代替西文的浊音,结果比用 b、d、g 较近一点,但还不是全对。假如你让一个厦门人学 b—y by,那他说出来就刮刮叫了。

总以上所说的三种情形,就是(一)国音 b、d、g、j、zh、z 是不送气清音。(二)中国大多数方言没有"b"、"d"、"g"等真浊音。(三)中国人学西文大多数人用 b、d、g 等来代替西文的真浊音,结果就发生这么一个畸形的国音:这畸形的国音是怎么产生的呐?原来多数学新派的声乐的,是用西文歌作材料的。先生听见学生唱 a g o o d b i g b a b y 而不唱 a good big baby,于是就花了多少功夫教他唱准确的英文浊音 a good big baby。等学生学会了之后,他固然对于英语的读音是进步了,但是同时他带出了一件副产的误会的观念:他没有明白先生改的是 b、d、g 等中国音改到外国语的"b"、"d"、"g"等音,他误以为 b、d、g 等音根本缺乏音乐性,是 Chinaman 退化民族之音,真正的"b"、"d"、"g"是富于音乐性,是文明之音。唱歌时候非用这类音不可。并且因为他根本不知 b、d、g...与"b"、"d"、"g"...为二物,只觉得它们同是一物而有合乎音乐与不合乎音乐的两种唱法。所以他学会了之后,非但把 a good big baby 唱成准确的英文音并且也把"东边古柏"的d、b、g、b也用西文的"b"、"g"、"b"唱成不准确的畸形国音了。

至于问b、d等音与"b"、"d"等音究竟哪一套富于音乐性一点,乍看起来似乎后者因为声带颤动不停较软和一点。但是"声带颤动不停较软和"也不能尽作音乐性的标准。就是器乐也不能全是咪哩嘛啦的Legato,有时也要有必的叭叮脆刮刮的音,才有筋骨,否则 Id would nod be musigal, bud juzd as glear as mud。

总之,国音b、d、g、j、zh、z的字是不送气清音。从音乐上看没有改唱为浊音之必要,从语音学上看,唱为浊音,不说客气话,就是错了。

以上讲的是声母的读音。现在我们来看看国音中各韵母的读法。国音里有一套声母照原发音部位拉长一点就作为韵母,就是zh, ch, sh, r, z, c, s独用成字时的韵母,例如至、吃、时、日、紫、次、死等字的韵母。这种空头韵母或"空韵"在拼音符号作 zh,但平常拼音时并不写它,只写声母就算字了。细说起来, zh, ch, sh, r的韵母是一种,近乎r音; z, c, s的韵母又是一种,近乎s的浊音,就是z音。这两种音都是很不音乐化的。在短乐音上没有什么问题,在长乐音或是"拉腔"的时候,这个zh音当然很不好听。照中国的老法子就是用"牛吃蟹"的古音来代替,例如早知是今日读作 zao zh— sh—z—en r—,这当然是要不得的。我个人提议这样办法:在短乐音就照读,在长乐音,把韵母渐渐放宽,看乐音的长短,放到e音为止。例如:

也　是　　　　微　云
Ye　Shi　　　　Wei Yun

a, o, e, ai四个单纯音的韵母都是很音乐化的,并且因为它是单纯音，所以拉长了也是前后音质不变的。只有 e 韵用法，依照公布的《国音常用字汇》，在哥科河恶等字也都用它，有的人觉得用浅薄的 e 音不若杨小楼唱"可奈何"（ke nai ho）所用的 o 音宏亮。从语音学上讲起来，o 是圆唇音，e 是不圆唇音，o 似乎应该丰满一点，但是 e 音如果读开一点，读靠后一点也未始不可以读得很宏亮。所以这几个韵母的唱音好不好尽可在喉音的发声法上做功夫，不必把国音改成太不国的音。

i、u、ü 三个较关的韵母是难唱的韵母，这类的音在外国语也是认为难唱的。唱时须得把组成 i、u、ü 音的肌肉放宽一点。

国音里有一个卷舌韵母 r 很不容易唱成宏亮的音。美国大部分语言也有这音，所以唱歌时候往往借用英国音不读它的办法，或把它读成打滚的 r，跟它前头的元音先后成为两个音。在中国国音的 r 韵字如"儿，耳，二"等字没有别种可能的读法，只得仍旧读卷舌韵 r，作谱者须注意不要给它放在太重的地位就是了。

现在有一种常听见的唱法，是把 r 音唱作 e 音，例如"儿子"唱作"厄（阳平）子"。还有一种唱法是用舌尖打滚用一种 r 音。这个也是一种畸形的国音。儿读 e 在方言中是有之，例如在武汉就如此，但在国音和许多处方言不能这么读的。这种唱法也是从一个语言学上的误会产生出来的。美国人一般人读 early 为 r、l、i，因为波士顿人跟着英国的传统读它 e、l、i，于是全美国人以能说 e、l、i 为荣，这种风气影响到唱歌，因此 early 唱成 e、l、i，否则用舌尖打滚把 r 特别唱出来。所谓打花舌头，在中国小调里固然也是常有的东西，但是把"儿、耳、二"等字的 r 音唱成 e 或是打花舌头，这顽意儿一听就是外国音，是非常 un-Chinese 的。美国人学英国人是因为英美本来是同语的。中国语言怎么能用外国音来唱呐？

这个 r 音不好唱是我们得承认的。在短乐音上当然不成问题。在长乐音上，可以有这样办法，就是先唱一种较开而近似 e 的

r音。到快完的时候再渐渐把舌卷上去成r音,全体像一个复韵母(diphthong)。但卷上时并不打滚,这样又好唱又没有唱外国音的意味。

(美国人近年来经语言学家提倡承认所谓"general American"语之后,也不如从前那么以不卷舌为荣,反而笑波士顿跟其他新英伦的口音特别了。)

ai、ei、ao、ou四个是复韵母:ai等于a—(a音较扁),ei等于eei,ao等于aou,ou等于oou,所以国语拼音字写作ai, ei, au, ou。在短乐音上这些音没有问题,如果在长乐音上,照通常规矩是把第一音拉长拉到临完时候再唱第二音。但是照语音学上讲起来,普通所谓二连的复韵母(diphthong)其实是一个从这一头到那一头的渐变音,例如ao之为aou(au)并不是张开大嘴说a到最后忽然像狗咬苍蝇似的阿乌的一关到了ou音的地位,乃是像打哈欠似的从a渐渐的经过o跟种种中间音到ou的一个渐变音,并不在a或在ou音上停留任何时间。这种语音学的分析,在平常读一个"好"字的hao音的半秒时间里当然听不出什么忽变渐变之别,所以也听不出狗咬苍蝇与人打哈欠两者之间有什么不同。但在唱一个长乐音的时候那就很不同了。例如:

到 那 时
da(不变)o na shi

第二种唱法比第一种较第一种的声音圆些,并且还容易懂些。因为照第一种唱法,听者只听见一个"大"字音(da),直到后来才听出不是"大"乃是"到",照后唱法,"大"字音未成口已经渐开,很早就听出是"到"字唱了。

以上的原则可以应用在其余的四个韵母上,就是四个附鼻音的韵母 an, en, ang, eng。an 是等于 an（a 音较扁），en 等于 en，ang 等于 ang, eng 等于 eng（拼音字的 an, en, ang, eng）。这个从口音到鼻音怎么能渐变呐？就是利用法文式的半鼻音,例如唱"ang"音,从 a 变到 ng 时,中间就可以用一种法文 franc 的 an 半鼻音作为过渡音。固然有一种唱法是无论字音本有无鼻音,唱时总让软颚后偷偷微微漏一点气到鼻腔去,借可增加共鸣而不觉得真有鼻音。以上所讲的是从 a 到 ng,当中加一个较明显而只有片刻的半鼻音,作为 ang 音中部的过渡音。

以上的办法在结合韵母上也是合用的。照中国旧规矩,拉腔须拉在结合韵母的介母上,到快完时候把结合韵母加重同其余的音快快的读完。例如：

渭　　　水　　　河
wei（w 不变）　shui（ui 不变）　he
wei（w 渐变）　shui（ui 渐变）　he

第一种唱法是唱曲的正则唱法,第二种是较合理化的唱法。固然用第二种唱法旧曲听起来也许觉得怪,那是因为中国的旧曲已经成了一种制度了,所以我们也不必主张用这个渐变法来唱旧曲。但是在唱新歌的时候,第二种唱法较合理化也较容易听懂些。以上所说的不仅是对待介母拉长的旧唱法说,乃是对待拉长任何一个音素而把其余的音挤扁的办法说的。比方唱一个"凉"字,即照旧法是先唱 li—,把"—"音拉长,再用一个—ang 收尾。但是唱新歌的,也有把 l-i-a 很快的一说就说出来,在 a 音上拉半天,最后很快的用 ng 收尾。最好的唱法是要给"—"相当的时间,a 相当的时间,a 与 ng 的半鼻音过渡音相当的时间,最后 ng 音相当的时间。在比例上,声母短一点,韵尾 ng 音短一点,中心的 a 音比较长一点,那也很好,不过拼命把 a 音占满时间,其余的音挤的很扁,那就不大自然了。英文的"strengths"一字是要把 str—和—ngths 拼命的望两头挤把—e—音拉长的。中文的"l—i—ang 凉"是分匀一点的好听些。

还有一点关于字与字相连的时候中间音与音发生的关系也是要注意的。在中国的曲本子里很注重感叹词 a 与上字相连而拼出来的音,如天哪(n a),地呀(i a),日阿(zh a),月呀(i a),风阿(ng a),草哇(u a),字阿(za),上字什么尾字,a 上头就加上个什么声母,如草(cao,即 c a ou)收 ou,草阿就成了草哇等等。但是在平常说话,多数的中国方言都避免这种尾首相连的读法。如棉袄两字,棉字明明收 n 音,袄字是无声母字,但是我们绝不让棉音的尾音 n 跟下字 ao 韵拼起来读成棉脑。(天津语袄字本读脑,那又当别论。)我们情愿让棉字的尾音 n 读糊涂一点,舌尖快要上顶而不真碰着,以避免脑音的造成。这种习惯我们也带到外国文里去,如 in an hour 应该连读成略如"音难闹厄",而多数中国人一定把它误读为"音安奥厄"(其中"音安"不连,"安奥"不连)。

外国的习惯是这样的:就我们普通所常遇的外国语讲,英文的普通说话读字最爱连;法文虽然有所谓 liaison 的连字制度,但 liaison 是无中生有,不在现在所讲范围之内。法文字本来字尾有辅音(consonant)的与下元音(vowel)反而不及英文连上倾向那么强;德文是以分为原则的;意文日文字尾很少辅音,所以这种问题不发生。在唱歌的时候,英法的标准是以不连为好的,如 let me 在说话时候说 t 音字,只拿舌头顶上去并不让它"忒"出来,接着就是 me 字的 m 音了,但在唱歌时(特别是慢或郑重的时候)就先把 t 音"忒"出来了之后,才起头读以下的 me 字。

在唱中国歌时,无疑的是应该以不连为原则,如棉袄不唱作棉脑,亲爱不唱作亲耐,海鸥不唱作海幽。方法就是把上字的尾音放松一点,如果是鼻音就不把舌往上挨紧。这种读法在广东和闽南或许有点不惯,但多数地方本来就有这种习惯了。还有一种方法是在第二字上用一个声门的爆发辅音(glottal stop),不过这种音较硬,唱歌时能不用最好不用。

最后有一个要点,无论是唱外国语或中国语歌词的须要切记的。就是唱歌一方面要表情达意,一方面要作美的乐音。这两者往往是冲突的。在天才不是头等或训练不十分造极的唱家,他为了要得好的乐音,把所有 a、o、e 以至那些韵母都唱得近乎 a、o、e 的音,借以得到最大的共鸣作用,这是多数唱西乐者常犯的毛病。反之,为了使听众听得出唱词,或者在歌剧里用近乎语言的发声法,所唱的乐音就不那么音乐化,这是近乎中国派用紧喉音(同时用真嗓子)的唱法,也是外国杂戏或跳舞场里常用的唱法,因为非这样唱怕听众跟不上他所唱的笑话等等。唱歌的场合固然是有许多种,如抒情的唱法,歌剧的表演,半说半唱的东西,对许多人大声唱,对一个话筒小声唱;在这些不同的场合,当然不但音唱不同,读字也有不同的地方。但是总共说起来我们可以定下这么一个原则,就是唱歌须求最自然的读音加上最音乐化的唱音。换言之,唱歌的训练不可为求唱音音乐化的缘故而过分牺牲读音的自然。一个天生好嗓子的人,或是一个受过极好训练的人,或是两者俱备的人,他唱出来的字音就跟平常说话所用的音差不多一样,他用不着把 can 唱成 cahn,把"如"(rou)唱作"rru",他用不着把"啊"唱成"呃",把"他"(t a)唱成"忒"(t e)而后发得出音乐化的音出来。在中国的旧习惯,无论用真嗓子或假嗓子,是注重字音而缺乏对于发声法(voice-placing)的技术。外国的习惯,至少外国声乐教师的教室里的习惯,是注重乐音而牺牲字音,所谓"Diction"往往不过是 Compromized Pronunciation 之美名。但是近来自从话筒用处推广之后,许多唱者对于音量不如从前那样讲求的利害,对于字的读音倒是更趋近于自然化了。我们现在不妨保存我们固有的自然读音法（是指一般人，不是指"中州音"之类），而同时把功夫用在嗓音本身的训练上，特别是不必拿外国音来读中国字，没什么荣耀！

（《音乐月刊》第1卷第1期，1937年）

文字统一与方言分歧的问题

中国的文字是统一的,中国的方言是分歧的,这是谁都知道的一件事实。文字既然本来已经是统一的了,这当然是中国语文现状中的一件很幸的事情。我们当然也盼望这种统一的状态能够长远的继续下去,方言既然非常分歧,我们就应当努力(并且事实上已经努力了好久)使它统一化,以至于全国人,不但写统一的文字,并且能够写统一的国语。这可是已经把文字统一与方言分歧的问题全简简单单的分析明白了,就可以加上"完了"两个字了吗?

但是文字既然已经统一,可是这统一的文字是个比较难学的一套文字。如果我们撇开了成见,拿中国的文字教育情形,跟世界上字母文字的教育情形,平心静气的比较一下,我们不能不承认用同等的师资,用同等经过研究经过试验的教学法,我们的儿童跟我们的不识字的成年人,仍旧不如别国人学文字学的那么快。固然我们的文字本来也有它自己的构造法,所谓书可以用来帮助记忆,但是从甲骨,钟鼎以至籀篆隶楷,字形越变越远,早已失掉了意符字的意义。对于初级文字教育稍有经验的人都知道"日,月,山水"之类的见次,字数,跟重要性远不及"有,无,是,不,为,能,事,物"等类的字。试问告诉初识字的人"能"字,"为"字是动物的画儿有什么用处?到了现在时候,"六书"只成为少数专家研究的东西,在文字教育而上只偶有提示的功用,而并无在大体上的帮助,久已不是"八岁入小学"时可能倚靠的了。所以我们虽然庆幸我们有这一套统一的文字,而同时感觉我们的文字教育事实上所须的人力,的确是教育上一个大重担。

近一二十年来,关于改良文字教育问题,学者们也发表过许多主张,事实上也作了很多有用的工作,好多人觉得最彻底的办法,莫如采用拼音文字,造一套字母,把我们的语言拼起来用它来替代汉字。在原则上字母文字固然比我们的方块字好用,容易教,容易学;但是现在中国语言的情形之中,这个办法马上就有方言分歧的问题,我们现在既然拿北平音作为国音的模范,拼音文字当然要以北平音为根据。但是多数中国人的口音都跟北平音不同,如果要人人都学北平音才能够用拼音文字,这事情可就很是遥遥无期的了。

因为有这种困难的情形,所以就有人主张只用一套拼音用的字母。但是让每一处的人按他们自己的方言拿这套字母来拼他们自己的方言,这种办法有两种困难。第一是这样更使方言分歧把本来已经统一的文字的好处反而失掉。第二个困难更大。所谓拼音文字,其实都不是见音写音,那样结果一定要繁复得不堪的。实际的拼音文字那是拿许多复杂的语音归纳成少数的几类。但是这种归纳的工作绝对不是随便张三李四拿了 A, B, C, D……几个字母去就会作得出来的,就是每地的乡长或县教育局长对于这事也是毫无办法的。如果给中国两三千种方言都找出拼法的门路出来,这一步的学术工作所费的人力和时间恐怕都能统一了国语还有余了。

还有人提议过把中国方言分成几大区,在每一区用一种标准音来作音文字的标准,例如粤语一种,客语一种,四邑一种,潮汕厦一种,闽北一种,吴语一种,等等等等,结果仍须二三十套的文字。这样子可是把直接拼乡音的好处失去了一大半。比方要拿苏州话作吴语的标准,叫江浙人都去记住他们乡音怎么怎么变苏州音,所费的力还不如费在学说国语学写国语罗马字,这样对于个人、对于国家的用处还大的多呐。

我们一方面要研究跟试验文字教育的各种彻底解决的门径，但是在汉字事实上仍是惟一的又通行又统一的文字，并且在短期间不能够也不应该废除的时候，我们很可以问，汉字的教学究竟可以改善到什么程度，藉可减轻一点眼前儿童们跟民众的负担。这教学的问题，当然在很多方面已经有许多可用的"角窍"，我现在只提出一种基本方面的着力点来考虑一下。

所谓基本方面的着力点，就是说已推行而未十分认真的注音符号。注音符号的短处很多，它拼的只是以北平音为准的国音，它的形式也不大宜于当独立的文字用，但是当作汉字旁边附属的注音，它是一种"有意想不到的功用"的工具。在注音符号的初年，许多人热心的学习它。学的快，忘的也快，结果都说这东西没有用处。各书局对于排印注音的书报也认为一种费钱的特种刊物，本来预备当普及教育用的，因为写稿排版要费加倍的工夫，结果使编辑，跟印刷的成本反而更贵。可是自从有注音铜模以来，各大书局出了许多注音读物给小学生跟民众来用，这情形就大不同了。它就成了一种达到能读物目的的工具了，好像成一种智囊的钥匙似的了，用注音铜模印教科书才不过是一年多的事情。这一年因国家另有更重要的事情，占人全部的注意，所以我们多半都忘记了这注音教科书的革命性。可以偶尔遇见有少数人，特别是有些传教者，在教成了以后在师生两方面都感到一种意外得到的力量。一个七八岁起至十来岁的小孩子，在早先，总还须再读十年的书还说不定会不会查出反切的读音，而现在忽然间拿起教科书来就读，生字都不用问人了。凡是看见过小孩子或是乡下人在这时所表现出来那种充满了自信心的脸的，绝对不会再存半点怀疑的心了。

我所说的有自信心的脸，并不全是说北平语人的脸，其中有的是代表中部官话与非官话区当中的方言。这一层极值得注意。一个人可以把注音符号读的很不准,把ㄓ、ㄗ都读成ㄗ,把ㄣ、ㄥ都读成ㄣ,把高腔的阴平读成低腔的阴平,等等等的乡音乡调,而仍把注了国音的汉字读成读得懂的话,这是一种很重要的事。可见得注音读物不必都读成很漂亮的北平音才能用得,仅管可以读得蓝蓝青青的,当作识字的工具,仍旧是一样有效的。

反过来呐,这种麻糊的办法不但于国音的统一没有害处,并且还有好处。如果限各省人用顶纯粹的北平音读注音符号,结果便师生把注音符号视为畏途,丢下来不学了。反之,如果不求甚准确,只须把那一套符号不管三七二十一学了用了,结果在应用时它仍旧有统一国音的功用。比方"仙"字应当读ㄒㄧㄢ,与"先"字同音,有的方言把它读成ㄒㄩㄢ与"宣"字同音。可是他看见旁边注音是ㄒㄧㄢ,他就读成跟"先"字同音。无论他的口音怎么蓝青语,总不会读成跟"宣"同音了。又如"防"字江浙人读成与"旁"字同音,他看见注了ㄈㄤ阳平,他无论ㄈ音,ㄤ音阳平读的如何苏州腔或宁波味,总而言之是与"房"字同音不跟"旁"字同音了。这种统一读音的效力特别对于新观念的字最大。所谓新观念字就是说在学字的儿童或民众自己口语里,本来所没有的观念。比方一个苏州小孩子,也许根本没有过国防、防疫那些观念,书中第一次遇见"防"字时候,他不但在那儿学这个方块儿字,另也在那儿新学这个中国语,在这时候,国家的教育就抓住了这个机会来教他这个国语的"防"这个 word。在这种情形,这苏州人把这字读成ㄈㄤ阳平,跟读成ㄆㄤ阳平完全一样的容易,他不知不觉的就跟着国音读了。所以国音的细微的音值上可以任人蓝青,结果对于字音大体的归类上仍收统一的效果。这一点对于研究拼音文字上也很可以参考,不过现在我们是说它在汉字教学有特别的重要性。

总结起来,我们现在最好拿统一的注音符号,利用已有的许多读物,来教本来统一的汉字。分歧的方言让蓝青读出的注音符号无形中把大体的统一,这就可以成一种用统一的拼音文字的张本。那也许是三十年,五十年,或是一百年后的事情。可是现在我们要认汉字。认识汉字有用。

(《建国评论》第1卷第5期,1938年)

从国音国语说到注音符号

中国人学说国语的问题,跟外国人学说中国语的问题,很有不同的地方。外国人学中国语,根本是学一种新语言,每一个观念,每一件事物,都要用一个新字根。例如自称,不叫 I, Me 而叫"我",向远动不叫 Go 而叫"去",向近动不叫 Come 而叫"来"等等,都得要一一从头开蒙学起,丝毫不能利用本有的知识来帮助的。中国人学标准国语的情形,就大不同。比方我是广东人,已经会说中国语当中的广东方言。表面上看起来,因为我跟北边人谈起话来一句都听不懂,好像他跟我所说的完全是两国语言,其实这只是表面上的印象,在实际上"国语所用的基本材料,百分之九十九是广东语的所有的。所不同的只有两点:第一,字同音不同。例如"中华民国",国音读 Chung Hwa Min Kuo,广东音读 Chung Wa Man Kwok。第二,用字的习惯不同(在国语学称为"词类的不同")。例如广东话说"佢好中意饮冻水",上海话说"伊交关欢喜吃冷水",国语就说"他很喜欢喝凉水"。这些不同的字当中,虽然各地选为常用者,互有出入,但是全体不出中国语言的范围,这实在是中国人学标准国语的一个方便的地方。还有一点似乎可以认为"第三点",但是它的重要性不够认为第三点的,就是偶尔遇见的文法上的差别。例如广东话说"你去北平",国语说"你到北平去",这的差别很少,所以我们只须注重读音跟词类二者就够了。

我们再来细看方言跟国语词类的不同,究竟到什么程度。乍一看起来,好像不同的很厉害。例如日常用词,广东话的"呢个、乜野、野、系、边处、整下、点样、咁、好大、睇、识听、落去、企、几多、而家",在国语没有一个词是一样的。以上的词,在国语是"这个、什么、东西、是、哪儿、弄一下、怎么、这么、很大、看、懂、下去、站、多少、现在"。因为这类的在日常口语的"见次"(Frequency)异常的多,所以我们初听跟国语的差别,觉得大得不得了。但是如果我们不从"见次"来比较,而从各词类的种数来比较,那就另是一种结果了。为眼前这个讨论的方便计,我们把词类分作四大类:一、极常用词,就是以上那些"呢个、乜野、野、系"之类;二、次常用一般词,例如"想、本事、玻璃、饭、客气(以上广东语一样)、酱油、进去、睡、胖、小孩儿(以上不同);三、一般的中国语言用词,例如天气、朋友、性情、兄弟、商量、伤风、君子、果然之类。四、新名词,如观念、了解、电话、积极、困难、希望、等于、直接之类。我们细看以上四类当中,第一类见次虽多,但是种类极少,说来说去不过就是这几十词;第二类多一点,其中有一部分国语跟广东话是一样的,只有一部分不同;第三类,一般用词,大多全国一致,没有不同;第四类,新名词,更是全国一致。但是第三第四两类,合起来差不多占一切词类的大多数。我们试翻看国语教育促进会编的《标准语大辞典》(商务出版),每页平均有六十个词,一翻开出来,往往满页的词全是属于第三第四类的。换句话说,我们说国语的时候,除去极少数最常用的词外,大多数要用的词,是全国一致的,是没有方言性的,这是一件很应该注意的事实。

从以上这事实,就是说全国多数的词类,是大同小异的事实。我们得到一个很重要的结论,就是说,既然多数的词类大同小异,所以,这些相同的词类,如果求它们说起来能都听的明白,就专靠读音的统一了。由此可见开始讲一、二两点当中,第一点,读音的问题还是最重要。如果用词不准确而读音准,听者还可以对付着听得懂(因为大多数词一样);如果读音不准那个个字就发生问题。

比方"系"改为国语的"是",如果把是字的"ㄕ"音误读"ㄒ",结果刚刚实于国音"系"字的音,这样岂不是并没得到改用词类的好处吗?因为语言是口里发出的音,而多数的词类是"字同音不同",所以我们学国语,开宗明义的第一条原则是:先学准确的读音。

教育部公布的《国语常用字汇》(汇字国音读会)有九千多字,实在常用的有三四千,单字音有一千三百左右。如果要一个一个的学,是做不到的。但是国音的成素是很少的,按现行国音标准,只须用四十注音符号当中的二十七个,就可以把一切字的国音都可以拼读出来了,况且这些符号的拼法是完全有规则的,不像英文Though、Trough、Hiccough、Through、Bough 那样杂乱无章。所难者就是一般初学者不能体会注音符号这工具力量的惊人,对于它不肯费一点短时间而颇用力的工作,这样子就总不能入门,不知道一入了门之后,就可以无师自通,凡是注音读物,全可以自己独立的去读出正确的国音了。对于注音符号退缩的毛病,一般的成年人比小孩子犯得厉害,我的七岁九岁的小孩子,教他们注音符号,他们觉得新奇好玩,很快就学会了。学会之后,一切的教科书的生字都不问先生,也不问父母,全会拼读了(现在教科书都有注音)。反之,有些成人学国语,他的性急要学最常用词,可以会话。最常用词固然是非学不可,固然是极要紧,但是他们觉的注音符号太干燥,开头几次学声母韵母等等,乓乓乒乒咿咿呀呀的,好像外国话,符号的形状又像日本字,所以不高兴好好的学它。但是结果呢,他起头学的常用词,因为根底没有打好,音也读不准。至于一超出教过的几个词范围,遇见上述所谓第二三四类的词,就毫无办法了。这就是所谓欲速则不达的毛病。

总结起来说,方言跟国语的不同有二:一读音的不同,二词类的不同。因为极常的"呢个、乜野"等词的"见次"最多,所以我们觉得词类特别重要。词类的重要,固不可以忽略,但是词类的种数,大多数是没有方言的差别的,所差的还只是读音,所以学国语,究竟应该以读音为基本。国音以字论,有一千三百字音,但是三十七个注音符号可以概括一切。现在坊间已经刊印了很多的注音读物,学会了三十七个符号,人人就都可以无师自通了。

(《自由新报》(The Liberty News),
1939年3月15日、17日)

台山语料序论

近编《台山语料专刊》一种,本来应该致献给傅孟真先生,书还没有脱稿,谁想到致献竟变成了追念了!孟真一口的山东口音,对于那影厌唉哦的台山话有甚么相干呐?可是回想想,实在是有很深切的关系——横是对于我在这上的工作很有关系。他在的时候,我们尽管一天到晚争论这个,辩驳那个,可是自从有了中央研究院历史语言研究所以来,我们同人们没有一个人的实际工作不是明用或是暗合他的治学方法的,他在《集刊》一本一分(十七年)页四至六,论及历史语言研究所工作之旨趣,曾经定下下列的三条原则:

(一)凡能直接研究材料,便进步,凡间接研究前人所研究或前人所创造之系统,而不繁富细密的参照所包含的事实便退步。

(二)凡一种学问能扩张他所研究的材料便进步,不能的便退步。

(三)凡一种学问能扩充他作研究应用的工具的,则进步,不能的,退步。《集刊》创刊号出版,正是我第一次参加中研院史语所方言调查工作的那年。那时候我们都在广东,一个方言最丰富的区域,所以第一步调查就是两广方言,一方面想法子多得点语言的材料,一方面想法子利用向来没有很用过的语言记录跟语言分析的新工具——无论是在标音方法上啊,或是音位论的分析上啊,哪怕是录音的新机器啊甚么的。我们都想好好的试他一试。那次的"田野"工作是以广东省跟广西的粤语之部为范围。调查之后,本想就都给整理出来,报告出来。孟真尝对我说,"元任,你这些东西不写出来,以后情形变了,方法改了,就会总不写了。"这话果然大半给他说着了。这些年下来,虽然记了些别省的方言,出了些别的报告,可是在粤语方面除了《粤语入门》一书(麻省剑桥,一九四七)跟《中山方言》(《集刊》二十本,页四九至七三,上海,一九四八)之外,其余的材料都没有发表过。

在方法上头,我们史语界的同志们虽然始终是以上述三条原则为准,可是应用起来的时候,这二十几年下来,当然也有他二十几年的演变。录音设备的日新月异,我们老是使劲的紧追着,从在广州时蜡筒时代起,经过光铝片,涂面铝片,等等以至最近的磁条儿,出甚么买甚么,我想我给中央研究院前前后后不知道费了多少钱,糟了多少东西呐。

在方法的内容方面,孟真先生向来主张他所谓"摩登训练",说考古注重发掘,说审音必道 I. P. A.,可是我们有时候还是脱不了"研究前人所研究或前人所创造之系统"的习惯。所以我们从头起总还是以切韵系韵书作为一切方言研究的出发点。因此方言学家如比国的贸登嵩神父(在《华裔学志》八卷,一九四三,十卷,一九四五)称我们为"新文法家",意思是说我们像十九世纪的欧洲"新文法家"偏重音律而忽略语调。这个批评也有相对的道理。不过在全国几千方言当中要得他一个大概的观念,那么惟一的以简御繁的方法就是拿《切韵》系统之下的单字音作起点。以后再慢慢给某种某种方言的语词做详细的长篇记录。后来我见着贺神父,那时正值《湖北方言调查报告》新出版,谈起这方法问题来,他也承认说,倘若全照他给晋北方言那么详细的记录起来,那么我们湖北那六十几处的方言不知要做到哪世纪才能做得成了。

话又说回头来,虽然大批的区域调查可以只用单字音系(及少数的关键词类),同时也未始不可以选少数的方言给它作较详的分析跟记录。二十年出版的《钟祥方言记》,就是一个例。现在我写着的这个《台山语料》也是一种比单字音系更进一步的工作。不过这次所记的语料的内容跟以前有一个重要的不同的地方，就是注重长篇的实际的一次的真的说话。向来语言学者记录故事会话等等材料都是让发音人说一句说半句，重重复复的说，好让记音人来得及写下来。这种记法，因为给发音人机会慢慢造句，结果倒是比较的成文。但是成文未必成话，不一定是语言的真相。因为人跟人说话并不一定句句"成话"。只有"一言既出驷马难追"的那个话，才是语言学所应该记录应该研究的对象。要得到这种活材料，只有用器械把空气当中的声浪抓下来冻结起来，以后慢慢的分析抄录才行。录音器的发明固然是很久的事了。可是利用它抄录活语音只有甚么——警察偷听嫌疑犯啊，医生记录精神病人的话呀，或是心理学者记录小孩儿的谈话呀甚么的是用过这种法子的。不过他们只记说的是甚么话，对于说的是甚么字都不太求甚确，甭说发的甚么音用的甚么腔调了。比较大规模记录活谈话的是三十七年出版的《湖北方言调查报告》里每处的五分钟的自由谈话录音。可是那里头地方虽多，每一处的材料很少。现在记的是一处的方言，可是是比较的长篇的说话。

　　我所以选台山方言作为记录语料的题目，固然是因为台山音系跟音值上有些极有趣的特点，并且在海外占很重要的地位，但是我最起头给这兴趣具体化，还是十八年冬天在广州开始调查粤语的时候。记得有一天晚上在孟真先生家里——我是他的食客，并且是个恶客。他也是个恶主。他拿了我的顶好的土耳其香烟两枝两枝的抽。我把他的屋子摊的乱的字纸篓里着起火来，几乎闯出大祸来——话说岔了，那一天晚上来了几个中大的学生来发音。傅先生问他们当中的一个人，"你是哪里人？"他说，"我是开山人"（开字阳平）。当下傅先生跟我俩人儿都睖住了。正要翻开地图来找"开山"县是在广东也不广西省的哪一方，忽然想起广州西南几县有ㄊ,ㄎ变厂的倾向。原来这位"开山"的同学称自己的地名为"孩山",从"孩山"的厂要改成国音,有ㄊ与ㄎ的两个可能,不巧他刚刚把它改到隔壁儿去了,所以"台山"会变成了"开山"了煞!

那一次给台山音系略记纲纪,过后就到台山去做实地调查的工作。那回我好容易把省城话学会了,在台山中学作了一个粤语演讲。可是讲了又有人给我重译成台山话"添",因为台山音在大致的系统上虽然跟省城话很近,而在音值上因为声母上有大批的"类隔"的变化,听起来跟广州音就成不了"音和"了。

那次的调查工作可惜没有利用录音设备。买倒是曾经买了一架迭克特风牌的蜡筒录音器,并且孟真先生极力赞成我带架机器到各县去。可惜那时候多数地方,不是没有电就是电流不合适,因此没有得到长篇的活语料。这次所收的语料,除北风与太阳的故事是参照以前的记录之外,其余的长篇说话都是最近请旧金山的两位发音人用磁条录音器灌下来的。

在音系方面是参照了前后的记录,并且参看尤桐先生一九四六年在普林斯顿大学写的记台山音的博士论文,不过尤先生的发音人的话跟我所记的略有出入,大概一半是所代表的乡区不同,一半也许是音位的归纳方式不一样。那篇论文没有发表,现在不就手,所以没有很引用。

台山旧名新宁,是所谓"四邑"当中最南的一邑。各乡当然有各乡的不同。大致分为上新宁下新宁两派,上是偏北向大陆的意思,下是偏南近海的意思。上新宁话跟一般粤语近一点,或者应该说差的不那么远一点。但是有一点比下新宁更特别的地方,就是有的歌戈部字读如带尾的蟹摄字,例如个读如盖(合口),我读如外;这类字虽然不多,可是都是头等常见的字,所以特别惹人注意。反之下新宁的特点更多。它不但有那种像"大舌头"两边漏气的那种不带音的ㄌ音(相当于心邪等母),而且在止摄字有成音缀的边音韵母,例如兹斯等字都用这种边音为韵母的(上新宁虽亦有不音的ㄌ母,但上述字都用乌音为韵母)。下新宁萧宵韵读成 ei,例如挑读 hei,这是很特别的。又侵缉的元音用 o,例如临读 lom,集读 top,也是很少有的。下新宁还有一种挤调,跟一般粤语"变音"的功用相似。这声调在喉部有一种紧张作用,把音高挤成一种近闭而不全闭的低音。这类字不多,可都是常用的字,相当于上新宁(阳)去声字居多,往往是原上声次浊的字,例如马,吕,染,但是别的声也有,例如衫,窄,蚕。安南音有一种类似的声调,遇有汉语借字时也是多属阳上去的字。这是偶同还是有甚么直接关系那就不知道了。

此外就是台山共有的特点了。在声母上,台山的舌头音(包括上述的不带音的ㄌ音)相当于古精组(齿音)。台山的齿音相当于古知系字(即舌上与正齿)。台山的零声母(或喉塞声)与厂影晓匣的字,也有端透定的字。如果用不太逻辑而较通俗的说法就可以说精读如端,端读如影,清读如透,透读如晓似的。台山的舌根及喉音配起古舌根及喉音(牙、喉)来,比省城话配的更切一点,因为溪变厂的字比省城较少,而且鼻音声母的兀音是疑有影无,截然不混,不像省城话按今音介母之有无而定兀音之去留。日喻两母也是大致分开的,但日与疑合并为兀,所以然研同音,肉玉也同音了。

台山的韵母没有甚么惊人的地方。下新宁的"漏气"的韵母已经提过了。上新宁对于歌豪有合并的倾向。省城话有长短音的分化,在台山就完全不管,例如生字没有文短白长之别,又百字在台山有高中入两读,如读高音时就跟北字同音,不像省城话的北百除调有高低外元音还有短长之别了。但梗摄三四等字省城话分文短白长时台山仍旧不混,因为他们把长音读成阳韵了。例如听字文言读如兴,白话读如香,相当于省城话的长短音的分别。

台山的声调,以读字音的调类讲,有阴阳平,上,(阳)去,上中下入,七声。次浊之大半及全浊之全体成(阳)去,古清去入阴平,中入字极少,只占省城中入的一部分,余归上入。古清去与清平合并为中微升调。那么是叫它阴平还是叫它阴去其实没有甚么可挑的,只是一处的音没有阴平似乎不像样儿,所以还是跟着一般的看法管它叫阴平罢。台山也有省城式的从低升高的长变音。功用也相仿,一种功用是像国语的卷舌音的名词词尾,还有一种是当作煞句读用的助词。台山的连调极简单,几乎没有变化,只有在相当快说的时候,把尔来读高降的去声(像国音)放低下来近似低平的阳平。此外就没甚么变化了,台山没有像国语里那种词类性的轻声,但是在语调里当然还是有轻重的不同,那是任何方言里都会有的。

台山的词汇跟文法。要是从全国的立场看起来,那么它跟省城话差的好像不太远。可是最眼面前的词儿像这,那,这么,那么,怎么之类,因为差不多句句都碰到这些词儿,所以乍听起来觉得整个儿的难懂。你,我,佢跟广州相近,可是单数跟复数的分别不大清楚,有时复数用挤调,不用们,哋等词尾。近指用该,上新宁读送气阳平,下新宁读如歌送气阳平,远指用宁字。该*,宁*加了(低高升的)变音就成了这儿,那儿的意思了。表示次品或形容的词尾,国语用的是的字,广州是嘅字,台山可是用各式各样的数量助词来代替它,并没有个普遍的跟的字相当的词尾。例如他的书叫佢卷(上声)书(书是论卷的),多数就是佢乃书,仿佛就是说他些书似的。这个文法特点不限于台山,四邑的其他三邑跟中山一带都这样的。最有趣的是一种近似变音的词尾,有吴语的仔,广州的嘅,国语的属词的了字的功用。它在台山不占一个字的音,因为前头字是甚么韵它就把那个音再拉出一个音缀,但如有辅音韵尾则在此音后加一个中性元音。它的功用恰恰等于一种表示完成的动词词尾。

以上说的各点把台山话的各方面说的很抽象很笼统。这样子不是既犯了所谓"新文法家"的毛病,又不合傅孟真先生所定的扩充新材料的原则了吗？那么我只得用"为篇幅所限"那老套的话作为遁词罢。这一次在这纪念特刊里我就只能略述孟真先生的治学方针在我的语言研究上的影响。等《台山语料专刊》整理出来了，里头详详细细的载了许多词类，成语，口气助词等等，写出长篇的真说话的语料来，在那书的封面内就好更正式的纪念傅孟真先生了。

收尾我还要声明一句，说从本题看孟真先生的学问好像只限于人文与社会学治学的方面。可是他对于这些方面的眼光之所以那么远，所以那么深，正是因为他的兴趣，他的涉历不仅限于这方面的缘故。我跟他第一次认得是在一九二四年在柏林的时候。那已经是在五四以后，他刚在《新潮》上写过了论中国文字改革的文章。（编者按：《新潮》一卷三期有《汉语改用拼音文字的初步谈》一篇。）可是我们在柏林时候大半说的是心理学，数理逻辑那些题目。最近三年多以前我们在新港在纽约见面好几次，他的谈风仍旧是席卷一切的一切。我得他最后的一件礼物不是人文或社会科学的书，而是一部迭拉克的《原子力学》。倒不是因为那部书讲物理的缘故，乃是因为近代的原子力学代表方法论上的一个基本的新发展。傅孟真先生学识跟做人的高超，正是因为他有泰山的广阔，所以望着他才有泰山那么实在。我开头儿发的疑问，说孟真一口山东音跟台山有甚么关系？现在可以回答说无论泰山口音也好，台山口音也好，都是得用同样的治学方法研究的。

这本纪念册里本来应该都用庄严的文字，说正经的事情。可是我写着写着就写忘了。因为回忆到从前的情况，就觉着好像真跟孟真说话似的，可以随便争辩跟逗笑了——可以算是一种"祭友如友在"的意思罢！我想要是孟真知道一定也愿意我这么着的。

（《中研院史语所傅所长纪念特刊》，1951年）

方言记录中汉字的功用

"文以载道。"要是把道字用广义来讲,凡是可道之道,就没有不可以拿文来载述的略。所以自古以来,论各地事物称述的异同,说远就有相传认为扬雄著的《方言》十三卷,说近点儿就有各地方志里方言的章篇,乃至满篇口旁或人旁的俗字的方言小说跟耶教方言圣经之类。要标标准声韵,就有德红章移等反切上下字,或是东冬钟江见溪群疑等音类的畴范。要记地方口音不同,就有戚林八音,潮州十五音等代表字。甚至非汉语的记载,除私名跟少数术语取相近音字直接对音外,全用中国字写外国语音的,也曾经有过几部书。这多半是些学习外国语的无师自通式的教科书。你要是找出著者出身甚么地方人(多半是吴语粤语人),往往看得出他配音的规律倒是挺严密的。

　　理论上说起来,虽然凡是可道的事物,没有不可以用平常的文字写述出来,但是有些事物的性质,要是用平常文字叙说起来,一定会弄的不太整齐简单。比方数量的观念,物质的化学上的类别,音乐的音高节律,语音的音值音位等等,要是用平常文字来写,一定会写的啰哩啰唆,不清不楚的。在中国的语文里,大体上说起来,是一字一言,就是说凡是有意义的最小单位的言,百分之九十九点九以上的例是用一个方块儿字来写的。要是把一个言再切成更短的音段,那就只能用上述的声韵等等名词间接的叙说,不容易直接一配一的那么标出。到了利玛窦以至高本汉,用了字母来记载言而下的语言成素,于是中国语言的分析才得着了进一步的简要的符号系统。这当然已经成了现在中国语文界里的老生常谈，不用细说不用证明的了。

那么为学术性的语言的研究，是不是应该离开汉字，全盘欧化，用字母音标来作记录的工具呐？如果要说："广州话管管⋯叫叫叫⋯叫，"是不是必得写成："广州话管 [kuăn⋯tɕiàu] 叫 [ki:u˜⋯ki:u˜]"才算够科学化呐？如果要说："广州话管七比五大叫七大过五，"是不是必得写成："广州话管 [tɕʻī pí u̠ tà] 叫 [tsʻat˜ ta:i̠ kwoŋ˜]"，方才算够准确明白呐？要答复这个问题，咱们得先琢磨琢磨记录语言的时候，究竟是记的些甚么东西？记录一处方言的时候，有音值，本地音韵（从而产生音位），词汇，文法各方面。整理方言材料的时候，又有与其他地方或其他时代比较的研究。大致说起来，研究音值音系，以用字母为宜，至于其他方面，汉字有汉字的功用。但是也不能绝对这么样分域。现在分别来说明。

先说方音的音值。以语言学的立场论，光是记录语言的声浪，或甚至从声浪分析出来的分音谱的成素，都不算语言学本身所谈得着的材料。只有记录某语某言在某方言是有些甚么音位成素，才起头算语言学所要注意的材料。如果照通俗的看法，把中国文字认为意符文字，字母文字认为音符文字，那么标音当然应该用所谓一音一符的字母式的音标咯。这种说法，虽然有片面的道理在里头，可是有一个要点忽略了，就是中国的方块儿汉字，虽然能代表意义，可是同时也代表一个有音之言。例如二跟两意义相同，可是完全是两个不同的言，音位成素当然更不同，文法上（"见处分配"上）也不完全相同。所以汉字跟字母文字的不同，在它们所标的语言成分讲起来，主要点是：前者标一个成单位的有音之言，后者标此言与彼言成素差别的音位。因为言是有意义的单位，音位是不一定单独有意义的单位，所以人觉得标言的方块儿汉字是意符，标音的字母是音符了。其实音位未始没有意义上的功用，字未始没有音的功用,只是尺寸不同——音位的尺寸是分辨言与言的异同,因而分辨意义的异同,而言的尺寸就是本身就有意义了,可是言不就是意义而是有义之音。那么标言的字不是意符而仍是音符,只是尺寸大一号儿就是了。

以上说汉字标言的功用,治字学者自许叔重以至沈兼士没有不知道论字须论声符("右文")的重要,只有通俗的观念才忘记了这一方面的道理。现在我们再多提一声是干嘛的呐?就是因为汉字既然是标言的,那么记录方言时候用汉字来记录,不但是给记录者跟读者了解上的方便,并且是加一种又正当又科学的记录工具。

汉字跟罗马字母都是在相当复杂的文化环境里演变出来的,当然没有像有些科学里一气通盘设计的符号系统那么一致化。所以研究古代语言的时候,要是材料是字母文字,字母的音值,甚至音位性质,都很费琢磨。要是记录现代的语言用字母来标音位,那就可以从头拟一套完全一致的标法了。

同样,在中国语言要从已有的文献研究,对于汉字的音值,当然更得细细的分析才看得出那些字所标的音究竟是怎么发的。可是为新作现代中国方言的记录,如果要有严密而一致的标言文字,更得有一个有系统合理化的办法。本文当然不是能够给北平话或任何处方言的全体词汇定出一套汉字的用法来,<u>只就着方言记录任务的意义,来试拟几条原则来跟田野工作的同人们商榷商榷</u>就是了。

一、第一条而且最要紧的一条原则是要站在纯粹本地音的立场上用字。无论音值如何相近,万不能拿一个字的国音或任何地的方音来标别一处的音。对于比较方音工作稍有涉历者,当然不至于听了长沙音说话两个字按北平音来写成学法,或是把广州话火车两个字作为等于北平佛切两个字的音。有时候固然可以弄的很像很像,可是毛病在没有法子彻底弄下去,没法子给它通盘系统化的。这种情形，相当的容易明白，内行点的人不至于会上当的。不过碰见发音人稍知国语的，有时候会自动的贡献意见，那么记录者必得坚持他如果写下某汉字，在他们本地话是不是那么说，绝对不顾国音，古音，正读，别读等等题外的问题。比方我有一次记台山话的时候，遇到一个言，读作上阴入 sák，相当于你·那儿的-·那儿，这·里的-·里，那·边儿的-·边儿之类。发音人说音同塞字，因为他会说点广州话，塞字读 sák，可是这是一种"牛吃蟹"的办法，因为台山塞字读清边音的 lhák，绝对不宜于写这个言的。后来我就着可能的音里选借了一个溹字（集韵色窄切）来写它。[四]

二、一个字形，最好以代表一个言，不要代表几个不同的言，为原则。例如见现在多数方言是两个不同的言，虽然经传上有写见字当两用的，但是在记录现代方言时候最好把ㄐㄧㄢ写作见，把ㄒㄧㄢ写作现，因为我们现在讨论的是现在现象的记录，不是方言方字的历史。又如知道的知跟智慧的智音不同，品类不同，义也略异，应该认为两个言，所以虽然有的书上一律写知，咱们可应该给它分化为知、智。又如乾、乾，原并作乾，也是应该分化的。还有广州话画字动入名去，通常除计划的划加偏旁外，动名全写画，韵书上画字有两个反切，倒是。但是记广州方言时候最好是分化了的清楚。总之，有字可写的，不论古今，雅俗，"正讹"，凡能按言分化的都分化它。

所谓言的分化，当然指方言言的分化，不一定是指古语或今标准语的又读又形。比方在吴语做文章的做去声，作文（学校功课名称）的作入声，音既不同，见处分配也差，虽然古同源，北同音，可是在吴语（跟好些别处方言）得认为两个言，用作跟做两个不同的字形来写。

三、一字几读的，以标明读法为原则。最多的例当然是所谓"破读字"咯。[五]多数的破读字，没有像前节举例中有新分化的字形来给人家方便。在一般行文时候,读者当然可以从上下文看得出应取哪一读来。但是记录方言的时候,得要较严密一点,至少遇稍有可疑的可能,都得圈出来。比方长、ʻ长大概从句子里用法上总可以分得出来罢?可是也不尽然。例如"这藤子长了许多了"一句,长、ʻ长两读都讲得过去。那么刚才那个人说的究竟是哪一句话,你得记录清楚了,省得回头忘了煞!

大致说起来,可以说如果一个言是固定词的一部分,不标也可以不至误会;要是成独立词的时候就得以标明为原则了。比方禁止的禁是去声,禁不起的禁是平声;学校的校读若效,校对的校读若窖;甚至一个词里两个字各有异读的,合在一个词里就只有一个可能的读法,例如参差,好恶,虽然读法特别,可是全词就给它扣定了。

但是得留心两个危险。一个是成词的几读字仍旧有多能性的机会。比方言语当名词读如字,当动词(="做声儿")读ㄩㄢˊ·丨。又如"这个人好说话",这句话里第四个言究竟是甚么,还是没写清楚:是说他脾气有个商量呐,还是说他爱说话呐?都讲得通。第二个危险是怕误以古语或标准语为方言的选音标准。因为这一层特别重要,所以得另立一条原则,就是:

四、破读的选音必得拿本地话为标准。 比方可恶的恶在古音是去声,在国音成为ㄨˋ,如果念成善恶的恶字音,教书先生就说你念错了,语言学家就告诉你说北平人不是这么说话的。可是在吴语里就竟有人这么说话——所谓"有人"是说同等阶级同等教育的人的话。例如在苏州,那是惟一的通行的说法。我们常州人固然拿着阳湖派的牌子,笑他们念白字;可是从语言学的观点,话又说回头了,他们很容易答复说,常州已经是靠吴语区的西界,受了江北佬南官话的影响,不足以代表吴县的地道的吴语。无论怎么样,既然多数人这么说法,不管合不合古语,合不合标准语,在标准吴语横是早已成了习非成是的局面了。方言记录既是记录现实的局面,当然不问调查员自己的好恶,只把事实确切的记下来就是了。

当然呐,记录方言,是记录一方之言,选发音人资格的时候,总得选一个能代表一方或至少一方里的某阶级某年岁的人。要是遇见有可疑的地方,那么最好再问问别人,问清楚了到底只是个把人的说话特别呐,还是真能代表有那么一派的说法。比方一个人说"看出破定来了",只听了这一句,不能就断定还是那处方言全是说破定,还是他个人的特别。有时候发音人还说"我们这里的话是说破定"。可是这话也不一定能按票面兑现。得多问问人之后,才知道是个把人的例外,还是的确代表一派方言。结果也许分得出阶级性,年龄性,有时还分得出男女性上的不同来。也许五十岁以上的人说一切(音砌),五十岁以下的人说一切(入声,或其相当读法);也许八十岁以上的人说滑(音骨)稽,八十岁以下的人说滑(如字)稽,那就是方言内部的不一致,这是常有的事,也是应该记下来的事实的一部分啊。

五、新破音应该跟旧破音一样重视。 上述的各例,大多数是古语中一言歧为几个言的,传到现在各处的方言,成为一套破读或加偏旁分化为新言的新字形。因为来历来的远,所以分布就分的广。但是这类现象是随时起的,不是在隋唐韵书集成时代所特有的;就是韵书,如《切韵·序》所提的,也不过是给"南北是非,古今通塞"的情形结一个账就是了。

在新兴的言的分化,就有不见经传的新的破读或新分化的字形。因为它新,所以散布的区域较窄,但是在原则上跟见于经传的例是一样的要紧。例如归还的还跟还有的还,后者读若孩,不见韵书,虽然不是全国有这分别,可是也通行于半国。记方言的时候可以注还₁,还₂或是写还孩,孩音,或是不客气就写孩,例如孩梅来呐(=通行文字的还没来哩)。招待的待跟待着的待(="停留"),后者读阴平,近人一样写待。但是两者意义(见处分配)近而不同,更怕相混,所以记录方言时候,遇到这个分化出来的新言,就得用待阴平,獃待字,獃音,獃(原作懛)等等式来标记出来。

新分化的地域范围越小就越有标记的必要,不然多数读者就会忽略了。比方错误的错(原是锉刀的锉的本字,今假借或引申)是去声,可是在南京一带有错上声当"不齐","相左"讲,不另有相当的字形。同音字有胜,硰,硾三个罕字,义不相干,可以取一个作假借,或写错上声。

六、如果字有有系统的文白两读可以用下加杠或其他简单符号标出来。(所谓文白读音往往是方言搀合的结果。)在北平话几乎全是宕,江,梗,曾,通五摄的入声字,换言之就是古收 -k 尾的字。这类字在白话音收 -i 尾, -u 尾,在文言音是开尾韵母,例如麦,黑,薄,熟白话音韵母是ㄞ,ㄟ,ㄠ,ㄡ,文言音韵母是ㄛ,ㄜ,ㄜ,ㄨ。所谓文言白话音(《国音常用字汇》里称为"读音","语音"),其实就是以有无 -i, -u 尾为定义,因为实际上白话音也不完全限于口语(例如北字两读ㄅㄛ,ㄅㄟ,第一读现在几乎没人用了),文言音说话也常用,只是用处不同,见处分配既异,根本就成不同的言了。为分别文白读音,可以用下加双杠为文,单杠为白。例如北平狭窄的ㄗㄜ作窄,宽窄的ㄓㄞ作窄。

哪些字受方言搀合的影响而生文白两读,是因地而异的。在北平,如上所述,是入声收 -k 尾的字;在吴语是(1)见系二等一部分字文细白洪,例如时间的间细,房间的间洪,(2)日母字文口白鼻,例如上海人读若绳,人读若宁,(3)梗摄字元音有时候文关白开,例如生死的生读 song,先生的生读 sang,(4)唇音微母字文轻白重,例如亡羊补牢的亡读ㄨ母,关亡("巫")的亡读ㄇ母。广州文白两读的例较少,大多数是元音的长短的不同,文短白长,例同上吴语第(3)项。福建省各方言,文白的分别最多。日母两读,近似吴语的办法。此外唇音字好些是文轻白重,不限于微母,其他唇音字亦然(吴语里他母只散见)。闽南潮汕又有元音上文口白鼻之别。现在只是讲原则问题,举例就从略了。

七、不避白字。既然先决问题是记言,后决问题是求本字,那么如果猜想的本字或是国语古语所用字的音不相当,最好暂搁在一边,先写一个音较合式的白字,必要时可以加一个小"音"字或加一个总注,要是是个很常见的话的话。

有两种情形特别宜于写白字的。一种是通常用的字音不能用,一种是所要记的言向来用另一个言来写的。比方北平话不说告诉,在常态的北平话跟这个词相当的词的第二言收舌根鼻音,成为轻声的·ㄙㄨㄥ。这种阴阳对转的现象固然是常见的(比较武汉方言木、母等字收鼻尾),可是一般行文里总是写告诉或是告诉。为记录语料的用处;可以写告·愬鼻尾,或是写告·愬音送,或径写告·送。[六]

第二种情形,比方说北平话坐得桌子上的得罢。咱们所确实知道的,就是它是个轻声的·ㄉㄜ。要是问方言文献里用字的习惯,那么根本没有这个言,它的见次等于零。最相近的只有坐在桌子上的在跟在非北平方言里的坐倒上声桌子上的倒。倒字在北平没有这个用法,不过这成问题的得也许历史上是从倒字来的,换言之倒是这种得的本字。还有个可能是得是倒、在两言的搀合言。要是用倒字的话,这个字形已经有了上去两读,并且两读的品类上的区别相当的复杂,[七]那么与其再加上第三读那么啰唆,还是不如就写·得较简单准确。

八、有言无字的用同音字,无同音字可用训字加引号,或用方框子□另注音义。比方北平话"沙子ㄍㄜ眼睛"或"ㄍㄜ脚"的ㄍㄜ,大概是跟梗、哽、鲠有词源上的关系,可是音义都稍差,在记录上只得写个音,或各音,或□ㄍㄜ,或ㄍㄜ。在东南各省方言有言无字的例特别多。有时候方言文里造的有方言字可用,有时候连方言字都没有。除非方言文已经有很通行很有资格的字,咱们在记录上不一定跟着人家走。有时候好像是有文白两读,其实其中一读另是一回事。例如有的福州话的书或字典在一字下有 ék, siŏk 两读,算是一文一白。其实第二读跟第一读的不同,就跟两跟二的差别同样利害,应该认为两个言。所以有的书用蜀字代表第二言,取跟独字有关系的意思。可是蜀字读 sŭk,音不完全合,没有石字较为合式。这既然是很常见的言,每次写石音或"一乂"太麻烦,可以总注一句"本文作石"或"本书作石",以后就总用石字,也是个办法。

九、选字以暗合多数方言者为宜。这一条对于纯粹一处方言的描写上没有关系,可是准备作进一步的研究,只要不违反记录现实的原则,可以尽量选在时空上适应较广的字,省得以后再改。比方广州话有个助词,有的书上写㗎,有的书上写咗。可是后者在广东他县音不合,那么就应该选前者。树葉的葉字在吴语行文有时写作叶,因为葉叶在吴语同音,可是因为跟其他方音冲突(不是因为它是白字!),所以记录吴语的时候,虽然叶字音可用,但是仍旧以用葉字为胜。又比方北平话有青年一词,也有年ㄑ丨ㄥ一词。后者在一般通行文字上有人写年青,有人写年轻。在不分尖团的方言里(例如在北平话里),当然两者都行。可是在分尖团的方言里(例如南阳,保定的南部,上海),相当的词是用团音的,那么为求暗合最多数方言就不能写年青,而必得写年轻,那好的多了。又如"冲着"某方向走的意思,通常写往字,例如往北走,可以认为上声往字的去声新又音。可是在吴语粤语跟它相当的言是读若重唇亡阳去,显然是望字。所以记录北平话的时候如果写望北走,不写往北走,那就对于比较的研究上就已经起头有点上轨道了。

十、在本地音韵地位不明白的言,用最简单的字音的字来写它。比方北平上声前一个上声的言读阳平。那么如果一个新词第一言是阳平第二言是上声,在没知道第一言来历是甚么以前应该暂用阳平字写它。例如某种红希希,黄希希的薯类叫ㄅㄞˊㄕㄨˇ,先可以写作白薯(通行写法如此是另是一回事)。至于是不是因为这东西种了一百天熟所以叫百薯(百、白在这地位分不出来),那是后来的问题了。

可是所谓最简单写法,也得合乎本地音韵所允许的条件才行呐。比方福州话管"事情"叫[tài-ié]。在初步田野记录,当然得从这两个音缀标音起。等到把本地音韵弄清楚了以后,就知道有下列的十二对可能的字读起来都是那个声音,(在第二位音缀的声母 k, kʻ, h 都等于〇了):

第二音缀 第一音缀	阴去 k-	阴去 kʻ-	阴去 h-	阴去 〇
阴 平	呆 计	呆 契	呆 戏	呆 翳
阴 去	带 计	带 契	带 戏	带 翳
阳 去	代 计	代 契	代 戏	代 翳

这里最可注意的就是第一音缀虽然跟阳平单字调同值,可是绝不可能是从单字阳平的言来的,因为阳平后有阴去就念成低平调,不会仍念高降调的。所以虽求简单也不能认为阳平字。至于表中十二对可能的字都不大好讲。在闽语行文习惯是写成代计,不过其他十一个写法一样可能(还是不计其他同音字的话,否则更多)。

以上各条,先说开了的,只是为着记录的用处,不是为求本字,不是为文字教育建议标准,不是为调查方言文献里用字的习惯,只是给音位音标记录之外又加上一个言位言标的补充性的记录就是了。要是在某某例顺便得出本字来,在某某字碰巧想到些合乎文字教育的用字法,或是找出方言文里有很通行很合理化的行文

习惯,当然咱们也不必特别去求怪,因为实行上述的十条原则起来,往往结果就够怪的了。⁹

现在应用上述各原则,举两个方言记录的短例如下:

(一)北平话:

有一¹回,楚²宣王问他的³许多⁴大·臣说:"我听⁵见说北边人兜⁶那么⁷怕昭奚恤,到底是怎么回事啊?"那许多大·臣们一个也不言·语。⁸就是有·个叫江一的,他回答说:"从前有·个老虎,要找各种野兽来吃,歹⁹·着虫幺¹⁰了·个狐·狸。狐·狸说,'你不敢吃我,老天爷叫我做所有野兽的王,你现在要是吃了我,那不是违悖了老天爷的命·令了吗?你要是不信啊,我给你在头儿里走,你跟之¹¹在我后头,看那¹²些野兽见了我孩¹³有敢不跑了的罢。'老虎说好,就跟之他走。野兽看·见了他们,真的都跑了。老虎不知道他们是为之怕他自各儿¹⁴才跑走的,还挡之¹⁵是怕狐·狸呐¹⁶。现在您大·王¹⁷有五千里见方的地·方,带盔·甲的兵有一百万人,都交给了昭奚恤去,那么北边人的泊昭奚恤啊,其实都是怕您的兵力呕,跟那些野兽怕老虎一样↘¹⁸。"

说明:

1. 一这个言有四个态,(1)在休止前或特重音作阴平,(2)在去声前作阳平,(3)在其他地位去声,(4)除非轻声时候。在这句里(3)跟(4)都可能。从这些性质上看得出这个言跟衣字所标的言不是同一个,因为衣字总是阴平。

2. 楚、宣、昭等等私名随便写同音字没关系。但是要按原则第九求普遍性,那就不能写朝于今朝西序。北平话朝西序虽然跟昭奚恤完全同音,可是在别处不同音。这故事是个到处知道的故事,如果选字选的好,就有到处合用的好处。倒不是非得要合乎古书上所用的文字,要是写招兮卹也就全国差不离儿了。

3. 有音位性的轻声的方言里,凡轻声都应该注出,不过极常见的轻声言,如的,子,么,了跟有规则的文法性轻声,如动词后的代名词(不特别重者),可以一次声明,以后不注。

4. 许多的多是阴平,多大,多久等等副用的多有阴阳平两读,可以认为又一言的两态。在这句话碰巧多跟大两个字在一块儿,怎么知道它不成词呐?要是汉字文"词类连书",词与词分开,就可以看得出来,否则就得把言与言分连程度处处标出来。

5. 听·见的听平常认为正读,任听的听平常圈去声破读。并且在一个词里,破读也可以省圈(原则三)。

6. 这个字平常当然都写都,现在把它跟都市的都分化。

7. 那么这个词有两个言,第一言那义远指,音有 nà-, nə̀- 两态,第二言是个词尾,有 -·mə, -m 两态。两言合成词的时候第一言限于第二态,第二言仍有两可。

8. 言·语ㄩㄢ·丨"做声儿"。参看上原则三。

9. 通常作逮,得。前者调不合,后者元音不合,取同音字歹。

10. 着字有好几读,并且成几个不同的言,稍有可疑的地方得要注明。

11. 为减轻着字用处的繁多,用之字当连续词尾。小说里有时候这么写。

12. 这地方那字有纳、内两读(后者大概是那、一的二合言),可以作为一个言的两个自由变换态。记音的时候当然 nà- 是 nà-,nèi 是 nèi,可是记言的时候可以用同一个字形来写一个多态的言,就跟用一个字母写一个多值的音位一样的办法。

13. 通常当然写还。还有一个办法就是像在《钟祥方言记》里在字右旁加半高点,表示在某特别用法有特别音。根本现在是另一言(不论以前是否同源)。

14. 这个词的第二音缀不是后元音的ㄍㄜㄨ,乃是央元音的ㄍㄦ,等于ㄍㄟ或ㄍㄣ的卷舌韵。没有相当的字可用,只得利用原则三让全词定内部言的音值了。

15. 挡之通常写当着,"误以为"也。

16. 北平不分呢、哩,并且都读轻声呐。

17. 大字在大·夫,大·王读若代。

18. ↘是后加降调,句末样字去声降下后略升再降一次,表示"你不懂↘,我讲给你听↘!"的腔调。

(二) 常州话(这是记言文,要知道常州音系可以查《现代吴语的研究》,特别是二二至二六,四〇至六一,七六至七七):

有[19]一回,楚宣王问佗[20]格多少臣则[21]说叫:"我听见说北边人多鉴[22]种怕昭奚恤,实骨则是难鉴佬格散[23]?"过星[24]臣则一格人也弗[25]响。只有一格叫江一江一格,佗回答说叫:"从前有只老虎,要寻各种中生[26]来吃,捉着则一只狐狸。狐狸就说叫:'你弗敢吃‖我惑[27],天老爷讴我做所有中生格王,你至歇[28]拿我吃落则末[29],过是违悖则天老爷格命令哩[29]惑?你如果弗相信我啊,我替你勒前头波[30],你跟则我后头波,看过星中生看见则我还有敢弗奔格法[31]。'老虎说叫好骨[32],就跟则佗波。中生看见则佗家真佬多挤[33]阴平。老虎落平声腔道[34]佗家是为则怕佗自家勒逃走格,还缠则[35]是怕狐狸得[36]。基夜[37]你大王有五千里见方格地方,带则盔甲格兵末,一百万人,多交八[38]勒昭奚恤去,过末,北边人格怕昭奚恤末,其实是怕你老人家格兵力惑,也瞎[39]过星中生怕老虎一样惑。"

说明:这一段方言文在原则上跟前一段没有甚么不同,就是好些言的意思得加点解释。

19. 常州阳上字文言阴上,白话阳平,例如有读若油,我读若鹅。这是所谓乡绅派的口音,作者属于这派。另一派,所谓街谈派,一律作阴上。

20. 佗 da 浊声母。

21. 则=词尾"子"。

22. 鉴洪鉴细（原则六）。鉴种＝"这么"。比较广州噉,咁,上海介大,介长。

23. 难鉴佬格散＝"怎么样的煞"。

24. 过星＝"那些"。

25. 弗,通常吴语文作勿,勿字微母,在上海还近一点,在苏常更差。

26. 通常写众生,可是第一言平声,中字较合。

27. 惑,助词,近似北平助词诶。

28. 至歇＝"这会儿"。

29. 吃落则＝"吃掉了"。则是词尾性的"了",像苏州话的仔,广州话的咗。至于句尾性的"了",常州话作哩（苏州的哉,广州的咯）。

30. 波＝"走"。

31. 法是弗啊的二合言。

32. 骨是格惑的二合言。

33. 挤阴平大概是格哩（＝"的了"）的二合言。这个不读团音而读尖音有点怪。可是常州还有季、既两言也是舍团而取尖。

34. 落平声腔道＝"那儿知道"。

35. 缠则,"误以为"也。

36. 得＝当"哩"讲的"呐"。

37. 基夜从今夜转的,＝"今天"。

38. 八＝"给"。

39. 瞎＝"与,及,跟,同"。包括性的第一身复数代名词瞎你就是"我瞎你","我跟你"的意思,等于北平话的咱们。瞎你家就是"我跟你们"的意思。非包括性的第一身复数代名词常州叫我家,等于北平话的我们。

注

一、例如羊城唐廷枢景星甫《英语集全》。

二、有两种要紧的例外:(1)用两个字写的两音节的单位言,如玫瑰,琵琶,啰唆之类,(2)用一个字写的单音节二合言,如别(不要),那(读ろㄟ的时候)(那一),助词喽(了呕),吴语朆(勿曾)之类。可是不成音缀的儿尾反倒不是一种例外,因为虽然这儿,今儿,花儿等等都是单音缀词,可是每词还是由两个言构成的(词尾也是言),结果还是一字一言。

三、这个"最小成义的音位组谓之言"的定义是向来论言的实际应用的标准。晚近注重纯用"见处分配"的观点来分析语言的构造,不但用它来求音位,并且还想用它来认出言的单位。最详的提议跟说明见 Zellig S. Harris, *Methods in Structural Linguistics*,芝加哥,一九五一,特别是页一五六至二一八。

四、本刊第二十三本特刊,页七三,注三二。

五、参看马瀛《破音字举例》,上海(商务),十二年。

六、说的当然只是方言记录的字。在语文教育上,问题就复杂一点。无论教本国儿童或教外国人中国语文,写告诉他们就说的不合通行的习惯,写告送他们就写的不合通行的习惯,没有两全的办法。

七、参看赵元任、杨联陞《国语字典》,麻省剑桥,一九四七,页十四。

八、参看陶燠民《闽音研究》,本刊一本四分,页四六三至四六五(十九年)。

九、例如《钟祥方言记》的故事文,本院单刊甲之十五,页一五六至一五八。

四十二年五月十六日收到

(《国立中央研究院院刊》第 1 辑,1954 年)

中国音韵里的规范问题*

中国音韵里的规范问题，比标准更广泛些。诗韵、戏词、方言、音乐，都跟这个问题有关。现在就从这几方面来讲。

一、与诗韵有关的部分

诗韵以三百篇为"古韵"，与古韵相对的叫"今韵"。今韵不是今音，它的传统很长，事实上是代表隋唐的音。由《切韵》的增订到《唐韵》，再到《广韵》，分为二百零六韵。宋淳祐间，平水刘渊增修《礼部韵略》，省并为一百零七韵，这就是坊间《诗韵合璧》用的平水韵。这部韵书，一直沿用到现在，支配诗坛时间很久，影响很深。多数写诗的人只管照着一东、二冬、三江……押韵，不管口语叶不叶。例如北方从元代以来，就没有入声，但作诗仍要用入声。像"读"字，北平虽念阳平，并不与"图"字押韵，北平会做诗的人一听就能辨别。民国初年，曾彝进主张用国音写旧诗，他认为写旧诗何必要与口语不同呢？所以提倡"旧诗今韵"。他所说的"今韵"，实际上指的是"今音"。这种用今音写旧诗的主张，当时并未被人接受。

我不写文言诗，也不写白话诗，所以在音乐方面一向只作曲，

---

* 本文是作者1959年2月20日在台北"中国文艺协会"和"中国语文学会"联合举行的茶会上的演讲记录。——编者

不作词。民国十二年,商务印书馆出版了我所编的《国音新诗韵》,这本书就等于一部国音字典。凡是同韵的字都排在一起,如ㄢ韵包括ㄧㄢ、ㄨㄢ、ㄩㄢ在内,写新诗就可以本书为标准。但反对新诗的人,都反对这本新诗韵;胡步曾亦不以为然。原来对于诗的欣赏和创作,要看读者和作者的心理背景。凡是学过旧诗的人,已经习惯于旧的一套,改了新的便不合口味,当然不会马上就赞成。

二、与戏词有关的部分

自元朝周德清的《中原音韵》起,所有入声字,已经分别归到平上去三声里,跟北平音稍有不同。元朝语音比较能代表北方,接近现在的北方音。南方人要维持入声,北方人学入声学不像,都变成了去声。但明、泥、来、日,即ㄇㄋㄌㄖ一系的入声字,一律读去声,倒是很规则的。民国九年教育部正式公布《国音字典》,当时有入声,分尖团,可说是南北综合的国音,在教学上颇多困难:例如"拆"音ㄔㄜ,属ㄔ母,撤音ㄔㄝ,属ㄕ母,可是这两个音无一处方言能按元音ㄜㄝ来分辨的。民国初年,我曾替商务印书馆用这种综合式国音灌过一套国语留声片,可是民九以后的国音改了。从民国九年到二十一年这一阶段,在这十二年中,大概只有我一个人说民国初年的国音。民国二十一年教育部才公布新标准的《国音常用字汇》,其原则是:国音要在可能范围内取北平所有的音,不取北平不可能发的音。

国语以不超出北平音为范围,这是已经确定了的。至于艺术方面是否应以北平音为标准呢?意见就不一致。如昆曲,皮黄,若照国音唱,恐怕反听不惯。昆曲出自昆山,昆山在江苏南部,靠近苏州,大体趋向于江南音,无一定标准。皮黄用中州音,比较抓得住一个标准,近乎豫南鄂北这一区,对入声处理也不一致。若要详细研究,可找过去的《东方杂志》看。最要紧的一点,是分尖团。京戏中唱词和正角的道白,都说中州音,只有丑角或旗人的道白,才说北平话。北平天然语言里不分尖团,现在国语里"丨""凵"也不跟ㄗ、ㄘ、ㄙ相拼,唱京戏时只好一个个学,全凭记忆。如相(ㄙㄧㄤ)是尖音,交(ㄐㄧㄠ)是团音,香(ㄒㄧㄤ)是团音,蕉(ㄗㄧㄠ)是尖音,在国语里若说"与朋友相交",和"与朋友香蕉"的音完全一样,但一分尖团便大不相同。北平人对此颇伤脑筋,常常分不清楚。曾在《北平晨报》有一篇文章讲得很好,并且还指明切戒矫枉过正:本来是团音字,不要也说成尖音,如希(ㄒㄧ)望,勿说成ㄙㄧ望。可是那位著者举了好几个例都举反了,可见只明白原理还是不够的。河北省南部语言中本来分尖团的,学京戏时,对这一部分就不感困难了。

话剧中的语音怎样呢?上海人最初把话剧叫文明戏,主角说北方普通话,配角说上海话。经验少的演员,说起来很不得体。因为话剧剧词的语调,要有快慢、轻重、高低,不注意就不行。我曾翻译过两个外国剧本,一个是《最后五分钟》,一个是《软体动物》。除了写出文字以外,另加语调和语气的记号。语调的高低,不必像音乐那样严格,差一点没有关系。要注意的是轻声,如事情(ㄕ·ㄑㄧㄥ),不能说成ㄕˋㄑㄧㄥ,否则就变成广州官话。至于快慢的速度,读书和背书时非常匀,一面想一面说,就非常不匀,不规则。想不起来就慢,或一下想起很多话,来不及说,就特别快。如果把读书和说话都用录音录下来,比较两者之间的均匀程度,就有显著的差别。

三、与方言有关的部分

国音是建立一个标准,让方言向它看齐。但方言总是存在的,它对文化方面也有相当的贡献。以前有些字典,对某一字的方言应如何读,仍要交代一笔旧账,现在的字典,才省记这笔旧账,只注国音的读法。如"订""定"两个字,国音皆读ㄉㄧˋ,江浙方言便有两种读法,一读 ting,一读 dingˋ;广东方言对这两个字的读法,一为阴去,一为阳去,调值也不同。

另外有一个问题也是值得注意的:通行的音怎样读,与古不合,是否要反古?假若多数人皆已改变读音,只有很少老学究不肯改,例如"滑稽"本应读ㄍㄨˇㄐㄧ,但是现在大家都说ㄏㄨㄚˊㄐㄧ,成了"习非成是"的局面,只好承认现实。假如非说ㄍㄨˇㄐㄧ不可,听起来岂非有点儿"滑稽"?又如"勉强",若细究来源,应该读ㄇㄧㄢˇㄐㄧㄤ,与倔强(ㄐㄧㄤ)的"强"同音,我们现在都说ㄇㄧㄢˇㄑㄧㄤ,其实有点儿"勉强",因为是由于以前对于"其两切"误解所致,可是现在也"习非成是"了。

四、与音乐有关的部分

有些人唱歌时咬字儿,不管读音怎样,这是唱和说的分歧。外国也有些唱法与口语不合的,如英语中的 Wind,把 i 唱成长音;德国则将 ich 音唱成 isch,使它响一点儿,唱时又有打滚的;其动机无非希望听众听得更清晰些。近年因有扩音设备,唱词渐渐与语音一致。

中国有一种现象很怪,唱新式歌,常把外国音唱进去。如唱"教我如何不想他",把清声母的"教""不"等字唱成像外国音的浊声母字。这类错误应该避免。

在作曲时,字音与乐调的关系,分出轻重很重要。如我替胡适之先生"上山"这首诗作曲时,"好了,好了,"这地方就没有配好,因为"了"字应该放在轻声上。

关于字调与乐调的配合有三派作法。一是近乎中州派,平声向下或比上一字较下,仄声向上或比上一字较上。我作曲多半是这样的。二是国音派,大致跟着阴阳上去的高扬起降。我偶尔用这种配调法,例如我在抗战时期编的"糊涂老,糊涂老,一生糊涂真可笑"的曲,差不多跟说话一样。第三派是完全不管四声,例如李惟宁的歌曲是这样的。

我对以上几个问题,并没有一定的成见,请大家多多批评指教!

(《中国语文》(台)第 4 卷第 5 期,1959 年)

外国语教学的方式*

校长,各位老师,各位同学:

今天很高兴有机会跟大家谈谈外语教学的方式。无论教甚么学科,首先总离不开讲解。说到外语的讲解,第一个问题就是,你是不是用学生的本国语言来讲外国语言?事实上,多数都是这么办的。可是晚近几十年来教外国语的有一种风气,就是用直接方法直接教。比方说,教师指着自己鼻子教外国人说"我""我""我",不告诉他们这是甚么意思,他们也不知道你在那儿干甚么,结果"我"就可能变成"鼻子"了。这也不是全无道理,中国"自己"的"自"字,篆文本来画的就是"鼻子",所以"我"跟"鼻子"是有点儿关系。直接方法的好处并不是没有,最重要的一点就是你上一堂课,就听一堂你所要学的语言。如果你听不懂怎么办呢?那么小孩子他学语言是怎么学的?我们对小孩子没有办法用另外一种语言来给他解释,因为他根本不懂其他任何语言。小孩子学语言,就是老听老听,老听那种语言,在甚么情形说甚么话。他把说那种话跟那种情形联系起来,就可以知道那句话的意义了。课堂上的生活范围很小,花样很少,内容讲的有限,直接法就受了限制。可是平常说个几百个字,或者上千字,差不多这个语言所有的音都见过一次了。所以直接法可以成功,在课堂里也可以学得下去。比方说,"我现在站起来""我现在坐下来""我拿粉笔""我在黑板上写

---

* 本文是作者1959年4月6日在台湾省立师范大学的演讲记录。——编者

字""我转回头",你说甚么就表演甚么。从前法国有一个学者叫Couin,他的教学方法,在课堂里讲什么就表演甚么,使学生在直接的方法里知道了直接的意义。这个当然有好处了,可是现在多数的教师,并不严格地去做;我们可以取它的好处,不一定要学它有缺点的地方。

学一种语言要抓住那个语言的要素,这是很重要的。任何一种语言的要素都不会太多,只有几十个音,我没听见过世界上哪种语言有一百以上不同的需要分辨的音。最简单的语言,比方夏威夷只有十几个音;英语算是很复杂的了,也不过四十几个音。你要是能抓住主要的音练习对了就好了。不过你在最初一两个星期就得弄得很准很准,如果一起头习惯坏了,以后想把坏习惯改成好习惯,就很费时间。改的最有效的方法,是用学生本国的语言来解释,所以开头教,应当用学生本国语言来解释一切,暂时不练习,讲给学生听怎么是怎么回事儿。比方学英语有浊音 b, d, g,要使学生发浊音 b, b,声音还没有发出来嗓子就有呱呱的声音。如果用外语来解释,学生听不清楚,结果让学生养成了坏的习惯;有了坏习惯以后,改起来就困难了。所以讲解的课程就归讲解的课程。比方一般的学校,一星期不能上很多课,讲解方面,头一两个星期可以多几个钟点,以后可以少一点儿,当然大部分的时间应当用外语来练习了。要是速成的,他要在几个月里很快地学会那种语言,一年要学两三年的课程,那就每天有一个钟头的解释,其余练习两三个钟头。一般的学校,除了外语还学别的课程,一星期一共不过上个四五个、五六个钟头,开头解释多一点儿,以后可以减少。解释不光是解释音,还要解释语法,解释怎么用词。头一个原则,关于词汇上的比较:凡是本国的一个字,跟外国比起来,不是一跟一相当的,是多跟多相当的。外国一个字可能相当于本国好几个意思,本国一个字也可能相当于外国好几个意思。随便翻一本英华字典一看,例如 bear 可以当"熊"讲，也可以当"担承"的"担"讲；另外还有许多引申的意思，"忍受"是 bear，动物或人"生产"小的也是 bear。这许许多多的意思，在中国语言里就有各自不同的说法。同样地，拿一个中国字，也有许多的翻译法子。比方"申"是记时间、记日子的字，可是"申明"怎么一回事儿，又是一个意思；"申展"开来，又是一个意思。你要用外国语翻译起来就很不相同了。所以要注意它是一对多，多对一的。这个原则，教师要趁早告诉他们，字的意义不是一个字一个意义，一个字可能有很多意义。因为要使学生很早就知道，所以就得用学生本国的语言来说，不能等到习惯已经坏了再来改。讲解是一件重要的事，不应当用直接的方法的。练习的课程，当然是要用你所学的外国语言来练习了。在有的学校师资够多的，可以这样分工：讲解用一个教师来讲解，练习用另外别的教师来练习，那么在练习的课程上可以用直接教法。如果用外国语言不能解释的词汇，绕了半天弯子不明白，怕耽误时间，那么可以说"等于甚么甚么"。一个钟头上五十分，当中有个几回，或者十来回，从所学的外国语翻译成本国语，总共加起来不超过五分钟用翻译，那没有甚么妨碍，还可以得益处。翻译并没坏处，就是它占了听外国语的时间。可是啊，一般的教师就是懒，也许他外国语说得很好，甚至于外国人来教，总是对学生说学生本国语言，这样学生可以舒服一点儿，他也可以舒服一点儿。整个钟头练习是很累、很吃力的事情，不过只有那样才能有好的练习。

练习的方式，当然要看程度。好的教科书，开头就有比较有系统的方式，对于语法的格式，先是同样的格式的句子来反复反复地说，或者有大同小异的让学生来反复地练习。练习的时候，先生问一句，学生答一句，或者你对学生说：你做这个甚么东西，把一个句子改一下子，现在式改过去式，多数改少数。别的学生都听这个学生的答案，先生不管学生对不对，总要重复一遍。学生答起来当然没有先生的纯熟,重复一遍可以给全课堂的学生得一个正当的印象。学生对读音或句子结构方面不清楚的,先生给他重复一遍,这样子然后再做第一步。

讲到练习的课程以外,学生当然总要自修了。自修的时候,如果在课堂上得到的外语的印象不够深,自己光是那么念,当然有时就不准确,这个需要有设备的帮助。现在比较方便了,有各种录音的设备。不一定每个人有机会要听哪个就听哪个,也可以许多人同时听一个放送的录音。从前用片子,又贵又不方便,现在有录音带,很便宜。录音常常当中留一个空白,让学生跟着说,或者提问题,留一个空白让学生答复。还有一个自修的方式,我常常提倡的,可是用的人还不太多,不过我自己学外语感觉很有用处。就是拿一句东西念一遍,马上就背过身子,把那句重复说一遍。倒不一定完全是整个的句子,至少要成一个单位的句读或短语。自己背一遍,再看看自己有错没错。要是起头看清楚了,那很好;如果有错误,就对着书再看一遍,直到对为止。这不但可以体会整个句子的结构,并且还可以把弱点给它加强;因为你错的地方(或者忘了,或者落了字,或者用错了字),你自己一看就改正自己,仿佛有个教师在旁边替你改正一样。

在教学跟学习上面,往往发生翻译的问题,常常有许多争论。外语教学是不是要注重翻译?有的时候学外语,只想能够翻译,能够看看书报,不打算到外国去,那只学翻译就行了。不过,这个要看你翻译是甚么目的,说是真正会翻译,就得懂那国的语言,不能光是知道一个字一个字是甚么意思。普通所谓 Reading Knowledge(读书的知识),有好多人号称有读书 Knowledge,事实上他只有查字典 Knowledge,查一字翻一字。因为整个句子才有用处,才有所说,才有所指。要翻译就得体会整个句子的意思,看看上下文,然后看本国的话怎么说。在课堂上,如果为练习翻译的技术,那是比较高层的,第二三年以后当然可以做这个工作。或者为考试学生学对没学对,中译外,外译中,这种题目都可以。不过在日常教学上头,翻译不应当占太多的成分。记得我从前在 Cornell 大学学德文的时候,第一年级先生是美国人,他很好,在课堂上用德文时候很多。第二年先生是德国人,他完全用美国传统的旧法子(第一次世界大战以前,美国人完全不注意外国语)。那时候,美国通行的旧法子,就是在课堂上拿着一本外文的书,看着德文,一句一句翻译成英文。一个学期里面,我就没听到一个整句子的德文。可是我的习惯总是喜欢拿着书哇啦哇啦地念,这一半是受从前读四书五经的影响,拿着一本书,不求甚解地念。我拿了那个教科书,我不理他,就哇啦哇啦地念,念到句子相当熟。后来考试,我的成绩并不比其他学生差。别的学生也许考得比我好,也许跟我差不多,可是他们没学到德文,我倒是学了一点儿德文,同时考的也不太坏。

练习的时候,学生说了过后,先生要把正的对的再说一遍;书写上笔试甚么的,当然也是同样的情形。关于改错误有一点要注意:固然要明白学生错在甚么地方,可是因为上课的时间有限,学生听外国语的时间有限,应当尽量让学生跟外国语接触,接触得越多越好。学生说错了,你不能把错的印象再给他加深,所以最要紧的是避免把学生错的重复。比方学生把英语的现在完成式跟过去完成式说错了,你千万不要说:"I said 'I *have* been here for three months', don't say 'I *had* been here for three months'."这样改法子,有两个毛病:一个就是你把对的先说,错的后说,使学生得到错误的印象深。还有一个就是你改的时候不是给他一个正的对的材料,你给他一个很不自然、平常人不大那么说的一个形式。平常 have 不重说,你改的时候说重了,他听的印象以为应当重说才对。那么你最好说:I've been here for three months. 不说:I *have* been here for three months. 你照普通的说法多说几遍,或者从别的方面让他看出来。不但是英语,最近有好些人讨论国语里头的"和平"的"和"(ㄏㄜ)字,学生说:"我和(ㄏㄜ)他",先生说这个字当连词讲不读ㄏㄜ,要说"我ㄏㄢ他",于是学生就把"这个ㄏㄢ那个","那个ㄏㄢ这个"里的"ㄏㄢ"很重的读起来。他改正的时候重读,学生就以为应当重读。先生给他模范,他就仿着这个模范来用。对语言的教法要用烘云托月的方法,无形中使他注意,不要把它特别加重。再讲一个近乎"ㄏㄢ""ㄏㄜ"这一问题的字。比方英语里的冠词 the,学生用成 a,先生说:You must say *the*(ðiː) man, you must not say a(ei) man。(应当用定性冠词,不要用不定性冠词)学生得到一个印象,冠词要重念 ei,那个音重念 ei。事实上,一千回有九百九十九回,the 念成 ðə,当不定冠词用的 a,念成 ə,ə man,ðə man。你要用间接的方法使学生注意到那样,不能把原来的内容给改变了。

刚才我说,起头注重音的方面,使学生怎么能够抓得住少数的几个语音。少数的几个语音,本来学生已经有的,当然没有问题了。平均说起来,学任何国语言,或任何别国的人学,大概有一半已经属于公共的了。比方 a、i、o、p、s(夏威夷没有 s,那是很少的),差不多都有了,只有一半需要特别练习的。会念单独的音是一回事,能够连起来用又是一回事。要能连起来用,就得靠教材,有标音的教材,才能记得你刚才费了那么些事儿练习的是哪个音,甚么时候用哪个音。这要看学甚么语言,比方学拼音很简单的,跟拼音关系很密切、很有规则的,直接学那国文字,就同时学那个音。比方德文、西班牙文、意大利文,开头就用他们本国的文字;虽然音有小不规则,可是十分之九可以从文字里知道它是甚么音。英文的拼音太乱了,一定得用音标,才能够知道这个字是甚么音。关于英文的标音,当然有许多派了:在从前,美国最通行的 Webster 字典里注的音,就是在本来的字上加许多符号。a 上头加一个短号就念 ă,

上头加一横儿就念 ā,下面点两点儿就念 ǎ,不改变原来的拼音。不要声音的就用斜杠儿杠掉了。例如 light,"i"上头加一横表示念 ī,gh 杠掉;这个也很方便。这个好处,就是看到本来的字就可以联想那个字的音。近来比较渐渐通行用国际音标。国际音标的好处呢,就是全世界的任何语言都用,标英语、法语、德语、中国语言也可以用它来标声音。它是确确实实有甚么音用甚么符号来表示,不同的音就用不同的符号。我研究一般语音学,用国际音标用得很多。可是我从前学英语就是用 Webster 的标音,所以我个人有一个偏见,觉得 Webster 的方法不错。这两样学起来都很方便,各种教材都有,要看教师的喜欢。

语言原是生活当中的一个现象,也是人的行为,所以翻译固然要看上下文,甚至于整个句子,甚么时候是甚么样的功用,这个也是学外语的时候要注意的。比方同是看见人打招呼,中国人说:"你吃饭了吗?"外国人说:"How do you do?"有时候含义也不同,中国人打招呼可以说:"你上哪儿去?"如果对外国人说:"Where are you going?"那是很不客气的,人家会觉得很怪。不光是语言差别很远的如此,就是语言很相近的,翻译也会发生错误。比方普法战争当中有一个误会,法文 demander(问一句),翻译的翻错了,翻成 demand(要求)。语言不是一个字相当一个字,是整句相当整句的。要整句地翻,不能一字翻一字。近来有一种倾向,就是一个中国字翻一个外国字,或者一个外国字翻一个中国字。这在通行的文字上常常可以看见。这不是对外语一个正确的办法。

最后我要讲:学习外语固然是为翻译、看书报,可是主要的前提,就是要拿它当外语来学习。等到通了以后,翻译就自然而然会了。

(《中国语文》(台),第 5 卷第 2 期,1959 年)

语言的描写和规范问题*

各位先生:

今天我有机会跟许多从事国语推行工作的同志讨论国语的问题,觉得非常荣幸。在这短时间之内,也只能稍为挑一两个特别题目,来跟大家琢磨琢磨。

我想先跟各位讨论"语言的描写问题和语言的规范问题"。语言的描写,是一种纯粹科学的工作。观察人类的语言现象,把它纪录下来,描写它的构造有什么成分,这是一种纯粹学术性的工作。它在教育上有用处,但不是直接的教育工作。至于语言的规范问题,就是问怎样的语言应该做标准?用哪一种方言做一国的语言,或用哪一种语言?比方说在世界上许多种不同语言里头,选哪一种为公共用的?这就是规范问题。教学时应该用哪一种音,应该用哪一种语法,应该用哪一种词作为标准?这也是规范问题。

记得从前我在大陆上时,常常有一种双重身份。这话怎么说呢?那时我在清华大学教书,后来又在中央研究院做语言的研究工作,那是注重语言的描写方面。到各处去调查方言或研究现在的北平语言是怎样状态,研究古语是怎样,与今语的比较,这是纯粹的学术工作,只有真假是非,没有好坏优劣的观念。因为科学

---

* 本文是作者 1959 年 4 月 7 日在台北市国语推行委员会举办的学术讲座上演讲的上半部。下半部题为《国语的语法和词汇问题》,见本书第 534 页。
——编者

的工作只管求真。同时我也在最早叫"读音统一会",后来教育部叫"国语统一筹备委员会"的工作人员身份上,注意国音的统一、教授法等问题。这一身份和前一身份不同,所以我就有着双重身份。有时候我代表中央研究院、清华大学出差到各省调查方言,譬如我问:"这话你们这儿怎么说?"或"这音你们这儿怎么读?"那是调查方言。被问的人说什么,就是代表这地方的话。我把他的话纪录下来,不能批评是非。所以说这方言的人是最高最后的权威。不料他们反过来问我:"赵先生!这话在标准国语里应该怎么说?"这却是规范的问题了。这两种工作都是要紧的工作,但性质不同。

在座各位当然注重教育方面,注重标准方面。但要有标准,当然要知道事实如何。等于说应用科学要利用纯粹科学的知识:就好像工程要利用物理;物理要利用数学。近来在别国语言学上常常有此倾向,只是各国情形不同。譬如法国比较注重规范问题,他们有"ㄚㄅㄚㄉㄧㄝㄇㄧ",就是国家的学会,有一点儿近乎中国的中央研究院。不过他们不但注重研究,还注重定标准。所以多少年来在辞典里对读音与用词,常常定标准让大家遵从,这也兼一点儿近乎国语统一的工作在内。在美国、英国,因为他们国家里头方言的分歧不太多,在全美国方言的分歧,还不及中国一省的差异那么大,在全英国也不过如此。而英、美两国之间所差也无几。所以他们对定标准比较不注重。而注重调查事实,做科学的完全学术性的纪录。

当然除了方言的区别,还有社会性的语言。比方上流社会的人说一种话,次一等的人说一种话;对于用字读音也有不同。可是这些注重学术研究的人,往往就不愿说什么上流下流,认为都是民主国家的人,不应分阶级,而说是某处人说某处话。所以他们常常这么说:"享受权利高的人,在社会上占优越地位的人,他们说什么话;在社会上,特别是经济地位不优越的人,他们说什么话。"如此说来，完全是一种描写的态度。

又比方生在工人阶层里的，读英语中 i, n, g 收尾的字时就不说 ing(iŋ)而说 in(in)，不说 going(gouiŋ)而说 goin(gouin)，别人一听，照旧的说法说，这是下流社会的人。因为他们要求民主，所以就说他不是经济地位优越的人，说话 in 收尾；占另外好一点儿地位的人就说 iŋ 收尾。如果你要人家知道你是属于哪种社会阶层的人，你说话最好就照那阶层的说法。

现在一般语言学家关于读音、用词、说话方式对不对的问题的说法是："如果你要人家把你认为是某种社会阶层的人，你就那么样说话；如果你要是不在乎，那么你本来怎么说就怎么说。"他们喜欢如此纯粹描写的客观的说法。不过有些人对这个也太过分重视。我记得美国语言学会会长，她是一位女教授，在纽约一所很大的学校里教古典学的。她的学问很高，但把纽约城里一般人念 er 的一种音念成 æi。别人一听好像她就是下流社会的人。可是她说："无所谓上流或下流，我认为该怎么说就怎么说。"她还觉得很得意，她的意思是这样："我说这种方言，你们大家就得要承认。"

因为对语言有这两种看法，而我过去又有双重身份，就有人把我所写的东西当作标准国语。其实这是把我的工作看错性质了。比方我最近写了一部国语的教科书，是给外国人用的，叫《国语入门》。现在台湾有好些人在外国学了那本书，跑到这儿来跟大家接触一听，ㄛ！人家觉得他的话有点儿怪：说我们并不这么说，何以国语专家写出来的国语，和我们的标准不完全一致呢？这是难怪有人会这样怀疑的。因为我个人从前在大陆上工作比较注重研究性、纪录性多一点儿，而在美国又没有什么推行国语的问题，教他们中国话不过是一种顺带的工作，所以我写出的这些材料里头，就以这个为标准：凡是北平的人平常说话不说的，我就不放在里头。所谓平常说话，是指的不是在讲台上，或者很正式的场合里用的那种语言。也许有人说:"你们这些教授先生的说话或是知识份子①的说话,应该拿它作中国语言标准来教外国人才对啊。"我说:"好!知识份子就是知识份子。可是在北平的教授跟教授在课外随便闲谈的,那是平常说话,我不是把在课堂说的那种话作为代表我写的这种体裁。"因为这个缘故,我编了一种"读物课本与文法",再编了一本字典。字典里头也注重字的语法的地位是什么样性质。

比方一个名词,单说"梨",水果名叫"梨"。它是独立成词的,我就注"梨"是一个词。比方"桃儿"不说"桃";没有人在北平说"桃"的。我就写"桃儿",加"儿"。比方另一种水果叫"李",没有人说"李",也没有人说"李儿";这种水果叫"李子",我就注"李子"。譬如讲"地方","这个地方"平常讲"这儿",有时也说"这里"。"那个地方"说"那儿",有时也说"那里"。平常说话说得最多的还是"这儿""那儿"。说"这里""那里"是比较正式化一点儿的场合。就是两个教授在平常说话也说"这儿","那儿";我就拿这个做标准。再譬如说,有一个动词,平常说:"我说一件事情给你知道。"或说:"我告诵你一件事情。"假使拿笔写下来,没有人写"告诵",都是写"告诉"。但是说话时没有人说"告诉",说话总说"告诵"。这个,你要讲音韵学,也有个解释,就是所谓"阴阳对转"。如中部的方言有时把所有的ㄇㄨ念ㄇㄥ。而事实上北平话里是管"告诉"说"告诵"的;写字的习惯是写"告诉"不写"告诵"的。因为我编这东西是纪录语言的事实,所以我就纪录下来"告诵"。比方"坐得这儿"固然也说"坐在这儿",写的时候人人都写"坐在这儿",没有人写"坐得这儿"或"坐的这儿"。但是说话时,一百回有九十九回是说"坐得这儿""东西搁得那儿";所以我就写"得"。这与平常写字的习惯不同。因此,描写事实,未必就是符合平常看得见写出来的成文

---

① 原文如此。——编者

那种条件。

　　还有一层问题,就是外国人学中国话,中国人学外国话,或中国这一省人和别省人学国语。比方福建人跟广东人见面说国语的时候,那种场合,比平常在家里头说家乡话的情形,又比较正式化一点儿。平常要用得着的话,不近乎北平人自己在家里说的那种话的体裁,比较容易倾向于正式化一点儿。所以在这上头编教材或写白话文,或写白话的读物,这里头都有斟酌,就是写的时候你要写什么? 要写的是纪录天然语言。例如我向你来做的这一类写得比较土一点儿的是自然的说话,或是你要戏剧的对话,或是小说的对话,当然要写得自然一点儿。如果是教科书里头讲科学的或讲历史地理的,或是正式化的语言,那么当然"儿"就用得少一点了。所以国语的范围很大,有许多种体裁,许多种场合的用处。有时我们写祭文,大家总觉得写文言好一点儿。从最文的文言到最白的白话,各种东西都是可能的,看是什么场合用什么。所以有人说:讲国语应该是见什么人说什么话,见什么事说什么话,对什么事说什么样的话;不是一个单纯的老是那一种体裁,而是有许多种可能的体裁在内的。

(《中国语文》(台)第 5 卷第 2 期,1959 年)

国语的语法和词汇问题*

不久以前还有人问我：国音里头ㄐ、ㄑ、广的"广"怎么用？"万"跟"ㄨㄛ"跟"ㄨ"有什么分别？这事照现在的法律上讲，已经是过去的问题。因为自从民国二十一年教育部颁布的国音标准，早就没有"万""兀""广"了。大体上国音都是北平音可能所有的音，——虽然不是完全依照北平，就是北平一个城里头也有很多分歧的地方。从前定标准的时候，只有《国音常用字汇》，是教育部颁布的标准。那时《国语辞典》还没有编完，有好些字常常有许多不同的用法、不同的音，看是在什么词里用，意义不同，即所谓"破音"字。这就是语言与文字分歧的地方，这是不可免的事实。譬如："重复"就念"ㄔㄨㄥ"，"轻重"就念"ㄓㄨㄥ"。因为那时《国语辞典》还没有编完，所以有许多字不同的读法没有完全收入，以后还得要看辞典里头收的什么，才能完全知道每一个字的音是如何才收得全。但是要紧的是音系的问题，整个音系的问题，这问题很大。至于某一个字读某一个音，比较是次要的。因为音的整个系统是包括全体的。比方ㄓ、ㄔ、ㄕ跟ㄗ、ㄘ、ㄙ有分别，这句话就包括许许多多几千几百个字在内。某一个字究竟是读"ㄓ"或"ㄗ"，虽然有时它也许是常用的要紧字，不过它只关乎这一个字。因为这缘故，特别在初期的教授法上要注意单字的音。好在任何中国

---

* 本文是作者1959年在台北市国语推行委员会举办的学术讲座上演讲的下半部。上半部题为《语言的描写和规范问题》，见本书第529页。——编者

地方说方言的人，他学国语的标准最多不过一半是要特别学的，当中有一半是本地音同样所有的。比方全国都能分"ㄅ、ㄆ""ㄉ、ㄊ""ㄍ、ㄎ"，没有一个地方分不出来的。这就用不着学。只有少数的音起初要练习，不过初学练习时因为音少，所以它用的次数就多。用的次数多，错一个音以后每一个字遇到它就有错的机会，所以开始学的时候要学得对，这是非常要紧的。

至于音的标准，现在都已定好，用不着多讨论。在语法方面，不但是国语的语法，全国的语法都是中国话，都大同小异。任何方言与任何别一省方言之区别，也许没有白话与文言之区别那么大。譬如有的地方说："给我一碗水。"有的地方说："给一碗水我。"在上海、广东是把"我"字搁在"水"后头。上海话是"ㄅㄜ ㄐㄧ ㄙ ㄨㄟ ㄫㄛ"（把点水我），广东话是"ㄅㄟ ㄉㄧ ㄙㄨㄟ ㄫㄛ"，国语是"给我一点儿水"。这比较是语法上语句的不同，是较为次要的，这分别少得很。助词当然是各处不同，不过也可以说什么助词等于什么助词。比方国语的"了"（ㄌㄜ）等于苏州话的"哉"（ㄗㄝ）；其实在国语里头也有两种"了"：一种是动词后的"了"，一种是整个儿句子后的"了"。比方"我吃了饭了"，头一个"了"在苏州话是"ㄫㄛㄘ ㄗ ㄈㄝ ㄗㄝ"。头一个"了"是用"ㄗ"，是在动词后头，而在整个儿句子后头是用"ㄗㄝ"。上海话也差不多，"ㄘ ㄗ ㄈㄝ ㄗㄝ"，就是国音用的"ㄗ"跟"ㄗㄝ"。在广东话"ㄫㄛ ㄙㄧ ㄗㄛ ㄈㄢ ㄌㄛ"，头一个"了"是"ㄗㄛ"，后一个"了"就是"ㄌㄛ"。这个音也很相近，什么等于什么，这相当简单。我以前在《清华学报》上写过《北京、苏州、常州语助词的研究》，把通用的语助词都给他比较什么等于什么，这是较有办法的。再比方动词里闽、粤方言与北平语法上不同的：除了闽、粤以外，不管是北平，多数地方完成式都用什么"了"什么"了"，要是否定的用"没有"。比方"我吃了饭了。""我没有吃饭。"或是"我做过这事。""我没有做过。"否定的是用"没"或"没有"，肯定的是用"了"或"过"。在闽、粤有这种用法，就是否定的也用相当于没有"ㄇㄛ"或"ㄇㄛ""ㄇㄚ"这类音当否定的。可是在广东、福建却用"有"做肯定的。"你有吃了饭没有？"或是"你有去没有？"，这种话在一般北方是不用的。有时广东人、福建人学国语的时候，他就把肯定的也用"有"，别人问"你吃饭没有？"他说"有"。这是肯定的，是粤、闽的一种语法。

还有"去"字后头加一个地名，这也是南方的语法。"你去哪里？""我去北平。""我去上海。"把地名搁在"去"字后头，不过这种用法渐渐的多，这跟古书上用的句子刚刚相反。如："孔子去郑""孔子去卫"，这"去"是离开的意思；而现在这"去"是到哪儿去的意思。这变化可算是北方人借用南方的语法，可说已相当通行了。一处方言借别处方言的现象很多，所以我想学生写作文的时候，如写"我去什么地方"，先生用不着一定要改为"我到什么地方去"，因为照现在的情形，可说这语法北方已借了去。若是写"你有去没有？""有。"在过渡时期把这个认为是国语，我想还早一点儿。不过这都是程度的问题。至于词汇方面，一处借一处的词汇就完全没有限制，这类变化最多。生活方式改变，生活中事情多出来，东西多出来，旧的词汇就会少用，新的就会添出来。这除非科学里头有一定的标准，科学名词大家有一定的定义，一定的用法。关于日常的语词尽管可以自由，我想最重要的要看用的得体不得体：学术性的场合是用什么样的措词，日常说话是用什么样的措词，写学术文章用什么措词，用词得体不得体这是大前提。至于用什么词，我想不一定限于北平城市所有的。比方现在一般地方洗东西用的"肥皂"，所有北平人都说"胰子"，因为从前洗脸所用的，是由猪胰子（脾）作成的。肥皂是用树上结的一种"皂荚"做成的，那种东西也当"胰子"用，所以平常人都说"胰子"。我个人也说"胰子"，从来不说"肥皂"。要是大家都说"肥皂"，你到说国语的铺子买肥皂而说"胰子",恐怕没人懂,则你只好说"我要买一块肥皂。"他说肥皂而拿出来的就是"胰子",名词这么用,是无所谓的。所以名词要求其丰富,就要用的得体。用的得体看在什么地方用这名词,只要是中国话随便都可以用。我想关于描写跟规范各方面,音的方音,语法方面跟词汇方面大致是如此。

现在来答复由齐铁恨先生转来诸位所提关于语文的问题。

第一:注音符号共有三十七个。"ㄐ""ㄑ""ㄒ",我们向来写"ㄐㄧ""ㄑㄧ""ㄒㄧ",如果写成"ㄓㄧ"念"ㄐ","ㄔㄧ"念"ㄑ","ㄕㄧ"念"ㄒ",如此可以减掉三个符号。照语音学讲,就把"ㄓ""ㄐ"认为同一个音位,音位就是不同的音。可是它用的法子在没有分辨字的必要的,你碰到"ㄧ"就不会有"ㄓㄧ"的。古时候固然有"ㄓㄧ""ㄔㄧ""ㄕㄧ"而现在没有,只有"ㄐ"。那何不就省事用三个符号?在国语罗马字里头是如此拼法的。国语罗马字拿罗马字"J"当"ㄓ"也当"ㄐ",看后头是什么韵母,拿"ch"当"ㄔ"也当"ㄑ",后头是"a(ㄚ)"就是"ㄔㄚ",后头是"i(ㄧ)"就是"ㄑㄧ","sh"当"ㄕ"也当"ㄒ",同样是不是也把注音符号内省掉三个以代替这几个?在理论上是没有多设的必要,而在实际上有了这几个符号,学起来声音容易辨认,特别是对于比方本来说广东话的人,他的倾向就是容易把"ㄓㄚ"念成"ㄐㄧㄚ"。假如再不以符号分辨一下"ㄓㄧㄚ,ㄓㄚ",就更容易混淆。为了简省符号,少用三个是可能的,但各有利弊。不过这个讨论的时间不是今天、现在,远在民国初年制定注音符号时就讨论用三个或用六个符号,那时决定了就算决定了。现在法定的注音符号里头有"ㄐ""ㄑ""ㄒ",有"ㄓ""ㄔ""ㄕ",所以现在要改,唯一的方法就是整个儿推翻注音符号重新再起头。但是现在不是做这事情的时候了。

第二:"ㄓ"注音不必写做"ㄓ"母加一个"ㄦ",就是"ㄓ"倒过来写代表韵母"ㄦ"那个音。那个韵母"ㄦ"平常不写,平常我们写知道的"知"拼音只写"ㄓ"声母，韵母就不写了。那么"ㄓ"用不着写"ㄓ""ㄭ"两个符号，为何"ㄐ"这个音一个字要写"ㄐㄧ"，何不光写"ㄐ"符号就够了呢？照前例讲，这也是写一个"ㄐ"就够了。当然"ㄐ""ㄑ"与"ㄓ""ㄔ"有点儿分别，事实上只写"ㄐ"是可能的。其实要是完全求简单，那就像梵文，他写一个字母下来就是一个音节，他写"ㄅㄚ"就是一个音节。可是他写"ㄅㄛ"，把"ㄅㄚ"再加一个"ㄛ"就是"ㄅㄛ"。他要写"ㄅㄚ"光写一个声母就算是"ㄅㄚ"。所以单写一个声母"ㄐ"就可以当整个儿音节了。同样的"ㄅ""ㄆ""ㄇ""ㄈ"光写"ㄅ""ㄆ""ㄇ""ㄈ"就行了，不用写"ㄅㄛ""ㄆㄛ""ㄇㄛ""ㄈㄛ"就算是音节了。这也是要省符号的办法。在理论上也是一个可能的办法。但是早年定的已是现在这样子的了，现在要改，就要改变通盘的整个儿系统。如果有人提议，那就是中华民国的宪法也有修改的方式。如果依照法定的方式来修改，理论上也未尝不可能。至于说在教学上或书写上有什么大的便利，这也各有利弊，也是可以讨论的。

第三："ㄧㄢ""ㄨㄢ""ㄩㄢ"里头"ㄧ""ㄨ""ㄩ"可不可以算做声母？这个在从古到现在，还有教外国人拼中国音的时候，他们也常常感到"ㄧㄢ"前头好像有声母似的。"ㄨㄢ"有个"ㄨㄛㄏ①"，"ㄩㄢ"有个"ㄩㄛㄏ"。可是在中国语言的系统上，这类东西拿它当韵母的一部分，整个系统比较简单化一点儿。因为算它是韵母，"ㄚ""ㄛ""ㄜ""ㄝ""ㄞ""ㄟ""ㄠ""ㄡ""ㄢ""ㄣ""ㄤ""ㄥ""ㄦ"，下加一个"ㄧ"就"ㄧㄚ""ㄧㄛ""ㄧㄝ""ㄧㄞ"下去，加一个"ㄨ"就一直下去。你要是那个也算声母，整个儿系统就复杂化了。所以你比方要照外国人的拼法"ㄨㄢ"写做"w"不算"ㄨㄢ"缺声母的，那样写下来得列两个表：一个表的方式有声母的时候儿是这样子，没

---

① 此符号原文如此。下同。——编者

有声母的时候儿是那样子；那个比较复杂化一点儿。至于讲到音理上头说"ㄧㄢ""ㄨㄢ""ㄩㄢ"的时候,起头儿紧一点儿,那总是这样子。比方说"ㄧ"起头也是紧一点儿,比照英语里头ABCDE的"E",中国话"ㄧ"起头就紧一点儿,不必写声母"ㄧㄏ"加一个韵母"ㄧ"。所以在音理上头,总是有一点儿这样子。不过注音符号跟更为详细分析的标音的符号,往往不是注重究竟听起来音色怎么样,是注重整个儿的系统要它规则化；这是更要紧的条件。所以管它叫声符不叫声母,我想这可以认为是一个名词的问题。

第四：说话能力的测验应该用什么方式？有没有标准的依据？说话能力是看说话的内容。比方这个人会说话,会知道说什么,什么地方人说什么话,这大概是注重说的语言能不能表达他的意思。这个测验要是人多的时候,比方研究教育学的,往往有许多可说可以用近乎统计性的方式,来研究学的人的能力。例如问许多问题,这个问题问的答复的时候不是给一个复杂的答复,是对或不对,或者不一定问问题。你说一句话让被考的人听了判断是对或不对,同时可以考一千人给他们这许多问题。要是用声音就用扬声器说了让他们听,比方第一号："现在外头下雨对不对？"答复一下；第二号："我是男人对不对？"让他答复对不对。喔！这是听话能力的测验。问几十句可以考几千人,可用机械的方式可以记分。用第几号对不对,纸上可以弄窗户,漏出来有叉字的就是对,没有窗户的就不对。卷子交来看有几个叉字就知道几分。但这要多了才能求平均。这是测验多数人的一个方法。至于学生自己说话的能力,如果有录音的设备,那就方便得多,有时候几班不同的能够有比较,不同的教师可以同时评不同的成绩。因为测验当中往往有一个问题,就是这一班跟那一班,这一班比方有一百人,一百人勉强也可以做统计,百分之几算第一,百分之几算当中,百分之几算最下的,跟那一班比,完全论百分数就没有办法比较班的优劣。因为他只跟自己比,所以这上头就免不了教师来直接听学生说话或是阅卷看学生写下来的东西。

第五:最常用词汇的顺序,数目,有没有参考书或资料?这个我不知道。前十年有个美国人用几种中国的材料,做一种一般语言统计的研究。不过他那个资料相当杂,有的近乎文言的,有的相当短,这是要多几种材料做统计。我不知道有什么现成的。当然常用词汇常常受在什么地方用的影响,台北最常用的词汇在别的地方又不同。

第六:推行国语最后目标是否应达到一国一语之程度?一国一语看怎么讲,全国人人都能用国语,这是一个标准。还有一种就是全国人人都不用乡语,这又是不同的问题。第一种是我们应该努力求达到的,并且我相信能够达到。第二种不但不可能,也没有必要,也没有好处。各处方言有各处方言的文学,各种方言的研究应该鼓励。研究方言跟国语的关系弄清楚了,对于各处说方言的人学国语更方便。如英国这么一个小国,她的方言,比方"ㄈㄛㄋㄨㄥㄜㄦ"地方,离开伦敦坐火车才几个钟头,他们说的本地话伦敦人就听不懂。德国这么一个小国,他们的方言,南方人说的北方人几乎听不懂。他们算是交通最便利,国语最统一的了。所以人人能说国语就够了,方言不但不能消灭,也不应该消灭。

第七:国语统一最大的阻力是什么?人人对于语言统一,至少口头上都赞成。最大的阻力还是在有力量能帮助,而出的力量还不够。能对于国语统一上有贡献的人自己要努力!我个人也非常希望如此。虽然自己不在国语做工作的人,但是对国语的工作也要特别努力!特别赞助!特别在实力上跟精神上都应该赞助!

(《中国语文》(台)第 5 卷第 3 期,1959 年)

说　清　浊[*]

清浊这概念,是一个音韵学跟语音学里相当专门的一个题目。可是从这个题目的研究的途径看起来,对于一般的治学方法论上,也不无相当的重要性,也是曾经引起过傅孟真先生很多兴趣的一个题目。

清浊这两个字,当日常的语言里的用语,只是讲水或其他透明物的清浊,或当抽象形容词用作清楚的清,污浊的浊,或引申到更抽象的意义。这些用法,无论是具体或者是抽象,当然不是学术上的名词。

当学术上名词用的,清浊有音乐里跟音韵学里讲的两类用法。前者相当简单,后者在内容上,在用法的沿革上,都非常复杂,就是本文的主要题目。

音乐里所讲的清浊只须一两句话就说完了。比方宫、商、角、徵、羽,相当于简谱的 1,2,3,4,5,宫是 1,清宫就是 $\dot{1}$,浊宫就是 $\underset{.}{1}$。所以旧乐书里所谓清浊就是新乐书里所谓高音低音,也说高一组,低一组:清就是高,低就是浊。

在音韵学里,大致说起来,也是高的叫清,低的叫浊——这是很笼统的说法。至于到底高多少,低多少,甚么东西高,怎么高法子;低多少,甚么东西低,怎么低法子,要是细细的问,要确确实实的解释起来,那就没有音乐里的清浊那么简单了。

---

[*] 本文曾在 1959 年傅孟真先生诞辰纪念日在国立台湾大学宣读。

大凡讨论一个或是一套名词的时候,得要分清楚三种不同的问题:一、这名词在平常语言文字里是当哪一种或是哪几种讲法;二、这名词在学术思想史上曾经有过哪些用法;三、从这名词所引起的些学术问题分析起来,究竟有些甚么观念可以成立,然后再问用哪些名词或另造些甚么名词代表哪些观念最为合式。

清浊这对名词在音韵史上用法沿革,起初是非常浑浊,后来才渐渐的澄清的。大致说起来可以分两派:切韵派跟韵镜派。比方《切韵》的序里说:

"古今声调,既自有别,诸家取舍,亦复不同。吴楚则时伤轻浅,燕赵则多涉重浊。……欲广文路,自可清浊皆通,若赏知音,即须轻重有异。"

虽然《切韵》本身是一部很严格的、很紧凑的著作,可是这几句好像有点儿近乎印象派的说话。又《广韵》卷五后附录有个辨四声轻清重浊法。里头的分类跟《广韵》本身好像毫不相干。这东西可也不是完全没有道理。关于这个问题,唐兰曾经发表过以下的结论[①]:前元音算清,后元音浊;开口算清,合口算浊,例如羌清匡浊;韵母四等最清,一等最浊,例如仙清清,先青(原来是一等)浊;又知清照浊,娘清日浊。以上可以叫作切韵派的清浊用法,大半是注意到韵母的分类,对于声母几乎没有关系。

第二派,韵镜派,分清浊的观念,跟现代最常见的用法相近。到江慎修《音学辨微》分的最清楚。陈兰甫在《切韵考外篇》也从江说。这一派跟切韵派不同处是拿清浊的名词只用在声纽而不用在韵。大致是以帮(非)端知见精照心审影晓为(全)清;滂(敷)透彻溪清穿为次清;並(奉)定澄群从邪床禅匣为(全)浊;明(微)

---

① 唐兰《论唐末以前的"轻重"和"清浊"》,《北京大学五十周年纪念论文集》(1948年出版)。

泥娘疑喻来日为次浊(或称清浊)。用现代语音学的名词说起来么,清是不带音的辅音,浊是带音的辅音;同时全清是不送气的塞音(包括塞擦音,下仿此)跟摩擦音;次清是送气的塞音;全浊是送气的塞音(一说不送气)跟摩擦音;次浊是鼻音边音半元音等发音较软性的辅音①。江陈两氏都特别强调群是溪之浊而见无浊,定是透之浊而端无浊,等等,高本汉从之,陆志韦相信古全浊都不送气。看现代方言最南最北是平送气仄不送气,中部除少数还有带音声母外,湘不送气而赣客家一律送气,这是附属的问题,现在不作结论。主要的是清就是不带音,浊就是带音。

要是按声学来讲呐,清音如[p', s, f, x]之类,是有许多种很乱的频率不清不楚的声浪,而发浊音的时候,因为声带在发乐音,每秒有有定的次数,有清清楚楚的一条或少数几条频率带,我们反而管它叫浊音,好像把名词用颠倒了。不过这种用名词的习惯已经约定俗成了,很难再改了。比方《辞海》这书只记实际的用法,不注重沿革,就下了下列的定义"凡气息发出成声时,不颤动声带者谓之清声,或无音声符";"凡气息发出成声时,颤动声带者,谓之浊声或带音声符"。("声符"跟声本身相提并论不妥,不在话下。)

不过刚才说的名词好像用颠倒了,从另一方面看,也并不颠倒。因为清音的频率虽乱,可是多半是高频率,都是每秒四五千六七千之谱;而浊音的频率多半是每秒几百,即使连共鸣的陪音也只有二三千的样子。《韵镜》的作者,甚至江慎修陈兰甫,当然没有高频率几千低频率几百的观念。可是耳朵里听高音觉着清,低音觉着浊这是人耳所共有印象。所以不带音叫清,带音叫浊,跟

---

① 相当于近人所谓sonorants,可以译作朗鸣(辅)音,包括鼻音,边音,半元音之类。参看 Charles F. Hockett, *A Course in Modern Linguistics*, New York, 1958, 75, 97 页。

上文说的音乐里的清浊,也不是没有自然的道理在里头。

可是惟其自然啊,在观念上,在名词上,就发生了不少的纠纷。在不同的地方,不同的时代,往往古清声母的字读高调(不但声母,连全音节都比较高),浊声母的字读低调,例如吴语东通高,同低,答榻高,达低。结果好些地方平上去入四声变了八声了。江慎修就说:"平有清浊,上去入皆有清浊,合之凡八声。那么再加上现代江浙一带,特别是江苏,古浊音字往往本塞音不带音,仅附有带音的气流(所谓清音浊流),就更复杂化了。那么到底清浊应该指甚么呐?应该指声母的带音不带音呐,还是指四声的高低呐?

上文讲到讨论名词的第二个问题是名词在历史上只有用法变迁的沿革,无所谓应该不应该,无所谓对不对,只有谁在甚么时代用甚么名词当甚么讲。这并不是说学说只有变迁没有进步,进步就在各种观念渐渐的辨别清楚,各种名词渐渐的分化。比方音乐里有高一组低一组的乐音,语音里的辅音有不带音跟带音,要是我们大家同意管这个简称为清浊,也是个方便的办法。至于四声因古音清浊而成今调的不同,那就得另外用声调的名词来辨别它,最好不要拿清浊同一套名词来一当两用。比方通同天田这类字,古音异纽同调,吴语又异纽又异调,北方音同纽异调。那么如果把因古只异纽而今只异调的情形来给它一套名词,就把两件事分而不乱了。现在在中国语言学界里通行的调类名称是叫阴阳平,如果有的方言上去入也按古清浊而异调,就叫阴阳上,阴阳去,阴阳入。那么我们对通同之类可以清清楚楚的说古音 t'uŋ, d'uŋ 有清浊之分,而平声只有一个。吴音(例如上海)t'uŋ(53:), d'uŋ(13:)有清浊,同时也有阴阳平。北平音 t'uŋ(55:), t'uŋ(35:),声母完全一样,只有阴阳平调的差别。

这事情现在说起来像是够清楚的,可是古人没有字母文字的分析没有声学的各种仪器能那么剖析毫厘,咱们现代人要是没有过孟真先生所谓"摩登训练"的,更是没有办法的。关于这一点我很记得从前傅先生抱怨钱玄同先生的话。钱先生是浙江人,声母有清浊,调类也有阴阳,因此他对于北方音的见解也受南方音系的影响。傅先生是北方人,他觉着只有调的不同,怎么又有清浊的不同。他说为了这类的争执,因而就没把音韵学学下去。但是傅先生是多方面的学者,他对于语言学不但是积极的鼓励,并且常常参加研究。记得民国十八年在广州时候,他对于清浊问题又发生兴趣。那时他还是照一般习惯把外国语的浊音 [b, d, g] 念成不送气清音的 [p, t, k],这是在中国最常遇见的对于英语 b、d、g 的读法。可是他那天不满意他自己把 good baby, bad baby 读 [kut peipi, pæt peipi]（以上辅音当然都是不送气的ㄅ、ㄉ、ㄍ）所用的清音,于是就大用起功来练习 [b, d, g] 音,终于能发出喉部呱呱有音的 *good baby*, *bad baby* 来了。

现在既然说到外国的浊音,那么就讨论两件外国浊音问题来作本文的结束。第一是:一个语言里有无清浊,于那个语言的优劣完全无关。本来有浊音的 *good baby* 用清音来读固然不成其为英语的发音；因同样理由,本来用清音的"给你八百九十九"（用ㄍ、ㄅ、ㄐ）,如果用浊音来说成好像英文的 *gay knee bar by jew she jew*,也不成为中国话。这个理好像明显得用不着说了,可是事实上竟有些人就那么做。因为他们曾经费了很大的劲儿把向来错读清音的 *big black dog* 改正了成浊音读法,跟着在他们下意识层里得了一个结论:似乎浊塞音是高等文明之音,不送气清塞音是退化文明之音。这话一点儿不是形容过分。因为我屡次遇见过学过唱外国歌儿的唱家,学会了唱外国歌词里的浊塞音,就把中国的全清ㄅ、ㄉ、ㄍ等声母也唱成浊音,唱"教（浊音）我如何不（浊音）想他"那类不中不西的音。殊不知教字见母,不字帮母,即在吴东湘西保存古浊塞音最多的地方,也绝没有把那类字读成浊音的道理的。

傅孟真先生是个最富于国家思想的教育家。他听了那种洋派国语是极不以为然的。傅先生又是一位富于国际思想的学者。他不但注重上文所提的"摩登训练",并且还主张打通学门与学门当中的界限。他在德国留学,我跟他初次认得的时候,我们还不大谈"语言历史学研究",也不大谈"历史语言研究"(那是后话),我们常常谈数理逻辑跟科学方法论。他去世以前不久,最后两次通信对于那些问题还是长篇大论的。所以他很了解我们一班搞音韵学的,虽然把清浊定为 voiceless 跟 voiced 讲,可是只算是为求逻辑的紧严(rigor)而定的名词的用法,并不是甚么天经地义。他很领略我们并不坚持名词,也不一定要把名词的定义(definition)跟以后的命题(theorems)固定式的分开,因为在科学史上,例如力啊,能啊,温度啊,热量啊,定义与定律之间很有伸缩的。

要是从西洋的音韵学史看起来,我们能讨论的那些观念跟在中国的清浊阴阳等等一样的复杂。在古典学里从前分 tenues 跟 aspiratae,就是不送气的 π, τ, κ 跟送气的 ø, θ, χ(现在通行的把后者读成摩擦音的 [f, θ, χ] 是现代希腊语才如此)。介乎两者之间的叫 mediae,就是 β, δ, γ。至于 β, δ, γ 的音值是带音是不带音,早先并没有清楚的观念。同时呐,在印欧语系里又有硬软的观念:tenues 跟 aspiratae 算硬,mediae 算软。在有些现代德国南部方言,对于 b, p 难分就说 weiches b, hartes p 而说的时候两者都不带音,很像国语罗马字用 b, d, g 当ㄅ,ㄉ,ㄍ,用 p, t, k 当ㄆ,ㄊ,ㄎ的办法。在世界别的语言里也常有类似的情形。可见音分 voiceless, voiced 并不是惟一的主要的发音方法的分别,以清浊的名词来配 voiceless, voiced 也只是为求逻辑上的整齐方便,也不是天经地义。大凡一种理论求其整齐紧凑就可能只照顾到事实的一部,一方面;如果求其包括的事实丰富,多方面来照顾,系统就不免会松弛下来。这也是丹麦的 Niels Bohr 教授常常讲的对补原则

(principle of complementarity)。这本来是讲质子的动量与地位之间的相互关系,可是 Bohr 给它推广了用在好多问题上。这个他在民国二十六年春在南京演讲时候就提到过。我用 Bohr 的对补原则作为本章的结束,因为 Bohr 的方法论是我跟傅孟真先生常常爱谈的一个题目。

(《中研院史语所集刊——三十周年纪念专号》,第 30 本,1960 年)

常州吟诗的乐调十七例

常州吟诗的乐调,像别处的办法一样,分古诗律诗两派;并且两派都跟平常读字的调值相近而不相同。那么在说吟调以前得先把常州的字调的类别跟调值大略写下来,如下:

第一表　声调表

	平	上	去	入
阴	衣 33：˧	椅 55：˥	意 513：˥˩˧	一 5：˥
阳	移 13：˩˧	（无）	异 24：˨˦	亦 23：˨˧

作者说的是一种所谓"乡绅话",是一种少数派的口音,大概占城内人口的百分之一二十。多数派的口音,所谓"街谈",阴上是35：,近似北平的阳平值。

关于阳上的情形是这样:古全浊上声变去,这几乎是全国的现象,常州也不成例外。至于次浊上声,街谈一律当(阴)上声,绅谈是文言当(阴)上声,白话当阳平,例如"马"字白话读若"麻"。在吟诗时候取文言音。

字调与字调相连,在粤语几乎没变化,北平音只有上声略有变化,在吴、闽各方言变化最复杂。常州音既是吴语之一,也有相当复杂的连调变化。但在吟诗的时候比较趋近于单字的调值而与口语的连调变化往往不合,所以现在就不详载口语的连调方式,就直接用乐谱把吟调写出来了。

同一个人,自己记自己的方言,自己记自己的乡调,同时兼记音人发音人两种资格,这不是研究方法上最理想的情形。为求尽量减少主观的成分,我是先按我旧时习惯,把这十七首诗吟读录音,然后从所录下来的声音再慢慢听写分析,这样比起凭空捏造来也许相对的客观一点。不消说吟之所以为吟,跟唱歌的不同,就是每次不一定完全一样吟法,例如第一首开头作 sol sol la,要是另一回稍为平一点也许就吟成 re re mi。所以现在所记的都是一次性吟调。

为刊印上的方便,暂拟一个临时用的罗马字拼法,另列一个音标对照。写调的方法跟国语罗马字相仿。入声 e(ㄛ)韵没有舒声,所以用不着标出;a, o 两韵用 -q 标入声。

第二表 声母表

例字:	不	破	伴	梅	返	闻	华
	钓	汤	但	内		林	
	故	空	共	我	花	寒	
	见	遣	穷	鸟	响	叶	
	照	青	厨		山	人	
音值:	[p	pʻ	b	m	f	fɦ	w]
	[t	tʻ	d	n		l	]
	[k	kʻ	g	ng	χ, h	ɦ	]
	[tɕ	tɕʻ	dʑ	ɲ	ɕ	j	]
	[ts	tsʻ	dz		s	sɦ	]
罗马字:	p	ph	b	m	f	v	w
	t	th	d	n		l	
	k	kh	g	ng	h	hh	
	c	ch	j	n	sh	y	
	tz	ts	dz		s	z	

以上第三、四排是同位异音,凡 k, kh, g, h, hh 遇到齐撮(就是前高元音ㄧ,ㄩ)就念成舌面前的 c, ch, j, sh, y。至于 ng 母颚化成 [ɲ] 的时候,就省掉一个 g 字,简作 n。

第三表　韵母表

例字:	自	处	者	沙	不	杯	舟	草	何	山	看	生	上	空	儿
	以	夜	欲	一		小	求	天	远	心	乡	穷			
	古	外	花	入	回			关	官	春	床				
	语			雪						君					

音值：
[ɿ ʮ ɑ ɔ ə ai ei ɑɯ ᴇɯ æ̃ ɔ̃ əŋ ɑŋ oŋ ɚ]
[i iɑ iɔ iə iɑɯ iᴇɯ ĩ iɔ̃ iŋ iɑŋ ioŋ]
[u uɑ uɔ uə uai uæ̃ uɔ̃ uəŋ uɑŋ]
[y yə yiŋ]

罗马字：

平	y	ÿ	a	o		ai	ei	au	eu	an		on	eng	ang	ong	er
	i		ia	io				iau	ieu	in		ion	ing	iang	iong	
	u		ua	uo		uai				uan		uon	ueng	uang		
	ü									uan			üng			

上	yy	ÿÿ	aa	oo		ae	eei	ao	eo	aan		oon	eeng	aang	oong	eer
	ii		iaa	ioo				iao	ieo	iin		ioon	iing	iaang	ioong	
	uu		uaa	uoo		uae				uaan		uoon	ueeng	uaang		
	üü												üüng			

去	yh	ÿh	ah	oh		ay	ey	aw	ew	ann		onn	enq	anq	onq	err
	ih		iah	ioh				iaw	iew	inn		ionn	inq	ianq	ionq	
	uh		uah	uoh		uay				uann		uonn	uenq	uanq		
	üh												ünq			

入			aq	oq	e											
			iaq	ioq	ie											
			uaq	uoq	ue											
					üe											

以上各韵母当中有两处有归拼音位的可能。一个是把 ÿ 韵认为 u 音位的一值，限于在声母 tz, ts, s 之后（因为不另有 tzu, tsu, su）；一个是把 e, ie, ue, üe 认为 y, i, u, ü 的入声。现在为读音上的方便，仍旧按音不按位来拼它。

从这十几首诗的例子可以看出来以下几个值得注意的地方：

（一）古诗念的低，律诗念的高。虽然所记的不是绝对的音高，但平均念起来，是有明显的高低的差别。

（二）古诗念的快，律诗念的慢。

（三）古诗的拍子，比较的规则，律诗的拍子复杂的多。

（四）古诗的拍子虽然比较的规则一点儿,但是比音乐的拍子还是复杂。特别是碰到入声字念短,它就不管音乐拍子,接着念下去。这也是吟跟唱的不同处之一。因为这个缘故写谱时候不能标某某拍子,只好以一句为一小节。大致说起来,古诗近乎二拍子,律诗连大致的二拍子都不是。

（五）跟别处吟诗的调儿比起来,古诗跟别处的很不同,律诗的吟调那就各处都大同小异。这个观察是根据别的材料,从本文的例子里当然是看不出来的。

（六）论起调格来,常州的古诗近乎大调,就是 Ionian 格,律诗多半落 mi 字收尾,虽然近大调但略带(新)Phrygian 格的意味。

(《中研院史语所集刊外编：庆祝董作宾先生 65岁论文集》，第4种，1961年）

语言成分里意义有无的程度问题

一、语言学者对于意义的分类说

近年来语言学者论到意义的时候,一个常遇见的说法是说在音位(phoneme)的阶层,每个单位(就是音位)没有意义(除少数偶然性的例外如叹词"啊"数词"一"①之类);可是到了再高一阶层,就是词素(morpheme)的阶层,每个单位就有意义——其实词素的定义向来就是当"最小的有意义的单位"讲的嘛。

本文所要提出的就是问语言里各种不同尺寸的成分,它的意义的有无,到底是绝对性的呐,还是有无的程度的不同?

刚才说关于词素以意义的有无来定的话,在语言学界里也有不尽同意的。例如 Zellig Harris② 曾经用纯粹统计的方法入手,在语句里一长串儿的音位里头找出词素跟词素分界的痕迹;因为一个词素完了,下头接下去的可能性多,几乎什么音位都可能,例如一个词素 /mæn/ 后头可能有 /a/(asks,如果用英国音),/b/(buys),/k/(comes),/d/(does),/e/(ever),/f/(from),等等几乎全无限制(除了 /ŋ/ 不当头)。可是一个词素起了个头儿,例如英语 *dhă-*,再接下去完成一个真有的词素的可能性就非常有限制,在这个例就只有 *dhăt* 跟 *dhăn* 两个可能了。这种看法并不是说意义不要紧,乃是说如果分析语言的形式(附带申明语言学所谓形式就是音,并不是文字学所讲的"形"),那么音位可以按形式分析,词素也应该能够按形式分析,Harris 的统计法就是一种按形式分析词素的试验。他的要点不是说词素不可以从意义认出而是说词素可以从形式认出来。

我们现在在没有细讲意义程度的问题之前,先把语言学里对意义的处理法大略讲一讲。很多人(连有些美国人在内)说美国的语言学家自 Bloomfield 以下都不讲意义,并且批评他们因噎废食,或是说演 Hamlet 戏就缺了 Hamlet 的一脚儿。其实这是形容过分。事实上他们当中最不讲意义的,至少也讲意义的异同(differential meaning)。例如音位的不同就是在有分辨意义的异同上。我们现在在没有讨论意义有无的程度问题本题以前,先讲一点儿关于从语言学观点给意义分类的两篇研究。一篇是 Charles C. Fries 的[③]。他分(a)词汇性的意义(lexical meaning)跟(b)结构性的意义(structural meaning)。词素的意义是词汇性的。比方,用他举的例:The point of this pen is bent over 跟 The cover of this pan is bent over 里头的 point 对 cover,pen 对 pan 成不同的词素,因而成不同的意义。

关于词汇性的意义有一个要紧的因子,就是在某一段语言中一个词素因上下文其他词素的关系因而所取的哪一"义"略有不同。这就要看那段发言有哪些其他的词素跟它成不成套(form sets)。

(b)结构性的意义大致说起来就是语法方式(arrangement)所包括的些意义。例如次序(order)是差不多个个语言所利用的语法方式:"你打我"跟"我打你"意义的不同不是词汇性的不同,只是语法方式的不同。

以上(a),(b)两者合称为语言性的意义(linguistic meaning),因为这是完全跟着语言的形式走的。

以下还有两样是 Fries 认为语言学难照顾的意义就是社会文化

意义(social-cultural meaning)跟个人的意义。例如说某人四十五秒钟浮了一百码的水,这句话的语言性的意义相当简单,可是从社会文化方面看,这句话还有个要紧的意味:他打破了个世界的浮水的记录了。照普通的英语的说法,语言性的意义是 signification,社会文化性的意义或意味是 significance。

至于个人的意义,因为每个人生活经历的不同,对于有些语言成分可能有跟一般社会所用的很不同。比方一家有一家对于有些事常有些怪说法,外头人都不懂,英文所谓叫"cant";个人对于某件事有过深的印象,有些话语就会产生了他一个人独有的意味。例如一个人小时候被狗咬过的他对于"狗"这个词就有特别恐怖的意味。

第二篇,Lounsbury④对于意义的分类,考虑了四方面的分类的看法:

1. 上文的跟下文的,原文叫 situational 跟 behavioral,是"情况的"跟"行为的"的意思。不过主要的是某语言成分所以在语言中发出因某种情况而使它发出,这是这成分因某种上文而产生;出来以后对于听者或发言者本人有什么行为上的反应,这就是所谓有什么下文。(我用上下文这名称当然是广义的文,不是文字的文略。)

2. 语言性的(linguistic)跟非语言性的(extralinguistic)。这个跟 Fries 说的语言性的跟社会文化性的大致相当。

3. 身外的(extraorganic)跟身内的(intraorganic)。比方一个人看见一棵树说"树",那"树"字的意义是身外的;要是他想到一棵树说"树",那意义就是身内的。在听话者的方面也有同样的内外的分别。

4. 单指的(particular)跟泛指的(generalized)跟抽象的(abstracted)。这个当然是应用在任何种意义的。咱们现在既然是讲语言,不妨拿语言学的东西来举例。比方一个一个的音符所指的音(phone 或 allophone)是单指的;其次音位(phoneme)是合音而成的音群(sound class),这是泛指的;再其次各音所以成为音位的作为定义的特点(defining features 或 distinctive features)是抽象的。

以上四种不同的方面大致是不相限制的,所以成互相交叉配合的四个幅度。还有 Osgood 等著的关于意义的量法[5],表面看似乎跟我们这里所提的定量看法有直接关系。可是他所用的些幅度,例如硬软度,快慢度等,比较偏重意义的含蓄方面。现在为省篇幅就暂不详述了。我们现在要研究的是语言各成分意义有无的程度问题,并不在做意义的分类法,以上讲的不过当个起头儿的参考。

二、意义的程度跟成分的长短

影响意义有无的程度(以下在不怕有误解的地方就简称"意义的程度"degrees of meaningfulness),可以分四种因子。一是长短。在其他情形相同之下,语言成分短的意义少,长的意义多。二是类别。某尺寸的成分如果有许多不同的可能,每一个所具的意义多,如果只有少少的几个可能,它所具的意义就少。三是重复度。重复或多余的成分所具的意义少。不同而各有作用的成分的意义多。四是见次的频率。语言成分里常见的意义少,罕见的意义多。读者对于近代消息论(information theory)的理论稍为注意过的,大概就会想到以上所说的影响意义程度的因素,正是量消息分量的主要因素。这就是我的用意。恰好平常所谓有意思就是给的消息多,没意思就是不给什么消息。现在就各因子来看在语言成分上有些什么意义的程度上的影响。

先说长短。上文说一般的语言学总是说音位没有意义,只有辨意义的异同的功用;非得词素才始自己有意义。比方中国语言

里音位 /m/, /f/, /y/ 没有意义，/a/ 碰巧是个助词，这是偶然的情形。绝大多数的词素总不止一个音位，都是多少有意义的语言成分。当然意义跟着长短变不是机械式的成简单的算术式的正比例。按消息论算法的设计，倒是想法子把每个信号的消息折成对数，那么信号跟信号相连它所具的消息就是对数跟对数相加了。比方假定某语言里有三十二个音位，三十二是二的五方，那么按消息计消息的法子，二分之一是消息的单位"bit"，我们可以译作"别子"，所以三十二个音里发一个音的消息是五个别子。要是有两个音位，那么它接连出现的机会是 32×32 之一就是 1024 分之一，就是十个别子，换言之就是对数 5 跟对数 5 的相加。

可是从音位到词素的意义的分量不同不是这么机械的望上长，它就是因为不是任何音位可以跟任何音位相连，乃是受很系统化的限制的。例如英语的 /ŋ/ 不当头，元音 /e/, /o/ 不在同一个音节里出现，等等。在中国语言里能够摆得出整齐的声韵调的图表式的音节表，就是因为有些似乎可能的音位与音位的接连是音系所不许的。

不但有些讲得出的规则可以限制音位的相连，就是合乎一般的规则的"可能"的相连式，事实上未必存在。例如很多所谓无意义的音节（nonsense syllables）都是合乎某语言的音位的结构而事实不成词素的音节。英语的例，比方 fep, ral, sleng, gaist 都不违反任何音位相连的规则而事实上没有这些词素，换言之，这些音串，虽然有这么长，但是它的意义似乎还是等于零。

在美国语言学界里最不讲用意义的人当中就是上文引的 Zellig Harris 咯。我所以引他那番研究呐，不是特别提出他的形式论的胜利，也不是说形式论的不对，而是要实行 Fries 氏所主张的讲形式的结构就彻底讲形式，讲意义就索性讲意义。刚才讲的 Harris 的词素辨认法是证明形式论是行得通了。形式方面既已交代了,那么另一方面看,就是意义的有无从没有意义的音位走到有意义的词素,它的程度似乎不是渐渐的从,比方,5个别子,10个别子,15个别子那么增加,而是比较的忽然变成有意义的许多词素似的。音位 /m/, /f/, /y/ 没有意义,词素 /t'a^1/, /tue^1/, /san^1/ 是有意义的。一样长一样可能的 /len^2/, /nai^2/, /fau^1/ 是不成词素,没有意义的。

那么这么讲起来又有点儿像向来的说法,用意义的有无来分音位跟词素的界限了?可是从统计法的结果有这么一个要紧的不同处。一方面从定量的形式理论看,消息的分量是短的少长的多。但是因为从统计上(至少在试过的几种语言里)发现有个相当明显的词素阶层的尺寸,因而从"定量"的形式的不同,成了"定性"的意义有无的分界。这样一来,同时又贯彻了彻底形式分析语言而又保存了向来对于音位无义词素有义的看法了。我们现在暂时就说到这里,以下对于这个还得有一点须加修改的地方。

以上说音位跟词素的尺寸,再大一点,集词素成词(word),集词成词组(phrase),集词组成句(sentence),集句成一番一番的话(discourse),当然越长意义越多。至于这些里头的定量的关系那是还得等以后的各别的研究。

三、意义的程度跟成分的类别

刚才讲成分长短的时候已经提到计算消息的最小的单位是一个"别子"(就是两个可能之一)。先讲个极端的例,比方有一种游戏叫"二十个问题"(twenty questions)猜一件东西,人名,一个字,或任何事物。猜的人只许问是不是动物?——不能问动、植、矿?那就有三种类别了——是不是陆地上的?是不是人家儿里有的?等等。答话只许说是:不是。这样子每答一句给一个"别子"的消息,要是问的好的话,不消二十问总猜到了。因为二十问有20个"别子"的消息,等于1,024,576个(就是2^{20})可能之一,很怪的东西都不难猜着了。可是这种语言里每一个小成分(就是一次的答话)只限于两个类别,所以给的消息那么少,换言之,意义的分量少。反之,如果我们准许在平常词汇里,几千几万词里无限制的挑选,那么只须一个词素或一个词就包括同样的内容了。

现在来举几个实例来解释类别的影响。比方取北平音的音节尺寸的单位,在中国语言多数的音节也是词素的尺寸。按《国音标准汇编》有1279个音节,那么说一个音节所具的消息就有十个多"别子"(因为1279跟1024是同等次的数量)。比方说ㄌㄞ这个音节就有"来"的意思,ㄈㄤ就有"肥"的意思,ㄍㄡ就是"狗",等等。可是如果说ㄨ这么一个音节就难说它有什么意思;同样,ㄐㄧ,ㄈㄨ,ㄕ,等等单独的说出来也没有多少意义。因为这些音节相当于不止一个的同音词素,通俗所谓"同音字"。如果用汉字当符号的工具,写出"雾","记","父","实",那就意义清楚多了。因为汉字的类别比音节的类别多好几倍,所以每个单位所具的意义的分量就多多了。那么这只是以北平音为例。要是拿别的方言或别的时代来比那又不同了。例如拿《广韵》所代表的隋唐时代的古音,一共有3877个音节,类别比现代的北平音多三倍多。那么说出一个音节,它所包含的意义就相当的多了。中国古文所以单音节词比现代口语的单音词多,就是每个单音节就够载意义的分量了。那末现代的文言就处一种特别的地位。因为读起现代音来仍旧出不了1279个音节的范围,可是它的文体还是像古文用单音节的词多,结果音节载不住意义的分量。所以文言听了难懂。可是从文字方面说汉字单位的类别比音节的类别多好几倍,所以用汉字写文言看起来就容易了,因为单位的类别够载它的意义的分量了。

那么口语的音节既然是类别不太多,如果要载同样分量的意义就靠大一号儿的尺寸的单位。这就是现在口语的词的尺寸了。现代中国口语多数的词是两个音节所构成的,这是大家都知道的咯。每个音节多半是一个词素,可是这词素的意义不够多,所以通常得两个音节才能成一个词,这样子一来可能的双音节词的类别就成了 $1279^2 = 1,635,841$ 个不同的单位了。固然这些可能的双音节形式里头事实上过半数都不存在,例如ㄆㄚ ㄊㄨ,ㄎㄧㄍㄥ,等等都不成词,可是成词的两音节式总是以几十万计,所以说出一个两音节词来就是几十万当中选出一个来,这样子这意义就多多了。

因类别多少而影响意义的分量有一个很有趣的关于社会习惯的实例,就是关于人的姓名称呼的习惯。中国人对于称呼的习惯跟西洋人不同,固然有种种文化史上的原因,不过有一个统计上的差别是很明显的。中国的姓非常少,虽然所谓"百家姓"不止一百个姓,事实上也有四百三十八个,可是人的名号可以取一般词汇里的任何部分,换言之,中国语言的全体,来用。即使把不好听或太怪的例如"坏蛋","傻子","ㄆㄧㄚ ㄆㄧㄚ"除外,还是有几十万的可能。所以对一个只算半熟的人管他叫"老张","老李"(假定是同辈的人)不太难叫,可是管他叫"季怀","子余","美珍"之类,那除非熟到相当程度才叫得出口。为什么呐?因为姓少名号多,所以每个姓所载的意义少,而富于个性的名号的意义多,叫一声就所谓"means much more"。反之,在英美姓名类别的多少跟中国恰恰相反,管一个人叫 Miller, Peterson, Tucker 比中国单用一个姓的意义多了,就不代表多熟的程度至少外国的姓就算是人名儿了。可是在西洋人当中起头儿用 Edward, John, Margaret 等等名称所代表的熟悉程度,比中国人叫号的熟悉程度又浅多了,这就是因为外国的名字的类别的总数非常少,有点跟中国的姓氏的总数同样的等次,是以百计,不是以万计的,所以同一个的意义就不那么多,英文所谓"It doesn't mean a thing."——要是你问他怎么已经管他女朋友叫"Mary"了的话。这上头固然有许多别的复杂的社会文化史的因子在内。就比方美国大学同事起头儿称名的程度比起英国来就浅得多,不过我相信单位类别总数的不同是一个主要的因子。

以上讲的长短跟类别的两个因子当中有一个连带的关系。凡是大一点儿(换言之长一点儿)的单位总是类别多,越小类别越少。所以这两个因子不是完全独立的。但是似乎还是有分为两种因子的必要,因为各不同的语言有些什么惯用的成分的阶层是各各不同的,连到同是一个语言而在不同时代的,例如刚才讲的中国古今单位,都成不同的阶层,不同的类别的。

我们现在讲的题目是语言的成分,可是其他的交通方式,特别是文字,也有类似的情形:类别多的成分意义多,类别少的成分意义少。所以一个字母所具的意义少,一个汉字的意义多。写音节的文字,例如日文的假名,就介乎两者之间。那么这个里头就发生一个很有趣的意义程度的差别现象。在日文里两个以上的汉字的词大多数用所谓音读,这些音读不但把从前借了的中国的古音给大大的简单化了,并且比起现代已经很简单化的中国北方音来还更简单化,换言之类别少得多了。所以现在在日本语文里就有这么样的一种情形:(1)很多名词的音读简直担不起意义的分量,因而得靠汉字来辨别,例如"科学"跟"化学"都读 Kagaku,甚至电话簿子里都把"人文科学研究所"登成"人文化学研究所";(2)可是在大多数例,虽简单化了,两音节的词因为长度把类别加多,仍是够担得起意义的分量的,那么光写假名就够了,例如としよくわん或甚至写としょかん就够了,不必写"图书馆"三个汉字了。所以近年来假名多用汉字少用的趋向,虽然有意识的主张是为促进普及教育,而事实上在意识下层是有个假名跟汉字类别上的不齐对于意义程度的影响在那儿作祟呐。

四、意义的程度跟重复度

在消息论所讲的重复度(redundancy)除简单的把信号重复一下或几下之外,也包括任何不必有而可以知道的成分。最简单的重复的例,比方人问你有工夫没有？你说"有,有,有,有。"或者有人习惯喜欢这么样儿说话:"这个人很笨,这个人"或者"他说不来了,他说",这么样说话。这是最简单的重复成分。在广义的所谓重复就是有了任何成分其他的成分可以知道了,那也算重复。比方 Esperanto 每个形容词名词都有多少数主宾式的变化,例如 tiaj bonaj amikoj "那些好朋友"英文"those good friends", Esperanto 给多数式的词尾(-j)见三次,英文 /z/ 见两次,中文(些)只见一次。这是简单的重复。可是在任何语言当中都有很多的表面上看不出来的重复。比方中国旧式的八行书的尺牍总要费大半页乃至一整页的地方作标准式的寒暄,收信人根本不用细看就可以跳到后头看后头说的什么话。在西洋官样文章跟事务信也有他们的一套。例如一看见起头儿说"I should be much obliged to you,"就知道底下一定有"if you would kindly…"接着来的。即使不是俗套的话语,一般的语言也有很大一部分不是绝对必要的。例如"Journ. Acoust. Soc. Amer."凡是用英文的人一看就知道是"Journal of Acoustical Society of America",那么可以省掉的那些部分都是广义的重复的部分了。

语言里头表现重复成分的法子,最重要的是在成分跟成分配合上的限制。不能任何音跟任何音相配(例如日语[t]跟[i]),否则不成音位;不能任何音位跟任何音位相配(例如北平 /f/ 跟 /y/)否则不成音韵系统;不能任何词素(或词)跟任何词素(或词)相配(例如*"水很的"),否则不成文法;不能任何一句话跟任何一句话相配(例如*"今天星期三。现在是周末"),否则不成话。配合有了限制怎么会是重复成分的表现呐?比方拿集音成音位来说罢。在日语的音位系统里头,有[t],[ts],[tɕ]三种音,它跟元音有很清楚的对补的分配(complementary distribution),就是在[a],[e],[o]前一定是[t],在[i]前头只有[tɕ],在[ɯ]前只有[ts]。这么一来三种不同的音(allophones)合并成一个音位(phoneme)/t/。反之,取一个别的语言,例如英语,在同样音的情形之下因[t],[ts],[tɕ]音的不同而有不同的意义,例如 eat, eats, each(近似[tɕ]音尾),所以就有了/t/,/ts/,/tʃ/三个音位或音位组,那么跟英语比起来在这几个音上日语就比英语重复三倍了。严格说起来并没三倍,因为英语/ts/根本很少在音节当头出现,所以也没把可能的配合充分利用,那么这又是若干程度的重复度了。以上是说音跟音相配成音位上的重复度。同样,音位跟音位相配成词素,词素跟词素按文法的限制成为语句,原则上也是一样。不必再举例了。

语言跟其他信号的所以有重复度啊,有两种功用:一个是为传达上的保障,一个是为收发者的方便。平常传达信息时候,半路上总有多少的扰乱,使收的人会收不到或收错了一部分。这种扰乱在消息论里的术语叫噪声(noise),这是广义的"音"咯。比方一句话说一遍没听清楚说两遍或是换个说法再说,这都是重复的成分咯。或者这么说没懂清楚反复申说才听得清楚。所以没有语言不用相当的重复的成分,例如按某种计算法,英语的重复度是百分之五十。

第二个功用是为用者的方便,在常态语言的运用是从传统下来养成的一套习惯,里头已经包括了很多的重复成分。世界上没有语言是句句话一字不能移,字字一个音不能动的。偶而换一字或一音会成另外一个意思,那就是意义的分量特别多,那是例外的。可是在多数情形一句话错个把字,个把音并不成话,听者(或文字的读者）会猜出来的。一个印刷物校样者往往把错字错过了没看出来，就可见他所忽略的部分是禁得起虽然被忽略了而于意义上仍旧不受影响的。为什么说这些重复成分对于用者方便呐？就是因为在一般收发的情形之下，是得有相当的重复度才使发的人收的人用得舒服。固然各民族的语言对于这上头有些实际上的不同，例如日语用比较少数的音位配成许多两三音节的词素，英语用较多的音位配成较短的词素；不过按照语言心理的实验，例如哈佛大学的 Licklider 的，最方便的收发的信号是用比较多数的不同的单位，慢慢的传过去，比把极简单的少数单位，例如 1,0,1,0 很快的传过去就容易接收。所以多数民族语言的音位数目总在几十左右，音节总在上百到几千左右，文法的方式也是几十上百左右，并且在配合上有上述的种种限制，成上述的一种重复度，这是世界人类语言里大同小异的地方。

以上讲的重复度对于意义的程度问题是怎么个关系呐？就是啊，重复度越低意义的程度就越高，重复度越高意义的程度就越低。用通俗话来说，就是话越简约，含义就越深厚；话越啰唆，每句话里的意思就越少。

五、意义的程度跟见次频率

平常骂一个人"频嘴"就是说他同样的话老说老说而说的话一点儿也没有意思。用术语讲就是一个语言成分的见次的频率高它的重复的程度就高，因而意义的程度就低。所以频率是重复之一种。再拿最简单最基本的二进制来做例罢。如果一个袋里有五十个白球五十个黑球，那么摸到一个白球的机会是一对二，就是一个"别子"。但是如果一个袋里有九十九个黑球一个白球，那么拿到一个黑球的机会几乎是一定，所以它的意义就几乎等于零，可是如果摸到了那个白球,那就意义多的多,因为百分之一就差不多有六个"别子"半了。再说一个语言里如果有32个音位,每音位见次如果一样,那每个有5"别子",可是事实上真语言里的各音位的见次很不匀,所以就没能够充分利用那些音位所能载的意义的分量。再比方大一点儿的单位,像"我","这个","那是",都没多少意义,因为这都是极常见的用语;说"很好","再见",意义多一点儿;说"有贼!""着火了!"意义就跟着罕见的程度长了。

六、意义的程度在翻译语言上的地位

以上几节是讲意义程度因哪些因子会受影响。从以上举的些例里头可以大致看出一点儿程度的不同在应用上有些什么关系。现在再举一系列的实例使这些关系更显得具体化一点儿。先看看从一个语言翻译成一个别的语言的时候,意义的程度上有什么关系?

平常作翻译的时候,多数人都注意普通所谓意义的本身,程度浅一点的翻译者甚至用词典来作翻译工作,而一般的词典又都按意义的本身来定什么等于什么。可是这样子一来就把意义有无的程度给忽略了。比方在某种语言里它的语法上有些必要的范畴,英语里凡是名词一定有多数少数,动词一定有现在过去式,因为老有这些范畴,它的见次频率就高的不得了,因而意义的程度就低了。如果翻译到一个没有这些范畴的语言里而把这些范畴表示出来,因为它在第二语言里见次较少,它的意义就太多了。例如 Brave men are not afraid of bandits 所用的多数式是文法的需要,如果翻译成"勇敢的人们不怕强盗们"就翻译的过分(overtranslated)了。固然翻译成"勇敢的人不怕强盗"比原文稍为缺一丁点儿的多数的意义,可是原文的多数的意义真是微乎其微,与其"过"的利害不如只有一点儿"不及"还是近乎其中了。

那么不但是普通所谓文法方面为了重复跟见次的关系,因而意义被冲淡了,有好些用语的惯例也有同样的影响。比方英语里如果宾语代表属于主语的事物,习惯上总是把领属的代名词标出来,例如 He put on his hat and went to his office. 翻译的人就得在(1)"他戴了他的帽子上他的公事房去了"跟(2)"他戴了帽子上公事房去了"两者之间挑选。因同样理由,是后者较近一点儿。因为这里英语里的"his"的意义的程度离"他的"远,跟"零"反而近一点儿。

翻译频率太不相当的成分意义的程度就会有很大的差别。在日常生活的用语各国的习惯不同,因而频率就差得很利害。比方见面打招呼的用语频率实在高,所以意义就淡的利害。比方中国北方习惯见面说"吃了饭了吗?"或是"上哪儿去啊?"听说有过中国学生在外国见了人问"Where are you going?"得罪了人。人家想"It's none of your business",你别多管闲事!因为"上哪儿去啊?"不用回答,人家说"上哪儿去?"你也说"欸,上哪儿去?"就跟人家问"How are you?"你也可以说"How are you?"可是你要是用中国话说"你怎么了?"意义就太严重了,对方就要诧异问"没怎么呀,干么问?"这也是频率不相当,意义有无的程度太不同,翻译起来就要出毛病的例。

翻译成分的长短差得太多也会发生意义的程度的不齐。在翻译中国文言跟白话成英文的时候就发生成分长短的处理上的困难。文言里差不多全是一音节一词素,并且多数是一词素一词。白话里多数的音节虽然可以认为词素,可是因为音节的类别少,它所载的意义程度早已经减轻了:"知道"已经不是"知而道之","事情"已经不是"事物之情状";说"乾隆"或写"乾隆"两个字的时候,在中国人不论新旧智愚很少注意"乾"跟"隆"的本义的,有一点儿也是极微的程度。那么如果用三四个音节的英文字翻译每个字的原义，结果跟那些复合词里意义的原有的程度就差得太远了。

关于翻译成分的长短特别成问题的例就是诗词的翻译。诗词的意义除语言性的意义之外，当然所谓文化社会性的意义更重要，特别是对于节律音韵调格更是意义的一部分。那么把中国的文言诗翻译成一般的西文就没办法了。在事实上为了研究中国文献着想，多数的西洋的翻译中国诗的就根本放弃了长短相当节律相当的要求，光只翻译说的话，甚至连韵都不押了。当然译诗是一种艺术，不是一种可以如法炮制的科学。比方英国的 Arthur Waley 是数一数二的中国诗的翻译家，他不但把原义都译对了，并且在措词上也尽量保存原来的意义；可是有一方面他就轧根儿不管，也不能管，就是如果不失原义，结果英文的音节就要比原文多三倍。除了文法上多数少现在式过去式等等要求所加的意义程度非常轻微以外，用词上总是字数既多，单位也长。这是根本没办法的。要是拿中国现代口语来比，那就方便的多了。例如我翻译《阿丽思走到镜子里》的时候把每首诗都照了原来的节律跟韵脚儿翻的，那是只有用白话才可能的。

七、意义的程度在文学上的地位

在一般语言的运用，各成分有相当的长短，有多少的类别，有某度的重复，有多少的见次，这一半是跟着传统下的习惯而定，一半又跟着实际交通生活的要求而演变的。文学的功能呐，就是一方面利用传统下来，大家对于它都有底子的语言，而一方面又有意识的利用长短、类别、重复、见次的影响而创造出有新意味的作品。文学的用词方面，比方用所谓太俗套的成语，所谓 cliché，平常认为是一种毛病，就是因为频率太高，所以意义太少。可是文学里当然也用些第一等常见词素跟常见词跟常见词组,为什么不嫌频气呐?这就要看作者对于什么成分有什么意义的程度的经验深不深估计准不准。这就是平常所谓"鉴别力"或"见识"了。第一等常见的成分出现的时候,作者跟读者并不预备里头载着多少意义,在常见的成分的架子里加进了新颖的词句才把有意义的部分显出。诗词里用语所谓"有诗意"也就在乎调虽熟而意不俗。当然各人有各人的作风,有的人注重流畅,有的人注重新奇。坊间的小报杂志我们说没有文学价值,因为太熟了,就太俗了。可是比像 Gertrude Stein 写的根本不成英文文法,又是一个极端,多数人还是很难欣赏她的。

那么讲到大一点儿的文学单位,比方一篇故事,它有它的布局,有它的体裁;要是用旧调子一看就知道是怎么结局,我们就说这故事没有意思,我们就说它学了某某别的常看见过的故事的烂调,这也就是因为太"重复"了所以没有意思了。可是如果要故事新颖结局奇突,那么领它到新颖奇突的部分上去的其他部分得要看得自然,得要像平常会有的事情才行,换言之又是得用意义较淡的部分了。

在任何语言里,固然第一等常见的成分是必有的,可是拿不同的语言相比起来,有时候有多少的不同可能在文学意味上发生影响。比方德国话里有好几个不同的词尾都读 -en。听一个人念德文诗或在舞台上说话每几个字就有个 -en: sagen, Augen, finden, guten, 听了一会儿就会感觉德文总是"ㄣ"啊"ㄣ"的单调的不得了。我曾经跟德国人提过这一点,他们说他们并不觉得。反之,他们觉着英文的 He put on his hat and went to his office 里的 his 重复的频的慌。这个证明一个外国人对于第一等频率的成分并没习惯于拿它当第一等,所以所得的意义的分量太多,本国人就不觉得了。

那么一个"-en"这么个音(德国的)外国人不懂,怎么反而觉着它意义多呐？这就又是听的少就意义多，听的多就意义少的例了。现在举一个好像全无意义的例作为本篇的结束。我们起头儿说平常以意义之有无来分别音位跟词素，可是又说其实是程度的不同。那么音位还是有意义的。一个外国人对于德文不熟的，对于 -en 这个音节，除了当文法词尾外，又感到一种音韵上的重复的意味，这是一种所谓文化社会性的意义。

说到诗词里用些双声叠韵象声等等音韵上的成分，于词素的语言性的意义完全不相干，可是在诗词里另有各种意义。所以音位虽小也还是有意义的。音位跟音位相连即使不成词素，平常所谓无意义的音节（nonsense syllables）也很难全无意义的。心理学实验用无意义音节的时候，常常顾虑到音节太容易引起有意义的联想。连一音节两音节的不同都有某种意义上的不同。Lewis Carroll 所以能利用无意义成分中之意义就是在这个上。打猎时候打 snark，那当然是一种动物，高兴起来 chortle 当然是一种叫的行为。从没有意义的成分因上下文而生出意义，这种过程在小孩学话跟学生念书根本是一样的。我个人在中国旧时代私塾念书的时候，就是照"读书不求甚解"的办法，简直是拿《大学》《中庸》当 Jabberwocky 来念。一个五六岁的小孩子念：

"大学之道，

在明明德，

在亲民，

在止于至善。

_{亲当作新}"

（大字小字连着一块儿念）

跟念：

"Twas brillig, and the slithy toves

Did gyre and gimble in the wabe:

All mimsy were the borogoves,
　　And the mome raths outgrabe."
两者有什么不同？可是虽然不甚解也不是全无意义，并且意义跟着人的岁数经验长的。至于十三经的全部透彻的了解，那到现代经学专家也还有些始终不懂的地方呐。这又是意义有无的程度的一例了。

*　　　*　　　*

以上讲的影响意义有无的程度的几个因子跟两个关于翻译跟文学的举例，可以算是对于意义的一种看法的试验。这里头问题当然还多着呐。比方（1）上述的长短、类别、重复、见次那些因子很有搭接的地方，应该怎么分析的更精密一点儿可以使各因子成为独立变数？（2）平常总讲差别性的意义（differential meaning），那么意义的差别是不是程度的问题？同一个词素源（etymon），意义差别到多少就成了不同的词素（morpheme）了？（3）平常分析所谓本身意义（semantic meaning）跟用法上的意义（functional meaning）的区别是不是也是程度的问题？（4）上文对于消息的分量跟意义有无的程度有地方随便互用，是不是不同的观念？在定量上能不能——如果能，要不要——新设一个意义的单位用"别子"，还是用其他的单位来量？（5）除翻译跟文学外，对于其他语言跟信号的应用上，例如交通、医学、政治、经济等等有什么可能的应用？

所以我现在做的不是一套研究结果的报告，而是对于大串问题的一个定量性的新看法的提议。

注

① 严格说起来这个词素是元音"l"加阴平声两个音位合起来的。

② Zellig Harris, From Phoneme to Morpheme, *Language* 31. 2. 190 – 222 (1955).

③ Charles C. Fries, Meaning in Linguistic Analysis, *Language* 30. 1. 57 – 68(1954).

④ F. G. Lounsbury, The Varieties of Meaning, *Monograph* No. 8, *The Institute of Language and Linguistics*, Georgetown University, 158 – 164, Georgetown, 1955.

⑤ Charles E. Osgood, George J. Suci, 跟 Percy H. Tannenbaum, The Measurement of Meaning, *Urbana*, 1957.

(《清华学报》新 2 卷第 2 期,1961 年)

绩溪岭北音系

民国二十三年,中央研究院历史语言研究所,有个徽州方言调查计划,参加的有罗常培、杨时逢、跟我三个人。我太太安徽人,所以也参加了作向导。我自己开着一架不太抛锚的汽车,从南京开到徽州,一路风景当然比一般下江地方的更美。路过一个特别山明水秀的地方,问起来,原来这就是胡适之先生的家乡绩溪县的岭北乡。那时我们的录音设备跟接头的各发音人都约定了以屯溪为工作站,主要的几种方言代表就是所谓徽州六县,绩溪音就只记了城内的音系[①],竟把岭北的音系错过。一直到民国四十五年,那时胡先生住纽约,我才用录音带把地道的绩溪岭北的音记录下来。

徽州方言在全国方言区里很难归类,所以我在民国二十七年给申报六十周年出版的中国分省新图画方言图时候就让徽州话自成一类。因为所有的徽州话都分阴阳去,近似吴话,而声母都没有浊塞音,又近似官话区。但是如果要嫌全国方言区分的太琐碎的话,那就最好以音类为重,音值为轻,换言之,可以认为是吴语的一种。大家都知道,行政的区域跟方言的区域往往不相干的。我们那次到徽州调查方言以后,不久最南的一个婺源县改划归了江西省,可是民国二十五年又归还了安徽。其实啊,这一隅的方音很有点介乎吴楚之间的意味。就在婺源尽隔壁的江西玉山县我们在民国二十四年做初步调查的时候就发现那里的口音非常近乎吴语。

---

① 发音人汪乃刚,只有油印记录,还没发表。

所以拿徽州认为广义的吴语区内可以说也不算扯的太远罢？这也是"吴头楚尾"之又一义了。

绩溪岭北（以下简称绩溪）的声韵调如下各表。表中所列各例字虽然不够作比较音韵之用，但大体上可以看得出每类包括些在音韵上占哪些地位的字。

第一表　绩溪声母

p 半	p' 怕伴盘	m 门	f 飞	v 围危微
t 到	t' 太道同	n 南蓝连年		
ts 增征	ts' 仓从初		s 散生声	z 人
tɕ 结朝	tɕ' 昌朝穷溪		ɕ 晓小	i 要
k 贵	k' 开跪葵	ŋ 岸暗话①	h 好	o 我

声母当中 n, l 不分，可以算是自由替换音。浊音的 v 跟 z 摩擦极轻，v 近乎天津的 v，z 近乎重庆的 z。舌面声母 tɕ, tɕ', ɕ 的见例跟 ts 列，k 列成对补分配，所以在音位系统上有两属的可能，颇似北平音的情形。但是 ts 列，tɕ 列缺鼻音而 k 列有鼻音，所以 tɕ 列跟 ts 列较近一点。声母 h 大半是深喉音，但在后元音前，例如"好"字有舌根摩擦，近乎浅喉音的 [χ]。

第二表　绩溪韵母

ɿ	e	æ	a	o	ə
兹	斗	盖妹	介拔色	爬架瓜何过各	桃合
i	iæ		ia		iə
第	竭		姐蛇铁		调
u	ue		ua		
步	睡醉		怪		

---

① "话"字 ŋ-, h- 两读，前者是白话音。

y	yæ	ya			
雨	血	靴			
ẽ	æ̃	ã	õ	ər	ṇ
庚天连	根翁	三胆干	桑党光床	二	你
		iã	iõ		
		间	良		
uẽ	uæ̃	uã			
横宏	酸公红东	短官			
yẽ	yæ̃				
远软船权	群穷				

韵母的 z 是舌尖前的韵母，见例限于 ts, ts', s, z 四个舌尖前的声母。在绩溪城里舌尖韵母还可以跟 n 拼，在南乡又可以跟 t, t' 拼，而并不变成塞擦音的 ts, ts'。从这上就看出高本汉用 ɿ 号跟后来用的 ï 倒方便一点。比方拿"地理"两个字来念，在绩溪县三处有三个不同的处理法：

岭北乡	t'i	ni
城　内	ts'ɿ	nɿ
岭南乡	t'ɿ	nɿ

这并不光是音色上的细微差别，在系统也有差别，例如在岭北岭南乡"地"≠"滞"，但是在城内音"地"、"滞"就同音了。

元音 e 略有复化为 ei 的倾向，a 是后 a，严式可作 [ɑ]，ɔ 是后 ɔ，严式可作 [ɒ]。各阳韵都是以半鼻音式实现，但是鼻音先少后多，所以严式应写在右上角。这种半鼻音后头跟着有塞辅音仍是不变全鼻音，例如"三天" sã t'ẽ 并不变成 *sant'ẽ。尾音 r 是不颤动的卷舌音，限于"而,耳,二"等字。

第三表　绩溪声调

阴平	阳平	上声	阴去	阳去	入声
21:	32:	55:	324:	223:	32:

┌诗 ╱时 ˪九 ˥盖 ˦树 ˥急
         ˪坐   局

以上阳去也可以简作 23：但因为特别长，所以作 223：，入声有 -ʔ 尾，连下字时不失落。

第四表　绩溪连调

	山	人	酒	扇	树	竹
多						
黄						
好						
爱						
卖						
说						

以上调号下加一小横的表示有变化的连调。这里头变化虽多，但是也有规则可循的：

阴平 21：凡遇降调变 23，其他变 22：

阳平 32：在任何调前都不变。

上声 55：除上声前不变外，其他变为 53：

阴去 324：一律变为 35：

阳去 223：在任何调前不变。

入声 32：在上声阴去前不变，其他变 35：

以上记的当然只是绩溪音系的大纲。还有特字的处理法，一般词汇，跟几种代表的读物，等把录音整理出来过后再陆续报告。

(《中研院史语所集刊——故院长胡适先生纪念论文集》第 34 本，1962 年)

中国语法图解两例

平常说到语法图解,多半总是讲黎锦熙式的句子结构的图解,例如:①

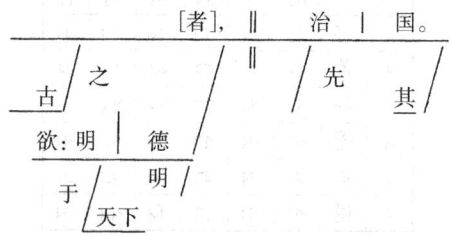

其中双线表示主谓的分界,单线动宾关系,斜线表示修饰关系,等等。

近来研究语法的又特别注意到直接成分("IC")关系,用各种符号来标出什么跟什么成为直接成分,例如:②

The ‖ king ‖‖ of ‖‖ England | open ‖‖ ed ‖ Parliament.

这里头单线标最大的成分界线,双线次大的,三线更小的成分,等等。还有的用方兜子符号标直接成分的。记得有一年走过武汉大学的农场,看见个牌子上写着"无肺病牛"四个字。乍一看我说这是什么牛,又病又没有肺? 再一想才知道我是把直接成分弄错了。不是

---

① 黎锦熙,《比较文法》,北平,民国二十二年,页174。

② Rulon Wells, *Immediate Constituents*, Language 卷23,期2,页84(1947,4至6月)。

乃是 无[肺病牛]

无[肺[病牛]]

就是没有肺病的牛。其实这种方兜式的符号也就跟数学里的方、圆、花的各种括弧是同样的功用,不过在语言学的标点里方括弧已经用惯了当作国际音标或其他音值符号的标志,花括弧当词素音位的标志,圆括弧又当注解的用处,所以一般的语言学者就很少用括弧多用方兜子来标直接成分了。

本文举的两个例没有直接成分关系那么广。一个是方位补词的图解,还一个是介词的图解。

(一)方位补词。——最常用的方位补词就是"来"是"去"咯。一般用的时候都是轻声,例如"拿·来","送·去"。只有插入"得"或"不"表示可能不可能的时候才不用轻声,例如"叫·得来","下·不去",重音在最后一字上,又"来","去"对比的时候也不轻声,例如"跑来跑去"。补词性的"来"、"去"是表示冲着说话人跟背着说话人的动作,所以严格说起来没法子在纸上画出方向来。现在照公路上路牌标志的习惯用一个向上指的鸟形的箭号表示向前,向下指的表示向下(参看第一图表)。

除了"来"、"去"最活用的两个方位补词之外另有"上"、"下"、"进"、"出"、"起"、"回"、"过"、"开"、"拢"当(单)补词用的时候有相当的词汇性的限制,例如有"关·上",没有"*关·下",有"提出",没有"*提进"(用较文的"入"字也没有"*提入"。这几个补词可以用直箭或弯箭画出各种方向来(第一图表)。

这九个方位补词的见处虽然有限制但是跟"来"、"去"合起来成复补词就又可以随便活用了,例如"走·出·去","拿·进·来",凡是有意义的任何动作动词后头都可以用得上。只是"打开来"、

"并拢来"之类在北方比南方说的少一点。还有"起来"无论是当动补结构还是当另一动词后的复补词只见于南官话，在北方只有"起来"没有"*起去"，所以如果两个人睡在一个床上一个人说"你先起去，我再睡一会儿"，在北边还得说"你先起来，我再睡一会儿"。

方位补词跟德文里的游离性词头非常相近。"来"就等于 *her-*，"去"等于 *hin-*，"走出来"就等于 *herauskommen*，"跑下去"等于 *hinablaufen*。可是有一个小不同的地方就是复补词游离的时候上半还连着主动词，只后半游离，例如"爬进来"："偷偷儿爬进我心里来"，可是德文 *hineinschleichen：schleicht mir ins herz hinein* 两种分法不同。

现在把这些方位补词的图解跟跟德文的比较列在第一图表。

第一图表

图	单补	等于德文	单补举例	复补举例
↧		*her-*	送·来	
↧		*hin-*	拿·去	
↑	上	*auf-*	扣·上	爬·上·来,端·上·来 迎·上·去,送·上·去
↓	下	*ab-*	留·下妻子	搁·下·来,剩·下·来 掉·下·去,吃·下·去
⊙	进	*ein-*	走进大门	引·进·来,放·进·来 交·进·去,听·进·去
⊙→	出	*aus-*	提出抗议	现·出·来,说·出·来 滚·出·去,闹·出·去
↗	起	*empor-*	发起	飞·起·来,哭·起·来了 ——
↰	回	*zurück-*	召回	跑·回·来,要·回·来 缩·回·去,放·回·
⌒	过	*über-*	走过桥	递·过·来,醒·过·来 背·过·去,晕·过·去
←→	开	*auseinander-*	分。开	打。开·来,张。开·来 ——
→←	拢	*zusammen-*	靠拢	聚拢。来 ——

（二）介宾关系。——介词跟宾词的关系在意义上其实是表示主词对于某事物的空间位置或动向的关系跟这些关系的引申的意义。以下拟的图解法是用一个点标主词，圈标宾词，主宾的关系就用点圈的距离或用箭向来标它。例如点紧挨着圈（第 1 号）就是表示"在"的关系，圈后有反箭，然后有点（第 7 号），就是"离（开）"

的意思,就是标不动距离的。在第二图表举例里左边是表示时空关系的,右半是由时空引申的或其他的抽象关系。

	图	时空	其他
1.		在(北平又有:待,挨,捱)	在…上(头),例如:在政治上
2.		跟,和,同方,与文,及文	
3.		到,上,例如:到三点再走罢,上上海去	
4.		临,趁,赶	
5.		望①,冲(着),朝(着),对(着),向	对,于,对于,关于,至于,为(着~了)
6.		从,打,解,起,自从,由	因为,由于
7.		离(开)	比,比较,较比,像
8.		沿(着),顺(着)	照(着),按(着),按照(着),依照,据,根据,凭(着),靠(着),论
9.			用,拿,以文
10.			把,给,将文,方,管,叫
11.			被,给,叫,让
12.			替,给
13.			除了,除去,除……以~之外
14.			由,归,连,连……带

以上"叫"字两个用法,在第 10 图如"叫她叫妈"等于北方"管她叫妈",在第 11 图如"钱别叫贼偷了"。"给"字三用,在第 10 图如"猫给鱼吃了",在第 11 图如"鱼给猫吃了"。第 12 图如"我给猫吃了"(我也不吃猫,猫也不吃我,我就拿猫食给猫吃了)。

(《中研院史语所集刊——故院长朱家骅先生纪念论文集》,第 35 本,1964 年)

---

① 一般写"往"读去声。我赞成写"望"字,因为在吴语粤语都用 m-,可见原是"微"母"望"字。

罗素的抽象原则跟语言教学

罗素的抽象原则,严格的说法相当复杂①,不过用比较普通一点的说法讲起来,就是说:凡是说某一类里的个体有一个共同的性质,就等于说某某某某个体合成这一类。换言之,与其说个体有共同的性质,不如说它们这些个体属于一类。例如(这是我举的些例)不必说王一,王二,王三有王家的那股劲儿,就说王一,王二,王三都是王家的人就是了;又如不说热带水果有一种热带水果的味儿,就说热带水果就是香蕉、芒果、木瓜、杨桃、凤梨等等就是了。因为这种说法是从具体的单位说起,只说它们归拢在一个类而不谈另一个捉摸不着的抽象的共同性质,所以罗素在非正式谈话时候曾经说,"与其管我那原则叫抽象原则,从另一方面看也可以管它叫具体原则"。因为这方法是拿一件一件的个体为起点,拿它们组成的类为终点,用这种定义,就把抽象的性质或是命题里的谓词②给抽掉了。从另一方面看,这又像是柏拉图派跟亚里士多德两派的老争点:一个说只有抽象的理想是真的,东西只是代表理想的不甚完全的例子;一个就说只有东西是真的,理想是空的。罗素的抽象原则就近乎亚理士多德的看法,因为它拿个体为出发点,拿个体的类为终点,就没有另立理想或观念或性质的必要了。当然一个博通

---

① 详见 Bertrand Russell, *The Principles of Mathematics*,剑桥大学出版部,1903,页166。

② 同书同页下半说本书根本不用主词谓词的观念。

上下古今学说的罗素,不是拿一个简单的唯物论或中古的惟名论[①]当他的基本的哲学。不过他在建立一个数学基本论的时候,他发现只须用个体跟类就没有另外再用性质的必要了。

这种问题跟语言教学上有什么关系呐?说起来也够明显的。相当于个体的就是人跟人用语言时候说的一句一句的话(当然也包括极短的话,例如"来!"或是"嗄?")。相当于理想的就是学者们或教师们讨论的音韵,词汇,跟文法。一种语言,例如现代的中国话,究竟是(1)一套音韵,词汇,跟文法的系统呐,还是(2)现在活着的中国人说过的所有的话加起来的总和呐,还是(3)什么呐?这里头第(3)个可能等一下再讨论。用哲学的看法,当然是(1)、(2)都得要,光是(1),就等于康德所谓概念没有知觉是空的;光是(2),就等于他所谓知觉没有概念是瞎的。至于用在语言教学上呐,(1)是代表旧派的方法,(2)是代表近年来的新方法。现在分别例解如下:

典型的旧方法可以举美国在第二次世界大战以前的外语教学的风气。那阵时候注重发音的讲解,读物里头的词汇也是逐一用学生本国语来翻译并解释。文法方面,即使上的是读本的课文,也还是引了一条一条的规则来讲。要是上文法课,那就更不用说,完全是用演绎的程序来解释一切。记得我在美国上二年级德文的时候,我们一学期上了两种德国的剧本。每天晚上查字典,查字典,在生字上注满了英文,第二天就把课文翻译成英文给先生听,并且得报告应注意的文法特点,例如附属句的助动词得放在末尾,正句如果有副词在先,以下的主词跟动词就得倒置,这些规则我们都背的烂熟,可是我们偶尔造点句子,十回有五回还是会造出像 *Wenn

---

[①] 原文如此。今多写作"唯物论"、"唯名论"。——编者

Sie erlauben mir, dann ich will gehen① 这种句子。十回只五回,那还算好的呐,因为我从前曾经受过中国书房里读书不求甚解的传统习惯,所以上了德文课查完了字典,要是还不到太困的钟点,还哇啦哇啦的念它两遍。我们班上的美国同学们连念都念不出来。最妙的是我们的二年级德文教授,他自己虽然是德国人,可是因为那时代通行的外语教学法到处都是那个样子,所以他也跟着那样教我们。那一整学期,恐怕前后听不到三个整句子的德文,全是用英文上的课。

第二次大战以来在美国渐渐通行的所谓新方法其实大半是欧洲已经早用的,新近才用在军事机关,逐渐再用在教育机关里的。用这种方法是让学者与所学的语言有最大分量的接触。无论是从教师的口里,或是录音设备里出来的,或是由学生口里出来的,在十分之九以上的时间都用在与所学的语言的本身接触上,而只把最低限度必不可少的时间用在以学生本国语言来作各种解释上头。编课文的时候也常常先举了某某要点的例子,预备学的人把这些句子练熟了过后,然后再归纳式的总结一下子,那就容易懂容易记的多了。哪怕就不总结一下(无论是用本国语,或用所学的外语来总结),如果教材编的好,也就可以无形中贯通了。

以上说的好像是特指文法方面。其实在其他方面也有类似的情形。在发音方面用学生的本国语解释发音倒是可以有相当的效果的,特别是关于外语跟他本国语发音上异同的比较,在这些上头,如果用描写的方法是很有用的。但是仍不能代替发音的本身的多多的听跟多多的说。

在词汇方面在初级时候总免不了翻译成学生的本国语咯? 曾经有人取笑外语教学的"直接方法",说有个先生指着自己的鼻子

---

① "*"号表示没有这种形式的句子。

说"我","我""我",后来学生就以为"我"字是"鼻子"的意思。(其实这例子不是全无道理,因为中国"自"字原来就是古"鼻"字嚜!)初期的词汇,无论是用翻译法,或是用直接方法,可是词汇的大部分还是免不了在实例里头由烘云托月的法子把意义给托出来。凡是学外语词类的意义,没有东西能够代替实例上的用法的。

一个常听见的疑难点就是:如果每个词有几百几千处可能的用法,一个语言里有几千个词得学,那么学一种语言你不是得学几百万的学习的单位了吗?这个难题的答复不是在减少要学习的东西,是要增加学习的活语言本身。多听多读多多的"阅历"——按字面讲的阅、历——然后才能够得到每词的实际上通行的意义。费时候吧?当然费时候。但是这是免不了的。一个小孩子从生下来到会说话那头两年"上的课"每天上多少钟点!成年人学外语所用的教材固然应该有计划的把要紧的词汇跟文法要点都编进去,但是学生的主要的工夫还是应该要花在具体的语言上。

那么以上说的第(3)个可能是什么呐?说中国的语言不就等于它的音系,不就等于它的词汇,不就等于它的文法条例,或是三者之和,这话多数人都能承认的。但是说中国的语言就等于现在活着的中国人(或甚至自古以来的中国人)说过的话的总和,总像有点儿勉强。比方"张方正的儿子张又直昨儿吃了三十九粒儿花生、五十七颗瓜子儿"显然是一句中国话,可是在我写这句话以前谁敢包有史以来有人说过或写过这句话呐?所以一个语言不但包括事实上说过的话,还得包括一切可能说的话。学习一个语言,是要说过了若干分量若干种的话,说到了自己会说出像话的话来,以后就出口成话了。编教材编的得当,上课上的有效,就在乎选些个最典型的话,把最多的时间用在说、听这些话上头,使得学习者的神经系统里有了相当的状态[1],能够跟所要学的语言的本国人的神经系统里的状态相似,这样子嚜,那个语言也就可以算存在在这学习者的神经系统里了。

话又说回头了:如果性质就是个体的类,那么随便风马牛不相及的个体合起来的一个类,给它提个名字就算它们共同的性质,那有什么意思呐? 如果半句英文,两句中国语,一声喵喵,等等等等一些不相干的东西合起来也成个语言吗? 从这些里也会造成一种神经系统的状态可以类推到其他的"合乎文法"的新东西吗? 当然是不能的。因为真的语言是大半有规则小半不规则的一个系统。可是这并不能算是抽象原则(或叫具体原则)的缺点。罗素的原则只说如果个体与个体有某种关系,论它们的类就没有再论它们的性质的必要而已。应用在语言教学上就是说如果先生(或母亲)老跟你说这个说那个,就是不讲音韵不讲词汇不讲文法,自然就会音发的准,词用的对,文法说的通了。可是反过来说,罗素并没说在别的数学或逻辑系统里不许用性质这观念。同样在另外一方面的教学,特别是在成年人学语言时候也并不是不许有音韵词汇文法的课,哪怕用学生本国语来上课都行,就是不要宣主夺宾,上了一学期的德文课听不见三句德文就是了。

(《清华学报——庆祝李济先生
70岁论文集(上册)》,1965年)

---

[1] 这个神经系统状态的说法是 Bernard Bloch 在1951年夏天在加州大学举行的语言学讲习所的一个学术演讲里第一次发表的。

中文里音节跟体裁的关系*

今天的讲题是"中文里音节与结构的关系"。"节奏"这一名词十分笼统,包括轻重音跟几个字成一个单位的问题。这些影响到文言、白话的区别,也影响到诗词的体裁。

谈到任何一个问题,必然会涉及许多因子。每一个因子又有许多可能的变化,甲有 m 个,乙有 n 个,丙有……。累计起来,成了 mxnx……那么多的可能式。音节数目的多少,变化很大。在中国语言里单音节十分重要,在多数情形中,每一个音节都是有意义的,不但文言如此,白话也是的。从前外国人说中国字是 monosyllabic,耶鲁大学的金守拙(George A. Kennedy)说中国话的单位多数是两音节三音节,说是单音节完全是一个 myth。所以他写篇文章叫"*The Monosyllabic Myth*"(见 *JAOS* 71,1951,页 161-166)。事实上,你要看这个音节是当作跟其他音节合用的字还是独用的词。有好些字在白话中是不独用的,可是你会发现他在合用时仍是有意义的,不像好些外国语例如 mon, o, syl, lab, ic 那些单音节是没有意义的了。所以如果连同合用而不独立的词都算起来,中国话多数的确是 monosyllabic。所以我总说这 monosyllabic

---

* 本文是赵元任先生 1968 年 10 月 22 日出席中研院史语所成立四十周年纪念会上的演讲词,据《中研院史语所集刊》第 40 本转载,文前主持人的开场白和文后主持人的致谢词略去。——编者

myth 在中国的 mythology 里是一件最真的 myth 了。

我现在要谈到几个于中国语言单位有关的几个不同因子：第一是音节的多少；第二是轻重音跟字调（但今天我不预备谈表情的语调）；第三是讲体裁是文言还是白话，是诗还是词，还是散文，其中又有古今的不同；第四个考虑的是一个或多个音节组成的单位，是独用还是合用的。（我在这里拿"独用"翻译 free(F)，"合用"翻译 bound(B)。关于这个，杨联陞先生在哈佛的《亚洲研究期刊》(*HJAS* 12, 1949, 页 462-9) 中曾谈到过, 有许多是介于两者之间的，这问题相当复杂。）第五，跟合用相近而不相同的因子是 Murray B. Emeneau 在他的 *Studies in Vietnamese Grammar*, 1951, 页 44 曾经提出 free 与 restricted 的分别；现在为了不要跟 F, B 之分相混, 我提议改称为 versatile 与 restricted, 可以译为活用与限用。例如"每"字虽然是 B, 它很灵活, 有很多字可以配；可是像"嗑"字虽然是 F, 但是除了瓜子儿之外就没有别的东西可以嗑的，所以这个字的用法是受限制的。第六，如果你所考虑的词组或复音的东西，在两个字以上如何分法？是一加二呢？还是二加一？如果是四个字，是三加一？还是二加二？这牵涉到所谓"直接成份"（immediate constituents 简称 IC）。这主要虽然是文法结构的问题，不过有时候得看看见次的频率怎么样。频率高的虽然在文法结构上讲起来不是一个东西，但有时候也会拿来当一个单位看待。比方以数学为例，微分里的 $\frac{dy}{dx}$ 原来是一个分数，一个比例的极限。但是常见 $\frac{d}{dx}$ 这个，$\frac{d}{dx}$ 那个……，看多了读多了觉得 $\frac{d}{dx}$ 像自成一物似的，写起来麻烦，所以用 D 来代表 $\frac{d}{dx}$ 了，把 $\frac{dy}{dx}$ 就写成 Dy 了。起初还有人反对，认为这不是一个 IC，原来的 IC 是 dy 被 dx 除，但是因为后来看惯了 D 这个符号了，也就觉得有这么个东西了。其实也用不着舍近求远的用数学的例子。在中文里比方"人之初"通常把"之"字认为"人"字的词尾,可是原来"之"是指示形容词,是属下字的,所以这一来原来是一加二现在变了二加一了。

我现在按音节的数目,大致按 IC 的分别来举几个例,跟各位讨论讨论。

(一)独用加独用(FF):

1+1　主谓式(SP):像"我穷"、"谁去?"、"天好"。

1+1　并行式:像"买卖ㄇㄞ"、"买卖·ㄇㄞ"、"江河"。

1+1　主从式(即第一个字形容第二个字):像"大狗"(形容词形容名词)、"老闹"(副词形容动词)。

1+1　动宾式:如"问路"、"怨我"。

1+1=X+p　单字加词尾的:如"晴了"、"走吧"、"瓶子"。后面这些,严格说起来不是独用加独用。因为"了"跟"吧"、"子"是不能独用的,而第一个字都是可以独用的,现在附带在这里提一下,因为这些尾词是很能活用的。

(二)两音节整个儿是文言还是内部成分是文言(或 B)?

譬如:"灰尘"的"灰",白话是可以独用的,"尘"白话就不说,不能说"这儿有许多尘"。合起"灰尘"在白话里却常用。但是像"尘埃",两个加起来仍旧不是白话,平常不这么说。"参加"的"参"白话不用,"加",白话有的,"参加"白话也有的。"参与"是合用的,分开是文言,合起来还是文言,白话是不用的。"未可",白话也是不用的。"未必",分开来是文言,白话不用,但是合起来就用了。"非驴非马",白话既不说"非驴",也不说"非马",但白话可以说"这东西简直非驴非马"。"白马非马"除非是引用原文,否则白话里是不说的。"翻来掉去",可以整个儿的说,但是不分开来说"翻来"或"掉去"(广东话说"翻来"是"回来"的意思,那另是一回事)。以上说的两个音节的词,三个音节就牵涉一加二或二加一的问题了。

(三)三音节

二加一:

AN-N(形容词形容名词……再整个形容另一个名词):"白皮书"、"脆皮鸭"、"孤儿院"、"北平人"、"长生果"。

NN-N(名词、名词——名词):"金鱼池"、"墨水笔"、"人力车"、"金银岛",但"金"和"银"是并列的,不是说"金"的"银"。

VO-N(动词、宾词——名词):"分水岭"、"显微镜"、"探海灯"、"漱口水"。

VV-N(动词、动词——名词):"驱逐舰"、"降落伞"、"联合国"、"升降机"。

AA-N(形容词、形容词——名词):"长短句"、"酸辣汤"、"红黑帽"。关于正反字有时在单名词插一"之"字,如"大小之势"、"轻重之权"(可参阅《马氏文通》卷三页151。)

NN-A(名词、名词——形容词):这种比较少,像"黄种强",大多数是姓"黄"名"种强"(就变了1+2了)。我想全中国大概总有几万个人用这名字。

SP-N(主词、谓词——名词):"地震仪"、"人来疯"。

SP-V(主词、谓词——动词):"落花生"。

一加二:

A-NN(形容词——名词、名词):"白皮纸",是说"白"的"皮纸"(所以跟上文的"白皮书"的结构不同),"活地狱"。"二姑夫",这个词很有意思,"二"字在逻辑上讲像是形容"姑夫",(又可以写成"二姑父",但在吴语里面,"夫"(fu)、"父"(vu)是不同音的,说起来吴语仍用 fu 音),其实是形容"姑",因为大姑也许没先嫁,也许根本不嫁,可是二姑的丈夫还是"二姑夫",所以在亲属关系虽然是二加一,可是在文法上仍是一加二。

N-NN：比较少，"糖苹果"、"鸡皮肤"。

V-NN："炒牛肉"。

V-AN："拌黄瓜"（当然也是 V-O）。

A-Xp：这是加词尾的，像"大伯子"、"小姨子"、"王麻子"。

A-AN："北平园"，不是"北平"的"园"，与"北平人"的结构不同，是指旧金山的公寓，有名叫北"平园"的。另外有叫东"平园"、西"平园"的。"大表姊"也是一例。

V-AN："失乐园"，这是指 Milton 的 *Paradise Lost* 一书的译名。原书名的意思是"失"掉了的"乐园"，但一般不知道这是那书译名的人常常会拿他当"失乐"的"园"讲，这里原因之一是二加一的倾向大于一加二。

1p+1：这是加词尾的。"人之初"、"吃了饭"、"你的笔"、"带着走"。

1+1+1：还有在分析 IC 的时候，总是一切两段，不管它的大小如何。可是有时候是没有办法分别正次，像"天地人"是完全平行的。比方外国人说 red, white, and blue 习惯上在最后一字之前加 and。中国字的说法在最后一个字的前面，是不是也要加"和"、"与"、或"跟"呐？从前有一度倒是有过，不过后来又不通行了。（参阅斯尔忠、萧斧在《中国语文》五五期四九页，关于这个的报告。）

（四）四音节

二加二：四音节分成二加二的比甚么分法都多，例如"关关雎鸠"、"窈窕淑女"、"糊里糊涂"、"东张西望"。虽然那部小说的正式名称是"三国志演义"可是多数还是管他叫"三国演义"。

（二加一）加一："自来水笔"、"吃完饭走"、"降落伞兵"。

（二加词尾）加一："大学之道"、"吃完了饭"、"没有的事"、"慢慢儿的走"（"儿"字实在不占一个音节，只是一个词尾）。

一加(一加二):"在明明德"、"见梁惠王"、"再叫他来",但得看怎么讲,这是"再"、"叫他来",至于"叫他再来"是另一回事。

刚才讲过 IC 与见次频率的多少的关系,频率高的就得把它当一个东西。所以说"凉拌鸡丝"原来虽然是"凉"的"拌鸡丝",但是因为"凉拌"这个,"凉拌"那个很多,就变成"凉拌"的"鸡丝"了。于是"凉拌"就变成了一个 IC。"葱炒牛肉"、"还没动身",这得看怎么说。要是平常"动身了"、"没动身",都可以说。如果是强调,就用"还⊙没动身?!"成了"一加三"了。

一加(二加一):这个较少,因为节奏上不顺。"说三句话"、"再请他说"("请他再说"当然是另外一回事),"续红楼梦"、"蒋委员长"、"副研究员"。记得从前《科学》创办的时候,编辑部设在绮色佳,我在麻省剑桥设立了一个分支叫"支编辑部",那是一加(二加一)了。可是总编辑杨杏佛觉得那名称不顺口,改成了二加二式的"编辑支部",所以考虑音节的对称有时还比逻辑的结构要紧了。

(一加二)加一:"红十字会"、"自远方来"、"二表姊夫"。"被选举人",是"被"选举的人。如果是一位"举人",那就是"被选"的"举人",成了二加二了。有一阵子武汉大学的衣场上有一个牌子,上头写着"无肺病牛"四个字。路过的人看了常常要发笑。因为原来当然是(一加二)加一的意思,可是二加二的倾向那么利害,总免不了念成了无肺(的)病牛的意思了。

(五)五个跟五个以上的音节

二加三:"海上生明月"、"天涯共此时"、"螺旋推进器"、"万里寻亲记",但是在逻辑上说起来,应该是"万里寻亲""记",是四加一。"中国音韵学",也可以有两个说法。"火烧红莲寺",看起来像个句子,实际上不是,因为如果当一句话说那就得说"火烧着红莲寺呐",或是"火烧了红莲寺了"。

三加二:"薛仁贵征东"、"饮冰室主人"、"无政府主义"、"西红柿炒肉"(很多菜的名称都是这样类似主动宾式的)。

四加一:"无缘无故的"、"一天到晚的"。(关于"红十字(会)会长"看下面搭接式例。)

一加四:"续三国演义"、"更不成话说"、"真莫名其妙"。

四加二:"无论如何不行"、"探听消息以后"、"中国音韵研究"。

二加四:"简直岂有此理"。

五加一:"《考古人类学刊》"。这种格式很少见。

三加三:好像很对称,可是并不多见。台北有"幸福牌自行车"。有一次我在书架上看见书背上有《中国语音韵论》这么一本书,觉着这书名的节律有点特别,拿下来一看原来是一本日本书的名字。日本话的发音可就不是六音节了,因为日语长元音要算两个音节,鼻音尾也占一个音节的地位,所以结果《中国语音韵论》成了:chuukoku-go(2+2)+1 onin-ron(2+2)+2,完全另外一回事了。

四加三或二加五:在诗里头四加三的比较多。像"汉王重色思倾国"、"御宇多年求不得"、"杨家有女初长成"、"养在深闺人未识"都是的。我在香港看到一个电影片子的名字,叫"一嗅余香死亦甜",也是这种。

三加四:词跟弹词(七字唱儿)用三加四的很多,诗里头是绝无仅有的。记得小时候念唐诗念到秦韬玉的"为他人作嫁衣裳",念起来总觉得别扭。像弹词里"忽听得喧声四起"这么一句,要是改成诗体,那就得变成"忽闻四面喧声起"之类才行。

我开头说许多因子配合起来的可能性太多,只得以音节的IC为纲,遇到有关其他因子时候提到一下。现在讲几个特别的题目作为结束。

人名:单音节的人名在史书里常常独用,那当然都是文言。在现代的白话只有在最亲近的人,如夫妇当中或对子女说话,才用单音节的名字。单音节的姓也是不独用的。例如可以说"欧阳来了,司徒还没到",但是在单音节的姓就得说"老张,王二,李先生,赵家",在粤语就加个词头"亚"(音 ah),犹如吴语的(入声)词头"阿"。人名当中很少有轻声的,只有"曹·操"这名字通常把第二字念成轻声,这是很特别的。以前我讲的故意把一加二当二加一讲,如"黄种强"、"黄家汉"之类,"黄"字仍旧是不独用。两字的名字如"种强"、"家汉"等当然是可以独用的。

地名:单字的地名,像人名似的,不能独用。比方能说"在保定",可是得说"在定县"。两字地名如果是老的,第二字多半念轻声,特别是省名,比方"河·南""直·隶",可是"河北"是新名称就不用轻声。最有意思的是"台湾"这名字的说法。我记得我小时候起头懂事的时候还听见人提到"台·湾"总是用轻声的。后来渐渐不大提了;到光复以后再提起来大家又说"台湾",不用轻声,好像绥远、西康那些新省名了。所以我觉得要拿台湾认为本来是中国的一省,还是应该用轻声叫"台·湾"好。

长型复合词:有时候有些独用或合用的字连起来成一串,类似复合词,但又没有平常两三字的词那么紧凑,所以我在英文曾经用 polymer(s) 这名词代表这类的复合词,有如橡皮的很长分子的化学公式似的。例如"东南西北"、"春夏秋冬"、"加减乘除"、"声光化电"、"天地君亲师"、"笔墨纸砚"。这些里头有的字是可以独用的,有些是限于合用的,例如"砚"字不独用,单说要说"砚台"。"金银铜铁锡"只有"铜"、"铁"独用,"金木水火土"只有"水"、"火"、"土"独用。翻译外国旧传统所说的元素"火、空气、水、地"不能算是 polymers,因为字数不同,所以说起来非得每一件停顿一下。还有大家常听见的傻地保夜里怕忘了,老得背三件"文书、和尚、我",也因为字数不同就得每次停顿。还有特别长的polymers,例如"子丑寅卯……"之类,念起来中间每四字都要稍微歇一歇,在化学里有时也有类似的情形。

搭接式:复合词跟复合词相连成词或短语时,如果上词末字跟下词首字相同就往往省掉一个。英文的atomic bomber应该是载atomic bomb的bomber,省略成为atomic bomber。中文的如"东方学会"是指"东方学"的"学会","南京市长",固然可以说是"南京"的"市长",但是"人类学会"是"人类学"的"学会",并不是指人类的一切的学会。"常用字汇"是常用字的字汇,可是字汇要是编的不好未必一定有人常用。有时候也有两种可能,像"语言学会议"是"语言学会"的"会议"呢?还是"语言学"的"会议"?这得看你用在什么地方了。

简称或缩写式:中文因为一个字一个音节,所以较长的复词复语都提用每组第一字连起来作为简称。例如"耕者有其田成绩效果展览会"报上标题就管他叫"耕有田成果展"。西文就多半用第一个字母连起来说,例如ACTFL,不知道的再也想不到是代表American Council for Teachers of Foreign Languages。固然中文的简称有时也有几种可能,例如"北大"是"北京大学",也是"北大西洋联防";"联大"是"西南联合大学",也是"联合国大会"。有一次一封信寄到"西医医院"给邮局退回来了,说这里好多西医的医院,你须注明是哪一家。事实上寄信人是要寄到西(北)医(学院附属)医院的。还有我初次在台湾过大肚桥,一点也看不出桥的肚子大,后来人家才告诉我大肚是大肚溪的简称。

拢总看起来啊,中国的缩写比外国的好。外国多半用头一个字母,例如MIT(麻省理工学院),其中每一个字母是二十六个可能之一,所以论信息论的价值(information value)不到五个 bit（因为两个可能为一个 bit，而 $26<32=2^5$）。那么 MIT 三个字母就有不到三五一十五个 bit 的信息。但是中国国音的音节，即不论同音异字的分别也在一个以上，等于十个多 bit（因为 $2^{10}=1024$），那么三个字就有三十个 bit 的信息的价值，所以中国的简称式，不像 MIT 之类，而像 Cal Tech（加州理工学院）之类。论音 MIT 跟 Cal Tech 说起来差不多一样长短，但是像后者以音节的花样算起来英文总有一千以上，那么既然 $1024=2^{10}$（十个 bit），两个音节就有二十几个 bit 的信息的价值。所不同的就是英文多数的简称都是用字母式而中文的多数是 Cal Tech 之类，所以还是中国的法子好。

斩头简称式（aphaeresis）：现在人所谓"花生"原来是"落花生"（至今俄文还是这样说法），犹如英文 goodbye 有时说成 'bye！或德文 Guten Abend 说成 'nabend！还有"火轮船"跟"火轮车"一个斩了头一个去了腹成为"轮船"（广东话还叫"火船"）跟"火车"。这种变化可以跟英文时间单位分秒名称的来历相比。原来一分钟叫 prima minuta，是第一个小分子，secunda minuta，是第二个小分子，可是掉法不同，把一分钟叫 minuta，成了英文的 minute。秒呢？把 minuta 掉了，剩下 secunda，成了 second 了，前后参差起来了。

（《中研院史语所集刊》，第 40 本，1968 年）

论翻译中信、达、雅的信的幅度*

严又陵先生尝论凡从事翻译的必求信、达、雅三者俱备才算尽翻译的能事。不过说起雅的要求来,虽然多数时候是个长处,可是如果原文不雅,译文也应该雅吗?比方一个人告人骂他 You are a damn fool,公堂的通事翻译成"你是一位很愚笨的人",雅的程度固然是增加了,可是信的程度减低了,甚至还会影响到打官司的结果呐。至于达的要求,多半时候是个长处,比方一个病重或受伤的人说话说不清楚,一个当翻译的对医生翻译清楚了当然是应该的。可是一个小说家描写各种人物在辞令上的个性的不同,要是一个译者把人人的话都说的一样的流利通畅,那么达是达了,可是对于原意就"失信"了。

所以话又说回头,还是得拿信作为翻译中的基本条件。在讨论信的各种因素以前,现在先得考虑一下要翻译的单位是什么性质跟尺寸。翻译的对象可能是一部书,一首诗,一出戏的对话,或是一篇演说;翻译出来的东西可能是写下来的,或是说出来的。在尺寸上就可以小自一个字大至一部二十四史那么多。在考虑翻译的条件时候,有一件常须记住的要点就是语言跟文字虽然都是可以表达或描写人生的,可是同时也是人生的一部分,并不是人生以

---

* 这篇东西大致的内容本年四月三日曾在柏克莱加州大学一九六七年度教授研究讲座用英文讲过,不过说法跟举例跟本文有很多不同的地方。英文的讲题叫 Dimensions of Fidelity in Translation。(编者按:本文是赵元任先生 1968 年 10 月 23 日在台湾大学的中文演讲词。)

外的东西。凡是翻译一段文,它总有它的上下文,凡是翻译一句话,那句话总是在一个什么情况说出来的。

关于这个有好些语言跟非语言之间的边缘现象,比方嗓音的不同,语调的抑扬顿挫(不是说字的声调),脸上跟手上的姿势或动作,于翻译都是有关系的。有时候要使"听"者得同样的印象,一句话也许最好翻译成一种动作,例如"我哪儿知道啊?"翻成法文最好就把肩膀一耸,比用任何语调说 Je ne sais pas 几个字还要恰当。还有在日文在有些时候也不必用字。有一次我对一堂日本的听众讲演,在每一小段我停顿一下表示分段的意思,给我翻译的就把我每次小顿翻译成一个长长的缩气的"嘶——",同时还以九十度鞠躬的姿势慢慢直起身子来。这个算不算语言?要不是的话那就是用非语言来翻译语言了。又有一阵子,联合国里有一个替苏联作口译的翻译员,他翻译的又信又达。因为他碰巧是个美国公民,结果好些人写信来骂他不爱国,甚至告他叛国的罪名。以他的立场,那当然只是他的本行工作,他不干也会有别人一样干。可是不知道那次某苏联代表把一只鞋放在桌上来表示一句要紧的话,他的翻译是否也脱了他自己的鞋来放在桌上,那就没纪录可考了。

说到翻译中最小的单位,光是一个字或是一个词,要是没有上下文,那根本就没有一定的翻译。所以在词典里头每一个词总不止一个定义。从前瑞卡慈(I. A. Richards)在清华时候曾说过,你如果要知道一个词应该翻译成同一个词或是不同的词,只须看原来本国话的词典里是在同一个号码或是不同号码的定义。比方英文 make 在某号定义之下就相当于中文的"做",在另一号定义之下就相当于"使,令";又如 state 在某号定义之下就应该译成中文的"情形,状态",在某号定义之下就是中文的"国家"。哪个定义用得上就得看是在什么地方用的了。

一个字句的最确定的上下文就是实在有过某地方一回的见

次。这种见次在交通信息论的术语里叫做"实类"①,所有过去现在跟将来可能再见的同型的例,总称就叫"型类"①。比方一个"叟"字总说起来是个型类,可是在梁惠王叫孟子"叟"那一次的时候那就是个实类了。我因为觉到考据家都注重某字句在某一次见处的用法而语言学家就注重字句一般典型的性质,所以我常常形容这两门学问的不同就说考据学是实类的研究,语言学是型类的研究。那么翻译一段史料就是翻译一个实类,如果把那材料有关的上下文做过了充分的考据之后就应该得到一个定本的译文。不过这还只是限于解释原文的方面,因为用译文的,每人的背景不同,每人听或是读译文的情形不同,所以得到的印象还是会不同。那么要求与原文所呈的印象一样,译文因情形不同反而要有不同的译法了。所以他们才有《圣经》新旧译本的争执。因为上一辈的人念惯了 Douay Rheims 的传统译本,里头的许多联想跟涵义在新译本里都不是那个味儿了。可是反过来说,新译本是根据很审慎的考据写的,现代的人读了所得的印象也许更接近最早原文的意味,因为这一辈的人压根儿就不是从小跟着旧译本长大的嚜。

上文只是就翻译中信的问题作笼统的讨论。现在把信的幅度再一一的分析一下。一种就是意义跟功用上的幅度。比方拿一句法文 Ne vous dérangez pas, je vous en pris! 照字义译成英文就是 Do not disturb yourself, I pray you! 可是按功用翻英文就说 Please don't bother! 因为在同样情形之下法国人那么说英美人就这么说。不过要是把任何原文跟译文的成素细看起来,就可以看出来所谓意义跟功用的不同还只是程度的问题。固然法文的

---

① "实类"是翻译英文的 token,"型类"是翻译英文的 type。见王士元、陆孝栋编译杭士基的《变换律语法理论》,香港一九六六,页九二(Noam Chomsky, *Syntactic Structures*, 海牙,一九五七)。其实"实类"的"类"字已经有点牵涉到 type 的嫌疑。现在为避免译文的繁复,暂从王译。

dérangez 不能翻成英文的 derange，因为那是比较词的来历，不是翻译，不过要是求意义相近一点也许也可以译作 disturb yourself。同样，I request you 跟 je vous pris 意义较为接近，可是在功用上法文说 je vous pris 的时候英文多半是说 please。不过归根说起来一个字句在某场合的意义不就是在那场合的功用吗？要是的话，那么意义最合的翻译也是最用得上的翻译了。可是翻译中意义这因素也不是全无意义的——这倒不是在这儿玩儿字的话。平常说按意义翻译是指某字的最常见的用法，并且一般情形之下总是拿较早的用法认为本义。不过这当然还是有程度的问题，因为凡是用多了过后就是那个意思了。比方有好些话嫌太不雅而用别的说法来代替，先是只有避讳代替的功用，等用久了又让原义渗进去了，又变成不好听的话了。例如以前考场里如果有出去一会儿的必要，就得拿着一个牌子给监考人看着，牌子上写的是"出恭入敬"四个字，这多文雅！可是这避讳的话用用又渐渐染上了直接的意义了，甚至又产生结恭、恭桶等等新词出来了。

跟意义与功用的幅度很相近而不相同的是直译与意译①的幅度。直译是照字面一一翻译，意译是取最相近而译语中较通行的语句来翻译。比方英国的死胡同儿口上贴着 No Thoroughfare 可以直译作"没有通路"，美国街上就贴着 Not A Through Street，直译是"不是一条通街"，或者文一点儿叫"非通衢"。可是意译成中国街上贴的字就是"此路不通"了。从一方面看起来所谓直译乃是一种细颗粒的翻译，意译是粗颗粒的翻译。如果光是翻译的颗粒细而结果功用不相当或语句不通顺，那么信的总分数就不能算高。

---

① "意译"跟上文讲的意义不是一回事，因为"意译"这词已经很通行了不好改动。这里所谓"意"是整个儿词句的意。

有一个很重要而译者常常忽略的幅度就是见次的频率。如果原文跟译文当中一个是常见的一个是罕见的字句,那么其他幅度虽译的准可是信的总分数就不能算高。固然在某国某时代一天到晚常说的东西在另一处或另一时代可能是不大提的,甚至不知道的。如果那件事是要讲的本题,那当然没有办法。例如讲美国所谓"世界系列"的棒球竞赛不难译成日文,可是译成中文,可能是可能,不过好些人就不懂说的什么,要是讲足球的事情中文在中国就比较听得惯。可是如果一个常见的词句只当作譬喻用而不是本题,那么与其用一个表面上好像译的很信而频率相差太远的译法,不如用一个见次频率相当的译法较为合适。比方一件事快成功了美国人常常说"到了 third base",译成中文尽管可以用麻将来代替棒球就说"听张了"。按正式的名称,third base 是叫"第三垒",可是很少中国人知道第三垒是什么东西。我在加州大学讲这问题的时候几百听众里头大概有几十个中国人。我问他们谁听见过"第三垒"这名词的请举手,结果没一个人举手。我的女儿如兰听见过也没举手,因为是那天下午我才告送她的。

在继续分析其他幅度以前得先讨论一下两个语言之间借词的现象。平常一个语言甲借语言乙里的一个词就是取乙的某词改用甲的音系里可能的音当一个新词来用。例如英文 inspiration 中文叫"烟士披里纯"①。借了外来词以后不但音会改变并且意义跟用法不一定跟原来的一样。比方法文 menu[məˈny] 是整套的饭,借到英文里来念成 [ˈmejnju] 或 [ˈmenju] 并且当菜单子讲了(原来法文也有这个讲法的)。又如中国话"豆腐"这个词日本话借用叫作 /tōfu/(无论是仍写"豆腐"两个汉字或是用假名写成トウフ),

---

① 这个借词是梁任公介绍的。按粤语念起来是〔inɕipeileiʃøn〕,比国音读的更近英文的声音一点,并且用粤音的声调的ㄣㄣㄐㄣ的升降跟英文的轻重音尤其相近。

这也是借词的例。

还有一种借法是不用外国话的音而把外国的复合词的各部分直译过来杜撰成为一种新词,这就成为所谓借译词,西文叫 calque(原来是跟着脚印儿走的意思),英文也叫 translation borrowing。例如 telephone 中国旧叫法是"德律风",那是直接借词,可是德文叫 Fernsprecher,这里的 fern- 翻译 tele-,-sprecher 粗略翻译-phone,所以就是借译词了。至于"电话"那就是整个儿另外翻译了。又如 television 在美国的中文报管它叫"传真",这也是另外翻译的,可是在中国叫"电视"可以算是借译词(更准一点当然该叫"远视",不过"远视"早有了别的用法了,所以不能用了)。现在新名词当中借译最多的就是一些外语的词头词尾成了一些惯用的译法,例如亲- pro-,反- anti-,-化 -ize,-fy,-性 -ness,-ity,-主义 -ism 等等。借译的现象当然不限于复合词的各部分,也有整个儿的语句借译的。比方"高峰会议"中国本来没有这个话,是从 summit conference 译来的。有时候有些话听多说多了根本就忘了是外来的了,例如"换句话说……"或"换言之……"是从 in other words ……来的,"我跟你赌什么……"是从 I bet you ……来的,又如英美人一天到晚说 That goes without saying,可是他们很少人知道那是从法国话 Ça va sans dire 来的。反过来呐,有时候以为是借译的外来语其实是本国人瞎诌的。很多人以为 Long time no see 是从中国话借译来的,其实中国话没有"长时不见"这话,只有"好久不见",要是借译起来应该是 Good long not see 才对。

借译的时候最容易忽略的就是一种岔枝借译的现象,比方一个外国词有 A、B、C、D 等等讲法,其中的意义 A 应该译成本国语的甲。可是译者不另外用乙、丙、丁等等来对 B、C、D 等等,他不管三七二十一每次看见或听见那个词就一律用甲字来翻译。这种现象我给它加一个形容词叫 skewed(translation borrowing),中文就叫岔枝借译。现代的新名词,特别是报章上,这类岔枝借译的例子到处都是的。比方英文的 delicate 的意义之一是"微妙",可是另一个讲法是说局面危如累卵的意思。可是翻译新闻的人一查英汉字典 delicate 等于"微妙",就把政局也变成"微妙"了。这么着习非成是,"微妙"这个词就添了一个新讲儿了。还有 liquidate 是把(快倒的)买卖给清算了的意思。后来用在因政治关系 liquidate 一个人,中文就跟着也可以把人给清算了。又有时候外语某词有 A、B 不同的词品,译成中文只有词品甲可是后来又跟着也当词品乙用了。比方 ideal "理想"是名词,可是英文 ideal 也可以当形容词,结果中文也跟着说"最理想"了。还有 stress 当"重要","强调"讲是个名词,当"注重","着重"讲是个及物动词,可是现代的中国人动不动就强调这个,强调那个,硬把名词用作动词了。又如 publish 当不及物动词可以译作动宾结构的"出版",可是 publish a book 现在就常看见(甚至听见)"出版一部书"了。不过还没看见过把 type a letter 译成"＊打字一封信"呐吧?①

什么样的岔枝翻译可以成立,什么样的不可以成立,那是程度的问题,虽然习非可以成是,可是也得习久了才成。比方 authority 译成"权威"本来是在政治上有权有威的意思,后来由岔枝借译加上了"专家"的意思,现在这讲法已经比较通行了。可是旧金山一个中国报又进一步,讲到一九五五年罗素,爱因斯坦等等关于轻气弹的宣言的时候说"自比坚尼之试验,良好的当局莫不异口同声,指出轻气弹之战争,可能毁灭全世界之人类"。②

我看了半天,看不懂什么叫"良好的当局",试翻成英文 benevolent administrators 还是莫名其妙。再试试别的英文译法才

---

① 字句前加有星号(＊)是表示没有这种话。
② 见《世界日报》一九五五年七月十一日社论。

想到良好的当局是 good authorities 的意思,是说据专家称云云。归根说起来,岔枝的借译是懒人的翻译法。如果外语学生译岔了枝就该扣分数,如果有地位的作家译岔了枝,起初读者看不懂,写多了就成了新用法了。不过懒人也有懒人的贡献。因为现代生活好些词都在借译着,结果虽然不达不雅,可是给编报编杂志的,给联合国的翻译员,给将来机器翻译的工作者,给那些人的工作都可以简单化一点了。

现在再继续叙述信的其他的幅度。有一个幅度很容易使人求信而失信的就是每个语言里头往往有些必具的范畴。比方英文的名词非得是单数或是多数,动词不是现在就是过去(在形态方面英文没有将来式)。德文的朋友非得一定是男的或者一定是女的。反之英文只有 cousin 总名称,中文就得分堂表兄弟姊妹的不同。在翻译的时候如果有些必具的范畴于本文无关紧要的尽管可以不管,例如"表妹"可以就译成 cousin,否则你见了人打招呼总不能说 good morning, my female-cousin-on-mother's-or-paternal-aunt's-side-young-than-myself 煞! 又如英文一个 marry 字中文或是俄文都分嫁娶。有一次,在民国九年勃拉克(Dora Black)女士在北京师大演讲,我给她当翻译。她提到 unmarried men and unmarried women,我把两个字弄颠倒了说成"没有嫁的男人,没有娶的女人"。当然大家马上哄堂大笑,讲演的问怎么回事? 我只好打喳喳儿说"这个解释起来太长,我得呆会儿再讲给你听"。

像这样很显著的必具范畴倒是不难照顾,麻烦的是有些不显著的例子更容易叫一个翻译的人上当。比方一个看似简单容易的英文句子 He put on his hat and went on his way,因为英文里规矩凡是是他的就得说"他的"。可是如果叫一个初学英文的法国、德国、或是中国学生来翻译这句话,十回九回他一定忠忠实实的把两回的 his 都翻译出来:"他戴上他的帽子,走上他的路了。"

而其实如果不管英文,他自己在那儿说这句话的意思,也许根本只说:"他戴了帽子就走了。"

这种翻译过头的文章要是写多了看多了日久当然又成一种新体。例如起头是学英文没学好,凡是看见一个过去式的动词在中文就照例地加一个"了"字,其实译者自己平常说话作文的时候并不每次提到过去的事情都用"了"字。又比方英文被动式用 by,译者每次看见被动式就用"被",忘了中文平常被动式多半用在不好的事情上的。可是这种起头儿觉得怪的说法看多了听多了,那就不但在翻译外语时候,连自己说话作文都用这样句法了。比方英文 A in B(名介名)式里的 in B 是形容 A 的,中文照例是说(在)B 里的 A,例如 soup in the pot 是"锅里的汤"。可是近来报上杂志上平常有"阿丽思在中国"的句法,好像是个整句子,其实是个等于 Alice in China 的名词语。这种现象在语言学里叫做借来的结构,就是说不光是借来某某词某某语,而是借来一套结构的格式。所以现在一个人不但可以被打被骂,又可以被爱被称赞了。可是"政变在南美"这类的名词语还只限于标题,还没听见人说过"请你给我一碗'汤在锅里'"呐。

除了把必具范畴都想译出来之外还有一个倾向就是把名词对名词,动词对动词,等等,或者翻译语句的时候把名词性的对名词性的,动词性的对动词性的等等语句。如果别的幅度上都一样信,那么当然词品相当就可以增加信的程度。可是别的幅度上很少完全一样的,所以词品相当不相当只能算应当考虑的各幅度之一。例如"真讨厌!"译成英文最好说 What a nuisance! 那就是把形容语译成名词语了。固然也可以译成 How annoying! 不过在体裁上又差了,因为那是把很白的话翻成太正式的话了。又比方"多好玩儿!"要是维持原来的词品译成 How funny! 那就根本把意思都翻走了。这句话当然要改成名词语说 What fun! 才对。再举一个法译英的例子：Quelle merveille! 是名词语，如果对英文的 What marvel! 词品是相当了，可是意思又太重，见次的频率又少的多，不如还是用个形容语说 How marvelous! 这样总信度较高一点。

有时候不但词品不必相当，甚至根本不同性质的语言成分可能是最好的翻译。例如中文的"好是好"的句法，如果用英文来分析可以说"(As for being) good, (it) is good."不过这是解释中国话的文法，不能算是翻译。这种句法最好的翻译是一种特别的语调，就是英国的 H. E. Palmer 称为雁颈式的语调 (the swan)[①]。比方"好"译作 It's good，是平常的降调。可是"好是好"可以译作 It's good ∽ (but)——这样子就是把中文的字译成英文的调了。这个句法固然也可能用字来翻译，例如加一个 to be sure 或是加个更白话式的一个低升调的 all right ↑，不过用那雁颈式的语调来对"好是好"的公式比任何用字来翻译更恰当了。还有成素性质相差更远一点的，语言都可以用非语言来翻译，如同上文所说用耸肩翻译"我不知道"之类。

跟上文所说的必具范畴有关的是数量词翻译的问题。不同的语言，不同的民族，对于数量、币制、颜色的名称，连数目字的本身，当然都是参差不齐的。英文没有"青"，中文没有 brown，"码"跟"打"在中文是新进口的洋货。如果一个语言里不是从十三到十九有个 -teen 在里头就不会有 teens 或是 teen-age 的观念。光是翻译数量本身当然很容易翻的很准确，可是用数量词的时候往往不注重数量的本身而在其他的涵义，那就应该考虑其他的幅度了。

---

① 参看赵元任 *A Preliminary Study of English Intonation* (*with American Variants*) *and Its Chinese Equivalents*, BIHP, 本刊的蔡元培先生六十五岁庆祝论文集，北平一九三二，103-156 之 148。可是"雁颈式"这名词是 Palmer 氏后来才用的。

比方要是一个语言里没有 dozen 的观念的,那么英文说 a few dozen 不如说"好几十",比说"好几倍十二"好多了。这些数量单位的不同不但影响语言,甚至还影响到物价等等实际的事情。比方美国一块钱换十个毛钱儿,或是四个两毛五的钱币,因此好些东西定价跟包装的分量也就跟着来,并且好些卖口香糖,香烟等等的机器的设计也是跟着币制走的。法国要不是从前有个五生丁的小铜钱就不会有 pas un sou "没有一个大子儿"的话。中国从前要不是有那种叫蚌子的制钱就不会有"没有一个蚌子"的话。

原文跟译文体裁相当不相当自然是极要紧的幅度。现代的语言当然最好用现代语言来翻译。如果原文是很古的东西,翻译起来就有些问题了。如果某作品早有用了很久的译文,那么这译文也成了一种作品,那又是一回事。但是光求两方的时代相当并不一定就能译的很信。并且如果原文的时代还远在译文的语言成立以前,例如中国的十三经的时候还没有所谓英文那语言,那怎么办呐? 在这种情形之下,最好的办法——并且也是最常取的办法——是用一种最无时代性的体裁来翻译。这办法虽然免不了失掉点原来的精采跟生气,可是至少可以免掉搀入与原文不合的意味。固然过久了先以为无时代性的,后来的人还是会觉得出来那是某时代的译文。所以有些名著过过就又得重新翻译。不过翻译旧东西的时候至少要避免太漂亮太时髦的词句。因为越漂亮就越容易蔫,越时髦就越容易过时。

有一个极要紧而常常被忽略过的幅度就是语言的音调方面。要是翻译诗歌的时候,那么节律跟押韵尤其要紧。可是语言跟语言之间词义的范围从来不能一一相配,还有那些必具的范畴这个多那个少这个少那个多的,总是参差不齐的。那么如果要把原文所有包涵的东西都照顾的一点不剩,免不了就会同时又带进了好些不相干的成素,结果就把译文弄的太长了。在这种情形之下译者当然只能斟酌取舍,并且还不要忘记了音节方面是求信的一个重要的幅度。比方法文有句话叫 et patati et patata 要是光译成"瞎说"那就太短了,译成"瞎说八道"比较近些,要是说"叽哩咕噜,瞎说八道"那就跟法文一样是八个音节了。

成语当然最好能用相当的成语来翻译,如果能把音节弄到相近那就更好。例如"种瓜得瓜,种豆得豆"译成 As ye sow, so shall ye reap,不但也是个成语,并且节律也相近。

反之,有时候一国文字习惯上在某种场合用很对称的节律而另一国文字在同样场合就用完全不同的节律。比方从前英国人办沪宁铁路时候在火车里贴的通告说:

　　随处吐痰,

　　最为恶习。

　　既惹人厌,

　　又碍卫生。

　　车站月台,

　　尤须清洁。

　　倘有违犯,

　　面斥莫怪。

八句。底下的英文"翻译"只说:

　　IN THE INTEREST OF CLEANLINESS AND PUBLIC
　　HEALTH PASSENGERS ARE REQUESTED TO REFRAIN
　　FROM SPITTING IN THE TRAINS OR WITHIN THE
　　STATION PREMISES.

一长句。这里头固然还带了有"文明"人教训乡下人的口气,英文就完全是对平等人的措辞,所以翻译的内容不符一半是成心的。不过通告上用对称的节律在中文的确很多,而英文除了故意逗趣的通告多半都是用散文的。

翻译诗歌的时候如果还得按原来的调子来唱,那当然节律跟用韵得完全求信,一切别的幅度就管不到了。比方随便翻开一页德英文对照的舒勃特的歌谱,例如 Erlkönig 的头两句:

Wer rei - tet so spät durch Nacht ⁻und ⁻wind?
Who rides ⁺there so late through night ⁺so ⁺wild?

-Es ⁻ist der va - ter mit sei - nem kind.
⁺A ⁺lov - ing fa - ther with his ⁺young child.①

这个译的可以算是很准了,可是为着节律关系,there, loving, young 三处是加的;und wind 不然很好译成 and wind,可是为了跟 child 押韵,只好译成 so wild 了。(谱词里有减号的是原文有而未译的,有加号的是原文无而译文添的。)反之,西洋人翻译中国旧诗为了注重内容就没法子顾到声音了。像理雅各(James Legge)翻译的《诗经》跟韦烈(Arthur Waley)翻译的唐诗,跟原文比起来平均总多到原文两倍至四倍的音节。他们那些译文固然把内容跟涵蓄的诗意都表达的很全,可是我们这些一小儿背中国诗长大的人念起那些冗长的英文中国诗来,虽然不能说味如嚼蜡,可是总觉得嘴里嚼着一大些黄油面包似的。

至于从英文翻译到现代的中国白话,在节律方面就相称的多了。比方我翻译路易斯·加乐尔的书的时候,我的工作就容易的多,把意思都翻译了,同时还可以不牺牲声音方面。特别在《走到

---

① 见 *Franz Schubert Songs*, Theodore Baker 英译,纽约一八九五,一九二三 Schirmer 版册 343,页 214-215。

镜子里》不但玩儿字的地方都翻译出来,所有的诗差不多能全照原来的轻重音跟韵脚的格式。例如《炸脖龊》诗的头一首:

'Twas brillig, and the slithy toves
Did gyre and gimble in the wabe.
All mimsy were the borogoves
And the mome raths outgrabe.

有一天崀里,那些活济济的猯子
在卫边儿尽着跌尽着寇。
好难四儿啊,那些鹁鹎鸰子
还有豪的猪子呕得格儿。

用国语罗马字写出来不但读的像原文,连看起来都有点儿像:

Yeou 'tian beirlii, nehshie hwojihjide toutz
Tzay weybial jiinj gorng jiinj berl.
Hao nansell a, nehshie borogoutz
Hair yeou miade rhatz owdegerl.

这里虽然有些"有音无字"的字,可是所有的声、韵、调都是国音里可能的字音。那么后来昏弟敦弟解释那些怪字的来历当然也都得说得通,例如 wabe 原文的解释是 way before, way behind, 跟 way beyond, 那么中文方面卫边儿(weybial)是这边儿(jeybial),那边儿(neybial),跟外边儿(waybial)。

最后,翻译中信的幅度有一样于实际常常有关系的就是原文与译文用时的场合。上文已经提过有时候语言得翻译成非语言或是非语言译成语言。比方中文有个感叹词"唉!"翻译戏剧的时候英文除了现在已不通行的 heigh-ho 之类没有字可以翻译,所以只用个括弧写个(sigh),换言之,中文原来是对话的一部分,译成英文变成"叹气介"的导演语,不是对话了。还有时候翻译活语言的时候,说着说着事情变了,那怎么办呐?要是接着翻译完了就把一句本来说的对的话翻成了(现在)不对的话了。要不然应该怎么办？下面是有次一个能临机应变的飞机师对付的方法，大概是飞过大西洋时候预备紧急降落的事情吧。他先用法文说：

> Attention, messieurs et mesdames. C'est votre commandant. Attachez vos ceintures de sécurité et préparez-vous pour un atterrissage d'urgence.

接着用德文说：

> Achtung, meine Damen und Herren. Hier spricht ihr Flugzeugführer. Bitte, befestigen sie ihren Sicherheitsgürtel und bereiten sie sich auf einer Notlandung vor.

可是说到英文的时候情形又变好了，他说的是：

> Ladies and gentlemen, forget it. Everything is now A-OK.[①]

那么这个算不算翻译呐？要是的话，它的信的程度不是等于零或甚至负一百分了吗？

总之上文讲起信的各种幅度的时候都好像拿它当作可以衡量的独立变数似的。其实那些幅度既不能作定量的准衡，又不是各自独立不相牵涉的，更谈不到怎么设立一个数学的函数来求得一个最大数值的总信度了。多数读者对于上文里提出的些问题大概都有过经验。本文不过把这些问题聚拢在一块儿使从事翻译者容易参考参考就是了。眼前的翻译学的状态只能算是在有些正式学

---

① 见 *Punch* 周刊一九六六年十月十九日页577漫画。要是照原文翻英文的话当然得说: This is Captain Smith speaking. Please fasten your seat-belts and be ready for an emergency landing.

门里所谓尚未系统化的阶段,换言之,里头说的都还是些半调子未成熟的观念,美其名曰 presystematic stage 而已。我们现在其实还没很超过 Postgate 五十多年前论翻译时候所注重的话。他说:"大家都承认,虽然大家不都实行,一个翻译的基本优点就在乎一个信,谁翻译的跟原文最近就是谁翻译的最好。"① 可是远近既然还是程度的问题,这话不是又说回头了吗? 有一个有用的试验法就是把译文译回头,看是不是另有一个更恰切的原文可以对这译文。如果有的话,那就是起头儿翻译的不够信。固然这只是个试验的方法,而信的多幅性的困难依然存在②。说起来的话,有哪门学问里不是老在那儿愁着多幅性的困难的?

(《中研院史语所集刊》第 39 本,1969 年)

---

① J. P. Postgate, *Translation and Translations*,伦敦,一九二二。
② 最近讲翻译多幅性讲的较详切的有 J. C. Catford, *A Linguistic Theory of Translation*,伦敦(牛津大学出版部),1965, viii+103 页。不过这里所谓翻译,比平常的讲法较广,例如(页 64)俄文的 СПYTНК 写成字形最近(可是音不相当)的罗马字 CHYTHNK 也认为翻译的几种方式之一。

借语举例*

在没有讲到本题之前，先得说清楚现在要讲的语言里头语词①借用的现象跟中国六书里头的假借完全没有关系。现在先声明一下，以后凡是说到"借"的时候，说的都是语言，不是说文字。

研究任何语词的演变，最中心的一个原则就是音的变化大都是有规则可循的。所以十九世纪一般研究印欧语系的人总说"音律不能有例外"，这派学说的人后来人管他们叫"新派文法家"（neogram-marians），因为从前所谓文法并不限于现在狭义的文法，是指语言的全部的描写。

可是事实上音律显然是会有例外的。比方古音的后元音加 -k 的字在现代广东音收 -k，在国音就是 -au 韵，例如"薄"字古 b'âk：广州 boak，国音 baur②。还有"角"字古 kåk，广州 koak，国音的语音是 jeau。可是吃的饺子，在广州不念 koak 而念 kaao，例如虾饺就叫 xakaao。可是这个字原来就是从"角"字来的。更复杂化的一个例子就是广东式的用芋头粉做的饺子又不叫 kaao

---

* 本文大意曾在普林斯顿大学一九六七年十月十日讲演过，又登在 Studies in General and Oriental Linguistics，题目叫 "Interlingual and Interdialectal Borrowings in Chinese"，见《服部四郎庆祝论文集》一九七〇年，页 39-51。现在为本国读者，有些说法跟举例略有不同。

① 本文所用"语词"是代表语言里任何一部分；无论是词素，词，短语，或句，都是语词。

② 本文引用粤音用 Y. R. Chao, *Cantonese Primer*（麻省剑桥，一九四七）里的拼法；国音用国语罗马字。

而叫wuhkoak,这样子从一个例外之例外又变成合乎音律一个"例内"了。

再举个西方语言当中借语的例,比方古日尔曼语的sk-平常都变成英文的sh-,例如古英文scyrte变成现代的shirt。可是到近世纪英国人又从北欧新借了sk-音的字,例如skirt"裙子",ski"滑雪板",又不规则起来了。并且德国人根本就说schi[ʃiː],英国人也有时候说she,只有美国人一律念ski,这样也够乱的了。

中外之间语词的互借当然有史以来就有了,大概史前就会有了。一个常提到的例就是"葡萄"这个词①。反过来,外国人借中国语词也不乏例。记得我在中学初学英文的时候在《英华字典》里看见金橘叫cumquat,枇杷叫loquat,我还在那儿得意,觉着发现了这些东西的英文名称了;过了好久才知道根本就是外国人用英文拼法来拼广东话的kamkwat跟loukwat(芦橘),在 *Webster's International Dictionary* "kumquat"项下并且还注出国音来说"From Cant. pron. of Chin. (pek.) chin^1-chü^2, lit. golden orange"。

关于不同的语言之间借语的现象当中有两个因子须要注意的。第一是借外国语词的时候总尽量用本国的音位,不求说的跟原文一样的外国音。第二是有时候听见某外国语词有点像本国意义相近的语词,那么甚至声音不太近,也就半音译半意译的来了。

还有一个现象近似借语而跟借语性质根本不同的,就是说本国话的时候当中夹杂了纯粹用外国口音的外国语词进去。这种现象在一个国家里少数民族当中用本来的语言时候常会有的。例如住在美国的中国人说中国话的时候常常搀些英文语词在中文的句

---

① 参看Janusz Chmielewski, "*The Problem of Early Loan-words in Chinese, as Illusrated by the word p'u-t'ao*", Rocznik Orientalislyczny 12.2, 7-45 (1958)。

子里头，可是仍按原来英文的音来读，并不改成中文的音位。比方我常听见人说——我自己也有时候说——"我下午在我 office 里等你"。这里头 office 这个字完全用英文的音位来读，并且有些音的地位也是中文里不见的，例如用 -s 收尾的字。记得以前耶鲁大学金守拙（George A. Kennedy）教授听见我们这样说话就笑我们说，"中文里难道就没有 office 这个词吗？"我当时听他这么一问还有点儿不好意思，可是后来细想想，的确是没有确确相当的词，因为一个教授的 office 也不纯粹是个书房，也不是办公室，因为大半时间也不在那儿办什么公。所以结果我就让它 office office 去罢。

还有一次我一个中文学生到我们家里来要听听中国人自己谈话。我两个女儿正在谈滑雪的事情。那美国学生刚把中国话听顺了耳朵，忽然听见她们用 skipants 一个英文字。她们只会用这个字，因为中国也不滑雪，也没有滑雪时候穿的裤子，所以就直接用外国音外国名称了。那次以后我们家里跟有些熟人就开始管中国话里搀进的外国语词叫 skipants。那时我的两个女儿如兰新那正在 Radcliffe 学校念书，所以有一阵子 skipants 在他们学校里居然成了新名词了。

故事归故事，可是要紧的区别是一种语音里搀杂外国话跟真正的借语完全是两回事。前者纯粹用外国音的外国话，后者是迁就本国的音系来借用外国的语词。平常老听人说日本人说英文说的不准，特别是用假名拼起来更不像。前不几年我在京都住了一阵，看见有许多铺子招牌上写的パーマ。我心里想，难道是一位 Mr. Palmer 开了一个有许多分店的买卖吗？后来才发现这原来是パーマネント（pamanento）的缩写，是借英文的 permanent（wave）来当作美容室的名称用的。这样一来，那个外国字（或者半个外国字）就完全日语化，就成了真正的借语了。

人人当然知道古时候日本借了整批整批的中国字读成相近的日本音,这就是所谓"音读"的汉字了。这种须要注意的一点就是语言的借用跟文字的借用是两回事。比方写"一,二,三,…"念ichi, ni, san, …,这是音读,那就是借语了,因为是古时候日本人学中国古音的 ·iět, ńźi, sam, …(现在粤语的 iat, yih, saam)。可是用训读把那些字念成 hitotsu, futatsu, mittsu, …那就只是写中国字说日本话,完全没有借语的现象了。还有日文里有个"姊"字是个半开玩笑性的借语,是代表"开升降机的女司机"的意思。但是这个并不是从中文借来而是从英文借来的,因为这个字的读法是エレベーターガール,是借英文的 elevator girl,所以也不是汉字的音读,也不是训读。可是有一个类似的"峠"字,是"山腰"的意思,这个字根本用日本话念トーゲ,那是训读,就不成借语了。

以上讲的是用本国音来说外国的语词。有时候简直就用本国的词素来直译外国的复词或短语,成了一个新的复词或短语,这就成了一个借译语,也叫 calque(原来是"照样描"的意思)。例如在第二次大战的时候我在美国看中国报上提到重庆有"鸡尾会",当时看了莫名其妙,等到照字面翻译成英文才明白这是英文的 cock + tail 直译过来的借译语。现在人人都知道鸡尾会、鸡尾酒是什么东西,并且有人还忘了这个词的来源了。还有一个很有趣的借译语是把 broadcast 译成"广播"。现在很少英美人知道 broadcast 原来是农学的名词,也很少中国人知道"广播"是农学名词,就是在田里把种子散播的很广的种法,跟先种的很密后来再分着插秧的种法是对待的。

还有一些借语更难认得出来的是译语跟原文的关系成一种偏差的关系。比方某语言甲的一个语词有一、二、三、四等等讲法。翻译成语言乙第一讲法翻成某某。那么在多数情形之下第二、三、四等等讲法未必能用同样的译文。例如 volume 的一个讲法是

"容量"；要是一个学中文的学生把书或杂志的册数也翻成"容量"，那么自然要扣分数了。可是要是有地位的著者或是记者在书报上犯了同样的错误，有时就会有人跟着学，这样就造成一个偏差借译的例子。比方 liquidate 本来只有经济上的用法，相当于中文的"清算"。可是英文里后来加上政治上的意义，所以中国的报纸上也说某某人"被清算了"。还有英文 delicate 原意是"微妙"，后来引申用到政治或社会上情形也用 delicate；中国报纸也就跟着说某某国当中关系很"微妙"了。还有 at least 讲数量时当然可以翻成"至少"；可是在英文也当"无论如何"或是"横是"讲。现在中国人也跟着说"至少我不知道"，根本不觉得这是一种偏差的译语。又 authority 在英文里一个讲法是"权威"或是"有权威的人"，又有一个讲法是"专家"的意思。现在中文里也给"权威"加上了"专家"的讲法了。

当然随便一个外语系的学生或甚至报馆记者每次把外国语词翻的太远了，未必就成立了一个偏差借语。有一次我在旧金山的一个中国报①上看见说罗素，爱因斯坦等宣言说自从比坚尼（Bikini）的原子能炸弹试验以后，世界所有的良好的当局莫不异口同声指出轻气弹之战争可能毁灭全世界之人类①。"良好的当局"？那是怎么回事儿啊？我看了好几眼才明白过来"良好的当局"是直译 (on) good authorities，是说根据专家的意见，如果再有世界大战云云。

还有一些更难认更有意思的例是结构性的借语，就是借外国语言的结构而并不借外国的语词或翻译外国的语词。比方在英文里介词跟它的宾词得放在被形容的语词之后，在中文就得放在前头，当中夹一个"的"字，例如 the train to New York 就得说"到

---

① 《世界日报》一九五五年七月十一日。

纽约的火车"。如果说"火车到纽约",那么"到"字就成了谓词,就变了 the train goes to New York 了。可是近年来看见比方"政变在越南"好像是一个句子,其实是借西文的句法"coup in Vietnam"是一个名词语。这种句法还只是限于书名,文章的题目,或是报上的标题,平常说话还不这么说。事实上英文的标题上也常有拿介词当谓词用的。

结构性的借语也是直接的例子比偏差的例子容易认出来。比方英文被动式的动词 is beaten, is swindled, is punished 等等翻译成"被打,被骗,被罚"等等,这样子把 by 就翻成"被",结果就顺着也一律说"被爱,被说"等等。其实中文里没有主动被动在形式上的区别。比方"这事情说出来了就好了",可是"这事情被说出去了就糟了",所以"被"字比英文的 by 重多了。

还有 publish 翻成"出版",一点没有什么外国的意味。但是现在通行把 publish a book 翻成"出版一部书",那么"出版"既然已经是一个动宾结构,应该等于一个不及物动词,现在又加上一个宾词"一部书"那就又变成及物动词了,这就是受了 publish 可以当及物动词的影响。

近年的作者凡是遇见了过去的事情一律加"了"字,好像就等于英文的 -ed 似的,这也是一种偏差性的结构借语。例如:"本文表现了郑国统治阶级内部互相倾轧……"[①] 这种"了"字的用法还只见于文字上,还没有影响到说话。其实中文的"了"字只表示动作或情形的完成的状态,跟西文的过去、现在、将来并没有一定的关系。

借外语的时候不但找近乎本国语的音,有时候还顺便用意思相近的语词。比方英文借广东"杂碎"(dzaapsöy)读成 chopsuey,

---

① 见王力《古代汉语》,北京,一九六二年,第一册,页 6。

已经通行了几十年了。因为英文里有 chop 是"斩"的意思,所以旧金山一家中国饭馆的招牌就登着"We Chop Our Own Suey"。

虽然从中国音里念出英文的意思来的例子不多,可是反过来音译外国字同时又带点意译的很多。例如 radar "雷达", unit "么匿"(在原译者口音念成 iu-ni?), logic "逻辑", rifle "来复枪"(因为可以来回动着把子换子弹)。有一次我在上海送汽车去修,工人说"喀喇刺坏脱哉"。我听了半天才听出来是 clutch 坏了。后来到了北平又得修 clutch。不知道国语叫什么。查查英汉字典 clutch 是"离合联轴节"。这个我疑心是一位理论学家从来没进过一家工厂的先生编的。因为我对工人说我的车里的离合联轴节有毛病,他不懂我说的什么。后来试了一试机器,他说,哦,是靠不轮儿松了! 我听了想这名词翻译的真好, clutch 这东西是一个轮子样子的平面,靠紧着转就把别的部分推动了。所以究竟北方的意译比南方的音译有道理。后来过了好久在英国开车又碰到 clutch 的毛病,告送车行,车行的工人不懂,后来他才明白了说,"Oh, I see, you mean the coupler!" 这我才恍然大悟,"靠不轮儿"原来不全是意译,并且还兼了 coupler 的音译的功用。我为什么到处老是碰到 clutch 出毛病呐? 因为我有个坏习惯左脚放的不够松,结果靠不轮儿靠不紧,磨磨就磨窳了。

有时借外语的时候半音译半意译,例如 ice cream 叫"冰淇淋"(用广东音近一点)。地名 Oxford 叫"牛津"完全是意译,可是 Cambridge 叫"剑桥"就是半音半意了(广东音"剑"字念 kimm)。有时候起头只是借音,到后来又把意思放进去了。例如 Sandwich 叫"三名治"("名"是因为 w 唇音的影响),这里"三"字完全是音译。可是近来有人管三层面包的 three decher 叫"三名治",于是就有人提议管平常两层面包的 sandwich 叫"二名治",那么丹麦式的一层面包上头加菜的应该叫"一名治"了。不过这还是说着玩儿的猜想,还没听见人说过叫过或吃过二名治,一名治呐。

写外国人名地名的时候也跟借用外国语词一样,就是尽量不出本国音系的范围。可是某一个名字已经用惯了某某汉字来写了,以后不管任何地方人看见了就按他本地的方音来读了。例如 Newton 最早叫"奈端",是因为某种粤音跟着德文的念法念成了 noaytoan(广州城是 -tün)。后来我编辑《科学》的时候觉着"奈端"两个字差得太远了,提议改译为"牛顿"①,后来"牛顿"的名字就渐渐的通行,可是广东人看这两个字又不免想要念成 Ngautönn 了。翻译外国私名的时候除了找音相近又好看点的字,有时候也顾到意义。上文已经提过"牛津""剑桥"的例子。还有法国 Champagne 这地名译作"香槟"当然是联想到那地方出香酒的关系了。

中文里的音节跟字数对于翻译外国名字很有影响。中文很少单音节的名字,所以往往把外国的单音节译成两个。例如 Dean 翻成"第安",好像姓"第"名"安"似的。地名如 Bonn 就叫"波昂"。外国的姓常常有两三个音节的,写成中国字就好像是姓名都在内了。例如 Truman"杜鲁门"好像是姓"杜"名"鲁门",Eisenhower"艾森豪"好像是姓"艾"名"森豪",所以他们笑有人爱自夸认得某某要人就说"森豪好久没见了,鲁门倒是前天打电话来的"。

有时候借语还会借来借去的,因为后来的人已经认不出借出的语词了。比方在中越边界上有个地方叫"老街",在西南官话读 lao gai,那么在西文拼地名的时候无论送气的ㄎ或是不送气的ㄍ一律拼 k,老街就拼成 Laokai。过了一阵子中国人以为是外国的名称,又译回头管它叫"牢开"了。同样,广东话"大风"念 daayfong,后来用到海上特别的一种大风,外国叫它 typhoon,中国人又拿它当外国话来半音译半意译叫"飓风"并且还造了一个不见《康

---

① 见《科学》第二卷第二期封面内牛顿像下的标题,民国四年二月。

熙字典》的"飑"字。

以上讲的是语言跟语言之间的借语。在同一个语言的方言之间互借的方式跟原则也都是一样,所以现在只须每样举几个例就行了。在还没举例以前,先得辨别真借语跟说方言甲的学说方言乙没学好偶尔带了方言甲的语词。要等到说方言乙的人(也许受了别人学他们话的影响)多数都用那几个方言甲的语词,那才是真借语。例如"有"在闽粤方言当助动词用都有肯定否定两面,可是在国语只能说"没有去",不说"有去",正面的动词得说"去了"跟"去过"。闽粤人学国语的时候往往把这种用法带到国语里来,不过这还是偶尔的事情,在台湾香港听见的国语倒是常听见,要等到也许三五十年以后这种用法一直通行到北边了,那就成了真正的结构的借语了。

上文讲过没有纯一的语言,同样也没有纯一的方言,因为总有许多不合音律(nichtlautgesetzmässig)的例子,从借语里发生出来的。我们已经举过广东话管饺子叫 kaao,不叫 koak 的例,可是碰到芋头皮的饺子又回头叫 wuhkoak。还有当和弄讲的"搅"字在北方念 jeau,自中部以南叫 gao。可是在中部各方言不但可把东西可以搅乱了搅坏了,也可以把东西 gao 清楚了 gao 好了。在政治上又有把思想"gao 通了"的说法。在北方平常就说"弄好了,弄通了",现在受了中部音的影响也说"gao 好了",可是写起来觉得"搅"字不合式,所以又造了一个新字"搞"念 gao,就代表广义的"搅"。这就很像为了"角"字念 jeau 造了新字"饺"字一样的办法了。不过"饺"字虽然上了《康熙字典》,"搞"字不但《康熙字典》里没有,连《国音常用字汇》里也只有在"搅"字下加一个 gao 音,并且举的都是坏意思的例。

有一大些字,特别是收 -k 的入声字,有文言白话两读(也叫读音跟语音),也是从方言之间借语来的。例如"薄"古音 bʻâk,

"厚薄"的"薄"念 baur,"刻薄"的"薄"就念 bor。又如"色"字古音,siək 在"掉色(儿)"的"色(儿)"念 shae (shaal),在"色彩"的"色"就念 seh。又"颜色"有 yan. shae 跟 yan. seh 两读,可是在"丢个眼色"的"色"就是 seh。这里头值得注意的是所谓白话音倒是保存的古音多一点儿,文言音就把古 -k 完全丢了。这些白话音收 ai, au 之类的韵尾 -i, -u 就是原来的 -k 的遗迹,就像 royal 的 y 从 rex (reks) 的 k 来,law 的 w 从 lex (leks) 的 k 来一样的演变。

从这些文白两读的例上可以看得出北方话借南方话的痕迹来。北边从东三省一直到河北河南,这些收 -k 尾的字都收复元音韵母 ai, ei, au, ou(例如"白,黑,薄,轴");只是在河南一部分跟山东大部分复元音单纯化就看不出来元音的后半有没 -k 的痕迹在里头了。就是在京兆区二百来公里对径的范围之内,就有那种两读的现象。不管是在辽宁还是保定,一个动物的"犄角"是 ji. jeau,几何里"角度"是 jeauduh。可是在北京吃的"糖三角儿"是 tarng-sanjeaul,可是"角度"念 jyueduh,数学里的"三角"就有 san-jyue, sanjeau 两读。我对于这段音韵史的文献不太清楚,就记得在民国初年跟音韵专家钱玄同、白涤洲他们讨论这两读问题的时候,他们都认为那些所谓文言音都是从安徽、江苏那些地方来的京官带到北方的影响。

方言之间词类的借用有时候颇明显,有时候就不大容易认出来。比方随便翻翻现在出的书报至少每两本就有一本里用"尴尬"这个词。这个本来是吴语里很通行的形容词,例如在苏州、上海读若 [kɛːka]。可是这种语音很不合北方的音系,并且近年来很多北方人对于这个词看的很多读的很多,所以多数人就按谐声的部分念成"监介",或者稍为内行一点的人就念成ㄍㄢㄍㄚ,所以这是一半借用汉字,并不是纯粹语言性的借语。又如借吴语里当作"很"

"极"讲的"一塌糊涂"也是按国音来念的。

还有更不容易认出来的借语是在一处本来也用的语词在另一处用的意思不完全一样或是见次的频率不一样。第二次世界大战结束的时候有个朋友的女儿到我们加州柏克莱家里来住。她每碰到一点小麻烦的事情总说"伤脑筋","伤脑筋"。我当时觉着这位小姐真会用活灵活现的词儿。过了一阵子才发现"伤脑筋"这个话像"鸡尾会"一样,原来都是东部避难到四川,复员时候连行李带新名词,沿着长江顺流而下的带下来的。所谓"伤脑筋"并不太伤脑筋,就跟"很"字并不太"狠",或是英文 awfully 并没有"awe"的意思在里头似的。

在不同的方言当中意义相近而见次的频率不同的就更容易互相借用。比方"说"跟"讲"两个字在北方"说"字用的多的多。例如"说话","说不出来","他说他不要","说书","说故事"。"讲"字用法就限于"解说","详谈"那类的意思。例如"讲书"(跟"说书"的用法当然不同),"讲道理","讲故事","讲清楚了"。在中部南部各方言"说"字用的没有"讲"字用的那么广。所以近来常听见说国语的时候说"他讲他不来",事实上他就光说了"不来"两个字,并没有讲出什么道理出来。

还有一对意义相近而见次的频率不同的字是"湿"跟"潮"。在吴语里多半都说"潮",有一点儿潮叫"潮",濯的一身全湿了也叫"潮",只有在文言或复合词里,如"湿气","风湿"才用"湿"。还有"摆","放","搁"三个字在各处方言的用法也是相近而不相同。在吴语里"摆"(多数读 ['pa])字用法最广。南京用"放",其次用"摆",福州用"放"(音 [pouŋ'])。北方就说"搁"。可是在台湾香港等处因为好些人都是从江浙或是南部去的,所以他们现在就说"把东西摆在桌上"或是"放在桌上",很少说"搁"的了。这种借语并没有借任何新的语词,只是借了已有语词的一个新频率,成了一种无形中的结构借语。

又有一种方言之间的结构借语是从一个方言里的音类变成另一个方言里的音类,有时候不全是规则的。例如"读"字广东话 dok,吴语 [dˁɔˀ],国音 dwu;又如"别"字三处读作 pit, [bˁieˀ], bye。这些古浊塞音入声见多了,虽然学国语的人未必懂什么是浊音,入声等专门名词,可是不知不觉的就会类推到没学过的字上头去。比方"到"字除了"到"什么地方的意思,还有当动词的补词当"成功"的意思,例如"彀不到"是"彀不着"的意思,"想不到"是"没有能料到"的意思。这个当然是就"到"字原义引申出来的用法。但是在粤语跟西南官话虽然广义的"到"是去声,可是当补词用的时候念上声。那么碰巧在西南官话,例如重庆,他们的上声是个降调,去声是升调。比方一个重庆人学国语把降调 [42：˥˩] 的上声字"好,美,有,想"等等好容易改成了国语低升调 [214：˨˩˦] 的上声,以后碰到当补语的"到"字因为在四川是读上声,所以他就如法炮制的也说"我今天碰倒了一个朋友"。其实他要是用了他本地降调的上声"到"字反而有点像国音的去声了。不过平常一个地方人学另一个地方的话是靠整批整批的字的印象,所以除非你早警告他这个"到"字这么用的时候是个例外,要是让他自己凭多数字的印象去琢磨去,就会上这种当的。①

现在举几个结构借语的例子。在北方话说到一件正在进行事件的谓语常常用"在那儿"来表示,例如"他在那儿打猎呐"。可是在南官话里"在"字的宾语"那儿"常常就省了不说了,就说"他在打猎",那"在"字有点像英文 He is a-hunting 的 a- 似的。特别是因为"在那儿"在这种用法北方话说的很轻很含糊,几乎把 tzay.

---

① 要看其他的例可参阅 Y. R. Chao, *A Grammar of Spoken Chinese*, Berkeley 1968,页 465。

nall 说成 [tsãʳ] 或甚至 [zãʳ]：Ta[zãʳ]daa-lieh ne，所以"在那儿"跟"在"简直听不出大分别出来。反正现在写白话文的时候单写一个"在"字不加宾语是借定了的借语了。

最后我再举两个纯粹结构式的借语的例。一个是"去"字的用法。古时候"去"字后头加个地名是离开那地方的意思，例如"孔子去郑"。可是现在从闽粤方言借到北方话"去"字的用法跟古用法刚刚相反："去上海"是"到上海去"的意思，不是"离开上海"的意思。还有从吴语借到北方话"去"字的用法是当"离开"的意思（没有一定的目的地在心里），相当于法文的 s'en aller。这个在北方话说"走"不说"去"，例如"咱们走罢"（这地方待腻了），等于 Allons nous en! 要是说"咱们去罢"那就是刚才约定到某地方去现在说"去罢"，等于法文 aller：Allons!

还有一个偏侧的结构借语，上文已经稍为提过一下，就是南方话助动词"有"字的用法相当于北方的词尾性的 -le。在北方话 Vle（V 代表任何一个动词）的否定式是"没 V"或是"没·有 V"[①]。因为肯定否定两方面形式不相称，所以问起 A-不-A 式的问题的时候只能说"他来了·没·有？"可是在闽粤方言里"有"字可以当肯定式的助动词的，这种用法也渐渐的借到国语里，不过只是在台湾等处听见的国语里有，生长在北方的人还不这么样说话。比方不久以前我听见一个在哈佛学过中文的美国人（就叫她"石小姐"罢）跟一个新从台湾来的先生（叫他"朱先生"罢）谈话：

石：他最近来了信·没·有？

朱：有。

这地方如果答复是否定的当然可以说"没·有"（小孩子说话有时就

[①] 参看 Wm. S-Y. Wang（王士元），"*Two Aspect Markers in Mandarin*"，Language 41.3 457–470（1965）。

单说一个"没"字),可是肯定的答复就得说"来了信了"。当然"有"字如果是主动词,例如"他有信·没·有?"答:"有",那又是回事儿了。

还有一种从粤语借到国语里的结构借语是:A-不-A式的问话里,如果A是个复合词xy,就把两部分拆开了只说x-不-xy。比方国语里可以问:

(1)你信鬼不信?
(2)你信鬼不信鬼?
(3)你信不信鬼?

第(3)种说法平常多半是用在宾语很长的时候,例如"你知道不知道他从外国回来了已经好几个月了?"可是在广东话不管第一个音节是不是独立词或甚至成不成词,就把A-不-A的公式用在第一个音节上。这种结构借到国语里来就成了近来常听见下列的些问句:"你知不知道他快来了?""你喜不喜欢吃外国饭?""外国饭你吃不吃得来?""这么些太不太多?"要是照平常北方话说就得说"知道不知道","喜欢不喜欢","吃得来吃不来","太多不太多",可是现在台湾香港听见的国语就常常有那种新结构式了。

最后再举一个偏侧性的结构借语是关于国语里一个动词补词,在吴语里又加上了一个动词词尾的功用,就是说"掉"字相当于吴语"脱"字的用法。在国语"掉"字当主动词可以说"掉得地下","猫掉毛"。当补词可以说"卖不掉","把帽子碰掉了","把脏都洗掉了","把枝子拔掉了",在吴语里"掉"字都叫"脱"[tʻə]。可是吴语的"脱"字另外还有一个相近而不相同的用法,就是在微带不好的意思的动词后的完成式的词尾的"脱",例如"死音洗脱哉","忘记脱哉","卖脱哉"(例如不愿意卖的东西)。在北方话除了"了"(音[lə])字之外不另外有像"脱"字的词尾,所以只好说"死了","忘了","卖了"。可是句尾的"哉"北方话也是"了",不另外有别样的语助词。那么"了了"连在一块儿因合络作用(haplology)合成了一个"了",结果还是"死了","忘了","卖了"。也许是因为听过吴语"死脱哉"等等的人觉着国语的"死了"等等不够劲儿,所以就翻译成"死掉了","忘掉了","卖掉了"。"掉"字既然本来国语里有这么个补词的,所以这种偏侧的借用更不大觉得是借的。

以上说的这些从吴语,粤语,甚至从英语借来的"skipants",好像我是反对借语似的。可是我现在的工作是考查跟报告,并不在这儿判断或是提倡。没有语言是按十九世纪新文法家所谓纯粹规则而一致的。不管我喜欢不喜欢听喜欢不喜欢看,新借的外省方言,外国方语,总是不断的来,有的借定了就算养家了。要是我有时候觉着"死掉了","忘记掉了"在嘴里还不是味儿,我只好就算了,说"我输掉了",再借译成一句英文里的俗话就说"You win!"

(《海外学人著作选刊》第1集,1970年)

中英文里反成式的语词

西文里头——尤其是英文——常常在一个词或一个短语上加减一个词头词尾或用其他形态的变化造出一个新词或短语,可是结果与原来的结构并不相同,或者竟是冲突的。这种变化叫作 back formation,我给它译作'反成式'[①]。例如韦氏国际大词典在 back formation 项下举例有 diagnosis '诊断',原是从希腊转拉丁借入英文当一个名词用;但是后来造出一个像带动词尾样子的 -se,成了一个新动词 diagnose '诊断',这就产生了一个反成词了。

还有 *Random House* 大词典在 back formation 项下举例有 typewriter: (to) typewrite 的例子。原来的复合名词是:

    type '铅字'   writ (e) '缮写' -er '器'
    名 + (动 + 尾)

的结构;可是反过来把局部的动词尾去掉了,硬造出一个名动式的新动词了。

类似前一例的有 stage manager '后台管理',反成一个动词就是 to stage-manage。这个反成动词的过去分词见于:"It will be interesting to watch with what skill this most important operation undertaken by a British King in years will be stage-manag-

---

[①] 本文中,英文、汉语引用词用双引号"",英文译汉词或短语用单引号''。——编者

ed."① 同样从 free association '随便联想'近来往往看见,也听见,to free associate。又有从 guest conductor '客座指挥(者)'反成为 to guest conduct '以客的资格来指挥'②。前两例中连一个连号"-"都不用。又有从 forced landing '不得已降落'(例如飞机因为发生障碍)用反成被动式动词就有:"I think it was under control and probably it was successfully forced-landed."③

名词不一定反成为动词,也有反成为形容词的。例如从 textual criticism '文字性的考据',就有反成形容词 text-critical '关于文字性的考据的'。(出处可惜没有记下来。)

反成词不一定是加,有时候是减去词头尾或其他成分。例如从 unscathed '没受损害的'反成为 less scathed④。其实 scathe 是有这个字的,不过很少见,而 unscathed 是个很常用的字,所以说 less scathed 的时候,说的人听的人都觉得是个反成语。还有 thunder 可名可动,lightning 只是个名词;可是 "It thundered and lightened" 就好像是去掉了一个动词尾 -ing,其实本来并不是那么回事儿。⑤ 又英文 illicit '不合法,不照规矩' 是 licit 的反面;但 licit 这字罕见到很少人知道字典里有这个字,所以韦尔斯自传里说:"In those days I would have made illicit love impossible—by making almost all love-making licit,"⑥ 他纵然知道是有 licit 这个字,他玩那个字的时候一定想一般读者(我就是其中之一)不知道,所以实

---

① *Honolulu Advertiser*, December 4, 1938.
② *Berkeley Daily Gazette*, March 25, 1970, p.4.
③ *The New York Times*, October 25, 1942, p.20.
④ 这是同事 Denzel Carr 先生谈话时候说的。时在一九六七年六月八日。
⑤ 见英译 C. Collodi, *Pinocchio*。这是据我在一九四〇年四月三日的笔记记下来的。原英译是一八九二年出版的。最近的些译本第六第七跟第廿四章仍用 lightning,并没有 lightened 字样。
⑥ H.G. Wells, *Autobiography*, p.606, 1933.

际上等于造了一个反成词。

英文里反成语词既然这么常见,那么中文里有没有反成式的语词呐?有是有,可是少的多。大都是从常见的否定式改成平常不见或罕见的肯定式。比方说某人"不成器",如果不同意这话就可以说"他很成器嚜!"同样,"不识抬举"的反成式就是"很识抬举"。又如"不兴"或吴语里的"勿作兴",虽然也常说"兴这么做的",不过多半是对着"兴不兴这么做?"的问题说的。还有"了得"只见于"这还了得?!"就是"不得了"或"了不得"的反成词。有一次听见人说某人总是"无精打采"的,旁边一个人就说:"不!他有精打采的很呐!"这又是个从否定式反成一个肯定式的例子。

那么英文里的反成式语词既然那样多,为什么中文里除了否定改肯定式之外很少有反成式呐?我想主要的原因是中文的语词或词素虽然不是全无限制的当任何功用,可是跟一般有屈折的语言或半屈折性英文比起来,中文还是自由的多。结果是用不着取反成式,就可以活用。例如'诊断'也可以当名词也可以当动词。'管理'也可以当动词也可以当名词(不必加"者"字)。'指挥','降落'也是动名兼用。如有辨别的必要可以另加字,例如'关于文字性的考据的'。所以英文在印欧语系里算是最少屈折最近乎中文——这话 Otto Jespersen 很早就说过——但是还不如中文差不多每个词素可以兼好几种功用,结果就很少有作反成语的必要了。

(《中研院史语所集刊》,第42本,第1分,1970年)

国语统一中方言对比的各方面*

说到国语统一的运动,平常总是想到民国初年教育部颁布的国音字母(民国七年)跟《国音字典》(民国八年),跟全国学校等处推行国语的活动。其实方言在一方面因时代的变迁而渐渐分歧,另一方面又为了交通上的需要,无论是由公家推行或是因非正式的趋向,自然的要走向大致统一的道路上。

最早孟子(《滕文公下》第六章)就说到楚人学齐语应该怎么学法。在隋唐之间,陆法言在《切韵》序上也说到:"因论南北是非,古今通塞",结果有点像 Henry Lee Smith 所谓"overall pattern",就是隋唐间中国通用的语言。照高本汉的研究,很近乎那时都城长安的方言。

西文语言也常有类似的情形。法国有法国学院订定的语言标准,人人都大致仿效它。德国曾制订过一种标准叫做 Bühnenausprache(舞台读音),可是并不是任何一处的方言。另外又有一种 Hochdeutsch,并不是高等德文的意思,是南部高地的德国话;外国人学德国话时或是德国人跟外国人说话时都近乎用这种话。英国没有规定的标准,不过教外国人时用一种所谓 boarding-house English,也叫 received English,大致是近乎英国东南部通用的方言。

---

* 本文大意曾在檀香山 Pacific Conference on Contrastive Linguistics and Language Universals 用英文宣读,时在一九七〇年一月十五日。

这样整个看起来,民国初年中国语言统一运动,其实是跟中国历史上其他的语言变迁或是其他语言史里的变迁都很相似,只是程度的不同而已。在本文中,我不预备讨论中国语言应该用什么标准,或是怎么来统一,只预备指出已经定了标准以后,应该注意到哪些哪些方言与标准语之间有些什么什么对比的各点。

一个标准方言跟其他方言(或是任何方言跟任何方言)对比起来有三方面,按重要性说起来如下:(1)音韵,(2)词汇,(3)文法。

中国话的文法,不论是方言与方言之间,甚至文言与白话之间,实际上大致是一样的。所以我写北平方言的文法的时候,就大胆的管它叫《中国话的文法》①。论词与词或词素与词素的次序,多半是一样的。平常注意到的最大的一个分别就是直接宾词跟间接宾词的先后。例如国语说:给我点儿水;广东话说:俾啲水我;吴语说:拨点水我。在偶尔的情形之下有些国语中的副词有点像放在动词之后,例如:广东话用:俾啲水我添,可是国说:再给我点儿水。这个"添"字的用法,有时也在安徽南部的方言里见到。因为在中文文法上,除了当结果补词外,副词不能随接在动词之后,所以这种"添"字的用法,在句法上说来最好是当作并列结构的第二项。还有广东话用:你去先;也可以分析为:你去的是先(一件事)。

国语跟其他方言文法上最大的不同是在助词的用法——如果助词不算词汇一部分的话。例如广东话:食紧饭;国语:吃着饭。现在我要提出一条在文法上、词汇上,跟音韵上的重要的对比的方式,我管它叫偏侧关系,英文就说 skewed relations. 要光是一比多或是多比一还不是偏侧关系。比方国语"了"可以配广东话的动词

---

① Y. R. Chao: *A Grammar of Spoken Chinese*, Univ. of Calif. Press, Berkeley 1968, 847 pp.

词尾"咃",例如"食咃饭就嚟"。但是在"食咃饭咯"的助词"咯"字,国语也用"了"字(吃了饭了)。所以在这个例上头粤语国语对比的关系是一个简单的"二对一"。可是广东话的"有:冇"跟国语的"有:没~没有"的关系就复杂了。当肯定句子里的及物动词时,国语中的"没"和"没有"如果后加有宾词时,二者可以随便用。但是如果用在语句最后地位就必须用"没有"。(除了小孩子还没学会大人说话文法的时候,常用单独"没"字当作一整句,用作"没有"的意思。)用作助动词时,广东话的"有"或"冇"能用在动词前头,不过国语的"有"就不能这么用。例如广东话"你有冇去过?"国语就得说"你去过没有?"只有近年来的一种结构式的借语,例如在台湾常有人说"你有没有去过?"答句平常国语只说"去过"或是"没有"(小孩子有时说"没")。在这种借语就说"有"[①]。还有一种国语和广东话文法上偏侧的例子是在助量词的用法。"我要买(一)只鸡"用广东话或国语说法,"一"字都可以省去。但是广东话又可以说"只鸡唔好食"。国语就非要加用"那只(~那个~那)",或是只说"鸡不好吃",就让名词居主词的地位包含了定指的功用[②]。

关于各地方言的词汇,多数都是有偏侧的关系的,就是说多数是搭接和重复的关系,很少是完全相配的。在不同的语言对比起来词汇也都是偏侧关系。这个随便翻一部西文对译的辞典就可以看得很明显的。现在举中国几个方言的例子,比方国语有"破":"烂":"碎",广东话多半用"烂",不用"破"。吴语例如上海话就用"碎",亦不用"破"。但是在抽象用法上或是用文言写作时,这三字的用法,广东话跟吴语都近于国语了。又例如国语的动词"说"跟

[①] Y. R. Chao, "*Interlingual and Interdialectal Borrowings in Chinese*,"《服部四郎六十岁庆祝论文集》,东京,1970,页50。

[②] 参看 Chao,1968,页76。

"讲",广东话就只用"讲",作为说(一句)或(细)讲的意思。又广东话的"说话"是等于国语的"话",是一个名词,所以"讲说话"等于国语的"说话",广东话"呢句说话"等于国语的"这句话"。这样一来,文法上跟词汇性上的对比都有偏侧的关系了。再加上近来台湾人说国语,常用"讲"代替"说"(例如"他讲他不来了"),这些文法和字汇上的借语就使得方言对比关系更复杂化了[①]。

最后,也是最要紧的,就是各方言当中音韵上的对比,这也是当初国语统一中讨论的中心。上文已经提过,到底就拿首都的方言作为标准国语呐,还是"因论南北是非,古今通塞"来造成一种最大公因数或最小公倍数的国音呐?这问题啊,在决定以前,不但有过很热烈的争论,据说连热茶杯都在会场上砸了。结果是决定用一种普遍性的国语,不用纯的北京话。这就是民国八年公布的《国音字典》。这个国音跟京音当中主要的差别如下:

一、分尖团。就是把舌面音声母按来源的不同分化为两类。本来是舌尖音的要读舌尖音。例如"尖,千,先"北京念舌面音ㄐㄧㄢ,ㄑㄧㄢ,ㄒㄧㄢ,要改读若ㄗㄧㄢ,ㄘㄧㄢ,ㄙㄧㄢ。如果本来是舌根或喉音的,就仍用北京音用舌面音,例如"肩,牵,掀"仍念ㄐㄧㄢ,ㄑㄧㄢ,ㄒㄧㄢ(并不复古念成ㄍㄧㄢ,ㄎㄧㄢ,ㄏㄧㄢ)。这种读音就是唱京戏时用的所谓"中州音"当中的一个特点。凡是北京或任何处不分尖团的人要唱京戏就得先学习这读音方法。梅兰芳的演唱教师齐如山常以能分尖团为得意,因为他是近保定出身的,不过保定城也有音韵的区域的不同。半个保定,半个长沙,半个杭州有尖团的分别,那一半就不分。所以除了闽粤根本因为保存舌根或喉音当然能分尖团之外,其他各省很难用尖团的同语线来划分区域的。

二、保存入声。读作喉塞音,如南京语或吴语的读法,这样连

[①] 其他举例见 Chao 1970,页 47—50。

阴平、阳平、上声、去声一共有五声。

三、分别ㄛㄜㄝ。这三个中元音在北平ㄛ是后圆唇,ㄜ是后不圆唇,ㄝ是前不圆唇,但是同是一个音位;音值全以介音为定,前头是ㄨ就念ㄛ,前头是零就念ㄜ,前头是ㄧ或是ㄩ就念ㄝ。但在有些方言,例如四川"阁"是ㄍㄛ,"格"是ㄍㄝ,在湖北"阁"是ㄍㄛ,"格"是ㄍㄜ。在《国音字典》里"阁,格"就分化了。

四、其他次要的分别有几点如下:

（a）.少数的字保留浊唇齿音,如"微"读作万ㄟ,但"围"读作ㄨㄟ。

（b）.分辨舌尖ㄋ音与舌面广音。例如"你"读作ㄋㄧ,"拟"就读广ㄧ（与法文 compagnie 的 gn 相仿）。此种分别,只有杭州有,大概是南宋时北部方言的影响。

民国八年颁布了这种标准国音以后王璞被推选作录音的代表,由百代公司录了一套留声机片。王璞本来是北京的文人,他并没研究过音韵史,更没研究过现代的语音学。所以他就干脆用北京的文言读音就算国音了。比方"我不知道他往那里去了"一句,他就念成ㄜㄅㄨ ㄓㄌㄠ ㄊㄚ ㄨㄤ ㄋㄚˇ ㄌㄧˇ ㄑㄩˋ ㄌㄧㄠˇ,既不是按《国音字典》的读音,又不是平常的北京话。后来在民国十一年我又在纽约哥伦比亚公司灌了一套留声机片,并同时出了一部《国语留声机片课本》,内容尽量按民国八年颁布的标准读的,除了用ㄨ音代替万音之外,一切发音完全依照《国音字典》。可是这十多年当中,除了我一个人说这国语,就没有第二个人说这种话。各省试教的时候也找不到先生教。所以国语统一筹备委员会觉得有改变的必要。结果还是以北京音为标准吧。这样一来从一个教师一变忽然变成一百多万个可能的教师！这事情大致内定的时候,我正在编一部给外国人用的中国话的教科书①，也灌了一套片子，我用的就是北京音了。

这个新标准是民国二十一年颁布的，《国音字典》改称为《国音常用字汇》，注音字母改称为注音符号（为避免废除汉字的嫌疑），同时也加注了新公布的国语罗马字。从官方说话，就只说有些修改的地方，事实上就是用北平音了。（那时"北京"改用古名"北平"了）。可是入声虽按北平音分化为阴平、阳平、上、去四声，但在每一声下仍分列在后头，例如ㄑㄧ音的阴平组"欺、妻"等等后加一个Ⓐ标题，再列"七漆"等等。最近书铺里容易找得着的是民国四十一年出版的台湾省国语推行委员会编印的《国音标准汇编》，内容跟《国音常用字汇》差不多一样。

可是这么一来也不能说样样事都完全简单化了。平常总是合并比分化容易。比方所有长江流域千把里宽的几省地方都不分ㄣ、ㄥ，不分ㄧㄣ、ㄧㄥ。那么这些地方人如果学会ㄣ、ㄧㄣ用舌尖鼻音收音，ㄥ、ㄧㄥ用舌根鼻音收音，以后还是得把所有认得的字一个个的死记谁归谁。固然有时候有谐声部分可以帮助一点，例如"青"字收ㄥ，那么"精、静、清"之类也收ㄥ；"根"字收ㄣ，那么"很、痕"之类也收ㄣ。不过偶尔也有例外，比方"经"字收ㄧㄥ，"劲"字在"劲旅"这文言词虽然念ㄐㄧㄥ，可是平常说话说"用劲"读ㄐㄧㄣ。反过来说，如果本来分的要合并那就容易极了。比方广东有闭口音 -m 收尾跟舌尖音 -n 收尾的不同，例如"衫"收 -m，"山"收 -n，国音就一律把 -m 改为 -n，只须记得这一条变法就都学会了。

同时，偏侧关系在音韵上也是时常见到的。因为用了一种北边的方言作标准，就得把入声归入其他四声里头。说原有入声比

---

① Y. R. Chao, *A Phonograph Course in the Chinese National Language*, Shanghai 1925, Ⅷ + 264 pp.

方讲南京或上海话的人,每碰见入声字,就得一个字一个字学了知道归到哪一声。例如"一、七、八"是阴平,"十"是阳平,"六"是去声。这些改变有时候略有规则,比方次浊的声母(ㄇ、ㄋ、ㄌ、ㄖ)原来有入声时差不多全变成去声,例如"木、啮、力、热"之类。吴语里头有全浊声母的字大多数就变成阳平,例如"白,读,直,实"。

可是上文所提的各种对比关系,都时时有例外,这就是比较语史学所谓"不合音律"(nichtlautgesetzmässig)的例子。跟上文所提规则相反的一个例就是古音与今吴音读全浊声母〔d'-〕的"特"字。如果依国语"读,别,局,值"等字的读法就得读成阳平不送气的"得",而事实上也竟有许多南方人就如法炮制的念成"得",结果成了一种很"得ㄉㄜ 别"的声音,不知道这是个很特ㄊㄜ 别的例外字,应该特ㄊㄜ 别处理的。

总括起来,上文所讲的语言统一中的三种对比关系,文法问题比较简单,词汇关系上也相当简单,可是包括有无限的不同的项目;音韵关系的项目虽然数目不大,可是里头的偏侧关系异常的复杂,所以这上头得特别注意。

(《中央研究院民族学研究所集刊》第 29 期,1970 年)

我的语言自传

本文讲的语言自传有两方面：先讲我所用的语言,换言之,就是我说的各种中国话跟外国话；然后再讲到我研究语言学的经过,不过越讲到后来恐怕就渐渐的越不如第一方面那么有意思了。

我是生在天津的,可是还没到会说话就搬到别处去了。我们原籍是江苏阳湖,后来民国时候一城几县的都归并为一县了,我就变成了武进县的人了,平常当然还是用旧名称就说我们是常州人。①

我们一家子三代都跟着祖父（讳执诒）在直隶省（现在的河北省）各处住。祖父有差事的时候就在磁州,祁州,冀州各处做官。等差事的时候就住在那时的省城保定,所以我们住保定的时候倒是不少。我们家里上两辈都说常州话。可是跟我们孙子辈就说一种南边口音很重的北京话。可是大家用的阴、阳、上、去四声都很准,只是较冷较文一点的入声字就还是念（吴语派）的入声。凡是听见天津的低阴平或是保定的下转的去声,我们都觉得哼的不得了。

我小时候说的话有下列的几点跟那时候的京话不同的：②

第一是我们小孩子们有些音根本不会念。凡是咸山摄的字,国音收ㄢ韵,我们把尾音的 -n 都丢掉了,例如"三、天、完、全"我们就念成 [sæ, tʻiɛ, wæ, tɕʻyɛ]。我们并不是不会发韵尾的鼻音,比方像"刚、更、公、孤"那些收 [-ŋ] 音的字读起来一点儿没有困难。那么常州音虽然把国音ㄣ韵字（古深,臻摄）都念成ㄥ韵,仍不失掉鼻音。记得有一次看见猫在堂屋桌上把我的一碗汤面不的儿不的儿的吃了,我就叫:"猫雌我的灭!"因为我既不会发ㄓ、ㄔ、ㄕ、ㄖ的卷舌音,又不会发ㄢ、ㄧㄢ、ㄨㄢ、ㄩㄢ的尾音 -n,所以"吃"变了"雌"(阴平),"面"变了"灭"了。

我母亲(冯氏讳莱荪)的北京话说的比较纯正;也许是因为这个缘故,我在两个堂房姊姊(诜、莲),跟一个哥哥(元成)姊妹(ㄗ·ㄇㄟ)四个当中最先学会了"安、烟、弯、冤"的发音。有一天我说:"咱们不应该说元 [yɛ˦],寒 [ɣæ˦],应该说 [yɛn˦], [ɣæn˦]。"我说的时候,还特别把尾音 -n 说的很重。我哥哥听了气的不得了,他说,什么"运","恨"!干嘛学老妈子说话的声音?因为他自己不会说出ㄩㄢ、ㄏㄢ的音,可是又要学我说的那种声音不好听,所以变成了"运"、"恨"了。

对于这种不肯学老妈子的话的态度,不但我们家里有这种偏见,后来过了许多年碰见傅孟真,他也是有类似的经验。我是在一九二四年在柏林第一次认得他的。那时候好几个中国同学虽然多数都不是从北京来的,但是说话差不多全是国音的阴、阳、上、去四声。就只有孟真老是他的"闪董料秤"(山东聊城)的声调。谈起来才知道他并不是不会说,是不屑说北京话。因为他上北京大学念书,一家子就全搬到北京去住了。那么用人当然也都是当地的人了。他入了北大没多久就学了一口的北京话。可是家里听他改的满口京腔,就笑他说:"你怎么说起老妈子的话来了?"他们这么一笑就把他的北京话给笑了回去,把他本来的"闪董料秤"的话又笑回来了。不记得我从前在保定住的那么久,并且常看我的周妈是保定人,可是我并没学上了保定话,是不是有人笑过我,现在想不起来了。

我们这一辈说京话说的不准确的第二个来源是因为我们上一辈说的话都是常州话的底子。上文说的我们把卷舌音ㄓ、ㄔ等念成舌尖音ㄗ、ㄘ等,一半是因为我们还小,一半是因为我们上辈除了我母亲以外都不会发卷舌音。还有一种南边的影响就是对于ㄣ、ㄥ韵的字虽然会发鼻音,但是分不出哪些字收ㄣ,哪些字收ㄥ。这是长江流域从成都到上海大概有千把公里宽地方的一个很大的同音区。关于这一点连我母亲都分不大出来。到很迟很迟,一直到我"回"了常州,到南京念书,又回到北京,差不多十年过后才觉到有分辨的必要,然后再开始把所有那类的字一个个的重新学过一道。例如"斤、亲、心、痕"收ㄣ,"经、青、兴、恒"收ㄥ。这是在我会说了两三种吴语以后才注意到的事情。有时候从谐声上可以看出来一点儿,例如"亲"收ㄣ,"新"也收ㄣ,"青"收ㄥ,"清、情、静"也收ㄥ。不过也有些例外的,比方"经"收ㄥ,"劲旅"的"劲"虽然收ㄥ,可是"用劲"的"劲"收ㄣ。反正从不分到分是必得一个字一个字的学。从分到合就只须记得一条规则就可以一律通用了。例如广东话分双唇跟舌尖鼻音的韵尾。学北方话只要记得凡是 -m 都改成 -n 一条规则就够了。我大概到十几二十几岁才把ㄣ、ㄥ的字分得出来,可是到今天说话说急了的时候有时还会把"因:英"或是"恩:鞥"说混了。

还有一点我的口音跟京音不同的就是在前高元音ㄧ、ㄩ之前的舌尖音ㄋ都念成舌面音ㄬ,例如"你、女、年、娘"那些字都用像法文 *compagnie* 的 gn 音做声母。这 *ni, gni* 的差别虽然在法文分的很清,可是在中国方言当中很少分的。甚至在某美国大学当远东系主任的,因为他是河北南部来的,他一律把ㄋㄧ、ㄋㄩ读成ㄬㄧ、ㄬㄩ,一点儿不觉得有什么不同。在我所知,中国只有一处方音里ㄋㄧ、ㄬㄧ并存的,就是杭州话的"你"字用ㄋㄧ,"拟"字用ㄬㄧ。这"你"字的读法可能是南宋时候从北方带来的影响。

上文提到我们说话的阴、阳、上、去四声都是京音的高、扬、起、降的四种调值,可是关于什么字归什么类,特别是南边话入声字的读法,我们还是说的不大准。我们家里大人除眼面前的入声字,例如"一、七八"念阴平,"十"念阳平,"六"念去声,此外碰到较冷一点的字就只会按常州音念成短促的入声。可是我们听得出来这不是北边话,所以跟了四周围的用人咧,街上的人咧,他们要用到那些字的时候我们也跟着学了。例如"鲫鱼"叫"几鱼";"不必"说"不比";"会客室"叫"会客史",这里头的些入声字北京念去声,可是我们在河北(那时候叫直隶)南部的保定,祁州那些地方住的最多,所以就跟着他们念上声了。要是说"蛐·蛐儿"那个虫名我会说,可是看见"蟋蟀"两个字就只会用入声念成 ㄙㄧ, ㄙㄜ, 了。

我小时候除了说不很纯粹的京音以外,总喜欢学说各处不同的方言。保定话从带我的周妈差不多学会了,例如 *Hah .ge dong. si teou .lie tyan .shia*(↘.↕).*lie* 就是"那个东西掉了地下了"的意思。不过那种话我连对周妈都不好意思说。我学的第一种别处的话不是我们本乡的常州话而是江苏常熟话。比方说"叫他走去拿一条鱼给他"就说成 [kɔ ɡˈɛ b̯ˈɔ kˈɛ nu idiɔ ŋɛ pə ɡˈɛ]。这里头的"其、去、鱼"念成 [ɡˈɛ, kˈɛ, ŋɛ] 是从最早收 -g 尾音变成 -u,而 *ou* 韵在运河一带都念成 *ei*, [ɛ] 之类,所以听着这么怪。其实常熟话大部分没那么怪。懂苏州常州话的人听起常熟话来都不太难懂。我怎么还没会说自己家乡的常州话,倒先学起常熟话来呐?这是因为我的姑母嫁给了常熟杨家,到北边来归宁,跟着一些小孩儿跟用人只会说常熟话。我要跟两个表弟玩儿就非得学他们的话不行,所以我很快就学了说"我俚,能笃,其([ɡˈɛ])笃,好来! 海外好笃!"就是说:"我们,你们,他们,好哟,海外好呐","海外好"就是"好极了"的意思,横是什么字都喜欢加上一个"海外"。这是我生平学全了的第二种话。

我学常熟话学的这么容易是有几个缘故:第一是小孩子跟小孩子学话比跟大人学的快。定宝(后来叫杨蓬士)比我大概只小一岁,我们一天到晚一块儿玩儿,所以容易学。第二是我一小儿对于各种口音向来留心,所以什么声音一学就会。第三是那时候我们已经起头儿念书了。我们念书是完全用常州音念的,所以只须稍为把声音憋一点儿就憋成常熟音了。这样子么,我五岁的时候说一种不顶纯正的北京话,说一种地道的江苏常熟话,可是念书就只会用江苏常州音念。现在回想想那是一种相当怪的方式,可是当时觉着是很自然的事情。

说到念书,我差不多四岁就开蒙了。最早是我母亲教我认方块儿字,一面儿写一个大字,反面就画一个画儿,例如"人"字反面画个人,"树"字反面画一棵树。可是抽象一点儿的字,例如"有"字,"好"字,还有些虚字像"之、乎、者、也"之类反面就没有画儿。所以这些字我又不喜欢认,也不容易记得。

后来是我祖父起头儿教我念书。我父亲(讳衡年)先没教我,大概是因为忙着去考的缘故,他考中过举人的。那时代平常总是先念《三字经》、《百家姓》、《千字文》。可是祖父一起头儿就教我跟我哥哥两个人念《大学》。我念念念不好就改了念朱子的《小学》,觉着好念多了,后来《小学》没念完又回头念《大学》了。我到七岁才开始正式上书房,天天早晨上学,晚上才回家。那时候我祖父做冀州的知州,书房在衙门的一个跨院儿里,所以多半在书房吃午饭。书房好像就只有我跟我哥哥跟一个亲戚家的小孩儿仨人儿,因为那时候我两个堂房姊姊他们女孩子们都得躲得家里念书,不能跟男孩子们一块儿念的。

我们的先生姓陆,字轲轩,是特为从常州请到北边来教我们的。他是我大姑婆的长子,照规矩应该称他大表伯,可是因为他是我们的先生,所以我们管他叫先生。我祖父费那么大事从南边请个先生来,第一是因为他自己公事太忙,没工夫教我们书了;第二是按"古者易子而教之"的道理,教的学的都认真一点儿;第三是因为要保存我们的乡音,非得从家乡请一位先生来才行。

我们这位先生严倒是很严,可是我们都喜欢他,因为他总给我们讲书,讲字的用法。要知道从前所谓"念书"就是念书,先生不一定讲,学生也不一定懂,真是"读书不求甚解",可是过了一阵,甚至过了多少年,书里的意义渐渐的明白了。这种传统的老法子倒是跟近年来外国所谓耳舌法(audio-lingual approach)相近,先注重听、念,以后再慢慢的懂。可是我们的先生先讲再让我们念,这是破例的教法。

念书的次序,因为《大学》在家里已经念完了,按四书的次序该念《中庸》了,但是因为《中庸》实在是难,所以先念《论语》、《孟子》。我最喜欢《孟子》,其实后来通行的文言也是跟《孟子》最相近。四书念完了么,就是五经了。可是我跟着陆先生只念了《诗经》的半部,后半部回到常州以后跟着一位张先生念的。《书经》跟《左传》是后来我父亲教我的。五经里头么,就剩了《易经》跟《礼记》没念。其实《大学》跟《中庸》原来就是《礼记》里的两章,所以十三经里没有《大学》《中庸》就是这个道理。

每天下午四点来钟放学过后就随便玩儿,可是晚饭后多半儿还要念诗。诗是我母亲教的。母亲是当时很有点才的女人,能写诗、填词,昆曲也唱的好。我想我后来喜欢弄音乐多半儿是从母亲遗传下来的。吹笛子是我父亲教我的,所以成了妇唱夫随了。晚上念诗我们都觉着比白天念书轻松一点儿,我觉着也好玩儿一点儿。我念的是《唐诗三百首》。我哥哥跟姊姊们另外还念《千家诗》跟别的诗集。可是他们念的诗,我就是没念也渐渐的背得出来了。因为我们在家里念诗也像白天在书房里似的大家同时哇喇哇喇的你念你的我念我的。有时候我停下来就听见他们念的东西。我顶记得他们念的吴伟业的《圆圆曲》,我连字都没看见都已经背熟了。还有白居易的《长恨歌》,他们比我们先念,赶我起头儿念到《长恨歌》的时候都已经听的半熟了。

我们念了那么些书始终还没有作文。照老规矩总是很迟才起头儿作文呐。因为那时候作文都是作文章,不比后来在小学里可以说什么就写什么。那时候所谓"开笔"作文是一件大事。我在北边没到开笔就回常州了。从前开笔那么迟大概是不但写东西都得用文言,并且四书五经当中除了《孟子》、《左传》以外不像后来通行的文章,所以总等到念《古文辞类纂》之类的时候才开笔,那就总到了十几岁的时候了。

可是我们还没学作文已经开始学作诗了,真是没会爬就先学跑了。我哥哥姊姊们倒是真能作诗,我光是跟着他们玩儿玩儿就是了。我们多半儿都做古诗,因为古诗只须押韵的字平仄对了就行了,律诗还得多半字有一定的平仄,那就难多了。好在我们念书都用常州音,对平仄倒是很容易分。我顶记得晚上练大字用的一首杜牧写的《赤壁》七绝;那么四七二十八,每行五个字,第六行还有两个空儿就题了那年"己亥"两个字,所以我们总是一头儿练字一头儿吟诗,四句完了就念"己亥",把上声的"己"字念的很高,阳去的"亥"字念的很低。算起来是西历一八九九,第二年一九〇〇就是庚子,全国出了大变乱,家里也出了变故,第二年我们就回常州去了。

这一两年当中,家里,国里,事情接接连连的出的真多。先是陆先生过去了,不久我的伯父(讳仪年)在别处任上过去了,最后祖父过去了,我们全家就扶着灵柩回南边了。在我的语言经验方面是我第一次听见外国人长篇的谈话。这是在轮船上看他们打纸牌。我就只记得他们说"迷呀迷呀波罗波罗"。可是到今天还不知道那是一句什么话,是哪一国的话都不知道。到了上海旅馆里住了几天。我的舅舅(冯聘生)从苏州来照应我们。他们跟我母亲说常州话,对我们小辈就说带常州音的北边话。到上海不久我就发现外头人多数虽然说上海话,可是工人们,拉洋车的,他们都说江北话,就是扬州一类的南官话,因此我对于那种话有一种阶级性的联想。还有一种类似的联想,就是我们对于北京话虽然不像傅孟真家里拿它当"老妈子话",可是总觉得那只是日常的随便说话,常州音就好像高一等似的,因为我念古书作诗文都是用常州音的。

我们回到了常州青果巷祖上的老房子,一共有三进正院子,一进客厅,一进轿厅,自从曾祖(讳曾向)以下有三房住在里头,不过自从祖父过去以后,上两辈当中只有三叔公三叔婆还在。那时候我还没学会常州话,用人都不懂北边话,所以管我叫"蛮则",就是"蛮子"的意思。我就跟他们辩,我说只有"南蛮",哪儿有说北边话的叫"蛮子"的呐?我们家里上两辈对我们有的会说一点北边话,多数只会说常州话,我只用北边话回答他们。可是跟我们平辈些孩子们对于北边话连懂都不懂,用人们也不懂,所以就成立了一种人对人的语言方式:就是不久虽然我学会了说常州话,可是跟别房的长辈们虽然他们说常州话,我还是说我的北边话,只有对平辈跟用人才用我新学会的常州话,如果对长辈们说常州话,好像不恭敬似的。这种人对人的语言方式,一弄惯了以后,是很难改变的。如果要改变的话,非得预先知道难处才改得过来。如果是愿意维持那方式的话,当然是很容易的事。前些年跟我们同住的易家乐(Søren Egerod)家,先生是丹麦人,太太美国人。他们的小孩子们一起头儿父亲就跟他说丹麦话,母亲跟他们说英文。后来他们回到丹麦还是维持这种人对人的语言方式。所以他们两个小孩子一小儿就是能说两种语言。③

我在常州家里念书,先是一位张先生教我,后来我父亲自己教我。有一阵子还找了一位先生教我跟我哥哥的英文。他的发音是纯粹的常州音,例如January,他就教我们念"J-a-n 阵,u 右,a 欧,r-y 立,阵牛而立。"④那几年我母亲多病,父亲教的也不很严。我就不好好儿念书。到了一九〇四,我还不到足十二岁,忽然父亲母亲同一年里先后的过去了。他们别房的大人就商量了把我送到苏州庞家我大姨母家住了一年,跟着大表哥庞恩长读了一年书。

苏州话当然是典型的吴语,后来县名根本就叫吴县。这是我学会的第四个方言。庞家原来是震泽人,我姨母是常州话的底子。但是我跟外头人接触一多就学会了他们的话了。苏州话在名义虽然代表吴语标准,但是实际上的地位一年不如一年。一个主要的原因是新式的学校多数在上海,所以近年来说吴语的人都拿上海话当通行的"南边话"⑤。比方一个常州人跟一个江阴人要是他们在外头跑跑的见了面要是不说国语大概就说上海话,仿佛拿沪语当吴语的标准似的,而其实他们要是各人说自己的常州跟江阴话反而很相近的。还有一个原因一般人不学苏州话是觉得苏州话的声音太娇气,太嗲(ㄉㄧㄚˇ),特别是幺韵的字,国音 [au],上海 [ɔː],苏州就念成 [æː],例"好得唻"。这个从 [au] 变成 [æː] 的现象并不是苏州一个地方这样,连美国东南部所谓"南方音"也有这样的音变,例如 *how*, *now* 念成 [hæː, næː] 之类。

我在苏州住了一年又回到常州的家里。这时候我的伯母从远处回到常州来照应我们四个小的。(其实大姊已经二十多了。)这是我第一次进新式的所谓"洋学堂",名字叫溪山小学。先生多数是常州人,就是教英文的沈问梅先生是上海人。我伯母虽然是常州人,但是在福州住过多年,所以我跟她学了一点福州话。这次在常州住了一年,后来除了三年的年假暑假跟偶尔回来看看以外就没有机会说常州话。过了十几年从外国回来在沪宁铁路火车上遇见了溪山小学我的国文老师吕诚之先生,他问起我在美国的情形,我多年没说常州话,又得把外国事情用中国话来讲,觉得非常别扭。但是不得不这么,因为一层他不太懂国语,二层我本来跟他说常州话,要是跟他说国语,觉着不恭敬似的。这个跟上文讲的我对家里长辈说常州话不恭敬刚刚相反,可是都是一样的心理。

在溪山小学只念了一年就到南京进了江南高等学堂的预科,一进就进了三年(除了年假暑假回常州家里之外)。学校虽然在南京,但是学生多数都是从江苏、浙江、安徽各处来的。全校二百七十三个学生只有三个是南京人。一般外路人总笑南京的口音。一层是阴平字念的很低,不过这个跟天津话一样。但是南京音把ㄚ音念成ㄛ,例如"他回家"念成ㄊㄛ ㄏㄨㄟ ㄐㄧㄛ,这是外路人笑南京话的主要的原因。我因为对于方言有特别兴趣,所以不久把南京话居然也学会了。同学南京人虽然少,但是外头当然容易有机会听。用入声,分尖团,ㄚ变ㄛ,当然容易学。有时候根本就是情感上的困难,就是觉着怕人笑。在这三年当中我有一个同住的同学邵绳武是福州人,我跟他交换方言,他教我福州话,我教他常州话,这次我学的福州话比跟我伯母学的全一点。在南京最后一年来了一位名师。因为他教的是本科,我还在预科,那时又没有旁听生的制度,所以我就常常在课堂廊簷里当胡敦复先生的"偷听生"。

在南京的第二年是一个美国先生教我们的英文,名字叫David John Carver,中文名字叫嘉化。这是我第一个外国先生(他前两年才过去的)。嘉化先生是Nashville, Tennessee人,他说话完全一口的所谓南方口音。例如 haff passt, dzero, li'amp。所以我想这是真正的英文发音了,一直到后来到了美国才知道那是很特别的方音。三年预科没有完全念完,趁游美学务处第二批招考的机会,我就到北京住了一春天预备投考清华的官费。中、英文当然最要紧。中文题目是"不以规矩,不能成方圆"。考的前头不几个礼拜我还自修了一阵子拉丁文,当选科之一。用的什么书忘记了。过了些年要温习拉丁文用Walter Ripman的 *Rapid Latin Course*;拉丁虽然是个没有人说的语文,但是这个教科书完全拿它当一个活的语言来教,有回答,有作文,我非常喜欢这种方法;后来我在夏威夷大学教初级中文用文言起头,也就让学生开始就在班上说文言,写回答,跟作短文,结果有的学生都成了汉学家了。

我这话岔的太远了。再说回头说一九一○出洋的事情。我们一班考取的有七十二个人,都一同坐了支那号船到美国。护送这一班学生的是唐孟伦,胡敦复,严智崇三位先生。我本来想学电气工程,到了船上胡先生对我解释理论科学跟应用科学的关系,结果我想我还是学理论科学罢。可是到了第三年选专科的时候,专修的是数学。

我到了美国在语言上第一个印象就是一般人说话跟嘉化先生的口音很不同。我进了康奈尔大学不久就跟着一般人的声音改过来了。在大学头两年当然得选一门外语,是必修科之一。我选了德文,又自动选了二年级的德文。那时候美国外语教学的习惯是用英文讲课文,第二天学生看着外国文口译成英文。最可笑的是我的二年级的德文先生 Boesche 教授,他虽然是德国来的,可是还是按着一般的习惯用英文上课。一学期念了两本书 Gottfried Keller 的 *Kleider Machen Leute* 跟谁写的 *Lebrecht Hühnchen*,可是全学期课堂里几乎听不见一句整句的德国话。我呐,我还照着我的读书不求甚解的老法子念出声儿来自修。后来到大考时候——大考当然也是德译英——居然还得了个"A"。我的法文是从 Scranton, Pennsylvania 的一个国际函授学校学的。我很喜欢他们的教法。他们给你一套蜡筒子的录音跟录音机,跟着课文用的。每一课上完了有作文,有录音问答,你说了寄去,他们不但改你的答文,还能改读音。近来大概因为太费人工,所以没有这个函授学校了。在康奈尔这几年从语言学方面最要紧的一科就是语音学。这是我第一次学国际音标的时候。在那时代语音学还是冷门,一般的语言学更没有成为学门。这几年当中我跟胡明复同住,我们没有交换方言,我就学了他的无锡话。这个我觉得并不太容易,因为跟常州话太近,反而更得注重微细的分别。

转到了哈佛的研究院,我在名义上专修的是哲学,但是上了很多的语言的科目。虽然没有语言系,但是已经有语言学入门的一科了。我也选了梵文。博士读完了又回到康奈尔教了一年的物理。那时候他们正在试验无线电,我对于声学方面特别感觉兴趣,所以后来物理大部分荒疏了,就是对于声学还熟悉一点。

不久我的生活渐渐越来越有意思了。先是清华学校(那时还没成大学)召我回去教物理。没教完一个学期,罗素到北大、师大演讲,他们就找我去当翻译(因为我的论文题目是《数理逻辑跟方法论》)。我说"越来越有意思了",因为那一年(一九二〇)就是我初次认得我太太杨步伟的一年,第二年我们就结婚了。我太太虽然是医生,但是能说好几种方言。我们结婚过后就定了个日程表,今天说国语,明天说湖北话,后天说上海话等等。最妙的是她虽然进了好几年的上海中西女塾,可是跟同学们一直用她的带南京安徽音的南方官话,到这时候才是她第一次给上海话说出声音来。可见学一种语言简直可以纯用听觉,听了潜伏在脑子里,后来一说就说出来了。这固然未必是学语言的最好的方法,不过现在我发现这个至少是一种可能的方法。

在上海、北京各处讲演我当然都用国语。有一次陪着罗素坐长江轮船到长沙去演讲,同船有邀请罗素的主人是长沙人。我在路上就跟他学了点湖南话。到了长沙,有一次(民国九年十月二十六日)讲完了过后一个学生跑上来问,"赵先生是几时回省的?"他大概以为我是湖南人说国语说的不全,不知道我是国语的底子说湖南话说的不全。

差不多这时候我就决定把大部分时间放在语言的研究上了。结了婚不久我们就一同到美国又待了三年。这一次是在哈佛教书,先教哲学,后来教中文,同时上了些语言学的课。接着又转到欧洲跟着伦敦的语音学领袖 Daniel Jones，还有 Lloyd James。虽然资格较浅，可是我跟他学实际的练习得益最多。到了巴黎在语言方面听 J. Vendryès 跟 Antoine Meillet 的课，在汉学方面听 Paul Pelliot（伯希和）跟 Henri Maspero（马伯乐）的课。上文不是曾经提过，讲起小时候到各处学说各种话的经验较有意思，到后来正式研究语言学就渐渐不如以前那么好玩儿了。可是跑到欧洲碰到有音位性声调的语言倒是个经验。有一次我在瑞典一个火车站买票到 Malmö，我就用平常英德等无声调语言的语调用半降调说那个地名。说了半天那个卖票的人不懂，后来他恍然大悟，说"哦，你是要到 Mal（51：）mö（35：）"，仿佛像国音的去声加阳平似的。可见理论上知道瑞典语有声调是一回事，等到听见他们用才是真知道呐。

民国十四年清华成了大学，同时又开了（国学）研究院，我又被召回到清华了。我教的主要的科目是中国音韵学，附带的在大学部教音乐欣赏科。从这时候起我就做了十几年的中国方言调查。第一次调查就是冬天到江苏、浙江各处做吴语的调查，这一系叫"吴语"不叫"吴越语"是因为从温州一直到靖江在音韵上都是一个系统。[6]

那几年我在国语统一的运动上同时也相当的活动。先是参加了国语统一筹备委员会，里头一部分的工作是大辞典编纂处，后来出的四册的《国语辞典》，就是从这里出版的。[7]委员会里工作最多的最常见面的是汪一庵、钱玄同、黎锦熙、白涤洲、刘半农、林语堂等。我们谈谈谈到《切韵》序里有"吾辈数人定则定矣"一句，大家就说咱们干吗不组织一个会叫"数人会"来定各种提案再送呈大会跟教育部决定。后来这里头工作最要紧的部分，一样是国音的标准，从民国八年的"因论南北是非古今通塞"的人工式的国音一改改成民国二十一年的完全用北平音的标准；第二样是拟了一套国语罗马字拼音法式，在民国十七年由大学院公布作为国音字母的第二式。

可是我主要的工作还是在音韵学跟方言上。在吴语调查写完了以后不久就到两广去调查粤语。那时中央研究院刚成立,蔡子民先生当院长,我的康奈尔同学杨杏佛当总干事,傅孟真当历史语言研究所所长,我就担任第二组(语言组)主任,到各处去调查方言。这些用表格用录音器作系统化的调查工作是一回事,到各处学说各种话当然又是一回事。我对于两方面都有兴趣,并且学着说一点当地的话,可以使发音人放心说他们本地的话,免得有时误认为我是政府派来宣传统一国语反而想法子对我说国语。⑧我调查粤语的时候虽然知道潮汕区是闽南语系统,我顺便也跑了一趟。可是我到火车站想说潮州话买一张二等票到汕头,他给了我两张三等票,我只好用广州话跟他解释了。

这几年调查方言当中打了一个短岔就是民国二十一到二十二年到华盛顿当了一年清华留美学生监督。到各处视查学生的时候顺便就拜望些语言学界的人。在勃朗(Brown)大学见着了美国方言调查主任 Hans Kurath 跟 Bernard Bloch,到耶鲁大学特为去拜望 Edward Sapir。他问了我常州话的几个要点,大约一个钟头,把常州的音位系统都差不多弄清楚了,简直要开始跟我说常州话了。

回国消假,历史语言研究所在南京北极阁造了新房子,二楼的一半都设了语音实验室。我的屋子斜对面就是李方桂。我们三个人(连罗常培)合译高本汉的《中国音韵学研究》⑨也差不多这个时候。

这几年当中又继续作方言调查。最过瘾的是调查皖南各处的方言。我太太是安徽石埭县人,但生长在南京,所以不大会说皖南话。我们一同去,先在歙县作总站,特别到西乡学会了说西乡话,因为西乡话是所谓徽州话的典型代表。又找了绩溪发音人记录了绩溪话,不过关于绩溪方言的报告大部分是好多年后根据胡适之的录音跟杨时逢合写的。⑩

后来就到江西、湖南、湖北先后不同的时候调查方言。湖北一省调查的最详细,一共纪录了六十四处的方音跟故事。⑪正在打算到福建去调查,跟当地人都接好了头了,芦沟桥战事发生了,我们连家跟研究院都搬到长沙,不久又到了昆明,第二年就又出国到美国。先到夏威夷大学教了一年,上文讲的教外国人文言作文、文言会话就是这个时候。接着到耶鲁教了两年。这就是认得语言学家 Leonard Bloomfield 跟 E. H. Sturtevant 的时候。Sapir 跟 Bloch 也先后到了耶鲁。那时美国虽然任何学校都还没设立语言学系,但是耶鲁的语言学最盛。有一个非正式的语言学俱乐部,每月开会一次聚餐读论文,附近学校的人也常参加这个会。后来我到了哈佛也常到纽黑文的耶鲁语言俱乐部呐。

我在哈佛是去参加那里中文大辞典编纂处的工作,兼教中文。可是不久珍珠港战争爆发,哈佛就开了两班远东语言的速成科。我起头儿教粤语速成科。⑫一夏天才上了两个月的课,带着学生到波士顿醉香楼吃饭,他们跟跑堂儿的就聊起来了。有一伙计问我的学生说"先生,你几时喺唐山翻嚟嘅?"他们要开粤语班是因为想到政府也许预备由中国南岸进兵。到了一九四三年政府才大规模的设立陆军专科训练班(Army Specialized Training Program: ASTP),我就担任了中国语言方面的主任。在名义上是每个学生(兵)用十分之六的功夫在语言上,十分之四在别的科目上,不过事实上他们把大部分时间还是用在语言上。前后搭头一共二百多人,每班教十个月,最后两个月还附加一点粤语。因为注重的是说话,所以全用国语罗马字的教材,只教了少数的最常用的汉字。可是有几个学生特别加工认字,他们编了一个《大私报》,因为平常的兵是 private,所以《大公报》变了《大私报》了。这个大概是空前绝后的完全由西洋人编的中文报。

近二十多年在哈佛,在加州大学,在暑假语言学讲习所(多半在密希根),各处教书跟自己作研究,当然都是很有意思的工作。当中在一九四五年当了一任美国语言学会的会长,做了一个中国人自然是一件可以特别得意的事情。但是在狭义的语言本身的发展,我这自传就很少进展了。也没有学会什么新的外国语文,也没说会什么新的中国方言。当中有两个经验可以值得报告报告。一回是到墨西哥开联教组织会议。我早晨用我的二五眼的西班牙话叫早餐。过了一会儿,饭厅里用英文打电话来问,先生叫的是什么东西?又有一次在欧洲开汽车旅行,在瑞士 Brig 城过夜。这是在瑞士的德语区。我因为第二天要开到 Matterhorn 高山上去,最好送车到车行上上滑油、检查一下机器等等,所以晚上就拿了一本辞典查了些机件的德文名称。第二天早晨到了车行谁知道他们一看见我们是外国人,不说他们自己的德国话反而对我说起法国话来了。我说,那不成,我昨儿晚上用的是德文的功,今儿非得用德文才会讲汽车的事情呐。

那回开车旅行还遇见一个有意思的经验。我们连三女来思一家三个人从英国过海再从法国东北经过比利时,荷兰的长堤,沿着德国的北区一直到丹麦过海到瑞典。路上法国跟比利时人跟我们说法国话;荷兰人因为知道很少人会说荷兰话,跟外国人多半说英文;到了德国他们就跟我们说德国话;在丹麦瑞典他们又尽量跟外国人说英文。这是他们各国人对我们这些外路人说话的惯例。其实啊,我留心旁听他们自己当中说话呀,完全另是一回事。在法国的东北就开始说一种日尔曼语系的 Flemish 语;在比利时境内当然是法文跟 Flemish 并存,但是他们自己,特别是北部,都说 Flemish;在德国境内,他们对外国人虽然说通行的高原德文(Hochdeutsch),但是自己说的是洼地德文(Plattdeutsch),所以我们开车从法、荷、比、德近海一带听他们说话所得的印象,并不是过一个国境换一种语言,我们的感觉非常像坐着长江轮船从上海到四川一路的口音渐渐的变,并不是一国一国的变的。

最后再举两个语言的经验来作本文的结束。在一九五九年以富尔布赖讲座在京都大学讲了五个月的学,讲的是中国语言的结构。我的日文是不够演讲用的,我就全用中国话讲,承京都大学的小川环树教授给我翻译。可是在最后一次演讲我得谢谢给我翻译的人,总不能请他翻译谢他自己话煞。所以我只得预备了一篇日语演说,特别向小川环树先生致谢。这是我生平说的最长的一段日本话。

差不多那时候我在台大演讲了一阵,同时也回到中央研究院做点研究,特别注重闽南的方言。上回我在潮州说闽南话不是闹了个笑话吗?这一次我要是学会了这种方言我就可以自夸凡是中国主要的方言系中每一系都会说一种了。所以临动身到日本特别预备了一番用台湾话的记者谈话。可是各报的记者来了,不巧我们一行当中大女儿如兰赴日的护照签证的手续没有弄清楚,又忙乱大半个钟头,赶手续办好了就到上飞机的时候了,所以我这全国方言的大考始终没机会考及格过。

但是回头想想一个语言学者,为什么一定要会说各国的话,跟各处的方言呐?Edward Sapir 固然会学我的常州话学的很像。可是我的老师 Meillet 他虽然著了讲全世界语言的书,[13] 可是他引起各种语言的举例来不管是希腊、拉丁还是远东、近东,一出他的口都是纯粹的法国口音。Vendryès[14] 是法国东部口音,向来外国人学法文总是注重前 [a] 跟后 [ɑ] 的区别,例如 [pat] 是爪子,[pɑt] 是浆糊,可是他老人家一律念不前不后的 [ᴀ]。又如马伯乐(Henri Maspero)先生是巴黎人,按标准法国国音有四种不同的半鼻音元音,例如 *un ban vin blanc* [œ̃ bɔ̃ vɛ̃ blɑ̃],可是他跟着一种所谓巴黎土音,他的半鼻音元音只有两种:[ɛ̃ bɔ̃ vɛ̃ blɔ̃]。可是他们讲学理讲的还是一样清清楚楚有条有理的。你要是要听各种语言的声音有的是本地的发音人跟留声机片或磁带。所以在一个语言学者的地位并不在乎有本事当一个 Thomas Cook 旅行社的通译员才以为荣的。我说了这么半天也许是想遮掩一下我说不好闽南话的短处吧？

附注

① 关于常州话较详细的描写，参阅 Yuen Ren Chao, *The Changchow (Kiangsu) Dialect*, Mary Haas 庆祝论文集, Journal of the American Oriental Society, 90.1. 45—56 (1970).

② 参阅 Yuen Ren Chao, *Readings in Sayable Chinese*, 第一册, 页 60—96, San Francisco 1968.

③ 关于双重语籍的维持或改变的方法跟几个要诀，可以参考 Yuen Ren Chao, *Language and Symbolic Systems*, 145—148, Cambridge 1968.

④ 常州发音是 [dzəŋ-n̠iɯ-ʃər-lıʔ]。又"欧"字常州根本念 *ei*，所以说"a 欧"倒是很准确的。

⑤ "南边"这个叫法是我们江浙人狭窄眼光的口气。有一年我到了广东对广东人说，我们南边人是这么做法，你们广东人是那么做法。他们听了我的话当然觉得可笑。

⑥ 那次调查的报告见：赵元任，《现代吴语的研究》，清华学校研究院丛书第四种，北京民国十七年 xv+ 地图 +138。

⑦ 汪怡、徐一士等编，赵元任、钱玄同校订《国语辞典》，第一册书前 48 页 +860 页，第二册 861—2028，第三册 2029—3346，第四册 3347—4485 加补遗、补编、索引等共 328 页，北平民国廿二年，长沙卅六年，台北四十二年。

⑧ 民国九年十月十七日写逛杭州的（英文）日记有一句说：I got on〔to the〕杭州 dialect very quickly. ……One very delicious part of my life is that I can feel myself akin to my fellow by talking his dialect. His is often led to think I am from his home town until I inform him of the contrary.

⑨ Bernhard Karlgren, *Phonologie Chinoise*, 700 pp. Leiden & Stockholm 1915；高本汉，《中国音韵学研究》，赵元任、罗常培、李方桂翻译 47+731+ 地图，上海，民国三十七年。

⑩ 见赵元任,《绩溪岭北音系》,本刊34.1.27—30(1962),《纪念胡适之院长特刊》;又有较详的报告,里头有胡先生吟诗的乐调,见赵元任、杨时逢,《绩溪岭北方言》,本刊36.上11—113(1965)。

⑪ 见赵元任、丁声树、杨时逢、吴宗济、董同龢,《湖北方言调查报告》,本所专刊vii+总图+1574+地图第零至64图+综合地图,上海,民国三十七年。

⑫ 很少人注意我的《国语入门》是从《粤语入门》翻译成国语的:Yuen Ren Chao, *Cantonese Primer*, vii+336, 1947, *Mandarin Primer* viii+336, 1948, 都是剑桥哈佛出版部刊行的。

⑬ Antoine Meillet et Marcel Cohen, *Les Langues du Monde*, Paris 1924 & 1952 xiii+1294+26地图。

⑭ J. Vendryès, *Le Langage*, xxx+439, Paris 1921.

(《中研院史语所集刊》,第43本,1971年)

中国通字草案*

中国字书里常常有某字与某字"通"的说法，有的是音韵地位相近，有的是意义相近，虽然音义不全相同，但是往往可以通用。我近年来从这"通"的观念把一般的字书来检查一下，结果把电报字书里的将近一万字可以减少到两千左右，在这全部字表还在研究中，我曾经给美国哲学会写过一个初步报告，原文中译如下：

所谓 General Chinese 是取中国语言当中的一部分作为研究写作方便全部的代表，中文名称叫"通字"，就是某字与某字在字源上相通的意思。

I. 通字的性质

1. 音韵——通字可以跟美国英文里的所谓"overall pattern"比，就是北美洲说的各种英语方言的一种最小公倍数，可是不像中国方言或像西班牙文跟法文或荷兰文跟德文差的那么远就是了。在现在写的这个初步大纲里的地域上的分配，声母大概包括吴语（例如上海、宁波），韵母近于官话，韵尾大致跟着粤语，可是读起来可以读任何方音，因为本来就是打算用比较不太长的读音方法说

---

* 本文原称 Preliminary design for a system of General Chinese, *Year Book of the American Philosophical Society*, 1967, 478-482，又在加州大学 Penrose 款第 4128 号印刷费（1966）二千五百元下复印过。

明可以读成任何方音。通字的拼法也可以给学音韵的学生把音韵家揣测出来的近几百年的字音大致给读出来,但是没法说定是哪世纪的音,因为各方音里的各方面时代是很参差不齐的。

2. 单音字表——我把一些主要方言里的字音初步地比较了一遍,曾经拟了一个一千九百六十七个字的表,其中有百分之八十是没有同音字的,例如 kai 是"开"的意思,men 是"门"的意思,cuet (国音 ku^3) 是"骨"的意思,sam (国音 san^1) 是"三"的意思,lip 是"立"的意思,lit 是"栗"的意思,lic 是"力"的意思(以上三个在国音都是 li^4)。所以这些音节或者是词素,或者是有一定解释的词,或者包括一些可以引申连得起来的些意义。这些音节里大约百分之二十是同音的,就是每个音节代表不止一个词索,写起来也写不同的字。整个儿算起来同音字见次非常少,所以无论是写文言或是写白话,同一个音节老写那个字是没有问题的。(比方英文的 bear 又是"载重"又是"熊"的意思,词头的 in- 又是"内"又是"不"的意思,bow "弓"跟"鞠躬"连读音都不同。)以上这些例字可以跟《广韵》里的三千八百七十七个字音或现代国音里的一千二百七十七个字音相比。

3. 体裁——通字可以不管白话或文言一样用。对于词汇或从单字合成复词完全没有限制。

4. 字体——通字有汉字跟罗马字两种写法。前者简称 GCC (代表 General Chinese Characters),后者简称 GCR (代表 General Chinese Romanization)。关于汉字的规定根据下列几个原则:

(1)承认现代通行的字体,例如写"闩"不写"橺",写"法"不写"灋"。

(2)把加了部首或偏旁的字作为原字的引申式,例如"返"是"反"的引申,"申"是"申"的引申,"仁"是"人"的引申(所以古人说仁者人也)。在这些例子里,多数总是拿没加偏旁的作为通字。可是在大多方言里有不同的时候通字也得要分辨,例如"古","苦"音义都有分别。

(3)在通字全表还没有制定以前,现在预料大概百分之八十的单音节已经是词素了,下一步就是把其余的百分之二十不管在字源上同不同都写一样的字。这就等于完全用假借法写中文的全体。所不同的就是古人不问意义就按着音写字就美其名曰"假借",可是现代的小学生按着音写字就叫"写白字"(文言称为"别字")。

要是一个字一个拼法,现在拟的一千九百六十七个字刚好跟现在日本新闻报里用的一千八百五十个字数目相仿,可是有个要紧的不同处:这个日本的字表只承认算代表日语的一部分(其他部分用假名写的),可是通字是预备给普通的中文的。对于文体,方言,或词汇完全无限制的。

5. 通字罗马字(GCR,即 General Chinese Romanization)——如上文所说通字的拼法是把主要方音须分辨的各点都包括在内的。在现在拟的大纲里每个音节平均大约是四个字母。因为利用了"零"跟"负"号标调(例如平声无调号,-ng 尾的上声写 -g,去声写 -q),结果每音节标调只需一个字母的三分之一。这种拼法的要点是每个拼音是一个词或词素的形式,不仅是标音(参阅上文第三节跟本文收尾的举例)。

Ⅱ. 跟其他中文研究的关系

1. 中国音韵的教学——除了两个特别的例外,中国音韵的教学在中外都是以《切韵》跟《广韵》为根据的。虽然有少数的专学音韵学的学生早晚(多半是晚)把大纲学好了,可是一般学中文的学生学完了这一科还是比不上学古英文的学生从上了一科论 Be-

owulf 得到了的知识。现在计划的一套通字只用了平常的罗马字,也不用特别字母或圈①点符号,可以使不在学着中国语言学的中文学生对于中国语言的知识,比只学了一处的方言或只上了一科音韵学记得了一些书名跟韵部名称,较有用的多了。通字其他的应用,比方知道了通字可以分辨旧戏里所谓尖团的不同,还有文言诗现在不但还读并且还写,从通字方面非常好用。

2. 基本汉语——仿基本英语的办法有过几种基本汉语的计划,例如洪深的一千一百个基本汉字的教学与应用(上海一九三九年出版),从他编的例文写的那么自然看起来,他的一千一百个字的限制似乎不像 Ogden 的八百五十个基本英语字的限制的那么利害。所以要达到跟基本英语同样的自然大概不需一千一百个中国字就够了。

在拟现在的通字表的时候完全没有意思给字汇加任何限制。这个表是代表语言的全部的。比方一个字在平常词汇的一部分,例如"再","脚",那么不要因为"又","足"意义够近了,特别避免用"又","足"。(洪深的字表里没有"再",Ogden 没有 *wife*,他是没有太太。)至于学中文的外国学生他们读书跟说话的时候总会碰到那些同义词的。

3. 罗马字拼法—— Lamasse 神父跟 Jasmin 神父因为觉得用罗马字母拼了国音不宜于拼文言或各处的方音,所以根据了高本汉测拟的中国古音系统造了一套方音罗马字(*Le Romanisation Interdialectique*,一九三四年四平街出版),这样加入了一些从现代方言看没法子分的分别。在现在拟出的通字罗马字(GCR),用不着超出现代几种主要方言里已经有的些音辨以外,写了拼法就已经看得出解释出来了。方音罗马字的口号是"一个字一个拼

---

① 除了ᶜʰáng:ᶜʰàng 之类根本算不同的字之外。

法"。通字罗马字的口号是"一个(单音)词一个拼法"。那么就可以说 sim 是"心", zay 是"再", dzay 是"在", vu 是"无", vut 是"物", ho 是"河"或"何", xop 是"喝", hop 是"合"(所以也是"盒"),这样子一直到一千九百六十七个通字。

4. 简体字——现在拟的通字大纲跟近来推行试用的所谓简体字,完全没有关系,除了有些简体字碰巧根据总原则拟出来的通字一样就是了。其实有史以来中国字是一直总在简化着呐,只是有时快有时慢就是了。碰巧现在这时候有很多的大批的简化提议就是了。如果哪一天简体字式稳定下来在中外都有了简体字的铅字,那么这一套通字很容易弄一套容易互相通行的表出来。

Ⅲ. 通字的进一步的工作

下列的是以后关于一九六七年拟的一千九百六十七个字跟音表。

1. 修改初稿——关于现在暂拟的方式预备向汉学家征求修改的意见。有一种问题就是有些现在已不通行的音辨要不要废除? 例如古音的舌面塞音与塞擦音的分别(在闽语福州,台湾五十五个例子),古音浊上去的分辨(粤语偶尔分辨,六十例), ing 韵 ieng 的分辨(吴、粤偶尔分辨三十九例)。以上几个分别取消就少了一百五十四个字音,把一千九百六十七减到一千八百一十三。是要一千九百六十七,还是一千八百一十三,还是一个别的总数最合适,最好得试编了许多文件试教了许多课才可以得到一个最适宜的数目。

2. 编中文跟中外文字典词典给参考跟教学的用处。

3. 编制历史的音韵学教科书给中外学生用。

4. 编制学习中国语言的教科书(附加国音录音,各主要方言的录音,限"通字音")。

5. 把现行的许多文件改写或改编成通字式。

6. 编方言调查的例字表,不按古音而用通字音。(李荣在一九五七跟一九六三年编的比较相近,但是对于有些方音太现代化了。)

我预备一套通字并不觉得在这儿提倡什么新的东西。反过来说,我觉得这是旧的,它已经在气候里头了,已经是在全国的地面上了。已经有了好些动向都是对着这个走了,就不明说也无形中向这么走了。我现在试拟的就是把各处各人的动向标明在意识中就是了。就是因为通字是普通的性质,所以都合乎一般普通的应用。

Ⅳ. 举 例 [①]

通字罗马字	英 译
"他"	"Her"
思祖国也	Thinking of One's Own Country
胡适	Hu Shih
你心裏[②]爱他[③],	In your heart you love her[③],
莫说不爱他。	Don't say you don't love her,
要看你爱他,	Seeing that you love her,

---

① 为了不要特别编一段文字来表现通字的长处,所以选了一段别人已经写好了的东西。碰巧在这一段东西里只有一个"裏"字没有用通字的"里"字,其余的字完全都是通字已经有的字,这个比预料的平均分数碰巧好的多了。

② 按作者的意思,这个"裏"字不简化为"里"。——编者

③ 这"他"字一共见八次,头五次跟第七次是指中国,第六第八次是指可能的别的国家。

且等人害他，	Yet you let someone hurt her.
倘有人害他，	If someone hurts her,
你如何对他？	How will you meet her?
倘有人爱他，	If some one loves her,
更如何待他？	How will you treat her?

(《中研院史语所集刊》，第50本，第3分，1979年)

中国语言的问题*

Ⅰ. 中国语言学的科学研究

问 题

中国语言存在问题,这件事几乎不需要论证。最近一些讨论表明了对于跟这件事有连带关系的问题和重要性的关注。其中比较突出的具体问题是有关方言、书写的字、打字、编目和索引以及专门术语等问题。在当今这个时期,对中国语言具备足够的知识应当包括:四千或者五千个字的词汇,能够读懂书面语并能应用;除了本乡的方言(不管是温州话还是长沙话),还要能讲官话(Mandarin)、上海话或广州话而让人听懂。然而,在我国人当中完

---

* 本文于1916年5、6月刊登在美国 *The Chinese Students' Monthly*(《中国留美学生月报》)上。原文题目为 The Problem of the Chinese Language。全文共四部分,题目如下:

Ⅰ. Scientific Study of Chinese Philology

Ⅱ. Chinese Phonetics

Ⅲ. The Teaching of Chinese as it is(这一部分是胡适写的)

Ⅳ. Proposed Reform

其中Ⅰ,Ⅱ,Ⅳ都是赵元任写的。

由于本文是八十三年前写的,当时的术语跟今天我们常用的术语有很多不同,译文中将用脚注 ❶、❷、❸……作必要的注解。——译者

又,本文中有许多汉字注音,既非赵先生后来所创的"国语罗马字",也非"国际音标",是为便于当时西方读者的通用拼音,兹暂不改动。——校者

全具备这种知识的实在是极少数。

在提出这个问题时,我首先要强调以下二者的区别,一方面是科学的或者历史的研究,另一方面是带有建设性的改革。我完全同意"国粹"(民族文化)的维护者的观点,他们认为:用改进了的研究和教学方法,学习汉字、书面语言和方言可以比以往容易得多;而且,正如 H.Chi 先生绝妙的创新所证明了的,用汉字打字和归档及作索引的问题能在一定程度上得到解决;还有,通过专家们系统的工作,术语问题也将得到解决。

另一个方面,如果我们要使语言跟我们复杂的国民生活同步前进,那么以系统改革的方式作建设性的工作看来也是必要的。有些语言学家❶坚持认为语言应该自然地发展,因此决不能瞎搞。然而它们究竟怎么发展的呢?它难道不是在个人看法的改变和发展的影响下通过个人不断变化的运用而发展的吗?事实是语言演变所采取的实际途径总是个人偏爱的结果,而决不是学术界或政府的领导部门所能成功地把正字法、文法❷或者发音的任意的标准强加于人民的。但这并不排除这样的事实,如果明智的和专门的改革家来创导,其他的人可以根据改革的优缺点更好地作出他们的抉择,而不是根据他们盲目的偏见。所以在系统的改革和自然的发展之间并没有真正的矛盾。

尽管这个问题的两个方面如此紧密地相联系,但是至少在思想上把它们分开来会有很大的好处。它能免于因误解而出现的矛

---

❶ 原文是 philologist,现在都用 linguist。现代语言学区分了 linguistics(语言学)和 philology(语文学)。本世纪初,这种区分还不明确。在翻译中,我把 philology 都译成了"语言学",我想这符合作者的原意。(译者注均以阴码标序。以下各篇同此。——编者)

❷ 原文是 grammar。现在汉语的语言学文献里一般都把它称作"语法"。根据本文发表的年代,当时一般都说"文法"而不说或很少说"语法",因此我译作"文法"。

盾,而且能让我们一次做一件事。比方说,我可以研究《诗韵》中同用的韵,而不需按照我们新定韵书的标准;我也可以研究江西、福州话的特点而不必把自己投入到研究用罗马字母书写中文❶的能否满意问题中去。

在这篇文章里,我要讨论中国语言学科学研究的一般问题。在第二篇文章里,我将全部讲中国语音学❷的重要问题。在这篇文章的后头,胡适先生慨允撰写论述中国语言教学本身的论文。最后,我将根据我的想法提出中国语言的改革设想,特别是关于中国语言的拼音化问题。

科 学 的 研 究

在我研究开始的时候,我灵机一动地找到一些自以为是独创的观点,然而随着我涉猎了越来越多这类问题的文献,我吃惊地发现这些工作,尤其是语音学的领域,早已有学者作过广泛而深入的研究;而且令我感到非常不安的是发现这些学者全是美国人、英国人、法国人和德国人。不过略使我高兴的是,这些工作已经有人做了比我想的要多,这就为进一步的研究和进行建设性的改革扫清了道路。有件事是我们必须做的,就是把外国人著作的成果写入中文。我并不是说翻译,因为在外国著作的读者头脑里的所知和无知不同于中国的读者。根据这些成果能给我们很多提示:如何更好地去按中国语言的实际去教学。

如不求理论上的周密,我把中国语言的研究分成以下的题目:

---

❶ 原文是 Chinese。按当时习惯译作"中文",现在通称"汉语"。

❷ 原文是 Chinese Phonetics。当年常有人 Phonology 与 Phonetics 不分,都译成"音韵学"。赵先生在其论著中是将 Phonology 译作"音韵学"(如他所译的高本汉:《中国音韵学研究》);而将 Phonetics 译作"语音学"(如他所著的《语言问题》中的第二讲:"语音学跟语音学的音标",和第十三讲:"实验语音学"),二者从不混用的。——校者

1. 语音学
2. 方言的文法和词语❶
3. 词源学,包括汉字的研究
4. 书面语的文法和词语

如果我不提到历史的研究和这些问题中间的相互关系的研究,这也就不言而喻,是指这些个别问题中的每一个问题都是历史地而且跟其他问题相互联系的研究。

1. 语音学

由于我在另一篇文章里要详论这个题目,在此就不谈细节。中国语音学里最明显的事实是在不同的方言里同一个词的发音有很大的不同。凡是学着说自己方言以外的某个或某些方言,都会有这种经验:他们吃力地摇晃了一阵子,就似乎觉得能独立地自己走下去了。这是因为他了解到语音之间相互对应的规律了,这类似于在 ten 和 zehn, time 和 zeit, tongue 和 Zunge, pound 和 Pfund 等等之间规律的变异❷,那就是印欧语里所谓的"格里姆定律"(Grimm's Law)的一个例子。不过就像其他任何科学的归纳一样,一般规律的归纳不能只根据表面观察到的几个例子就草率地作出来。规律确实存在,然而它们并不像看起来那么简单。关于方言间相互对应的草率概括流传过好些逗人的笑话。比如在上海话里"六"和"绿"都发成 loh 的音,"头"和"豆"都发成 də 的音。现在在北平话里"六"发成 liu 而"头"发成 tʻou 的音,所以来自上海想要讲官话的人本来的原意是想要"绿豆"却说成了"六头"。因为他说的是"liu tʻou"而不是他本该说的"lü tou"。

中国语音学的研究必须放在科学的基础上。首先,它应该是

---

❶ 原文是 idiom。从上下文看,我译作"词语",而不像现在一般称作"成语"。
❷ 所举各例都是英语跟德语中的同源异音字。

历史的。《康熙字典》提供的语音大约有一千年了,江浙各省保留了最古老的声母❶,广东保留了最古老的韵母❷,这些事在受过教育的人里应该是常识,然而他们却不知道。我们也应该熟悉西方的语言学,既为了获得类推的方法也为了追溯实际的历史渊源。其次,它必须是经验的。清晰的观察和实际用法统计的研究必能提供判断和评论传统观念的基础。第三,它应该是分析的。在这方面,我们应该熟悉一般生理的和实验的语音学。我们要运用能准确描写所命名的概念的术语。我们也要使用能最适合我们所研究的语音的标音系统。例如,不像今天也还流行的把某些音叫做"阴"而其他某些音叫做"阳",其实我们只要区别一种是单纯的元音而另一种是由元音后边跟一个鼻辅音组成的复合音就行了。又比如,值得钦佩的"反切系统"对于语音的科学研究也是不足的,因为它分析得不够。有关这些论点的进一步的细节将在第二篇文章里讨论。

2. 方言的文法和词语

我们的学者通常有把自己局限于研究语言正统部分的习惯,而且怕去涉及俗语。然而,如果科学的语言学家的职责是去收集、整理和解释语言事实,他就不该忽视他不同意的语言运用和用法,正如社会学家不能忽视犯罪的事实,只因为它是不好的一样。事实上,在大部分口语文法和口语词语里并没有固有的俗语。此外,口语和书面语并不是独立的,而是经常有相互的影响,所以对整个语言的全面研究必须考虑它的方方面面以及它们之间的相互关系。

外国人对于方言的文法研究给予了更多的注意。关于方言的

---

❶ 原文是 initial。
❷ 原文是 final。

一个有意义的和重要的事实是它们的文法比起书面语的文法来要有规律得多,原因是为了正确或者所谓的"通",书面语更多地依赖现成的词组。作为第九个词类的语助词如果研究出它们的规则,在方言里学起来比在书面语里学的语助词要容易些。小品词的比较研究一定会是很吸引人的题目。

至于句子的词序和结构,方言间的变化比较小。例如广州话和福州话的"你去哪里?"跟其他地方的"你哪里去?"只有很小的差别。

更加重要的是为了表达同一个概念在选词❶和词的搭配上的差别。比如,表示第三人称单数的代词,北平话、上海话和广州话分别用"他"、"伊"和"渠",尽管这些都是书面语里的词。在很多方言里,有些词在书面的汉字里像是没有相应的字,为了把方言写出来,必得用相同语音的字,于是只好加上一些偏旁,比如福州话有"亻",广州话有"口"。这类差别在官话里极少,因为官话最接近书面的词语。虽然看起来很正统,其实北平城的土话是一切方言里最丰富的之一,因而也是最难的。历史研究给我们显示出许多非书面的词语跟已知的汉字的关系,那些汉字在书面语里已经不用了或者很陈旧了。所有这些词语或许可以如此追溯,尽管我不知道我们是否有足够的材料从中得出这种结果。这类研究的第二部分是找出用于不同方言的词语的搭配,比如"恭喜"、"师傅"、"调羹"、"高兴"、"不耐烦"、"糊弄局儿"、"一榻括之"如此等等。这些是地道的个别的多音节词,说起来就跟英语里的词一样是个单位,记录这些单位几乎跟记录单个的汉字一样重要。

3. 词源学

在展望涉及改造语言的我的结论之前,我相信书写的汉字还

---

❶ 原文是 word。此处为了照顾上下文,姑且译作"词",其余地方按当时习惯译作"字"。

会继续被上过学的人在今后很多年里使用。如果承认这一点,那么系统的词源学教给一般的学生的应该比现在还多,正如专门的语言学家所研究的那样。我们应该有一本字典,它不仅提供每一个汉字在小篆里的形状,而且有直到今天所有的已知的变体,包括各种所谓的"破体",比如"扵"表示"於"以及"犹"表示"猶",还包括俗体字,如"对"表示"對","义"表示"羲"等等。因为正如我已经提到的,我们不应该仅仅由于一些语言事实跟正统的用法不一致而忽视它们。

在汉字的分析里,我们不仅应该研究部首,还要研究复合字的其余部分。我们对于汉字的这一部分没有个名称,这事实就表明忽视这方面的系统研究。外国人把它称作"语音学"(phonetics)或者"元素"(primitives)。然而由于它们既不总是表音或者甚至提示语音,也不总比部首更小,这些名称只比没有名称略好一些。《康熙字典》有214个部首。元素的数目不确定。Callery列举了1040个元素,它是压缩了Marshman提供的更长的单子而成。我认为这些研究应该是成为任何上过学的人的知识的一部分。

在外国语言里,历史语音学跟词的演变紧密联系。然而即使在中国语言里,这二者之间的关系也并非不重要。"尔"这个词起初可能是发ni的音。这类词的声母和韵母在北方方言里后来变成了rï,例如"儿、耳、而"等。但是人称代词ni一直保持了下来,于是创造了一个新字"你"来代表ni。我在描述这个具体例子时可能有错误,但是这样的演变的确发生过而且需要加以研究。

词源学中一个非常有趣而且重要的部分是汉字的起源问题。有些西方语言学家曾经推测中国语言和印欧语言间的共同来源;尽管在相应的字中间有很多相似点是偶然的,特别是拟声字,然而只要我们看一看成百个字的单子,哪些字被认为跟印欧语的词是同源的,我们就不得不认为这是既成事实。举些例子如下:

英语	汉语同源字	古音	英语	汉语同源字	古音
beat	伐	bat	ring	领	
burn	焚	bun	sad	悴	dzot
chaste	洁	kit	seek	索	sok
cut	割	kat	set	设	shet
elk	鹿	lok	shine	灼	
give	给		small	微	mi
hook	钩	kok	smell	味	mi
humble	谦	k'im	strong	壮	
kick	脚	kak	through	透	
king	君	（德语 könig）	throw	投、丢	
mill	磨	（拉丁语 mola）	tongue	尝	dung
pair	配		turn	转	tun
peel	皮		yoke	约	yok
quiet	歇	kit			

有人可能反对,认为其中很多汉字是现代的字。是的,不过这些字的本身的确存在过而且通过书法变化的各种演变在口头形式里给修饰过了。这个事实很多人应当欣赏,因为它解除了一种错误的观念,也就是把中国语言看成是由整个汉字组成的。

4. 书面语的文法和词语

书面语的文法理应得到比已有更多的注意。《马氏文通》是惟一已问世的关于这一专题的重要的系统的专著。不过它更关注的是比较古的文体所使用的文法而不是现代一般书面语的文法。正如我已经说过的,"通"还是"不通"的标准更多的在于习俗的用法、而不在任何方言里。以 Giles 举的例子为例,"救人"的意思是把人救出来,而"不可救药"是用药也救不了。同样,"恐违于人"和"不求于人"有相同的形式,但是一个动词是被动的而另一个动词是主动的。"耶俗邪"表示"邪"是"耶"的俗体;但是只要加上一个单纯的"字"字来说"耶俗邪字",那么,意思就适得其反。这并不证明没有文法,只不过比起别的语言来,习俗的用法更加重要。文法的正确至少是"通"的绝对必要的条件。不管是多细微的规律都应该仔细地研究。然而在学校里文法究竟要教到什么程度,这个问题要由教学上的考虑来决定。

以上我提到的所有这些建议的实际结果是,编一部为语言学用的全面的中国语言的字典。它包括所有汉字的历史的字体加上每一种字体的一切变体;所有的发音,凡是能追溯到的历史上的发音和实际研究能得到的目前的发音;所有构成重要概念的重要的字的搭配,既有书面也有口头的词语,提供引语和谚语以便揭示这些字的本性和用法。韵脚应该包括在内,因为它们也是字音的一部分。这种工作自然要花费时间、精力和人手。类似的工作在其他语言里也存在。难道我们的语言就不该给予同样的注意吗?

II. 中国语音学

在这篇文章里,我要比较具体地讨论有关中国语音学的某些重要的语言事实,目的是要引起兴趣而不是建立系统。

中国话的一个音节里包含五个有区别性的成分:
(1)声母
(2)介音,如有
(3)主要元音
(4)韵尾辅音,如有
(5)元音的声调 ❶

} 韵母

举例来说,一个普通的姓:"梁"字,有声母 l、介音 y、元音 a、韵

---

❶ 原文(1)The initial,原注作"母";(2)The medial, if any,原注作"介";(3)The vowel proper,(4)The final consonant, if any,(5)The tone of the vowel. 括弧内(2)—(5)原注作"韵"。兹都按目前通用的名词改译。

尾辅音 ng 以及"下平调"。[1]

<u>音类对实际的音</u>

如果我们强调以下的区别,很多语音间相互关系的混淆以及实际的复杂性会比较好地搞清楚:(1)<u>历史的分类</u>,按照它把所有的字用声母、韵母和声调来分类,(2)<u>实际所发语音</u>的生理音。以声调为例,依照《康熙字典》,凡归入属去声或"降调"的字在甲方言里都发成相同的声调,它们在乙方言里也都发得一样,其他每一种方言也都一概如此。然而,对于一个音乐家,或者对于任何一个耳朵灵敏的人来说,甲方言的去声跟乙方言的去声是不一样的,跟丙方言也不一样(参看文末的附表),所以"降调"这个术语指的只是一个抽象的语言学的分类而不一定是描写实际的调值。类似的情况对于音节里的其他成分也都如此。

或许我可以用类推的办法把这种关系说得更清楚些。在比较解剖学里,看起来相似而且有类似的功能的器官叫做"相似的"(analogous),而在有机体的结构里从演化的角度看处于相应位置上的器官叫做"同源的"(homologous)。那么,属于相同的上平调类的字可以说是声调里同源的。另一方面,不属于同源的类似的语音只不过是相似的。比方,上海话的"患"听起来像北平话的"卫",所以跟它是相似的;然而它的真正同源字在北平话里发成 hwɑn 音。

假如按照语音的分类方言之间的对应绝对地有规律,那么事情就会比较简单而且学习方言也会容易得多。但是情况并非如此。首先,在很多方言里有两种发音的标准,一种是为了读书,另

---

[1] 原文 hia p'ing(下平),北京话的第二声,当年多这样命名,今都称"阳平"。——校者

一种是为了说话。在北平话里"百"要读 pe³①但是说 pai³，在上海话里"加"读 kia 而说 ka。我在这儿要说明在广东话里几乎没有这一类的差别。其次然而却更困难的是同源决非十分简单。在某个方言里属于同一类的声、韵或调的字在另一些方言里却属于不同的类，反之亦然。正是由于这种复杂的情况才可能造成"绿豆"跟"六头"的混淆。比如，在上海话里"乐"、"陆"、"绿"、"六"和"落"都发 loh⁴ 的音，而在北平话里它们却发成 lə³、lu³、lü³②、liu³、lao³（或 luo³）的音。又比如，在北平话里"相"和"香"都发成 hsiang，"贝"和"倍"③都发成 pei，而在江苏南部它们分别发成 siang 和 hsiang；④pei 和 bei。这样的事需要有分析能力和耐心去做，正如我已经说过的，很多事情早已有人做过了。

带音的辅音和不带音的辅音

谈到声母，有一个重要的概念，它对于江苏、江西和湖南某些地方以外的人很难解释清楚，这就是不带音(voiceless)的辅音和带音的(voiced)的辅音之间的区别，也叫做响音(sonant)和幽音(surd)。"富"和"妇"(f 和 v)，"试"和"事"(sh 和 zh)，"四"和"寺"(s 和 z)，"戏"和"系"(hs 和 y)，它们之间的区别比较简单，我不想多谈。然而，像 t、p、k、ts、ch 这样一些辅音，根据发音特点可以区分出六种或七种不同的音，这些辅音包括：(1)口腔关闭("成阻")，(2)保持发音位置("持阻")，(3)口腔张开("除阻")，后接元音的开

---

① 为了印刷上的方便，我用肩标表示较高的平声、上声、去声和入声，用脚标表示相应的较低的声调。

② 原文缺"绿"的北平读音，今补。——校者

③ 此音原文注作"佩"，在北平话是送气音。按赵译应拼作/p′ei/，与"贝"为不送气与送气之别，而非清浊之别，应是笔误。兹改为"倍"，在北平与"贝"同音，而在苏南有清浊之分。——校者

④ 两拼音的原文第一字母均大写为 S 和 H，与上下文体例不同，应是笔误，兹改为小写的 s 和 h。——校者

始时间在各阶段而有所不同。①

	中文	英文	法文	德文
1.(a) 如果嗓音在"韵"之后开始,就成"送气清音"②	滂、透、溪、彻、清	p'each t'op key	(无)	(跟英文相同)
2.(b) 如果嗓音跟"韵"同时开始,就成"纯清音"	帮、端、见、知、精	speech stop ski	papa tête coq	(跟英文相同)
(c) 如果嗓音在"介"中开始,就成"半浊音"	华北③	(很少,或许加利福尼亚州的某些地方有)	(无)	beben dame geben
3.(d) 如果嗓音在"元音"中开始,就成"纯浊音"	並、定、郡、澄、从④	baby did gay	belle dame gâter	(参看(c))
(e) 如果嗓音在"元音"中开始,而在"韵"后有强送气嗓音,就成梵文的"送气浊音"				

---

① 原文"口腔关闭"的英文注为(implosive),按此为发音方法"内破裂"的术语,汉语无此音,应是 plosive 之误。如按赵文原义,与下文对照,应是辅音发音三阶段的第一阶段。兹按常用词改此注为:"成阻",下文两注改为:"持阻"、"除阻"。——校者

② 原文所注汉字为"韵",而不用"韵母",为"介"而不用"介母",兹仍其旧。原文所注汉字的"母"实为母音,今改为"元音"。原文英文的不带音和带音,此处译为清音、浊音。——校者

③ 这是中国某些地区(特别在北平以及山东)第1类音的发音方法。

④ 守温声母中此母一般作"群"。按赵译高本汉《中国音韵学研究》中的名词表依《康熙字典》作"郡",兹从原文。——校者

679

根据《康熙字典》，我用数目字编了1、2、3这三类音。在江浙各省的区域里，正如《康熙字典》所说，早期的声母大部分几乎都保留了下来。在其他方言里，第3类的音分配到第1和第2类的音里。尽管这一类里的音在中国的多数地方都已不存在，然而大多数中国学生在区分英文里的 p、t、k、ch、ts（1类和2类）跟 d、b、g、j、dz（3类）时看来并没有什么困难。原因是他们用2类包括 p、t、k、ch、ts，而且用1类代替他们发不了的3类音。比如，要用严格的法文或者西班牙文语音（也就是用1类而不是2类音）或者最好用(c)类音说"pic plac toc"，就会被当作英文里的"a big black dog"。

韵母

在广东话里古代的韵母跟韵尾（除了 n 和 ng 还有 p、t、k，m）都很好地保存了下来。这是使得广东话成为有最丰富的各种可区别的音节的一个因素。《诗韵》把同韵母和同声调的字归入同一韵。它在两方面背离了实际用法：(1)这种分类是基于古老的发音而且某些韵在任何方言里都没有延续下来。例如，"四支"韵包括这样一些字：伊、碑、思、诗、而；它们过去都发成 i, pi, si, shi, yi 或者 ni，而现在在官话里发成 i, pei, si 以及 shi 和 ri，在其他方言里它们也都没有相同的韵母。然而这还不关系到更细的分类。因为不同韵类的字往往有相同的韵母。例如，"伊、饥、妻"这三个字分别属于"支、微、齐"三个类，而实际上在官话里都有相同的韵母 i。这种情况可以靠改韵在一定程度上予以弥补。(2)由于语音分类的对应在方言里决非简单和界限分明，这就不可能作出一种分类能跟所有方言里的差别都一致。我们能做的充其量只是找到这样一种标准，它能最大程度符合方言间的差别。然而沈约写的传统的《韵书》并不能满足这个条件。①

声调

我已经谈到过调类和实际声调的区别。广州话有一整套8个声调。例如：先$_1$、薛$_2$、霰$_3$、息$_4$；连$_1$、脸$_2$、练$_3$、列$_4$。在广州话里，"平调"实际上保持相同的音高，"升调"实际上是上升，"降调"在音高上的确下降，而"入声"用于以半辅音p、t或k② 收尾的短元音；"高调"实际上是比相应的低调在音高上要高。可见广州话里声调的分类除了极少的例外，跟《韵书》和《康熙字典》是一致的。由于所有的文人都把它们看成是标准，他们都按照这种分类来写诗。可是，在实际发音里，方言间却有两方面的不同：(1)属于同一类的字是以各自方言的实际声调来发音的。这从本文后头所附的图表中同一行(类)的曲线不一样就可以看出来。甲方言某一类的实际声调可能跟乙方言里不同类的实际声调相似。有一个有趣的例子，天津话和成都话的下平和上平③是互换的，例如"糖"和"汤"在成都话和广州话里是低高调，而在天津话和山东的部分方言里是高低调。④

熟悉《韵书》的读者可能会问：是不是"天"和"田"都属于下平调这一类？回答是：在《韵书》里上平和下平间的区别是纯属传统约定的，跟所有方言里十分一致的两类平声的语音分类毫不相干。比如，取任何一种方言，在"通、央、枪、拖、丕、天"里所有的字有一

---

① 按史书所载沈约著有《四声韵谱》，今已失传，内容未悉。此处所说"传统韵书"恐是指的陆法言的《切韵》，而不是沈约的著作。——校者

② 中国语言的韵尾p、t、k是"内破裂辅音"，它只包括内破裂和收紧，而没有像英文字里字尾的破裂音。这就可以解释以下事实：广州人说 "i′ is clo′, le′ us ta′e a wal′" 时好像把它们的韵尾辅音都吃掉了。

③ 原文"下平"和"上平"，今称"阳平"和"阴平"。——校者

④ 原文如此。按"糖"在成都、广州是低高，天津、山东是高低；但"汤"则在前者为高低而后者为低高。此处将两字作同一处理，似有笔误。——校者

个共同的实际声调,而在"同、羊、墙、陀、培、田"里所有的字有另一种共同的声调(不论声母是否改变)。不按约定而接语音来看,前者是上平而后者是下平。

(2)不过声调在不同的方言里分类的不一样是十分常见的。在《康熙字典》或者《韵书》里不存在高的和低的上声、去声和入声的区别。然而它却分别存于中部沿海地区和广州,而且几乎所有的方言在分类上都跟它一致。比如,"吼"和"后"分别属于上去和下去,凡是有这种区分的都如此。

然而入声是所有声调中最麻烦的。在中国南部和东南部,它或者是一个短的单元音,或者是带尾部内破裂音p、t或k的元音。有些外国学者说在某些方言的入声里有末尾h音。我斗胆认为这不是h,而是内破裂的喉塞音,你可能以为它是喉头或声带里的p。(破裂的喉塞音有规律地出现在以元音开头的德语的词里)

入声是三种官话不同的主要特征。以南京为中心的南方官话里,入声很短,不分上入和下入,就像在江苏东南部的一样。在四川官话里,所有入声类的字都发成下平类的调,所以这一类覆盖了全部字汇的三分之一。例如,"时时"和"失实"发得完全一样,"迷力"和"蜜梨"也是这样。在北方官话里,这一类的字分派到所有其他四类里去。比如,"爹[1]、拿[1]、椅[2]、坐[3]"代表四个长调。然而在北方官话里,"缺、乏、笔、墨"跟在上述四个音节里一样有完全相同的相应的声调,尽管在《韵书》和许多方言里,它们都属于入声类。

术语和标音

正如我在上一篇文章里所说,我们必须用科学的术语来描写语音。例如,z叫做带音的,s是不带音的,因为一个伴有声带的颤动,而另一个没有,而像"清"和"浊"这样的术语有很空泛和误导的意义。我们用的每一个符号应该代表而且只代表一个语音,每个音用一个而且只用一个符号来代表。符号的所指应该是独立于方言之外的。这里我必须解释一下我们的"反切"系统,虽然它令人赞赏,却有三个缺点,这关系到它对语音学的科学研究的实用性。

首先,让我来解释和赞许一下:每个拼写的音节分析成两部分:(1)它的声母,(2)所有其余的部分。比如"选"字分析成 s 和 üen^2。然后选一个发音像 s 的字,比方说"斯"字。这叫做"箭"。再选另一个发音像 üen^2 的字,比如"远"。这叫做"的"。再用"箭"射"的",而说成:"选 = 斯远切"。

那么我们怎么来拼"老"这个字呢?我们没有一个发 l 音的字,也没有按需要的声调发 au 的字。我们就用一个带有不必理会的额外韵母的"箭",比如"沦";和一个带有额外声母的"的",比如"岛"。这样,把它们结合起来,就得出了"老 = 沦岛反"。也就是:

$$(lun - un) + (tau^2 - t)$$
$$= l + au^2$$
$$= lau^2$$

在实践中,"反"比"切"更常用,因为后者不是总有可能的。从这个系统我们得到的好处首先在于它给我们保留了可以回溯几百年前古代发音的记录,其次在于它的用途是告诉我们怎样发这些字的音。因为尽管方言有不同,在多数情况下都存在"箭"和"的"的对应以及它们拼出来的字。比如,在一个北方人看到"谈 = 提兰切",这对他意味着:谈 = t'(il)an$_1$ = t'an$_1$,而对一个上海人来说,它意味着:谈 = d(il)e$_1$ = de$_1$,因此,其中每个拼音在它的位置上都是正确的。

然而由此我要提出第一条反对意见。这样美好的对应并不是经常能碰上的。每一个用《康熙字典》的人,无论他的方言是哪种,都会发现"反切"并不会给他的方言以正确结果的情况。这究竟是具体选择"箭"和"的"的错误呢,还是这种方言的确难以捉摸?我认为二者都不是。虽然《康熙字典》编得很好,但要选出能满足所有方言的字是不可能的。这就排除了单用"反切"来作为表示音节语音的适当的工具。

我反对的第二条是,为语音研究,不仅要研究语音的对应,还要研究实际的语音,如果我们用汉字来表示语音,使用的人不是根据标准的音来发音,却根据他自己的方言来发音。同样的反对原则上也用来对西方语音学里使用罗马字母,其中相同的字母由不同语言的人发成不同的音。不过它们的情况相对比较简单,而且在很多用法上的相当成功证明了它们的优点。

我反对的第三条是,"反切"分析得不够。它没有把"的"分析成它所有的成分。"远"是由介音 ü、上声类的元音 e 和末尾辅音 n 组成的。如果人家问你"选"跟"薛"之间相似处是什么,根据"反切",你只能说前者是"斯远",后者是"斯掩"。你所能说的是这二者都以"斯"开始。可是,如果人家问你"斯远"跟"斯掩"的第二部分是否相似,你只能说是的,但是说不出为什么只有把"选"分析成 üen^2 而且把"掩"分析成 ien^2,这才能看出(1)元音相同,(2)韵尾辅音相同,(3)声调相同。因此,"选"和"薛"这两个字在五个要素里有四个一致。这就是分析方法的一例,它要求分析性的标音。

中文字母表

有关运用真正字母的系统,也就是一套符号,其中每个符号代表一个特定的音,我将列举四套:(1)官话字母,(2)中文速记法,(3)读音统一会的系统,(4)章炳麟(太炎)的系统。

(1)、(2)、(3)这三套系统只是为了实用的。它们是否适合这些目的,我在这里不打算讨论。它们都是基于北方语音,所以不适合一般的科学用途。例如,它们不包含 b、d、g、dz、dzh(三类音)这些音。政府现在打算把系统(3)在还没有学习阅读的儿童身上试验。

章的系统是大大的复杂。它是一个有36个声母和22个韵的系统。其声母跟《康熙字典》是一致的,如果我所知道的是正确的,其韵跟《佩文韵府》里的是一致的。那么,他的创新或创见在哪里呢?它在于使用比《康熙字典》所用的更简单的汉字作为字母表里的字母,就像德语里用罗马字代替哥特字一样。例如,k、k'、g、p、p'、b写成了"见、溪、郡、帮、滂、並",而在章的系统里写成"丨、凵、乁、八、氺、㔾"。而且,这些符号用于凡是它们所代表的语音出现的地方。这比起《康熙字典》里的"反切"的复杂系统或者缺乏系统来更加合理。

无论如何,这三点批评不能轻易放过。首先,章先生沿用以字里无关的成分给字母命名。让我举例说明。在我开始学英文时,我不能信服b-y应当发成bai;因为我认为,b读成bi,y读成wai,所以b-y应该是biwai。这麻烦出在bi-wai变成bai只能通过"反"的处理,也就是(bi-i)+(wai-w)=b+ai=bai。如果所有辅音都加上它们后面的央元音(i或者e)来命名,所有的元音都按它们的发音命名,那么事情就会大大地简化。比如,不说"见、溪、郡、帮、滂、並"或者"裒、坎、及、八、沛、白",而说ke、k'e、ge、pe、p'e、be(有点儿像"格、客、搿、拨、泼、孛"),它们听起来不那么美,但这无关紧要。或者,如果我们找到充分的理由,我们可以根据辅音的性质,以不同的方式命名辅音,例如,所有的流音都用一种方法来命名,所有的破裂音用另一种方法来命名,以此类推,它们始终只带上对标准而言最小的语音偏差。

为了元音能单独地很容易发音,给元音的名字加上关系不大的辅音是可以原谅的小毛病。比如,不按章的系统说"工、今、牛、甘",我们应该说ung、in、eu、am(有点儿像"翁、因、欧、谙")。

章的命名结果不可避免造成他选择符号的独特性,以至于修正"反"的拼音系统。在这方面,"读音统一会"的系统要更好些。

第二个批评是它的分析性不够,也就是说,它既不能(1)给韵里不同的成分以不同的符号,又不能(2)给有部分相同成分的韵以类似的符号。

第三,这个系统遭到跟《康熙字典》系统相同的反对,由于它是基于同类的音,即根据语音的类别,而不是根据在某个方言里发的实际语音。在很多方面,它是过时了的。例如,在"匚(非)"和"ㄟ①(敷)"里的两类音今天已不再区分。当然不言而喻,所有这些批评都是从科学运用的角度考虑的。至于真要用字母来书写汉字,我不敢肯定是否同类音的系统就不是最好的系统。

关于西方的系统,我想提出三种最重要的:(1)"国际标音系统"(the International System of Phonetic Transcription),很多语言的文法书都用它,(2)贝尔(Bell)的"可视言语"②的先验的系统。(3)叶斯泊森(Jespersen)的字母数字加标注的系统。③ 国际系统是最简单省力的一种,虽然用于我国的语言还需要作适当的修改。从性质上看它跟传教士用的各种标音系统是同类的,但后者更重实用而不是准确。叶斯泊森的系统是最灵活的,而且能作出细致的区别以满足研究我们语言的需要。前者可能是用于发音字典最好的一种,而后者更适用于语音学的细致的研究。

至于标示声调,目前通常的用法是在音节的不同的角上用半圆形的符号标示属于哪个类,再划个短横在半圆形符号的下面表示这声调属于"较低的"一类。在本文里,我发现用阿拉伯数字作上标或下标最方便。然而为了标记实际的声调,按我的意见最好的标记是图形表示。要研究声调,我们可以把实际的声调录在留

---

① 此注音符号原文如此。——校者
② A. M. Bell, Visible Speech.
③ Otto Jespersen, Lehrbuch der Phonetik.

声机唱片上,根据它绘制语调的曲线,以时间作横坐标,音高作竖坐标。① 比方说,如果我们取"低平"类的任何一个字,比如"谈"字,用北平话来发音,我们得到的是上升的曲线而不是"平"的曲线。为了图像的表示,复杂的曲线可以按通俗的方法变成简单些的形式,它仍能保持一般的形状。

文后所附的图表是主要根据我的观察绘制而成的,多半是为了说明而不全是准确的描述。由于相邻的字会影响彼此的声调(这本身就是一个研究的课题),这就有必要单独发这些例字的音来验证这些曲线的正确性。

这种图表显示出比较方言的图示研究的好处,它可以用于其他很多方面。在很多外国研究中国语言的著作里,我们能看到出现在各种方言里的语音音节的图表。在玛蒂(Mateer)的《官话读本》(Mandarin Lessons)里,我们能看到精制的、用颜色区分的、比较北平、开封、九江、南京等方言的语音字音表。如果我们取某组音,比如 sh 和 zh, s 和 z,并且找出它们在不同位置上的区别和混淆的特点,我们就能像气象图或者地形图一样,绘制带有"同音线"(isophonal lines)或者某些特点的方言地图。

我的文章已经太长了,必须马上打住。我把这个题目的长短写得这样不成比例,是因为这个问题的复杂性、丰富的材料和如本文所提出的科学方法的需要,这些可以作为中国语言学的其他方面的典型,不管我们是否把它们列入语言本身的任何改革之中,它们都等待我们去研究。

附表:

---

① D. Jones, Intonation Curves.

声类	举例	北平	天津	开封	成都	南京	苏州	福州	广州
上平	中空心欧三民								
下平	唐滂伦罗尘仑								
上上	本远(?)语亚九远(?)								
下上	理理美美五岭								
上去	过断算澳四世								
下去	笑事画大二外								
上入	不失哲北一宿	*	*	*	(忙碌)				
下入	及实乐极六域	*	*	*	*				

* 号表示看情况而定,因为在这些方言里不存在入声。

Ⅳ. 设想的改革

在这系列文章的第一篇的导言里,我曾力图论证想要改革一种语言的合理性而且表明它不一定违背语言的自然发展。从广义上说,我们可以把改革看成只不过是一些变化,如同教学法的改进,研究方法的改善以及不改变已有任何用法只为满足需要而作的建设性工作。在这篇文章里,我将处理后面的若干问题以及在更恰当意义上的改革。为了节约列举的篇幅,我要求读者先看一下这篇文章的各个小标题以便了解它的总计划。

1. 发音的标准化

字的发音标准化的重要性不需细讲。然而,有少数人认为这是不可行的,因为对于出生在不同方言区的大多数人来说,学习一种新的发音是很困难的,而发音的统一自然会为相互交流带来更多的便利。不过,如果我们想想德国的情况,我们就会看到这种努力取得了多大的成功。当然,德国的所有方言仍然存在。来自萨克森(Saxony)的人还是发 schen 和 mide 的音而不是发 schön 和

müde。但是几乎所有受过教育的德国人都能说标准的高地德语而且一定懂得它,所以在教室或布道坛、在讲台或舞台上,没有"方言"(Mundart),也就是没有方言的特点,会分散听众的注意力或者甚至导致误解。

对于标准化最重要的原则是:

(1)符合历史发展的系统的一致和简单。在我讨论附加的原则时还会解释这一点。

(2)最大程度的区别。这看起来似乎跟简单相冲突,然而实际上它简化了语音的分类并得到方言间较大的一致。有两种情况是例外。第一,某些本方言的区别由于很特殊情况的变故所造成,它并不系统地适用于其他情况,这可以不管,例如,北平话里"乐、陆、六、绿、落"的区别(参看上文的第4段)不具有系统的或者历史的意义。第二,老的区别在多数方言里已经过时了,这也可以不管,例如,辅音"非"类和"敷"类间的区别。

(3)语音的清楚和优美。由于判断语音的优美在很大程度上受偏见的影响,我们不一定在这个要素上过分强调。如果其他的要素都相等,我们可以从声学考虑来作出选择。比如,全圆唇的 o 音,它被认为是最具有乐音性的元音,对于"歌"类元音是最好的音,又如,对于"安"类字 an 比 ngan 要好些。清楚度是更重要的,例如发"思"、"师"的音:广州的 si、shi 或山东的 sï、shi,比北平的 sï、shï 更清楚。

(4)容易发音。人们往往过分看重发音容易不容易中固有的差别。在多数情况下,这只不过是训练习惯的不同。不过在少数情况里,是有一些真正的差别,比方说,o 比北平话里"歌"的 ə(像法语里 que 的 e)是要容易些。

(5)方言间最大的一致。这决不能单纯以不带偏见按数字方式来考虑。如果我们每取一个字都要问它最普通的发音是什么,把中国字的全部字表都这样问一遍,那么其结果将是一堆很不规律和不系统的东西。更重要的是考虑第一条原则,也就是系统的一致。这在很多情况下会自动取得最大的一致性。

在列举原则之后,我要谈谈语音成分的标准化。一般说来,我倾向遵照《五方元音》①制定的标准官话,它也是威廉斯(S. W. Williams)在《音节字典》(Syllabic Dictionary)里所遵循的。

(1')声母

(a)当齿音和颚音后头都跟有介音 i 的时候,我们应该把它们加以区分。比如,在北平话里,我们不要混淆"小箱(s)"和"晓香(hi 或 hs)","接济(ts)"和"结纪(ki 或 kj)"以及"瞧妻(ts')"和"桥溪(ki' 或 kj')"。

(b)至于颚音的本身,比如"香(hs)"、"江(kj)"、"腔(kj')",最初它们是后头跟着介音 i 的后辅音。它们在山东和广西也许还有其他地方仍然是这样发音的。在多数方言里,它们是用除了舌尖的舌头前部发音的,就像德语的 ich、法语的 gn、意大利语的 gl。所以"香"的音是以 ich 音(通常转写成 hs)开头的;"江"和"腔"以我试写成 kj 和 kj' 的音开头。大多数外国研究中国语言的学者把 hs、kj 等错当作 sh、ch 等,而在我们这方面,几乎所有来自江苏、浙江等地的学生都把英语的 sh 和 ch 发成 hs 和 kj,而且讥笑用语言学里的同源字"照母"(ch)和"审母"(sh)发这些音的北方人,这些音是用过多的舌尖部分发出来的。古老的颚音的发音(在山东和广西)是比较容易学的,而且跟相应的齿音区别较大。新的发音(在北平和江苏)比较悦耳而且在方言里常用。究竟谁更好些,我想让有兴趣的人去讨论吧。

(c)比较少的中国字是以元音开头的。为了翻译外国名字,为

---

① 原文汉字注为"五方原音","元"误作"原"。兹改正。——校者

了容易发音也为了优美的原因,最好把"安、思、爱、昂、澳"等这类字以简单的元音开头,而不用 ng,或者用像德语里 Lage 中的 g 的带音的 ach 音。然而,这会涉及混淆"疑"母(ng 或 ŋ)和"影"母(开元音),在没有进一步调查前我不坚持这一点。

(d)最重要的一个考虑是关于带音和不带音的破裂音(参看上文"带音和不带音的辅音")。如我所说,古音"並(b)、定(d)、郡(g)、从(dz)、状(dzh 或 dj)"除了在江浙等地外并不出现。在广州,这些音发成 p、t、k、ts、tsh(ch),但总是低调,不管是 1、2、3 或 4 类,这样就避免了跟原来不带音的声母字的混淆,它们无例外地都是高调类。但是在官话里,这一权宜之计或变化只用于第 1 类。所以它能区分"丕、胎、痴、餐"和"培、台、迟、残"(高调和低调的 1 类),但它不能像广州话那样区分"贝、带、至、赞"和"倍、代、治、暂"(高调和低调的 3 类)。为了弥补这一点,或者按照江苏用古的带音语音,或者按照广东区分五种以上声调。(在江苏,两者都有。)两条路子都有很大的困难。不过我倾向于前者,因为它比较简单,更与外国的语言一致,而且以下的区别更容易区分,也就是:

(e)带音和不带音的摩擦音。跟上述(d)一样,在这个问题上官话存在着像(d)完全相同的缺陷。例如,它可以区分"夫、诗、虽"(上平)和"扶、时、随"(下平),但是不能区分"富、试、碎"(上去)和"妇、事、隧"(下去)。不过由于 r、z 和 zh 不像 b、d、g、dz、dzh 那么难,我们在这里有比较充分的理由宁愿用辅音而不用声调的方法来区分。

(f)同样的关系也存在于属于"影、晓、喻、匣"的声母,不过情况更为复杂,我既拿不出最后的意见也没有篇幅来讨论它。

(2')介音。我将略过这个问题,因为主要的重点已经在(1')

(a)① 里讨论过了。

（3'）韵母。我已经阐述了对北京话里的"歌、科、多、拖、摩、左、贺；各、合"这类字宁可用 o 或者 oh 而不用窄和弱的 ɔ②。在"舍、车；色、瑟"这类字里最好用 e 或者 eh 而不用北平话的 ə。在复合母音里，为了把"街、皆、鞋"跟"嗟、些、爹(ie)"区分开，iɑi（如在南京话里）比北平话里的 ie 要好些。对于"觉、学、角"这类字，ioh 比 iao（北平口语）或者 üe（北平文读）要好些。

韵尾辅音在广州话里保留得最好。在有些地方没有韵尾辅音，除了 n（湖北）或者 ng（江苏常州，这是作者的家乡），或者这二者都出现而说话人不能分辨或掌握它们。例如，苏州人多半儿会这样说："Brin' your song book downg, we'll sin' ang-other tun(e)-g"。n 跟 ng 的区别毫无问题是需要的，北平话就作了区别。由于 m 很容易发音，根据历史的分类我倾向于用它，这在广州就延续了下来。比如，"心、新、星"最好是 sim、sin、sing，而不是 sin、sin、sin 或者 sing、sing、sing。

相应的第 4 类声调可以用"接、节、即"作为例子，它可以区分为 tsip、tsit、tsik，在官话里，它们是 tsieh、tsieh 和 tsih。比起 m、n 和 ng 来这不那么重要。不过，最好还是保留这种区别，我建议用 p、t 加上元音的闭塞，以 h 标示，而不用 k 发音（参看上文"声调"一节里的脚注）。

（4'）调类。有关调类的一个令人高兴的事实是不管怎样不规律，它们实际是按照口说和文读的用法来分类的，正如北平话的情况，书面用法的分类在理论上被所有读过书的人所承认，在南京还

---

① 本文原文作(1)(a)。查(1)条无(a)项。按此条是讨论介音的，应是(1')(a)。兹改正。——校者

② 原文音标为ʔ，按此条是讨论韵母，而且所举例字一般不会读成喉塞音。按下文原意应作 ɔ。兹暂改，存疑。——校者

有其他一些地方实际就是这样发音的。所以我坚持至少区分上、下第1类,第2类,第3类,特别是第4类。

(5')实际的调。关于实际声调令人为难的事实是能找到一致的地方太少了(参看上文文末的附图)。"上"1类在某些方言里(四川、广州)朝上,在其他方言里(天津、南京)朝下。"升"调在某些方言里(北平、广州)上升,但是在别的方言里(南京、苏州)却显然是下降。人们可能会说,我们应该遵循广州的实际声调,因为它们跟类名完全一致(参看附图)。但是这证明它们既不是最能区别的,也不是最容易学的,它们跟多数方言也不一致。我不反对这种分类,但也找不到足够的理由来支持它。对我来说,这依然是一个有待考虑的问题。有一点至少是肯定的,我们必须保留第4个调类,而它的语音必须是短的,带或者不带韵尾内破裂的辅音。

2. 韵的修订和韵律的发展

韵的订正根据韵母的发音;声调的分类根据实际的调值。我们用作标准的《诗韵》显然需要再加修订。"支、微、齐、鱼、虞"类必须重新安排(参看上文中"带音和不带音的辅音"一节)。上1类和下1类声调的分类必须基于语音(phonetic)而不是传统的基础(参看上文的"声调"一节)。在某种的诗体里,我们允许按韵母的一致来押韵而不管声调的一致,例如,在《看我划船》"天气好^2,游兴高^1,君莫笑^3,看我摇$_1$"这首没有什么意思的小诗里,我们分别有四种不同的声调:hao^2, kao^1, siao^3, yao$_1$,但是有相同的 ao 韵母。

我们通常把"诗"跟"诗歌"联系起来。事实上,"词、赋、曲"等等同样也是诗歌的真正的体裁。我作为这方面的门外汉,我要自以为是地提出通过语音研究和摆脱传统加以发展的可能性。

3. 外国专有名字的翻译

罗马化的倡导人往往认为只要我们有一个字母表就能毫不费力地写出所有外国的专有名字。并非如此,如果字母表是用来表达中国语音的话(参看下文对拼音化反对意见16)。我们怎么处理r？是否把法文和德文的小舌音r处理成我们带音的h("匣"母)，英文的r成为我们的j("日"母)，或者都处理成l("来"母)？要回答这类问题，我们必须在历史分类和便利的基础上整理出一个同音的系统。

跟《科学》(Science)❶里的工作相联系，我沿着以下的路线设计了一个试验性的系统：

(1)系统。②

我作过一个辅音、元音以及二者组合的表，我给每个音以一个中国字或按喜好的先后次序用几个中国字表示。例如，我用"伊、意、绮"表示i，用"顿、敦"表示t'n，所以用"伊顿"或"伊敦"表示Eaton。在我的系统里，我曾用古的带音的辅音来翻译外国带音的辅音。这已证明很简单而且适当，而且比我在上文(参看辅音部分)谈到的权宜之计要好得多。若是某个音没有可代表的字，在这种情况下我只得采取借用的办法，例如，"伽"表示ga，"加"代表ka，虽然这二者实际都是ka。我也采用任意的规约来区分l和r，例如，"拉、累、里、力、吕、洛、鲁、来、林"，等等表示l。"喇、雷、利、列、旅③、罗、路、赖、琳"，等等表示r。对于经常出现的音节，我也曾给予特殊的规约，例如，"突、杜、冯、范、顿、生、曼、尼、列、纽、兰"，等等分别表示De、Du、von、van、-ton、-son、-mann、nia、ria(如果名字长的话)、New、-land等等。

---

❶ 《科学》杂志是由赵元任和任鸿隽等人筹备，1915年在上海正式出版。请参看赵新那、黄培云编《赵元任年谱》(1998，商务印书馆)第77页。

② 这个想法T.P.Hou先生于1915年3月在《季刊》Quarterly里也提出过。

③ 此字原文为"旋"字。按原文l与r所注的代表汉字，二者是按声韵相同的字各各依次对应的，如："拉"与"喇"，"累"与"雷"等。"旋"字与其对应的"吕"字声韵俱不合，当是"旅"字的笔误。兹改正。——校者

（2）准确和典雅

这二者往往相斥。如果一个名字很长，如 Helmholtz，这就有必要省掉一个 l 或者两个 l。同样也是为了做到典雅，我给一个音好几个备选的字，其目的是避免为了严格的对应而出现荒唐可笑的组合。专有名字的标准是它的组合既不能太不一致也不能为了显眼而太注重意义。

（3）特殊名字的用法

这是另一个需要考虑的问题。凡是一个名字已经有一个普遍承认的翻译而且它如果不加以根本的改造就不能纳入系统，这就只能接受，例如，"法兰西"而不用更精确的"弗兰斯"或者"弗瑯斯"。不过，除非一个人有很广泛的经验，对用法的估计是很玄虚的。很多翻译在我看来"很通行"，别人却说它"很陌生"，或者另用一个译名说它也同样"通行"。就像 Napoleon 这个名字就翻译成不同的"拿破仑"或"拿坡仑"。

音节的用法也是要考虑的。像"爱、加、哥、不、克、非"这些字由于经常用来表示音类以至于具有语音的意义，所以尽管跟邻近的字不太一致也少有反对的。

（4）论题

对于姓氏我们用一种标准判断，而对于地理名称则用另一种标准。后者靠意译往往更恰当，例如，"Cape of Good Hope"翻成"好望角"，"Finsteraarhorn"用"黑鹰峰山"，若是用语音翻译就会十分别扭。对于那些专业术语，凡是除了音译别无更好的办法的，我们应该试图用有启示作用的字。《圣经》中文版里的教名既不准确也不典雅，我不知道它们能一致到多大程度。由于很多中国人有教名，他们应当能用汉字写这些名字。这方面我们应该为了典雅更随便些，例如，用"珮细"表示 Bessie，"茄露兰"表示 Caroline，"绮娃"表示 Eva，"悠丽雅"表示 Julia，"梅丽"表示 Mary。

（5）实际发音

按实际发音应该让翻译跟从英文。由于在说英文的国度里，德文和法文的名字跟在德国和法国的发音是一样的，这不会影响它们。对于其他语言里的名字，最好跟从英国化的形式，因为要找到所有本来的名字和发音很难做到，更不用说要作出跟它们的对应。

4. 口头词语的标准化

方言之间的差别，不仅同样的字的发音有别；而且同样概念的用词和表达方式都有差别。文法的统一不太重要，因为它们在各处都很相同。要达到标准的最好办法是仿照官话的用法，它最接近统一的书面词语。此外，正如胡适先生也主张的那样，我们不必顾虑运用书面词语，它们的语音没有分歧，足以让人听明白。在用字上，如果只是一个本地的方言现象，例如：苏州话的"哉"（同"矣"，完成时），对它是否经废弃或尚在应用之间难于选定，就不大敢用；而如果它多少还在通用，例如："对"、"就"、"的"、"还"等字，分别表示"正确"、"于是"、"属于"（反义）、"仍旧"，它们与文言的用法不同，但在全部语言中具有发展趋势，在许多方言中还在通行，就可放心应用。有人可能反对，认为字的口语意义往往偏离它们词源的意义。但是书面词语同样也是如此。只要看看这样一个事实：几乎在所有语言里所有的抽象字都来自具体意义的字，只是间接地跟现在的意义相联系。因此，哪里是内在的粗俗呢？

5. 书面词语的改革

（1）语言学的

我同意胡适先生的意见，因此口头的字并不是天生粗俗的，我们应当把它们用于写作。其次，不管用字或者字母来写，我们应当运用至少是能听得懂的语音。口语和书面语之间的差别在所有的语言里都有、也应该有，不过这二者不应该被截然分开。诗必须能朗诵,演讲必须能说,不是对自己而是对别人。我担保,如果对一百个与读者同方言的有文化的人朗诵一首诗,除非是陈词滥调,能听懂的恐怕是屈指可数——就算一个人有两个耳朵。

用北方官话的一个 shi 音节加上四个不同声调,人们可以写一个完整的故事。下例就是胡明复先生[①]写的:

石$_1$室$_3$诗$_1$士$_3$史$_3$氏$_3$,嗜$_2$豕$_2$,失$_1$仕$_3$,誓$_3$食$_1$十$_1$狮$_1$。狮$_1$似$_3$嗜$_3$虱$_1$。史$_2$氏$_3$设$_1$寺$_3$,恃$_1$师$_1$势$_3$,使$_2$施$_1$氏$_3$拾$_1$狮$_1$尸$_1$,俟$_1$食$_1$时$_1$,始$_2$识$_1$世$_1$事$_3$。史$_2$使$_2$侍$_3$逝$_3$适$_1$市$_3$,视$_3$施$_1$氏$_3$。试$_3$释$_1$是$_3$事$_3$……

类似的同音篇章也可以用其他方言来编写。如果我们把它意译成"石头房子里的诗翁,姓史的,爱吃猪肉,云云",我们将注意到两点。第一,能听懂的形式是表达单个概念的多音节字。第二,它用比较好听的音节。sin^3 表示"姓"(史),ai^3 表示"嗜",chu^1 表示"豕",它们都比 shi 更好听而且不会混淆。这些口语的字如 hao^2(好),men^1(门),yao^3(要),在它们固有的声调里没有其他相同语音的共同的字。多音节的采用和语音的选择是由于它的生命力对言语音自然选择的结果。

(2)技术上的

上面所说的也许能应用于这种情况,我们必须考虑(1)系统(在这里它是最重要的),(2)用途(中文和日文)(其他事情是同等的,随日文),(3)能听懂,(4)典雅,(5)译出的词语的词源以及翻译。我比多数人想的更加倾向用更长的词语。理由是我们的多音节字音节很少而且每个音节的音也较少,我们的音节很少有末尾辅音而且没有复辅音,如 br,bl,sp 等等。试比较短的多音节词"宪

[①] 原文为 M.T.Hu,未注中文名。兹据《赵元任年谱》查得为胡达(明复)。按:此条在赵先生后来文章中出现数次,颇有增补,当系胡的原作,而由赵修订的。——校者

法、革命、政府、抽象"跟一大堆音节的constitution, revolution, government, abstract,这最后一个字对于一个不熟悉英文语音的人听起来就像"阿孛斯脱喇克脱"。

（3）书面的

我即使写作很好,对文体也提不出任何意见。但是某些原则至少按情理还是需要的。引喻和引用不要多加,除非想要神秘化或者卖弄。像"梦蝶、杞忧,刻舟"这样一段表达过分的话反倒失去了思想的力量和纯真。也许人们喜欢它们因为这些人原本没有什么思想要表达。像"虽不中,不远矣"那样的引喻和引语,它们本身是明白的、比较少的矫揉造作。在外国文学里,这种表达比上面那段过分表达的话要更常见。

我们应当发展我们的幽默感。不妨看看报纸。在社论里,人们看到无力的粗野话(如果他们敢写的话)。在漫画版,人们看到大量粗俗的话,而没有幽默。

我们应该避免放弃自然和纯朴,追求机械的匀称和对偶。有一次我听到用"知、彻、澄"和"歌"等词句的演讲,还伴以适当的舞蹈姿势。我非常欣赏。他们说,这种风格日益流行。但是我要是用那种机械方式来谱曲,我的老师会把我从这门课里除名。

我们的信件应该避免"谦恭"的无聊而给真诚腾出点篇幅。亲友间应该写他们想说的话。我不单纯是从效率的观点来说的。多余的废话或套话不仅浪费时间、精力和金钱,而且消耗注意力和兴趣,就像我们所说的"隔膜",即在你我之间放上一层薄膜。

6. 外部形式

标点符号是必要的。胡适先生在《科学》(Science,第二卷,第一期)上令人钦佩地对此作了处理之后,我没有再多的补充。主要的事情不在于用什么符号,只求简单和方便,但是我们对特定的文法和逻辑结构必须有适当的符号,很多结构没有用修辞手段表示而不带来麻烦的。理性的规范(intellectual morality)是我们应当给予比已有的更多的考虑。我们应当运用相当于斜体和引号的符号,在我们必要时能够说"我的斜体"。

分段落正逐渐普遍。我还要提出对完整的字的区分和合并。试读下面这一串字:

IWILLBEASTHEDEWUNTOISRAE
LHESHALLBLOSSOMASTHELILYAN
DCASTFORTHHISROOTSASLEBANO
N.

再读以下的,稍微好一些:

a mong the nu mer ous pro jects ad van ced du ring re cent years for the up lift and re ju ve na tion of chi na pro ba bly few claim more se ri ous at ten tion than that of ro man i zing her lan guage

所以,为了心理的原因,我们应该写得像下边这样:

科学家　在　社会上　之　努力

原因　与　理由　之　区别

参政院　与　国体　问题　之　关系

晚近　劳动界　裕生值　之　增加

这样做也许有印刷上的困难,但是我们至少在书写时可以用这个办法。

用第一页作为每章的开始而目录却不标页数,这种习惯意味着愚蠢(原谅我破坏了我自己关于讽刺的原则)。在有好几个标题时,应该说1,2,3,4,＊＊＊,而不说1,1,1,1,它不比莎士比亚的 *Much Ado About Nothing* 里的总管更清楚。

为了计算,我们应该掺进并赶忙用阿拉伯数字。试比较(a)和(b):

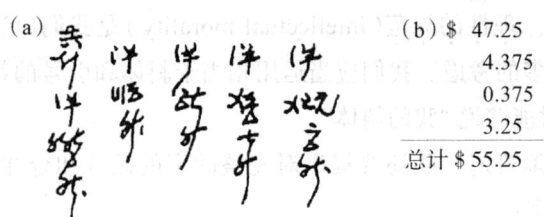

至于横写，这在数学、物理、化学和计算里几乎是必要的。对于其他方面应用时，反对横写的理由是：(1)我们的习惯是竖写，(2)我们字的形式竖写比横写要略微容易些，虽然在印刷上是一样的。横写的理由是：(1)我们可以看清我们所写的而且不太会用墨水把纸弄脏。(2)它能取得一致，因为某些东西必须横写。(3)它更容易比较外交和类似文件的不同版本。(4)眼睛肌肉左右移动比上下移动更适合些，这可以用一个简单的实验来证实，即把眼睛左右移动，然后（充分休息以后）再在普通纸页上上下移动，请注意哪种活动让人更快地疲劳。(5)另一个生理上的理由是由于实际的需要，我们多数时间必须把纸翘起来读，竖读包含经常和突然调整的变化，如果时间长了，这是有害的。

7. 字的简化

由于我认为我们不能在最近的将来废弃汉字，我们必须为简化我们的字做些什么。然而，对于任何大的改变的成功我并不乐观。人们曾打算既用音符也用意符来写汉字。一般说来，我倾向于不必为了语言学的区分而加一些花样，还是多少回到古字的笔画上来。在印刷上，它们看起来更容易，就像罗马字母比德语的哥德体更容易些。在某种程度上，回到古字的形式更可取，如果它简单而且更清楚地能看出字源。如果其他的一切都相等，那么在各种形式里挑选更简单的。例如，在"機、机、鐵、铁"里，每一对的第二个字更好，因为从语音上讲它们都同样合适。同样在"於、于"里，其中语义的差别已不再受人注意。当一个简单的形式完全是任意的,而且混淆了一些事情如像"亂,乱;對,对;劉,刘",它们是否需要,就更成问题了。

8. 拼音化的论点

由于论点的分量在于它们的内容,而不在于数字的前后,我将以方便与否来排列它们。主张拼音化的人和反对的人可能进一步分裂也可能在他们认为合适时联合起来。

(1)字母对于我们发展中的语言更为合适。

近来书面语和口语逐渐彼此接近,除了新的词仍然距离很远。书面语正趋向能听得懂。然而字是在视觉基础上发展过来的。一个字不管它的语音是什么,只要看到它就能确定无疑。因此,就像在小说里用单字来书写可以说出的话,就意味着写了多余的符号。书写"忠、鲤、榆、言、衣、法、辞"就足够了;口说"忠心、鲤鱼、榆树、说话、衣裳、法律、推辞"也够了。但是用单字来说就不充分,用双字来写就又多余了。如用字母来写双字,既能懂、也很经济。这是适用于统一的语言的书写的逻辑形式。

(2)它使方言的统一更容易些。

如果标准发音既在书写中也在词典中用字母表达,人们靠学习一点语音要素就能学习标准发音,换句话说,它有助于人们看出本地音和标准音之间的对应。(参看以下论对应关系的9.(1)。)这个论点当然不能单独成立,因为我们可以用发音字母而不使我们的语言字母化。

(3)发音将自我解释。

中国语言有机会成为世界上最合乎语音的语言。我们可以读出所看的也能写出所听的。字的发音不需要用心去学。(参看第14的反对意见。)

(4)我们只须记住二十个或四十个符号,而不必去记住每个单字的二维图像;更不必去记住像英语那样语音不全的语言中字母加字音的单维序列。

（5）外国文字的吸收对思维和语言的发展是必要的。我们并未逃避它,但是因为用跟意义无关的字来写外文的字很不方便,而且既无意义也会误导,在这方面给我们带来不利。很多佛教词语被采纳,而最近吸收的如"奎宁"(quinine),"咖啡"(coffee),"谈巴菰"(tobaco),"米"(meter),"吨"(ton),十分有限而且是具体名字。用"幺匿"、"逻辑"表示unit、logic,我认为是失败的,而用"烟士披里纯"表示inspiration,令人不能容忍。

（6）吸收的一个重要例子是专门术语的吸收。在讨论外国名词的翻译时,我对这个问题有些建议。不过我们的字源肯定是不够的。试想一下有机化合物的化学名词,成系统的植物学和动物学的术语。用字母吸收这些术语不仅是最简洁的方法,而且还有跟国际一致的进一步的好处。

（7）用字母翻译专用名词会更简单些。因为我们不用避开不适当的中国字或者选择特殊的字。在我们作出外语和中国话语音之间的对应时,这个问题已经解决了。值得注意的是,不使语言字母化也能作出这种对应,我们也可以把字母用于写专用名词而不用于其他地方。（参考日文）

（8）外国语会稍微容易学习,如果我们的语言用字母书写的话。

（9）如果字母化,中国语言对于外国人将会更容易学习。我们要是希望被别人了解、欣赏和尊重,这是很值得考虑的。

（10）用字母的中文更容易印刷。我们不用再考虑是否行型排版和单字排版,以及"临渊羡鱼"。假如进一步用罗马字母,中文在其他国家也能容易印刷了。

（11）用字母的中文打字能够跟英文一样快。想想商业通讯和记录以及为书报写稿。有几千个字的中文打字机不论在物理和心理上都有限制。试把有好几磅重的汉字圆盘或滚筒跟 Hammond 打字机上 $\frac{1}{8}$ 盎司的滑梭比较一下。思索的速度可以通过长期的训练获得，它要付出时间、精力和金钱；除非我们真有"千手千眼观世音菩萨"的手，我们能有类似"打字指法"的手段吗？

（12）索引、目录、词典、指南、档案系统等等。这些用字母会有很大的帮助。难道我们的文明就没有本事给书籍加索引、给图书馆的图书编目、给语文和技术词典编纂、给商业和行政文件归档？这些都不需要经过长时间的预习就能即时查阅。如果我们有一本像《大不列颠百科全书》那样的书，我们将如何编索引？我遇到过的别的方案可能实行，但比起字母的方案就差远了。一个重要的意见是我们在日常书写上可以不用字母而用编索引的语音系统。

（13）电报和密码 用字母可以更容易发送。 如果我知道的不错，多数电报员彼此是用英文通讯的。甚至军事信号也用英文，尽管它们可以用安全的密码。如果少数操作员能够流利地用中文码思考和表达，谁还会为了长时期的训练而去花费时间、精力和金钱呢？

（14）如果第 13 条理由意犹未尽，我再加上聋哑人教学作为第 14 条理由。然而这是一个次要的问题，不是说不幸的人应该被忽视，而是因为对于他们来说字母的好处主要还在于其他一些原因。

9. 怎样使中文拼音化

（1）我们怎样组织语音？我的想法是我们应该采用同源系统。我在前边说到同源总是不完全的（上文Ⅱ中"音类对实际的音"中第三段），这只有在把偶然的变异也算在内才是对的。一般说来，同源标准，比如《康熙字典》的标准，可以作出任何方言里所作的规律性的区分，尽管另一方面每个方言并不作出《康熙字典》所作的所有的区别（参看本文 1.（1）,（2）和（5））。因此这里提供了字母表，它具有正常的标准发音，然而在每个方言里也可以有规律地改变其语音来发音,有时候会产生两个类的结合,例如北京话里的"小箱(s)","晓香(hi 或 hs)";"接济(ts)","结纪(ki 或 kj)";"瞧妻(ts')","桥溪(ki 或 kj')"。这是一个很细致和内容丰富的问题,如果研究下去会是很有成效的(参看第Ⅱ部分中"术语和标音"中关于"谈 = 提兰反"和"谈"等)。

用于语言学研究的语音符号必须是很能分析的,结果也就很麻烦。发音用的字母表对于实际写作可能还是过于详细了些。比较起来,像 süen² 这样一个字应当分析成五个成分。(a)声母可以很好地用一个符号来表示,如果是开元音就不用符号。三个介音 i(或 y)、u(或者 w)和 ü 既可以分开写,也可以跟声母连写,这就成了一个符号,例如 kang 里用 k, kiang 里用 ki。这就缩短了所拼的字,但加长了字母表里的字母。第三种选择是把介音跟后头的母音合在一起,这就使 koh 里的 oh 用一个符号,而 kioh 里的 ioh 用另外一个符号。

(b)我们音韵学家的错误是把韵母(他们把它称作"韵")看成是简单的音,而它们实际上是连续的元音或者是元音加辅音。不过,为了缩短音节的书写,在写的时候是否用一个符号表示每个韵母,这是另外一个问题。例如,我们可以给 si 里的 i 一个符号,给 sin 里的 in 另一个符号,再给 sim 里的 im 另一个符号。这是几乎所有的音韵学家都这样做的。

先验地看,我们既不能说大多数分析的(因此在字母表里只有很少的字母,除非为了加细区别而增添字母)字母表是最好的,也不能说最短的拼写、即每个音节最多两个字母(因此有一个不同字母的长表)就是最好的。某些中间的道路应当采用,指导的原则是使用的频率。例如,我们可以遵循德文书写的方法,复合音 ts 就用 z 代表,因为这是一个常见的音。

(c)显然,用指数和半圈来表示声调对于实际书写是太麻烦了。哈佛大学的 L. Wiener 教授建议用一些小的符号,比如一个钩,像 i 就不加点,这些加上小符号的元音可以连续地写,按照曲线的位置和方向区别它的功能,如:*la la la la lia*。

有一个重要的现象就是古代带音的声母都是较低的声调,所有不带音的属于较高声调的一类。因此假如我们在区分声母时,只有四个声调,若是不标注第一类的话,就只需要三个声调的符号。例如,"须"和"徐"可以分成 sü 和 zü。假如我们在标准发音里决定用带音的辅音,这很好。这正是我所要的(参看上面 1.(1')(d))。如果我们决定用声调区分,我们还可以正如在官话里那样写成 sü 和 zü,而发成 $sü^1$ 和 $sü_1$。这就像我在(b)里所说的似乎是对准确发音的偏离。的确是的,不过无论如何这种偏离是根据很简单的规则,它不只是严格的音标标音法,而是有规律地作为实用字母表的指南。"一个字母一个音,一个音一个字母"的绝对的规则是错误的想法;带有目的的理智的偏离并不排除规律性。

(2)我们用什么符号? 好的字母表要求:(a)简单,但受到以下(b)的限制。(b)有区别性。(c)适宜于连续书写。这是很重要的要求,而用汉字笔画设计的系统至今没有一个能满足这要求。(d)所以要避免使用像世界语或德语里用的点、十字、附加的圈或半圈。杜亚泉先生[①]认为字母应当既能用一种方式也能用另一种方式来写。这个条件是太难满足了。因而我找到理由最后选择横写,我们要相应地选择所要的符号。

很多人坚持用汉字的构件,因为它们更能被接受。这是以表面现象和短见去凑合偏见。顾宪成先生甚至走到极端,从神奇的八卦演绎出类似罗马字母的符号。他也打算借助超分析的程序来减少符号的数目,甚至超出了语音的事实;例如,他所谓的 p-hm,

---

① 载于 The Eastern Miscellany, vol. Ⅸ, No. 5。

t-hn 等等,那是把事实搞错和搞模糊了,虽然 p 和 m 以及 t 和 n 发音部位相同,但是每一对的前一个音是口腔破裂音而后一个是鼻腔连续音。回过头来,我还是倾向紧跟罗马字母,首先因为笔画已证明便于连写,其次为了跟其他语言取得更大的一致。如果是带偏见的反对(参看以上第 16 条反对意见),我们就不必去管它。从教学和经济的考虑,罗马化比起其他字母化的路子并非更大的改变。

我们有足够的符号表达我们所有的语音吗?首先,我已经指出我们字母表的字母数目决定于我们分析到哪一步。其次,如果我们想要避免附加符号,我们可以用颠倒和反转的 e 和 r 等,就像其他语言所用的一样。第三,在罗马字母表里还有额外的符号可以用。如果 u 和 i 既用于介音又用于相应的元音,我们就省下了 w 和 y。c、q、r、x 也成了额外的。第四,按照从绝对拼音标音的规律的偏离原则,我们可以用组合的或重复的字母表示一个音,如果它们不常用;正如我们有理由用简单的符号表示复合的音,如果它们经常出现。

(3)文字的书写。关于我对外部形式以及"科学家 在 社会 上 之 努力;原因 与 理由 之 区别;参政院 与 国体 问题 之 关系;晚近 劳动界 裕生值 之 增加"的处理,我们对字母化的可能性有一个基本的观念。字必须写成文字,而不是音节。单独地看,英文的音节并不比中文清楚(参看 6.下的论述)。例如带 ter 的音节,我们看到有 better, butter, liter, tertiary, interval, literature,如此等等。你反对,认为我说的是错误的类比,因为我们的音节是字,而英文的音节可能不是任何字。是的,我是这样,类比是错误的,英文更糟糕。在我们多音节的词里,每个音节可以追溯到它在某些字里的词源意义,所以这些音节更具有语义,因而更容易学会。

（4）我们怎样去影响变化？第一步是系统的研究，如果需要可花上几十年。正如 Loy Chang 坚持认为要有专家，聪明的专家，作彻底的研究。不管怎么说，传播语音知识是第一步，不论是否拼音化。字母系统作出来时，就应该引入学校，并作科学的运用；古籍应当加以释义并用它转写。这不会一帆风顺，也不是很快就能完成的工作。然而我不知道还有什么更好的办法。

10. 对拼音化的十六条反对意见。

反对意见 1. 你主张用字母写中国字却拿不出一个给我看看。除非你作出一个实际能用的字母系统，我是不信的。

回答 1. 很早以前我就用一个暂拟的系统拼写出了一小段文字。过了一两年以后我再看它，我发现我还能读出来。不过我承认我对于根据语音和其他语言事实作出拼音化可能性的估计没有完全摆脱主观因素，除非我能给你看到一张满意的字母表。

反对意见 2. 一切传统的变革都包含着浪费。你们的拼音化是一次巨大的变革。

回答 2. 我没有办法，在这一点上我不在乎，以此换取未来的巨大收益。

反对意见 3. 你过去主张不用拼音化来改革语言。现在你主张拼音化。好像下一代人负担一种语言还不够似的。

回答 3. 不管怎样，我们都必须用发音的字母，它是一种帮助而不是负担。另一方面，汉字的学习有助于找到语源，上学的人学习"古文、隶、真"，就像说英文的人学盎格鲁－撒克逊文、拉丁文和希腊文等等一样。我们不一定非得学两种语言。

反对意见 4. 由于你说书面词语听起来不好理解，而且现存的大量文献是用这种词语，把我们的语言拼音化就会丧失这些词语。

回答 4. 我亲爱的朋友，在这一点上你击中了事情的要害。一种语言和一个民族必须靠它的文献而存在，在可以说的文献得到充分发展以前,古文献必得由能得到获得这类教育机会的人去教学和生存。不过,我们还是可以通过释义来保存现存文献的大部分价值的。

反对意见5.你为什么要坚持可以说的文献?回答我,口语听起来的确是粗俗或者不是?

回答5.是的,是这样的,因为没有很多正式的文献用口语写的,结果口头语言就只能跟粗俗联系起来。不过欧洲国家的学者会同样提出反对,这时候人们已开始用大众的口语,也就是他们的民族语而不是拉丁语来写作文献。难道现在德文是粗俗的?英文是粗俗的?

反对意见6.语言是自然发展的,它不该受人为的手段的影响。

回答6.我在第一篇文章里已经回答了这个问题。我们语言实际的发展趋向是朝着口头和书面词语的统一,其必然的结果(参看争论(1))是用拼音写。坚持单音节和"死亡了的"字,试图为了表示新的概念造出新的单音节字并忽视口头词语,这是"扭天行事"的做法。

反对意见7.书面语是惟一的共同交流的手段。如果我们把方言拼音化,结果是民族的分裂。

回答7.我们不把任何一个方言作为标准,不过根据我在4和5中讨论的原则,在官话(不同于北平话)和书面词语之间选用标准的词语。以前我们正在接近这类标准,即使我们的语言并没有拼音化。至于方言词语中的变异,汉字不见得就比字母好。只要看看北平人从用上海话或广东话写的小说里能懂得多少就知道了。

反对意见8.拼音化的中文失去了它的字源。

回答8.这个论点就像经常提出来反对简化英文拼写,而且也的确很相似。在实际运用中,我们对于像"学、暴、发、旋、之"和through、draught、etiquette、row、disaster这样一些字的字源究竟给予了多少注意?对于这些很普通的字的最新的意义我们究竟知道多少?当然,不可否认通过查找知道字的字源是有好处的,我们未来的拼音的多音节字的字典无疑应提供它们的来源。

反对意见9. 你的拼音书写给了语音而没有语义,我的表意书写给了语义而没有语音。但是语义显然比语音更重要。所以表意书写从本质上看更优越。

回答9. 语义是比语音更重要,这个事实可以是一条反对的理由,但是还有另外一个事实,语义在多数情况下是由语音本身负载的。一方面,表义字的提示作用往往被大大地夸大了。在我学习"学、暴、发、旋、之"这些字时,我并没有从它们的现代形式或古代形式得到任何帮助,也没有像我现在用它们时从它们的字源得到任何帮助。另一方面,小孩儿并不一定非得学习"mamma, dog, cat, hungry, come, will, soon, with"是什么意思。他学习观念,它根据经验往往就是字的本身。他的语言和思维是像一个东西一样一起成长。到了以后的生活中,他看到或听到他不懂的字,困难不在于语音,而是没有作为简单的或复杂的概念学习过。而且不是通过符号的设计,而是通过四处体验实实在在的经验和生活,你就能很快得到人文的教育。之所以产生这种心理的谬误,是由于我们中国学生有过比较不正常的情况,即在获得了大量的概念后才去学习一种新的语言。

反对意见10. 即使用多音节字,它们仍然有意义分不清的语音,例如"见识,剑式;清楚,清(醋);年高,粘糕;十步阶,拾(布)街"。在北平话里,"锅巴","胳膊"和"搁板"都叫 kə-pa。

回答10. 这种情况比较罕见。英文里也出现同音异义字,比如 can, count, irony, lie, might,不同拼写的同音异义字就更加多了。然而它们不会多到影响听懂。在法文里,同音异义字就更多了。我不主张为了区别用些额外的字母,但是在这儿我们再一次可以应用规律的变异原则。因为,虽然法文里不发音的字母比英文里的多,然而它们出现得如此有规律使得法文的拼写比英文要容易得多。另一个办法要避免同音异义就是选择更适当的字(参看以上 5.(a))。

反对意见 11. 如果将来我们多数的词是多音节的,而且可以不用追溯字源或者单音节字根就能学会,那么由于字组比字根要多,我们就会有更多的词要学。这就是为什么英语的词比几千个常用汉字要多很多倍。

回答 11. 只要打开一本新的中文字典,其中最好的是《辞源》。其中多数字组是单个的多音节词。难道你认为一旦你学会了四千个或五千个重要的字的字义,你就能(a)除去惯用的组合,用组合这些字来表达所有的概念,(b)不用找它们的定义就懂得《辞源》里所有复合词的意义。是这样吗?你可能同样打算了解和运用德文里前缀和词干不可分的动词。多音节词只能是去学,无论是表义或表音的写法都无关紧要。

反对意见 12. 连写的字母不如接合的汉字美观。简短的字母表提供较少的艺术表达花样。试比较用罗马字母写的书卷和用颜、柳、欧、赵体写的书卷。

回答 12. 我打心底里欣赏这一观点。然而,我们还是要考虑问题的实质。没有什么能妨碍我们把写字作为一种艺术。

反对意见 13. 如果拼音化,中文的姓氏和其他一些名字会混淆。

回答 13. 这到目前为止也的确是一个难点。应该有一个鉴别和区分几百个姓名的特殊系统。不过,如果语言产生越来越多的多音节词,事实也的确如此,这就要求字母的拼写,在几代人的过程里，中国人自然会找到不再混淆的长长的名字。

反对意见 14. 像英文这样的表音语言很难拼写。降下的水可以拼写成 rane, rein, rene, 或者 reign; 拼读也难, 如 bough, though, through, enough, cough, ought, 其中的 ough 的音是什么？

回答 14. 困难恰恰在于它是非表音的。英文不规则的拼写有它语言学的道理。不发音的 gh, 曾经发得如德文 ach 里的 ch。如果中文字母编得很规则，它可以是每个音节只有一种拼法。

反对意见 15. 很好, 如果英文式的语言改变了, 那么它的拼法也就废弃了, 你的中文字母过一段时间同样也会废弃, 尽管开始时它可能是有规则的。

回答 15. 我们可以根据实际变化对我们的系统作相应的改变。不过我们也可以用有意识和理智的方法控制这种发展。自从开始用教育和其他控制的办法后, 欧洲语言的变化比过去缓慢多了。请记住, 在人类命运的戏剧里我们既是演员又是观众。

反对意见 16. 罗马化的中文不是中文, 它是外国的。它不能准确地表达中文的音。例如, 把姓氏和地名"钟, 赵, 上海"拼写成 Chung, Chao, Shanghai 读起来像是"穷, 窍, 向海或香海"。

回答 16. 考虑一下类似的情况。设想你是一个法国人, 能说法文但是从来没有学过法文的拼写, 不过也学过读和说英文。现在有人告诉你, 法文表示 year"年"的字应该拼写成 an。由于你总是把罗马字母用在英文里, 你就会反对, 因为 an 听起来在法文里像是一个女孩子的名字, 所以罗马字母不适合用来代表法文里表示 year 的完全圆唇的鼻音。但是如果你回到家, 你会发现所有地道的法国人按他们法国方式去发罗马字母的音。所以, 不管我们用什么符号, 我们当然用中国方式去发这些字母的音。如果为了争论, 我们应当找到理由关于让 ch 表示"照"母的音类, sh 表示"审"母的音类, 还有 Chung, Chao, Shanghai 是"钟, 赵, 上海"而不是"穹，窍，向海或香海"，除非我们模仿外国人。中文字母可以出自任何来源，但是它必须是中国的民有、民治和民享。

到此，耐心的读者会注意到我争论的实际结果是提出问题，对事情本身挑战，而不是解决问题。文章是结束了，问题却没有结束。我可以认为，我的劳动得到了巨大的回报，如果我在判断和作用于这个最专门的而且显然最广泛的问题的正确轨道上，成功地提出了一些有创见的见解。

(*The Chinese Student's Monthly*, 11:7−8, 1916.
赵世开译，吴宗济校)

一套标调的字母 *

为了兼顾准确、优美和印刷的方便,我设计了下面这套标调字母(tone-letter)供语音学同仁考虑。

每一个标调字母由一条垂直的参照线构成,其高度为 n,附着一条表示声调的简化的时间音高(time-pitch)曲线;调位(toneme)附在这条线的左边儿,调值(tone-value)附在这条线的右边儿。线的粗细同罗马字中横的(细的)部分一样。

垂直线的全程等分成四段,这样就有了五个点,编号为 1、2、3、4、5,分别对应于低、半低、中、半高、高。为了避免分得过细起见,点 2 和 4 或者独用或者互用,但是不和 1、3 或 5 合用。作出这种限制后,我设计的全部标调字母排列如次:

直调		曲调		短调	
(straight tones)		(circumflex tones)		(short tones)	
标调字母	名称	标调字母	名称	标调字母	名称
˩	11:	˩˧˩	131:	ˌ	1:
˩˧	13:	˩˥˧	153:	˪	2:
˩˥	15:	˨˦˨	242:	˧	3:
˨	22:	˧˩˧	313:	˦	4:
˨˦	24:	˧˩˥	315:	˥	5:
˧˩	31:	˧˥˩	351:		
˧	33:	˧˥˧	353:		

---

* 本文根据发表于《方言》1980 年第 2 期的 A System of Tone Letters 一文翻译。——编者

˧	35:	˯	424:
˨	42:	˰	513:
˦	44:	˱	535:
˅	51:		
˨	53:		
˥	55:		

这些是调位符号。把这些"曲线"移到垂直线的右边儿就转变成调值的符号了。

由于言语声调的间隔只是相对的间隔,全程1—5只是用来表示言语声调的通常的范围,其中包括逻辑表达的各种中常变异,但不包括激烈的感情表达的情形。为了做声调练习,每一音级都可以当作一个完整的声调,这就使得全部音域相当于一个增广的五度音。这会使得好些声调的连读听起来相当不合调,却是用作语音的一个优点。

大家可以看到,上表中没有列出双曲折调(double circumflex tone)。这种声调如果伸展在一个以上的音节上面,可以把它离析成列在表中的几个成分。当这种声调用在一个音节上时,可以在需要时造一个符号。例如,帕默(Palmer)的英语第三声可以用[ᴎ](:3513)这样的符号来表示。

下面举一些使用这套标调字母的例子:

A. 英语:

:42	Yes jes˨	(Ordinary affirmation.)
:51	Yes jes˅	(Of course.)
:24	Yes jes˯	(Go on, I'm anxious to hear the rest of it.)
:13	Yes jes˩	(I'm listening.)
:15	Yes jes˰	(But, ——.)
:11	Yes ɦjes˩	(I understand of course.)
:44	Yes jẽˇs˦	(It's all right, although you make a mess of it.)

:55　　Yes jẽ˙sˈ　　（I heard all about that sort of thing.）
:351　 Yes jesˌ\　（I should be most delighted.）
:3513　Yes jesˈ\˅　（So far as that is concerned, only ——.）
　　　　　　　　　Where does he live?

ʍɛəˈ　dəzˌ　i:ˈ　　livˌ　（Ordinary interrogation.）
ʍɛəˌ　dəzˌ　i:ˈ　　livˈ　（Where did you say he lived?）
ʍɛəˌ　dəzˌ　i:ˈ　　livˌ　（No matter where he eats.）
ʍɛəˈ　dəzˌ　i:ˌ　　livˈ　（I didn't ask..., I asked *how* he lived.）
ʍɛəˌ　dəzˌ　i:ˈ　　liv˅　（Don't you know where he lives?）

B. 粤语：

　　　ŋɔ˧ i˩kɐˈˈ wa˧ pei˧ nei˨ tɕi˧, kɔk˧ jɐm˥ kɛ˧
ɕan˧mɛŋ˧ˈ, tɕhi˨hɐ˧ tɕœŋ˥ kɔk˧ jɐm˥ kɛ˧ kɐu˧mɛŋ˧ˈ,
thuŋ˧ma:i˨ tɕhi˧ tɕœy˧, kɔŋ˥ pei˧ nei˨ thɛŋ˥. kɔ˥ luk˧kɔ˧
jɐm˥ tɕɐu˧ hai˧ ni˥ luk˧kɔ˧ tɕi˥ kɛ˧ jɐm˥:

　　　　　fan˧ fan˥ fan˨ fan˩ fan˩ fan˨①

C. 藏语（拉萨方言）：

（1）记音 a——除非标志对立，清声母带高调［˥］、浊声母带低调［˩］。

　　　　ɹaŋ la kaˌwɛ tɕhamˌpa
　　　　ɕenˌtɕiˌ tynˌmaɹ laŋ˥ soŋ
　　　　khoknɛ sɛmpɛ tɕoŋ khiˌ
　　　　lypø ɕa jaŋ kamˌ soŋ
　　　　ɲiŋ˥thup kuˌ la ɕoɹ soŋ
　　　　motɕha tsipylˌ ɹɛn soŋ

----

① 参看 Daniel Jones and Kwing Tong Woo, *A Cantonese Phonetic Reader*《粤语语音读本》), p. 17。University of London Press, 1912 年。

715

phuˑmo thuŋˑsemtɕenma

miˠlam la khoɹ soŋ

（2）记音 b——跟实际发音一样。

ɹaŋʟ laʟ kaˠwɛʟ tɕhamʟbaʜ

ɕenˠdziʟ tymʟmərʜ laŋˊ soŋʟ

khoᵏʜnɛʟ semˠbɛˠ tɕoŋˊ khiʟ

lɯʜbøˠ ɕaˠ jaŋʟ kəmˊ soŋʟ

ɲiŋʜtupʜ kuʜ laʟ ɕoˠʜ soŋʟ

mõʟtɕəˠ tsiʜbɯlʜ ɹenˠ soŋʟ

phuʜmõˠ thuŋʟ sɪmʜtɕemʜmaʜ

miˠlamˠ laʟ khoˠʜ soŋʟ[①]

不论是哪套标记法，其实用价值要看它是否能在两头使用。为了检验这一要求，我用这套标调字母记下了六十二首西藏情歌。这些歌是对着录音机说的（不是唱的），然后根据录音记音。几天以后，我捡起手稿，把包括声调在内的整个记音对着录音机读了一遍。然后在两台录音机上放原来的和我冒充的藏语发音，连续地一句一句地进行比较；结果，两者的相似竟超出了我的预期。这清楚地表明：这套标记法可以用来训练自己，记音、读音两头都管用。

附：原《方言》编者注——本文原来登在 Le Maître Phonétique, troisième série, no. 30, pp. 24—27, Avril-Juin, 1930。至今整整五十年。本刊征得作者同意，改用英文拼法重新发表。中文题目是作者本人取的。作者说：本页第15行（本书第716页第6行）的小 [k] "发音不太紧，有点弱 [g] 的意思。" 第17

---

① Love Songs of the Sixth Dalailama Tshangs-dbyangs-rgya-mtsho, Translated into Chinese and English with notes and introduction by Yu Dawchyuan and transcribed by Jaw Yuanrenn (Y. R. Chao), to be published soon by the Institute of History and Philology of Academia Sinica. 于道泉编注并加汉英译文，赵元任记音，《第六代达赖喇嘛仓洋嘉错情歌》，北京，1930年，第106—109页。

行(本书第716页第8行)的[p]"关的较紧"。个别字的更改也得到作者的同意。注①(本书第715页注①)里提到的书的出版者和年份据原书增加。注②(本书第716页注①)里提到的书在本文写作时尚未出版,英文书名据原书更改,中文书名据原书增加。

(《方言》第2期,1980年。袁毓林译,叶蜚声校)

英语语调(附美语变体)与汉语对应语调初探

本文应用的符号列表:

‾h	高平	↓	音高总体下降
-h	中平	↕	增强或展宽调域
╶h	低平	⇂	弱化或缩小调域
ˉh	阶梯,用于每重音群	′s	重音
↓h	高降	″s	超重音
↘h	低降	\s	次重音
↗	高升或中升	·h	弱音,轻声
↗	低升	··h	特弱音
⌣	降-升	<u>字</u>	超重
⌢	升-降	字̰	强调:加大调域、重音、长度
⌐	升平"铲形"	:	长音符号
ʋ	升-降-升,"混升调"	( )	任选的
╱	音节间的升,"逆向"	‖	调群分开
↑	音高总体上升		

Ⅰ. 前言

(1)研究的范围——对两种无相互关系的语言的表达方法、

特别是联系到翻译的有经验者,都会注意到这一事实,在两种语言之间,语言要素的分类是没有简单的对应关系的。一种语言可能用屈折变化或某种语调来表达某种事物;而同一事物又可能用一个语助词或某种嗓音质量的调节来表达。有时这一种语言所表达的,在另一语种的人所说的语言中,并不全照这样表达。英语的"no"(不)字用法语来"翻译"就可能是耸耸肩膀。"How do you do"如"翻译"成汉语,就可能是默默地一笑或者鞠一个躬。现在,英语和汉语两种语言中都有一项语言要素的分类,是嗓音基频音调的时间函数,通称为语调。众所周知,汉语中的语调是词的一部分,与辅音、元音的地位相等。在此职能中,语调是词的要素;而要作英汉对等的词调,或"字调",就足以写上一部汉英字典,这当然不属于本研究范围。再者①,汉语音调的变化也表达情感、语气、用途等等,这和英语语调中的一部分是对应的。英语和多数的现代印欧语都没有词调。任一词可用任一语调来说而不会丧失其词义,而语调只表达情感、语气、用途等。但是,如上所述,英语中用语调表达的,在汉语中用不着、也很少用语调来表达。事实上大多数的情况是,英语的语调相当于汉语语法中语助词的用途。反过来,汉语的语助词有时相当于英语语法的屈折变化,有时相当于英语的语调。为了将此研究范围限于一个课题,我想只讨论英语的语调和在英语汉译中对等的汉语要素。

(2)材料的来源——作者所见到的所有关于英语语调的刊物都是南英格兰所说的英语语调。兹将所涉及的主要著作列下:

D.Jones,《声调曲线》,第2版,莱比锡,1909。简称Jon IC

D.Jones,《英语语音学大纲》,第2版,莱比锡,1912。简称Jon

---

① 关于词调如何能加在语调之上,可想像为将它比作小浪骑在浪头之上。这个"再者"是一个代数的性质。

H. Klinghardt und G. Klemm,《英语语调练习》,第2版,莱比锡,1926。简称 KL

H. E. Palmer,《英语声调系统练习》,剑桥,1924。简称 P

L. E. Armstrong and I. C. Ward,《英语声调手册》,剑桥,1926。简称 A&W

进行此研究中所遇到的困难是,这些专家们不光是在处理材料上有分歧,而且后来的作家有避免参考前人的明显倾向,除了Klinghardt,他把许多他的文章和 Jones 拉上关系。因此,著者还要对他们做一番普遍理解,才能应用他们的成果。应该指出,其中的大多数只不过是词汇上和符号上的分歧。另外的情形是,有些认定的形式和职能没有被别人注意过,这样一来,于是其结果成了累积,有少数情形是,真正的分歧似乎是意见上的不统一,著者就得由己见来定。由于本研究的初步目的是和汉语作比较,并不打算对英语语调搞一套完整而很有系统的处理,这样像是要在他们的母语课题上超过这些专家了。现在打算只用一套能代表一切材料的名词和符号的统一系统就足够了。

为了描述材料,除了上述理论文章所给的例句,还引用了下列的著作:

A.A.Milne,"坎伯雷的三角",载在《第二话剧》,纽约,1923,简称 CT。

H.H.Davis,《软体动物》,注音版,由 Dorothee Palmer 标调,剑桥,1929,简称 Mol。

Lewis Carroll,《走到镜子里》,伦敦(麦克米伦标准版,1926 印行)简称 LG[①]。

---

① 首次提到的话剧于 1928 年由上海中华书局出版,书名《最后五分钟》。《走到镜子里》1932 年由上海商务印书馆出版。

上列的著作[①]均已由本文著者译成中文,并参加了各话剧的导演,特别参考了其中的表达语调。

英语语调的美国变体标注,完全是著者个人所观察而来的。因为似乎没有一个作者注意到美国语言的这一方面。

(3)材料的处理——在考虑一个语言要素及其用途或意义上,叶斯泊森提出三项叠加的区别:"形式",实际说出的语音;"职能",形式表示的语法分类;"概念",职能表达的实际意义。例如:-ed, -t,元音的音变等,都是形式。过去时态的含义就是这些形式的职能,以及在过去式主动词之下的过去的、不真实的、间接引语等,都是那个职能所表达的概念。在目前英语或汉语的语调及语法语助词的研究阶段,要将一个主题的三种状态都区别清楚是不易的。这里用"职能"这一名词是包括叶斯泊森的职能和概念的。根据这两项叠加的区别,主要动词还可以根据形式来分类,而将职能置于每一形式之下(形态学,Palmer 的分类,P72-88)或根据职能,将职能的形式置于每职能之下(句法学,Jones 的分类,Jon 135-163)。英语和汉语的语调(和语助词)都是这样。形式与职能的关系在任何语言中都并非一对一的关系,而是多对多的关系;在研究汉语与英语之间的对应关系时也是这样,可见要想从各种角度把所有的对等关系摆出来,其复杂就像写一部四到六种语言的多用词典,而依次给每一语言来分类。

在此初步研究的目的,首先对每种语言的初级形式作考虑也许就够了,然后将英语形式例句的主题来分类。这样做法无疑地英语职能会被分散,而关系相同或相近的职能会被分到老远的位置;汉语的形式和职能也都会被分散。由于最后会得出大量的对等方法,目前我们假定它都是荒谬的,但凭少数的交叉关系,用这些必须分散的例句就足够给出含糊的最要点了。

Ⅱ. 英语的形式

（4）调群——英语语调的研究单位是"调群"或"群"。Palmer 定义调群为："在连续语言中包括一个而且只有一个最着重的词或词组"。（P 7:6）[①][②] 结果像这样一个句子："There's the sea"（那里是海），当"there"是高降调而"sea"是重升调，就分为两个调群（P 92:2）；如果把同一句子的"there"说成在降调之前略升，按照 Palmer 的系统，就认为是一个调群了。他称此为调群Ⅲ[③]。较为自然的调群分法是 Klinghardt 的"sinntakt"，或"意群"的概念。他认为以此作为一个较好的单元是正确的，比认作重音群或呼吸群要好些。但由于"意义"这个词是属于一个单词的还是一段短的章节的，可以有不同的解释；用它来定语调的单元，似乎还有很大的伸缩性。现在，我们这样认为，要把连续的英语话语分成调群，可以发音力度的静止或有一略微停顿的感觉来划界。在分界上也可以有也可没有呼吸的暂停或完全静止，但总会在一调群之内有一种整体感，在各调群之间有分隔感，其性质很类似演奏音乐中的"乐句"。足见这样的言语单元概念，和 Palmer 及 Klinghardt 的是基本一致的，但却没有上述的那些难点。

（5）调群的结构——调群又定义为英语的识别单元。包括一次重音音节和非重音音节的交替。一般是重音对应于一词中的声调重音；但由于节奏关系，有时在语流中会被提升，例如：

---

① 《语法的哲学》，伦敦，1925，pp.56-57。

② 所引参考资料，第一数字是页数，第二数字（在冒号之后）是指所注问题位于此页往下数，以小数约计的行数。

③ 参见：还有句子的语调，"I remember"（我记得）（Mol 54:3 及注（39）下的讨论，75:7）。

an ′unknown ′warrier（一位无名战士）,（A & W 8∶2）
　　He's ′quite un′known（他真是无名的）,（A & W 8∶3）
在连续言语中如不应用语调时,才认为是真正的重音。在一群的几个重音音节中,其末了一个音节,由于位置的关系,以及由于事实上它通常是惟一能"改变"音高的音节,是要加强一些的。Palmer称此为一群的"核心"。所有起首音节（如果有的话）叫做"句首"。所有后面的音节（如果有的话）（它定义为非重音）叫做"句尾"。由于这样的事实,非重音音节（如果有的话）位于重音音节之前时,常有与后面音节不同的音高,它常常容易被认为是构成分隔的要素而称之为"anacrusis"（句首前,译者按：诗行前不计入节拍的字）。句首的其余部分称为"主句首"。它又容易把核心与句尾合并称为"句身"。这样,本文所用的名词和Palmer所用的可比较如下:

Palmer：	句首		核心	句尾
本文：	句首前	主句首	句身	
例字：	They have a jolly	little boat on the riv-	er.（A & W 5∶3）	
	（他们有一条	有趣的小船在	河上。）	

所有的要素用不着每次都列出。其中的一项或两三项也许有此必要。但作为一个规则,至少有一个核心,除非某些完全非重音的调群再予注明。（16—18节）下面是一些调群的例子,其中有的结构要素省略了:

句首前	主句首	核心		句尾
I	wish you would	come.		———
（我	希望你会	来。）		
It's im-	———	pos-		sible.
（这是不	———		可能的。）	
———	Don't be	late,		dear.
	（不要	晚啦,		亲爱的。）
But	———	why?		———

723

```
  (但是 ────          为什么？)     ────
 ────   Are you quite  sure?        ────
 ────   (你是真的      确定了吗？)   ────
 ────   ────          Yes.          ────
 ────   ────          (是的。)
```

（6）基本形式：调群Ⅰ——在一个正规的或一般的调群里，也就是在一句最平淡一类的英语话语中，一个句首前有低的或半低的音高。主句首从一个半高的音高开始，而后逐一音节按级下降，不过它们自身都是平调。核心的音高在句首之后开始，然后在"音节内"降到低平。句尾在核心之后开始，保持在一个低平调上，或一直降到嗓音的下限。这个形式称为调群Ⅰ，可加标记如下式：

They have a ⁻jolly little boat on the ↘river.

当句中开头无标记的音节是句首前；有标记的音节及其后面的是"主句首"；在降调符号"↘"后面第一音节是"核心"；剩下的一个音节是"句尾"。当核心有一个短元音时，特别是后面接上一个清辅音时，其音高常常降不到句尾调的开始处。降域如此的小，Jones对核心只用一个音乐符号。（Jon 147:3&5）

（7）基本形式：调群Ⅱ——当句身有一上升的音高时，此调群称为调群Ⅱ。在此调群中，句首降到中或半低的音高，句身开始是低的音高，然后上升到中的或高的音高。① 如果没有句尾，则上升发生在核心内，如：

⁻Are you quite sure?（A & W 23:7）

（你真是这样肯定吗？）

如果有句尾，则核心保持低调，而上升发生在音节之间，跨越整个

---

① Palmer是惟一的权威，他对由低到高的升调（他的调群Ⅱ）和由低到中的升调（他的调群Ⅳ），坚持有严格的区别。（P 84-5）但我想，把二者作为调群Ⅱ的变体就更为简单些。

句身,如:

　　　　I ˉdon't think he's very ↑ keen about it.（A & W 22:7）

　　（我并不认为他是很喜欢它。）

（8）美语语调通论——美国人的话语在英国人听来的印象是,不必要的重音太多了。而英国人说话在美国人听来,似乎老是有些激情的或甚至不必要的讽刺。这也许是语调风格的不同。美语的倾向是,非重音音节在重音音节的前后,都用比较低些的音高,因此就给人以跳跃式的加强印象。英国人说出一段较长的调群时,趋向于作较宽的声调扫动,这就给人以夸张的情感印象。调群II 的核心是升调,美国的语调或开始为中等音高再升到更高;或在上升之前,先来个高降。因此, Palmer 曾问道:"Do we really sing like this when we speak?"（我们说话时真是像这样唱的吗?）(P 21:5),是用从低到高全程作大幅度扫动的升调;美国人一定会回答说:"No, decidedly not!"（不,决不这样!）不过这只是调型上的差别,在这两种不同的语言中,并没有如英语与德语之间的性质上的区别。（参见: Kl 1-72, 111-112）实际上所有英语的调群都有可能用于美语,反之亦然,只是出现率有些差异而已。在一极端讽刺的语气中,美国人也会用 Palmer 的方式来说 Palmer 的那个问句。这个问句的真正内容只是用这样的语调来表示必要的语气。在这种联系上,根据 Klinghardt（Kl 71-72, 111-112）及 Amstrong 和 Ward（A & W 18-19）所提出的"半断的句首"的表情识别(见下 8 节), 以及 Amstrong 和 Ward（A & W 54-55, 64-69Z）所提出的重复强调的识别,使英语语调比 Palmer 的系统[①]

---

① Palmer是承认过同发音器官句首的存在。这在他的系统中未包括进去。但从他所给的例句里（P 69-71）似乎并没有承认过别的著者所承认的。

中的语调,或 Dorathee Palmer 在《软体动物》中所列出的语调,对美语语调有更多的可比性。

(9)基本调群的调节——基本调群可以用许多方法来调节。音高可以升高或降低①;调域的变动可以展宽或压缩。句首中的平调重音音节可改成升调或降调。降调型的核心可改成升—降调。升调型的核心起点可改成降,或升—降。重音可以增强或减弱;音节的长度也可改变。这一切在调群中都可以造成许多不同的可能性组合,只单独地考虑一项是不现实的。有时某一项调节只能对应一种或少数的职能;有时某一调节组合就能对应一种或更多的职能。下文所论及的只是最典型的调群,而这些组合,其职能可能从相连的要素来推断,就不以它本身来说明。

Ⅲ. 汉语的形式

(10)词调与自然语调——在(1)节中曾交代过:汉语的语调实际上是词的或固有的字调和语调本身的代数和。因此,有必要把二者分解开来以便找出哪些是语调。但是,汉语还有一个现象是汉语的变调,它在两者之间属于中间性。这包含着当两字虽并列但不起语义职能的变调。这可以称为语调。拿我们研究汉语方言的范围来看我们的问题,可以提出下列的自然语调的要点:

1. 第一声,或高平调,后面跟有任何声调时不变调。
2. 第二声,或中到高的升调,条件同前,不变调。
3. 第三声,或低到高的缓升调,当后面跟有另一第三声时,读

---

① Klinghardt 把逻辑的表达跟情感的表达作出区别。前者用相对重音和相对语调,而后者用嗓音品质、绝对音强和绝对音高,作为表达的方法。这些表达的方法"原则上"在所有人类的语言中都是相同的。(Kl 1)它在多数情况下无疑是正确的,但有时在两种语言以及两套表情方法之间,难于划出一条线,本文将予以合并处理。

成与第二声相同的调；但当后面跟有其他任一声调时，就读成低"平"调。后者通称为半三声。由此可见，第三声的全低升调只有当它完成一个调群时出现（当然，除非在重复表情语调时会变成别的调）。

4. 第四声，或高到低的速降调，后面跟有任何其他的声调时都不变调。不过当它跟有另一个第四声时，第一音节就不像第二音节降得那样低。

（11）轻声——当一个音节读成轻声，它就丧失了本调。它通常是被缩短了，虽然并不总是如此。它的音高完全由环境而定。它在第一声、第二声之后，是半低，而让中国人听来就好像是微弱的第四声。它如在第三声之后是半高，听来就像微弱的第一声。它如在第四声之后，是低调，而听来像低而弱的第四声。它如在另一轻声之后，则随前面的轻声听来是什么而定。在较少的情况，如一调群的开始是轻声，它们就有半低的或中等的音调。就如英语调群的一个句首前那样[①]。应该记住，这一切都只应用于在自然的或完全无色彩的语调，然后可以再加上表情的语调。

换言之，有两种情形，音节可能失去本调而出现轻声，一种是多音节的表达，它常和别种语言中词的职能相等。在这种组合下，任一音节除第一音节外都会读成轻声。作为一个规则，它在新词和文读[②]中的所有音节上，甚至都会读成重音和正规声调。在大多数老派口语中，双音节和三音节中的次一音节都读轻声。由于无法用规则指出，在这类表达下重音是有还是没有，这成为一个词汇的问题而非语法问题，这将作为本文的一部分来讨论。

[①] 句首前在汉语中比在英语中少得多；恰恰就像它在中国音乐的乐句中，比在西方的乐句中少得多一般。

[②] 它还用于精练的语言，但在本文中，我们只考虑口语。

轻声在另外的情形出现是属于语法性的。下文包括最重要的事例：

(a) 语法语助词，如：的，了，吗。

(b) 位置补语，如：回·来，走·进·去。

(c) 前置词与后置词，如：走·到镜子·里。

(d) 宾格代名词，如：你要嫁·他，可是？（CT 152∶3）但如果特别强调：你爱他。（CT 153∶4）

(e) 除了重复的形容词和副词，重复词如：看·看，打听·打·听；当在重复词的前面是个"一"或"不"，这个词也读轻声。如：好·不·好？ 看·一·看。

（12）正规的汉语调群——正规的汉语调群没有像英语的那些特性旋律。由于没有特定的表情，其旋律就完全由重读音节的固有声调来定，它们可能是正规声调的任何排列的组合。它使欧洲人听来最引起注意的事实是，汉语虽在毫无色彩的平叙句中，其调群的结尾就有变化多端。例如：

结尾为第一声： 我要一本书。

结尾为第二声： 我喝了一碗茶。

结尾为第三声： 这个很好。

结尾为第四声： 这个太慢。

结尾为轻声： 他带了一本书·来·了。

他带了点儿酒·来·了。

（13）汉语调群的调节——像英语那样的调群调节同样能用于汉语调群，不用再来枚举。但由于存在着固有声调的问题，应该特别指出四声调域加以扩展后的效果。在第一声的高平调，效果是音高的上升；在第二声，是从中等调开始而上升到更高的音高；在第三声，开始时低于常规，它不是上升到比常规更高的音高，而仍以常规高度结尾；在第四声，是将调域扩大，很像英语的降调。

(14)升尾"↑"——有两种常见的调节应与特别提出:一是升尾为对最后音节的音高提升。如为第一声,它就变成高升到最高;如为第二声,就由中声调变成特高;如为第三声,这个低到半高的升调变为低到特高的调;如为第四声,在本调降势之后开始上升,结果成为高到低到中(或半高)的调。如为轻声,是一个简单的升调,其一般的高度取决于它原始的高度。(参阅上面的第10节关于轻声的三种音调。)在这样调节之下,这个"轻"声需有一个相当程度的加重和加长,但并非恢复其词调。从这个描写,可见到这个"升"尾在实际语音中具有7种不同的语调,但其中的"升"是惟一的有关表情的语调,而且所有这7种变体,或属于词调;或为自然语调;在下列讨论中只限于这个方面,并且只用一种升调"↑"符号。如:

第一声的升尾:近伦↑敦?

第二声的升尾:这样不↑行!

第三声的升尾:我说不↑好!

第四声的升尾:现在不↑要! (Mol 50:7)

轻声的升尾: 这是谁↑的?

(15)降尾"↓"——另外一种重要调节是对最后音节的音调下降。用此调节,第一声是变成高到低的缓降调(那原来是急降调)。第二声是变成中到高到低的凸曲调。第三声是变成低到(半)高到低的凸曲调。第四声由于它的末端已经很低,无法再降,就先来个转身往上,然后下降,这样就成了一个高到低到中到低的凹凸双曲调。在 Palmer 的系统中它被当做一种颠倒过来的第三声。(半)高的轻声变成由半高到高到低的凸曲调。低的和半低的轻声来个从微升到中而再降到低的,成为一个凸曲调。如前所述,对这一切情形只用一种符号"↓",例如:

第一声的降尾:不是星期↓二,是星期↓一。(P 93:2)

第二声的降尾：说他多有↘钱。（CT 155:1）
第三声的降尾：↘诶①，这样儿↘好！（CT 154:4）
第四声的降尾：有五分钟说你多好↘看……（CT 155:1）
轻声的降尾：　不是我↘·的，是你↘·的！
　　　　　　　说你们在一块儿可以多快↘·活。（CT 155:1）

其他的调节待论及时再议。

（16）语法的语助词——语调中还有一项重要的是，汉语中的语素能与英语语调对等的语法分词或语助词的用法。关于语助词的表格及其职能，我有几处方言中的语助词比较研究一文，载于《清华学报》，可供读者参考。② 如上所述（（1）节），汉语的语助词不是总能与英语的语调对应；其能对应的，最重要的有阿③、嘿（或末）和诶。

……④

"补叙"的后记

此文为本课题的初步研究，旨在使这里收集的比较材料，将会促进更多的研究，就未作完备的和系统的考虑。如要做到十分的

---

① 汉语惊叹音，虽然它经常被当做第一声，可是实际是无调的，而且很像轻声。降尾"诶"的实际发音是中到高到低的凸曲调。

② "北京、苏州、常州语助词研究"，《清华学报》，1920，Ⅲ，2，856-917。

③ 所引各词中，阿与啊并无区别。本文中阿将用于一切情形。但为方便起见，啊将用作低调的阿。而嘠用作升调的阿。

④ 译者注：本文的第Ⅳ章："英语形式的功能及其汉语对等"，第Ⅴ章："组合调群"，第Ⅵ章："基本调群的调节"，全部为英汉例句的对比及说明。因原著的英语全文已收入商务印书馆即将出版的《赵元任先生语言学论文集》（英文卷）内，为避免重复，本译文将此三章略去。读者可以英文卷对照阅读。

全面和详尽,还有必要考虑双语中表达言语的全部问题。前述的著者们对一般交谈的与感情的言语之间区别的探索,以及让他们自己限于前者的教学目的,可能是完全正确的。但严格说来,这很难在两者之间画一道明确的线。因此,当调域的变化常有逻辑含意;在一个很宽的调域内,假声达到上限,或喉塞音、气声达到下限,都含有嗓音质量的变化;这些经常都是表达感情的特征。① 在汉语方面,由于语助词(经常是同一个语助词)兼具语法功能和表达功能,它们也必须作全面的系统研究,以便能在更高的视野来看它的表达功能。

关于研究材料,著者主要根据各论文中的和一份标了声调的剧本中的例句,而只有次要的是来自观察、即景取样("caught on the wings")的生活语言,它是从个人及机械录音中取得的。汉语的材料竟难令人满意,由于多数是根据著者自己从英文书中翻译而来的,因此就容易受到个人观察误差的危险。今后研究的最好方法,应该是从留声机或录话机的语调记录中,反复地听音或作实验分析。② 从自然对话中或有声影片的配音带中,以及真实言语的正规唱片中,获取数据。只有从比目前的取样更为广泛的领域中,才能得到更为可靠的结果。

记调符号应该更具分析性和系统性。在本研究中,著者相当考虑了对以前著者的利用及印刷上的便利。汉语形式的符号特别难办,因为词调和自然语调两种要素都有,而且单独表达语调的记号必须自然而扼要,而且要与实际形式有别,也许有需要采用一种更为复杂的、另外一套汉语的"组合"声调系统,使它能更加容易辨

---

① 关于汉语的一些简明的表情符号,参看著者的《最后五分钟》的附录,尤其是140ff。

② 录话机录音的质量很差,但这不影响语调及重音。

认。

此项研究还得仔细琢磨而使材料便于整理。前言(第3节)中曾指出,我们只用形式与功能两个概念而不用形式、功能与意图三个概念。但是我们已经看到,在许多情况下,区分得再细一些会更为有用。例如,重音自然是言语的一个要素,但据叶斯泊森的意见,认为强调就是功能,这就包括了感情的重要和逻辑的区别,等等。另一方面,重音的一般概念仍旧是发音的相对力度。在跟二十英尺外的人说话时,说弱音节的力度实际上还大于跟身旁的人说重音节的力度。这样我们把重音当作功能,其实际的声音就是形式。再者,我们已经把汉语的表情语调当作形式了。但是如果我们着手拿综合语调作为形式,例如把表情语调的升尾和降尾当作功能,这确实是说汉语者所感到的有特征的"表情";尽管紧着追问他们表达的是"什么",他们的意图会变得不一致了。因此,在真实的声音和明确的意义两个极端之间,就有可能按事物的性质来决定,建立一个多于形式、功能和意图三类的标准。①

最后,我们必须认真地考虑克林哈特的建议:关于表情手段的共性作为"普通"语言学的一个新研究方针。现在我们已经从纯粹的描写观点,对事物是什么和什么等于什么,做了全面的研究了。所有"理论性"的讨论都为了要系统地掌握材料。但是我们已经瞥见了汉语与英语中的相同功能在形式上的一致。在补叙的调群中,汉语也有比结论调群高的升尾。英语中特别延长的情况也相当于汉语的降尾的延长。因此我们要探索不同语言的相同意图有哪些方面和哪种程度的相同形素,这种形式的相同有什么心理的和生理的解释。那么,这些就是探索的方针,对此,现有的研究有

---

① 意图的一致与形式与功能的一致的错觉,跟已经重复得够多的哲学词义的一致是有所不同的。

关大的补叙的展望,直到……

(《中研院史语所集刊》,外编(蔡元培先生六十五岁庆祝论文集),1932年。吴宗济节译)

汉语的字调跟语调[*]

在这篇短文中,我打算讨论一些我所遇到的汉语字调和句调研究中的方法论问题。

我们必须承认的最明显的事实是,一种声调语言的实际旋律或音高运动并不只是构成该语言声调的几个固定声调模式的简单连接。事实上这种运动是由三种因素构成的:一个个音节词所独有的声调,这些声调在连贯的言语中的相互影响,以及表达说话者情绪或态度的音高运动。第一种要素通常被称为声调,或词源上的声调,第二种要素我将称之为中性语调,第三种我称之为表情调。后两者共同构成句调。下面依次予以讨论。

一 字调

1. 声调的初步调查——调查一种方言的声调的常见方法是询问发音合作人,即说该方言者,让他一个个地读单字字表,然后我们根据自己的听力记下声调,或者让发音合作人对着浪纹计或示波器讲话,绘制出曲线。在这种过程中,下面的问题必须加以考虑。

首先,为了肯定我们涵盖了所研究的方言中存在的全部声调,字表必须设计得具有足够的代表性。利用和古汉语声调挂钩的其

---

[*] 本文于 1933 年 4 月 20 日在第 145 届 "美国东方协会会议" 上宣读。

他方言中已知的声调事实,这一点大体可以得到满足。根据这些事实我们可以相当广泛地预测声调在现代方言中的大概分布,就像表一中所显示的。

表一

古代调类	声母特征		现代 北京	南京	汉口	长沙	苏州	福州	广东	猺[2]
平	清		1	1	1	1	1	1	1	1
	浊		2	2	2	2	2	2	2	
上	清		3	3	3	3	3		3	2
	浊	次浊[1]					白读5	白读1 /3	4	1,5
		全浊[1]				白读5	文读5	5	4,6	5
去	清	不送气	4	4	4	4	4	4	5	3
		送气和擦音								4
	浊					5	5	5	6	5
入	清		大多数4	5	2	6	6	6	短元音7	长元音8	1
	浊		大多数2				7	7	9	5

1. 次浊包括鼻音、流音和半元音。全浊包括塞音、塞擦音和擦音。
2. 赵元任:*Phonetics of the Yao Folk-Songs*(《猺歌记音》),北京,1930,第164—167页。

应当注意到,除了原先的调类以外,最影响现代声调的是声母的发音方法,比如浊音、送气、破裂和鼻音等等,而原来声母的发音部位对现代声调的变化影响很小。然而应当记住,对所谓的古汉语或《切韵》语言的利用仅仅是因为我们对它特别熟习,并不是因为这一时期比其他时期对现代汉语更有影响。比如,虽然我们知道响度和送气是引起声调变化的因素,但我们不能在没有证据的情况下得出结论说,某一特定方言现有的声调系统取决于《切韵》时期而不是其他时期的响度或送气。在广西猺歌的声调系统中[①],根据声母是不送气还是送气或擦音,"阴去"分别区分为高平调和高升调。但是,虽然"借"在猺歌中是擦音 [θːiɑ],它却是高平调,原因在于它是从古汉语不送气音 [tsĩa] 变来的。另一方面,虽然"到"在古汉语中是一个不送气音 [tɑu],它却是高升调,因为它在猺歌发音中是送气音 [t'ɑu]。所以,对于调类研究来说,古汉语或切韵系统的利用应该仅仅看成是可能存在的类的启示,不能规定所有个别情况,那是要根据具体事实来确定的。

2. 调类的定名——由于绝大部分已知方言大体上保留了古代"声"的四个大类,并且可能依古声母的响度再各分成两个小类,惟一明智的办法是按原来"平、上、去、入"给调类取名称,而不管声调的实际读音。在进一步的细分中,西方汉学家通常用"高"和"低"两个术语分别表示古代的清音组和浊音组,汉语作者宁愿用"阴"和"阳"两个术语。我建议用"阴、阳"作类名更好,因为它们不涉及声调的实际特征。而对声调的实际特征,我们另外需要一套描写术语,不应该跟类名有共同之处(参看下面第3节)。这样就可以避免混乱。至少有一位作者造成了这种混乱[②]。他说,客家话的"高入"读成"低入",反之亦然。实际意思是,广东话中高调的字在客家话中是低调,广东话中低调的字在客家话中是高调。在我们的术语中,"阴入"就是"阴入","阳入"就是"阳入"。它们在不同的地方有不同的值,就像在某种关系式中 x 可以等于 1,y 可以等于

---

① 《猺歌记音》第 116 页。

② Ch. Rey: *Dictionnaire Chinois-Français Dialecte Hac-Ka*(《客家话与法语对照词典》),Hongkong,1901,第 10 页和整个书中。

2,而在另一种关系式中 x 可以等于 2,y 可以等于 1,但我们不应该搞混我们的讨论,说 x 等于 y。

当现代调类和古代调类大体一致,只有少量例外时,名称的选择就比较简单。如果一个调类被重新分配到其他几个调类中,比如北京话的入声,那么只有那些继续存在的类的名称会保留下来,比如北京话的阴平、阳平、上声和去声,当然其中每一类都包含了少数原来的入声字。如果两个类完全合并了,定名就要费些脑筋。如在武昌方言中,古入声和阳平合并。我们应该把这个合并的类叫阳平还是入声呢?从该方言本身看,很难作出选择。但是如果考虑邻近的长沙方言,我们发现长沙的阴平和武昌的阴平极相似,长沙的阳平和武昌阳平与入声的合并类极相似。加上长沙还有一个与其他调类不同的入声类,所以比较方便的作法是把武昌阳平与入声的合并类叫阳平而不是入声。这里应当注意,这种实际语音的比较并不是分类服从于描写的让步,因为在过去的运用中这种方法仅仅是为了相邻方言间调类的排比,而且只考虑哪种声调应该叫哪种名称。另一种两可分类的例子是苏州话中上声和去声的浊音类(见表一)合并成了一个声调。只看苏州话本身,这个声调也可以称为阳上去。但是由于在各方言中一部分上声和整个去声合并(见表一中前三种方言)是一种更为常见的现象,因此上声总是被看作变成了去声。同样的情况也适合于苏州话,所以我们把苏州话的这个调类叫阳去而不是阳上。

两可分类中有一种有趣的例子,涉及调类的界限问题。我的老家在常州,那儿有两个声调系统,分别叫"乡绅谈"和"街谈"。乡绅谈念单字调有七个调类,基本上和古代的四个调类各分阴阳相对应,不同的是古代的阳上字一部分派入阳平,一部分派入阴上,还有一部分派入去声,所以不单独成类,没有形成八个调的格局。但是,如果我们观察阳上派入阳平的那个小类,其组合行为和

737

原先的阳平字却不一样。单字"劳"(原来的阳平)和"老"(由阳上派入阳平的)都念低声调的[lɑɣ],这是该方言阳平调的读法。但是当后面跟"先生"这样一个词时,前者变成低平调,这是阳平在这一声调环境中的通常读法,而后者却变成升调,听起来像单念阳去。这一切的后果是:尽管实际语音中没有附加的第八种声调,却有一类界限分明的字,其声调行为和其他所有七个调类都不同。如果我们从分类的角度理解声调,我们可以严格地说该方言确有一个阳上调,这个调有它独特的行为。从历史的观点看,这种情况多半不太稳定,这个调类大概顶不住类推的影响。

3. 调值的确定——高本汉在解释音类和音值的关系时非常巧妙地使用了一个比喻[①],借用这个比喻,我们可以把调类看作代数中的 x 和 y,把音高的实际运动看作这些调类的数值。

即便在这儿,我们还得作些抽象。很明显,我们并不关心声调的绝对高低,而只考虑相对于说话者音域的高低,所以一个女高音的低调实际上比一个男高音,甚至一个女低音的高调还要高。

还有,不同声调之间和升降调内部的音高范围也是一个由发音力量和声带振动力量所决定的变量。此外,当这些变化改变音高范围时,我们还没有证据说音高变化也会发生等比的改变,仿佛橡皮带上的图形会随着橡皮带的伸展而放大。由于我们初步的调查都是针对不带任何色彩的个别声调的一般发音,所以我们的目的是获得无色彩的讲话中声调的平均曲线和范围。

至今还没有设计出可以迅速准确获得大量声调曲线的令人满意的方法以便很快得出一个调类的平均值。像刘复所使用的浪纹

---

① B. Karlgren: *Phonologie Chinoise*(《汉语音韵学》), Vol. I, pp.9—10。

计方法过于费事[1]，无法作统计应用。现在需要的并且至今还没有找到的是一种自动绘制装置，它绘制的是直接反应声音的时间音高曲线而不是浪纹计、示波器之类绘制的时间置换曲线，后者还得测量、计算和再绘制。由于缺乏更好的仪器，笔者习惯于用下面三种仪器中的一种：渐变音高管、音哨、节拍频率真空管振荡器，最后一种仪器可对人类嗓音的音域进行连续音高控制。在每一种情况下，发音合作人先读一个声调，实验者在仪器上模仿这个声调，并记下开始和结尾的音高。如果该声调有起伏变化，还得记下曲折点处的音高。这种方法当然远不能令人满意，并且对所有曲度形式问题的判定会有很大的主观性，但如果注意到以下系统的错误，这种方法还是能达到分类的主要目的。

声调研究中的系统错误，或解释错误，以及条件失控的错误，其危险性很大，不严加防止，所有实验研究的一切精密细致都无济于事。首先，说话者必须处于一种提供如实情况的心态。不应当让他感到自己是一个背诵课文的学生，因为在这种情况下他的所有声调在音域上都会变得扁平或狭窄。也不应让他感到自己是一个语言教师，正在让不懂这种语言的学生加深不同声调差别的印象，因为在这种情况下声调的高低会被夸大。字表中的代表字应任意排列，并且彼此在时间上隔开，以免相互影响。不用说应该防止两个邻近的字形成短语。在作者的经验中，略去表中开头和最后几个字是一个好办法，因为开始说话时说话者还没有决定好要用什么样的基调讲话，而在最后一个字面前他感到"这是表的结束"，总是倾向于把声音降低一点。要求说话者重复一个字往往是很危险的，因为他会给这个字的声调加上某种表情语调，意思是

---

[1] Fu Liu: *Étude Expérimentale Sur les Tons du Chinois*（《四声实验录》），Paris, 1925.

"我再说一遍,你弄明白了吧?"作者发现,用留声机把读音录下来,再从容地用耳朵分析,这个办法很方便。应该让整个字表一气呵成,这样就能保证各声调是在同一种基调中读出来的,因而有可比性。有些说话者比另一些说话者容易改变基调,记录者应随时加以注意。如果读字表时介入别的谈话,字表的不同部分就不应相互比较。当然整个字表在不同情况下的不同读音可以共同用来获得一种平均值。标准的做法是把字隔得足够的开,以避免句调的影响,同时又隔得足够的近,以保持讲话者记忆中基调的一致性。这种条件不总是容易满足的。

4. 调值的记法和命名——声调的记法有两个极端:一是用附加符号或其他经过规范的基本声调符号来标调类和调值,一是描绘出一次次发音的详细实验曲线。比较有用的是介乎两者之间的、指出调值一般性质的记法。早在 1857 年,Edkins 画出了一张二十四个自然声调(我们的调值)的表[1],原则上是合理的,但划分方法有些不便。像广州话读中平调的阴去这样一个普通的调值,在 Edkins 的系统中就找不到位置。我在《语音教师》[2]中提出了下面这样一个系统:

> 每一个标调字母由一条垂直的参照线构成,其高度为 n,附着一条表示声调的简化的时间音高曲线,全程等分为四段,这样就有了五个点,编号为 1、2、3、4、5,分别对应于低、半低、中、半高、高。

通过这种方式,也可产生一种用数字给声调命名的简单办法,"11"是低平,"15"是由低到高,"315"是中低高曲折调。短调可用横坐

---

[1] Joseph Edkins: *A Grammar of the Chinese Colloquial Language Commonly Called the Mandarin*(《北京话的语法》). Shanghai, 1857.

[2] "A Systems of Tone-Letters," *Le Maître Phonétique*, 1930, p. 24.

标上较窄的符号表示,特别长的调可用较宽的符号表示。当然在汉语中一般用不着标出这些。

由于这种刻度是相对的,我们说不出1到5的间隔有多大,或者音域有多宽。但在实践中,平均值是在增五度和八度音之间(每一阶都在一度和一度半之间),并且1的音高大约是讲话者嗓音的最低限。

二　中性语调

5.声调环境——简单如实地陈述事实显然不包括特殊的表情语调问题,但须涉及单字调在连贯的言语中发生的明显的甚至根本的变化。声调间的相互影响,通常是第二个声调影响前一个,是相当规则的。对于没有明显的声调重音的方言,系统地排列各个声调,实际上能涵盖所有的组合。我们将用表二中福州话的声调组合来说明这一点。

要注意的是,组合中的变调有时像原有的声调,有时候是全新的声调。通常的描写办法是说声调A后面紧接着声调B时变成声调C。但是应当记住,这仅仅意味着后面紧接声调B的声调A听起来和单字调C相同。如果一个真的声调C后面接一个声调B,它不会总是保持单字调的读音,而可能读得像单字调D。比如在福州话中,"试探" [søy˦ tʻɑŋ˦] 读得像"徐 + 探" [syv tʻɑŋ˦][①],"徐探"读得像"始 + 探"[sy˩ tʻɑŋ˦],真正的"始探"读 [sy˧ tʻɑŋ˦],但单字中并没有读 [sy˧] 的。

由于声调在组合中会产生新的但却是典型的声调,所以我们必须在记录典型调值时考虑到所有这些变调。这样,从声调在连

---

① 　组合中元音的变化是福州方言中的特殊现象。

贯话语中所处的环境,我们对某个调类是什么就会得到更有代表性的认识。把福州的上声和广州的阳去都描写成半低平或22:是不充分的,因为福州的22:如果后面接不同的声调会产生不同的变化(参看表二中第二排),而广州的22:却没有这种变化。把调

表二

第二字 第一字	阴平 44:˧	阴上 22:˨	阴去 12:˩˨	阴入 13:˨˧	阳平 52:˥˩	阳去 242:˨˦˨	阳入① 4:˦
阴平 44:˧	春天	思想	恭敬	公爵	天文	军队	驱逐
阴上 22:˨	祖宗	水彩	宝贝	礼节	野蛮	隐士	好食
阴去 12:˩˨	退婚	信仰	告退	气压	透明	怨恨	粽叶
阴入 13:˨˧	雪花 或 借书	七巧 或 借手	窄布 或 尺寸	竹节 或 拍劫	恶名 或 拍球	得道 或 僻地	出力 或 烛盒
阳平 52:˥˩	檀香	苹果	裁判	洋铁	弹琴	仁义	凉药
阳去 242:˨˦˨	护兵	项羽	难做	用笔	闰年	杏树	事业
阳入 4:˦	伏羲	日本	习惯	十一	石头	学问	六月

① T'ao Yü-Min, "Phonetics of the Foochow Dialect"(《福州方言音系》), in this Bulletin, I, 4, 1930, pp.163—165.

类理解成声调的集合模式①,有几个好处。首先,更接近事实。比如,如果我们把北京话的上声主要理解成214:,一个降升调,我们就会在事实面前感到困惑,因为在大段的话里,我们实际上听不到

---

① 如果要选择的话,我们可以说调位(tonemes)而不说集合(collections)。但是和整个合成声调、中性语调、表情语调相比,我们也许不得不把调值看成调位。所以,最好不要纠缠于什么样的抽象层叫调位层的问题。

一个上声真正是那么读的。原因在于除了在后加另一个上声的情况下变成35:或中升至高以外,上声在多数情况下是21:或11:,低降或低平,它只有在最后才是214:调。其次,这使我们认识到存在着这样一种调类,其单字调的调值无法和另一调类的单字调调值区分开,比如上面第2节中提到的常州话的阳上。第三,当组合中的调值在单字调表之外表现出全新的面貌,比如北京话的半截子上声,或福州话上声的35:调值,我们不必把它处理成附加在表上的另一种性质的东西,只消把它看成组成这个调类的一组成员中的一个,该成员既不属于别的调类,也不是这个调类单念时所具有的调值。

6. 声调重音——力重音(stress-accent)在大多数汉语方言中不起任何重要作用。但有少数几种方言,包括北京话,声调重音起的作用如此之大,使得非重读音节不但元音趋于模糊,而且失掉了原有的声调,通常剩下一个短平调,其高低由前面的音节来决定。在北京话中,当这种中性调前面是阴平或阳平时,它具有一个半低的音高(2:˧);当前面是一个上声,它就是一个半高(4:˥)(于是和前面半截子上声一起构成一个完整的上声);当前面是去声时,它是一个低调(1:˨)。在北京人的听觉中,音值˧和˨听起来像一个去声,˥听起来像一个阴平。如果非重读音节连续出现,每个音节的音高就按上面的规则由前一音节的实际音高来决定。例如:

  打 ˨ 扮 ˥

  打 ˨ 扮 ˥ 了 ˨

  打 ˨ 扮 ˥ 了 ˨ 没 ˨ 有 ˨

但是:

  看 ˩ 见 ˨

  看 ˩ 见 ˨ 了 ˨

  看 ˩ 见 ˨ 了 ˨ 没 ˨ 有 ˨

7. 声调的特殊变化——为了相当充分地说明中性语调,即没有色彩的连贯话语中的合成语调,研究声调的排列和重音固然包括了需要知道的大部分内容,但仍然可能有特殊种类的语调需要加以解释。比如在广州话中,很多字在口语中有特殊的声调,叫做"变音",如"钱"这个字,在书面语中读成 [tɕʻiːn˨],在口语中则读成 [tɕʻiːn˦]①。

在北京话中,当单字重叠构成方式形容词或副词时,第二个音节总是读成高平调,如"慢慢(儿)的"[man˅ma˦ɾ˦дə˧]。还有,"一"和"不"按后面音节声调的不同有许多特殊的变化,并不遵循声调连读的一般规则②。遇到规则不能包括的情况,我们实际上不得不诉诸纯词汇的观点,记下事实,以待将来作系统的和历史的解释。

三 表情语调③

8. 汉语中表情语调的存在——西方学习汉语的人倾向于把语调用在纯表情作用中,研究教汉语的人则走向了另一极端,认为汉语的语调完全是由字调决定的。确实,其他语言的许多语调功能在汉语中是通过语调以外的其他手段实现的,如虚词的运用。但在汉语中,除了因本调和多少有规则的连字调引起的调节,还存在大量表达说话者情绪和态度的音高运动。由于这方面的工作做得还很少,我们只能简略地指出一些须加考虑的因素。

---

① 在 J. D. Dall 的 *Cantonese Made Easy*(第三版,1904)中,变音的声调全用星号表示。

② 例子可见 C. Goodrich 的 *A Pocket Dictionary and Pekingese Syllabary*,上海,1989,有关"一"和"不"的部分。

③ 这方面更详细的内容请参看作者的"A Preliminary Study of English Intonation (with American Variants) and Its Chinese Equivalents",《中央研究院历史语言研究所集刊》,外编(蔡元培先生六十五岁庆祝文集)。

9. 逻辑语调和情感语调——Klinghardt 和 klemm 在他们的英语语调研究著作中[①],把话语表达分成逻辑表达和情感表达,前者取决于重音和语调,后者取决于噪声的音质、不寻常的重读(或轻读)程度、整个短语总的音高和讲话的速度。最重要的是他们进一步指出,虽然表达方法中的所有这些要素对人类言语都是普遍的,但这些要素实际运用的方式只对情感表达有普遍性,在逻辑表达上则因语言的不同而不同。我们将看到,汉语固然用丰富的虚词代替语调变化,上述观察基本上也适合于汉语的表情语调。

10. 声调与语调的叠加——我们现在必须考虑话语语调是怎样和字的本调共存的。就中性语调而论,这个问题相当简单。根据声调环境,每个字调只是发生多少有规则的变化。如果采取一个调类包含一组音值的观点,我们可以说,调类和什么声调结合就呈现什么样的值。然而,如果一个下沉的声调出现在要求有上升的表情语调的地方,我们就碰到了声调叠加的问题。当一个学习汉语的西方学生正确地说一个句子:

这个东西↑好,那个东西↓坏。

然后又错误地说一个句子:

那个东西↑坏,这个东西↓好。

他仅仅在使用句调,而排斥字调。改正他语调最基本的办法是告诉他,即使"坏"出现在悬念子句末尾,也应保持下降的声调,即使"好"出现在结论子句的末尾,也应该保持上升的声调。但是如果我们更密切地观察这样一列子句的语调,即使不借任何仪器的帮助,我们也会注意到,悬念子句中的下降声调降得并不是那样的低,结论子句的上升声调升得也不是那样的高。这些声调实际上

---

① H.Klinghardt and G. Klemm: *Uebungen in Englishchen Tonfall*, 2nd ed., Leibsic, 1926, p. 1.

是两个因素的代数和,或者说是两个因素的合成,一个是本字调,一个是句调本身,后者在本例中是一个纯逻辑语调[①]。

然而,如果我们有下面这样的例子:

这个坏?(询问)这个好!(确定)

在汉语中,第一个子句也会有一个上升语调,第二个子句也会有一个下降语调,但是这种上升和下降不会同时加在最后的音节上,而是在字调读完以后再接上去的:

这个⌒坏? 这个⌒好!

于是我们看到至少有两种声调叠加:同时叠加和连续叠加。当我们考虑语调形式时,我们不仅要确定它们是什么,还要确定它们是怎样运用到该语言的声调系统上的。

11. 一些语调形式——在英汉语调的初步比较研究中[②],我找出了一些北京话中汉语语调的形式和功能。这些形式是怎样和声调结合从而形成话语综合旋律的呢?我在这儿举些例子来说明。

同时叠加的形式是:

(a) ↑ 音高水平整个提高

(b) ↓ 音高水平整个降低

(c) ↕ 音高范围扩大

(d) ⸱ 音高范围缩小

所有这些形式可能影响整个语调群,也可能只影响语调群的一个部分。然而这些调节并不全都简单地应用于综合语调。语调(a)通常(不是无例外地)有(d)伴随,这大概是因为提高一个正常声调的上限比提高它的下限费力气,结果就产生类似太阳在地平线上因折射差数而变扁的那种现象。更值得注意的是,阴平和阳平后

---

① 应当记住的是,这种和英语相似的、区分停顿和结尾的方法仅仅是表达这样一种逻辑含义的方式之一。其他方法,如延长停顿句中最后一个音节,也是可能的。

② 参见该文第108页,注③。

面的非重读音节通常念得较低,现在变成了高调,产生了一种变式。一个首次发出的问句:

  你说什么来着? ┘┐┐┘┘

会被重复成:

  你说什么来着? ↑┘┐┐┐┐

  语调(b)几乎总是有(d)伴随,因为一个方言中的最低调通常都接近噪声的下限,整个地降低音高水平必然造成音高范围的缩小。因降低音高而经常引起的特别效应是在最低点处噪声的丢失,形成一种咕哝声,有时是一种喉塞音。在这样低的语调中,北京话最低的声调上声经常分裂成两个音节,如"好"[↓xɑ⌐Ɂʊ┐]、"你"[↓ni⌐Ɂi┐]①。

  就北京话看,扩大(c)和缩小(d)的效应大概是均匀地施加于中性语调而不带特别的特征。放大的上声是例外,它通常以半高结尾,在这种情况下并不按比例升高它的收尾。

  有两种连续叠加值得注意,即上升的结尾和下降的结尾,我们用符号↑和↓分别表示这两种结尾。我们最好用下面的公式表示它们对声调的影响:

  ↑ 55:=56 ↗

  ↑ 35:=36 ↗

  ↑ 214:=216 ↘

  ↑ 51:=513 ↘

这里 6 表示外加的高音。最有趣的结果是在去声中产生了一个曲折调。当上升结尾加到一个非重读的因而也是无调的音节上时,这个音节就变成了一个上升调,它的总体音高取决于它原来是半高(在上声后)、半低(在平声后)还是低(在去声后)。

---

① 有些方言中有规则的声调总是按这种方式发音的,如浙江黄岩的阳上。

下降结尾有下面的效应：

$$\downarrow 55:=551 \searrow$$
$$\downarrow 35:=351 \searrow$$
$$\downarrow 214:=2141 \searrow$$
$$\downarrow 51:=5121 \searrow$$

当下降结尾用在一个非重读音节上，它就上升一度然后落在原来的高度上，形成一个曲折调。上声后面的非重读音节是一个例外，它本来是高调，受下降结尾的影响后便直接往下沉。

12. 语调的形式和功能——大家知道，语法形式和语法功能并无一一对应的关系，它们的对应是多对多，就表情语调而言，虽然像 Klinghardt 所说，存在着较多的普遍性，但形式和功能的关系仍不是很简单的。要在这个领域中开始收集材料，就须存心找出同一语调用于不同功能，以及同一功能用不同的语调表达，甚至用话语的非语调要素表达的情况。例如汉语中同样的下降结尾就表达了以下功能：

（1）列举　说你多有钱↘，说他多好看↘，说你们多快活↘
（2）申辩　不是你↘，是他↘
（3）对新情况感到满意　欸↘，这样好↘
（4）感叹　真可怜↘

另一方面，"列举"在汉语中不仅可以由下降结尾表示，也可用拉长最后一个音节，加"阿"[ɑ]、"咧"[lə]之类的虚词等手段表达。面对这样一些多对多的情况，我们可以沿着两个方向作进一步的分析。一方面我们可以设法进一步把形式分成迄今尚未注意到的变体，比如在下降结尾中分出不同的长度。另一方面，我们可以进一步细分功能，比如从"列举"中分出带有中性语调和简单停顿的简单列举，具有下降结尾的加深印象的列举。如果表情语调真是完全由生理和心理因素决定的，这样分析的最后结果就会得出一种功能和一种形式相关,或者更可能是每一种功能要素和一种形式要素相关的一一对应关系。然而,尽管像 Klinghardt 所说,表达语调比词汇要素(语音要素和本调)更具有普遍性,事实上仍然可能存在大量的任意用法,这些用法只能看成是历史事实,只能通过过去的历史条件加以解释。于是我们看到,当我们从实际的汉语口语的整个合成语调中理出(1)词源语调和(2)中性语调两个历史因素以后,剩下的因素(3)表情语调将是一个需要用历史语言学和普通语言学的方法共同处理的题目。

(《中研院史语所集刊》第 4 本第 3 分,1933 年。

陈保亚译,叶蜚声校)

音位标音法的多能性[*]

作者的中文摘要

近年提倡音位标音法的各著作家,在他们的言论中,往往像已经假定每一个语言只有一种可能的音位化法。本文就是要证明音位标音法对于任何语言,不是单答案性的,乃是有多种可能方式的答案的。从事实上人家用的各种标音法,可以寻出许多影响答案的因子出来。

1. 单位的尺寸问题。平常说"一个音一个符号",其实常常有多音一号或一音几号的标音法。在极端的例就发生零符号零音问题——比方德文元音起头字必有 [ʔ] 音,但不写也可以知道它的存在,这是零符号代表音。"阴平无号"也是零号的例,['baːdn̩] 写作 ['baːden] 就是有 [e] 号而无音的例。

2. 组类问题。哪些哪些音归为一个音位,这问题是跟着许多

---

[*] 这篇文章原先发表在《历史语言研究所集刊》第四本第四分(1934),是用英文写的,题名为 The non-uniqueness of phonemic solutions of phonetic systems. 1957年,华盛顿出版的裘斯(Martin Joos)主编的《语言学读本》(*Readings in Linguistics*)全文收录,作者为重新发表作了如下的题识:"写这篇文章的时候,标音(transcription)和音位化(phonemicization)之间的区别,音位和语素音位之间的区别,都没有像今天这样清楚。如果要考虑这些区别,文章的许多地方就得改写。这次重印没有这么做,只是订正了一些事实上的出入。"译文根据裘斯的本子,中文的题名和摘要是作者自己拟的,见《史语所集刊》。为了醒目起见,译文中的目次加上了"章""节"字样。——译者

因子变的。(a)音质次确度,(b)全系统简单或对称的要求,(c)音位总数减少的要求,(d)本地人对于音类的见解,(e)字源的顾及,(f)音位与音位间局部重复的避免,(g)读音知位,见位得音互指可能的要求。这些要求往往互相冲突,对这上对那上轻重的不同,就会得不同的答案。

3. 符号的选择。影响组类的各因子有些也影响符号的选择。此外有(a)用普通罗马字的倾向,(b)用较常见的语音符号的倾向,(c)分度的数目的不同,(d)增加"麻子"符号的避免,(e)跟别的音位标音法冲突的避免。

近年有人主张只有音位标音法是有价值的,所谓严式标音法或音质标音法是主观的,没有意义的。本文从音位标音法多能性的原则证明在音位答案未拟定以前,非得用纯粹语音学跟它所用的严式音标,才能够做拟音位答案的初步的工作。从本人方言调查的经验,深感到这种音质标音法的必要。此外还有称述某某语言中某某字的音,其中所指的音素在音位标音法所不必标者,而称述时要提到者;比较各相近的方音;注意音变的初兆或残迹;为教学时辨别虽同音位而音质相差很远的音——以上各种事情都是用得着音质标音法的。至于说各作家所用严式不同,但也不是完全不同,不能因此就作因噎废食的主张。

有些近似的音组,因为它们在一般学者所遇见的语言当中常常合成音位,这种音组可以称它们作"常见音位",它们虽常常成为音位,但有时并不。标这种常见音位,往往用其中各音值之一的符号,例如用 [r] 式表 [r] 或 [R],那就有如分照母为庄:照,提起"照"母字就不知道是指照总类还是与庄对待的照。用音标也应该用作者所提议分照母为庄:章的办法为原则。但在国际音标没有改一致化、系统化以前,我们只可以拿上下文来定所用各符号的功用,如本文所引各例标音法就只好靠上下文来定它的确实的意义。

阅读当前讨论音位标音的文章,得到的印象是大家都默认,仿佛把一种语言的已知的音化成正确代表音系的音位系统,只有一种方法。可是事实上各家对于同一种语言的音位处理并不一致,这就常常引起音位用得"对"还是"错"的争论。

这篇文章的主要目的是要证明,把一种语言里的音化成音位系统,通常不止一种可能的方法,得出的不同的系统或答案不是简单的对错问题,而可以只看成适用于各种目的的好坏问题。

第一章 音位的定义

对于音位及有关概念的最全面的讨论,看来要推帕默(H. E. Palmer)的著作①,这里对它作一概述。帕默开头详细引用了金波(Jimbo)论《音的具体性和抽象性》的文章说:"一个具体的音有一个确定的音质,一个确定的音高,一个确定的响度,一个确定的长度",换句话说,它相当于示波器上一条特殊的曲线或者保真唱片上的一段凹槽,因此它不是语音学的通常研究的对象。使用由具体语音构成的同一种语言的人,把他们实际发出的被认为是同一意义的同一个词的音收集起来,就达在"第一级抽象音",比方 army(军队)这个词的首音。比较 army、archer(弓箭手)、art(艺术)、argue(争辩)等不同的词,经过应有的考察以后,辨定它们的首音"相同",这就是"第二级抽象音"。

帕默在自己的体系里认为用音元(Phone)这个术语代替抽象语音比较方便。他的音元体系如下(见次页)。

---

① 帕默:《罗马拼音的原则》(H. E. Palmer, *The Principles of Romanization*), 1931, Tokyo, pp.52ff。

独音元是"第一或第二级抽象的任何音元,它的具体成员在有经验的观察者看来不论发音和音响效果都非常相似,可以作为最小的(亦即实际上不能再分的)发音单位"。(我们可以给上面括弧里的话加上"或者不能进一步分化的"。)"跟独音元对立的是变音元,可以定义为在一定语言集团的范围内共同充作意义单位的两个或两个以上的音元。"

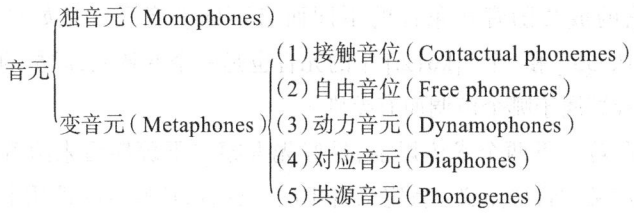

(1)帕默接着把琼斯(Jones)的音位定义跟自己的接触音位的概念等同起来:"音位是一群音,它包括该语言中的一个重要的音(即该群音中最常用的音)和在特殊的音组中占据该音位置的其他的音……在大多数语言里,音位的次要成员的用法决定于简单的原则,这些原则适用于所有的次要成员,在阅读语音材料时这些原则是不说自明的。"

(2)自由音位像接触音位,不同于后者的地方,是我们不可能说出它的某个成员实际使用的语音环境是什么。比方南京话里"林"[lin∼liŋ]、"明"[min∼miŋ]等字的收尾鼻音随便[①]用舌尖或者舌根发出都可以,这就是自由音位的一个例子。自由音位也就是琼斯的变异音元(variphone)。

(3)动力音元是包含两个或更多个音元的变音元,它们不但音质不同,发音时用力的强度也不一样。帕默举as(如)这个词的第一个音元为例,它从act(行为)的第一个音元逐渐减弱到about(大

[①] 就是说取决于心理或生理条件,而不是取决于人们通常认为的语音条件。

约)第一个音元的含糊音,甚至减弱到零音值。

把成员随音长和音高条件变化而不同的变音元也包括在这个项目下面,看来比较方便(这种情况下要使用范围广于动力音元的术语)。例如法语 bette(甜菜)和 bête❶(畜类)中的元音是一个变音元,它的成员的音质随着音长条件而略有差别。把 eat(吃)、it(它)标为 [iːt]、[it] 的人也认为这两个词里的元音构成一个变音元,它的成员随音长条件的不同而有不同的音质。又如福州话"哥"[kɔ55ː] 和"个"[kɔ12ː] 中的元音也是一个变音元,成员的音质按照音高属于哪个声调而有差别。

在转入下两个术语以前,最好先考察一下琼斯后来给音位所下的定义:"音位定义:特定语言中的一族音,这些音在性质上有关连,在词里彼此不出现于同样的环境中。"(这里所说的"语言"是指个人以一定风格说话时的发音,"同样的环境"是指周围的音相同,而且长短、轻重、高低方面的条件相同。②)这个定义和上面引的先前的定义不同,不再提"主要成员",但是指明各个成员应该"在性质上有关连",而且没有两个成员能出现在"长短、轻重、高低方面相同的环境中"。所以琼斯的音位概念看来不但包括帕默的接触音位,至少也包括帕默的某些动力音元。

(4)帕默的对应音元沿用琼斯的说法:"对应音元是比较两个人的说话时听到的一族音。"琼斯举 coat(上衣)、road(道路)、home(家)等词中出现的 [oː]、[ou]、[əu]、[ʌu] 作为对应音元成员的例子。同样,我们也可以说, [au]、[ou]、[əu]、[y]、[ɯ]、[øy]、[ei]、[ɪ] 是出现在"欧""狗""后"等字中的对应音元的成员。

---

❶ bette 的标音是 [bɛt], bête 的标音是 [bɛːt]。

② 《语音科学国际会议录》(*Proceedings of The International Congress of Phonetic Sciences*), 1932, Amsterdam, p.23。

（5）共源音元也是琼斯提出的术语，它是"和过去的形式算在一起的某个音元"。比方 stone 的元音 [ou] 连同 [o]、[ɔ]、[ɑ] 形成一个共源音元。同样，[ɚ]、[əɹ]、[ɟ]、[ɹi]、[zi]、[nzi]、[ɲi]、[ni] 也形成"儿""耳""二"等字中的一个共源音元。

布龙菲尔德（Bloomfield）没有提出正式的音位定义。他首先区分语言的"总的音响特征"（gross acoustic features）（金波的"具体音"或低级抽象音）和"区别特征"或"重要特征"（distinctive or significant features）。他比较 pin（别针）、tin（锡）、tan（鞣革）、tack（平头钉）等词的局部的异同，把 pin 这样的词的区别特征分析成（从所研究的语言来看）不能再加分析的不可分的单位；每个这样的单位就是"区别性语音特征的最小单位，这就叫做一个音位。"① 这是布龙菲尔德的最接近音位的正式定义的说法。

布龙菲尔德把由长度决定的音质差别归在同一个音位下面，例如德语 Beet（花坛）[beːt]、Bett（床）[bet]。他还把 hatte（有，陈述式过去时）写成 ['hɒte]，其中第一个音节的重音充分表明第二个元音的弱化而含混的音值。可见布龙菲尔德的音位还句括帕默的动力音元。

布龙菲尔德没有明确提到自由音位或变异音元。如果碰到汉语的某些方言中同一个词在同样的语音环境中随便使用收尾的 [n] 和 [ŋ] 的情况，他大概会仅仅把鼻化看作是区别特征，而把发音部位算作总的音响特征。换句话说，变异音元也是音位，只是所用的确切音色的选择取决于心理和生理因素，而非语音环境因素。但是取决于非语音条件的声音变异是大到可以称为"不同的"音的地步，还是只不过是不可避免的"偶见的"小变异，这要看语音学家

---

① 布龙菲尔德（Leonard Bloomfield, *Language*），1933, New York, p.79。（中文译本第 92 页，商务印书馆，1980）

的划分尺度的宽严而定。因此,布龙菲尔德是有权忽略变异音元的存在的。①

从以上所述可以看到,布龙菲尔德的音位观不同于琼斯和帕默。琼斯和帕默认为音位是一群音,而布龙菲尔德认为音位是一种语音特征(Sound-feature)。但是更仔细地考察这两种观点,可以发现它们是一回事。以英语的 [h] 音位为例:从一种观点出发,可以说它是 [h̬]、[h̯]、[ḫ]、[h̰] 等等一群不同的音(下加符号表示该辅音发音时舌和唇的位置)。可是从另外一种观点看,我们也完全可以说 [h] 只是喉头清擦特征,而不指明其他不重要的特征。所以,就这点而论,以上三家对音位这个术语的使用并没有真正的分歧。

在本文的讨论中,我们将把帕默的接触音位、自由音位和动力音元归在音位这个术语下面,音位的定义是:

音位是一种语言②里全部音类中的一类,语言中的任何词都能体现为一个或若干个这些类的序列,被认为具有不同发音的两个词,其构成词的音类或音类的次序是不同的。

几点说明:

(1)这个定义的前提是我们能够穷尽地列举任何语言的音位总数。

(2)定义并不排斥同一个音有可能属于一个以上的类(参看第二章第二节的(f),(g))。

(3)定义没有说明,将某个语言中的音归并成音位时只有一种方法还是另有别的可能的方法。

---

① 但请参看下文第三章关于可区别的语音数目有限的论述。
② 理解为一个同质的语言集团的发音,在这个集团里,人人都认为别人的说话一点儿都没有"口音"。

（4）定义并未指明"音"这个词在大小和种类方面的范围，亦即并未指明分析成连续要素和区别为不同种类时所要达到的程度。

（5）定义包括两种情况：第一，已知一个词里的音位和该词的语音环境，这个词的实际发音就能通过一套"发音规则"确定出来（也就是知道实际使用的是有关音类的哪些成员音）；第二，一定语音环境中的一定的词仍可包含这个或那个成员都能使用的音位。前一种情况涉及接触音位或动力音元，后一种情况涉及自由音位。（如果我们不承认描写语音学及其严式标音的效力，这条说明就是多余的了。）

（6）说每个词都是"类"的序列，听起来可能有点奇怪。但是，如果我们为了方便语言研究起见，说可识别的词是由可识别的音位构成，那么这样的音位通常就是耳朵受过训练的人能够听出区别的音的类。以上说法跟我们说1、2、3、4是类的系列没有两样，须知数学家就是把数定义为类。

（7）如果每个音位都用一个固定的符号标写，那么每个词都将有一个固定的标音形式。同音词的标音相同。但是同音词和意义有变异的词之间的界限常常不容易划定。

（8）音位标音不必参照语法或词汇的考虑就能发音。比方中国的注音符号和国语罗马字就是音位标音。在这个意义上，英语乃至德语的拼写法就不是。

第二章 影响音系的音位答案的因素

既然一种语言里的音归并成上面定义的音位可以有不止一种答案，我们现在就来考虑影响答案形式的种种因素。

第一节　单位在时间上的大小

(a) 分析不足。早期语音标音的口号是"一个音一个符号"。现在讲音位标音，改成"一个音位一个符号"。所以现在用一个符号可以表示一个以上的音。

但是"一个音"的概念包含两个方面。从区别音质的观点看，所谓"一个音"就是一种音（one kind of sound），这正是人们通常使用这种说法讨论音位时心里所存的想法。但是，从时间分析的角度看，"一个音"又是音质自始至终保持不变的一件音（one piece of sound）❶。音位的讨论对于一个音位范围内音质的时间上的变化似乎一向不大明确。帕默把独音元定义为"最小的（亦即实际上不能再分的）发音单位"。前面对他这段话的讨论都涉及区别问题，然而，"最小"和"再分"也可以从时间上去理解，所以看来，独音元应该既是一种音，又是一件音。

既然我们为方便起见可以把一种语言里按一定方式聚在一起的不同种的音归成类，称之为音位，同样也就可以为方便起见把在一种语言里作为单位而行动的几件连续的音并成复音（compounds）。这绝不是什么新的做法。这里只是把这件事明确起来，并且把它跟音位的区别的方面放在同等的位置上。

一切动态语音，如复元音、塞擦音、送气音，和通常带有过渡音的其他的音，都是作为单位而行动的复音，可以处理成音位。例如布龙菲尔德认为英语的塞擦音 [č] 和 [j] 是独立的音位。各家都把英语的塞音 [p]、[t]、[k] 处理为单个音位，尽管它们在词首的重读位置稍稍送气，在大小上超过不重读的位置或 [s] 之后的位置（即

---

❶ 作者在中文摘要中写为"一个音"，但 one sound 译成汉语也是"一个音"，故改译为"一件音"。

在 [sp-]、[st-]、[sk-] 中)。在前一种情况下,把 [č] 和 [j] 看作独立的音位,是任意选择的一种处理方法,因为也可以把它们分解成音位 [ʧ] 和 [dʒ]。对于 he cheats(他欺诈)[hiː'ʧiːts] 和 heat sheets(散热片)[hiːt 'ʃiːts],以及 What can each add?(每人能添点什么?)[... iːʧ 'æd] 和 What can eat shad?(什么东西能吃河鲱?)[... iːt 'ʃæd],其间的区别或者可以像布龙菲尔德那样将 [č] 和 [tš] 看作是不同的音位,也可以像别的多数作者那样,只凭最小位置上的差别来分,就是说,由于 each add 中的 [č] 和 eat shad 中的 [ʧ] 从不出现在相同的重音条件下,不必把 [č] 看作单独的音位。在汉语的许多方言里,声母 [k] 总是出现在前低元音或者央元音或者后元音的前面,而 [tɕ] 型声母总是出现在前高元音的前面,因此,虽然 [tɕ] 是塞擦音,它和 [k] 可以看成同一个音位。同样,日语タ [ta] 中的 [t],チ [tɕi] 中的 [tɕ],ツ [tsɯ] 中的 [ts] 也可以属于一个音位。

二合元音类型的动态音需要特殊的考虑。塞擦音、送气音和带有典型的过渡音的音,必要时通常都可以分析成两个或者三个可识别的要素,动态元音和准元音则是音质变化更加渐进的音。通常表示这些音的方法只是指出整个发音运动的起讫点,比方 [ei];或者指出开的位置和最后关闭的位置,尽管实际上舌头从不达到这后一位罢。比方 [ai] 所表示的音,它的动程从来不大于 [ae]。碰到发音运动的方向有转折,就要插入另外的符号表示转折点,比方 [uei]。但是不必插入 o 构成 [uou],因为 [au] 表示 [aou] 或 [aɔu]。

按照我们的音位定义,没有什么东西会妨碍我们把一种语言里特有的开口动态音看成独立的音位。汉语注音符号的设计者事实上就是这么做的,他们用单个符号ㄞ、ㄟ、ㄠ、ㄡ表示 [ai]、[ei]、[au]、[ou],甚至用ㄢ、ㄣ、ㄤ、ㄥ表示 [an]、[ne]、[aŋ]、[əŋ]。把汉语注音符号看成正经八百的音位标音,好像不合正统,可是遇到动

759

程小的动态音,确实令人更拿不准该怎么办才好。布龙菲尔德对英语用了 [ij] 和 [uw] 跟 [i]、[u] 对立,别的作者则用 [iː]、[uː];也有人用 [i]、[u]（暗指它们比较长）跟 [ɪ]、[ʊ] 对立。这如果不是看法上有分歧,做法上确实不同。又如,美国好些方言里的 bet（打赌）和 bait（饵）,究竟是标作 [bet]、[beit],还是 [bet]、[beːt],或者是 [bɛt]、[bet]（暗含着音长）,也没有一定之规。单位大小问题最有意思的例子要算福州话。福州话有一整套元音在同一些字里或者是静态音或者是动态音,看这些字的声调而定。比方"气" [kʻei 12:]、"竹" [tøyk 23:]、"护" [hou 242:] 在下面的声调环境的组合中发音就是:"气压" [kʻi53:ɑk 23:],"竹节" [ty5: ʒaik 23:],"护兵" [hu55:uiŋ55:]。因此我们只得:(1)要么承认有这样的音位,其成员有些是静态的元音,有些是动态的元音（或复合元音）;(2)要么把静态成员看作是构成一个音位,把相应的动态元音看作是两个音位的连续,从而允许同一个词有两种形式。前面提到的英语中的 [p]、[t]、[k] 送气不送气也是同样的情况,只是不这么突出。

另一个非常特殊的例子是汉语不少方言中的降升调元音。比方浙江黄岩话的阳上调降得很低或者下降后立即上升,使得嗓音在音节当中消失成喉塞,因此,[ɔ313:] 实际上变成了 [ɔ 31:ʔɔ3:]。这在语音上像是三个音构成两个音节,可是在音位上把它看作 [ɔ] 在某种声调中的一个形式,要自然得多。

总的说来,通常的实际做法是:把动态辅音处理成单个音位有很大自由,但给动态元音规定单个符号就不那么自由。布龙菲尔德开列英语有八个二合元音,一个三合元音,称它们为"复合基本音位"(compound primary phonemes),它们当中的要素也都出现为单个的基本音位。[1955 年注:"基本"(primary)这个词并不影响这里的讨论;它只是布龙菲尔德给"音段"音位即元音和辅音的名称。]

我们在这里要强调的主要之点是:把受过辨音训练的人所能分析的音的最小的静态单位作为音位成员的单位("一件音,一个符号"),并不一定恰当或者方便。根据我们将音位成员的单位定得大些或者小些,我们有时会就同一种语言得出不同的音位模式的格局。这些不同的格局虽然同样有效,但不一定同样适用于某种目的。

(b)分析过度。"一件音,一个符号"的原则还有另一类相反方向的例外,那就是一件音有两三件符号。琼斯和卡米里(Camilli)提出,允许用字母组合表示单个音位的情况有下面这些[①]:

a)塞擦音 [pf]、[bv]、[ts]、[dz]、[tʃ]、[dʒ]、[tɕ] 等等。

b)送气音 [ph]、[th]、[kh]、[tlh]、[tʃh] 等等,和弱送气音 [p']、[t'] 等等。

c)送气的 [s] 或 [sh]。

d)舌边破裂的 [t]、[d]、[tl]、[dl]。

e)单独作音位的清鼻音 [hm]、[hn]、[hɲ]、[hŋ]。

f)卷舌元音,如美国英语的 [ɚ],或北京话的 [ɨɹ]。[赵引琼斯的 '[uɹ]']

g)舌根唇辅音 [kp]、[gb]。

以上 a)和 b)是复音,应该看作是两件或三件音。对它们使用 [tʃ]、[dʒ]、[ph]、[th] 等等应该说是正常的,而使用 [č]、[ǰ](或者 [c]、[ɟ])、[p]、[t] 等等则要看成分析不足。c)和 d)可看成边界情况。e)、f)、g)显然是分析过度,就是说,用两三件符号表示一个同

[①] 琼斯、卡米里合著《语音标音原理》(*Fondmenti di Grafia Fonetica*, by Daniel Jones and Amerindo Camilli),1933, Aube and London,11—12。

质的音,每件符号表示这个音的某个或某些方面。^① 例如 [hm] 是带气息的(亦即 [h] 化的)[m] 音,或者说是带唇鼻发音的(亦即 [m] 化的)[h] 音。追问什么为主什么为辅是没有意义的,因为它们都是构成该音位的属性,共同形成有关的音,可以用叶斯泊森(Jespersen)的分析得过分的非字母音标(analphabetic symbols)表示出来❷。同样,美国英语的 [ɔɪ] 是个单元音,发音时舌头中部处在 [ə] 的位置,舌尖向后卷(有时标为 [ɚ])。琼斯和卡米里在上引书靠前的章节中提到的用 [hw] 表示的清音 [w] 或 [ʍ],是又一个情况^③。

在附加符号❹的各种用途中,琼斯和卡米里提到可以"节省一系列新的字母"❺。例如,法语的标音中给 [a]、[ɔ]、[œ]、[ɛ] 加上浪线,形成 [ã]、[ɔ̃]、[œ̃]、[ɛ̃]。帕西(Passy)在战后头几期的《语音学教师》(Le maître Phonétique)❻里建议用 [aŋ]、[ɔŋ]、[œŋ]、[ɛŋ] 表示法语的这些元音,舆论为之哗然,这件事想必读者还有印象。帕西稳健地称自己的方案为正字法的标音。但是,既然 [ɔɪ] 可以表示 [ɚ],为什么 [aŋ] 就不能表示 [ã] 呢?说法语其他方言或者德语里实际上有 [aŋ] 这两个连续的音,并不能成为反对的理由,

---

① 波林(G. M. Bolling)必定是忽视了这些情况才说出,"至少我想不起……用双字母表示非复合音位的例子",见他在肯特(R. G. Kent)评布龙菲尔德的《语言论》的文章后面所加的编者注,刊 Language 杂志,X,1,1934,第 51—52 页。

❷ 非字母标音是叶斯泊森 1889 年提出的方案。数目字和字母不表示音,而表示发音特征。希腊字母表示发音器官,拉丁字母表示成阻部位,数目字表示口腔的开度。每个音都由一组符号像公式那样表示出特征。关于这个方案详见他所著《语音学初级课本》(Elementarbuch der Phonetik)。

③ 《语音标音原理》,p.11, Section 15。

❹ diacritical marks,作者在"中文摘要"中叫做"麻子符号"。

❺ 《语音标音原理》,p.4, Section 3。

❻ 《语音学教师》,国际语音学会的机关刊物。

因为我们谈的是音位标音,讨论范围限于一种方言或一种语言,否则我们就得返回到严式标音上去了。问题不是要肯定 [ɑŋ] 是表示法语 [ã] 的惟一正确的办法或可取的办法,而在和别的用法相比,用两件符号表示一件音并没有什么过错。

琼斯和卡米里在同一个方面还做了一件事。他们虽然在哪一条原则下面都没有提到节省一套变形字母的问题,也采取了用两件符号表示一件音的方法标俄语的颚化辅音。他们在说明里指出:"j 表示颚化,所以 tj=t̢, nj=n̢, lj=l̢, snj=sn̢, tnj=tn̢, lnj=ln̢, 等等"①。因此这个 [j] 是个重要特征,然而它本身不一定占任何时间。

另一种重要的情况是在中国的吴方言里起着非常重要作用的"浊音 h"。这些方言通常有一个普通的 [h],它按照后面的元音而有不同的音值,因此正像英语或德语里一样,可以看成一个音位。所以,对于 h_1a_1、h_2a_2…h_na_n(其中的 a_1、a_2…a_n 是语言中可能跟在 h 后面的元音),我们不必用 2n 个符号,只消 n+1 个符号表示 ha_1、ha_2…ha_n 就行了。浊音 h 却是另一种情况,不但元音的音质(或者元音的发音)从气息一开始就出现,这气息还一直延续到元音结束,形成一个同质的气息元音。这里既不是先后的问题也不是主次的问题。如果我们一定要用一件符号表示一件音,就得要么对不同的元音用一套不同的浊 h 的符号,要么承认额外的一套气息元音。惟一可行的方法是把浊音 h 看作一个音位,把元音符号写在它的后面,写成 [ɦɑ]、[ɦe]、[ɦo] 等等,尽管我们知道这些双字母代表着完全同质的音。

还有些交界的情况,对某些语音要素是同时的还是先后的没法确定。英语的 sway(摇动)通常标为 [swei],而汉语的"岁"标为

---

① 《语音标音原理》,p.17。

[suei]。表面上,"岁"的头两个要素似乎比英语的 sway 分得清楚,其实相反。sway 中 [s] 的大部分延续过程一点也不唇化,"岁"的 [s] 却是完全唇化的,而且 [ei] 几乎在舌头一离开 [s] 的位置时就开始,不给 [u] 或 [w] 留下任何可以觉察的延续而让它单独存在。因此"岁"的严式标音可以是 [sei],而且由于这类词里的舌根要素相当微弱,也可以标成 [σei]。可是在其他声调或者其他声母的类似音节里,要素 [u] 有比较大的独立性。把"岁"标成 [σei],"对"标成 [tuei],有违音位标音的精神。我们只好把 [σ] 过度地分析成 [su] 或者 [sw] 两个音位,作为一种可能的音位"答案"。既然我们讨论的是汉语(官话)的音位,我们就不应为英语的下述事实所干扰:英语的 [sw] 是先后两个音,其中的 [s] 很少或者一点儿也不 [w] 化。

考虑了分析不足和分析过度的各种情况,我们明白了布龙菲尔德说的是音的特征而不说音,确实有很大好处。如果认为音由好些特征构成,那么音位就是一些(同时的和/或先后的)特征的组合,而不必指明别的特征。例如,英语的 [t] 音位是由清音、一定范围里的舌尖齿龈部位(eighth 第八、tea 茶、tray 托盘),和气息的全部闭塞三个特征组成的,而发音的确切部位、闭塞用力的大小、成阻(heat 热、hoot 喇叭响声)和除阻(tar 柏油、star 星、tea 茶、two 二、little 小、button 钮扣、but 但是)的性质都可不予指明。汉语的 [u] 音位是由双唇收拢、舌根稍动、声带振动三个特征组成的。由于不指明舌尖的位置,保持 [u] 的发音而发 [s] 是完全自由的,我们可以设想 [σ] 音是由音位 [s] 和 [u] 套成的,而不必把 [σ] 看作新的音位或新音位的一个成员。同样,吴方言中的 [ɦ] 音位的特征是发嗓音时呼出的气流大于一般。由于它不指明发音的口腔或鼻腔特征,说话人在发 [ɦ] 的时候可以任意做出各种发音[1],于是有 [ɑ] 型的 [ɦ]、[e] 型的 [ɦ],等等;甚至还有 [m] 型的 [ɦ]［像"呒(没)"的 [ɦm̩]］,跟"姆妈" [m̩-mɑ] 中的 [m̩] 相对立。但是,这一切并不妨碍我们把 [ɦɑ] 中的 [ɦ] 和 [ɑ] 看作理论上分开的两个音位。

（c）零符号[2]。单位大小的变异,其极端的情况是可以用零符号表示音或音的特征,把音的缺如算作音位或音位的一个成员。

如果重要的音重、音长有程度的不同,或者重要的音高有种类的不同,通常的做法是用零符号表示其中的一个。例如大家都明白,英语多音节词中不加标记的音节具有低度的音重,不标音长的元音是短元音。在汉语的大多数声调表示系统里,阴平的"标法"是不加标记。

汉语的 [tʂɿ]、[tʂʻɿ]、[ʂɿ]、[ʐɿ]、[tsɿ]、[tsʻɿ]、[sɿ][3] 等音节中有一个元音,它是前面辅音的元音化的延长,这些音节在汉语注意符号里的标准写法是只写辅音符号ㄓ、ㄔ、ㄕ、ㄖ、ㄗ、ㄘ、ㄙ,而大家都理解有元音的存在。这是用零符号表示实际语音的一种方法。

德语书写上用元音字母开头的重读音节一般有个喉塞音。有些作者用符号 [ʔ] 表示这个音,另一些作者省去这个符号。在词中间的位置,比方 Verein（协会）,重音符号就足以指明 [ʔ] 的存在,如 [ferˈain]。我们完全可能省去某个符号而照顾另一个音位,比方说省去 [h],把 Hauch（呼吸）标成 [ɑux],auch（同样）标成 [ʔɑux],

---

[1] 南京附近的一种方言有一种故事形式的快板,大部分由"鹅对鸭"[ŋɔ tuei ŋaʔ]之类的短语构成。每当发到 [ŋ] 的时候,都要用舌前部作吸气闪音,起到打竹板点节奏的作用。在这里,[ŋ] 音位是由嗓音、鼻音、舌根三特征组成;舌前部爱怎么动作就怎么动作。

[2] 这个标题下面不包括像古希伯来文那样的情况。古希伯来文是不写元音的,因为在这种文字系统中,元音无法凭一套语音规则单从语音环境推得。因此这种文字是一套书写法而不是标音。

[3] ɿ 和 ʅ 是高本汉提出的符号。

尽管这种做法人们很难习惯。

习惯于英语的通常标音的人读布龙菲尔德的《语言论》，必定对 111、112、121、122 各项❶里的形式有深刻印象：

  gentleman（绅士）[ˈjentl̩mn̩]

  atom（原子）[ˈɛtm̩]

  maintenance（维持）[ˈmejntn̩n̩s]

  maintain（维持）[mn̩ˈtejn]

  stirring（激动人心的）[ˈstrin̩] 相对于 string（细绳）[striŋ]

  pattern（典范）[ˈpɛtr̩n] 相对于 patron（保护人）[ˈpejtr̩n]

  erring（弄错）[ˈr̩iŋ] 相对于 ring（圈）[riŋ]

  error（错误）[ˈer̩]

  butter（黄油）[ˈbotr̩] 同 bottle（瓶子）[ˈbɑtl̩] 不相上下

  bottom（底）[ˈbɑtm̩] 同 button（钮扣）[ˈbotn̩] 不相上下

  anatomy（解剖学）[eˈnɛtm̩ij] 相对于 met me（遇见了我）[met mij]

在这里，布龙菲尔德系统地避免使用模糊的元音符号 [ə]，处理得很好。他认为法语 le（冠词）中的 e 是 [œ] 的短变体（106 页）❷，这多多少少跟法国人自己的看法一致。对于德语，他让音重的差别兼管 [e] 和 [ə] 的差别。对于美国英语，他在后面没有辅音的地方或者后面的辅音通常不认为是英语中的音节担负者的地方，使用强式，别的情况一概不用符号。从实际语音来看，文字上写出的弱化元音，或者变为 [ə]，或者完全消失。如果取通常从容的会话作为所要考虑的"语言"的风格，我们可以说，按照作者本人对中西部美语的观察，元音化 [ə] 的有无情况大致如下：

---

❶ 分别相当于中译本 129、131、142、143 页。
❷ 中译本 124 页。

必须或最好有 [ə]

arbor（树）[-bər] 相对于 club rate（俱乐部会费）
upper（上面的）[-pər] 相对于 upright（垂直的）
gentleman（绅士）[-mən] 相对于 autumnal（秋天的）
humor（幽默）[-mər] 相对于 am ready（我已准备好）
kingdom（王国）[-dəm] 相对于 bed-mate（同床）
London（伦敦）[-ndən] 相对于 kindness（仁慈）
under（在下）[-dər] 相对于 shad roe（河鲱鱼卵）
atom（原子）[-təm] 相对于 met me（遇见了我）
pattern（典范）[-tərn] 相对于 outright（直率的）
maintenance（保持）[-nəns] 相对于 main news（主要新闻）
Barnum [-nəm] 相对于 on me（对我）
corner（角）[-nər] 相对于 Henry（亨利）
Helen（海伦）[-lən] 相对于 hell no（怎么也不）
alum（明矾）[-ləm] 相对于 elm（榆）（但也作 [eləm]）
Keller（人名）[-lər] 相对于 all right（行）
finger（手指）[-gər] 相对于 big row（大街）
teacher（教师）[-čər] 相对于 teach right（教得对）
pleasure（愉快）[-žər] 相对于 rouge-red（胭脂红）
error（错误）[-rər] 相对于 her right（她的权利）
tracer（绘图员）[-sər] 相对于 viceroy（总督）
Caesar（凯撒）[-zər] 相对于 phase-rule（相位规则）
ether（以太）[-θər] 相对于 Ruth ran（露斯跑了）
father（父亲）[-ðər] 相对于 with rum（用糖酒）

[ə] 可有可无

happen（发生）[-p(ə)n]
often（常常）[-f(ə)n]
even（甚至）[-v(ə)n]
bacon（咸猪肉）[-k(ə)n]
Winkum（人名）[-k(ə)m]
Beauchamp（人名）[-č(ə)m]
Gresham（地名）[-š(ə)m]

patron（保护人）[-tr(ə)n]
Durham（地名）[-r(ə)m]
coral（珊瑚）[-r(ə)l]
handsome（漂亮的）[-s(ə)m]
bosom（胸）[-z(ə)m]
Bentham（人名）[-θ(ə)m]
fathom（呎）[-ð(ə)m]
lengthen（加长）[-θ(ə)n]
heathen（异教徒）[-ð(ə)n]

必须或最好无 [ə]

able（有能力的）[-bl̩]
simple（简单的）[-pl̩]
dismal（忧郁的）[-ml̩]
careful（小心的）[-fl̩]
devil（魔鬼）[-vl̩]
sudden（突然）[-dn̩]
middle（中间的）[-dl̩]
colonel（上校）[-nl̩]
wiggle（摆动）[-gl̩]
engine（发动机）[-jn̩]
cordial（衷心的）[-jl̩]
luncheon（午餐）[-čn̩]
celestial（天空的）[-čl̩]
nation（国家）[-šn̩]
special（特别的）[-šl̩]
vision（视力）[-žn̩]
listen（听）[-sn̩]
tassel（流苏）[-šl̩]
dozen（一打）[-zn̩]
hazel（榛子）[-zl̩]
Ethel（人名）[-θl̩]
brothel（妓院）[-ðl̩]

每类里面都有些特殊情况、究竟应放在哪类里面,人们的意见可能不一致,但是对 gentleman(绅士)[-mən] 里有 [ə] 或者 able(有能力的)[-bḷ] 里没有 [ə],看来不存在疑问。拼写法表明,好多词历史上有清晰的元音。现在有的即使在从容的说话中也模糊了,但它们在有些情况下并不完全消失。由于 [ə] 音的"有"、"无"、"可有可无",多多少少决定于前后音的性质,有时决定于音节划分的条件,我们可以把这看成一个单位,它有一个成员是模糊的 [ə],第二个成员是个变异音元(或动力音元),包含 [ə] 和零,第三个成员是零。因此布龙菲尔德用零符号表示这个音位的权利不亚于有人用零符号表示德语的 [ʔ]。像 string(细绳)和 stirring(激动人心的)一类的表面的两可情况,可以标出音节的划分加以避免: stirring [ˈstr̩iŋ] 提醒我们 [t] 要在 [r] 的前面破裂,这正是 [ə] 音位的第一个成员的情况。

应该指出的是,上面的讨论是为布龙菲尔德用零符号表示实际的音找出方法论上的根据。根据另一些考虑,避免符号 [ə] 看来相当不便。例如,在没有 [l]、[n] 等等收尾辅音起音节担负者作用的地方,布龙菲尔德就不得不全用强式,像 America(美洲)[eˈmerikɐ] 或 [ɛˈmerikɑ]、suppose(假定)[soˈpowz]、jealous(妒忌的)[ˈǰelos],尽管这种读法即使在从容的说话中也是很少听到的([o] 当然要理解成"短 [u]")。定冠词 the 只能是 [ðij] 或 [ð],没有中间地带。赞成布龙菲尔德的英语标音系统的人会认为他只是把 [ə] 的省略推到合乎逻辑的结论。不赞成的人则会把 [ˈstr̩iŋ]、[ˈmejntn̩ns]、[eˈmerikɑ] 之类的形式看成一种归谬法(reductio ad absurdum)。

在讨论分析不足的情况时,我们考虑了用单个符号表示塞擦音、送气音和动程小的复元音的问题。现在,如果所用的符号显然是复音中的一个要素,如 [p] 代 [pʻ],[c](不是 [č])代 [cç],[ɟ](不

是 [j])代 [ɟʑ]，或者 [o] 代 [ou]，那么我们可以认为那个大家心里明白，但没有表示出来的要素，其符号是零。例如，在苏州话里，唇音同 [ʉ] 一起，舌根音和齿音同 [əu] 一起，齿龈音同撮唇的舌尖元音一起（对于这个音，我建议用符号 [ʋ̩][①]，如"布"[pʉ]、"故" [kəu]、"注"[tṣʋ̩]。这些音都可以看作是音位 [u] 的成员，于是 [əu] 中的 [ə] 就是零符号的音。又比方对上面说过的福州话里随声调而不同的元音 [u]～[ou]、[i]～[ei]、[y]～[øy]，通常的作法是把配阴平调的 [i]、[u]、[y] 作为基础，这样就便于把这些音位写成 [i]、[u]、[y]。在这种情况下，声调符号足能提醒人们加上 [e-]、[o-]、[ø-]（绝不是弱的和寄生的音），尽管这些要素本身仍无符号，只是由声调来暗示。

(d) 零音。在过度分析，例如 [ɦɑ] 的情况下，代表不同音位的两个特征一起构成了一个音。但是对于苏州话的 [ʋ̩]、[əu]、[ʋ̩] 系列，如果把他们考虑为 [əu] 的变体，其中的 [ə] 不出现在唇音和齿龈音后面，那么每逢这种情况，音位 [ə] 就以零为成员。同样，如果我们在 maintenance（保持）[-nəns]，happen（发生）[-pən]，button（钮扣）[-tən] 中一律使用符号 [ə]，那么 [ə] 代表的音位有一个成员的音值就是零（在上表第三类那种类型的词里）。又如布龙菲尔德在不重读的位置上使用 [ij] 和 [ow]，可以看成 [j] 和 [w] 带零音。上面提到的帕西的"正字法"标音，把"哑 e"一律写成 [ə]，让"三辅音规则"（rule of three consonants）[❷] 去定实际音的有无。在我们看来，这个 [ə] 就是一个音位，以零作为其可能的成员。中古汉语的声母系统有"影"、"喻"二母，高本汉分别拟测为 [ʔ] 和起

---

① 高本汉的 [ʋ] 和 [ʋ̩] 的结合。

❷ 帕西的"正字法"标音主张法语中不应有三个辅音连在一起，为避免这种情况，应在词的适当位置加上一个 e。

音顺当的元音。"影"、"喻"当然只是声母的名称。章太炎设计了一套字母,36个声母各有一个符号,他的喻母符号的音值是零[①],很像希腊文里表示元音的顺当起音的符号。

汉语传统音韵学的"摄"的理论使用表示零的符号,极其有用。再以汉语注音符号为例,它大抵是照传统音韵学的精神设计的。其中的ㄟ、ㄡ、ㄣ、ㄥ各摄,像其他的摄一样,前面可以有介音ㄧ、ㄨ、ㄩ,形成下面一些实际出现在字中的韵母:

无介音:　ㄟ　　ㄡ　　ㄣ　　ㄥ
介音ㄧ:　　　　ㄧㄡ　ㄧㄣ　ㄧㄥ
介音ㄨ:　ㄨㄟ　　　　ㄨㄣ　ㄨㄥ
介音ㄩ:　　　　　　　ㄩㄣ　ㄩㄥ

国际音标的简单音位标音为:

$$\begin{matrix} \text{əi} & \text{əu} & \text{ən} & \text{əŋ} \\ & \text{iəu} & \text{iən} & \text{iəŋ} \\ \text{uəi} & & \text{uən} & \text{uəŋ} \\ & & \text{yən} & \text{yəŋ} \end{matrix}$$

这十二个韵母里面,[iən]、[iəŋ]、[yəŋ]中[ə]的音值始终是零([yəŋ]的情况是[y]分解成[iu]和[yu]的中间音值),正像德语 baden[ba:dən] 中的[ə]一样[②]。至于[uəi]和[iəu]中的[ə],在阴平、阳平两个声调是零音,在上、去两调是有某种音的;不过,[uəi]前面如果没有声母,那么[ə]在各个声调都不完全消失。当[uən]前面有声母,读阴平、阳平调时,其中的ə为零音,没有声母时发全音,其他情况下很弱。[uəŋ]中的[ə]只在没有声母的情况下发音。

---

① 章氏给"影"母设计的符号是"一",解释说,"今隶作一,唐韵于悉切,即旧影母";给"喻"母设计的符号是"ɣ",解释说,"今隶作曰字,亦作以,唐韵羊止切,即旧喻母"。见《章氏丛书》,别录二,"纽文三十六"。

② 布龙菲尔德:《语言论》,p.113(中译本132页)。

[yən] 中的 [ə] 在声母为舌面音或没有声母时有音(音值为 [ɿ]),其他声母时为零音。这套事实是如此复杂,每种情况本身就是一条规律。写成下面的样子,尽管对某些目的来说可能是有用的标音形式,还是达不到完全的语音的准确性:

	ei	ou	ən	ʌŋ
		iu	in	iŋ
	uei		un	uŋ
			yn	iuŋ

如果我们坚持汉语注音符号,或者使用像①这种不提示音值的符号来表示这个音位,我们就能避免让一个符号表示包括零在内的各种极不相同的音值这种奇特现象:

	①i	①u	①n	①ŋ
		i①u	i①n	i①ŋ
	u①i		u①n	u①ŋ
			y①n	y①ŋ

这当然不是从音位上处理这些韵母的惟一的方法,也不是最好的方法,但是允许音位有零成员确实带来不少好处①。

(e) 有条件的收尾辅音(conditional end-consonants)的音位处理。法语的普通标音,对连诵和省音是按实际的音标写的。pas (步伐,不)这个词有 [pɑ] 和 [pɑz] 两个形式,le(冠词)有 [lə] 和 [l] 两个形式。按照"三辅音规则",demander(请求)有两个形式:(vous 您要求)[dmãde] 和(pour 为了要求)[dəmãde]。同样,南部英语的 sore 有两个形式 [sɔ:](喉咙)和 [sɔ:r](眼睛)②。有关音

---

① 本文只讨论单种语言的音位。如果把讨论范围扩大到比方北京南部100英里的对应音,那么上述形式的好处将大大增加。
② 英国南部英语的一种。

的存在与否不起区别作用,因此可以把它和零看作是同一音位的不同成员。可是 saw(锯子,看见了)[sɔː] 和 sore(痛的)[sɔː] 的差别有区别作用。词典里对于带有有条件的 [r] 的音位使用 * 号,不过我从来没有见到在教材里这么用过,或许普通的标音不是音位标音的缘故吧。没有语音知识的法国人坚称 point(点)和 poing(拳)发音不同。从他们的理由出发,我想,对这些有时出现,有时不出现的音规定专门的音位符号,比方将 pas 标成 [pɑz], point 标成 [pwẽt] 来避免 [pɑtakɛs] 之类的连诵失误①,大概会受到法国人的欢迎。当然也可以设计更好的符号。我们关心的是 [z]～零、[t]～零等等这些音群的明显的音位性质。一个词写出两种交替的形式固然不必斥之为非法,但是以不这么做为宜②。

在这方面,我们可以说,法语中的所谓"气息音 h"❸是个辅音音位,它始终为零音,但本身有非常确定的"特征",可以合适地标为 [h̲]。把它看成辅音音位的好处在于它大大简化了对其他音位

---

① 帕西(J. Passy)的《法国文粹》(*Chrestomathie*)里有这样的例子:"Puisque ce n'est pat à moi et n'est poins à vous, je ne sais pat à qu'est-ce"(既然这不是我的,也不是你的,那就不知道是谁的了。)译者按:这句话是拼写错误。正解的写法应该是:puisque ce n'est pas à moi et ce n'est point à vous, je ne sais pas à qui c'est。原文把 Pas 的 [z] 错成 [t],把 Point 的 [t] 错成 [z],句末的 Pas 与 à 不连诵,现在错连成 Pat à,于是最后半句话发音的成了 [pɑtakɛs]。又,《法国文粹》是诗歌和散文的选段,注有供外族人使用的发音,它的编者是帕西(J. Passy)和郎波(A. Rambeau),其中的帕西和本文常提到的语言学家帕西(Paul Passy)是两个人。

② 英语的 a:an 有点可疑。要是英语从来没有文字,或者要是英语的正字法比照 an uncle(一位叔父):a mother(一位母亲)的拼写来写 for uncle(为了叔父):for mother(为了母亲),我们可能会把不定冠词(如实地)处理成一个词,而且为它的第二个要素提出只出现在一个词里的专门的音位 [-n]。参看本章第二节(e)关于词的同一性的论述。

❸ 即 h aspiré。

773

的行为的描写。我们就可以说，[-t]（连通 t）在元音前面是 [t] 音，在辅音前面或词末是零音。如果否认 [h] 的存在，就得说 [-t] 在元音前面发 [t] 音，但是有一批元音起首的词例外，必须逐个列出，像 [azaːr]，[ɔ̃ːz] 等等，然而音位的"发音规则"是不能这么来表达的。

汉语的许多方言中，[-n]、[-k]、[-ʔ] 等收尾辅音在短语末尾发得很清楚，后面紧接着一个字的时候就变弱或完全消失。福州话或吴方言的 [ʔ] 是一个音位，它在另一个字前面时音值为零。比方苏州话"八"[poʔ]，"八百"[popɑʔ]，"八百八"[popɑpoʔ]，连元音都不延长来补偿原先的 [ʔ]（苏州话有些条件下是延长的）。在写音位的时候，对于这个以 [ʔ] 和零为其成员的音位可以有两种表示方法：(1) 用零符号（这些方言里喉塞音 [ʔ] 总是和入声相连，可以让入声符号来指出它的存在）；或者 (2) 不论喉塞音是否发出，所有的情况都用符号 [-ʔ] 或 [-ʔ]。

对两件或几件音进行不足分析，把它们处理成一个音位，或者对一件音进行过度分析，把它处理为一串音位，我们提出这些方法，不是为了抬杠好玩，也不是无中生有或者故意抹煞需要标出的东西。我们只是想说明，所有这些做法在现行的标音中实际上都在使用，随着对一种语言中的音位的时间单位作不同的处理，我们就能在适合该语言的各种可能的答案中找到某种答案。

第二节　把音归入音位

只考虑 keep（保存）、call（呼唤）、cool（凉的）之类普通的例子，建立音位系统是并不麻烦的。我们只消不管通常被认作"同一个音"的微小的变异，把它叫做一个音位就行了。但是在一种语言里，对于音的同一性，在许多问题上，大家并没有一致的看法。比方英语"长 i"的第二个要素应该跟下面的哪个音同一呢？跟 yes（是）中的第一个要素（布龙菲尔德的 [aj]），跟 it（它）的第一个要素（许多作者的 [aɪ]），跟 very（非常）的末一个要素（帕默的 [aɪ̯]），跟 it [it]、eat（吃）[iːt]、very ['veri] 中不加区分的 [i]（许多作者使用的 [ai]），还是跟 eight（八）中的第一个要素（有些"严式"标音中的 [ae]）同一呢？又比方"家""青""下"等字里面的舌面音 [tɕ]、[tɕʻ]、[ɕ]（只出现在前高元音前面）应该和舌根音 [k]、[kʻ]、[x]，还是和卷舌音 [tʂ]、[tʂʻ]、[ʂ]（它们都不出现在前高元音的前面）同一呢？强调的主旨不同，要素组织成音位的系统也就各异。我们可以要求：(a) 语音准确，或者音位的范围小；(b) 整个语言的语音模式简单或者对称；(c) 节省音位的总数；(d) 照顾本地人的感觉；(e) 照顾词源；(f) 音位之间互相排斥；(g) 符号的可逆性。这些考虑常常是互相冲突的。

（a）最低程度的语音准确性。这是从上引琼斯的后一定义中"性质相似"的提法得出来的。按照我们的纯逻辑的定义，我们应该能把英语中从来不出现在同样语音环境里的 [h] 和 [ŋ] 看成同一个音位的成员，从而把 hat（帽子）、behave（行为）、song（歌）、singer（歌者）标成 [ŋæt]、[bi'ɦeiv]、[sɔh]、['siɦə*]，并且很快学会什么时候说 [h]，什么时候说 [ŋ]。可是这种方法不论语音学家、语文学家都不会赞同。音位内部的变异自动性有两个含义：(1) [h] 随着后面元音的不同而有 [hₑ]、[hₐ]、[hₑ]、[hₒ]① 等等不同色彩的变异，这在凡是有这些音的语言里几乎都是自动进行的。如果把塞擦音算作相续的两个音位，那么凡是有塞擦音 [ts]、[tʃ] 的语言，其中 [t] 的变异也属同样情况。不过这类情况比我们设想的少得多。(2) 多数的情况是变异的自动性只为某种语言所特有，尽管由于说话人非常熟悉这种语言，印象中仿佛这种变异具有普遍性。例如，说日语的人会发现 [h] 在 [i] 的前面变成 [ç] 非常自然，好像语音的

---

① 不包括后面有高元音的情况，那牵涉到另外一些问题。

本性中固有这种变异；可是，在德语里，[h] 后面可以跟随 [i] 而不变成 [ç]，[ç] 属于另外一个音位。福州话的"𠍲"（意思是"能够"）按照声调的不同而有 [a] 和 [ɛ] 的变异，当地人感到非常自然，不承认发音不同，可是在许多语言里，这是有很大差别的两个音位。变异的自动性既然大多是有条件的，我们在解释"性质类似"的提法时就要有比较大的伸缩性。从语音的准确性考虑，音位的变异范围尽量定得小些有好处（但是决不能局限于上述第（1）种类型的普遍自动的音群），可是为了满足其他的考虑，这条要求可能要作一定程度的牺牲。

（b）语音模式的简单性或对称性是对归并音位有巨大影响的因素。布龙菲尔德希望说英语里没有长元音。从我们的观点看，他的说法无所谓对错，但能在方法上评定其是否可取。布龙菲尔德立了八个元音：

i　　u
e　　o
ɛ　　ɔ
a　　ɑ

和八个二合、三合元音

aj　　oj[①]　　ej　　ij　　juw
　　　aw　　ow　　uw

即使不增加专门符号 [ɪ] 和 [ʊ]，写成 [ai]、[ɔi]、[ou] 本来也能提高语音的准确性，可是往下就不大好办，有两个元音得写成 [ii]、

---

① 或许为了照顾"性质相似"的缘故，他把 oil（油）的第一个要素同 or（或）的第一个要素归并在一起，而不同 up（在…上面）的第一个要素归并在一起。要是他写成 [oj]、[ow]，对称的情况就会好些，写成 [ɔj]、[ɔw] 还会更好，因为在美国英语里，own（自己的）的一个要素接近 or[ɔr] 的第一个要素的程度大大超过接近 up[ɒp] 的第一个要素。

[uu]。要是这后两个元音的二合元音的性质用 [ij]、[uw] 表示,系统会显得很不对称。换一种方法,如果把它们写成 [i:]、[u:],让美国英语里动程小的 [eː] 和 [oː] 隐约地被人识别,那么 [aj]、[aw]、[ɔj] 还是要作为二合元音,这样的安排也不如现在的对称。本章第一节(d)中谈到,对汉语使用权宜的音位"①",以零为其可能的成员之一,这种方法可以大大提高系统的对称性。又如ㄢ、丨ㄢ、ㄨㄢ、ㄩㄢ这套音可以系统地转成 [an]、[ian]、[uan]、[yan],而不是通常的 [an]、[iɛn]①、[uan]、[yan],后者虽然在语音上比较准确,但是丝毫没有必要。如果对称符合结构或词源的考虑,以致音位也与对应音元或共源音元一致,那么对称的考虑自然会大大增加分量。

(c)本着"两面光洁"的精神节省项目,当然是符号学家的癖好。上面说过,可以用双字母表示单个的音以节省一整套新字母。英语中使用 [ij] 和 [uw] 或引入长音,可以省去字母 [ɪ]、[ʊ] 和 [ɒ]。帕默对这种"过分迁就节省符号的原则"②深为不安,理由之一是比方 although(虽然)[ɔːlˈðouʊ] 中的长音符号不一定指长音。我承认,考虑语音的准确性,[ɪ]、[ʊ]、[ɒ] 这几个音标是有用的,但是长音符号却不必非反对不可,因为符号 [ɔː] 也可以从音位上理解成在重读的位置是长音,在清辅音前面稍短,在非重读的位置是短音(不改变音质),而 [ɔ] 还是可以作单独的音位。布龙菲尔德避免用 [ə],而将 son(儿子)中的元音和 own(自己的)的第一个元音等同起来(不把前者写成 [ʌ] 或 [ɤ]),这也起到了节省"怪符号"的效果。

---

① 考虑 丨ㄢ 带鼻音而和 丨ㄝ [iɛ] 相配。
② 帕默:《罗马拼音的原则》(H. E. Palmer, *Principles of Romanization*),68—69页。

刘复给北京话音节的数字编号①最能说明节省符号的限度。他只用六个符号于六个位置(如果把位置也算作符号的一部分,那就是"加上"六个位置),列表如下:

位置 数码	I.字头 发音部位	II.字面 发音方法	III.字颈 介　母	IV.字腹 主要元音	V.字尾收 尾元、辅音	VI.字神 声调
0	零		零	零	零	一
1	唇	不送气	i	ə③	i	阴平
2	齿	送　气	u	ɑ③	u	阳平
3	舌根或舌面	鼻　音	y		n	上声
4	卷舌②	清　擦			ŋ	去声
5	齿前②	浊　擦				

例如"光"[kuɑŋ]是312241,其中31表示[k],224表示[uɑŋ],末位数1表示阴平。000042是鼻音叹词④,意思是"你说什么来着?"这个系统,结构极其对称,所用符号的种数极其经济,也很能说明语言的语音模式,然而不能当标音的系统使用,何况作者从来就没有这样的意思。在此还可指出,刘复的"字腹第1号"包括成员[ɤ]、[ʌ]、[ɛ]、[ɔ]、[ɪ]、[ə]和零,相当于我们的"①"。他在附表中还提出了全部音节的有点接近严式的标音。

(d) 本地人的感觉是萨丕尔(Sapir)非常强调的因素。对于拼写法所引起的明显的误解,比方认为principal(主要的)和princi-

---

① 刘复:《北平方音分析数表》,《国学季刊》第三卷第三号,1932年,第533页以次。
② "卷舌"指[tʂ]组,"齿前"指[ts]组。
③ 刘复原文说:"合口的是ə,"开口的是ɑ"。
④ 汉字写作"嗯"? [ŋ̍]。

ple（原则）有不同的发音①，或者 ng=n+g②，我们不必看得很认真。可是如果问题不在误解，而在选择音位的组织方式哪一种比较好，那么就应该适当考虑本地人的感觉，尽管不一定作为决定的因素。比方语音学家会把汉语的 ㄢ、ㄧㄢ、ㄨㄢ、ㄩㄢ 写成 [an]、[iɛn]、[uan]、[yan]，说北京话的人却感到它们都属于同一个摄而介音不同。这有事实为证：当音节和后面的卷舌元音合并而 [-n] 脱落的时候，[iɛn] 并不变成 [ier]，而变成 [iar]，例如"一点儿" [i tiɛn ər] > [itiar]。大多数说福州话的人感到，下面各字的元音：

音 iŋ 55： 咏 eiŋ 242：
莺 eiŋ 55： 限 aiŋ 242：
温 uŋ 55： 问 ouŋ 242：
恩 ouŋ 55： 箢 əuŋ 242：

同一个横行的是同一元音的声调变体，而不承认"咏"和"莺"，或者"问"和"恩"的元音相同。由于单元音的复元音化（或者闭元音的扩大开口度，如 [ɛ]～[a]）有非常确定的规则，我们完全可以按照当地人的观念安排福州话的元音音位，这种安排可以作为方案之一，而且从某些方面考虑，是比较好的归并音位的方法。关于北京话ㄐ、ㄑ、ㄒ 的音位归属的几种可能，本地人也有发言权。这三个音和有关音的分布如下：

1 ㄐ ㄑ ㄒ tɕ tɕ' ɕ 始终在 [i] 或 [y] 的前面
2 ㄍ ㄎ ㄏ k k' x
3 ㄗ ㄘ ㄙ ts ts' s } 从不在 [i] 或 [y] 的前面
4 ㄓ ㄔ ㄕ tʂ tʂ' ʂ

---

① 把 principal 发成 [prinsiˈpæl] 的情况除外，这种发音只不过是用简略的方式说出"这个词收 -p-a-1"。

② 从更宽的语言的观点（不同于语音或音位的观点）看问题，甚至这一点也还是可以商榷的。见萨丕尔在《语言中的语音模式》(*Sound patterns in language*) 一文中对这点的讨论，*Lang.*1.49（1925）。

因此第一套在音位上同其他三套里面的任何一套都能归并。威妥玛把它部分地同"4"归并，把"1"写成 ch、ch'、hs，"4"写成 ch、ch'、sh。国语罗马字把"1"和"4"全部归并，两套都写成 j、ch、sh。法国的汉字罗马化系统鉴于"1"来自"2"或"3"，按词源把"1"同"2"或"3"归并。过分热心于法国系统的人士把"1"完全和"3"归并，于是"献县"写成 Sien Sien，其实这两个字原先都属于"2"。至于当地人的感觉则偏于"2"，因为他感到 [kə、tɕi、ku、tɕy] 或 [xə、ɕi、xu、ɕy] 是差别只在于元音不同的双声系列。另外，有一种秘密语言，它把音节的声母和韵母拆开，改变成"声母 ai+k 韵母"（比方"北"[pei] > [pai-kei]）①，如果韵母的开头是前高元音，[k] 就变成 [tɕ]，如"米"[mi] > [mai-tɕi]。

（e）照顾词源本来不属于本文的研究范围，因为本文只涉及某一时期的某种语言的描写研究。可是，音位处理既然常常有不同的可能，我们当然可以偷看一眼外部的因素。事实上对许多作者而言，词源考虑占很大分量。从词源上看，把 [tɕ]、[tɕ']、[ɕ] 归于 [k]、[k']、[x] 比归于 [tʂ]、[tʂ']、[ʂ] 来得好，虽然只是部分地顾到词源。可是，如果按照来源把北京话的 [tɕ]、[tɕ']、[ɕ] 拆成舌根系列和齿音系列，比方"希"为 [xi]，"西"为 [si]，那就不成其为严格的音位标音了，因为除了词汇上的列举以外，没有一条关于音位成员的规则能告诉我们什么时候是 [xi]，什么时候是 [si]。

给词以固定的音位形式来保证词的同一性，这件事也同词源有关。例如我们可以把 sir（先生）写成 [sɜːʳ] 或 [sɜːr]，让语音环境去决定它什么时候要发成 [sɜːr]，[sɜː]，[sər]，或者 [sə]。又如帕西把 être（是）写成 [ɛːtrə]，而不是元音前面写成 [ɛːtr]，辅音前面写成 [ɛːtrə]，短语末尾写成 [ɛːtr̥]，这样，他就给这个词以一个固定的形

---

① 赵元任：《反切语八种》，《史语所集刊》第二本第三分，1931年，第320页以次。

式,音位[ə](需要时可以写成斜体)的值用"三辅音规则"来定,如此等等。对于福州话的"傩"(能),可给以固定的形式[a]或者折中形式[æ],至于[ɛ]和[a]之间音值的选择,凭一条很简单的声调规则就能确定。可是,关心词的同一性不能走得过远而掩盖语法的考虑。考虑语法,发音规则就得包含纯语音以外的条件。例如,我们虽能把法语的en写成[an],理解为辅音前发成[ã](s'en va他走开),元音前发成[an](s'en aller出去),却不能把fin(纤细的)写成[fin],让它提供阴性形式的发音[fin]。碰到这种情况,我们将不得不把fin[fɛ̃](或[fɛn])(纤细的,阳性形式)和fine[fin](纤细的,阴性形式)看作是两个词,一如fils(儿子)和fille(女儿)是两个词一样[①]。

(f)音位间的互相排斥是我们所要考虑的另一个要求,就是说,音位的清单不但要穷尽,而且,如果其他条件相等,还应该使各类的成员互相排斥。可是其他条件是从来也不相等的,事实上在例如福州话中我们已经容许音位之间的成员有重叠的可能:

一个音位: [i] [ei]
另一个音位: [ei] [ai]
一个音位: [u] [ou]
另一个音位: [ou] [əu]

又如不同的音位都可以有零作为成员。把塞擦音处理成独立的音位,其实它们的闭塞和摩擦要素不难与同一语言中别的音位同一,例如布龙菲尔德的[č]和[ǰ]其他许多作者就处理为[tʃ]和[dʒ],这也可以看作是成员重叠的一种情况。帕默称这种情况为"多重同

---

① 参看布龙菲尔德的《语言科学的一套公设》(A set of postulates for the science of language)一文中论语音交替和形式交替的区别; *Lang*.3.160(1926)(中译文见《语言学资料》,1961年,5、6期合刊)。

一"①,他举了日语和英语里的好些例子。不过我们应该指出,属于两个或更多个音位的"同一个音",有两种含义。一是条件的含义,指"同一个音"从不出现在邻音相同或者音重、音长、音调相同的条件。福州话 [i]～[ei] 音位中的 [ei] 总是出现在声调 [12:]、[242:]、[23:]、而 [ei]～[ai] 音位中的 [ei] 总是出现在声调 [55:]、[53:]、[22:]、[5:]②。英语 [č] 和 [ǰ] 出现的音重条件也不同于 heat sheets(散热片)和 and Jeanne(和珍尼)之类的组合。另一方面是绝对的含义。帕默的"多重同一性"指两个音位共有一个在各方面都等同的成员。例如上文(e)所讨论的"希"[ɕi] 的声母和"西"[ɕi] 的声母就绝对没有差别。我们可以把两者都归入 [x] 音位或者 [s] 音位。要是把"希"写成 [xi],"西"写成 [si],那么同一个 [ɕ] 就会在同样的条件下分属两个音位。这种处理方法引起了下一个问题:

(g) 符号的可逆性。符号的用途有两个方面,一是阅读的方面,就是见符得音,一是书写的方面,就是知音定符。音位符号的阅读的方面总是随具体语言而定。给出一个音位符号,音的范围是定了的,范围内的选择通常又是语音条件进一步决定的。人们还要求这件事可以倒过来做,把书写的方面也包括进来,就是说,给出语言中的任何音,它的音位符号也能确定。如果音位不重叠,这显然可以做到。如果音位重叠而共同的成员出现于不同的语音条件,可逆性仍然具备。比方"电报"通常发为 [tiɛmpau],其中的 m 和"门"[mən] 中的 m 发音完全一样。尽管这样,我们还是能说,它只是音位 n 的成员,因为音位 m 在标准汉语里决不会出现在这个位置。又比方我们用符号 A 表示福州话的音位 [i]～[ei],

---

① 《罗马拼音的原则》(The Principles of Romanization),P.151。

② 因此纯粹的语音学家喜欢把七个声调里的 [ei] 当作一个音位(或者两个音位的连续),虽然这样会违背"本地人的感觉"。

用符号 B 表示音位 [ei]～[ai]，根据声调，我们还是能够说出 [ei] 音在给定的情况下应该写成 A 还是 B[①]。但是，如果音位间共同成员的等同没有条件限制，比方北京话"希"[xi] 和"西"[si] 的区别，那么连当地人也无法知音定符。严格说来，基于词源或其他考虑的不可逆的语音表达，已经是正字法的问题而不是标音的问题了。法国的汉字罗马化系统区分"基""欺""希"(ki、k'i、hi) 和"跻""妻""西"(tsi、ts'i、si)（高本汉也赞成这么做），就是这种例子。换句话说，同音字不该有不同的标音。但是有一类中间情况：两个音位的共同成员有时出现在完全相同的语音条件，有时则在另一些相同的条件下有某种区别。比方 mica（云母）['maikə] 和 poker（扑克）['poukə] 中的位于辅音前面的同一个 [ə]，要是放到元音前面，有些操英语的人就区分为 [ə] 和 [ər]。如果把前者写成 [ə]，后者写成 [ə˙] 或者 [ər]，那么只有当后面跟元音时才能知音定符，后面跟辅音时就没法推断。这里只有一部分可逆性。这类情况的处理习惯并不划一。有时舍词的同一性而取符号的可逆性，同一个词 poker 表现为 ['poukə] 和 ['poukər] 两个被认为音位构成不同的形式；有时则舍可逆性而取词的同一性，比方法语 espèce（种类）这个词始终表现为 [ɛspɛs]，收尾的 [s] 在后面有浊辅音的时候发成 [z]，以致已知收尾音 [z]，就说不出它是 [s] 音位的成员还是 [z] 音位的成员。

第三节 符号的选择

把语言里的音归并成音位是一回事，给这些音位以这样那样

[①] 事情不像纸面的描述这么复杂。当地人连 [ci] 在两套声调里是相同或者相似的这一点也意识不到。

的符号或字母是另一回事。由于音位标音是针对一种语言的,所以符号的选择有很大的自由。不过这自由不像数学那么漫无边际。在数学里,同一个符号不但随算题而改变数值,在同一道题目内部也可以改变数值。从纯粹逻辑的角度考虑问题,一旦音位本身定了以后,用什么符号似乎只是"形式的问题","字母有什么关系呢?"谁可曾听到这样的事情:一位数学家写了 l、m、n,另一位坚持非写成 p、q、r 不可?可是语音符号有传统,更加不幸的是,符号的使用有不少互相冲突的传统。结果是常常引起争论,激烈程度不亚于词的使用。符号的使用往往影响我们实际归并音位的方法,看到这一点,我们就会感到使用符号的重要。影响符号选择的有些因素是和影响归并音位的因素并行的。例如,语音模式的对称性和简单性就在一定程度上对应于符号的对称性和简单性。节省音位数目也意味着节省符号数目。如果语言已有一套字母,那么本族人对音的感觉也会适用于符号的选择,虽然这种感觉往往不如对抽象模式的感觉那么可靠。此外还有下面一些问题专门涉及符号的选择:

(a)希望不超出 26 个罗马字母的范围,这个愿望的力量非常强大,以致标音者不得不付出放弃其他方面考虑的巨大代价来迁就它。例如,要是语言里有 [ɑ]、[ɔ]、[ɛ] 而没有 [a]、[o]、[e],使用的照例是后面三个符号①。如果语言里只有 [ʀ] 而无 [r],人们就会用 [r],尽管这在语音上太随便,无异于用 [t] 来标 [k]❷。布龙菲尔德使用 [o] 表示音位 [o] 和二合元音 [ow],显然是想避免"怪符号"。就节省音位和符号的数目而言,[ɣ] 和 [o] 是不相上下的,

---

① 琼斯、卡米里合著:《语音标音原理》,Fondamenti,第 3 页。

❷ [r] 是舌尖颤音,[ʀ] 是小舌颤音,发音部位相差悬殊,它们的差别甚至大于 [t](舌尖)与 [k](舌根)之间的差别。

[ɣ] 甚至更加合适，因为说 [ɣ] 音位在二合元音 [ɣw] 中由于唇音 [w] 而圆唇，要比说美国英语中元音 [o] 除了在二合元音 [ow] 以外都不圆唇，来得更加自然。避开怪字母的做法意味着，尽管理论语音学告诉我们有这样那样的音，或者至少建议我们从方便着眼应该大体上识别哪些有区别的音，我们还是倾向于把一种语言里的音位等同于恰好用"小写"字母来表示的那些音。

（b）不在通常字母之列的符号也有"古怪"程度的不同。有些符号之所以被认为不怎么古怪，是因为它们的资格比较老，或者因为它们在普通语音学图式中的位置比较重要。例如，通常认为 [ŋ]、[ʃ]、[ð]、[ø]、[ɔ] 的古怪程度要小得多，人们不像对待 [ʂ]、[β]、[ɯ]、[ɣ] 之类的符号那样设法回避。又如在基准元音的抽象图式里，表示 [ɛ] 和 [a] 中间部分的专门符号，其重要性就不及八大位置。由于英语 [e]—[ɛ] 区域里的音都可以归并到音位 [e] 的下面，符号 [ɛ] 就能腾出来表示基准元音 [ɛ] 和 [a] 之间的那个音位。这正是布龙菲尔德采用的方法，他使用不大怪的符号 [ɛ] 代替符号 [æ]，[æ] 之所以怪，是因为它并不位居要津。

（c）音的变异范围的分度也对符号的选择有巨大影响。例如元音的传统的三角形分度是：

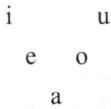

基准元音的分度是：

        i   u
      e   o
     ɛ   ɔ
       aɑ

两种分度划出的元音之间的间隔数目不一样。要是我们有类似下图这样的新的分度:

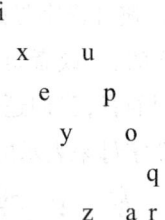

其中的符号都不冲突,这个间隔数目的差别引起的混淆会小一些。事实上人们喜欢用[e]表示[ɛ],用[o]表示[ɔ](见上文(a)),以及用[a]表示[ɑ](比较少见一些),这种情况反映出 i-e-a-o-u 系统的声望所产生的影响。每个标音的人都感到[ɛ]怎么样都是[e]的变体而不是[a]的变体,[ɔ]是[o]的变体而不是[ɑ]的变体。如果认真地看待基准元音图,这种感觉是不该有的①。

高本汉的元音图使用伦德尔(Lundell)的方言字母,把国际音标三点两间隔的高元音分度[i(y)—ɨ[ʉ]—ɯ(u)]改为两点一间隔 i(y)—ɯ(u)(确切些说,ɯ 在高本汉的图里稍前于 u)②。俄语的 ы 在三点分度上最接近[ɨ],因此国际音标标为[ɨ],③ 但高本汉标为 ɯ,因为按照他的两点分度,这个音更接近后元音而不接近前元音 i。

---

① 有一次我听到一支曲子,把它解释成一会儿是大调音阶,一会儿是小调音阶,它的音符是 do、re、mi 等等,不过稍微有点"走调"。后来才知道那支曲子所用的音阶是把八音度等分为七级。这使我大为惊讶。但是即使知道以后,原先的错觉还是残留不去,我得把自己的音程硬塞到新的音阶里去。这种情况恰恰同我们大家都要把 i-e-a-o-u 的四级分度塞进基准元音的七级分度里去一样。
② 高本汉《中国音韵学研究》(Bernhard Karlgren, Études sur la phonologie Chinoise), p.316。
③ 比方琼斯就是这么做的。

（d）避免用附加符号也影响字母的选择，因为附加符号现在保留作补充说明之用。前面说过，汉语"岁"中的单个音不写作 [s̩] 而可以把补充说明的部分分开写，即写作 [suei]。又比方如果语言里只有两套清塞音，一套不送气，一套送气，而没有浊塞音，那么 [p、t、k, ph、th、kh] 或者 [b、d、g, p、t、k] 就比 [p、t、k, p'、t'、k'] 或者 [ḅ、ḍ、g̊, p、t、k] 更加可取。

　　（e）和其他语言的音位标音取得一致。这点可以记住而不必特地争取。如果音位的范围窄，所用的符号刚好最接近我们的语音字母，那么这种标音就不大会同别的标音发生严重的冲突。但是如果由于某种原因，音位的变异范围很宽，而且如果我们多少偏离字母的通常的音值范围，从符号的表示上得到某种好处，那么同其他标音发生冲突的可能性就比较大。

第三章　音质标音和音位标音

　　通常区分音质标音（或严式标音）和音位标音（或宽式标音），前者表示实际的音 [ɹaɪ̯t]、[tuaɪ]、[ˈveɹ̯]、[eɪ̯t]、[gĕt]、[ðɛə]、[æt]，后者只指出有区别的音类 [rait]、[trai]、[ˈveri]、[eit]、[get]、[ðeə]、[æt]（或 [et]）。然而，我们从前面的讨论中看到，任何特定的语言都无所谓惟一的正确的音位标音；在单位的大小、归并音位的方法、符号的选择这些方面，强调某个因素就导致某种形式的音位答案。我们的音位定义或者我们引用的任何别的定义都无法断定汉语的 [ɕ] 应该是 [x]、[ṣ]，还是 [s] 的成员，[aŋ] 里面的 [ŋ]、[ij] 里面的 [j]、[ɪt] 里面的 [ɪ]、[jes] 里面的 [j] 应该如何归并成音位的类。定义允许我们设计方法和手段，把在具体的音位归并系统里没有区别作用的不同的音归在一起。定义还含有这样的意思：在一种语言里，有些音不管我们怎么样合理地摆弄符号，也决不会有区别作用。例如 keep（保存）、call（喊叫）、coo（咕咕地叫）等等里面的各个 [k], heap（堆）、hall（大厅）、who（谁）等等里面的各个 [h]，怎么也不能认为有区别，除非我们楞把 [iː]、[ɔː]、[uː] 等等元音全看成同一个元音音位 x 的无区别作用的成员，它的音值要由前面的辅音 k_1、k_2、k_3 等等，h_1、h_2、h_3 等等，或者零$_1$、零$_2$、零$_3$ 等等（即在 eat［吃］、all［所有的］、ooze［淤泥］等词中的零辅音）的性质来定。可是语言里还有许多音本身既不是有区别作用也不是没有区别作用，究竟怎样，要看我们处理音位的具体方法。例如，布龙菲尔德把 up（在上面）、owe（欠）、oil（油）写成 [op]、[ow]、[ɔj]，他认为 up 和 owe 的第一个要素之间的差别是没有区别作用的，而 owe 和 oil 的要素之间的差别是有区别作用的。要是我们把同一些音处理成 [o]、[ɔw]、[ɔj]，这一变更既没有多用字母也没有引进古怪的符号去损害布龙菲尔德的整个系统，那么上一句话的说法恰恰要倒过来才行。又如在吴语的多数方言里，[tɕⁱɑ]、[ɕⁱɑ]、[nⁱɑ] 这类字和 [kɑ]、[xɑ]、[ŋɑ] 相对立，[ⁱ] 很短，可以看作前面辅音的过渡音而不予标出。在这种情况下，[k]、[x]、[ŋ] 和 [tɕ]、[ɕ]、[ɲ] 的差别要看成有区别作用。反之，如果把 [i] 写在线上❶，我们就能把 [tɕ] 组看作 [k] 组音位的成员：[ki]、[xi]、[ŋi]，于是，[ɑ] 和 [iɑ] 之间的差别就成了有区别作用的了。实际上，任何音质标音都不会严到和具体到区分任何语言中 [he]、[hɛ]、[hə] 中的各个 [h]，也没有任何音位标音会宽到和完全抽象到把英语的 [h] 和 [ŋ] 归在同一个音位 [ɦ] 的下面。在这两个极端之间有各种中间现象，有的接近音质标音，有的接近音位标音。总的可以说，音质标音标出了估计多数语音学家都熟悉的全部的通常区别，不管它们在语言中是否起区别作用；音位标音则是先有一套方法的具体指

---

❶ 指跟其他音位标音拉齐，而不是作为附加符号写在右上角。

示,根据这套指示去标出那些为区别词所必需的区别。

读者会注意到,"估计多数语音学家都熟悉的通常区别"这个说法不能令人满意。这是实际状况不能令人满意之故。在描写语音学的领域里,不论事实的组织还是使用符号来指事实,都不存在物理学家之间那种意见十分相近的情况。所以布龙菲尔德说,"语音学家的记音本领因人而异,带有偶然性;他分辨出的音响特征,只是他所研究的那些语言里有区别性的特征。……他应当记住,他之所以能听出一些没有区别作用的特征,是靠着他个人恰巧具有的辨音本领,他的最细致的描写也远远达不到机器录音的价值。"[①] 这席话在很大程度上是正确的,可是我认为他往下所说就走得太远了:"只有两类语言记录才算得上是科学的。一类是总音响特征的机器记录,如语音实验室里的录音。另一类是音位的记录,它不管语言中一切无区别作用的特征。在我们的声学知识进展到远远超出当前的水平以前,只有后一类记录才能用于考虑说话意义的任何研究。"但是我们不必为无法阅读或标出留声片的纹道而发愁。留声片充其量也不过是图像(icon)或图(picture),而不是我们能够"阅读"和"书写"的通常意义的符号。我们也不必担心人类言语中的音是无限的。人类言语中能加区分的音的数目相对地说是很小的,这数目要受音位区别一代代口耳相传的条件的限制。当实际的平均差别降到一定的阈限以下的时候,区别就变得不稳定起来,两个音位会很快合并成后起的一个共源音元的成员。我们不能像布龙菲尔德想要暗示的那样,说音质标音大抵是主观的,音位标音大部分是客观的。我们已经见到音位标音怎么会有多种可能,从而相应地带有主观性。另一方面,普通语音学中符号的非音位的使用实际上也有一定程度的一致性。严式标音对

---

① 布龙菲尔德:《语言论》,84—85页(中译本99页)。

于以下各种目的有时非常有用,有时必不可少:(1)当需要引证一些形式时,在这些形式中某个特征在所引证的语言中没有区别作用,但跟所讨论的问题有关;(2)在比较方言学中提出词或音的形式;(3)指出音变的苗头或残迹;(4)在得出合适的音位系统之前不偏不倚地考虑一种语言的总特征;(5)最后一个目的不太重要,即用于教学的目的。我们不能一概否定严式标音,但是我们应该始终防备它的弊端。高本汉在《中国音韵学研究》的原本里所用的伦德尔的方言字母不论在正文还是所附的方言词典里都是很严的非音位的标音。我发现他的系统完全可用,完全能懂。虽然在中文译本里,出于排印的考虑,我把它们改成了国际音标[①],但我一直能够将两个系统的符号进行对等,需要增加的东西,由分度的数目引起的分类上的疑点都相当少。根据我自己记录汉语方言的经验,除了把声音相关的词进行匹配和比较以外,很重要的一个步骤是开头就给出严得合理的音质标音,这样,碰到几种方案的抉择时我们的判断就有了材料的依据。

布龙菲尔德正确指出,音质标音常常在包括哪些特征、舍弃哪些特征的问题上不能始终一贯。这个困难可以有两种解决办法。首先,我们可以立下一条符号学的原则,把符号在上下文中的位置也看成符号的一个成分。例如在 17 这个形式中,数字 1 的意义是 1×10,数字 7 的意义是 7×1。这里没有前后不一贯的地方,因为符号 1 不光是 1,而是"第二个位置上的 1"。同样,符号 > 在 19>17 中的意义是"大于",在 p>f 中的意义是"变为",在 a>o 中两种意义都可以有,要看这个式子是出现在语音学的还是数学的论

[①]《中国音韵学研究》,赵元任、罗常培、李方桂合译,长沙,1940。

文里①。所以,讨论二合元音时我们可能要提到 [čaj]、[čae]、[čæɛ] 等等形式,讨论塞擦音时我们可能求助于 [tʂai]、[tšai]、[tɕai]、[tʐai] 等等,正如波林(Bolling)认为,就讨论复数形式而言,写成 Enroughty is coming: The Enroughities are coming 是完全适宜的一样②。但如果转而讨论不定冠词的形式,写 an egg 和 a Enroughty 就不在点子上。这时要写成 [ɛn 'eg] 和 [ej'daːbi] 才行。

为了在引证有关形式时避免过多的前后不一贯,高本汉和国际音标的使用者除了考虑重要的区别以外,都设法把宽式标音和严式标音分开。高本汉在《中国音韵学研究》(原文 260 页以后)里的做法是很一贯的。他用粗体字母表示宽式标音,在每个粗体字母下面用斜体列出若干个伦德尔字母。例如相当于国际音标 [ɛ] 和 [æ] 的,归在 ä 的下面,相当于国际音标 [ʂ]、[ɕ]、[ʃ] 的,归在 š 的下面,如此等等。少数几组有重叠的情况,但总的说来各组是互相排斥的。因此除了没有涉及词的区别以外,两套标音之间的关系很像音位及其成员的关系。在国际音标的使用者中间也可以看到同样的趋向,但是还没有系统地划分开严式和宽式标音。然而语音学家中有某种不成系统的传统,它的基础是要大体上跟拉丁字母一致。例如 r 不知怎地被认为是包括 [r] 和 [ʀ] 的宽式,可是 [t] 和 [k] 却没有宽式来概括。同样,人们感到 [e] 和 [ɛ] 是 e 型组的成员,而 [i] 和 [e] 看来没有这样的关系。这一切都指向一个没有人自觉承认似乎又存在于不少人心目中的概念,即除了具体语言的音位以外,还有一般音位这样的东西,而且研究一种语言或者

---

① 这类情况可能需要"严式符号"。我们可以用 → 表示"变为",用 > 表示"大于",从而使得数学、语音学和化学不发生冲突。

② 波林在肯特(R.C.Kent)对布龙菲尔德的《语言论》一书的评论后面所加的编者按语,*Lang.*10.50(1934)。(按:Enroughty 是波林在按语里所举的居住在 Virqinia 州一个家族的姓,读为 ['dabi],而不是拼写所提示的 [ˈɛn'rofiti])。

从事比较工作,正用得着对一切语言都一贯的音位标音。可是一当把情况说得这样明确,人人又都会毫不踌躇地承认这是办不到的空想,因为我们随时都可能要在音的各种色彩之间作出音位区别,这种区分在严式或宽式音标系统里是从来也没有料到的。不过传统的习惯用法确实存在。[r] 和 [ʀ] 只有一个普通的字母 r,[t] 和 [k](或 [k])却有两个普通的字母 t 和 k,这诚然是历史的偶然。可是这个偶然并不是没有道理的:在语音学家或者至少欧洲的语音学家研究过的语言里,事实上多数都将 [t] 和 [k] 看作不同的音位,而 [r] 和 [ʀ] 却很少出现为单独的音位。因此,刚才提出而又随即加以谴责的一般音位(general phonemes)的概念并非全属子虚。不用一般音位这样的概念,我想提出常用音位(typical phoneme)这个术语来指语音学家研究过的许多大语言中常常都用来构成音位的那些音群。这么规定当然也使常用音位的概念取决于历史的偶然,即取决于这样一个事实:当代的多数语音学家都说日耳曼语和罗曼语。因此,在使用常用音位的宽式标音中,欧洲人会把 [p] 和 [pʻ] 归成一个常用音位而和 [b] 对立^①,未深思熟虑的中国语音学家就很可能把 [p] 和 [b] 归并成一个常用音位而和 [pʻ] 对立。

标音问题的麻烦来自符号使用得不一贯,同一个符号有时用于一般的意思,有时用于特殊的意思。我在本文中所用的音标也很难避免这个缺点。因此我力求用上下文(把它看成符号系统的一部分)去排除歧义。但是疏漏的危险始终难免。谈到英语的 [i] 时,人们可能不知道它指的是严式的 [i] 还是 [ɪ]^②。这种情况很像旧

---

① 某些德语方言除外。

② 按照音位标音有多种可能的这条原则,我们不能禁止别人把 eat(吃)、it(它)的元音写成 [i]、[ɪ],而坚持非写成 [iː]、[ɪ] 或者 [ij]、[i] 不可。

传统用下述方法指中古汉语的"照穿床审"几个声母：

  总 称：照穿床审

  舌尖系列：庄初床山 [tṣ] [tṣʻ] [dzʻ] [ṣ]

  舌面系列：照穿乘审 [tɕ] [tɕʻ] [dzʻ] [ɕ]。

结果是提到"照"，不知道是指总的"照"（包括 [tṣ] 和 [tɕ]）还是和"庄" [tṣ] 相对的"照" [tɕ]。于是我对分化的两套提出下列的名称，让传统的名称保留作为总称，同时用范围广的宽式标音表示总的系列：

  总 称：照穿床审 [č] [čʻ] [jʻ] [š]

  舌尖系列：庄初崇生 [tṣ] [tṣʻ] [dzʻ] [ṣ]

  舌面系列：章昌乘书 [tɕ] [tɕʻ] [dzʻ] [ɕ]

高本汉使用特殊的粗体系列，就是根据同样的原则。符号可以根据我们的需要代表一般的用法，包括的范围很广，但是不能模糊且有歧义。使符号既有一般用法又有特殊用法的这种做法是和国际音标中少数几个符号的惯用法有联系的。例如，符号 [ə] 通常被理解为 [ɜ]（半闭）和 [ɐ]（半开）的通用形式。[ʃ] 和 [ʒ] 可以用来指 [ṣ] 和 [ẓ]，或者指 [ɕ] 和 [ʑ]，但是这一点是不大能令人满意的，因为在山东临淄方言里，[ṣ][ʃ][ɕ] 三个音都作为单独的音位而存在，其中的 [ʃ] 处在舌尖和舌面部位之间，等于英语的 [ʃ]，但嘴唇并不撮起。看来 [š] 和 [ž] 是比较好的一般符号，尽管它们不是国际音标里的字母。

结 束 语

  我们提出了音位的新定义，努力证明了把一种语言的音归并成单位不一定只有一种答案。我们考虑了哪些因素能够而且已经影响语言的音位处理：音位单位大小的不同（包括承认零符号和零音),音位成员的归并,和实际符号的选择。由于音位的答案有多种可能,因此在得出答案之前必须参照描写语音学的考虑和使用音质标音。音质标音对于别的目的。例如方言的比较研究,也是必要的。我们还指出,语音学家中间有一种趋势,把一些音归并在一些宽式符号下面,这些音在好多语言中都构成音位。这些音位我们称之为"常见音位",尽管对这些常见音位使用的符号还不一致。我们希望有更加一贯的符号系统设计出来,既表示音的细微色彩,也表示常见音位,为音质标音和音位标音服务。但是目前只能让上下文作为符号的一部分,来告诉我们(特殊的)色彩或(一般的)范围。任何人的标音,只要本身一贯,能够在原定的范围里作出清楚的解释,不自称惟一正确而排斥其他可能的处理,都不必严加反对。用法总有一天会统一,问题则始终在变。我们的座右铭必须是:写吧,放手去写!

附注:

赵元任在《语言问题》(商务印书馆,1980年)第37—38页上对这篇文章的题目作了一点说明,请读者参看。又裘斯(M. Joos)在《语言学选读》(Readings in Linguistics, 1957)中对此文写了一个简短的评论,特译出如下:

我们很难想到有比赵元任的这篇文章更好的对早期音位学具有指导意义的单篇论文了。布龙菲尔德的《语言论》刚一出版时,公众用一种混杂的感情对待它的标音。主要的反应是有人持善意的怀疑态度,有人感到震惊,有时甚至感到极端厌恶。人们指责布龙菲尔德,说在语言学家中他一向是表述最严谨的学者,这回却不负责任。对1957年(按:裘斯所编《语言学读本》出版于1957年)还是刚入语言学门槛的人来说,这一点可能使他们感到十分费解,因为他们至少已经注意到本书所收萨丕尔的、布龙菲尔德的和有关索绪尔的论文的日期(按:裘斯所编《语言学读本》在赵元任的《音位标音法的多能性》[1934]前面收了威尔斯(R. S. Wells)所作《索绪尔的语言学学说》[1947],萨丕尔所作《语言中的语音模式》[1925],布龙菲尔德所作《语言科学的一套公设》[1926]）。但是在布龙菲尔德新著（指《语言论》）的读者中，只有极少数才有这方面（指音标方面）的专门训练，大部分有或多或少专业知识的读者受的都是国际音标，特别是《语音学教师》（*Le Maître Phonétique*）杂志中所用的国际音标的训练。对他们来说，把 ten（十）标作 [tɛn]，把其中惯用的送气符号 [t']，元音的偶尔鼻化，或个别人所发的二合元音 [ɛə] 和跟德语的亮辅音 [n̥] 相比的英语所特有的暗辅音 [n̬] 统统省略，乃是习以为常的事情，是出于方便，而无需作任何解释。有一种常见的解释是把所有附加符号称作"眼中的尘埃"。我们把二十世纪二十年代人们称作"标音"（transcription）的东西称作"描写"（description），这似乎前后不一致；但是术语的这种选择标志着哲学上的深刻差别。布龙菲尔德著作的最初的读者中，大部分和今天的读者站在鸿沟的两岸。赵元任和他的论文最令人感兴趣的一点是他的论文可以用这两岸读者的任何一种方式阅读。我把这一点看作是他有非凡的天才和没有任何偏见的证明。我也曾听人用一句简单的话来解释这一点："赵元任什么事情都不会做得不好"，这仿佛是说，他的著作始终能使任何一个读者都感到满意。这一说法就我所知要么是千真万确，要么是接近千真万确。

（《中研院史语所集刊》第 4 本第 4 分，1934 年。

叶蜚声译，伍铁平校）

汉语语法与逻辑杂谈*

　　本文不准备把中国逻辑学作为中国的哲学技巧的一部分来加以讨论。要讨论的，只是一些基本的逻辑概念在汉语中的表达方式。因此，本文将不涉及诸如老子《道德经》中的种种悖论、孟子提出的白马之白与白雪之白是否同白的问题①，以及墨家所关心的一系列问题。相反，我们将考查一些普遍的逻辑要素（似乎是全人类思想中所共有的），例如"and"、"or"、"all"、"if...then"、"not"等，进而探究它们在中国人的思维和言谈中采取何种形式，尤其是语法形式。换句话说，我要考查的不是"否定"而是"不"，不是"蕴含"而是"如果……就……"，不是"存在性"而是"有（在）"。总而言之，我不讨论元逻辑和汉语语法学，而主要关心逻辑概念和语法形式。像"否定"❷、"命题"、"前提"、"推论"这类术语，对于许多中国人，即使是识文断字的人来说，都是比较陌生的。可是，所有的中国人，不管识不识字，都能进行朴素的论证和推理，而又压根儿没意识到自己竟然一辈子都在论证、推理！

　　要想在这短短的篇幅中探讨那么大的题目，必须先限定一下范围，否则难以收拾。在本文的标题中，我用了"杂谈"这样的字眼儿，说明我自知远不足以为这个大题目提供系统的说明。其次，要

---

* 本文在 1954 年 8 月 23 日英国剑桥第 23 届国际东方学者会议上宣读。
　　——编者
① 《孟子·告子上》。
❷ 原文用"国语罗马字"拼写。

想穷尽汉语的所有方面,包括各个方言、各个历史阶段和各种语体,也是项庞大得不得了的工程。我必须把自己的视野专注于现代汉语口语。然而,说到语法的逻辑方面,方言的差异、历史阶段的差异以及书面语与口语间的差异相对说来并不大。这部分地说明了汉语语法学家们为什么通常只给出汉语的一般综合图景,而不具体指明他们描述的是汉语的哪一种形式。当然,一旦遇到比较重要的差异,我会随时指出的。

1. "not"——一般否定副词"不"[①]加在谓语之前构成对陈述的否定。因此,若一命题具有形式 S P,写成通常的逻辑公式就是 $\Phi(a)$,则其反面 $\sim\Phi(a)$ 将读成 S 不 P。例如,"他吃":"他不吃"。逻辑学家们喜欢把否定符号放在整个语句之前,造成整齐而简便的效果。但不管是汉语还是我所知道的其他语言,都没有整齐地这么做。在汉语中与此最接近的是非人称引导谓语"不是……(是)"。这种句式用于对比,也用于阻止一个论断走向反面。

"不"在句中的位置遵循"修饰语先于被修饰语"的一般原则。例如,"不一定"与"一定不","不能来"、"能不来"与"不能不来"还有下面第 5 节中的"都不是"与"不都是"的逻辑意义都是不同的。

在汉语中没有对应于英语"no"的形容词。"no one comes"用汉语说就是"没人来"。因此,要想把西方有关"nothing"、"nobody"等等的哲学问题及笑话翻译成汉语是很困难的,因为其中的形容词性语素"no"在汉语中必须采取"副词+动词"这种形式,用"不……"或"没……"来表达。

2. "if…then"——相当于英语"if…then"中"then"的最常见的

[①] 这个词在北京话里依条件之不同有若干语音变体,但这在语法上关系不大,也并非对其他方言都普遍成立,因此我只取一个不变形式"不"。在动词"有"之前,绝大多数方言里都用"没"及其等价形式,这是另一否定词的残存形式,但对我们的讨论意义不大。实际上,在昆明方言里,"没有"就说成"不有"。

汉语表达,是插入结果分句中的副词"就"①。相当于"if"的也有一些词,最常用的是"要是"(书面语"若是"的语音变体)。如果相当于"if"的词和相当于"then"的词不同时使用,保留下来的通常是后者。例如,"天儿好我就去"。如果"就"后面还有另一个副词,它就往往会挤占"就"的位置,例如,"你来我(就)一定来",其中"一定"前面的"就"就是可说可不说的。

关注形式逻辑最新动向的人大概都熟悉所谓的"实质蕴涵"怪论。按照"实质蕴涵"说,任何命题都蕴涵真命题,而假命题则蕴涵任何命题。为消除这一怪论,C. I. Lewis 提出了"严格蕴涵"的概念,以迎合人们在日常推理语言中的用法②。在日常语言中,实质蕴涵和严格蕴涵的差别并不总是很明显的,而且形同怪论的实质蕴涵的形式在汉语里未必没有家喻户晓的表达方式(英语有时也是这样)。例如,如果王某坚持认为 p 是假的,他可能会说:"假如 p 是真的,我就不姓王。"就是说,一个(对于他来说)为假的命题蕴涵了随便什么事情,甚至包括他"不姓王"这样的事情。汉语里另一个常用的说法是:"除非太阳从西边出来,这种事情才会发生。"这时,"only if q, will p be so"在汉语中采用了"除非 q,才 p"的形式,其中"除非"所引导的子句是"才"所引导的子句成立的必要条件。于是,不可能事件要是发生了,什么事情都可能发生,包括"太阳从西边出来"这样的事情。另一方面,中国人结成盟兄弟宣誓时,往往说:"不管海枯石烂,你我忠心永不改变。"就是说,一个真命题(即兄弟之间的忠诚)是随便什么命题(包括"海枯石烂")都可以蕴涵的(婚誓中也有类似的话)。因此,可以说,在有些场合,

---

① 汉语副词的正常位置是在主语和谓语之间。但和"就"等价的文言形式"则"既可出现在主语前,也可出现在主语后。

② 参见 C. I. Lewis 和 C. H. Langford 的 *Symbolic Logic*,(pp.122,1932)。一命题 p 严格蕴涵 q 意味着 p 和非 q 不可能同时为真。

实质蕴涵的怪论在汉语的逻辑里显得并不那么"怪"。

3. "or"——怀特海和罗素把"not"和"or"(记做"∨")当作原始概念,而把"if...then"(记做"…⊃…")当作用前者定义出来的导出概念。即:

$$p \supset q = \sim p \vee q \qquad \text{Df.}(1)^{①}$$

在汉语语法中,情况刚好相反,人们通常不说"p 或者 q",更喜欢说:"不 p,就 q"。例如:"你不来我就去。"或者"不是你来,就是我去"。

但这并不是说,在汉语中就没有与英语的"or"相对应的语词。"或是"及"或者"就是这样的语词,在文言中则是"或"。现在,"或"表"某人"这一本源意义,在文言文里依然保留着。"或是"、"或者"意为"某些情况"。于是,"或是你来,或是我去"的字面意义就是"某些情况下你来,某些情况下我去",二者大致上覆盖了所有的可能性——当然,是否有交叉则不得而知。(在"可兼"(inclusive)还是"不可兼"(exclusive)的问题上,汉语的"或是"与英语的"or"同样有歧义)。然而,在表达相当于"or"的意思时,说汉语的人们还是更倾向于使用与"if...then"等价的"不是……就是"句式。因此,若以"∨"表"或是",以"⊃"表"就"(暂不考虑语序),以"∼"表"不",那么汉语实际上是把怀特海和罗素的定义倒了过来,写作:

$$p \vee q = \sim p \supset q \qquad \text{Df.}(2)$$

这里,表 p 的符号稍微有些变化。但在(2)中如把∼p 写成 p,恰好构成公式(1)定义方向的反转。

陈述句中的"or"就谈到这里。下面我们先讨论"and",然后再来谈疑问句中的"or"。

---

① 见 A. N. Whitehead & B. Russell, *Principia Mathematica* 2nd ed., Cambridge: Cambridge University Press, 1925, Vol. I. pp.7, 11.

4. "and"——在汉语中,并不存在与英语"and"对应的真正的合取词[①]。名词之间的并列关系可用"跟"、"同"、"和"及文言的"及"、"与"来表达。谓语及陈述句之间的并列关系则可用"又……又……"、"并且"、"而且"、"也"及文言常用的"而"来表达。"而"通常翻译成英语的"and"、"and yet"、"but"等等,但主要是一个接续助词[②]。如果只考虑真值,那么上述语词在逻辑上是等价的。

归根结底,汉语表达并列关系靠的只是语词的并置(juxtaposition)。上述所有相当于"and"的语词在结构上原本是些动词或修饰词,绝非必不可少。因此,汉语里可以说"先生太太不在家"(比照法语,"monsieur-dame"),"他老打人骂人"。这里,上述相当于"and"的所有语词都没有出现,而且这样做丝毫不影响语句的真值。这种用法与通常逻辑上的简化表达方式也是相吻合的,因为逻辑合取的简化表示就是并置。

说明了"and"是由"并置"来表达的之后,现在可以回过头来讨论疑问句中的"or"了。众所周知,在英语中,诸如"Will you eat rice or noodles?"之类的疑问句是有歧义的,需要由语调来区分其意义[③]。如果用的是升调,该句表示"你吃这两样中的一样吗?"期望得到的则是一个"yes-no"型的回答。这里的"or"是逻辑析取词,

---

① Morris Swadesh 曾编制过一个"与文化无关的二百词"词表,供调查语言之用。其中按英文字母顺序(因而语义上可认为是相当随机的)排列的前5个词为:all, and, animal, ashes 和 at。除"animal"和"ashes"外,其余的词很难在汉语里找到对等词。就是说,前5个词当中有3个根本就不是与文化无关的,而只能说是英语、至多是印欧语言的特征。

② 见 Walter Simon 的 Der Erl Jiann and Der Jiann in Luenyeu, *Asia Major*, Vol. Ⅱ(1951), Pt. Ⅰ, pp. 46—47; Functions and Meanings of Erl, *Asia Major*, Vol. Ⅱ(1952), Vol. Ⅲ(1952), Vol. Ⅳ(1954)。

③ 这是一条规律。可是在特殊情况下,语境或情境能消除歧义。这时语调信息就是多余的了。

翻译成汉语就是"你吃饭或是吃面吗?"或者"你不是吃饭就是吃面吗?"这正好是上一节中讨论过的两种句式。可是,如果在"rice"处用升调,在"noodle"处用降调,就成了要求听话人进行选择的选择问句,在汉语中对应的提问方式是在语法上说出两个并列项的合取,由听话人进行选择。这类提问的最简格式是使用由"并置"表达的"并列":"你吃饭吃面?"要是餐馆招待,还可以用更客气的语言说:"你吃饭吃面啊?"这简直就是在朗读菜谱。

现在一般以英语为母语的汉语教师及学生都倾向于把英语的析取问句中的"or"等同于汉语的"还是"。这种观点,如果是用于翻译目的的话还可以抵挡一阵,但用于语法分析,就很成问题。关键在于,从语法上说,合取项前面既可以加"是",也可以加"还是",还可以都不加。于是,下面所有的句式都可能出现:

(a) 你　　　吃饭　　　吃面?
(b) 你　　　吃饭　　　是吃面?
(c) 你　　　吃饭　　　还是吃面?
(d) 你　　　是吃饭　　是吃面?❶
(e) 你　　　是吃饭　　还是吃面?
(f) 你　　　还是吃饭　还是吃面?②

其中,句式(c)这种"零—还是"的形式,可以用最小的努力获得最强烈的效果,因而在上述句式中成了倍受喜爱、频繁使用的一种。这样一来,在日常实际应用中,"还是"就与"or"有了一种对等关系。然而,必须重申,汉语的选择问句,在语法上是一种合取,通常

---

❶ 原文此处有误,从注 ② 改之。

② 九种可能的排列当中,没有列出的三种(是—零,还是—零,还是—是)是比较少见的。这是因为,强式后面跟一个弱式,给人一种虎头蛇尾的感觉,但绝非完全不能说。作为历史事实,就在我写这篇文章时,我太太就在厨房问我:"元任,你还是吃饭吃面?"这正是其中的"还是—零"形式。

是用简单的并置方式来表达的。

5. "all"——在汉语中,没有一个一般的形容词或代词与英语的"all"对应。要想说一件对某类中所有成员都适用的事情,一般是在主语和谓语之间(这是副词的通常位置)插进副词"都"、"全",或文言的"皆"。初级汉语教员们可能会记起,把"都"放在主语前边是西方初学者的通病。当然,问题在于"都"是副词,不是形容词。

有一个貌似形容词的词:"凡"(或者"凡是"),经常被翻译家们用来与"all"对应。如严译《穆勒名学》中就把"All men are mortal"译作"凡人皆有死"①。在口语中人们可以说:"凡是发亮的都是金子"("All glittering things are gold")。但实际上,这些都是乔装打扮的假设命题。我们曾指出,在汉语中,相当于"if…then"句式中"if"的成分经常省略,相当于"then"的成分在后面有另一个副词的情况下也可以省略。我们上面提到的例子恰好属于这种情况。前句省略了"则",因为后面有"皆";后句省略了"就",因为后面有"都"。这样一来,把"凡是发亮的都是金子"按逻辑结构译成英语就成了:"Generally being■ glittering ■ things ■■ in all cases ■ are ■ gold."

逻辑学教材中经常花大量的篇幅来讨论西方语言里涉及上述"闪光的东西"的格言到底该怎么说的问题②。具有逻辑头脑的人主张根本不用"all…not"这样的形式。他们主张要么用"Nothing that glitters is gold",要么用"Not all that glitters is gold",反对模棱两可。如前所述,"all"的概念与"not"的概念一样,在汉语里

---

① 见严复译《穆勒名学》第 2 卷,第 24 页,上海商务,1923。

② 关于这个问题的法文及德文形式,见 Adolf Tobler 的"Tou ce qui reluit n'est pas or." Vermischte Beitrage zur Fränzösische Grammatik, 1902, 190—196 的讨论。

都是用副词来表达的。由于汉语句法规定修饰语先于被修饰语，故而区分"不都……"和"都不……"的不同逻辑含义是件轻而易举的事。"All that glitters is not gold"所产生的歧义决不会见诸任何一本讨论逻辑学的中文书，正如中国古籍里讨论的一些逻辑学问题不会见诸用西方语言所写的逻辑教本中一样。二者都不可能完全摆脱文化背景的影响。

另一种把"all"用于一类事物中所有个体的办法是重复量词，（碰到名词"人"则重复名词），后面紧接"都"。这种表达常用的翻译对等词是"every"。如"本本书都烧了"（every volume of the books has been burnt），"人人都不信他"（every person, without exception, does not believe him，即 nobody believes him）。如果要否定的是某种普遍性，则把否定词"不"、"不是"置于量词之前（碰到"人"，放在"人"这个名词之前）。"不是人人都得去"（Not everybody needs to go）在地道的英语中有时也说成"Everybody does not need to go."由于这种重叠形式总是与"都"或代替它的其他副词配套使用，因而这种句式不会有另外的逻辑含义。

6."There is"——"There is"无法直译成汉语，汉语里只有"有"。"There is a man"译成"有人"[①]。但是谁有？什么有？这个问题得等到后文第10节中再作回答。这里只须指出一个事实，即汉语句子往往以不需要主语的无人称动词开始。若是硬要说话人说出一个主语，那他很可能会把地点、时间或环境当成主语。最常见的情形是他会说"天下有"，如"天下没有这种事"。碰巧的是，"There is"与"has"都译作"有"，而"有"字与作"是"字解的"is"没有任何关系。所以，西方哲学中有关"存在（being）"的问题很难用汉

[①] 确实，法语中的"*il y a*"更接近于"有"所表达的意思。但一个重要的区别是："*a*"仍需要一个语法主语"*il*"，而"有"连语法主语都不需要。

语说清楚,除非特别切断"存在"与"是"的联系,把它与"有"挂钩。

7. "some"——把"there is"认定为"有"之后,我现在就有办法来谈汉语中相当于"some"的成分了。众所周知,亚里士多德逻辑中并没有认识到所谓"特称命题"的存在性质。现代逻辑明确地把"存在 x 是 ϕ"符号化为

$$(\exists x) \blacksquare \phi(x) \tag{3}$$

即"存在某个 x,或至少有一个 x,或至少有一个 x,使得 ϕ 对于 x 成立。"[①] 注意,在汉语里,没有与"some"相当的形容词,正如没有与"all"相当的形容词一样。"some men tell the truth"的正常汉译为"有的人说真话"。这里,"有"相当于"has"或"there is";"的"是一个表从属关系的后缀词。因此,"有的人"意为"men that there are"。换言之,"some men tell the truth"用汉语表达就相当于"There are men who tell the truth",这正好是(3)式的形式。

8. "such that"——公式(3)在英语中通常解读为"There is an x such that…"。由于汉语语法要求修饰语必须先于被修饰语,看来在涉及"such that"这类结构时汉语需要进行很复杂的重组。可是实际上,汉语的表达方式真是再简单不过了。正如在第7节中所说,人们只消用汉语念公式(3)就行。"There are men such that they tell the truth"变成了"有的人说真话"。另一个稍有不同的说法是"有人说真话"。这个句式对于存在性的揭示更加直截了当。这种词序及句式构造在汉语里之所以可能,是因为"人"这个词的递系地位:它既是前面动词的宾语,又是后面动词的主语[②]。因而,"说真话"这个谓语理所当然地跟在了"人"这个主语

[①] 我们说"对于 x 成立"而不说"对 x 为真",是为了避免这里不必纠缠的技术上的麻烦。

[②] 参见 Otto Jesperson 在其 *Analytic Syntax* 中把 Saw him run 中的 him run 看成是主谓关系的作法。

的后边。这与汉语造句法的精神是完全一致的。

9. 话题与说明。——汉语里主谓结构的含义并非像大多数印欧语言那样是动作者与动作的关系,而是话题与说明的关系。作为一个特例,动作者与动作的关系也含于其中。主谓关系的这种概括性在逻辑上意味着它与符号形式 $\phi(a)$ 接近得多。这里,a 不一定是某个动作 ϕ 的动作者。只要 ϕ 对于 a 成立,就可以说 $\phi(a)$。而且,如果一个谓词 R 关涉到一个以上的项:$a, b, c\ldots$,而且这个关系可写成 $R(a, b, c\ldots)$,那么表达这种关系的汉语句子会具有多个主语带一个谓语 R 的形式,如:"剑桥八月二十三日国际东方学者会议宣读论文"。当然,如果在这句话里加上类似介词的"在"和指动作者的"会员",或许会更接近英语。问题是,即使不加这些词语,这句话也依然是地道的汉语。这里有两点值得注意。第一,无论是"剑桥"、"八月二十三日"还是"会议",都不是"宣读论文"这一动作的执行者,然而这样的结构在汉语里却是正确的;第二,虽然一个汉语句子可以有多个主语,但是在停顿、助词和语序等形式特征的限定下,这些主语并不具有如 $R(a, b, c\ldots)$ 中的 a,$b, c\ldots$ 那样同等程度的概括性。就这里举出的例句而言,由于位置的关系,"论文"一词只能是"宣读"这个动词的语法宾语,而不可能是语法主语,尽管它是括号里名正言顺的"变目(argument)"之一。必须指出:汉语的多主语句的一个常型就是本例句这种"汉语之谜":其中 S-P 作为一个整体用作 S′-P′ 中的 P′,而这个 S′-P′ 再作为一个整体用作 S″-P″ 中的 P″,如此等等。这与另一种分析法,即 $R(a, b, c\ldots)$ 并不冲突。

10. "有人"、"下雨"——最后,还有一种相当常见的句型,它只由谓语构成,其主语无须表达也无须意会。我们在前面的例子中已经遇到了"有人"。自然现象常用这类句式来表达,如:"下雨了(downs rain)","起雾了(rises fog)","走了水了!(runs (away) water)"("着火了"之隐语),"退烧了(subsides fever)"等等。把这些句子翻译成英语后,容易使人产生一种误解,好像它们不过是一种易位的主谓结构。但是,这种理解不适用于汉语的实际情况:如"走了水了"这种句式是典型的动宾结构,而从语法角度看,汉语的主—谓语序是没有例外的。

这类由非人称谓语构成的句子不能用亚里士多德逻辑来处理,即使把谓语扩大到不限于含系词的情况也不行。现代西方逻辑虽说不再明确提及非人称句,非人称句处理起来并不带来特殊的困难。如果非人称动词不带宾语,那么相应的句子在逻辑上就不必作进一步的分析:把它们表示为 p、q 就行了。假如有一个宾语可以析出,我们就沿用通常的命题函项表示法,把原句写为 ■(x)。就是说,在汉语语法里当作非人称动词的宾语的东西,在逻辑上成了函项的主语——变目。比如说:"不管下雨、下雪、下雹子、下猫、下狗……我都会来。"这句话在逻辑上就可表为

$$(x) \blacksquare Sx \supset C \tag{4}$$

其中,$(\underline{x})$ 表示"对于$(\underline{x})$的所有取值",

$S(\ )$ 表示"下"(以其语法宾语为变目),

C 表示"我会来"。

只要我们关心的是函项 $\underline{S}$,那么不管 x 在语法上是主语(Rain falls)还是宾语(下雨),其真值都是不受影响的。

由此派生出一个十分有意思的问题①。有人说,汉语中不存在像英语里"It rains"(德语中"Es regnet"、法语中"Il pleut"等相仿)中作体词主语的抽象的"it",这一点不可等闲视之。这批人认为(下面是我的转述),由于科学的思维是以对中性的物质作客观

---

① 这个问题是美国前驻华大使 Nelson T. Johnson 在最近的一封来信中提出来的。

的思考为前提的。语法上缺少了"it",思维上也就缺少了考查客观的中性物质的能力。这也许就是中国人没能在西方科学传入以前自己发展出一套自然科学体系的真正原因吧?

对于这个问题,我想谈两点看法。

第一,现代西方科学只是近三、四百年的事,它只占有文字记载的历史之一小部分,在整个人类文化史中所占的比重更小。任何一组偶然的(不涉及种族、语言的)环境因素都足以在历史跨入科学阶段的起步时期造成这种相对而言并不大的差别。探讨到底是哪些偶然因素造成了这种差别当然是非常有意义的,李约瑟与王岭所进行的研究就是为了这个目的[①]。然而,对这个问题的全面解释,恐怕不是一天两天、一年两年就能做到的。

第二,实体物质的概念只是西方科学思想的某一发展阶段的产物,它并不比人类语言中普遍存在的主语或体词更概括,更基本。当今的物理学理论中,恰恰出现了没有物质就可以产生的(力)场,没有物质的振动就可以产生的波。作为一个以汉语为母语的人,我很想说:瞧,这就是汉语在科学上优于西方语言的明证。而是这里说的"科学",不是老式的牛顿意义下的"科学",而是二十世纪的现代科学!试问,在西方语言里,谁能够不考虑"性"和"数"的因素,单说"moves",而不说"it moves",单说"vibrates"而不说"it vibrates"?!然而,我认为自己又是一个研究语言的学者,必须尽量做到不偏不倚。按照德布罗意的波粒两象说,同样一个现象,既可描述为运动着的粒子,也可以描述为波的传播。两种描述,对于被描述的物质也好,对于物质的这种被描述的物质性也好,都同样是正确的。对语言和科学之间关系的最好概括,就是不要去做任

---

① Joseph Needham, *History of Chinese Science and Civilization*, Vol. I (Cambridge: Cambridge University Press, 1954).

何概括。冒着亵渎"类型论"的风险,带着对伯特兰·罗素的歉意,我还想说,即使上面的最后一句话"不要去做任何概括"这一概括本身,也是一个站不住脚的概括。而刚才的论断又是站不住脚的。……如此翻来覆去,直至无穷。

(*Philosophy East and West*, 9(1), 1955.

白硕译,叶蜚声校)

汉语结构各层次间形态与意义的脱节现象

通过词法和句法分析汉语时,常令人想到这样的问题:汉语是否只有句法?汉语中除了少数久已丧失活力成为历史陈迹的形式之外,哪还有形态手段可言?例如以下成对的词:"长"(阳平)和"长"(上声)、"重"(去声)和"重"(阳平)、"食"(阳平)和"食"(去声)(饲)等,完全成了固定不变的形式,人们无从得出例如使役动词是由平声换成去声而成的这一结论。又据胡适、高本汉等人的研究结果,像"吾"与"我"、"尔"与"汝"之间的格的区别,自汉朝以后,便不存在了;更不用说作为形态手段的它们的构词能力了。

然而在另一层次,现代汉语中还是有些颇有活力的形态手段的,例如重叠和附加词缀。在福州方言中,动词常常可以(用缩简形式)重叠而成一派生动词,具有反复、连续的附加意义,如"卖 [mâi]""卖光"则是 [mê mâi]。广州方言中,变音实际上是不构成音节和音段的后缀,带有一种语法意义指"人们经常说起的那个尽人皆知的东西(或人)",例如,食糖的"糖"和糖果的"糖",后者就发生变音。此外,北京话中,有许多极平常的后缀,其中指小的卷舌音就像广州方言中的变音:也是不构成音节,也含有同样的意义。

由于这样形成的词都是普通的日常用词,它们在现行话语中频繁出现,人们便把这种方法的重要性夸大了;其实近代通俗汉语中最常用的构词法是复合构词法。

也许有人要问,既然复合构词法并没有明确的定义,那末所谓复合词是否都不应被看作短语、而只有单音节的才能叫作词（除了上述由派生或加缀而成的不多几个例词，以及像"蜈蚣"、"蹒跚"这样的少数多音节词素以外）。这种看法不仅符合汉学的惯例，而且同布龙菲尔德那样的典型形式主义语言学家所提出过的处理汉语的方法不谋而合[①]。不过这毋宁是个术语问题，而不是内容问题。理由是，如果凡单音节（连同上述例外）都是词，而研究其间关系的是句法，那末，我们手边就有了不同层次的句法，其中有些单位就成了别的单位的结构成分。因此，我们是按（1）黏着词素、词和短语，还是按（2）词、封闭短语和较松短语来谈，这部分地要看怎样方便。

这篇文章不打算给这些不同的结构层次定出语法条件或说明之。我的本意毋宁是要指出，各结构层都有其独特的活动范围和内在的一致性；如果打破层次的划分，把句中的各个成分等量齐观，那末就会出现种种杂乱和不协调；由于结构层次的间隔，说、写、听、读现代汉语的人对这种杂乱和不协调却感觉不出来。现在我把这些情况按如下六大类提出：Ⅰ.羡余现象，Ⅱ.措辞矛盾，Ⅲ.混杂隐喻，Ⅳ.语法悖理，Ⅴ.语义短路，Ⅵ.背语义分析。

Ⅰ.羡余现象（redundancy）

现代汉语口语结构中，有一种稳定的、不大不小的单位，我把它叫作"句法词"。围绕着这种词，常常发生羡余、矛盾等问题。在小单位和大单位之间的羡余（或其他脱节）现象是不可容忍、饶有趣味、过得去、还是完全无伤大雅，全依句法词中各成分的意义的

[①] L. Bloomfield: *Language*（NY, 1933）, p. 182. 但后来他（在给作者的一封信中）改变了这一观点。

活力强弱或衰竭程度而定。举例说明如下：

"虽然"中的"然"，原来的意思是"如此"，现在只作为后缀，因而有了"虽然这样"，"虽然如此"这样的羡余形式，这种形式现在已属正常，说或写的人决想不到停下来注意一下其中的羡余现象而把它解成"虽然然"。"自然这样"，"固然这样"，"当然应该"，情况也是一样。在"既然已经这样"中，"既"和"已经"，"然"和"这样"则是双重羡余了。不过同一词素的完全重复，除非另有用意，否则就文风而论是不足为训的；因此像"当然应当"这类形式就该避免。"可以"也是一个句法词，其中"以"的本意是"拿"，已不单用，因而有了"可以拿"这一羡余形式。"以为"中的"为"原来有"是"这一意义，但本意已经衰竭，因此，在"我以为他是好人"中，便需添上"是"。这样说不仅不错，而且比"我以他为好人"这一文体混杂的形式更可取。"我认为这是错的"比"我认这为错的"则尤胜一筹。老实说，我倒认为后一说法是错误的。

在一般情况下，如果一个复合词的结构成分在该复合词中的意义已经丧失，那就只好或是重复该结构成分，或是加一个同义词来表示已失去的意义。加同义词的例如"知道说"，"夏天的日子长"，"早起起来"，"已经过了"（其中"经"和"过"系不同层次的结构成分），"如果真的"。完全重复的有"月亮亮"，"棉花的花儿"，"屋租平啲屋"（广州方言，指房租便宜的房），"房间的中间儿"，"早早饭"（时间早的早饭），"小小孩儿"（小的小孩），"小小菜"（江浙方言把一般炒菜都按方音称作"小菜"，故称北京话的小菜时必须再加"小"字）。

Ⅱ．措辞矛盾（contradiction in terms）

措辞矛盾不过是羡余现象的另一方面，原则上没什么新的内容。如果《国语语法》这一书名是羡余的,那末另一名著的标题《国语方法》❶就是措辞矛盾了。又如"文言文"和"白话文",前者是羡余问题,后者则是措辞矛盾。

"然而不然"这一半文半白的词语表面上是"对,又不对",实际上则表示"但是,不是这样"。"然而"和"不然"都是文学语言,在口语中只是偶然一用,因此容易以其原来的意义去看待那些单独的成分,令人强烈地感觉这是一种前后矛盾的说法。在与此类似却比较通俗的说法"虽然不是这样"中,内在矛盾便不那么显著。

如果我们要用复合词中形容词的那个意义,便需加一羡余的形容词,已如前述;相反,如果不用,则需加一反义形容词。于是既有"小小孩儿"也有"大小孩儿",而且可以有"早晚饭"(时间早的晚饭),"小老虎","小老鼠","小大子(旧南京方言,指半卖身女佣)","年轻的老婆","嫩的老玉米","红的不辣的辣椒"。上海方言中有"明朝夜头"(明天夜晚);还有"明朝朝晨头",则是三重矛盾了。常州方言还有"基夜(今夜)早起"指"今晨",因当地把"今日"叫作"今夜"。

以下是层次之间矛盾的例子:"也许不许";"冷静的慌";"他的态度是极端中正的";"很周密的解释",其中"周密"含"严实"和"稠密"之意,而"解释"的字面意义是"解开";"他说了几句非常平凡的话",其中"非常"是"不平凡";"到底在最高的一层";"他近来去的很远";"这个人一窍不通,他的思想净是漏洞";"禁酒一事,尚待斟酌"。

Ⅲ. 混杂隐喻(mixed metaphor)

混杂隐喻和措辞矛盾稍有不同。如果混杂现象发生在同一层

---

❶ 黎锦熙先生遗著。

次,倒是易于看出。但是在"马上就开车走"这一短语中,不假思索,并觉不出哪点特别。其实"马上"的字面意义是"在马背上",尽管"马"和"上"的语义活力都很强,说和听这一复合词的人只把它当作副词而不去注意开着一辆无马的车在马上走("走",还用脚呢)有什么不合适。又如"闻见味儿了",其中有三重混杂隐喻:"闻"是"听","见"是"看","味儿"是"气味"。但是主要动词"闻",在口语中是"用鼻子嗅";"见"是正式的补动词(co-verb),表示五官知觉的完成("闻见"、"听见"、"看见"),因此,说"闻见味儿了"也无不合。在"有两层益处"中,"益(漫出)"和"层"表面上是混杂的,但这里"层"虽然是活的,"益"却已死,因表示"漫出"这一意义的已写作"溢",只用于文学语言。人们完全认可的还有:"结果一朵花儿也没有","我那枇杷压根儿只长叶子"等。"半天"这一夸张法是很常用的,于是有"他半天不说话,过了好几分钟才开口"。最近有一篇文章中谈到:"近代……思潮受了很大影响。""思潮受影响"这一短语,从英语的观点来看是很自然的❶,但用汉语,把"影子"和"回响"同"潮流"联系起来,似乎不合适;其所以说得通,是由于无论"影"还是"响",在这一复合词中都不具有单独的意义。

现在我们来谈谈接受性比较有问题的一些情况:先从一般的开始,再及比较突出的。谈到一个人的雄心时我们用"抱负"一词,这个词字面上的意思是"抱在胸前"和"背在背上(的东西)",平常多接形容词"不凡",但也可以说"抱负很远",当然决不应引起足球队员跑六十码的联想(按:指美式足球队员抱球奔路——译者)。"嗓子"既指"喉咙",也指"嗓音";而"走",作为补动词,则意味着"背离常规";因此,听说"唱走了嗓子"时,也不应引起喉咙走开或

---

❶ "影响"的英语词是 influence,借自法语,法语词来自拉丁语 influentia,其词根为 fluere(流动),故能与 currents(思潮)搭配。

跑开的想象。表示处理一个局面的能力的信心的词是"把握",即"把柄"。但当有人说起一个运动员"对于跳高最有把握"时,并不意味着撑杆跳。未决之案谓之"悬案",但是当某案被文牍主义积压而无下文时,我们不是说"从此石沉大海",便是说"不知压到几时了":这两种说法都令人难以想象该案如何能继续悬着。习惯的弊病叫"流弊",但用"铲除"这一动词时,敏感的作者便宁愿用一不常用的"积弊";因为铲除堆积的东西比铲除流动的东西来得更自然。"风"的引申义是"疯",但说"雨下的疯了似地"时,并不意味着风雨交加。指一个叛国的人用"汉奸",因为从前中国便是世界,叛国当然只叛中国:汉。但在近几次战争中,也听说"日本汉奸"、"英国汉奸",尽管其中"汉"的意义仍有活力。"起头儿"和"动手"都指"开始",前者原意已死,后者尚有活力;因此,"狗起头儿摇尾巴"这样的句子便没有什么问题,但是"我的脚动手麻了"出现在一出戏的悲剧时刻[①],却总要引起观众哄堂大笑。

Ⅳ. 语法悖理(solecism)

不同结构层之间的语法悖理往往跟一个复杂形式的离心性质有关。所谓离心性质,是指该形式的功能不同于其中任一部分的功能。当"影响"作名词时,依旧是向心的;但是如在上引例句中用作动词,则在结构上是离心的,因而造成了语法悖理。"情愿"本是句子形式,有主谓语,并不是哪类词。但在"我情愿去"中,"情愿"却用作助动词像"能"、"要"、"许"等等一样了。"岂有此理"是针对荒诞不经的反问,但在"这太岂有此理了"一句中,整个问句只作为一个形容词,尽管其中找不出可以作为形容词核心的部分。另外

---

① 陈铨:《野玫瑰》,第四幕。

"恶心"、"糟糕"也属离心形容词。"乱七八糟"是语法悖理的又一例；有一种解释说，这一短语结构上的极不对称，就是为了表示其乱可观，不知确否。另外用名词短语或复合词构成的形容词有"外行"、"饭桶"、"客气"、"小心"等，这些词都可以用程度副词"很"来修饰。

有整整一类及物动词，从结构上看，简直不像及物动词，甚至不像动词。它们多由动词加上宾语构成，让人觉得应作不及物动词来用。例如"抱怨"，可以带一宾语，如"他"。又如"随便"，既可以用来说成"随你的便"，也可说成"随便你"。另外动宾复合词用作及物动词的有"留心"、"注意"，这两个词都可带一直接宾语如"这件事"。此外还有"催眠他"、"出版一部书"、"起草一个方案"等。形名复合词用作及物动词的有"'疑心'他"，其中"疑心"是"怀疑的心理"；"同情你"中的"同情"是"相同的感情"；"满意这事"中的"满意"是"满足的意愿"，常用作形容词。"莫名其妙"这一短语在文学语言中是一个句子形式，但在口语中可以当作及物动词："我'莫名其妙'你的意思"。近来开始用的有一个词"强调"，是译自英语emphasis，原指重音，故"强调"即"强音调"，但却可以说"必须强调国防"。

V. 语义短路（semantic shortcircuiting）

句式结构在于把各单位依其现状并在一起，不一定要管这些单位是如何形成的。这是识别各不同层次直接成分的关键。结构上的语法悖理是由于把不同结构层次混在了一起；羡余、措辞矛盾、混杂隐喻则是把不同意义层次混在了一起。但是即使不涉及不同层次，即使在一个结构层次，倘若各个成分不是取自适当阶段，结果意义也会别扭。像"非……不可"里面的"非"就很不可捉摸,如"他非要去",表面上好像"不是他要去",其实是"他坚持去"。这里重要的关键是按文体和"非"在这一上下文中的语义发展阶段来看,它决不是"不"或"不是",而是"非……不可",即"坚持"。

另外语义短路的例子是"起头儿"。在第三节"狗摇尾巴"的例子中,如果把"起头儿"译成"抬起头来",就发生混杂隐喻,也造成语义短路。因"起"有"开始"之意,而"头"加上后缀——儿,获得派生意义"一端",于是在"起头儿"这一复合词形成的阶段,其中各部分不再表示"抬起头来",而是"在一端起动",即"开始"。近来流行的一个动词"搞",意思是"弄",如"搞清楚了"。"搞"其实是"搅"在华中方言中的读音;"搅"是"搅动","弄"是其引申义,因此说"搞(搅)糊涂了"比说"搞清楚了"倒更合逻辑。

VI. 背语义分析(asemantic analysis)

至此我们所论述的一些脱节现象大都是可以接受的。因为用这种语言的人在某一层次操作时,并不十分关心较低层次结构成分的功能和意义;或者,正如上节那样,当他在某一形式的某一发展阶段操作时,并不关心这一形式在另一阶段可能具有的功能和意义。现在,在我称之为背语义分析这一标题下,我将研讨一系列有趣的结构,在这种结构中,使用某一复杂形式的人,并不把该形式分析成原来的成分,而是用类推法把它分析成跟原来的意义或功能截然不同的成分,甚至对不可分析的单位词素也加以分析。

这种分析的典型例子是"体操"。常说"上了一堂体操"。但"体操"也可用作动词,犹如"上课"。既然能说"上了一堂课",为什么不可以说"体了一堂操"呢?严格说来,如果从另一层次来分析,"操了一堂体"倒更合逻辑。但是正如常发生的那样,语音因素先于逻辑因素。典型的动-宾韵律是 $_1X'Y$ 型,因而迫使"体"作了动词,而"操"作了宾语,不管合不合逻辑❶。同理,也常听说"跳了一晚上的舞","跳舞"其实并非动词加同源宾语,像英语中的 danced a dance(跳了一场舞)那样,而是两个同义动词构成的复合词:"跳跃"和"舞蹈"。 又 动－补(verb-complement,即 verb-coverb)❷复合词常再分析成动－宾,如"取消",可以说成"取了消了"。《雷雨》第一幕中有一句对白:"我先提你个醒",把"提醒"拆开了。用"同"构成的复合词有"同岁"、"同学"、"同窗"、"同房"、"同班"、"同事"——这些都可以用作名词谓语。但是"同"可以加上动词后缀,仿佛真是个动词,而后面的词就成了宾语,如"我跟他同过四年学",犹如说"我念过四年书"一样。

有时,一个动宾结构被分析成动词加宾语,固不待言,但动词的修饰语却转换成了宾语的修饰语。于是从"说话"、"骂人"就有"说了几句话"和"骂了几个人"。而由"说了半天的话"类推,便可以说"骂了几个钟头的人",显而易见,用钟头来量的只能是"骂",而不是"人";但是这种结构用起来却比较便利,否则便需用一重复的形式:"骂人骂了几个钟头。""拔了两块钱的草",当然不是草值两块钱,而是"拔"值两块钱。"戒了五年的酒",也不是要他面对一坛一坛够喝五年的绍兴酒,而点滴不尝(这么多的酒他将难于抵制),而是说"戒酒"一事持续了五年。

有一类动宾结构,所表示的动作又影响到人。由于结构中已有一直接宾语,因此受影响的人必须另行设法表达。如"打岔",意思是"打扰谈话"。如果想说"打扰他谈话",只好说"跟他打岔"或"打他的岔"。还有"帮他的忙","我生他的气",后者表面上好像是

---

❶ 日语的宾语在前,动词在后;"体操"即源于日语。按汉语习惯,的确应为"操体"。

❷ 指动词加一补充成分,如"取"加"消"。

"我引起了他的怒气",其实是"因他之故,引起了我的怒气"。这种结构译成英语时,应是直接宾语变成了所有格形式作宾语的修饰语。因此我称之为"所有格宾语",求其简短而已,其实并不确切。

由于经常使用这种无视原来语义成分的分析方法,结果北京话产生一种特殊的结构,为其他方言所无。以"他昨儿来了"为例,如果想要强调"昨天",就说"他是昨儿来的"。如果用及物动词和宾语,也可依样画葫芦,如"他是昨儿出医院的";但是若依"他是昨儿来的人"类推,北京人喜说"他是昨儿出的医院",虽然不合逻辑,好在他不是医院,也不致引起误解。不过若无上下文,发生歧义的机会偶然也有,尽管不多,不致扼杀这一喜闻乐见的用法。例如"他是去年生的小孩儿",意义可能有二:(1)他(或她)是生于去年的小孩儿;(2)她生小孩儿是在去年。"他是今年选举的总统"则意义有三:(1)他是今年选出来的总统,(2)他被选为总统是在今年,(3)他投票选一位总统是在今年。

背语义分析不但应用于不对头的语义成分,而且应用于决非语义成分的语音成分。"慷慨"是个不可分的双音节词素,用作形容词。如果说"慷他人之慨",就把两个音节拆开了。倘若一个词的双音节的第二部分听起来与一个同音名词相像,就更容易拆了。如把"滑稽"分成动词和宾语而戏说成"滑天下之大稽"。"滑稽"一词本来已经引起权威们关于词源和读音的意见分歧(有把"滑"读成gǔ的),现又分析成动词和宾语,也许是故意让人听起来像"滑天下之大鸡"。

背语义分析最妙的例子是象棋术语"将军"。"将军"原是"将领一军"之意,由是而"将领一军的人"——"将军"。由于声调的变换,又有了"将(去声)"这一形式,象棋棋子中便有它,相当于西方象棋的"王"。下棋的人说"将军"时,就是说"你的将军(危险)!"或"留神你的将军!"是感叹语。动词是"将","将"的宾语一般是对手之名,不是他的主棋子的名字。"将军"也可作双音节动词用,这时,或用一所有格宾语,如"将他的军";或把"军"当作准辅助名词(量词)而说"将他一军"。如果发生了什么呢?从动宾形式"将军",有了名词"将军",以及感叹语"将军!"最后,由于背语义分析,又回到了动宾"将军";但是中途却失掉了"将"和"军"的语义内容。

最后,我再举几个背语义分析的例子,但已超出汉语范围之外了。汉语有可能语气形式"看得见"和"看不见"。这种形式可以用于许多动-补复合词。因此,学了点英语的中国学生给英语动词也编了一些可能语气形式,如:quali-得-fy(配得上)或quali-不-fy(配不上)。上海的电车,并不通宵行驶。行人夜出,自然十分关心各路末班车,于是有了"赖四卡"这一名称,即 last car 的沪译。但是倒数第二班车也有实用意义,既然"四"的前边是"三",还有比说"赖三卡"更自然的吗?于是又有了"赖三卡"!

(《中研院史语所集刊》第 28 本,庆祝胡适先生 65 岁论文集,1956 年。田砥译)

汉语中的歧义现象

1. 歧义、模糊和笼统

歧义(ambiguity)指一个符号可以有多种理解这种性质,它跟模糊和笼统不同①。模糊(vagueness)指一个符号的边界不明确的情况跟明确的情况比起来显得十分突出。例如,颜色名称"褐色"是非常模糊的,"椅子"这个词也一样②。事实上,"模糊"这个词本身是十分模糊的;因为边界不明确的情况显得十分突出,这个说法本身,其边界不明确的情况也很突出。

符号的笼统(generality)指它适用于若干个事物,人们承认这些事物有差别,也不见得忽视这些差别,只是这些差别在使用这个符号的语境中被认为是无足轻重的。例如,汉语的"人"比英语的man(男人)或woman(女人)笼统,它用于不需要指出两性差别的场合。同样,"有色的"比"褐色的"和"红色的"笼统,在许多交流场合中笼统概念"有色的"正是所要传达的意思。但是,"他一点儿没生气"是个歧义句,因为当"生气"作发怒讲时,全句的意思是:他压根儿没有发怒;当"生气"作活力讲时,全句的意思是:他没有一点

---

① 关于这三个概念的讨论,请看 Max Black, *Language and Philosophy*(语言和哲学), Ithaca, 1949, Chapter Ⅱ Vagueness。

② 同上,30—31页。

儿朝气。没有什么理由把发怒和朝气归纳成一个笼统概念"生气",更不用说它们的结构方式根本不同:作发怒讲的"生气"是动宾结构,作朝气讲的"生气"是定中结构。

2. 词汇歧义和语篇歧义

词典中几乎每个词都有几个不同的定义,就此而言,差不多每个词都是有歧义的。语法书中孤立地引用的、并非实际使用的词语和句子,大都也是有歧义的。但是,如果一个词或更长的形式被用来构成实际语境(上下文或情景)中的一篇话或一篇话的一部分时仍然可以有多种理解,那么这就是语篇歧义(textual ambiguity)。换一种说法,孤立地引用的语言形式是类型(type),出现在实际使用中的语言形式是实例(token)。语言学是研究类型的,语文学是研究实例的[①],因此本文对歧义的类型的研究实际上是研究类型的歧义。但是,就像可靠的词典是以实际话语为基础的一样,本文对歧义的讨论也尽可能地以实际的会话和书面材料为基础。

3. 有意歧义和无意歧义

虽然歧义经常造成交流不畅,但意在混淆或逗乐而不是交流思想的情况下,人们可以故意地制造歧义。巧妙的广告、专卖药的标签、合同或条约的例外条款、预言、算命先生的话等经常用这种方式构成:听读者按照说写者示意的方式去理解,但是还有一种说

---

① 这是一种非常粗略的说法,事实上两门学科对这两种问题都研究,只是目标和侧重点有所不同罢了。

写者期望在法庭上作出的或由未来事件证实的理解方式。如果仔细考虑后发现实际上没有歧义,就像细读契约的附属细则时经常发现的那样;那么表面上的歧义与其说是造成了交流的失败,不如说是导致有意的"非"交流的成功。

双关及其他形式的词语游戏也是有意歧义的例子。有许多这样的例子,语境只允许一种合适的解释,错误的解释越生动,两种解释就越不协调,效果也就越好。但是,如果两种解释都是合适的,那么这种双关就成了绝妙好辞。它也能引人发笑,但并不显得荒唐滑稽。

4. 程度高的歧义和程度低的歧义

几种可能的理解的相对几率是影响一个语言形式的歧义程度的重要因素。如果几个几率差不多,那么歧义的程度就高。如果几个几率有明显的差别,一种解释的几率大大地超过其他解释的几率,那么这就是最有可能的一种解释。例如,"买马"听起来像"埋马",因为第三声词"买"在第三声词"马"之前读成第二声。但是,由于谈起买马的场合比谈起埋马的场合多,因而这个短语很容易被听成是"买马";除非在谈及如何处置死马的场合,它才有可能被理解为"埋马"。在双关和妙语中,最生动的通常不是那些多种解释几率均等的情形;而是这种情况:错误的理解是最有可能的解释,但在较大的语境中偏偏这种解释被证明是错的。

5. 语内歧义和语际歧义

至此,我们还只是在同一种语言中考察歧义问题。当一种语言译成另一种语言时,在源语言中只是笼统的现象经常被译者当作歧义现象。这一点在把类似汉语这种无形态变化的语言译成具有高度发达的显性语法范畴的某种印欧系语言时,表现得特别突出。例如,"我的朋友来了"译成英语是有歧义的,因为它可以有两种理解:(1)My friend has come(我的一个朋友来了)或者(2)My friends have come(我的一些朋友来了)。假如上下文或情景告诉译者谈及的只是一个朋友,那么他会译成(1);(1)这种译法作为一个英语的句子,看上去是毫无歧义的。但是,德语译者从他的语言的观点看,认为(1)仍是有歧义的;他必须知道这个朋友的性别,然后才能定夺把 friend(朋友)译成 Freund(朋友,阳性)还是 Freundin(朋友,阴性)。

语际歧义(inter-lingual ambiguity)绝不限于语法上的差异。如果一个人说 My cousin called me up(我的堂(或表)兄/弟(或姐/妹)打了一个电话给我),听话人可能希望得到关于那个 cousin 的进一步的信息,但不会认为那个句子有歧义。如果他必须把它译成汉语,那么在为汉语译句在八个不同的称呼中作出选择之前,他必须知道该句所谈及的那个 cousin 是男的还是女的、是父方的还是母方的、是年长的还是年轻的。这种问题使实际从事翻译的人十分烦恼,他必须努力利用各种可供利用的语境,这就成了语文学研究的一部分。从本文的目的出发,我们将主要讨论汉语中的语内歧义(intralingual ambiguity)问题。

6. 同形字:汉字造成的歧义

因为数量不小的汉字有多种读音,这些不同的读音往往与不同的意义和功能相联系①；所以一串汉字构成的序列就其到底代表了什么语言形式而言，是很容易引起歧解的。通常，一个有不同的读音和意义的汉字如果有同样的上下文就会引起歧解。例如，"头发长得怪"可以有两种理解：(1)头发很长，以至于有点儿怪；或者(2)头发的长相有点儿怪。到底作哪一种理解，取决于"长"这个字读 cháng 还是读 zhǎng。同样，"这个人好说话"根据"好"读 hào（容易）还是读 hào（喜欢）可以有两种理解：(1)这个人容易通融，或者(2)这个人喜欢说话。

在文字材料中，最重要的歧义现象是由大量的字挨着字的序列造成的结构歧义。在口语和常规的语音材料中也有大量的结构歧义现象，这种情况我们将在下一节中讨论。但是，文字材料中典型的结构歧义是由于合成式句法词缺少标记而造成的。比如，旧金山一张中文报纸的一则标题是这样开头的"非法国大将选出……"。因为"法国"和"大将"都是常用的合成词，所以我看到这则标题后的第一印象是"非法国籍的将军选了……"（我把这张报纸给其他人看，他们也有同样的感觉）。但是，根据这则新闻的内容本身和这是一张反国家主义报纸这种事实，我很快地知道应该把它分析成"非法 国大 将 选出"。在一本关于虚词用法的教科书中②，一个句子写道："凡是做目的字，都……"。由于最近人们经常谈论和读到"目的"和"目标"，因而这个句子初看上去好像是说："凡是做目的之词，都……"，可是实际上它的意思是："凡是作标题的词，都……"。

采用词与词之间隔开这种书写形式，不管是用汉字还是用字

---

① 在词典中大约有5%的字是这样的，在连续的文本中大约有15%的字是这样的，因而高频字更倾向于有多种读音。

② 周善培《虚字使用法》，上海，1916年。正文第1页。

母来书写,基本上能消除上述这种歧义现象。在某种程度上,标点符号也能表明结构。有许多关于标点重要的故事,下面是其中的一个,可以作为例证:一个房客希望他的主人请他留下来,因为天开始下雨了。但是主人却给他留了一个条儿:"下雨天留客天留我不留"。应该标点成(2+3)+(2+3),即"下雨,天留客;天留,我不留"。但是,那个客人却按照3+3+3+1这种标点方式读成"下雨天,留客天。留我不?留!"另一个相似的例子出自《续今古奇观》,说的是一个老头儿留下一份遗嘱,看上去写着:"张一[①],非我子也。家财尽与我婿,外人不得争占"。但是,老头儿在临死前告诉他妻子,说等儿子长大后,她一定要为儿子争产权,一个聪明的公证人将发现遗嘱中玄妙的意思。果真到了那么一天,那个公证人把遗嘱读成:张一非,我子也。家财尽与。我婿外人,不得争占"[②]

7. 同音歧义

跟同形歧义相反的是同音歧义。汉语的一个音节可以和许多字相对应(读 yi 的字有 85 个),这使得许多汉语拼音设计者十分头疼;不过,光这一点倒并不能造成歧义[③]。但是,如果相同的一个音节或几个音节代表了不同的语素或语素组合,并且它们在相

[①] 注意,主语后有停顿在汉语语法中是惯常的,在标点本中这种停顿通常是标出的。

[②] 是胡适博士提请我注意这个故事的。

[③] 早期的国语罗马字工作者致力于给每一个汉字设计一个独一的罗马字形式,让人能不依赖语境、光从罗马字本身就能认出它所代表的汉字是什么。比如,WángQīngchūn 的系统就是这样的,当然这种系统比一般的汉语拼音书写系统在要求上要严格得多。参看他的《新汉字》,刊《中国社会、政治科学评论》第 24 卷第 3 期,第 263—290 页,1940 年。

同的上下文中都有意义,那么就会造成同音歧义①。汉语的语音歧义并不像人们查单个汉字字典时设想的那么常见,这一点似乎会使人感到惊奇。但是,考虑到下面这个事实大家就不再会觉得惊奇:不等电视的出现,从电话发明以后,中国人使用电话毕竟已有几十年了。或者,考察这样一个相关的事实:多少世纪以来,汉语音节的浊声母和辅音韵尾的消失造成了越来越多的同音汉字,但中国人依然用汉语来说话。

最简单的同音歧义是相同的语音形式属于相同的形式类(form class)。例如,有一次我问小贩鲜花的价钱,他告诉我的价钱是论"把儿"([par])的。但是,我把"把儿"听成了"板儿"([par]);实际上他说的是指小的(diminutive)"把儿",这是一个很小的计量单位。由于在现代汉语中"半"和"瓣"是同音的,因而"这桔子我吃不完,给我一半儿(瓣儿)"是个同音歧义句。再如,我听到这样一个句子:"zuór wǎn shang wǒ zuò mèng kàn chuán jiào",我把它理解成"昨儿晚上我做梦看船叫",而实际上说的是"昨儿晚上我做梦看传教"。造成歧义的成分在句子中可以不挨一起,例如:"wǒ yī bù dōu bù néng mài",既可以听成"我一部(书)都不能卖",也可以听成"我一步(路)都不能迈"。

当然,在相同的上下文中的(同音)语素在句子中的功能不一定相同。例如:"wǒ xiǎng mǎi diǎr yān",当 yān 代表"烟"时,句子说的是"我想买点儿烟";当 yān 代表"腌"时,句子说的是"我想'买点儿(来)腌"。在句子"nǐ de huā jiāo de shuǐ bù gòu"中,同音语索引起的结构差别更大。我把这个句子听成"你的花椒的水不

---

① 关于语境中的同音形式与语境外的同音形式的区别,请看 Elsie Richter 的 *Ueber Homonymie*,见 Festschrift für Universitäts Professor Hofrat Dr. Paul Kretschmer, Beiträge zur Griechischen und Lateinischen Sprachforschung, 第 167—201 页,1926 年。

够",而实际上说的是"你的花浇的水不够"。这里只有一个同音语素"椒"或"浇",却引起了整个结构的不同。在第二种理解中,"花"后有一个可能的停顿;并且,"花"更通常的说法是"花儿",这就不会引起歧义了。但是,上引的这个例句的确是我实际听到的。

有这样一种边界模糊但非常有趣的同音歧义;一个语音形式(不管是否写作同一个汉字)所代表的两个引申义(有时包括本义)相差极大,以至于通常被当作是同音形式。例如,xiù 的现已不用的原始义是谷物抽穗,它现在有三个常用意义:(1)秀(只能用作粘着语素),(2)绣,(3)锈。所以 zhè jīn huār xiù le 可以作两种理解:(1)这金花儿已经锈了;(2)这金花儿已经绣上了。由于这三种意义相去甚远,并且被写成三个不同的汉字(尽管在字形上有相同的部分),它们通常被当成是同音形式,与语源上无关的同音形式一样看待[①]。

同一个动词"来"可以占据相同的可能的补语位置,但起着不同的作用:(1)作趋向补语,意思是到这边儿来;(2)作虚化补语 R,用在"V 得 R"和"V 不 R"一类格式中,这种 R 不表示特定的意义。例如,"洋服做得来做不来?"有歧义:(1)洋服能否及时做好并送来?(2)(裁缝)会不会做洋服?"你叫猪叫得来吗?"也有歧义:(1)你能把猪叫来吗?(2)你会学猪叫吗?再如,"你美国过得来吗?"也有歧义:(1)你能到美国来吗?(2)你在美国过得惯吗?

cái 由原始义新芽引申为开始、刚刚、才能、木材、材料、财富等,这些不同的义项被写成不同的汉字,有时写法还不一致。一种相对新起的用法是把副词 cái 写成繁体字"纔",但是现在为了方

[①] 古籍中著名的歧义例子是"君子固穷"(《论语》卫灵公章),它可以有两种解释:(1)君子固守贫穷;(2)君子本来贫穷。再如"大司马固谏曰"可以有两种解释:(1)大司马坚持进谏,说……;(2)有个叫固的大司马进谏,说……。参见张世禄《论同音形式》,见《中国语文》1957年,第32期。

便(而不是为了回到古代的用法)又重新简化为"才"。结果,当人们碰到"才能"这样的组合时,只得根据上下文才能断定它到底是指(1)(只有)……才能;还是(2)能力、才干。同样,"可能"也有类似的歧义,"可"既可以理解为助动词"可以、能够",又可以理解为发问词。因此,我没能回答下面这个问句"可能在纽约见面?"(能在纽约见面吗?),因为我把它听成了陈述句"也许我们将在纽约见面"。

用同一个汉字来写同样的音节,这就不能保证不同的意义在共时或历时上不被归结为一个语源形式。例如,同一个汉字"别"既用来记录"区别、各别、分别"意义的 bié,又用来记录否定性命令词语"不要"的融合形式 bié。另一个汉字"面"既用来记录"脸、侧面、方面"意义的 miàn,又用来记录"面粉、面条"的 miàn 的通俗简体字。例如,成语"别开生面"的意思是另外开创新局面,但有时我却把它听成"别(打)开(袋装的)生面"。其中,"生"可以看成是一个语素有两个引申义:(1)新,(2)生的(未煮熟的)。但是,两种意义不同的"别"和"面"是两对同音形式,尽管它们经常写成同样的字形。

8. 由直接成分造成的歧义

最有意思和最重要的歧义现象是那些由于直接成分(immediate constituents)可作多种切分而造成的歧义①。这种歧义通常的根源是线性修饰(linear modification)——有层次的修饰关系的复

---

① 现在大家可能已经觉察到这一点:这里提及的不同类型的歧义是相互交叉的(比如,由直接成分造成的歧义与同形字造成的歧义交叉),因而同一个例子可以归入不同的类型。这并不奇怪,因为这些类型只是从某几个角度反映歧义现象的若干最重要的方面。

合结构只能用单一的线性序列来表达[1]。这是由语言的线条性决定的,当然不是汉语所特有的。例如,一家饭馆的招牌写道:Fabulous Roast Prime Ribs of Beef Nightly —— Carved Before Your Eyes with Baked Idaho Potato[2](每夜供应美味的上等烤牛排——当面切开,另配烤爱达荷土豆/在你的眼睛和烤爱达荷土豆切开后切开)。我们听过这样一个故事:一个小男孩的母亲叫他去看看司密斯老太太今天身体怎么样(how old Mrs. Smith was today),结果他却问道:How old are you today, Mrs. Smith?(司密斯太太,现在你多大了?)还有这样一个故事:一个男子去买梳子,女店员问他是否想要细密的男梳(a narrow gentlemen's comb)。但他却傲慢地回答:"不! 我要带橡胶齿的给胖先生用的梳子(a comb for a staut gentleman)!"

回到汉语的例子上来,"大烟盘儿"有歧义:(1)作 1+2 式切分,意思是大的烟盘儿;(2)作 2+1 式切分,意思是大烟(鸦片)的盘儿。"养老金"也有歧义:(1)作 1+2 式切分,意思是供养老金;(2)作 2+1 式切分,意思是用于养老的金钱。中国中部一所农学院的奶牛场上有一块招牌,上面写着"无肺病牛"四个字。由于汉语的四音节序列绝大多数是按 2+2 这种节奏形式来切分直接成分的,因而一眼看上去"无肺病牛"说的是没有肺的病牛;可实际上说的是没有肺病的牛,应按(1+2)+1 这种节奏切分。同样,"不成文法"既可以作 2+2 式切分,意指不合文法;也可以作(1+2)+1 式切分,意指不经立法的法规。有一块招牌上写着"湖南第一贫女院",应作 2+[2+(2+1)]式切分,意指湖南编号为一的贫女

---

[1] 参看 D. L. Bolinger, Linear Modification(线性修饰),PMLA 57,第1117—1144 页,1952 年 12 月号。

[2] 见《纽约人》1956 年 9 月 29 日第 148 页。

院;要是作2+[(2+2)+1]式切分,它的意思将变成湖南最贫穷的女子的收养院。

有时候由直接成分造成的歧义牵涉到同音形式。在这种情况下,如果两个同音的形式的文字形式是不同的,那么可以把它们写成不同的汉字来消除歧义。例如,xīn wēn xué 有两种理解:(1)按1+2式切分,说的是"新文学";(2)按2+1式切分,说的是"新闻学"。jiù huǒ chē 也有两种理解:(1)按1+2式切分,说的是"旧火车";(2)按2+1式切分,说的是"救火车"。同样,wǒ yòu tuǐ má le 也有两种理解:(1)按1+2式切分,说的是"我右腿麻了";(2)按1+1+……式切分,说的是"我又腿麻了"。

由直接成分引起的歧义当然也会牵涉到除了修饰以外的句法和词法结构。例如,"要人先来"有两种解释:(1)接1+3式切分,意思是希望人先来;(2)按2+2式切分,意思是大人物先来,其中的"要人"是个合成词。"你说没用"有两种解释:(1)按1+3式切分,意思是你说过"(某物)没有用处";(2)按2+2式切分,意思是你说话是不顶用的。"大不了"作1+2式切分时,有两种解释:(1)没完没了,"不了"是个合成词;(2)至多也不过,"大不了"是个潜在的合成词,其中"不"读轻声。"礼拜一准回去"有两种解释:(1)按2+2+2式切分,意思是星期天肯定回去;(2)按3+1+2式切分,意思是星期一肯定回去。在这个例子中,"一"的连读变调应能区分这两种意思。"脏 de 快"有四种解释:(1)按2+1式切分,意思是某种脏的东西很锋利;(2)按2+1式切分,意思是某种脏的东西速度很快;(3)按2+1式切分,意思是很快地变脏了;(4)按1+1+1式切分("快"作为可能补语),意思是能很快地变脏。

由直接成分造成的歧义的一种常见形式是"是……的 N"格式,它可以作两种理解:(1)"……V 的"修饰 N,(2)动宾结构 VN 带词组后缀"的"。这两种理解不一定都有意义,但当它们都有意义时就会造成歧解。例如,"tā是去年生的小孩儿"。按第一种理解,它的意思是:这小孩儿是去年生的;按第二种理解,它的意思是:她生小孩儿是在去年。在第二种理解中,动宾结构以非连续成分的形式出现。这种语序只在北方方言中有,在南方和华中方言中没有听说过。

9. 其他形式的结构歧义

还有一些结构歧义与直接成分没有关系。有些形容词在相同的上下文中能有动作动词的功能。比如"汤热着呢"有歧义:(1)汤还很热(信不信由你),(2)汤正在加热。"汤还没凉呢"也有歧义:(1)汤还没有变凉,(2)汤还没有被弄凉①。"对了"经常用来表示同意,意思是正确。但是,"对"可以表示核对的意思。有一次我听到"对了"用作祈使句,意思是叫人开始核对。这里的"了"是语助词,表示出现新情况。关于兼作形容词和名词的歧义,我们可以举出下面这些例子。"他没病"有两种理解:(1)他没有疾病,"病"是名词;(2)他没有生病,"病"是形容词。"发毛"有两种理解:(1)发霉,"毛"是名词;(2)变毛糙,"毛"是形容词。"发光"也有两种理解:(1)发出光亮,"光"是名词;(2)变光滑,"光"是形容词。

结构歧义当然可以影响到不止一个成分,从而造成不同类型的结构体。例如,"多少"作为一个由一对反义语素组成的合成词,意思是问数量多少或指这么多;作为一个"副词+形容词"结构,意思是多么地少或指这么少。在一次关于给中国军需物资的谈话中,我听到这样一个句子"能给中国多少就多少",我把它理解为尽可能多地给中国;但实际上说的是尽可能少地给中国,这跟我的理

---

① "凉"的意思与它的同根动词"晾"不同。有人用"凉"表示"弄凉"。

解正好相反。"一"后边可以接动词或量词,这也会造成歧义。例如,"电报一通"有两种解释:(1)电报一开通……,(2)一封电报("通"在书面上可以作"电报"的量词)。"要走"这个组合通常是"助动词+动词"结构,意思是想要走。但是,在"那您不是一块两块都要走了吗"[①]中,不能作上述那种理解;而是应把"要"分析为主要动词、"走"分析为结果补语,"要走"的意思是索取走了。动词后边跟着名词的组合,既可以是动宾结构,也可以是偏正结构(动词修饰名词)。例如"烙饼"既可以指烙制饼子,也可以指烙的饼子;"恢复工作"既可以指重新开始工作,也可以指恢复性的工作;"出租汽车"既可以指租出汽车,也可以指供出租的汽车。

显性语法关系明确的语法结构如果有歧义,那么可能有一些隐性的形式对应着这些不同的意义。我们借用乔姆斯基的例句 the shooting of the hunters([对]猎人的射击),就动作的方向而言它是有歧义的。但是派生出这两种意义的核心句(kernel sentences)(1)Hunters shoot(猎人射击)和(2)They shoot the hunters(他们向猎人射击)是没有歧义的[②]。同样,"估计的费用"是有歧义的,它关涉到两个不同的核心短语:(1)所估计的费用,(2)估计费。"还没睡着呢"既可以指简单的"还没睡呢",也可以指"你还说'你没睡'呢";这里的"还……(引语)……呢"是一种说话人用以反驳他所反对的某种陈述的常用格式。

汉语动词的动作方向既可以是主动的又可以是被动的,这经

[①] 曹禺《雷雨》第一幕中四凤的话。

[②] Noam Chomsky, Three Models for the Description of Language(描写语言的三种模式)见 *IRE Transactions on Information Theory*, Vol. IT—2, No.3, 123—124(1956)。

常引起歧义①。我们可以给出真实会话中的两个例子,句(0)是说的,句(1)是意指的,句(2)是实际上理解的,句(3)是可以这样理解的:

(0)这 鱼给 他们吃一点儿 啊?
(1)这金鱼给 他们吃一点儿食啊?
(2)这猫鱼给(猫)他们吃一点儿 啊?
(3)这鱼给客人他们吃一点儿 啊?

在另一个会话中,有人说"法国委员会十六对十五票通过了,德国还不知道呢"。听话人把它理解成:法国委员会以十六对十五票通过(加入北约),但是德国还不知道这事儿。所以他说:"怎么会呢?这事儿报纸上早已登了!"事实上,说话人的意思是:德国方面的投票结果还不知道呢。

除了少数故意运用的情形,歧义是交流的障碍,它是符号体系有待补正的缺点。从例子中可以看出,同形歧义可以通过给出读音来消除,大多数同音歧义可以通过给出不同的字形来消除。至于由直接成分引起的歧义和其他形式的结构歧义,一个非常重要的因素是超音段成分(prosodic elements)。除了标点和其他表音特征能提供极小的一点帮助外,超音段成分基本上不被绝大多数的书写系统表示出来;不管这种书写系统是用方块字的还是用字音的,甚至通常算作是表达音位的书写系统也一样。一般地说,由直接成分造成的歧义可以通过使用合适的音渡(juncture)和停顿(pause)来消除②。当然,重音和语调总是重要的。例如,They are

---

① 不用说,这并不是一个价值判断,而是一个对事实的陈述。汉语还有其他一些特征,它们使得汉语在歧义性方面与大多数语言相似(即不比其他语言多,也不比其他语言少)。参考胡附、文炼《现代汉语语法探索》,北京,1955年,第16页。其中说我"企图证明汉语在表达意思方面是不清楚的"。

② 参看D. L. Bolinger和J. Gerstman, *Disjuncture as a Cue to Constructs*(分接音渡是结构的线索), *Word* 13.2.246—255(1957)。

flying machines（它们是正在飞行的机器）不同于 They are flying machines（他们正在驾驶飞机）①。如果标题大字上有重音标记，那么 Vandenbury Reports Open Forum② 就不会产生歧义了③。与此相似的是下面这个标题 University of California Names Mark Twain Editor④。举一个汉语的例子："芝麻大的烧饼没有多少味儿"，不同的重音模式使它有歧义：(1)"芝麻"修饰"大"，全句的意思是：像芝麻一样大的烧饼……；(2)"芝麻大"是主谓结构，重音落在"大"上，全句的意思是：上面有大芝麻的烧饼……。

有必要给分析者一个忠告：不要期望韵律特征和结构之间会有一种十分简单的对应关系。事实上，某些用以消除歧义的形式特征和几种意思之间并不是一对一的对应关系，甚至也不是一对多或多对一的关系，而是一种不对当的关系。例如，"飞过大西洋"。当"过"读第四声时，它是一个平常的补语。整个组合的意思只能是：(某人或某物，比如，鸟儿、人、放射性微粒等)在大西洋上空飘过，这不会引起歧解。当"过"读轻声时，这个组合既可以指上述的意思，也可以指(老练的驾驶员或旅行者)曾经飞越过大西洋。"要走了"有歧义：(1)想走了，(2)索取并拿走了。其中的"要"作助动词时可以轻读，但作主要动词时必须重读。但是，据此得出下列结论是错误的：如果给出所有的超缀(superfix，它由超音段成分构成——译者)就不会有歧义了。比如，助动词"要"也可以重读，在

---

① Chomsky，同上，118L。

② 重音在 open 上，意为 Vandenbury 报告了公开讨论会；重音在 forum 上，意为 Vandenbury 的报告揭开了讨论会的序幕。——校者注

③ 参看 James Sledd, Review of Trager and Smith, An Outline of English Structure and C. C. Fries, The Structure of English（评 Trager 与 Smith 的《英语结构纲要》和 Fries 的《英语结构》），见 *Language* 31.341（1955年5月）。

④ 重音在 editor 上，意为加州大学提名马克·吐温当编辑；重音在 Mark Twain 上，意为加州大学提到编辑马克·吐温。——校者注

这种情况下它仍是有歧义的。同样地,在"多少"中,当"少"读轻声时,这个组合的意思明确地指问数量多少或那么多;但当"少"读第三声时,这个组合就保持着歧义①。再如,"他有时候睡觉"有两种解释:(1)他有睡觉的时候,(2)他间或睡觉。如果其中的"时候儿"读成轻声,那么这个组合只有(2)这种意思;但重读时歧义依然存在。最后,"叫汽车快点儿"可以有四种理解:

(1)1+(2+2) 叫:"汽车,快点儿!"

(2)(1+2)+2 "叫汽车,快点儿!"

(3)(1+2)+2 叫汽车(想)快点儿

(4)1+(2+2) 告诉汽车开得快点儿

(1)(2)两种意思可以很容易地通过超音段特征来区别。但是,就(3)(4)而言,重读"汽车"将使这个组合指(3);但是还可以用其他方式来说这个句子,比如重读"快"时它就既可以指(3),也可以指(4)。因此,在语言学上,就像其他一切科学一样,我们试图使事情简单一些,但事情却从不像我们做的那样简单。

(*Aspects of Chinese Sociolinguistics*, Essays by Yuen Ren Chao, ed. by Anwar S. Dil, Stanford University Press, 1976. 袁毓林译,沈家煊校)

---

① 在这个例子中,更为复杂的情况是:如果"多"(duō)读成交替形式 duó,那么"多少"(duó ·shao)明确地指多么多或这么多,并且 duóshǎo 所能表示的两种意义"多么多、这么多"和"多么少、这么少"的可能性并不相等,而是稍微倾向于后者的。

什么是正确的汉语[*]

人总是出错,纠正更加不好。孟子说:"人之患在好为人师。"可是竭力主张正确,纠正别人的错误,却是无可救药的顽症。语言是人类的主要建制,因此人们始终不懈地在寻找和保持语言的规范。大家都熟悉孔子多么重视正名,孟子多么关心怎样用齐国有教养的人的语言去教楚人。因为语言正确,不光是语言正确而已,跟语言连在一起的所有事情也得正确。试问生活中的哪一方面不是借语言以行的呢?

在讨论什么是正确的汉语这个主要问题之前,让我们先简单回顾一下,在不久以前,什么东西曾被认为是正确的。上个世纪九十年代我在中国上学的时候,还没有标准国语这个东西。可是识字的人都得把字写对,用文言造出正确的句子,按照传统的音念书,这个传统最晚可以上溯到隋唐时代。

什么是正确的字形,这个问题很好说。当时甚至有一本标准的手册:出版于 1872 年的龙启瑞编的《字学举隅》。这本书里的字形标准并不都依据真正的字源,常常是任意规定的,因此受到学者们的嘲笑。但是考科举的人却不敢忽视这些标准,因为不遵守就有落第的危险。

至于遣词造句、文法、体裁,惟一可以接受的办法就是照着古

---

[*] 本文是作者 1961 年 3 月 28 日于费城在美国东方学会第 171 次会议上担任主席时的演说。——译者

代作家去做。那时候(我指的是胡适以前的年头儿),没有人想到可以抛开文言去写东西。

当时,人们最关心的是发音问题,这在今天仍然如此。尽管方言分歧很大,大家对一个字的正确发音总还是有共同的看法。例如大家都同意(中古)上声的"好"是"好坏"的"好",(中古)去声的"好"是"爱好"的"好"。北方人和西南人发这两个声调的实际音高模式几乎刚好相反,可是这并没有关系。北京和重庆的学者讨论一个字所属的传统调类,能够互相了解,而且意见完全一致,因为一般说来,字的抽象音类的演变不论在历史上还是地域上都比音的音响性质要慢得多,实际的音值是多数文人学士所不关心的。

标准发音的传统主要见于一系列韵书,第一部这样的韵书是公元601年成书的陆法言的《切韵》。《切韵》的材料要通过成书于1007年的《广韵》间接得到,在公元1716年成书的《康熙字典》里引得也很多。《康熙字典》是我学习读写时通常使用的主要字典。它是有争议时的惟一仲裁者。我们可以拿它跟韦氏(Webster)系列的词典略作比较。在韦氏词典里,字母有一套附加符号。就字母而言,两个人能够同意他们都是按"短 o"和"t 不发音"的规则发 o-f-t-e-n 这个词的音,尽管实际发音一个人是 [ˈɔfn̩],一个人是 [ˈɑfn]。实际的音值在这里可以不予考虑。

当然,那时候有官话。到朝廷做官,懂得官话很有用处。但是在有皇帝的年代,掌握官话只是一种方便,并不能提高身价;用南方口音说话,主要是不方便,并没有什么难为情的地方。事实上,中国中部和南部方言保存的中古音的区别比官话多,最杰出的音韵学家有几位就是那些地方的人。划时代的《切韵考》的作者陈澧(1810—1882)是广州人。戴震(1724—1777)是研究现在通称为上古汉语的先驱之一,休宁人,老家在安徽南部的偏远山区,那里的人说的是中国最偏僻的一种方言。

有种种因素降低了官话的身价,这些因素大多与北方语音演变较快,因而丧失了中古的音类区别有关。例如所谓的第五声即入声的消失,就是因素之一。入声过去有韵尾辅音 -p, -t, -k,今天的粤语里还保存着。但是这些韵尾在北部方言已经消失,整个调类分派到包括平声在内的其他声调里面,比方"十"(źiəp)和"时"(˳źi)在官话里都发成 shyr。古诗的格律是以古代的调类为准的,所以至今还常爱做古诗的北方人必须掌握古代的声调,南方人在这方面就很占便宜。

另一个因素是区分尖团的优越性。尖音来自过去的舌尖音,团音来自过去的舌根音,它们在北方话里,如果处在前高元音的前面,都合并成了舌面音。北京人分不开"西"(si)和"稀"(hi),可是在中古汉语中,在中国的另一半地区,以及法国大多数汉学家所拟定的汉字罗马化拼音中,都是分尖团音的。尖团区分之所以优越,除因其年代久远外,还特别因为恰恰以北京城为其中心的现代皮黄戏采用了中州音作为语音标准,而中州音除开其他特点外,也保持着尖团的区分[①]。

第三点,而且从语文学的观点看来也是最重要的因素,是有些传统的区分由于有规律的语音演变的结果在北京话里消失了,但是在好多比较保守的方言里却仍然保存而且十分重要。例如"易"这个字,现在读 yih,中古却区分 ieʼ("容易"的"易")和 iäk("变易"的"易"),现代粤语也分别为 yih 和 yek,它们在官话里则经过完全有规律的语音演变过程而合并成第四声的 yih。对于"易学"这个组合,广东人会问是 yih hoɑk(容易学)还是 yek hoɑk(易经之学)是有道理的。但北京人会感到提这个问题没有意义,因为他

---

① 罗莘田:《旧剧中的几个音韵问题》,《东方杂志》33卷(1936)第1期,393—410页。

们认为这只不过是一个词的两个不同的意义而已。又如吴语保留了塞音和擦音声母的清浊区别,"费"解为"花费"时,发成 f-[①],用作姓氏时,发成 v-。"脊背"的"背"读作 [p-],"背弃"的"背"读作 [b-]。"打败别人"的"败"发成 [p-],"被人打败"的"败"发成 [b-]❷。fuh 来自中古的三个不同的形式,这些形式在吴语里面演变的结果是:(1)"重复"的"复"是 f-;(2)"恢复"的"复"是入声字,以 v- 为声母;(3)当"又"字讲的"复"是去声,以 v 为声母。三者在官话里都发成 fuh。难怪文人对官话的评价不高。

但是,只有闭眼不看语言演变的事实才能守住旧传统始终不变的错误观念。语言是在变的:或者通过语音规律有规则地进行,或者通过方言间的借用不规则地进行,或者是因为有意识地立出新的规范,或者是在不知不觉之中因为错误的读法或对文献的误释。演变的最大的社会力量之一是中国人所说的"习非成是"。错两次固然变不成正确,但是次数多了,什么错误都会变成正确。例如字典里说,"切肉"的"切"是中古 ts'iet > 现代 chie,"一切"的"切"是中古 ts'iei⁾ > 现代 chih,可是现在,甚至在我小的时候,已经没有人把"一切"说成 ichih;在我的记忆里,它一直是 ichie 或者 ichieh。如果你说 ichih,别人就听不懂,即便少数知道这种读法的人懂得,也会认为你是在掉书袋。

使发音偏离古典传统——或者说引起"错误"发音——的原因有好多。下面是一些最重要的原因:

错误的来源之一是错误地理解了使用反切标音的《康熙字典》等字书对反切系统的运用。"强"这个字,中古平声 ｃg'iɑng 的意思是"强壮",现在一般是送气的,第二声。中古上声的 g'iang,就

---

① 为了能包括吴语里的好多方言的情况,这里不加韵母。
❷ "败"的两种读音可能限于过去的读书音,在今天的吴语口语里没有区别。

是"倔强"或者"强迫"的意思。大约十五世纪的时候,浊上变去[①],因此第二种读法 g'iang 正规地变成官话中第四声的 jianq,"倔强"的"强"正是这么变的。可是"强迫"的"强"却是错误地理解了反切。反切是"其两":g'(i+1)iang=g'iang,由于按照现代的面值来读反切上下字而切成了 ch(yi+1)eang=cheang。这种读法在"勉强"(强迫自己)等词中作为"正"音而流行开来。我学说话和念书的时候就是这种读法,我自己也以此为准去纠正别人。这是习非成是的一个例子。

  脱离传统标准的最重要的因素是"一字一音"的趋势。异读如果都出现在日常的说话中,它们保持区分的可能性就比较大,例如"方便"的"便"(biann)和"便宜"的"便"(pyan),"看见"的"看"(kann)和"看守"的"看"(kan)。如果一个字有两种读法,其一是常常听到的,另一个只在书面上见到,那么,中等文化程度的人,由于从来没有听到过这第二种发音,就会随便读一个音,从而走上一字一音这一趋势的轨道。在这条轨道的不同阶段,都有运动中先进程度不同的各类人。第一类情况是,在我小的时候,另一种读法已经消失。上面说的 ichieh 对 ichih 是一个例子。还有一个例子是"屏幕"的"屏"(pyng)和"屏去"的"屏"(biing),可是我一直只知道"屏风"(屏去风)读 pyng·feng,从来不读 biingfeng。"使用""支使"的"使"是 shyy,"使者"(奉使命办事的人)的"使"照理应该是 shyh,我听到的却一直是 dahshyy(大使),gongshyy(公使)。"滑稽"的"滑"过去认为"正确的"读音是 guu,但由于"光滑"的"滑" hwa 是这个字的最常用的发音,它代替了 guu,我听到的就只有

---

① 各地的时间不同,这种变化在粤语里至今还没有完成。另一方面,李白在"琵琶行"里,已经把"部""妇"两个上声字同"住""妒""数""污""度""故"六个去声字相押,说明这个变化开始得多么早,至少在李白的发音中已经变了。参看周祖谟:《关于唐代方言中四声读法的一些资料》,载《语言学论丛》第2辑第12页,上海,1958。

hwaji。现在如果有人念 guuji，那就真的有点 hwaji 了。还有，"凶暴"的"暴"念 baw，"暴晒"的"暴"正确发音是 puh。人们读《孟子》时，还是念"秋阳以暴（puh）之"。可是"暴露"的"暴"，我听到的一直是 bawluh，不是 puhluh。

以上是我回想起的世纪交替时的发音习惯。半个世纪以后，到二十世纪中叶，将同一个字的不同发音变成一种发音的现象当然又前进了不少。"几分之几"的"分"应该发成 fenn，但由于"分"更经常用作动词（fen），fen 就代替了 fenn，如"四分（fen）之三"。"看见"的"看"是 kann，"看守"的"看"是 kan，但是"看护"（来自看守和护理）现在却叫 kannhuh。周初二相摄政，号曰"共和"，过去师长谆谆教我说，"共"要念第一声 gong，可是现在"共和国""共和党"的"共"都念 gonq，跟"共产党"的"共"没有分别。"胜利"的"胜"发成 shenq，"胜任"的"胜"发成 sheng；但是，现在多数人把"胜任"的"胜"也发成 shenq。"从"字的最常用法是表示"自从""跟从"，读音 tsorng，在复合形容词"从堂"中，"从"的正确读音是 tzonq，现在也发成 tsorng。前面提到 fuh 在吴语里的三种形式。教科书行业广泛使用的"复兴"这个词❶，按理官话应该读成 fow-shing，上海话应该读成 vew-hing，可是人人称新编教材为 vǒ-hing（上海话）和 fuhshing（官话）。只有我们武进的老派人还是妄自尊大地坚持第一个音节应该读去声。不幸我们这些运河沿岸城市的人所操的吴语都把 ou 发成 ei，因此符合古典的好端端的 vew-hing（复兴）实际发成了 vey-hing❷，听起来好像有负于我们对旧秩序的英勇的维护❸。最后，再回到"勉强"这个例子，由于"错"用

---

❶ 指台湾的情况。
❷ 可解读为"负兴"。
❸ 这说法反映了作者 1961 年时的情绪。

了反切，meancheang 变成了"正"式。但是由于"强壮"的"强"chyang 出现的频率高得多，chyang 又正在变成"强"字的惟一读音。可是我听到把"勉强"发成 meanchyang，还是感到刺耳，正像我听到前面所举的正在被普遍接受的一个个新形式都感到刺耳一样。从长远的眼光看问题，我当然不过是孟子所说的以五十步笑百步的逃兵而已。

错误积多了就变成正确，那么要积多少错误才够呢？这条线划在哪里呢？受教育不多的人的发音是否跟权威们的见解享有同样的表决权呢？让我们看一些相当明显的错误发音的例子。衣服开线，我们说 jann 熣 le shiann 熣 le（绽了线了），"绽"的声符是"定"。"破绽"的"绽"也是这个字。好多人在阅读中第一次见到"绽"字，按声旁念，把"破绽"念成 pohdinq，这当然是错的。"别墅"的"墅"，常见的错误是只念字的上半截，变成了"别野"，这也是不能接受的。"斡"（woh）和"幹"（gann）字形相近，好多人把"斡旋"念成了"幹旋"。"撑杆儿跳"有一个普通的俗词源，把它叫做"掌杆儿跳"，"撑"字只念了右半边，似乎也有点讲得通。"针灸学"的"灸"（jeou），声旁是"久"（jeou）。"灸"这个字很少使用，所以多数人错当成"炙"（jyh），而说成"针炙学"，表面看来也有点讲得通。上面这些虽然都是明显的误读，但前途如何，未可预料。要是"针炙学"最后竟然压倒了正确的"针灸学"，怎么办呢？对于这种结局，科学上惟一可做的事情就是报道事实，比方可以这么说："在二十世纪的上半世纪，由于误读的结果，'针灸学'常被误读成'针炙学'。到了后半世纪，'针灸学'的说法已经过时，这门学问叫'针炙学'了"。至于"破绽"的 pohjann 和 pohdinq，情况可不这么简单。假定我去调查方言，发音人告诉我，在他们的方言里，"破绽"叫 [p'odieng]，这会立即引起我怀疑对方是否发错了音。于是我违反自己的调查方法，按照那个方言的音系提出相当于 pohjann 的读法来，试探地问:"你们是不是还有这种说法?"如果他说,"不,在我们的方言里一直就说 [p'odieng]",这就没有探讨的余地了。因为对于事实,发音人是最后的权威,关于发音人语言中的事实,你是无权跟他争辩的。你可以拿他的说法找别人核对,断定是否典型。如果多数人跟他一致,你可以在下面两种说法里面选定一个作为结论:一是就这种方言来说,错误已经积累到变成正确的程度,尽管在 1961 年,标准官话里还是念 pohjann。另一个说法是,也可能这种方言从来没有经历从上古的舌尖塞音变为中古的舌面塞音,再变为现代的卷舌塞擦音这些阶段,即不是因为错读而回到了舌尖塞音。相反,如果这是一种闽语的话,可能是它一直保存着上古的舌尖音。可是我们竟冤枉了这些可尊敬的好人,认为他们发错了音呢!可见,即使表面上清楚的情况也不见得就那么清楚,可以不加细察就加以断定的。

上面是考虑抽象的音类。规定音位的(如果不是语音的)发音标准的最初尝试,其成果体现在 1919 年的官方字典《国音字典》里,它用当时新设计的注音字母拼出每个字的发音。人们正像《切韵》的编定者们在公元 601 年所做的那样,"因论南北是非,古今通塞",定下了官话发音的标准,叫做"国音",要从此在所有的学校里都教这种发音。国音有第五调或入声,分尖团,有 /o/(ㄛ)和 /e/(ㄜ)两个中元音(多数北方方言只有一个),以及符合传统的其他各种特点。由于国音不可能是任何一个教员的家乡音,于是一项任务落到我的头上:给这种标准语灌唱片,并在所有学校推行。1922 年,哈佛大学在中断了四十年之后,重新开设汉语课,那时我在哈佛大学教的,实际上就是这套音。不管有没有唱片,教一种没有人说的语言,总是难事。在十三年的时间里,这种给四亿、五亿或者六亿人定出的国语,竟只有我一个人在说。到了 1932 年,未公布任何根本性的变动,《国音字典》悄悄地修订成了《国音常用字汇》，它实际上是以北京话作为基础的。这一下子就涌现出了一百万以上可能的师资来代替我这个孤家寡人。现在，不论在北京还是台北，广播电台招聘播音员的时候，首先总要问她是不是生在北京，或者至少是不是在北京上的学。

我谈了不少关于发音标准的问题，目的是想说明，试图建立和维护正确的规范会牵涉到哪些问题。由于在语言的其他方面遇到的也是同样的问题，下面我只准备简单地讨论一下这些问题。

外语词和专名的音译和意译常会出错，有时错误会根深蒂固地保留下来，成为语言的一部分。Chicago 译成"芝加哥"，显然是把开头的擦音错发成塞擦音的缘故。有些文学气息比较浓、求实之心不大够的作者，想把它改成"诗家谷"而没有成功，因为它不能使人联想起那坐落在大湖旁边的并无诗意的大都会。不过，那个大湖的名称 Michigan 的音却是发对了，所以译成了"密歇根"。①

在翻译外语词的时候，外语里有甲、乙两个意义的词可能等于汉语里只有甲义的词，当外语词用于乙义的时候，这个汉语词也会用来表示它过去从来没有过的乙义。这如果是学生的练习，判它错就完了。但如果这种译法经常见诸出版物，达到足够的程度，那么汉语的词就将获得新的意义。例如"微妙"这个词通常只表示 delicate 的"精致""灵敏"等的意思❷，用于社会或政治形势就讲不通。但是由于英语的 delicate 还有这种用法，所以现在我们在报上也看到"微妙"用于这个引申的意义。同样，"支持"（support）也引申到政治上，这是这个词原先的语义范围里面所没有的。我自己在谈到"支持"某个候选人的时候，还是用"拥护"这个词。diehards

---

① 可是《辞海》还是作"密执安"，原译者大概是把"安"念成 ngan 的。试比较"安徽"转写成英文 Nganhwei。

❷ 其实这些意义在今天已经很少使用了，可见这个词的演变超过了作者保留的语感。

译为"死硬派",这里的 hard 被误译成"硬"(跟"软"相对),而没有译作"难"(跟"易"相对)①。正确的译法应该是"难死派"。但是,我怕"死硬派"这个说法真的难以死亡呢。

语法的正确问题不及发音或词汇那么重要。最近几十年间,已经有好些欧化说法出现在笔头,不过还没有进入口头。汉语句法的特点之一是修饰语放在中心语前面。可是现在出现了相当于 Alice in China 的《阿丽思在中国》之类的篇名和书名。这种词序一般只有把"在"用作谓语动词的时候才可能出现,所以我对"阿丽思在中国"的直接反应是答道:"不,阿丽思不在中国"❷。

除非说了一句话以后要补充点意思,汉语的状语分句一般总是放在主句前面的。现在在主句后面也可以读到预先设想好的以"如果""既然"之类的连词带领的修饰句。在我听来,这种句子肯定是外来结构。

从本文总的调子,读者会认为,我一定很同情这样的老师,他们怀念正误分明的美好的往昔,他们看到人们渐渐不再保持某些区分,纯正的语言在词汇和语法上变得愈来愈洋气,而哀叹着语言的退化。其实,尽管我对事物的感受的确有很多这样的情绪,但是在对待语言的正确性问题上,不论是就一般语言而言,还是具体就汉语而言,我却肯定不是死硬的纯语派。我完全同意美国结构派语言学家的主张:学者的任务是记录用法,说明在什么条件下出现这些用法;教员的任务则是教给学生,什么语言适合什么场合。人们用一种格调的发音吟唐诗,用另一种格调同家人闲谈。日常会话中说"今儿几儿了?"在讲台上或者课堂里就得去掉大多数"儿"

---

① 英语的 hard 有"难""硬"两重意义。

❷ Alice's Adventures in Wonderland 这个书名我译作《阿丽思漫游奇境记》,上海,1922;沈从文的仿作,叫《阿丽思中国游记》,上海,1931。两本书名都使用了偏—正的正规词序。

尾,说"今天什么日子?"① 遇到要注释《孟子》的语法的场合,你即使用纯正的文言写作,我也不会感到吃惊。但是如果需要我报道国际时事(我很难设想自己会去做那样的工作),我只有使用那些已为新闻界所经常使用的新的欧化词语。由此可见,什么是正确的语言,这要看什么场合适宜于说什么话和说话人(或写作者)是什么身份。如果你要在交际中达到最大的效果,那么你就应该怎么怎么做——如此说来,语言的正确似乎成了有条件的规定,而不是绝对的规定。但是人们使用语言进行交际时,他的责任就是要进行有效的交际,他使用的语言应该始终切合相应的场合,因此,上面这句话在陈述前提的时候也就包含了结论。换句话说,语言的正确最终是绝对的规定。

(*Journal of the American Oriental Society*,
81(3),1961. 叶蜚声译,伍铁平校)

---

① 除非我教美国人汉语的时候,是两种形式都举。

吴语对比的若干方面*

本文标题之所以称作"对比的若干方面"而不称作"对比研究",是因为对于像吴语这么一大群方言,在单篇文章的篇幅里只能讨论一些成系统的方面。我将首先考察将整个吴语跟其他方言,特别是跟官话进行对比的若干方面,然后在吴语内部进行一些对比。

"吴"作为方言群的名称,来自古代的吴国这个地理名称,它现在又是通常被看成那个地区的文化中心的苏州的县名①。人们有时区分:(1)北面的吴,或者和江苏省或多或少有联系的狭义的吴;(2)越,它也是古国名,和浙江有联系。可是在语言上,吴越的分别既不大也不系统,我们用"吴"这个名称来泛指通常所说的江浙话(例如王力1955年的著作的名称)。行政分界当然常常很少顾到同言线丛,例如江苏省就分成长江以北讲官话的贫瘠部分和东南讲吴语的富饶部分;而小于江苏的浙江省却大部分坐落在吴语区里面,吴语只是在西部,例如在玉山,稍稍伸入江西。在江苏,只有

---

* 这篇文章1966年4月6日于纽约在亚洲研究协会的汉语方言组宣读,收入我的论文集《中国社会语言学面面观》(斯坦福大学出版社,1976,第34—47页)时有所修改。(按:作者在二十年代对吴语作过非常出色的调查,这篇综述是在当时调查材料的基础上写的。经过半个多世纪,吴语本身发生了一些细小的变化,随着国内方言调查的开展,我们今天对吴语的了解也有前进。所以文章里谈到的某些具体情况和当前的了解稍有出入,这里作个总的说明。虽然如此,作者概括的吴语的基本特点依然适用于今天。)

① 这里指现在的"苏州市",现在的"吴县"是苏州郊区。

东南部是吴语区。我的家乡常州几乎是吴语区西端的最后一个城市,跟南方官话区接壤,中间夹着"吴头楚尾"的丹阳。丹阳方言是一种下文即将详述的中间型的方言。长江以北惟一讲吴语的地方是江阴对面的靖江,它原本是一个江洲,后来南边的河道逐渐加宽,江水主要从这边流过,北边的河道愈来愈窄。长江口的崇明岛也属于吴语区。

以上对吴语划出了相当明确的界限。人们会问,你是根据什么划得这么明确的呢?多数读者知道,汉语方言的差别主要在语音,其次在词汇,语法结构的差别最小。吴语的特点,首先在于具有一些共同的语音特征。最突出而且最典型的,是闭塞音声母按发音方法分为三套,而不是通常的两套,即传统音韵学所说的"全清""次清""全浊",用现代语音学的术语说,就是不送气清音、送气清音和浊音(赵元任 1960 年的著作)。中国的其他方言,包括官话在内通常是两套。见表一:

表一

汉字	中古音	吴语声母	官话声母与声调
帮	pâng	[p-]	[p-^{1}]
滂	p'âng	[p'-]	[p'-^{1}]
旁	b'âng	[b'-]	[p'-^{2}]
低	tiei	[t-]	[t-^{1}]
梯	t'iei	[t'-]	[t'-^{1}]
提	d'iei	[d'-]	[t'-^{2}]
光	kuâng	[k-]	[k-^{1}]
筐	k'uâng	[k'-]	[k'-^{1}]
狂	g'iwâng	[g'-]	[k'-^{2}]

基	kí	[tś-]	[tś-¹]
欺	k'i	[tś'-]	[tś'-¹]
其	g'i	[dź-]	[tś'-²]

表中吴语和官话的两栏未标元音,是因为吴语和官话在这里指的都是最广义的方言群。

  闭塞音声母按发音方法三分,大概是划出吴语的惟一的必要而充分的条件。换句话说,如果把这个特征画成一条同言线,它能把全体吴方言跟别的方言划开,而且不掺杂别的方言在里面。上面提到的处在吴语和官话之间的中间型的丹阳话是一个有趣的旁证。在古代,丹阳是一个地区,比现在的省还大。当时,丹阳这一名称既有政治的和社会的涵义,也有语言上的涵义。但是现在所指的范围很小的丹阳县恰好跨着划分两套和三套闭塞音声母的同言线。在丹阳县的北部,我研究过永丰乡的话(赵元任1928:22—26),它在这方面跟别的吴方言没有区别。可是在丹阳城里,浊声母具有一种类似官话的读书音(文读),即平声读送气清音,仄声读不送气清音;口语音(白读)却和其他的吴方言相似,即既不同于不送气的清塞音,也不同于送气的清塞音,不过并不是送气的浊音,而是弱的不送气音(像德国南部有些方言里不加分别的 b/p)。上述情况可用表二的例子加以说明。由此可见,除了声调的不同以外,还有强 [t-] 和弱 [ḍ-](虽然也是清音)的不同,这使丹阳是"吴头楚尾"之说多了一层含义。

表二

汉字	中古声调	中古音	城里文读	城里白读	乡间
当	平	tâng	[t-]	[t-]	[t-]
汤	平	t'âng	[t'-]	[t'-]	[t'-]
糖	平	d'âng	[t'-]	[ḍ-]	[d'-]
荡	仄	d'âng	[t-]	[ḍ-]	[d'-]

声母方面,吴语各方言一致的特征还有:

吴语保存了声母 [ŋ] 和零声母（或喉塞音）的区分，例如"岸"[ŋø]，"暗"[ø]，"碍"[ŋe]，"爱"[e]①。在有些官话方言和广州城多数人的广州话里，这些字一概加上 [ŋ]。"安徽"的英语形式 Nganhwei 就是这么来的，它在吴语里读作 [øʍe]。

中古的"微"母（即 [mj]）分为文白两读，这是吴语的又一特征。例如"问"的文读是 [vəŋ]，白读是 [məŋ]；"无"的文读是 [vu]，白读是 [m]。

中古"日"母（*ńź）字也有文白两读，例如，"日"的文读是 [zeˡ]，白读是 [ńəˈ]，"人"的文读是 [zəŋ]，白读是 [ńəŋ]。

韵母方面，吴语各方言也有好多共同特点，但往往不是吴语所独有。例如：

元音抬高了。例如"沙" [so]，"哥" [ku]，"刚" [kɔŋ] 这些字在吴语以外的大多数方言里分别为低元音，中元音，低元音，像官话里面是 sha（沙），ge（哥），gang（刚）。

复元音简化了。例如"来" [le]，"好" [hɔ]，狗 [kë]（山东话等方言也有类似的特点）。这些字在官话里是 lai（来），hao（好），goou（狗）。

中古的一、二等元音仍有区别。例如"官" [kwø] 和"关" [kwɛ]，"干" [kø] 和"间" [kɛ]（粤语和湘语也保存这类区别，但官话中已丧失）。

韵尾方面，-m、-p、-t、-k 只有粤语和闽南语保存着，在吴语里已经失落或者合并。除了这点以外，在 i 或 ə 后面，-n 和 -ng 的区别也消失了，例如"根""羹"都是 [kəŋ]，"林""零"都是 [liŋ]（实际音

---

① 本文所引吴语的例子都是用的上海话（来代替我1928年著作中提出的某种可能概括全部吴方言的"总模式"）。标音中不指明调类或调值（入声除外，用撇号表示末尾的喉塞，如果不处在末尾，则表示前面的元音读短音）。这样不至于引起太多的歧解，因为吴语声母的清浊提供关于声调的信息比官话和多数其他方言来得多。

值随吴语内部各方言而不同)。它们在长江流域以外的方言里则有 [-n]（或 [-m]）和 [-ŋ] 的区别。官话中属 -an 类的字,鼻音韵尾在吴语里或者完全消失(如现代上海话),或者使前面的元音鼻化。例如"三"[sɛ],"仙"[sɪɪ],"酸"[sø],"圆"[jø] 在我家乡的常州话里是 [sæ̃, sĩ, sõ, jõ]。

吴语有七个或者八个声调。这是传统的声调分裂成上、下两个系列的结果,不过上声在吴语的多数方言里不分两类。调值的花样很多,不过在发音方面,"上""下"通常和"高""低"相应。这比有些别的方言整齐;例如在厦门话和客家话里,"上"入实际低于"下"入。我历来主张用意义比较含混的"阴""阳"来指现代声调按古代声母清、浊所发生的分化,这正是一个原因。

吴语的连读变调多于别的方言,甚至比福州和厦门还要复杂。

入声在停顿前收喉塞,但如果它和后面的音节密切相连,就只是发得短些,这一点我们在前面已经指出了(对于入声的这两种情况,我们都用撇号表示)。这和江北官话的入声不同。例如"木头"在吴语发成 [mo'dë],第一个音节只是短些,扬州话则发成 [mɔʔt'ë] 或者 [mɔktʻë],这显然不是吴语的发音。

音类的分合当然是方言间对比研究的一个要点。合总是比分容易掌握。例如,官话的"森"sen,"僧"seng 合并成吴语的 [sən]（具体用什么样的鼻音韵尾,在吴语内部的各方言可能不同)。记住这条规则,说官话的人就可以说,他实际上掌握了他的吴语课中的这一部分。但是,说吴语的人学官话,不但要会区分 [-n] 和 [-ŋ],还得一个个字去记它收的是哪个音。汉字的声旁常常有助于归类。例如,在官话里,"青、清、静、靖"收 [-ŋ],"辰、晨、振、震"收 [-n]。但这对声母的发音方法就帮不了忙。例如在吴语里,"拂"是 [f-],"佛"是 [v-],它们在官话里都是 [f-]。

更麻烦的是类的交叉。入声的分布是典型的例子。吴语保存入声作为单独的一类,官话则派入四声。所以,除了收鼻音的字以外,说官话的人没法断定一个字是不是入声;另一方面,说吴语的人也说不出他的入声字在官话里归在哪个声调。于是说官话的王璞在1920年左右灌第一批国语唱片的时候,把这类字都发成他的第四声。这么改一下,对他是轻而易举的事,因为他受过传统教育,记住了哪些是入声字,他只消遵照当时(1919—1932)的标准国音,把这类字都发得短,最后带一个喉塞就行了。可是,操吴语的人凭印象学官话时,除了像"六"等两三个频率极高的字之外,总是用家乡的入声来发所有的入声字,连"十六"也会说成 zə'liow,即仍用入声来发在官话中已是阳平的"十"字。

除了涉及整类情况的一般音韵特征以外,在我的方言调查记录里还有我所谓的"特例字"。切韵被假定是现代多数方言的源头,从以切韵为代表的传统音系的角度看,这些字的举止出轨,不和处在同一音韵地位的其他字一般。这类情况在十九世纪的青年语法学派叫做"不符合语音规律的",换句话说,它们是"无例外的语音规律"的例外。例如官话的"防"farng,"痱"fey,在吴语理应是 *[voŋ], *[vi],实际上却是 [bʻoŋ] [bʻe]。官话的"铅"chian,吴语是 [kʻɛ],是很有规则的。可是粤语和湘语发 yün(与中古的 *iwän 一致),从这两种方言看,官话和吴语都不合规则。记得我女儿如兰在长沙上学的时候,想买一个 chianbi shyal(铅笔匣ㄦ),店员不明白她要什么,最后才弄清楚:"哦,原来你要买一个 yünbi'hoʻtsï(铅笔盒子)!"(长沙的入声是没有喉塞的长升调,这里也标以撇号)像 chian 对 yün(假设的官话形式是 *yuan)这样的特殊情况,对划出大片的方言区有重要的理论意义,特别是可以作为据以划出吴语的特征,来说明吴语并不直接来自古代的长安方言,而是来自跟它有密切关系的另外一支。它们对于发现方言混合和借用的情况也有重要意义。不过讨论这个问题离题太远了。

但是为了实用目的进行对比研究，认识到有这类情况是非常重要的，因为掌握占总数十分之九的有规则的例子只消十分之一的时间，而掌握只占总数十分之一的不规则的例外却要花费十分之九的学习时间。

跟语音对比的方面相联系，吴语一个重要的语素音位的方面是处理连读变调。苏州话的声调很分明，现在拿苏州话作为例子。"放"[foŋ ˩]"生"[sən ˥] 的连读是˥˩。"放"加"参"的连读是˥˩。这不只是音重差别的结果，而且贯穿于全部 7×7=49 个连调的组合。这说明在吴语里可以单纯根据语音来区分词组和复合词❶。

吴语和其他方言语音差别所产生的一个结果是复合词的语音构成不同，常常连带着所用的汉字也不同。比方"名字"在吴语是 [miŋz]，写成"名字"，而不是 *[miŋ tsz]（写成"名"加后缀"子"）。但是，"名字"和"名子"的第二个音节在官话里是一样的❷，清浊和声调都没有区别，所以这个词常常被认为是加后缀的派生词，写成"名子"。还有一种情况是，吴语里两个不同的常用词在官话里却是同音。在吴语里，"意义"是 [ińi]，"异议"是 [jińi]。"异议"的"异"，声调较低，有一个明显的半元音，可是这两个词在官话里都发成 yihyin。说官话的人继续使用这对麻烦的同音词，其部分原因至少是由于他们跟说吴语的人经常交谈，因为吴语区的人说官话通常带浓厚的"口音"，他们一点也不感觉到区别这对词有麻烦。记得三十年代的时候，中央研究院院长蔡元培主持会议时常常说："如果没有异议 [jińi]，那么提案就通过。"当然，即使让一个说地道官话的人来发这个词，人们也不会错听成"如果没有意义，那么提案就通过。"不过，要不是吴语中存在着这两个词的对立，这两个词

---

❶ 例如"放生"是复合词，"放参"（放进人参）是词组。
❷ 因为都读成轻声。

在(官话的)口语中不会用得那么频繁,甚至会很快消失。顺便提一句,这两个复合词在标准粤语里因为声调不同,也有区别。

然而,不是所有这类语音的区分都出在吴语。比方苏州人相信,吃"鸡心"[tɕi˥+siŋ˥] 能够增强"记性"[tɕi˩+riŋ˥]。这两个复合词由于连读变调而同音,调值都是 ˥˩(请比较"放生"的变调)。但是,在官话里这个双关就不灵,因而也没有同样的传说,因为两个词非但声调不同,收尾也不一样:"记性"是 jih-shing,"鸡心"是 ji-shin。

关于语音,就讲这些。语法方面,汉语方言间的差别比别的方面小。可是有差别的地方通常都很有意思。吴语的词序和官语以及其他方言基本相同。人们常常提到的例外是直接宾语放在间接宾语之前。电影里有这么一句对白:"谢谢奶奶给粥我们吃!"观众咕哝道:"那是上海话!"(刘新友,1959)

词缀和语助词,由于出现的频率高,在吴语和其他方言的对比中相当突出。只有个别词在方言之间才是完全对应的。吴语中跟官话中的名词后缀"子"相当的后缀,也有同样的名物化的作用。但是我们无法说出这个后缀的分布,除非开列出全部带这个后缀的名词。例如官话说"帽子"、"袜子",但"鞋"不带后缀;吴语说"帽子" [mɔtsz̩]、"袜"[maʔ]、"鞋子"[ɦiatsz̩]。请比较粤语的 mou˙(帽)(星号表示长升转调,作用同后缀),mat(袜),haai(鞋)。官话 laile jiow chy(来了就吃)里面表示完成的后缀 -le,相当于上海话的 [-z̩](苏州话的 [-tsz̩])。但是官话还有一个同音而且同形的语助词"了",例如"吃了饭了"的第二个"了",它相当于上海话的 [ze](苏州话的 [tse])。上面这个句子在上海话是 [tɕʻɔ hɔ-z vɛ ze](请比较粤语 zekcox vann loak),这里也没有简单的一对一的对应关系。更详尽的情况可参看 1926 和 1928 年的拙著,但助词的详细的对比研究尚待开展。

吴语词汇的一个特点是人称代词、指示词等出现频率很高的词，在各地方言很不一致。"我"[ŋu] 在吴语多数地区是大致相同的（上海还用"阿拉"[aʹlaʹ] 指"我"，这是从宁波话借来的，宁波话里的意思是"我们"），除开这个代词以外，别的人称代词，包括复数词缀在内，各地有很大不同。指示词和疑问词的花样更多。例如官话说"这里"或"这儿"，在吴语中相当于官话"这"的有以 [k-, tś-, dʻ-, ts-, l-] 开头的各种形式；相当于官话"里"的有 [-li, -kʻwe, -taʹ, -dʻë, -miɪ] 等形式，而且这两部分有种种组合（赵元任 1928:99）。相当于官话"不"的形式，在吴语里比较划一，出现为 [vəʹ], [fəʹ] 等等。吴语多数方言一致的词汇项目的例子还有"忒"[tʻəʹ]（太），"晏"[ɛ]，"啥"[sa]，"辰光"[zəŋ kwoŋ]，"物事"[məʹ z]，后面的三个词出现在吴语区的中心地区。通常，词汇项目愈是文，愈是新，方言之间或者读书音和口语音之间的变异就愈少。

上面说到，在语音方面进行对比时总是有可能遇到不完全对应的情况。语法和词汇也是这样。例如官话的"好"（hao）在吴语中的同源形式 [hɔ] 有"好"和"完"（作补语）两个意思。因此，吴语区的人说官话，会把"吃完了饭"说成"吃好了饭"。另一方面，官话区的人听到 [ɦwoŋməŋdë]（黄昏头）会认为它等于官话的"黄昏时候"，其实吴语的意思更可能是"晚上"。所以，跟处理其他方言一样，处理吴语中明显不同的词汇项目是不会出什么错误的，因为它们会引起你的高度重视；但是那些表面上看来没有什么特别的形式却常常会使你感到棘手，因为它们跟官话没有完全的对应关系。

吴语的结果补语 [-tʻəʹ]（脱）和官话的"掉"之间也存在着同样的不对称关系。吴语的 [ɦwaʹ-tʻəʹ ze]（滑脱哉）相当于官话的"滑掉了"。可是吴语中还有另外一个同音而且同形的补语 [-tʻəʹ]，仅仅表示简单的完成，因此跟官话的后缀"了"（不是语助词"了"）相似。例如 [si-tʻəʹ ze]（死脱哉）相当于官话的"死了"，[vəʹtśiɪ-tʻəʹ-

ze]（勿见脱哉）相当于官话的"丢了"。说吴语的人还比照这个 [tʼə] 扩大官话里的"掉"的用法，取代正确的"了"，常常说出"死掉了"，甚至"掉掉了"这样的话来。其实在这两句话中吴语的 [tʼə] 本应译成官话中的后缀"了"，而不是补语"掉"。使情况更加复杂的是，在官话中，后缀"了"后面如果有语助词"了"，这两个"了"就会通过缩略而套成一个，结果只说"死了""丢了""掉了"等等。但是，我必须承认，官话中上述来自吴语的结构借用，今天可以常常听到，特别是在台湾，几乎达到了"习非成是"的地步。如果真的到了那个地步，我将对这些先生们说："你们赢了！"在新官话里，就是说"我输掉了"。

上面谈了以上海话为主要代表的吴语跟主要是官话的其他方言进行对比的若干方面。下面将就吴语内部进行若干方面的对比。前面我们主要根据音韵把吴语立为以江浙话命名的一群方言，现在得交代一下江苏话和浙江话在音韵上的差别。江苏的所谓浊塞音声母，如果出现在词首重读位置上，在大部分闭塞时间里通常是清音，继之以浊的送气。它们只在元音之间的位置上才是完全浊的。相应的字在浙江话里总的说来浊得更加充分（上海对江的浦东或浙江中部的永康有一种稍带喉塞的浊塞音，它们出现的字在其他方言里通常为不送气清塞音——只包括唇音和齿音，不包括舌根音！这种带喉塞的浊塞音跟送气的浊塞音完全是两回事，不在这里的讨论之列）。另一个差别是浙江话总的说来文白异读的分歧比较小。这意味着浙江的吴方言比较纯，受北方话的影响比较少。第三，前高元音前面的舌尖前音在浙江比在江苏更经常发生颚化。这跟区分所谓"尖""团"有关。然而，如果把尖团的区分标在全国的地图上，情况像补钉般东一块西一块。北京不分尖团，所以梅兰芳要齐如山指点，因为齐如山是刚好处在分界上的保定人。杭州城有一半区分"西"（si）和"稀"（shi），一半不分。长沙也是同样。不知为什么,这些大城市都爱跨在同言线上。杭州曾经是南宋的首都,有一批使用频率高的词属于官话类型,可是其音系仍属典型的吴语音系,闭塞音声母按清浊和送气与否分成三类。

下面我再举出三种有点意思的现象,作为在吴语内部进行对比的收尾。

从杭州沿着大运河经苏州、无锡、常州、江阴有一条方言带,在这条带状形的方言区里,相当于官话 ou 的韵母出现为 [ei] 或其他发音部位靠前的韵母。例如官话 Owjow howtou de goou(欧洲后头的狗)❶ 在我的常州话里是 [eitsei ɦeidei kə'kei]。官话的 ou 在苏州话中往前移读成 [øy],在苏州北边的常熟变成单元音 [ɛ],官话的"叫他去拿一条鱼给他"在常熟话说成 [kɔ gɛ b'ɔ-k'ɛ nu i'diɔ ŋɛ pə' gɛ]。官话 ou 前移的这一特征大致沿着大运河蔓延。

在词汇项目方面,像江阴、常州、无锡和吴江的黎里等少数地方,区分包不包括对方在内的"我们"。这一区分也星星点点地出现在北京("我们"、"咱们")、厦门和福州。

上海、苏州及其邻近地区有一对有趣的代词:[i'køtsz̩](一个子)和 [liaŋkadë](两家头),在官话只能译成"一个人""两个人"。用官话说:"你看那两个猫,它们两个人在那儿打架呐。"说话人如果自己意识到有语病或者经别人指出,他会把"人"去掉。这种情况在吴语就说 [liaŋkadë],不产生问题。如果打架的是一条狗和一只猫,这个吴语代词能用"两个狗"或者"两个猫"去翻译吗?回答是,怎么也得用"两个人"❷(比较德语作代词的 man)。

---

❶ 这是作者为了使每个实词都带 ou 故意造出来的没有意义的词组。

② 按照作者的语感,"两家头"不但能指"两条狗""两只猫",也能指"一狗一猫",这就距离官话的"两个人"更远了。

最后应该指出,本文没有使用"比较"字样,虽然我所做的事情都是在进行比较。其原因当然是由于"比较"这个词早已被专用来指历史上的比较。可是按字面理解,一切(历史)比较的工作也是对比的工作。读者想必已经觉察到我悄悄地提到了跟现代吴语有关的中古汉语的一些情况而没有使用"比较"这个字眼。

参考资料

赵元任:《北京苏州常州语助词的研究》,刊《清华学报》第3卷第2期,1926。
赵元任:《现代吴语的研究》,北京,清华大学,1928。
赵元任:1960《说清浊》,刊《历史语言研究所集刊》(台湾),第30本,第493—497页,1960。
刘新友:《关于电影语言里的方言》,刊《中国语文》第90期第590页,1959。
王　力:《江浙人怎样学普通话》,修订第2版,北京,1955。

(*Language*,43(1),1967. 叶蜚声译,伍铁平校)

理论和方法之间关系的若干方面＊

要说理论和方法之间的关系,没什么比这更清楚、更简单的了。理论就是对一系列事物所作的系统表述,而方法则是研究这些事物以便得到关于这些事物的理论的途径和手段。首先是方法,然后是理论。然而,只要我们开始更仔细地研究这种过于简单的描述,就会发现许多问题:一种理论内包含了什么道理和哪些道理? 方法指的是对这些事情的资料和事实进行收集和选择,还是指构建理论的框架,还是二者兼而有之? 如果有一批资料,那么是只有一种理论去解释这些资料,还是——正如在场各位希望我说的那样——有几种理论? 如果有几种理论的话,我们用什么方法在它们中间进行选择呢?

这些泛泛而谈,在任何研究领域中谁都真会提出同样的问题,虽然在这次探讨语言学方法会议的环境下,人们都会很自然仔细思考语言学中的问题。我确实非常荣幸,有机会在这次大会上第一个宣读论文,就能提出所有的问题、陈述疑惑,随着会议的进行,你们将会回答所有的理论与方法关系的问题;在闭幕式上,这些问题都会弄得一清二楚。

现在,我从一些问题谈起,不只是关于理论和方法,还涉及一些有关的术语问题。如果我稍微解释一下孔子的话:"名不正,则言不顺"(词语不当,言谈就不流畅)。这里,我们马上不仅将会碰

＊ 马丁·裘斯(Martin Joos)读过此文,并提出评论。

到词语、术语用法的歧异,而且在不同的语法环境中使用同一术语,意义也不一致。例如,比起"一种理论"来,"理论"本身显示了一种跟方法联系更为紧密得多的行动。"一种理论"显示了以某种系统的形式所达到的结果。而某种事物的"这种理论"则是跟同一事物的其他种种理论相对应的某一种理论。还有,"理论上的"并不简单地总是"跟理论有关的",而更常见的是把它看作跟"实践"或"实际"相对立的。有时人们试图改变一些正在研究的有关术语的形式,以便更准确地区分,例如"系统的"(systemic)和"有系统的"(systematic),"一定方法的"(methodic)和"方法论的"(methodogical)的意义。但是,这些区别性的形式是相当偶然的、任意的,我认为,如果不是为了了解它们内在的含义,那么至少也是要避免可能的混乱,有关术语的这些变体也值得研究。制订用法表(也许还要跟其他语言中的用法相比较)是有用的。诚然,这一做法可能蜕变为韦伯斯特—梅里姆的近义词表(并附有词的不同的说明)。但是,跟在非语言学界不大普及相比,韦伯斯特—梅里姆的观点现在在语言学上正越来越成熟,这难道不是事实吗?

在对这些术语进行深入研究之前,我将陈述对涉及理论和方法关系的一套术语(虽然根本不全)作一初步评论。为了简单起见,我要提出所有以名词形式出现的术语,尽管正如我们所见,有时它们的名词、形容词或副词的形式会有所不同。我把它们归入五大类,暂且称为(1)东西,(2)集,(3)符号,(4)方法,(5)理论。很明显,我们研究第(1)类单纯东西时,理论和方法最少,当我们按顺序逐项逐类往下研究时,理论的成分就逐渐增多,到第(5)类的末尾评价和理论时,理论的涉の面就最大。

(1)东西。——在这一类中,我们要提及"东西"、"物体"、"物质"、"感知资料"和"事实"。所谓"东西",应理解为人开始研究的任何东西,不管是发音合作人的发言还是地质学家正在观察的一块岩石。这里所说的物体,指的是研究的客体,因此其意义比下一项"物质"(不管我们遵循何种物理理论来研究其构成)的意义要广。"感知资料"常被当作是更为基本的资料,这与单纯现实中的东西不同,后者就是物质体。公正地说,科塔宾斯基(Kotarbiński)(1955,特别是488—489页)称为泛躯体主义(pansomatism)的观点就是把身体(即肉体)和灵魂(即精神性的东西)看作是同样基本的东西。最后,提及一个事实,这一事实常以陈述句形式出现,这使它朝理论的方向更接近一步。诚然,人们总是说"纯粹的事实",但如果有事实的存在,就也有事实意识,好比很久以前瓦尔特·彼得(Walter Pater)(1897:4)就论述过的那样,换言之,事实并不总是那么纯粹的。

(2)在"集"类下,我们要考察一个或更多的事物,也就是说,集合论意义上的集。只要有两个以上的事物,就有"关系"。从"集"的角度来看,一个事物就是一个"项";从"类"的角度来看,一个事物就是一个"成员"。众多互有关系(对此我们略去不谈)的成员组成的类就形成一个"群",即群论意义上的群。从互相关系来看,"项"就是"术语",在语言学中,有某些关系的"集"就说形成"层级"。最后,我们就有了不同"结构"的"系统",如大的有组织的集。而"范畴"就是把事物归拢起来构成集和系统的最一般的方式。最后的项与方法和理论的密切关系显而易见。

(3)"符号"类包括查尔斯·莫里斯(Charles Morris)(1946,10,354)所说的"指号"(sign),指号是最普遍的术语,接着就是"图像"。"符号"是能够再现的规约标记,"术语"是按规定意义使用的词或短语;"地图"是对某事物或多或少图画式的同形描述;"代码"是把符号翻译成另一些符号(通常是技术上使用起来更方便的形式);"转换"(transform)是同类事物不同形式的表达,最后,"描述"是用词语或非词语将事物变成一般的符号。

(4)"方法"类包括许多行为,首先是一般的"操作"(operation),然后是"观察"、"描述"、"记录"、"研究"(一般意义上的)、"分析"、"综合"、"组织"、"转换";所有这些过程都有不同的"程序"和"技巧",或特别是"方法"。

(5)当上述各类达到"组合"(organization)程度时,"理论"才会形成。对事实,甚至对事实感知的陈述还不是理论。某一方法的运用,可能会以某一理论为依据,或用来检验某一理论,但它本身并不是理论。当上述操作产生出带有"规则"(例如相规则)和"定律"(例如地球引力定律)的"系统"时,才开始有理论。因此,我们在"解释"、"预言"、"构拟"(如对太阳系或原始印欧语的过去和将来各个阶段的构拟)、"阐释"、"评价"、最后是"基本原理"(philosophies)的过程中理论的成分就越来越多。

以上当然只是对科学活动所作的特别简单和不严格的描述,但我希望这提出某个概念:理论和方法是如何,在何处产生于某些阶段的——事实上,产生于相当不确定的阶段。

现在我们进一步考察上述一些相关的项,看看语言学家和其他理论家是怎样使用或讨论这些项的。首先从第(5)类即最后一项开始,我们发现人们常把理论与原理相对比。例如,玛格丽特·K.邦妮(Margaret K. Bonney)(1967:58)在评论马里欧·佩(Mario Pei)抱怨布龙菲尔德(Bloomfield)和弗里斯(Fries)的影响时说过:"在过去200年中,出现了许多语言学家的著作,他们对英语本质采取了客观的态度……这些著作(伦纳德·布龙菲尔德,《语言》,1933,和查尔斯·弗里斯,《英语结构》,1940)科学地看待英语结构,这可以看作是理论,但很难说是原理……佩指出它们的理论体系影响了教育界……因此应对当前令人惋惜的局面负责。"在这里,原理很明显指的是包括同意或反对,促进或阻碍行为的某些方向,例如某些教育政策或计划。这一意义上的"原理"(特别是以复数形式出现的"原理"),的确是个普遍的、确切的用法;另一方面,从更为普遍、更为系统、更加清楚地分析综合事物的意义来看,〔就像叶斯珀森(Jespersen)的《语法原理》(1923)中所作的那样〕,它们又是一种理论形式,理论和原理的界限一度变得更加模糊不清。

现在直接来看看跟理论有关系的方法问题。当我们从收集资料方法走向描述方法时,似乎方法的一个方面是它不断接近理论体系的形成。从某一角度我们可以说理论不会涉及原始资料的收集〔上述第(1)类〕,例如语音音段或语音区别性特征[①]的收集。单纯以可辨认的形式记录和表示资料,不管以"窄式"音标表示音段,还是以二维观或多维观表示区别性特征,那都还不是描述,或至少不是完整的描写。在逐渐增高的有组织的层次上进一步理顺资料的顺序,这也是使对主体材料的表述带有越来越多的描写性的过程,结果将是越来越像人们认为是理论的东西。

对上述关于理论和方法关系一个方面的陈述,必须作两点补充。我说过原始资料的收集不涉及理论,并认为"从某种观点看"这句话是成立的。因为从另一个观点来看,语音资料或实际上任何资料的首要性都是方法论的高度成熟形式。严格地讲,它不仅是一种理论,而且从其一般形式来看,它也是现象学的原理。我个人对此不甚重视,因此把语音学或任何其他学科中的现象学方法当成方法论而不是原理。但是乔姆斯基(Chomsky)(1965:194)把它当成他称之为过时的实证主义科学原理。引证弗里曼·特沃德尔(Freeman Twaddell)和 R. M. W. 狄克逊(R. M. W. Dixon)的观点,前者建议把"理论"局限于"资料的总结",后者认为关于"理论"的讨论十分含混,使得众说纷纭。之后,乔姆斯基进一步说:"也许,理论兴趣的丧失,从通常的意义上来讲,——我插一句,从何种

[①] 关于"区别性特征",这里用雅各布森(Jakobson)的定义。

意义上来讲？——是某些观念（例如严格的操作主义或强烈的证实主义）造成的,实证主义的科学哲学曾简短地考虑过这些观点,但在30年代初加以摒弃。"

另一点经过观察得出的结论是从资料到理论,不仅仅只有越来越高的组织水平,而且还有使理论比描写表现方法〔第(3)、(4)类〕更具有评价性质〔第(5)类〕的其他因素。在这个问题上,我要引用韩礼德(Halliday)和沃格林(Voegelin)有关理论的评价性质的论述。韩礼德(1961:241—292)为语法理论确立四个基本范畴：单位(unit)、结构(structure)、类别(class)、系统(system),认为这些是"互相定义的"。顺便讲一句,没有任何内在因素,反对这样一种循环定义,因为不仅仅是数学,而且所有科学理论都是在一个大圈圈内定义的,只要这个大圈圈很大就行。韩礼德又指出：表现与描写不一样,而描写与理论也是两码事；由此可见,发现方法和描写方法都与理论不同。我认为他对理论与引出理论的东西之间有严格的区别,如果我理解正确的话,那就是理论为描写的评价（着重点是我加的）提供一种手段,而与说明事实的次序无关。

他们引用了沃格林兄弟和乔姆斯基的观点,后者强调评价在理论中所起的作用。在他们有关美国结构主义的论文中,C.F.和F.M.沃格林(1963:27)引述了乔姆斯基的五个评价要点：

（a）我们的最终目的是提供一种客观而非直观的评价语法的方法；

（b）请注意：这种理论可能不会告诉我们怎样编写语法……但它会教我们怎样评价一种语法……；

（c）关于评价语法的方法的讨论,参见我的《语言理论的逻辑结构》……；

（d）对语言学理论能合理地期望的最大要求就是它应提供评价的程序……；

(e)这里采用的观点是,要求语言学理论除了实际评价程序以外,还要提供其他程序,那是不合理的……。

接着,沃格林兄弟又补充说:"并不是转换—生成模式本身,而是与上述(a)、(b)、(c)、(d)、(e)各项的理论有联系的评价程序,使许多语言学家遵循构建理论中的新方向。"

因此,从上述讨论和引述理论家和方法论家的观点的例子中,我们发现用法并不一致:观点也不仅有分歧,而且不断在变化,犹如处在布朗运动❶中。虽然增加困惑,但现在我还是来小结一下,冒昧引述自己关于相关术语"模式"〔上述第(2)类〕的说法。模式与理论和方法紧密联系,也有各种不同的用法。我发现(赵:1962:558—566)下列中的一种都称为模式:

1. 一种指称框架;2. 原型的指称框架;3. 一种描写;4. 处理语言的方式——我们可称之为"方法"吗?霍基特(C. F. Hockett)。

5. 一种语言结构的概念;6. 一种语法;7. 一种理论(!)。诺姆·乔姆斯基。

8. 一种非个人的计划(或模式);9. 一种模式;10. (模式)或样式。沃格林。

11. 模拟式(或模式);12. 一种假设的研究($\neq$32)方法(!)。史蒂文斯(K. N. Stevens)。

13. (引用韦伯斯特的话)对事物的雏型描述;14. 一种描述(参考39);15. 一种抽象。奥廷格(A. G. Oettinger)。

16. 一种语法和一种机制。英格夫(V. H. Yngve)。

17. 不同类型的行为的(4种)计划。卡罗尔(J. B. Carroll)。

18. 一种描写语言的框架;19. 一幅表示语言体系运行的图画;

---

❶ 指悬浮在液体或气体中的微粒所作的永不停止的无规则运动,为英国植物学家 Robert Brown 首先发现。

20. 一种特别类型的语法；21. 一种特别的非解释性或部分解释性的标记系统，它会成为；22. 某种事物（当被解释时）的结构理论（！）。哈里斯（Z. S. Harris）。

23. 一种形式化或半形式化的理论（！）；24. 理论化的理论。布雷思韦特（R. Braithwaite）。

25. 一种心理支柱。普特南（H. Putnnam）。

26. （一种理论的）可能实现，其中理论的所有句子都得到证实。帕特里克·萨普斯（Patrick Suppes）。

27. 一种体系的抽象（但参见35）。迪里布托（S. P. Diliberto）。

28. 一种抽象。卡普（R. O. Kapp）。

29. 一套制约因素。帕斯克（G.Pask）。

30. （共同的模式将是）公司争取最大利润策略的阐述。卡普（H. R. Kapp）。

作为对比，下列是"模式"的非同义词：

31. 描述的框架（其中5—6个可压缩为2个或更多的模式）。沃格林。

32. 一台完整机器的设计。史蒂文斯。

33. 语言系统（其模式就是一种模式）；34. 一种结构（≠模式，因为几种明显不同的结构会有同样的模式，反之亦然）；35. 一种抽象的系统（≠模式，因为同样的抽象系统会有不同风格的描写，或模式）。哈里斯。

36. 具体的系统；37. 现实。奥廷格。

38. 一种系统，或一套物质客体；39. 一种描写，或模式的物质实现（以符号的形式，等等，但比较14）。迪里布托。

上述当然不包括迄今已发表的各项研究成果，其中特别是加文（Garvin）1963年列举的由保罗·L·加文（Paul L. Garvin）等人提出的3种语言模式。我不会离题而进一步谈及模式的许多方面,因为我只是打算就理论与方法关系的一些问题作些评论。但是,不管从何种意义上理解这个术语,模式将永远是创建、描述,甚至是评价理论的好方法。

伯克利,加州大学

讨　论*

加文:

您愿意就赵教授的文章评论建立假设的问题吗?

裘斯:

关于这个问题,我们都是老式人物,珀西·布里奇曼(Percy Bridgman)曾出版过一本论述科学家如何思考的书,我们都属于那个时代,现在仍认为这本书很有新意,值得一读。法国数学家亨利·普恩加莱(Henri Poincaré)也写了一篇论述数学家如何思考的文章,这篇文章也有新意。你会发现:普恩加莱的文章是收集了许多有关科学家和各类艺术家如何思考的种种材料的集子的首篇。这个集子由加利福尼亚大学出版社在十几年前的1952年出版。题目是《创造性的过程》,主编是布鲁斯特·吉斯林(Brewster Ghiselin),现在该书的平装本仍有出售,价格为60美分(辅导书MP383号)。

建立假设语言学完全符合集子的所有精神。顺便说一句,我们看到数学家对它的解释比文学艺术家更为清楚,更有说服力,这

---

* 马丁·裘斯(Martin Joos)读过赵元任的文章,在这次讨论中,他代表赵的观点。

的确很有趣。

假设是这样产生的：你收集了一系列你感兴趣的资料——比如沙滩上的卵石，力图弄清所收集的资料的意义。你可能为此困惑3天或3星期。通过用心思考，还是无法满意地解释所收集到的一切。然后，如果是我，会半夜3点醒来，突然产生一个预感，似乎是从天而降，这就是假设的开始。如果在醒着的时候，预感似乎并不特别荒谬，你会把它当成起作用的假设，希望发展或推翻这一假设。如果推翻了，你要再来一次，即为之再次感到困惑，再一次等待预感的到来。从这种观点来看，假设就是理论的最初阶段；这是历史的观点，这是它在某一特定环境中起作用的方式。所有的经验表明：你不能合乎逻辑地从资料走向理论。走出这一步，它必定是一个不合逻辑或不可靠的概念——我称之为预感。

维多利亚·弗罗姆金（Victoria Fromkin，洛杉矶，加州大学）：

裘斯教授提到普恩加莱，我不知道是否在同一本书中，但是普恩加莱曾在某处提出，物理学有研究对象，而社会学似乎只关心方法。因为，在语言学界，当我第一次读到这一引语时，就感到他也许应该用语言学这个词取代社会学。我认为为什么我们眼下还不清楚方法和理论之间的关系，这对语言学界的同仁来讲是个十分有趣的问题。也许是因为许多年来在美国语言学界，我们混淆了这二者，觉得语言学家在收集资料过程中所使用的方法程序，本身就构成了理论；或者另一方面，上述方法程序可用来检验已提出来的理论。我认为也许我们已达到了这一阶段，这次大会就是一个例子。我们正开始认识到方法论和理论之间的尖锐区别。一旦我们开始真正建立理论，并依据其他学科的要求来检验这些理论，我们就会在作为一门科学的语言学中开始取得真正发展。

裘斯：

让我要求澄清一点：当你在这里最后提到"理论"这个词时，你是否按乔姆斯基的观点看这个问题的？

弗罗姆金：

我是从我认为是科学的观点来看待这个问题的，许多科学哲学家和科学家都这样做。也许我是按乔姆斯基，还有爱因斯坦的观点使用这个词的。

裘斯：

有必要指出——不提这个将是不公平的——乔姆斯基对"理论"一词的运用十分准确，换言之，限制在很窄的范围内。因此，我的问题值得你直接了当地回答"是"或是"不是"。

弗罗姆金：

那么我会说是。

裘斯：

谢谢。

哈里·斯皮兹巴特（Harry Spitzbardt, 德国杰纳的弗里德里希·席勒大学）：

从认识论的观点看，赵在这里提出的顺序对我很有吸引力，因为他从事实入手。收集和描述事实后，他作出评价，得出理论。也就是说，在我看来，这是正确的方法——从实践到理论，再从理论回到实践。

其次，我看了赵所引的关于"模式"术语的文献后，觉得有一个遗漏。即数学中的集合论(德语叫做系统理论)中所用的那个"模式"。我校肯纳勒(Kennerer)教授教数理逻辑和数学控制论基础,他强调这一事实:术语"模式"只能用于这一意义,即我们通过证明两个同形系统同形,从而得出一个模式。在这个同形性中,我们也许会发现称之为模式的东西。

裴斯:

按颠倒的次序谈谈你的两个观点。我认为,你后一个观点与我们25年前惯常说的观点是一致的;当然,例如现在我仍然说,某种语言的语素系统,是研究这种语言的不同学者正确描写的共同部分。这些描写首先看上去相似,是同形;你仔细地一点一点检查,把各项按术语和关系排列,必须把二者都排起来。你把术语和关系归类,然后就会发现它们同形,这就是模式。关于这一点,见《语言学读本》中霍基特"论'结构'"一文我的附注。

至于你的第一点评论,你在那里把自己归属于一百多年来在各种革命中持续下来的,未被打破的科学传统;特定观点的归纳,不发光的以太(ether)消失了,但是科学的思维方式在变化中仍然完整无损。我认为这种研究、方法和理论的情况也是这样。

这次大会的任务之一就是要很确切地确定乔姆斯基及其学派使用"理论"一词在哪些方面跟这里的用法有所不同,因为不同的确存在。

戴维·克莱尼克(David Kleinecke,加州,圣塔·巴巴拉,普通电学):

我认为,理论是一个十分广泛的课题。模式建立是理论的方法,也许是理论惟一有效的方法论。模式建立传统上是对科学家实践的一种抽象。然而,物理学家并非很有效地建立模式,人们要去向他们学习怎样建立模式,他们也许是最不合格的人,据我自己的观察,统计学家可能是建立模式方面良好行为最佳的源泉。他们所做的是这样的：观察现实,然后创立了从现实中抽象出来的理论。

裘斯：

来自现实？

克莱尼克：

是的,来自现实；现实是先于科学的。

裘斯：

你会这样认为：科学与现实平行吗？

克莱尼克：

在创立理论前,他们必须按年月顺序从物理角度揭示现实。他们用自己能使用的任何工具创立抽象理论。现在,有效的理论从本质上来看几乎都是不变的代数式。这正是物理学家取得伟大成就的地方,也是大多数巨大收益之所在。也有一些非代数式的理论；弗洛伊德心理学也许是已产生有限结果的非代数式理论最佳而又最明显的例子。

这是一种我们能在科学家身上发现的行为形式。我们可以看到许多人谈论模式,特别是赵文中提到的萨普斯,更是这些人们的典型代表。在得到理论的场合,他们就说模式是理论的体现。我的书认为,他们把事情完全颠倒了。模式是一种有关描述是始源内容的理论,他们应该区分描述理论和模式理论。

裘斯：

我想讨论没有离题。我现在还想再一次对从另一角度提到普恩加莱的年轻女士讲几句话,这个观点不是出现在我以前提及的那篇文章中,而是在以后许多的时间。那篇文章专门谈数学家的思维方式。在另一篇文章中普恩加莱论述了社会学和自然科学的区别。

在我看来,我认为至少有些人会赞同我的观点:社会学家,包括语言学家,与其他科学家之间存在这种差异的真正原因,在于我们不能把树木当作森林。我们要采取强有力的手段,为我们讨论的内容划一界限,这样我们才不至于试图在木炉子里烧火。当你涉及化学、或物理学、或特别是核物理学时,你会自动地不偏不倚,因为没人能亲眼看见 36 个或 48 个逊原子粒子。相反的极端就是语言学或任何社会学;在这里我们必须努力工作,长期研究方法论和理论以摆脱在木炉中生火的陷阱。

加里·马丁斯(Gary Martins,加州,卡诺加公园,邦克—朗姆):

首先,我想就裘斯先生有关假设——假设在科学中的地位作很简短的评论。我们的确认为这是无可置疑的,我觉得他立刻会发现假设先于资料的收集。实际上,科学中最关键的问题之一,就是阐明假设先于资料收集的方式实际上决定资料的收集。我认为你对这个问题的论述说明了这个问题,你说你首先到处收集你感兴趣的资料,然后等到凌晨 3 点,如果运气好的话,一种假设出现了。事实上这句话中的关键短语是"你感兴趣的资料"。将收集某些类型的资料,另一些资料将被当作背景材料,或"噪声"(noise)或不太感兴趣或不太有关的材料,这完全取决于你在开始收集资料或观察材料前,围绕主题而提出的假设的类型。

第二点评价,实际上适用于会议开始以来各位所谈论的观点。我记得拜读过克里恩(Kleene)的《元数学导论》,大约在第 30 页上

——在书的开头,他还未真正接触到主题之前——他用了4个段落去阐明理论的意义和模式的意义。他表达得十分清楚、完美,我觉得如果有人想通过上午的讨论,清楚地了解这些论题,可以分4分钟去看看他们的讨论。他论述得非常清楚,只用了很小的篇幅,以致我怀疑除了语言学家以外,其他从事发展较充分的学科研究的人真会觉得不需要讨论这些问题。我认为这就是弗罗姆金博士评论中的部分观点:我们花了多么多时间讨论方法论,也许是因为我们没能发现,或我们不想正视真正更值得讨论的问题。

哈罗德·P·埃德蒙森(Harold P. Edmundson,洛杉矶,加州大学):

我觉得反驳马丁斯先生的论点很重要。马丁斯论点的一切动机和目的,在于指出裘斯博士的一个错误。这不是提出假设是否先于资料收集的问题。事实上,这个设想有线性次序的错误使我们误入歧途。这里所涉及的是一个很大的循环,这个循环中的一个步骤碰巧是资料收集,另一个步骤碰巧是假设的形式。如果你们注意到论述科学方法这个领域的优秀教科书,就会看到大循环中的这个过程反复出现。所以,时间上的线性排列、年月顺序的线性排列的概念,足以引人误入歧途。这比风马牛不相及更为糟糕,绝对是错误的。在这个循环过程中,没有内在固有的次序。很明显,在模式形成的过程中,调查者有义务重复这个过程,如果他发现模式不准确的话。这样,建立模式和再建模式的过程循环反复,正如爱因斯坦的力学模式取代了牛顿力学那样。乔姆斯基的理论,任何其他语言学家的理论(在那里模式构成他们的理论的一部分)也将是这样。

C.I.J.M. 斯图亚特(Stuart,乔治敦大学):

讨论诸如理论、模式、假设之类的概念,普遍带有胆怯的调子,这使我不安。似乎我们害怕某个权威的立法议会准备惩罚我们，因为我们一直用词不当。我认为加里·马丁斯只不过是不能认真对待他关于假设的谈论，尽管他可能被以下事实所迷惑：马丁·裘斯谈的是假设过程的心理，而不是假设的结构。当然，从技巧上来讲，假设简单地说就是一种命题，因此，它不描述任何事物，它没有事实性。但是如果符合某一合适的逻辑的结构，我们能从中得出进一步的命题，这仍然不陈述经验的事实，但是，在正确的观察条件下，这种假设经过观察得到的陈述或报告同形的句子，或变成这样的句子，这就是假设。

这引导我走到第二点。出于非常简单的原因，我可以武断地讲：我用学来的方法进行科学研究，直到后来我才发现这些方法不完全。因此每个人可以断言：完全可以借助前人长期而突出的传统。我们站在名人的肩膀上，这使我们有权力对这些事情具有想象力。当我们发现他们教的东西是错误的，就开始试验性地但有了某些兴奋的心情修改我们的方法。

最后谈一下模式。我们正在努力确定我们谈论的是正确的事物，这很可笑。不存在模式的意义。有许多不同的意义，许多不同的调查者使用这个词的时候，都有技术上的准确性。没人提过：模式在数学上熟悉的用法，这种说法是：如果有一个纯形式系统——也就是说，不想作出解释的符号集，这个系统就是抽象。如果你在任何时间引进存在的而不是抽象系统中的实体的名称，那么你就建立了那个抽象系统的一个模式。在语言学中我们正在做的大概是辩论我们是否运用了正确的技术手段，而不是仅仅依靠给我们带来许多益处的传统。人们会怀疑，当我们受这些训练时，大多数人并没注意到这一点。

裘斯：

时间很短。当我忘了提从事物到理论过程的非线性顺序时，可能会觉得时间比实际时间还要短些。当然，人们总会一再往后重做。如果你瞄着理论，一旦你动弹不得时，就后退一步，然后重新开始。如果你的目的是想获得所谈论的客体更多的知识，就比这做得更多。你走回去到新资料面前，又反复收集新资料。线性方法是这一切的捷径，但肯定是错误的。我疏忽没提非线性是我的失误，但我认为这并不说明我不能直接考虑这个问题。

参考文献

本论文集。

玛格丽特·K.邦尼，"一位英语教师回答马里奥·佩"，《星期天评论》，1962，11.15。

赵元任，"语言学的模式和一般的模式"，欧内斯特·内格尔，P.萨普斯，A.塔斯金主编的《逻辑、方法和科学哲学：1960年国际会议汇编》，558—660页。（斯坦福大学出版社，1962。）

诺姆·乔姆斯基，《句法理论的若干问题》（剑桥，麻省理工学院出版社，1965）。

R.W.狄克逊，《语言科学和逻辑》（海牙，莫尔顿，1963）。

保罗·L.加文《自然语言和计算机》（纽约，麦格拉山，1963）：保罗·L.加文，"语言的明确模式"，3—22页；罗伯特·P.斯托克韦尔，"生成或谓语性语法的转换模式"，23—46页；托马斯·A.塞贝欧克，"语言的信息模式：动物和人类交际中的类似和数字编码"，47—64页。详细提到模式的还有罗伯特·M.海斯的"信息回收的数学模式"，见同书，268—389页。

M.A.K.韩礼德，"语法理论的范畴"，《言语》（Word）17，241—292页，1961。

奥托·叶斯珀森，《语法原理》（伦敦，阿伦和昂温，1923）。

塔德斯·科塔宾斯基，"泛躯体主义（Pansomatism）的基本观点"艾尔弗雷德·塔斯基和戴维·赖宁译自波兰语《精神》（Mind）2，64，488—500页，1955。

查尔斯·莫里斯，《指号·语言和行为》（纽约，普伦蒂斯—霍尔，1946）。

沃尔特·佩特，《评价：一篇有关风格的论文》（伦敦，纽约，麦克米伦，1897）。

弗里曼·特沃德尔,"关于给音素下定义"(=语言专论,16)。部分由马丁·裘斯主编的《语言学读本》1957(华盛顿)重印。

C.F. 和 F.M. 沃格林,"二十世纪美国结构化的历史",《人类语言学》5,1,12—37页,1963。

(*Method and Theory in Linguistics*, 1970.

徐赳赳译,林书武校)

谈谈汉语这个符号系统*

这篇文章的题目可以谈很专门的问题,也可以谈很一般的问题。它可以谈"山""木"之类的象形字,或者"日在木中曰东""三人曰众"之类的表意字。更加微妙的是韵律,诗人可以用它来象征(symbolize)❶某种言外之意。试看岑参离别诗②的开头四句:

北风卷地白草折　˧˥˧
胡天八月即飞雪　˧˥˧
忽如一夜春风来　˧˥˩
千树万树梨花开　˥˩

这四句诗用官话来念,押韵的字"折"(jer 35:)和"雪"(sheue 214:)、"来"(lai 35:)和"开"(kai 55:)没有什么特别的地方。可是用属于吴语的我家乡方言常州话来念,由于古代的调类保持得比较分明,头两句收迫促的入声 tzəʔ(5:)和 süeʔ(5:),后两句收流畅的平声 lai(21:)和 kai(21:)③,这种变化暗示着从冰天雪地

---

* 本文原载于《CIC 远东语言研究所文集》(*Papers of the CIC Far Eastern Language Institute*),卷Ⅳ,University of Michigan,1973。文章标题是 *Chinese as a Symbolic System*。

❶ 英语 Symbolic 有"象征的"、"符号的"两层意义,作者在这儿之所以谈到韵律的象征意义,是为了跟文题"符号系统"相呼应。下文中所用的 symbol 及其派生词也是有时指"象征",有时指"符号"。可惜我们在汉语中找不出恰当的词来兼表这两个意义。

② 盛行于天宝(742—756)年间。

③ 这种低平声只用于吟哦。

到春暖花开两个世界。换句话说,这是韵律象征着内容。同样,我们可以说,象形字和表意字象征着它们所代表的事物。我举这些有趣的例子,是为了说明,这是符号手法(symbolism)中不大重要而且相当少见的用法。这个问题在下文联系单位的大小时还要提到(见第6条论"关联")。

任何语言,包括汉语在内,其符号的最重要、最普遍的属性是词与物之间的关系主要是任意的。英语为什么用 come 表示"来"的意思,汉语为什么用 lai,是没有道理可说的。我这里所要强调的,就是"符号"的这个一般含义。不过在讨论汉语的符号之前,还得交代另外一个类似而有差别的术语——"指号"(sign)。我们说,乌云密布是下雨的信号,同时也说,绿色是"通行"的信号,红色是"停止"的信号,按照一个严格遵照他父亲的驾驶习惯的小伙子的理解,黄色是"快开!"的信号。我们谈论交通信号、加减号、等号之类的东西,和谈论乌云是下雨的信号,含义很不一样。在前一种情况下,信号可以由使用的人创制,赋予它价值,因此它们是一般含义的符号。在后一种情况下,信号是人们用来推断其他事物的征兆,不能像交通信号那样加以使用。用法上的不一贯,是普通词汇里的词无法避免的。但是进行理论研究,需要一贯地使用不同的术语来区分不同的概念。用什么词合适,主要是爱好问题,但是尽量避免同不一贯的普通用法发生冲突,总是比较方便。在这篇文章里,我沿用摩里斯(Charles W. Morris)的术语[①]:"指号"(sign)一词用于最广泛的意义,"符号"(symbol)则指使用的人能够复制的一种信号。符号系统的一般研究叫做"符号学"(semiotic,近来

[①] 《指号理论的基础》(*Foundations of the Theory of Signs*), International Encyclopedia of Unified Science,第一卷第二号,Chicago,1938;和《指号、语言与行为》(*Signs, Language and Behavior*), New York,1946。

叫 semiotics）；其中研究符号本身的叫"组合学"（syntactics，比语言学中的"句法"[syntax]含义广泛），研究符号和所表示的事物的关系的，叫"意义学"（semantics），研究符号跟使用者的关系的，叫做"语用学"（pragmatics）。我将在这个框架内考察汉语这个符号系统。对汉语的组合学和意义学的实地研究，将包括汉语研究的大部分，显然不是一篇文章甚至一本书的篇幅所能容纳得下的。我在这里主要限于考虑汉语的运用方面，特别是联系良好的符号系统所需具备的种种条件来考虑汉语的效能。我在别的地方列举了对符号的十大要求①，在这篇文章里，我试图考虑能够应用于汉语这个符号系统的各个因素。

Ⅰ. 简单和优美

论简单，莫过于说本族语。撇开这种平常的含义来看，汉语也是简单的，这表现在：汉语的大多数语素是单音节的，每个音节开头和结尾的花样不多，缺少语法屈折。汉语的词汇和成语当然很不简单，而且在全国的范围内（除去苗、瑶、藏等少数民族语言），方言的分歧很大。

论优美，大多数观察和使用汉语的人都同意汉语是美的。有时人们提出这样的问题：汉语有了字的声调，怎么还能有富于表达力的语调？回答是：字调加在语调的起伏上面，很像海浪上的微波，结果形成的模式是两种音高运动的代数和。汉语的文字系统，即使把简化字考虑在内，当然是很不简单的，可是它在优美性尺度上的等级是高的。

---

① 赵元任：《语言和符号系统》（Y. R. Chao, *Language and Symbolic Systems*），Cambridge，1968，210—227；我在本文中将那十条稍加变更用于汉语。

Ⅱ. 通讯性能

良好的符号系统应该易于产生和发送,易于接收和解释。上面说过,汉语除了语调之外还使用声调,声调是使汉语特别适宜于物理通讯的要素之一。大家知道,声调主要涉及嗓音的基本音高,在不利的音响条件下,它是最便于传送的。由于元音和辅音是要靠陪音来刻画其特性的,我们可以说,汉语既靠基音又靠陪音来表达讯息的基本要素;而不用声调的语言,例如英语,却靠陪音来表达讯息的基本要素(词),靠基音来表示讯息的陪衬要素(态度和心情),这在我看来没有最有效地使用音响能量于通讯目的。

不利于通讯的消极因素是方言的分歧。大家知道,从哈尔滨到昆明,从重庆到南京的官话区,言语还比较一致,可是在东部和南部,方言之间的差别不亚于法语之于西班牙语,或者荷兰语之于德语。共同文学语言或"文言"的存在,部分地弥补了方言的分歧。文言以历代作家的文笔为基础,即使在1917年的文学革命之后,仍在不少书刊中使用。它不但存在于依靠目治的纸面,而且也存在于使用者的口头,不论他学习和阅读文言的时候用的是官话,广东话,还是福建话。所以文言的存在,不但有书面的性质,也有语言的性质。相比之下,一篇日语的文章,尽管大多数实词都用汉字书写,中国人也看不懂,因为另一种语法结构,许多汉字的训读以及字义的不同用法使它成为另一种语言。

Ⅲ. 便于产生、传递和复制

说自己的语言,当然是容易不过的事情。至于语言的传递,以声调作为载体比元、辅音优越,便利在嘈杂的环境里传送。汉语音节的辅音尾子贫乏,是这方面的一个有利因素。有一次在北京西站站台上,我听到一个说英语的人向着远处的一个人大声招呼"Duff! Duff!",可是得不到反应。当时我真想帮他呼喊成"Duffoo! Duffoo!"直到今天,我还是不能确定对方的名字是 Duff, Duth,还是 Duss。谈到复制,如果考虑到声调用音响性能比较差的设备也便于录制和复制,那么汉语适应现代技术的程度不低于平均水平。

汉语的文字系统,外族人固然感到困难,本族儿童也不容易学会。打电报必须译成码子,用电传要占用比较宽的通讯频道,费用较高。复制、打字、排字所需的设备和程序都比字母文字系统复杂。另一方面,一旦学会了汉语的文字系统,它的丰富的花样就有助于辨认,这比多次复现同一些少量的要素来得优越。这一点在第Ⅴ条谈符号的数目时还要提到。

Ⅳ. 大小适当

良好的符号应该大小适当,不论空间上的延伸,时间上的持续,或者像手势那样牵涉到时间和空间两个方面,都应该这样。例如背靠霓虹灯广告的红色交通灯,小而暗淡的不如大而明亮的。标写喉塞音的方法,一种是用抬高的点号"·",一种是用去掉点的问号"?",前者就容易被阅读或排字的人忽略掉。一般说来,单个符号或符号复合体的最方便的大小,是在视野或听阈中占有重要的部分。但是,由于我们更多碰到的是符号的复合体而不是孤立的符号,更由于符号的一个最重要的用途是识别复合体各部分之间的关系,所以符号要小到能够一下子看出它们之间的关系,比较有利。

关于汉语中符号的大小,有好些问题值得注意。首先,声调的使用使得同样复杂程度的单位占比较短的时间。例如英语动词mix/miks/（混）是四个音位，它的过去分词mixed/mikst/（浑）增加一个音位。汉语中指动作的"混"/huèn/使用一种声调①，指状态的"浑"/huén/使用另一种声调，并不多占时间。音高模式反正是每一个词都有的，我们完全可以利用它而不另占时间。汉语的词有点像蛋卷冰淇淋，冰淇淋和蛋卷是一次花钱买的，你可以把蛋卷也吃下去。

除了声调的使用以外，汉语词的简短，还可以拿数字系统作为例子。汉语里开头十个数目的名称都是单音节。背乘法表，从"一一得一"到"九九八十一"用30秒钟。同样的乘法表让一个以英语为本族语的人用英语来说，我记录的时间是45秒。

简短的好处在哪里？节省时间还不是主要的，更大的好处是在一个跨度里能够容纳比较多的要素，使得符号的使用者能够处理比较复杂的关系而免去不必要的符号负担。例如让说英语的人重复下面两组对他都没有意义的音节：

    A. /Wut nian viaf nəw rɔf nəw irθ/

    B. san i syh i wuu jeou ell

试问哪一组更难重复呢？B组是汉语的3141592，A组是倒着说的英语的3141592。

至于汉语的文字系统，它的优点是双向度，容许较多的花样，因而能够节省篇幅，加快阅读速度。这并不因为汉字象形或者表意，大多数汉字已经不是这种情况了，而是因为汉字笔画的双向度安排有重要意义。这种情况有一个附带的结果：在一页印有好多个不同的方块汉字的书里找字，比在不断重复二十来个字母的书

---

① "混"还可以发成/huěn/，这可能是北京土话。

里寻找,来得容易。特别难找的是用基里尔字母❶排印的东西,几乎所有的字母都同样高矮,甚至连 tip(高—低)和 pit(低—高)或者 tagged(高—低—高)和 patting(低—高—低)这样些微的形体变异都没有。汉字有很强的个性,你要在一页上找什么字,眼睛扫到近处,它就直盯着你,呼之欲出。如果是字母文字,找起来就费事了。

紧凑的另一个好处是容易把大量项目列成表格。在汉语的统计书里,必须折叠起来的大张的一览表就比较少,当然,这是就比较同样可读程度的材料来说的。

V. 节省数目

汉字既然是这样奇妙的符号,为什么那么多人想把它废除,改用另一种文字系统呢?原来汉字的优点是靠汉字的数量很多而获得的。要阅读现代的报纸,必须认得五、六千字。中文打字机有四、五种构造,都还得装配几千个汉字。大家当然知道,表示一定数量的信息,符号复合体的大小是和所用符号的花样多少成反比的。例如有了十个不同的符号,"十六"这个数目就能用两位数"16"写出;如果只有两个不同的符号,像二进位制中的 0 和 1,那么同样的数目就要写成"10000"。这不但是视觉符号的技术处理问题,它同样也适用于口头的语言。夏威夷语的音位数目少,为了弥补花样的贫乏,词就得加长。夏威夷出产的一种很短的鱼,名叫 homohomonukunukuapua。虽然不是所有的鱼都有这么长的名称,可是总的说来,夏威夷语里面的词是长的。日语的音也比较少,所以汉语里"我"一个音节,在日语里用 watakushi 四个音节表示,

---

❶ 例如俄文字母。

"多谢"是两个音节,日语要说成 arigatoo gozaimasu 十个音节。为了提供同样数量的信息,符号花样的多少和符号复合体的大小有什么关系的问题,汉学家畏廉士(S. W. Williams)在本世纪初做了很有意义的研究①。他从十七世纪的《圣谕广训》里挑出了一则劝考的上谕,译成各种方言。结果是译文的长度同方言里音节的长度成反比,无一例外。大家可以料到,广州话在清晰性上居于首位,结果是广州话的译文最紧凑。即使非常相似的方言也反映出同样的规律性。北京话和汉口话都属于官话,它们的音节区分少于南方方言,因此译文都比较长。可是汉口话又因为 tz-、ts-、s- 和 j-、ch-、sh- 不分,l- 和 n- 不分,-en、-in 和 -eng、-ing 不分,它的译文是所考察的方言里最长的。

VI. 符号复合体的结构跟对象的结构有关联

单个符号贴切地表示自己的对象,即具有通常意义的"象征性",这种现象虽然有趣,只是偶合,所以我在这篇文章里不提它,而是一直强调:考虑系统的结构有特别重要的意义。一个符号,如果内部的组成部分能够表现所指的对象,这种符号,用丕尔斯(Charles S. Peirce)的术语来说,叫做图像(icon)。比方 U-turn❷ 这个词里的 U 就是图像。数字符号里的 =、>、< 也是图像。绝大多数符号不是图像,就是说,它们和对象的联结完全通过任意的约定。符号 x、y、z 表示变量,本身并没有什么特别可变的特征;符号 a、b、c 表示常量,本身也没有什么特别恒常的要素。[b] 是浊唇

---

① 卫三畏廉士编译:《汉英韵府》(S. W. Williams, *A Syllabic Dictionary of the Chinese Language*),修订版,通州,1909, xlii-xlvii 页。

❷ U 形转弯,车辆等的掉头大转弯。

音,[d]是浊齿音,[p]是清唇音,如果有人想到这是因为圈儿在右边表示唇音,在左边表示齿音,竖道儿往上升表示浊音,往下伸表示清音,那么他就得把[t]音写成字母q。汉字中的"一""二""三"是图像,已经废除的"三"①也是图像,可是"四"和它以上的数字都是非图像的符号。

符号和对象之间的关系,最重要的是看和对象的结构有没有关联。再以汉语的数字系统为例:人们一旦约定"十"后面的数字是加,"十"前面的数字是乘,那么从11到99就有了一套很有系统性的符号复合体。但这只是非常特殊的情况。总的说来,汉语在是否有足够的结构容量来象征事物间的关系这一点上,和其他著名的语言并无区别。

我不想探讨作为符号系统的汉语的系统结构的一切方面,这个问题太大,等于全部的汉语语言学。我只想专门提出一个任何语言都有的问题,就是线性修饰问题②。由于语言从某个重要的意义上说是在时间上展开的单向度的事件序列,所以每当大小不等的单位的活动范围变得比较复杂的时候,使用语言的人常常碰到问题。比较短的句子,它们的结构可以用停顿(或书写中的标点符号)作为附加的符号手段来指明,但是结构愈是复杂,就愈难掌握。和英语等西方语言相比,汉语在这方面多了一个弱点,因为所有的修饰语,不论单词还是长的分句,都必须放在被修饰语的前面。

---

① 有些老式钟面上的罗马数字用"IIII"代替"IV"。
② 请参看波林杰《线性修饰》(Dwight L. Bolinger, Linear Modification),PMLA 67,1117—44,1952;罗梅外特、特纳合写的《"Chunking"一词的信息传递》(R. Rometreit & Elizabeth A. Turner, A Study of 'Chunking' in Transmission of Messages),刊 *Lingua*.18·4.337—51,1967,和拙著《语言和符号系统》(*Languages and Symbolic Systems*),Cambridge,1968,61—63页。

符号的关联问题,汉字严重得多。汉字作为言语的符号,和它的对象的关系是相当松散的。通常的说法是汉字不表音。其实它是表音的,但不在音位的层面,而在语素的层面或者字的层面。既然一个字是一个符号单位,所以不能指望字的组成部分来标志语素内部的各部分,换句话说,汉字并不拼出词里的音位。有相当数量的汉字具有(或者毋宁说曾经具有)一定的内部特征,和音节中音的特征相应。所谓形声字,造字的时候表示的音曾相当接近实际发音,但是到了现代往往不合。如果说英语拼写法表音的程度达到75%,那么汉语或许可以说达到25%。人们学会了一千个字之后就能猜测新字的读音而且有时能猜对。开头的一千个字是最难的。

Ⅶ. 辨别符号的能力和作业同义词❶的适宜程度

符号当然应该能够适当地彼此区分,便于人们指称而不产生歧义。众所周知,在汉语里,古代的许多区分由于历史上的磨损而消失,结果出现大量的同音字。例如古代的 liəp(立), liĕt(栗),和 liək(力)在官话里都是 lih。现代方言通过各种途径作了自我调整,使口头交际保持必须让人听懂的水平,前面提到的劝孝文就是例子。可是文言有汉字拐棍的扶持,没有经历这种调整,因此不适宜于口头交际。不幸的是,科学上多数新术语特别是外来术语的翻译,一直是由那些用汉字思考的人创制的,使得很多术语很不便于口头交际。例如元素铱、镱、钇都念成 i,且不说发第四声 i 的字还有九十个左右。最近对化学元素的名称作了专门的修改,至少要求在声调上有区别,例如铱(i),镱(yih),钇(yii)。人们给有

---

❶ 作业同义词(operational synonyms)指便于在非正式场合使用的复杂称谓的简称、缩略等形式。

机化合物创立了新字，其实是拼铅字。这些字都包含有表示化学根和族的部分，甚至没法念出声音来。于是中国的许多化学家在指称有机化合物的时候宁可采用英语的名称，或者碰到哪种欧洲语言写的书，就用那种语言的名称。

汉语语素和文字单位的单音节性对于在各种条件下使用符号式作业同义词，有一定好处。汉语中的简称和缩略词总是给出语素而不是给出音位，或者从文字上说，总是给出字而不是字母。例如"执委会"指"执行委员会"，"中共"指"中国共产党"，"和谈"指"和平谈判会议"。音节式的缩略词，在英语里只是偶尔使用。Cal Tech/kæl tek/（加州理工学院）有六个音位，长度大致等于七个音位的 MIT/em əy tiy/（麻省理工学院），但是传递的信息要多得多，因为它的每个音节都是从几千个里面挑出来的，而念出字母名称的字母缩略词里面的每个单位只从 26 个字母里面挑出。汉语里的缩略词都属于 Cal Tech 的类型，同样数目的片段提供的信息比较多，因此也更适宜于记忆、交谈和推断。[①]

尽管用的是两个语素的复合，确实也有歧义的例子。例如"北大"过去只指"北京大学"，最近也指"北大西洋联盟"，"联大"过去只指"西南联合大学"，现在却指"联合国大会"。曾经有过这么一封信，信封上的地址是"西医医院"，邮局把它退了回来，加注："该市有多处西医医院，请具体指明"；事实上那是"西北医学院附属医院"的简称。的确，比方英语中的 Excom 这个形式也可以有几种理解：(1) Executive Committee（执行委员会），(2) ex-Communist（前共产党员），(3) excommunicate（革出教门）。不过，不论英语还是汉语，两个语素的复合通常总是足够明确而无歧义，尤其是处在

---

① 参看密勒（George A. Miller）作《奇妙的数字七。加二或减二》（The Magical Number Seven. Plus or Minus Two），刊 *Psychological Review* 63，1956，81—97 页。

实际的行文中,更是这样。

Ⅷ. 普遍性

世界上有这么多的人讲汉语,因此历来有人主张把汉语作为世界语言的可能的候选者,虽然在1910—1920年间,音韵学家钱玄同在全盘西化情绪的一次冲动下曾经提议废除汉语,采用世界语(Esperanto)。撇开空想的方案不谈,汉语已经具备了被一个极其巨大的社会使用的初步优点。我们说过,汉语是一种语言,不是几种语言,不但从文字上看是这样,因为应用一种文字来书写,从语言上看也是这样:因为在汉语的各方言中有一批共同的词汇单位,有大致统一的语法结构和有整套整套关系密切的音系。因此,汉语就其普遍性而言,跟世界各种语言相比,得分是很高的,它可以和西方古代的拉丁语的地位相比,甚至高出拉丁语。

以上是对汉语这个符号系统的事实所进行的单纯描述性的评价。在结束本文之前,我想从这个评价前进一步,用实际方案大胆试验一下把汉语拢成一个更加紧凑的系统。简化汉语或汉字系统已经有过一些著名的方案,例如晏阳初的一千二百个基本字,洪升的一千一百个基本字,以及最近正在扩大使用的简化字。拉马斯(Lamasse)和贾士敏(Jasmin)的跨方言罗马字是非常有意思的方案[①]。他们采用了高本汉中古汉语的拟音,把音标转写成通常的罗马字母。用一两页篇幅(当然印得很密)说明每种方言的发音规则,这种罗马化的文章就能用任何一种大方言念出来。

现在,我的方案没有那么大的抱负,古汉语的特征如果在当今

[①] 拉马斯、贾士敏合著:《方言际辣体汉字》(Henri Lamasse & Ernest Jasmin, *La Romanisation Interdialectique*),北平,1934。

各大方言里都不再重要,例如"支""脂""之""微"四种i的区分[①],我就不用。我想拟出像司密斯(Henry Lee Smith)做出的那种"总体模式",虽然汉语方言的范围远远超过司密斯所对付的美国英语。例如对于"立""栗""力"的 lih,我要分别写成 lip、lit、lik。按照广州话的规则,要发出拼写中的尾音[②];按照吴语或者南京话的规则,要发成喉塞,西南官话发成(它)的第二声;北方官话发成第四声。其他情况以此类推。

至于汉字,如果从一个本义(没有音的变异)引申出来的几个意义各有不同的字表示,而且这些字的发音相同,那么就选择本字或者最常见的字来代表全体。例如"志、誌、痣"都写成"志"。"装、妆、粧"都写成"装",但是不写成"壮",因为它在所有的方言里都是另一种读音。"迴、(徘)徊、蛔"都写成"回"。"元、原、源"都写成"元",但是"园"不能这么写,因为它在吴语里发不同的音,而且语义上也不相属。总之,是要给字书里认为相"通"的引申义和种种变异选出一个汉字和一种罗马化的拼写来。按照这些标准选出的一套字,我叫"通字"。因为它通用于书写汉语的任何文体,不论是古典的还是现代口头的,不论是官话的还是粤语的,所以叫做"通字"(General Chinese)。选出的一套字叫做"通字汉字"(General Chinese Characters,简称 GCC),和它相配的罗马字叫做"通字罗马字"(General Chinese Romanization,简称 GCR)。进一步探讨通字,当然超出了本文一般地研究汉语的符号手法的范围[③]。

(*Papers of the CIC Far Eastern Language Institute*, vol Ⅳ,1973. 叶蜚声译,伍铁平校)

---

① 闽方言的某些字间或例外而有区别。
② 广州话中"栗"字碰巧有圆唇元音,另当别论。
③ 参看拙著《通字概说》(A Preliminary Sketch of General Chinese),刊 *Aspects of Chinese Sociolinguistics*, Stanford University Press,1976,106—143 页。

汉语词的概念及其结构和节奏

Ⅰ. 概说

这篇文章的篇名《Rhythm and Structure in Chinese Word Conceptions》多少有些简缩式的味道，像一个没拉开的多层套筒望远镜。在这里我想要讨论的是汉语口语中词的结构，汉语中节奏成分在词和短语的构成和使用中所起的作用。由此而引起的问题自然首先是："什么是汉语的词？"为了回答这个问题，需要先花一小会儿工夫看看一般性的定义问题。在思想史中，定义的问题常常被提出，而因为没能分清词的界定和概念的形成（很不幸，概念必须由词表达），造成了许多无谓的争论。在一个民族的某种语言中实际使用着的所有的词，都有其各自用法的明确的历史，可以用语文学的研究来探明。这些正是编词典的人试图记录在他们给词下的定义中的。编词典的人只记录事实，他们无需有自己的思考，也不应该有自己的思考。而哲学和科学的思想家却关注词的自然用法中存在的混乱和不一致。为明确地阐述思想，他们希望为自己特殊的用途设立明确限定的概念。表达这些概念只能用词，所以他们不得不常常偏离词通行的但不一致的用法，以求得内部的一致。于是，物理学家就必须说，钢的"弹性"（elasticity）相当于橡胶的一千倍。而对心理学家来说，"热觉"（hotness）就等于"暖觉"（warmness）加"冷觉"（coldness）。哲学家和科学家似乎专门喜欢用违反常情的方式来给词下定义。事实上他们并不是想给词下定义,而是试图设立精确的概念。他们只是想用紧凑而成形的词来做概念的标签。一旦新的用法站住了,词典当然要记录在案。但差异总是存在。只能依据事实的词典编纂者绝无赶上思想家的可能。思想家无需顾及事实,任何时候都可以制造新的词义。如,根据昏弟敦弟(Humpty Dumpty)❶, impenetrability (不可入性,不可贯穿性)的意义为:"咱们刚才那个题目谈够了,这会儿你要是说一声你还要做什么也可以说了,因为我料想你不预备一辈子坐在这儿待着吧。"

C. K. Ogden 和 I. A. Richards 的《意义的意义》(Meaning of Meaning, New York, 1959, p.216)一书对给词下定义这种情形作了令人钦佩的总结:"在讨论中我们必须经常区分两种人:一种人非得大量打散词汇所指的内容才能更动自己的词汇,另一种人则自由地变换词语以适应情景。在智能活动的各个层次都可以发现这样一些人,要他们改变一下词语就好像要他们放弃自己的信念一样。对这些人来说,说话的不同等于思想的不同,因为他们的词是构成所指境况的基本成员。而对那些不跟词语紧紧地缚在一起的人来说,这种想法通常不过是一种乖僻狭隘的愚见。"

好了,所有这些跟汉语的词有什么相干呢? 关于一般定义问题我谈了这么许多,只是为回答"什么是汉语的词"作个铺垫。研究现代语言学的学者都同意,对于所研究的对象语言,不应该刻意去寻找在我们从前就碰巧会说的那种语言中十分熟悉的那些东西,而应该确定我们实际上碰到了什么,并给它们以适当的名

---

❶ Humpty Dumpty 是《阿丽思漫游镜中世界》中的一个小怪物。下面的那段译文摘自赵元任译的《阿丽思漫游奇境记》(英汉对照),293 页,商务印书馆,1988.5。

称[1]。如果我们碰到的东西跟我们所熟悉的东西非常相似，最方便的方法是用自己语言中指称相应事物的名称来指称它。于是，我们可以准确地说：汉语里有 noun（名词）[2]，汉语的诗有 rhymes（韵脚），甚至可以说《诗经》里有 feminine rime（倒数第二音节的韵脚）。显然，遇到这种极相似的情况，只有那些故意卖弄学问的呆子才会另造新的术语，不管是在希腊语中还是在汉语中都是如此。但许多概念不可能找到如此相似的对应。印欧系语言中 word（词）这一级单位就是这一类的概念，它在汉语里没有确切的对应物。在汉语的文言阶段，即古代经典和早期哲学家所用的语言中，单个音节恐怕在相当程度上类似西方观念中的一个 word。但到了现代汉语，这种情况已大为改观。话说到这儿，读者可能已准备好会听到："在现代汉语中，无论是书面语还是口语，都有大量的多音节词。"然而，下面我们将会看到，这种说法过于简单化了。

为讨论的方便，我把词的问题分为两个方面。一是单位的大小问题，即多长的一段话语是一个词（或者说，在汉语里我们碰到的究竟是什么单位或什么类型的单位）？二是同一性问题，即词在什么情况下是同一个词，什么情况下是不同的词？

Ⅱ．单位大小的问题

如果我们观察用某一种语言说出的大量话语，例如英语，考虑一下这些话语中小片段的情况，并拿它们跟汉语中同样的小片段作个比较，我想，"字"这个名称（这样说是因为我希望先避免把

---

[1] 关于这一方法论原则，可参看 A. P. Weiss, Purposive Striving as a Fundamental Category of Psychology, *Psychological Review* 32.2.177（1925 年 3 月）和 L. Bloomfield 对 J. Reis 的 Was ist ein Satz 一书的评论，收在 Language, 7.3.205（1931 年 9 月）。

[2] 括号内凡属中文释义的，加双引号的为原文所有，不加的为译者所添，下同。

word 这个词用于汉语）将和 word 这个词在英语中的角色相当。也就是说，在说英语的人谈到 word 的大多数场合，说汉语的人说到的是"字"。这样说绝不意味着"字"的结构特性与英语的 word 相同，甚至连近于相同也谈不上。"字"和 word 的关系就好比通常用"橘子"对译英语的 orange，其实橘子在构造上属红橘（tangerine），与 orange（甜橙）是不同的植物。但由于橘子是中国最常见的柑橘属水果，就像甜橙在其他国家中最常见一样；于是，"橘子"这一名称的作用就变成指"最常见的柑橘属水果"了。所以，"字"这个词，严格地说是"字"这个字，就仅仅是指那个在学校里教授的、在语文工具书里被解释的、书写上作为独立的单位而彼此分开的、人们意识到语言里的微小变化时最常谈起的那个普通的、短短的话语成分。事实上，当一个懂些英语的中国人用汉语来议论英语的词时，不管是对是错，一个英语词通常被叫做一个"字"。

什么是一个"字"？一个字总是一个音节，通常还有一个意义。至少对识字人来说，它是有意义的。我们不想把这种单位叫 word，因为它跟说英语和写英语的人叫做 word 的那种别的语言里的成分在结构上有很重要的区别。在汉语的早期，这种差异还不明显，因而高本汉才可能写关于汉语的 word family[①]。对现代汉语，Denzel Carr 用的术语是 logoid[②]。他把 logoid 比作相当于 pyrochemical（耐高温化学制品）和 pyrometer（高温计）中的 pyr（表'火'、'热'的词头）那样的单位：一个有意义的音节，但不是词。George A. Kennedy 和李方桂在讨论这一问题时，曾把汉语的这种

[①] 高本汉的 *Word Family in Chinese*（BMFEA.5）张世禄译作《汉语词类》（上海，1937）。如果径直译成《汉语字族》，要好得多。因为"汉语词类"的英文意思是 Chinese language diction categories。

[②] *A Characterization of Chinese National Language*, *Bulletin de la Société Polonaise de Linguistique* Ⅲ, Krakow, 1932.49.

小单位比作电解质中的离子。在合适的条件下,它们的单独存在或是相互的结合可能形成独立的不同物质。Peter A. Boodberg 则把汉语的这种小单位叫做 phonosemanteme(音义位),记作 SP[①]。我打算用它的汉语名称"字";不方便的时候儿,就干脆先把它叫做"音节词"(word-syllable)[②]。

如果我们深入观察现代汉语的话语结构并试图找出类似其他语言里 word 那样的小单位,就会发现,有时一个音节词像一个 word,有时则两个或更多的音节词结合在一起才像一个 word。随着中国的当代学者逐渐意识到其他语言里 word 这一级单位,他们就开始为它寻配一个新的术语。语法学家马建忠,主要是研究文言语法的,仍使用"字"来指各类言语单位(parts of speech),而用"词"(原义为"措词用语"、"短语"、"熟语"[③])指称具有某种功能的各类言语单位。例如,一个 verb 是一个"字",若处在谓语位置则又是一个"词"[④]。更晚些时候儿,黎锦熙有意识地把汉语的"词"与英语的 word 对等起来。他给"词"下的定义是:"表达话语中一个观念(idea)的单位。"[⑤]但由于还没有人能开发出一套以客观的方法处理观念的技术,语言学家只能满足于用形式的标准来作词的标记。也就是说,他们只能问,什么样的语音成分或什么样的配列特征可以用作词这一级单位的标记。用这些形式标志出的单位,我们叫它"结构词"(the structural word)。

---

① Peter A. Boodberg, Some proleptical remarks on the evolution of Archaic Chinese, HJAS. 2(1937). 333. 注 7。

② 关于是不是所有的字都是语素,可参看 Ⅱ 的下面部分。

③ 所注释义反映了该词在数个世纪中用法的总的情况。许慎(卒于 AD120 年)的《说文》中"词"的释义为"意内而言外也。"请注意,"词"在古汉语时音 ʣi: 而"字"的音是 dzʼiːˊ,两者没有任何关系。

④ 马建忠,《马氏文通》,上海,1921.1.10。(第一版在 1905 年。)

⑤ 黎锦熙,《国语文法》,上海,1933.2。

陆志韦《国语单音词词汇》的序言在以形式化的方法确定汉语词的大小方面作了切实认真的尝试[1]。他把自己用的方法叫作"同形替代式"。比如,"说话"在结构上是一个词还是两个词的问题,可以先看看能不能找到许多含有"话"的同形结构,然后再看看能不能同样地找到含有"说"的同形结构。如果能找到,那么"说话"是两个结构词而不是一个。如下所示:

  shuō huà[2] 说话   shuō huà   说话
  tīng huà 听话   shuō mèng 说梦
  jiǎng huà 讲话   shuō shū 说书

当然,选用的替代式必须同形,不是只要能替换就算数。比如,"废话"(fèi huà)[3]或"说笑"(shuō xiào)就不是"说话"的同形式。陆没有给出鉴别同形式的确切标准,只是表示相信绝大多数人对于话语片段是不是同形的看法相同。从方法上讲,这大概是超出形式上的考虑而求助类似意义之类东西的惟一的漏洞了。

很遗憾陆为之写序的字典正文一直没有刊行[4]。根据序言,该字典收了1199个单音词,用2731个字来表示,因为其中的许多条从语言的角度看是一个word或一个"词",但文字上要写成不同的字。

陆的方法看来相当一贯且便于操作,但其结果却要比使用其他切分词标准的严许多[5]。问题在于他的方法是不是符合一般习惯,使我们仍然愿用"词"或word来称呼它。陆的方法没有打算

---

[1] 《国语单音词词汇》,北平,1938,特别要看7—15页。
[2] 原文用的是威妥玛式拼音,译文一律改用汉语拼音。两种拼音的对照可参看《中国大百科全书·语言文字卷》。
[3] 原文为"费话"('wasted words')据上下文义似为"废话"之误。
[4] 字典正文已于1951年由人民出版社出版,1956年科学出版社又出了修订版。
[5] 即使算上陆提出的几个例外也还是如此。

用于其他语言,比如英语。但如果运用这种方法来分析 warmly, warmish, coldly, coldish, 结果不仅 warm 和 cold 是独立的词,而且 -ly 和 -ish 也是。比起《辞源》《辞海》和许许多多以"词典"而不是"字典"命名的工具书通常所收的词来,陆的方法也严得多。再一个问题是,在实际可行的汉语罗马化拼音系统中,拼写单位的分隔应不应该完全跟陆所定义的大小相同;虽然在山东❶推行国语罗马字的一些试验指出,为阅读和学习的方便,人们愿意用单音节拼写法,颇为不顾单个看的个体辨认性。不过,文字毕竟是另外的问题。

除了陆所用的很严的标准之外,能不能考虑用其他成分来标明汉语里的结构词呢?比如像重音、声调等。这些因素看来至少能给出部分答案。北京话②中前后联系很紧的两个音节词,除了表情语调(expressive intonation)或语势的变化之外,还有两种可能的重音模式。一种模式跟法语的双音节词差不多:两个音节都重读,每个音节都有完整的声调但第二个音节稍稍重一点儿。另一种模式是一个强重读音节接一个极轻的无调(atonic)❸音节。西方学者④常常把前一种看作第二音节重读的轻重格(iambic)的单位⑤,由重音而联成一个结构词。我以为,保险起见还是叫它"准轻重格"的好,因为第一音节很少是完全轻读的。

---

❶ 原文为 Shangtung,未注汉字。疑为 Shantung 之误。

② 如果愿意,下面的说明也可类推到两音节以上的多音节词,也可用于其他方言。

❸ 无调(atonic),指轻声。

④ 例如 H. S. Aldrich 的 *Practical Chinese*,上海,1934 和 1938。

⑤ 真正的轻重格在汉语中似乎相当罕见。只有"一"、"不"常常读得很轻以致像是跟后续的音节词组成一个轻重格的单位。但"一"、"不"的声调随后续音节声调的不同而变化,这说明它们还是有声调,不是完全轻读的。

然而,仅仅以邻接性或紧密成组的印象作标准似乎又太宽泛了。"假如"(jiǎ rú)大约会是一个词,而"俩壶"(liǎ hú)在节奏、声调乃至元音的模式上都跟"假如"相同,却一般都看作两个词。第二种重轻格的模式更适于看成词或结构词,只是可能必须剔除某些音节词一般不重读的情况。如"遛·达"(liù ·da)[①]是一个词,而"救·他"(jiù ·ta)大约是两个词。"他"在这类位置上通常是无调的。但在特殊场合也可能重读并有完整的声调。如,"救他(jiù tā),而不是救别人。"同样,"记·得"(jì ·de)像是一个词,而"这信早要寄·的。"(zhè xìn zǎo yào jì ·de)则是小词 ·de 附着在整个句子上,不是粘附在"寄"上。可是在语音上,"记·得"跟"寄·的"完全一样。这个例子也许可以跟"this umbrella is the lady I go with's"[②])的 's 相比,粘着形式 's 是附着于整个短语的。

除了重轻格与准轻重格两种双音节紧密结合的类型外,还有一种重重格的较慢的双音节连续体。即第一音节重读,第二音节稍弱些地重读。两个音节都有完整的声调,并且合起来所占的时间明显地长于前述两种类型[③]。重轻格始终是结构词,准轻重格通常是结构词,而重重格则几乎没有是结构词的。事实上,说话人常常把一个重轻格放慢,让第二音节恢复本调,这样,重轻格就变成重重格。这样做的目的是把一个结构词变成一个可分析的短语。如,"'tián·gua shì 'tián ˌguā"("甜·瓜是甜瓜")。又如准轻重格的 hǎo 'rén("好人")意为"脾气随和、待人厚道、原则性不强的人"或"施舍者",而重重格的 'hǎo ˌrén 则为字面义"很好的人"。把第一音节 hǎo 稍稍拖长就使得它跟后面的 rén 变成定

[①] 音节前或汉字前的圆点表示后面的音节是非重读的、无调的。

[②] 意为"这是与我同行的那位女士的伞"。H. L. Mencken, The American Language 4,461。

[③] 在得到实验证实之前,这还只能说是个较可靠的猜测。

语修饰的句法关系了。所以,英语中典型的成词节奏,如 'door ˌknob 或 'pan ˌcake 恰好等于汉语的短语节奏而不是词的节奏。

考虑形式类时再加上考虑重音和声调,可以在标志结构词方面给我们额外的帮助。但这并不是它们自身有不容含糊的价值。如"铺·盖"(pū·gai,"卧具")含有"铺"("展开")和"盖"("遮复"),两个动词合成了一个名词。"大小"(dà xiǎo)含有"大"和"小",我却不大有把握肯定它们变成了一个名词。英语对应于汉语"大小"的是一个词 size,这只是翻译。中国人也常常说厨师善于品尝"咸甜"(xián tián),英语碰巧没有跟汉语"咸甜"对应的名词,"咸甜"(salty or sweet)给我们的印象就像两个词。就说汉语的人而言,"咸甜"和"大小"的情况完全相同,由"尺"和"寸"合成的重轻格的"尺寸"(chǐ·cùn,也相当于英语的 size)就不一样了,因为"尺·寸"有声调模式的变化。

从另一个角度我们又可以利用形式类来找出词。重轻格复合体形成的名词、形容词、动词可以放心地定为结构词,如"铺·盖"、"客·气"、"使·唤"。准轻重格复合体如果形成名词或形容词,通常可以看作单个结构词;如果形成动词,说汉语的人总是倾向于把它分析成"V+O"的结构,即使它是由两个同义的单音节动词构成的。所以,"体操"本来是个名词,但一旦它被用作了动词,学生们就开始说"体了一堂操"。现在的学生已经不再像当年的学生那样带着笑说这句话了。不再笑说明一种新的用法已经站住。如果复合体是实在的"V+O"结构,可以分开说的感觉自然也就更强烈。如"吃饭、睡觉、说话"之类。

上述事实又使我们想到用可分性测试词单位的问题。一个双音节结合体的名词通常不允许中间插入其他成分。而如果第二音节又是无调的,即整体是重轻格,则可以完全放心地把它看作 word 或词。如果结合体是形容词,常常有两种分离的可能。一种是各自叠音而形成的生动形式,如"小心"(xiǎo·xin)→"小小心心"(xiǎo xiǎo xīn xīn,后面通常还要加个小词·de)。另一种方式是重叠第一音节,在重叠式的中间插入 li,从而在原有的形容义上加表"××的样子",通常是贬义的。如,"古里古怪"(gǔ·li gǔ guài)。原词的第二音节不管是不是无调的,到了四音节形式中都(有选择地)恢复为完整的本调。双音节结合体若是"V+O"型并且用作动词的,则实际上总是准轻重节奏的。它允许各种插入,如距离、时间、次数的插入等。这一组类型的力量如此之强,以至能够类推到那些本来不是"V+O"型的结合体上去,如上节已提到的。综合考虑韵律成分、形式类和同形替代等几个方面,也许会产生出一个跟其他语言的 word 很相似的概念。但是,正像我一开始就说过的,为什么非要在汉语里找出其他语言中存在的实体呢?更有成效的进一步研究应该是确定介乎音节词和句子之间的那级单位是什么类型的,至于把这些类型的单位叫做什么,应该是其次考虑的问题。

Ⅲ. 词的同一性

每当我们想要知道说话、听话或想象(愿意的话也可以叫内部谈话)中出现的一个像是词的单位的两个用例是不是"同一个词"的用例时,就卷入了词的同一性问题。显然,即使算上阈下物的无法区别,也没有哪个词的某两个用例会在语音和意义上完全相同。在某种意义上,尽管是用处不大的意义上,我们可以说,没有哪两个词例是同一个词的。然而,这明显的社会学事实是:我们确实有约定俗成"同一个词"的概念——含有相同的音位序列并有相同的"词汇义"。所有可觉察的细微变化都被看作自然的、无碍于词的同一性和个别性的。不管科学上是不是合理,言语社团确实把词看作真实存在的实体。用这样简单而粗糙的方法来构想词,自然会引出许多问题。同一个词可以有不同的发音吗?['ɔfn̩] 和 [ɔftn̩] 是同一个词(或者,是同一个词的不同发音)吗?为什么它们不是同义词(即,不同的词只是意义相同或相近)呢?又,相同的一组音可以是不同的词吗?各个民族都有双关语,这似乎说明他们都有同音词的概念(即,有相同声音的不同的词)。人们习惯上把引申义归为"同一个词的不同意义",但那些不愿多费脑筋的说话人却从不思考,为什么当"家具"讲的 table 跟当"表格"讲的 table 是同一个词,不是同义词[①];相反,当"容器"讲的 box 跟当"(打)耳光"讲的 box 却是同音词,不是同一个词。汉语中也有同类问题。关于汉语的多音节词,这个问题通常可以化为它的组成部分——音节词的同一性问题。所以,下面我们主要考虑音节词。

在处理音节词时,有个很诱人的想法是以它的书写形体来确定它的同一性,尤其因为"字"这个术语本身所指模糊:既可以指口说的音节,又可以指它的书写形体,还可以兼指两者[②]。而以字形确定音节词同一性的理由之一恰恰就是同一个字形必定是同一个词而同一个词也必定用同一个字形。然而,不论用什么标准来衡量是不是"同一个",都会有大量的交叉[③]。

这个问题的另一面,到现在我们还没有谈到的,是词源问题。对词源来说,字形只是个粗略的而不是精确的向导。在任何时期,从同一源头来的词都可能已经是不同的词,不管在字面上是不是

---

① Elise Richter, in Ueber die Homonymie, Festschrift fur Universitats-professor Hofrat Dr. Paul Kretschmer, Berlin, etc. 1926. 173, 确实是把远的引申义看成同音词。

② 为不改变汉语通行的用法,我想或许可以建议,在用汉语的学术讨论中,用"言"来指口说的音节词。如短语"万言书"是"一万个音节词的讯息"之义,其中"言"的用法跟只指书面上的汉字的用法完全无关。

③ 例子请继续往下看。

写成同一形体。"这"跟"者"曾经是同一个词的事实对它们现在是不同的音节词不发生任何影响。另一方面,"垫子"的"垫"中古音为 tiem',而"簟子"❶的"簟"中古音为 'd'iem,在书面上也写作两个字。这事儿也对现在没影响。如果现在的人认为它们显然是同一个词的两个引申义,那它们现在就是同一个词。

那么,除了字形和历史的考虑之外,是什么决定了一个音节词是同一个音节词呢？下面让我们看看非结构词(astructural word)的结构类型。(1)单个的音节词当然可以构成独立的单音节的词。如,"人"(rén)、"来"(lái)、"好"(hǎo)等。用语言学的术语来说就是它们都是词根型的语素。(2)两个或两个以上音节词构成的多音节词。如"明天"(míng·tian)、"反正"(fǎn·zheng)、"先生"(xiān·sheng)。它们像复合词,由词根相加而成。(3)多音节词,其中最后一个音节的词源虽然常常可追溯为实词,但现代的行为已经和后缀相同。如,"砖头"(zhuān·tou)、"对子"(duì·zi)、"泥巴"(ní·ba)。(4)多音节词根,如"蜈蚣"(wú·gong)、"□□"(kā·chi,"反复来回地刮"之义)。后两类在词中占的比例很小。所以,至少对识字的人来说,大多数词似乎都是由一个或一个以上单音节词根组成的。②于是音节词似乎不仅仅是语素,而且还差不多总是词根。如果我们弄清哪些是词根,就可以弄清汉语中音节词同一与否的全部情况。

推进这项调查会遇到一个困难,调查言语社团中各种有代表性的人可能得不到趋同的结果。一个像北平这样内部相当不一致

---

❶ 原文没给 'd'iem 注明汉字。"簟"是译者根据中古音、现代音及意义补入的。

② 有两种语素不自成音节的特殊情况值得注意:一种是北京话中跟后缀"子"功能类似的不自成音节的 -r。如,"头"(tóu,指脑袋)→"头儿"(tóur,指细长物体的一端)。另一种是广东话中所谓的变调。它是一种语素调位(morphtoneme),以一个极高的平调或长的高升调(取决于本调是高降调还是其他调)使得原词变得更生动或更随便。

的言语社团中的说话人,可以想象,其语音的分歧肯定比,例如纽约吧,更大。而猜测词根的调查将得不到一致的结果又有什么根据呢?根据是上面所说的第二类词和第四类词——复合词类型跟真正的多音节词根类型——的区分不确定。真正多音节词根的"真正"是就相对近的词源而言的。一个极端是文盲。文盲的词汇中有较多的纯多音词。虽然有时他会造出俗词源的解释,但也会留下许许多多的复合词不作词源的分解,即把它们看作多音节词根。如,形容词"体·面"(tǐ·mian)就是"好看、有光彩"的意思,很少有人费时间去作进一步的分析,更有许多人根本没有能力把它再分析为"体"("身体"义)和"面"("脸"义)。"体"和"面"在日常语汇中都已经不是能单说的词了。另一个极端是受过教育的人。他们不仅能从构成复合词的音节词追溯到它较古的意义(即使不是最古的),而且还能相当自由地利用自己的音节词词库来制造新的复合词。这些新的组合也许是从来没人说过或听见过的,但是跟他知识层次差不多的同伴却听得懂,还能教授给那些知识层次比他低的人。当然,一个言语社团的好的抽样从来就不是教育程度高的少数人。但汉语社会不像西方那样要有大学毕业的水平才能自由地利用 log- 和 -oid 构成复合词 logoids,而是受过中等教育就能自由地制造新词。新造复合词中各个成分被赋予的意义从历史上看是不是正确无关紧要。被赋予的意义许多是不正确的,因为字形只是词源的不完善的记录。重要的是汉语社会有个很强的传统:由于文盲跟识字人有相当多的口头交际,这种由识字人保持的、跟汉字的同与不同相联系的、音节词的同一,将由识字人通过复合词而传给文盲。因此,很不容易将文盲的言语分离出来作为一个言语社团。这就造成了一种很特殊的情况:一方面,社团在语言上太杂,不能归为一个典型的言语社团;另一方面,各方面的联系又太多,无法看成几个言语社团。结果是汉语中不可分析的多音节词跟根可分析（或已分析）的复合词之间的界线就比其他语言都更加飘忽不定。

如果字形较准确地指示出词源的同一或受过教育者心理上的某种同一，从而同一个字形可以一贯地看作同一个音节词，不同的字形就是不同的音节词；那么我们也算是有个可作依据的工作概念。这种概念虽然还不能称作"词"的概念，至少还是有用的。然而，正像前面指出的，字形可不是这种东西。chéng（"使满"义）跟 shèng（"兴旺"义）都写作"盛"，è（"邪恶"义）跟 wù（"讨厌"义）都写作"恶"。尽管它们在历史上曾经同源，但是使用这些音节词的人不是总这样看它们。相反的情况，被认为是同一个音节词，但字面上写作不同字形的就更多了。我们将先跳过那些初学者认为仅仅是字形变异的所谓"异体字"，如"对"是"對"的俗体，"略"只是"畧"的又一种写法等；尽管由于这些情况没有系统性，还达不到穷尽的列举（如"忙"就不等于"忘"）。更重要的是另外的情况，如"個、箇、个"同为 gè（量词），"俯"跟"頫"同为 fǔ（"头低下"义）。因此，词的或音节词的词源跟单纯的字形孳乳是很不同的两回事儿。有些人常把字形孳乳也叫词源，从而造成不必要的混乱。这两回事常常平行，但不总是这样。关于字形跟音节词的合一，任何时期都没有一致的看法。宋人给周代经典作的注释就充满了某某字同于某某字之类的说明。举个现代的例子。zhǔn 这个音可以是"精确"义也可以是"允许"义。现在通常把它们看成同音词，因为"精确"义的 zhǔn 写作"準"而"允许"义的 zhǔn 写作"准"。但事实上这两个意思都是从一个本义"标准"引申而来，从前都写作"準"，一些有正字癖的人至今也还写"準"。一次一位教育部长在表示"允许"义时用了字形"準"，他的一位下属把它"改正"了；尽管部长又改回了自己的写法，但他会发现，把占大多数的中等教育程度的人都重新教一遍，让他们把"精确"义的 zhǔn 和"允许"义的 zhǔn 看成一个音节词,已经很难做到了。

关于音节词的分合,还可以从三个方面做进一步的研究。按语言学的路子,可以取北京话或其他方言做一个口语词汇表,向不识字的人询问多音节词中有多少他们能够辨明单个音节的词源。如果有普遍的一致性出现,当然是除了历史事实和字形相同之外的一致性,那么这些部分可以看成词根。如果没有反应,那么多音节词应看成一个词根。得到的反应很可能相当分歧,因为不识字的人肯定也有同音词的观念。但实际地看看对于哪些是同音词、哪些是"同一个词"的引申用法会不会有趋同的看法,也实在是很有意思的。不用说,为获得这些信息,调查时必须要用些间接的提问方式。任何直接的提问都会引起对方的反问:"你写成同一个字吗?"要是反问换成汉语通常的说法就更糟糕了——"这个嘴上说的字儿你写成同一个字儿吗?"

第二方面的调查是研究当前的印刷品、信件和手稿,向识字的人调查汉字用法的分合。这虽然不是严格的语言学意义上的研究,但肯定会有重要的意义。用汉字记录当今汉语的大量篇章,跟用音标的记录一样,都是很有用的。但是,我们希望汉字提供所知范围内的信息,而不是像目前这样未指明范围的信息。从公元100年的《说文》,经公元601年的《切韵》,到作为科举考试的标准但不大靠得住的《字学举隅》(公元1800年),都没有从语言的角度出发收录汉字当时的用法。如,"一 chū 戏"的"齣"、"jiāo 石"的"礁"等挺有身份的字形和它们所表达的音节词,就难得收入字典。这些音节词所代表的音韵地位(可通过比较方言形式得出)也就从未被明确地说明过。如果能够编出一个汉字当今用法的明确清单,那么它虽然不像音标那么易读,但也可以跟音标一样精确。

最后,词源的研究当然总是研究汉语或其他语言的学者关心的。词源的研究汇合了探寻词族(高本汉)、把复合词分解为带有复辅音的可能的原始形式（Boodberg）的工作和普通历史音韵学。从这个角度看，高本汉《分析字典》（Analytic Dictionary）中的缩写式"s. w. a"，其所指跟现在的说话人和写作者用的短语"same word as"（与××是同一个词）十分不同。词源上的"同一个词"跟共时的"同一个词"之间也许有个中介的阶段。这个阶段虽然很难从语言上或从字形上确定，却更准确地体现了音节词在一般汉人心目中的状况。使这个想法更明确，并把它以一种比任何一个方言都更加自然的人工语言系统的形式表现出来，这就是在不久的将来我想要做的。这种语言我称之为"通用汉语"（General Chinese）[①]，或者，最好是就简单地叫"汉语"。

Ⅳ. 词的节奏

直到这儿，汉语词的节奏问题才只是偶尔提过几次。篇幅有限，不允许我在这个问题上铺开来谈。下面我只想简单地提几个要点。基于前面的讨论，现在我们可以来回答汉语到底是单音节还是多音节的问题了；或者不如说，我们可以拒绝回答这个问题了。一个语言是单音节还是多音节，实际上是一个语言的词单位是单音节还是多音节的简略说法。由于汉语中没有词但有不同类型的词概念，所以我们可以说汉语既不是单音节的，也不是多音节的。经验的事实表明，识字人的话语中大多数有意义的词根是单音节的；重复这一点并非无用的陈词。另一方面，跟其他结构词一起在句法关系中作为单位而行动的结构词，则常常是多音节的。由于单音节是非常活跃并且具有意义的小的变化单位，因而连续

---

① 赵元任先生把General Chinese译为"通字"，详见《通字方案》，商务印书馆，1983年。——编者

话语的节奏高度单音调(monotony)。我说节奏单音调的意思是指音节与音节的长度和响度比其他许多语言都更少变化。至少,这是我的印象,还有待实验和统计的验证。这并不是说汉语听上去单调、一成不变(monotonous)。汉语除了个人的或方言的变异之外,还有因内容而不同的风格变异。上面所说当然是假设了"其他因素相等"的限制。不仅汉语传统诗词的格律基于音节数目一定的格式(当然还要加上声调的格式),就连当代的白话诗人和自由诗仿造者也仍然凭借音节数目来构思。我曾把《阿丽思漫游镜中世界》①里的诗都译成中文,译时选用了那些适合保持原诗节律格式的复合式结构词;这使得我的中文听众惊讶万分——诗竟可以这样像谈话!像谈话可不是说它是好诗。恰恰相反,是说它过于依样画瓢了,就像照片,确切地说,像留声片一样。它缺少汉语典型韵文的旋律——大多数音节有完整的声调。所以,总的说来,音节词还依然十分活跃,特别是在诗歌和散文中;这使得读书或说话的语流倾向于一种均匀的节奏。

音节词的单音节性好像会妨碍表达的伸缩性,但实际上在某些方面反倒提供了更多的伸缩余地。我甚至猜想,媒介的这种可伸缩性已经影响到了中国人的思维方式。语言中有意义的单位的简练和整齐有助于把结构词和词组做成两个、三个、四个、五个乃至更多音节的方便好用的模式。我还斗胆设想,如果汉语的词像英语的词那样节奏不一,如 male 跟 female(阳/阴), heaven 跟 earth(天/地), rational 跟 surd(有理数/无理数),汉语就不会有"阴阳"、"乾坤"之类影响深远的概念。两个以上的音节虽然不像表对立两端的两个音节那样扮演无所不包的角色,但它们也形成一种易于抓在一个思维跨度中的方便的单位。我确确实实相信,"金木水

---

① Vol. II of Sayable Chinese, 285, pp, San Fransicso and Ithaca, New York, 1968.

火土"这些概念在汉人思维中所起的作用之所以要比西方相应的"火、气、水、土"("fire, air, water, earth"或"pyr, aer, hydro, ge")大得多,主要就是因为 jīn—mù—shuǐ—huǒ—tǔ 构成了一个更好用的节奏单位,因此也就更容易掌握——这就好比英语中代替点数用的 eeny—meeny—miney—mo 一样❶。

  节奏整齐的一个特例是数字的名称。我曾注意到中国小孩比其他国家同年龄的孩子更容易学会乘法表。汉语乘至八十一的九九歌可以既快又清楚地在三十秒内说完。用汉语,真的是只需说"impenertrability"这一个词的时间就能表达一整段话的内容。这也不一定是夸耀汉语优越。节奏的自由也可能走向反面,成为自身的桎梏。正是由于很容易用随意多的音节造出可接受的、甚至高雅的结构,中古时期才兴起了两晋六朝固定用四六音节格式的骈文。更近期些,人们看到的散文,如章炳麟的,以一成不变的四音节一句来写叙实性的主题,就好像丧礼上的悼词。我举这些例子并不是不赞成他们,只是说明这样的事情可能发生,并且一直在发生。

  至于节奏影响的其他例子,我只提下面一些现象:极频繁地使用陈词套语;成语、格言、谚语、警句等极其丰富且常被引用。最后但同样重要的还有作"对子"的风尚,它在诗词及日常生活中占有非常重要的地位,到处可见户户人家、座座公共建筑都高悬着成对的条幅。

  最后,从语言学习的角度看,我想,把整句形式的成语、譬喻都

---

❶ 这种点数法用于英美很流行的一种顺口溜。顺口溜一般为四句,第一、四句都是 eeny—meeny—miney—mo。它构成了(*·)(*·)(*·)(*)的整齐的四音步重轻格节律。中间两句可任意填入节律相同的其他词。遇上某件事没人愿干或无法确定选什么人或物时,主事者就常常点着候选者说这种顺口溜,点一个说一个音步,最后的 mo 落在谁(或什么)上,他(或它)就被选定了。

收入以"词典"命名的汉语工具书不会是编纂者的偶然疏忽。从西方标准看，词典只应该包括结构词，至多加上短语。而汉语的"词"在日常语言中，我们说过，是指措词用语或各种固定短语。既然如此，碰到由几个音节组成、有紧凑节奏的短短的组合，其意义又必须加以解释，有什么理由不把它收入词典呢？按西方语言学家的眼光来分析汉语并确定像结构词这样的单位可能有用：一方面跟音节词的"字"区分开来，另一方面跟短语和句子区分开来。我想这样做是有用的，并且一直在试着做。但这不是汉人想问题的方式，汉语是不计词的，至少直到最近还是如此。在中国人的观念中，"字"是中心主题，"词"则在许多不同的意义上都是辅助性的副题，节奏给汉语裁定了这一样式。

（台湾大学《考古人类学学刊》第 37—38 期合刊，1975 年。王洪君译，叶蜚声校）

后　　记

经过几年的努力,《赵元任语言学论文集》终于和大家见面了,作为赵元任的后代,我们姐妹四人都非常高兴。父亲在国内出版的著作从二十年代起多年来都是由商务印书馆出版,我们也非常高兴看到,这次语言学论文集再次由商务印书馆出版。

据我所知,已经出版过的赵元任论文集有1976年出版的《社会语言学论文集——赵元任论文集》(26篇,英文)、1985年出版的《赵元任语言学论文选》(5篇,其中4篇为译文)和1992年出版的《中国现代语言学的开拓和发展——赵元任语言学论文选》(14篇,其中11篇为译文)。据不完全统计,父亲发表过的论文有近150篇。为了更好地研究他语言学学术思想,我们把他从早年(1916年)到现在发表的文章尽可能地编入论文集供参考。父亲撰写的一些专著序言实际上也是一些篇论文,例如《新诗歌集》长达万言的序言、《现代吴语的研究》序、《阿丽斯漫游奇境记》译者序等等。但由于篇幅限制,只能待出版全集时一并发表。

父亲一生差不多三分之二的时间在国外,他在国内外在语言学方面的业绩得到广泛的承认。统计下来他发表的文章有近一半是用英文发表的,特别是他后半生的研究工作大部分用英文发表,因此全面介绍他的学术成果就必须将他的英文论文提供给大家。现将他的论文分两卷出版,中文卷包括他用中文发表的论文及部分已经翻译的论文译文,英文卷既包括他用英文发表未经翻译的论文,也还包括译文已列入中文卷的英文原文。

收集赵元任的论文不是一件容易的事,到现在还有少数没能索取到。在收集论文过程中除姐姐如兰、妹妹来思和小中外,还有吴宗济、李光谟、唐子健、郭北平等亲友帮助多处收集和复印资料,在此表示感谢。应当特别感谢的是吴宗济先生,他是我父亲建立中研院史语所语言组时得意门生之一,而他也是现在硕果仅存惟一健在的一位,今年虽然已经92岁了,但他身体健壮,精神抖擞。我们庆幸他答应作本论文集的主编,并审定全部稿件,细致认真负责。他还将父亲早年有几篇用国际音标发表的论文写成英文便于读者阅读,最后为本论文集写了序。感谢陈原先生自始至终对论文集的出版给予鼓励和关怀。商务印书馆汉语室本书责任编辑谢仁友先生为本论文集的出版做了大量工作,在此表示诚挚的谢意。

欢迎读者对本论文集的编辑提供宝贵的意见。

赵　新　那

2001/7/1　于长沙